KB049645

진리냐 뻥이냐

이것이 문제다

명료한 사고와 실용논리학 입문서

Truth, Knowledge, or just plain bull:
How to tell the Difference
by
Bernard M. Patten

진리냐 뻥이냐

이것이 문제다

명료한 사고와 실용논리학 입문서

버너드 M. 패튼 지음
한상기 옮김

서광사

이 책은 Bernard M. Patten의
Truth, Knowledge, or just plain bull:
How to tell the Difference
(Prometheus Books, Inc., 2004)를 완역한 것이다.

진리냐 뻥이냐

이것이 문제다

명료한 사고와 실용논리학 입문서

버너드 M. 패튼 지음

한상기 옮김

펴낸이—김신혁, 이숙
펴낸곳—서광사
출판등록일—1977. 6. 30.
출판등록번호—제 6-0017호

(413-832) 경기도 파주시 교하읍 문발리 534-1
대표전화 · (031)955-4331 / 팩시밀리 · (031)955-4336
E-mail · phil6161@chol.com
http://www.seokwangsa.co.kr

옮긴이와의 합의하에 인지는 생략합니다.

제1판 제1쇄 펴낸날 · 2006년 8월 30일

ISBN 89-306-2412-X 93170

그녀에게 바침
그대 없이는 아무것도 할 수 없소!

옮긴이의 말

최근 각 대학의 논술고사 시행 등을 둘러싼 대학입시 환경의 변화와 더불어 논리적 · 비판적 사고 및 그에 기초한 사고력 개발의 중요성이 한껏 강조되고 있다. 논술고사가 시행된 지 어느덧 10년이 넘었지만 대학 수학능력고사의 변별력이 떨어지면서 상대적으로 대학입시의 성패가 논술고사의 성적에 좌우된다고 생각하는 요즘 수험생들이 논술에 비중을 두고, 그러다 보니 논술의 토대가 되는 논리적 · 비판적 사고력의 개발과 함양이 절박한 과제로 대두되었기 때문이다.

하지만 논리적 · 비판적 사고의 개발과 함양이 비단 대학입시와 관련된 수험생들만의 문제는 아니다. 1990년대를 전후해 대학생들의 논리적 사고력 개발이 필요하다고 생각한 국내 여러 대학에서 기존의 '논리학' 과목 이외에 '논리와 비판적 사고' 내지 관련 과목을 개설해 성공적으로 운영해오고 있고, 2004년부터 외무고시를 비롯한 모든 고등고시의 1차 시험을 공직적격성시험(PSAT)으로 바꾸기로 하면서 비판적 사고 능력 평가를 필수화하였으며, 공학계는 공학교육인증제를 실시하면서 공학교육의 내실화 및 국제 표준에 걸맞은 공학교육 과정을 이수하도록 하기 위해 '공대생을 위한 논리적 · 비판적 사고' 과목 이수를 지정하거나 지정할 추세이다.

해외로 눈을 돌려도 논리적 · 비판적 사고력 개발과 함양은 이제 전 세계적 관심사가 되고 있음을 알 수 있다. 일찍이 미국은 1970년대 초부터 미국 학생들의 SAT 성적 저하, 문제 해결 능력 부족, 간단한 논증에 대한 이해 부족, 책임 있는 민주시민으로서의 자질 부족 등의 원인이 '생각하는 능력의 결여' 때문임을 지적하고, 1983년 《위기에 처한 국가》라는 보고서가 발간되면서 공교육에 논리적 · 비판적 사고가 본격적으로 접목되기에 이른다. 이후 미국 교육자들이 한결같이 지적하는 공교육의 최우선 목표가 '학생들의 사고력 증진'이 되면서 교과과정도 급격하고 대대적인 변화를 겪게 된다. 그 결과 수많은 비판적 사고 연구기관, 학회, 정기간행물이 나오고, MBA(경영전문대학원) 과정에 입학하기 위한 GMAT(경영전문대학원 입학자격시험), 로스쿨에 입학하기 위한 LSAT(로스쿨 입학자격시험), 간호사 시험에서까지도 논리적 · 비판적 사고력에 대한 평가가 시행되고 있다. 영국에서도 각종 공무원 채용시험에서 비판적 사고력 시험이 중시되고 있고, 일본에서도 1종 국가공직자 교양시험 등에서 인재 채용의 기준으로 갈수록 명료한 논리적 사고를 중시하고 있는 추세이다. 프랑스의 대학 입학자격시험 바칼로레아가 고도의 논리적 사고 능력을 평가하고 있다는 것은 새삼 말할 필요도 없다. 요컨대 현대 사회에서는 이제 논리적 · 비판적 사고력의 개발과 함양이 선택이 아닌 필수가 되고 있다.

왜 각 나라마다 그토록 논리적 · 비판적 사고에 관심을 기울이게 되었을까? 이 물음은 "현대 사회에서 생존하기 위해 꼭 필요한 지식과 기능은 무엇인가"를 생각해보면 자연스럽게 답이 나온다. 현대 사회는 정보화 사회 혹은 지식 기반 사회 등으로 특징지어진다. 현대 과학기술의 급격한 발전과 정치 · 사회 · 문화 패러다임의 급속한 변화는 그에 따른 지식 기반의 내용과 중요성을 변화시키고 있다. 이런 상황에서 우리는 새로운 변화에 적응하고 직면한 문제들을 해결할 수 있는 합리적 문제 해결 능력이 절실하게 필요하다. 단순히 정보를 소유하는 것이 아니라 그 정보를 검색하고, 논리적 · 비판적으로 조합하고 재구성한 다음 증거에 입각해 판단하는 능력이야말로 합리적 문제 해결의 필수 요소이다. 이러한 논리적 · 비판적 사고 능력은 주변에 도사리고 있는 각종 위험으로부터 우리를 보호해주고, 현실 상황에 대해 정확하고 예리하게 판단할 수 있게 해주며, 결국에는 현대와 같은 복잡하고 다양한 사회에서 우리를 성공적으로 생존하게 해주는 능력인 것이다.

이 책의 원래 제목은 *Truth, Knowledge, or Just Plain Bull: How to Tell the Difference*(Patten, Bernard M., Prometheus Books, Inc., 2004)이다. 직역하면 《진리, 지식 혹은 그저 순전한 뻥: 차이를 구별하는 법》 정도가 되겠지만 저자의 취지를 살리면서도 간명하고 단순하게 의미를 전달하기 위해 《진리냐 뻥이냐 이것이 문제다》로 옮겼다. 특이하게 신경정신과 의사를 직업으로 하는 지은이가 쓴 이 책은 전문가, 사이비 전문가, 사기꾼, 거짓말쟁이의 주장과 행동을 예로 사용하면서 진정한 진리 내지 지식과 사기꾼과 거짓말쟁이 등의 뻥(속임수, 사기, 거짓말, 허풍, 난센스)을 구별하는 법을 가르쳐 준다. 통상의 논리 책들과 달리 복잡한 기호나 추리규칙들을 사용하지 않고 의사답게 실용적 처방을 목표로 지은이는 우리가 일상에서 너무나도 자주 접하는 과오나 잘못을 다루고 있다. 그러한 과오와 잘못은 과도한 일반화, 모호한 정의, 선후를 인과로 혼동하는 오류, 그릇된 유비, 증거의 편파적 선택, 집단순응사고, 각종 사기와 속임수, 선결 문제 요구의 오류 등으로 1장에서 8장까지의 내용을 이룬다. 각 장은 풍부하고 실감나는 예를 통해 오류와 과오를 지적하고, 그로부터 벗어날 수 있게 해주는 원리와 교훈을 제시하고 있다. 이 과정에서 지은이는 단순히 우리가 범하는 논리적 차원의 오류를 지적하는 데서 그치지 않고, 그러한 논리적 오류를 범하는 우리의 심리학적 · 정신의학적 · 사회학적 · 정치학적 배경이나 기초를 곁들여 설명하기 때문에 이해하기 쉽고 재미있다. 9장에서는 앞 장들에서의 논의를 기초로 명료한 논리적 사고의 목표가 결국은 우리로 하여금 오류를 멀리하고 진리로 인도하도록 돕는 것이라는 점을 명확히 하면서 통일장 이론을 전개하는데, 이 통일장 이론은 우리가 전개하는 사고나 추론이 궁극적으로 결론에 대해 관련성과 적합성이 있어야 한다는 기준 제시로 정리된다. 마지막 장인 '앨리스의 논리'에서는 루이스 캐럴의 유명한 동화《이상한 나라의 앨리스》의 장면들을 소재로 지금까지 이 책에서 제시한 원리와 교훈을 종합적으로 응용해봄으로써 명료한 논리적 · 비판적 사고의 가치를 실증하면서 이 동화를 읽는 일의 색다른 가치와 재미를 느끼게 해준다.

결과적으로 이 책은 명료하고, 비판적이고, 논리적인 사고가 재미있을 뿐만 아니라 우리로 하여금 곤란하거나 난처한 상황에서 벗어날 수 있게 해주고, 우리를 더 유능한 사람으로 만들어주며, 우리를 계속 발전시켜 결국에는 우리의 인생을 성공적으로 살아갈 수 있게 해준다는 것을 가르쳐주는 책이다. 그런 의미에서 이 책이 대학입시를 준비하는 수험생은 물론 각종 고시 준비생, 공학도, 대학생을 포함하여 모든 사람에게 논리적 · 비판적 사고 능력의 개발과 함양이 우리의 생존과 성공을 위해 필수적인 것임을 자각할 수 있는 계기가 될 수 있기를 간절히 바란다.

이 자리를 빌려 끊임없는 관심과 애정을 갖고 지켜보아 준 건지산의 은사님과 동료들에게 다시 한 번 감사드린다. 어려운 출판계 상황에서 저작권 문제를 해결하고 적극적으로 출판을 맡아준 김찬우 부장을 비롯한 서광사 여러분께 감사드린다.

2006년 7월

건지산 자락에서 한상기

차례

들어가는 말

단순한 진리는 단순하지 않다

이 장에서는 명료한 사고를 공부해야 하는 본질적 이유를 소개한다. 이러한 소개 과정에서 나타나는 관념은 몇 개 안 되지만 중요하며, 이 관념들은 전문가의 주장과 사이비 전문가, 사기꾼, 거짓말쟁이의 주장을 구별하는 데 도움을 줄 것이다. 명료한 사고는 도처에 존재하는 헛소리와 노골적인 사기의 위험으로부터 당신을 보호하는 데 도움이 되는데, 이 헛소리와 사기는 사방에서 당신을 습격한다. 관념들을 능숙하게 다루기 시작함에 따라 당신은 명료한 사고가 즐거운 활동임을 알게 될 것이다. 명료한 객관적 사고를 실천하는 일은 **진리***를 발견하는 중요한 방법에 익숙해지는 데 도움이 될 것이다. 이 책을 읽으면 당신은 매우 강력한 능력을 발휘하는 인간 활동의 숨겨진 특징을 몸에 배게 하는 데 도움을 받을 텐데, 이런 일이야말로 바로 인간 종의 표시라고 할 수 있는 이성적 사고를 실천하는 것이다. 그리고 이 이성적 사고를 통해 당신은 진정한 개인적 자유를 위해 절대적으로 필요하고, 궁극적으로는 자유로운 열린

---

* 고딕체로 된 용어들은 용어해설에서 정의된다.

사회에 이익이 되는, 진정으로 뭔가를 좀 알고 내리는 선택을 할 수 있게 된다. 그 길을 따라가다 보면 당신은 명료한 사고가 놀랄 만큼 유용한 기술일 뿐만 아니라 현명하고 적절한 활동의 눈부신 등대임을 배우게 될 터인데, 이 등대는 당신으로 하여금 더 나은 삶을 살게 하는 지침으로 기여한다.

"**논리**는 사랑의 절반만큼도 중요하지 않다."라고 오스카 와일드(Oscar Wilde)는 말했다. "하지만 무언가를 증명할 수는 있다."

뭘 증명할 수 있을까?

그들이 당신에게 언제 헛소리를 건네는지를 증명할 수 있다.

그래서 어떻게 되는데?

그들이 당신에게 헛소리를 건넬 때 당신이 그걸 헛소리라는 것을 아는 것이 중요하다.

그래?

그래야 당신이 진리(진실)를 알 수 있다.

진리라고?

그래, 진리 말이야.

오래 전에 한 위인이 "너희가 진리를 알게 될 것이고, 그 진리가 너희를 자유롭게 할 것이다."라고 말했다고 한다. 그래서 누군가는 버지니아 주 랭글리에 있는 CIA 본부 입구에 그 말을 새겨도 좋을 정도로 그가 한 말이 중요하다고 생각했다.

왜? 그리고 이 위인—예수—의 말이 무슨 뜻이지?

다른 무엇보다도 예수 말은 우리 시대의 권위들—TV 해설자, 교회, 정부, 광역 자치단체 공무원, 신문, 서로 불화를 일으키는 지방 읍면 지구 단체장들, 그밖에 누구든 어떤 것이든 간에—로 하여금 우리를 위해 대신 생각해주도록 할 여유가 우리에게 있는지 물음으로써 우리의 자유를 제한하는 글이나 무력 혹은 둘 다의 속박으로부터 벗어나는 것이 우리에게 당연한 일이라는 뜻이었다. 왜냐하면 우리가 진리를 알게 되는 것이 생각, 그것도 올바른 생각에 의해서 이루어지기 때문이다.

명료한 사고는 우리를 보호해준다.

주식투자를 생각해보라. 엔론(Enron) 투자자나 피고용인으로서 당신은 그 회사가 결딴나기 전에 엔론에 관한 진리(진실)을 알고 싶어 하지 않겠는가? 그와 같은 상황에서 진리는 아주 편리하다. 엔론에 관한 진리를 알게 되면 당신은 당신의 주식을 팔았을 것이다. 그랬다면 진리로 인해 당신은 당신의 돈을 건질 수 있는 셈이다. 진리로 인해 당신은 당신의 돈을 온통 사기 치는 일에만 골몰하고 있는 낯선 자들에게 넘겨주지 않았던 것이다.

명료한 사고는 실재의 상황을 통찰하도록 함으로써 우리를 보호해준다.

그러나 자유 이상으로 진리는 현실, 즉 마땅히 그래야 하거나 당신이 그랬으면 하는 방식이 아니라 실제로 사태가 일어나는 방식에 대해 통찰할 수 있도록 해준다. 사실상 그것이 바로 진리라는 것이다. 다시 말해 진리란 존재하지 않는 것에 반대되는 것으로서 존재하는 것이라고 할 수 있다. 그래서 진리란 실제로 실존하는 것이다.

실재는 실존한다. 실재는 실존하기 때문에 우리는 그 실재를 현실적으로 다루어야 한다.

만일 내가 텍사스 주 클리어 레이크(Clear Lake)에서 남쪽으로 한 시간 남짓 차를 몰고 간다면 나는 소금기 있는 물로 이루어진 널따란 수역을 만나게 될 것이다. 이 바다가 실존한다는 것은 객관적 사실이다. 다시 말해 이 바다는 인간이 그 속에 들어가 수영을 하기 전에도 이미 거기에 있었다.[1] 아무도 그 바다를 보는 사람이 없을 때에도 그 바다는 거기에 있다. 인간이 지구를 버리고 다른 행성으로 이주하여 그 행성을 오염시킬 때에도 그 바다는 거기에 있을 것이다. 설령 미 의회나 대통령이 그 바다의 실존을 부인한다 할지라도 그 바다의 파도는 계속해서 해안에 밀려올 것이고, 물고기는 계속해서 헤엄쳐 다닐 것이며, 펠리컨은 계속해서 물속으로 잠수해 물고기를 잡아먹을 것이다.

왜 이와 같은 객관적 사실이 실존하는지 나는 모른다. 당신 역시 그 이유를 모를 것이라고 장담한다. 단지 어떤 것들이 인간의 사고나 소망 또는 노력 때문에 실존하는 것이 아니라는 사실을 지적하는 것만으로 충분하다. 그러한 것들은 실재적이다. 그런 것들은 우리 밖에 저기에 있다. 그것들은 그것들에 대한 우리의 생각과 무관하다. 그것들은 우리가 그것들을 좋아하는지 싫어하는지와 관계가 없다. 멕시코 만과 마찬가지로 그것들은 실존한다. 그것들은 실재적이다.

실재적인 것은 저기 바깥에 있기 때문에 우리는 그것을 효과적으

1) 현재 이 바다를 멕시코 만이라고 한다. 이 바다는 플로리다 만이라 할 수도 있었다. 하지만 이 바다가 실존한다는 사실은 그 이름에 달려 있지 않다.

로 다루어야 한다. 그렇지 않으면 그것이 우리를 효과적으로(그리고 가혹하게) 다룰 수 있다.

맞다. 그것이 바로 문제, 즉 당신과 나의 문제이자 우리 실존의 난제인데, 실재적인 것은 많은 보복을 가져오기 때문이다. 실재적인 것은 우리를 발견하여 결국에는 우리가 다룰 수 없는 사실로서의 그것에 우리를 팔아치우게 만드는 비열한 습관이 있다. 그것은 슬프지만 사실이다. 즉 실재는 우리 앞에 출몰하여 자신을 올바르게 다루지 않는다고 하여 우리를 벌준다. 그러한 사실을 말할 수밖에 없는 것이 유감이지만 그것이 바로 사태가 존재하는 방식이다. 그것이 자연의 본성인 것이다. 그것이 실재의 현실성이다.

납득이 되지 않는다고? 이해가 안 된다고? 동의하지 않는다고? 생각이라, "그래서 어쨌단 말인가?"

소망적 사고는 효과가 없으며 위험할 수 있다.

요점을 설명해본다면 이렇다. 나는 내 팔을 퍼덕거려 달까지 몹시 날아가고 싶어 하곤 한다. 그리고 때로 나는 맥주 비를 맞고 싶어 하곤 한다. 그런 일은 가능하지 않다. 날기 위해서는 나는 체펠린 비행선, 헬리콥터, 비행기 등의 실재를 기초로 한 기술들에 충실해야 한다. 만일 내가 나의 공상적인 생각을 시험한다면, 그래서 팔을 퍼덕거리면서 빌딩 아래로 뛰어내린다면 나는 고통을 경험하게 될 것이다. 만일 내가 높은 빌딩 꼭대기에서 그런 일을 한다면 아마 크게 다칠 것이다. 그리고 맥주를 얻기 위해서는 나는 어떤 지역 슈퍼마켓이나 바에서 맥주를 구입하거나 친구나 이웃으로부터 맥주를 얻어야 한다. 만일 맥주 비가 올 때까지 기다린다면 나는 영원히 기다리게 될 것이다.

아, 그것이 바로 **문제**(rub)로다.[2)]

소망적 사고는 따뜻하고, 아늑하고, 솜털같이 부드럽고, 행복한 느낌을 줄 수도 있다. 그러나 실재 세계에서 작용하게 되면 소망적 사고는 장애물—불편한 것으로부터 치명적인 것에 이르는 장애물—을 만들게 된다.

이성이 떠나고 소망적 사고가 그 자리를 대신 차지할 때 어떤 일이 일어날 수 있을까? 비행이 아주 명료한 예가 될 것이다. 비행을 적절한 예라고 생각해보라. 당신은 제트기를 조종하고 있다. 순간적으로 당신은 당신 앞에 펼쳐진 아름다운 창공을 내려다보다가 연료 계기판을 흘긋 본다. 아 이런! 계기판의 바늘이 0으로 접근하고 있다. 어떻게 해야 할까?

그것이 문제다. 어떻게 해야 하는가? 이 문제는 종종 우리가 우리의 전 인생에 걸쳐 대처해야만 하는 가장 중요한 문제이다. 그리고 보통 그런 것처럼 여러 개의 답, 여러 가지의 선택이 있을 수 있고, 그 중에 어떤 것은 좋고, 어떤 것은 나쁘며, 어떤 것은 꼴사나울 것이다.

어떤 선택은 효과가 있을 것이고, 어떤 선택은 효과가 없을 것이다. 또 어떤 선택은 당신을 안전하게 지켜줄 것이다. 어떤 선택은 큰 불행으로 이끌 것이다. 어떤 것을 선택해야 하는가? 자신이 올바른 선택을 했다는 것을 어떻게 알 것인가? 당신이 실재에 기초를 두고 있어서 안전하다는 것을 어떻게 알 것인가?

한 가지 선택지를 생각해보자. 그래서 계기판이 고장 난 채로 계속 날고 있다고 가정해보자. 이런 노선의 사고는 당신이 연료를 가

---

2) *Hamlet* 3.1.

지고 있고, 계기판이 당신이 가진 연료를 측정하지 못하고 있다고 가정하는데, 이 가정은 다시 계기판이 고장 났다고 가정한다. 이런 노선의 사고에 뒤따라 나오는 행위는 계속해서 비행을 하는 것이다. 걱정할 것 없구나.

그런 노선의 사고에 잘못된 점이 무엇인가? 그런 노선의 사고에 뒤따라 나오는 행위에 잘못된 점이 무엇인가? 잠시 5,000만분의 1초 동안만 멈추고 생각해보라. 왜 그런 접근 방식이 효과가 없을까?

그 접근 방식은 계기판이 정상일 가능성이 매우 높기 때문에 효과가 없을 것이다. 그러므로 당신은 연료를 곧 바닥낼 것이고, 그래서 얼마 있지 않아 추락할 가능성이 매우 높을 것이다. 비행기를 떠 있게 하려면 연료가 필요하기 때문에 연료를 다 써버릴 경우에 당신은 공중에서 추락하여 땅에 곤두박질쳐 부상당할 가능성이 매우 높다. 연료가 없다면 당신의 비행기가 비상 상태 속에서 추락할 것임을 예측할 수 있다.

나는 당신이 추락하지 않기를 바란다. 당신이 정말로 추락한다면 위안거리를 찾을 것이다. 폭발이 일어나지는 않을 거야. 화재가 일어나지는 않을 거야. 연료가 없으니까 폭발도 화재도 일어나지 않을 거야라고.

또 다른 선택지를 생각해보자. 그냥 그 문제에 대해 신경 쓰지 말자. 문제가 있다는 사실 자체를 부정하자. 문제를 잊어버리자. 양털 같은 흰 구름과 함께 말로 형언할 수 없을 정도로 끝없이 펼쳐진 아름다운 푸른 창공을 보는 일로 돌아가자. 이러한 접근 방식은 말을 못하는 똑같은 새의 이름을 따라 타조 접근 방식(ostrich approach)으로 알려져 있다. 위험이 다가올 때 타조는 머리를 모래 속에 숨긴다. 타조는 문제가 더 이상 보이지 않기 때문에 자신이 문제를 해결했다고 생각한다. 그렇지만 문제는 계속해서 타조를 보고 있고, 타조가 문제를 더 이상 보고 싶어 하지 않는다고 해서 그 자리를 뜨지 않는다. 문제는 여전히 거기에 있는 것이다. 실재는 타조가 그저 가버리기를 원한다고 해서 가버리지 않는다. 대신 문제는 그 자리에 머무르며, 종종 말썽을 일으키면서 머무르는데, 때로는 타조를 잡아먹기까지 한다. 만일 위험이 실재하는 것이라면 타조는 도망치거나 직접 맞닥뜨려 싸우거나 혹은 그가 한 일을 제외한 무엇이라도 하는 것이 더 나을 것이다.

당신이 위험을 무시하기로 선택할 때 그 위험은 달아나지 않을 것이다. 위험이 계속되고 말썽, 그것도 많은 말썽을 일으키는 경우가 종종 있다. 그것이 바로 실재에 대한 고찰과 지각이 그렇게 중요한 이유이다.

또 다른 선택지를 생각해보자. 계기판이 정상이지만 비행기가 나는 데 연료가 필요 없다고 가정해보라. 또는 더 나쁜 경우로 당신의 비행기가 특수 비행기여서 다른 비행기가 필요로 하는 방식으로 연료를 필요로 하지 않는다고 가정해보라. 어느 경우든 당신은 비행을 계속할 것이고, 비행기가 나는 데 **정말로** 연료를 필요로 한다는 사실을 다시 한 번 당신 자신, 그리고 다른 모든 사람에게 지금부터 영원까지 증명해보라고 요구할 것이다. 어떤 비행기 혹은 아무 비행기라도 제조나 모델과 상관없이, 그리고 누가 조종하는가와 상관없이 하늘에서 곤두박질칠 것임을 다시 증명해보라고 요구할 것이다.

그래, 그것이 실재 원리이다. 그것이 상황을 지배하는 법칙이다. 실재 주변에 다른 길은 없다. 그 규칙에 대한 예외는 절대 없으며, 당신을 위한 예외도, 누구를 위한 예외도 없다. 당신은 그 규칙을 알거나 모르거나 둘 중 하나다. 당신은 그 규칙을 따르거나 따르지 않거나 둘 중 하나다. 그러나 만일 당신이 그 규칙을 모른다면 혹은 아는데도 따르지 않는다면 밤이 낮 뒤에 오듯이 말썽이 당신 뒤를 따른다. 당신은 연료를 다 쓴다. 연료가 바닥나면 당신은 추락할 것이다.

네 번째 선택지는 다음과 같다. 합리적인 일을 하라. 실재에 기초한 행동을 하라. 일단 착륙하라. 연료를 공급하라. 나중에 비행할 수 있도록 살아남아라.

비행 유비를 한 단계 더—당신의 사생활까지—확장해보라. 교훈은 무엇인가? 인지하지 못한 조건, 알려지지 않고 의도하지 않은 귀결, 자기기만, 그리고 다른 장애들이 우리가 일상생활에서 발견하는 복잡한 상황에 대해 충분히 이해하고 적절하게 반응할 수 있게끔 해주는 당신의(그리고 나의) 능력을 제한하는 일이 가능한가? 만일 그렇지 않다면 명료한 사고, **논리** 혹은 과학을 배우는 것이 적절한 처사가 된다고 보기는 거의 어려울 것이다. 만일 그렇지 않다면 당신이 이 책을 읽는 일도 적절한 처사가 된다고 보기는 거의 어려울 것이다.

당신의 문제에 지성적으로, 합리적으로, 현실적으로 대처하라.

그래서 실재에 대처하는 법을 몰라서 당신의 인생을 추락시키지 말라. 소망적 사고로 인해 당신의 성공 기회를 무산시키지 말라. 합리적인 접근 방식을 택하라. 문제를 똑바로 보고 이성적으로 대처하라. 진리, 즉 실재 상황을 알고, 실재 상황이 요구하는 대로 문제에 대처하라. 합리적으로 행동하라. 합리적으로 예상되는 것을 토대로 행동을 계획하라. 그것이 바로 예기치 않은 예측 불능의 비합리적 사태를 다루는 최상의 방식인데, 이런 사태는 당신도 모르게 뱀처럼 슬그머니 들어와 당신에게 일어나는 것이다. 비행기 유비는 알기 쉬운 빤한 답을 보여준다. 그것이 바로 내가 그 유비를 선택한 이유이다. 연료 결함 문제를 해결하는 경우에는 그리 많은 생각이 필요하지 않다. 일반적으로는 당신이 연료를 주입하거나 당신의 엔진이 멈추거나 둘 중 하나다. 그것은 그만큼 단순하다.

비행기는 인간이 음식을 필요로 하는 것처럼 연료를 필요로 한다.

연료 문제는 인간에게도 적용된다. 당신은 먹든지 죽든지 둘 중 하나다. 크세노폰은 그의 유명한 책 《아나바시스》(*Anabasis*)에서 그리스 병사들을 길가에 쓰러지게 만들고 있는 기아 병에 대해 오직 한 가지의 구제책이 있을 뿐이라고 말한다. 그 구제책은 음식이었다. 그들에게 음식을 주자마자 기아 병은 사라졌고, 병사들은 다시 움직일 수 있었다. 만일 음식을 제공하지 않았다면 병사들은 계속해서 시들시들하다가 이내 죽었을 것이다. 크세노폰은 음식이 없다면 기아 병이 치명적이었다고 결론지었다. 그의 말은 지금도 여전히 사실이다.

연료 문제와 기아 문제는 해결책이 비슷하다. 두 문제는 비슷한 문제이기 때문에 해결책도 비슷하다. 엔진은 인간 신체가 음식을 필요로 하는 것처럼 연료를 필요로 한다.

실재에 기초한 문제는 대부분 연료나 음식 문제만큼 단순하지 않다.

실은 나도 우리가 직면해 해결해야만 하는 다른 문제에 대해 단순한 답이 있기를 바란다. 만일 단순한 답이 있다면 우리는 우리가 타고 있는 배에서 빠져 나와 다 같이 정원에서 재미있게 놀거나 풀장에서 수영을 하거나 혹은 좋은 책이나 영화를 즐길 수 있을 것이다. 불행히도 현실은 그렇지 않다. 실재는 이와 정반대이다. 대부분의 시간 동안에 단순한 해결책이란 없다.

이 모든 것은 우리가 어떤 문제에 대한 해결책을 찾고 있을 때 염두에 두어야 할 첫 번째 중요한 원칙을 떠오르게 한다. 이 원칙을 지금 당장 기억하라. 거울을 앞에 두고 이 원칙을 자주 복창해보라. 매일 복창해보라. 이 원칙은 일생 동안 당신에게 도움이 될 것이다.

> **원칙**: 단순한 답? 잊어버려라. 보통은 단순한 문제가 거의 없기 때문에 단순한 답도 없다. 오히려 우리가 직면하지 않을 수 없는 문제—우리에게 중요한 문제—는 대부분 매우 복잡하다.

보통 단순한 답이 없을 뿐만 아니라 문명이 발달함에 따라 우리가 다루어야 하는 문제는 점점 더 복잡해지고, 답 역시 점점 더 복잡해진다.

복잡성으로의 진행이 나쁜 것만은 아니다. 그러한 진행은 아마도 모든 분야에서 우리의 창조적 능력에 연료를 공급하는 역할을 할 것이다. 그러다가 만일 우리가 막다른 곳에 도달한다면 인간의 영혼은 시들시들하다가 죽을 것이다. 하지만 그 점에 대해 그리 걱정할 필요는 없다. 우리와 우리 주변의 것들—인간의 피조물들과 실재에 대한 우리의 이해—은 심각한 것이 아니라면 복잡성이 증대될 것이고, 현관문에 당도할 때까지 우리가 생각하기를 계속하고 이성적으로 행동하며 문제를 해결하는 한 우리의 능력 신장의 초석으로 남게 될 것이다.

> **교훈**: 단순한 답이 없기 때문에 단순한 답은 틀릴 가능성이 많다.

그래, 틀린다!

따라서 단순한 답은 **어떤 것이든** 액면 그대로 받아들이지 말라. 특히 모든 복잡한 문제에 대해서는 어떠한 단순한 답도 받아들이지 말라.

최근에 투자자들은 쓰라린 경험을 통해 이 교훈을 배워왔다. 이 교훈을 투자에 적용했을 때 끌어낼 수 있는 지침은 쉽게 설명될 수 있어서 많은 사람이 따르는 주식시장의 어떠한 돈벌이 접근법도 너무 단순하고 너무 쉬워서 오랜 기간 동안 유지될 수 없다는 것이다. 베네딕트 드 스피노자(Benedict de Spinoza)가 《윤리학》(*Ethics*)의 맺음말에서 한 "탁월한 모든 것은 드문 만큼 어렵다."는 말은 철학은 물론이고 월 스트리트에도 그대로 적용된다. 이런 사실로부터 다음 교훈이 따라 나온다.

교훈: 복잡한 문제는 답하기가 어려울 수 있다.

"목적이 수단을 정당화하는가?"라는 물음에 관해 어떻게 생각하는가? 이 물음에 대한 답이 무엇일까? 잠깐만 생각해보라. 답이 있는가? 그 답이 무엇인가? 목적이 수단을 정당화한다고? 그런가 그렇지 않은가?

이 물음은 분명히 상당한 분석이 필요하다. 분명히 목적이 수단을 정당화하는 경우가 있는가 하면, 또 그렇지 않은 경우가 있을 수 있다. 일반적인 형태로 이 물음은 "내가 막 구입하려고 하는 이 차가 가격만큼의 가치가 있는가?"라고 묻는 것과 비슷하다.

답이 무엇인가? 이 차가 내가 구입할 만한 가치가 있는가? 이 물음에 대한 답이 무엇인가? 잠깐만 생각해보라. 답이 있는가? 그 답이 무엇인가? 당신이 정말로 그 답을 아는가? 당신은 알지 못한다. 왜 그런가?

답이 차, 나의 사정, 관련된 사람들에 달려 있기 때문에 당신이 알지 못하는 것이다. 나는 구입하려고 생각하는 차가 어떤 차인지 당신에게 말하지 않았고, 가격에 대해서도 말하지 않았으며, 내 개인적 재정 상태에 대해서도 당신에게 알리지 않았다. 세부 내용이 없이는 분별 있는 답이 가능하지 않다. 단순한 답은 복잡한 문제에 대하여 단순한 답이 없기 때문에 가능하지 않다.

단순한 답이 없다고?

쳇, 빌어먹을!

사람들은 단순한 답이 있을지도 모른다고 생각한다. 사람들은 단순한 답이 있다고 믿고 싶어 한다. 그리고 그렇게 믿으려는 의지 때문에 사람들은 되풀이해서 얼간이 취급을 받는다. 그들은 함정, 즉 핵심을 놓치거나 반드시 해야 되는 일을 하지 않거나 혹은 잘못되거나 불필요한 일을 하는 함정에 빠진다. 생각을 하는 대신에 사람들은 두려워해야 할 때 희망한다. 또는 희망해야 할 때 두려워한다.

쌍둥이 빌딩으로 일컬어지는 세계무역센터(World Trade Center)에 대한 공격은 테러리즘의 복잡한 문제에 대해 많은 단순한 답을 낳았다. 2001년 9월 11일 미국에 대한 공격이 이루어지던 시각에도 협잡꾼들은 벌써 그러한 상황을 통해 자신들의 이익을 얻으려는 일을 시작하고 있었다. 그와 같은 대사건이 선한 사람에게는 최선의 능력을 발휘하도록 했고, 악한 사람에게는 최악의 능력을 발휘하게 했다. 나쁜 녀석들에게는 그 사건이 대중을 속일 수 있는 새로운 기회를 만들어주었다. 사기꾼들은 세계무역센터가 붕괴될 때 잃어버렸다고 주장하는 자료를 대신할 신용카드 번호와 사회보장 확인증을 구하려는 수많은 사람에게 전화를 걸었다. 전화를 건 자들은 매우 품위 있고 믿음직스럽게 전문가다운 목소리로 이야기를 했으며, 그들이 말한 것은 당신이 15초만 생각했더라도 그러지 않았을 상황에서 모두 사리에 맞는 것처럼 들렸다. 누군가가 어째서 당장에 그 정보를 필요로 하는가? 금융기관은 대체로 비상시 보호하기 위하여 다른 곳에 그러한 모든 기록의 사본을 보관하고 있지 않은가? 왜 당신이 수십 년 동안 거래해온 지방은행의 직원 메어리가 아니라 뉴욕의 사기꾼들이 당신에게 전화를 걸고 있는가?

비상시에 나타났던 다른 속임수와 사기는 어떤 것이 있었는가?

희생자, 소방관, 경찰 가족을 위한 모금운동을 하는 것처럼 가장하라. 의연금을 요구하는 가짜 군 조직. 가짜 전쟁을 담보로 하거나, 어린이, 군대 등에 깃발을 보내는 책략. 생명이나 재산의 손실에 대한 두려움을 이용하는 가짜 보험 거래. 금 매각이나 이른바 다른 안전한 투자, 방독면이나 무기와 같은 생존 장비의 판매. 테러를 막는다고 주장하는 가짜 기구들은 의연금을 구걸하였다. 위험한 혹은 가짜 투기사업이 성행하게 되었다. "뉴욕 시가 바야흐로 필요로 하고 있으며(제품명을 기입하시오), 이것이 바로 당신이 우리에게 돈을 투자하라고 권하는 이유입니다(회사명을 기입하시오)."

비극과 결부된 사기로도 알려진 이러한 신용 사기는 배려와 비탄, 애국심, 두려움, 복수심, 탐욕에 대한 감정적 호소에 기초를 두고 있는데, 이런 감정 모두나 일부 혹은 이런 감정들이 어떤 형태로든 결합된 것에 호소하고 있다. 이런 사기는 모두 다소 복잡한 어떤 문제에 대해 단순한 답을 제시한다고 칭한다. 그것들은 심지어는 터무니없는 이유에서 혹은 아무런 이유 없이도 혹은 그 이유가 잘못되었거나 무관하거나 부적합한 것임을 알거나 알아야 할 때조차도 무언가를 당장 해야 한다는 인간의 감정적 필요에 호소하였다.

이러한 모든 책략의 성공은 대부분의 사람이 생각을 하지 못한다는 사실에 근거를 두고 있다. 그리고 설령 그들이 생각할 수 있다 하더라도 그들은 올바르게 생각하지 못한다. 더 나아가 설령 그들이 올바르게 생각할 수 있다 해도 그들은 너무나 힘든 작업이라서 올바르게 생각하는 일에 신경을 쓰지 않는다. 그리고 설령 그들이 실제로 올바르게 생각한다 해도 흔히 그들은 자신의 결론에 따라 행동하지 않는다.

이 말은 슬프지만 옳다. 대부분의 사람들은 무지 속에서 나뒹구는 것을 좋아하는 편이다. 사람들은 대부분 복잡한 문제에 대해 단순하고 스트레스 없는 해결책을 좋아하는 편이다. 사람들은 대부분 단순한 해결책을 받아들이는데, 비록 그들이 어떤 수준에서 단순한 해결책이 잘못될 가능성이 많다는 것을 보통 그들의 마음속 깊은 곳에서는 안다 할지라도 그렇다.

테러리즘은 거대하고 복잡한 문제이다. 테러리즘은 단순한 해결책을 가질 것 같지 않다. 당신이 450달러에 방독면을 사는 것은 테러 문제를 해결하는 방법이 전혀 아니다. 당신뿐만 아니라 누구에게라도 아니다. 그런데도 공격을 받은 다음날인 9월 12일 날 뉴욕 그리고 심지어 휴스턴에서까지 방독면 수백 개가 팔렸다. 그것은 애석한 일이었다. 또 다른 애석한 일은 많은 사람이 구입한 것이 방독면이 아니라 어린애 장난감처럼 보이는 어떤 것이었다는 사실이었다. 상당히 아이러니한 일이었다. 가짜 방독면은 복잡한 문제에 대해 가짜 해결책이 된다.

왜 단순한 답이 그토록 많은 사람으로 하여금 오류를 범하게 끄는 힘이 있을까?

단순한 답은 몇 가지 이유 때문에 우리의 마음을 끈다. 신중하고 확신을 하지 못하는 사람은 인상을 주지 못할 가능성이 많다. 온건한 **진술**과 상당한 검사를 거친 긴 설명은 나약함과 우유부단함의 징표인 것처럼 보인다. 대담하고 단도직입적인 주장이야말로 (틀렸을 때라 할지라도) 강함과 활력을 시사한다. 따라서 단순한 것과 단순화한 것이 좀더 많은 영향, 즉 그래야 하는 것보다 훨씬 더 많은 영향을 미치게 된다. 역으로 복잡한 것과 복잡화한 답은 그래야 하는 것보다 영향을 덜 미치게 된다.

원칙: 섬뜩할 정도로 자신감에 차 있고 의심으로부터 자유로운 사람은 틀릴 가능성이 많다.

교훈: 자신이 올바르다고 확신하는 사람들에 대해 의심하라.

그렇다면 앞에서 언급한 사람이 문제가 있는 셈이다. 즉 대부분의 사람들이 생각하는 법을 모른다는 문제가 있는 셈이다. 그리고 정말로 생각하는 법을 아는 사람은 그러한 활동을 피하는 경향이 있는데, 그것은 그 일이 너무 힘든 작업이기 때문이다. 좀더 중요한 것은 실제로 생각하는 사람들이 종종 그럴 마음이 없다는 것인데, 그런 사람들 중 많은 사람이 교도소에 수감되기 때문이다. 또는 그들은 공개적으로 망신을 당하거나 해고되거나 박해를 받아왔으며, 그렇지 않을 경우 이전의 생각 사건으로 인해 처벌을 받아왔다. 예를 들어 소크라테스, 예수, 갈릴레오 혹은 엔론의 내부 고발자 셰런 왓킨스(Sherron Watkins)를 생각해보라. 이 위인들은 몇 가지 아주 중요한 생각을 했으며, 그것에 관해 다른 사람들에게 말하려 했다. 그러나 그렇게 해서 알게 된 많은 사람들은 역으로 반응해 폭력에 호소했다. 소크라테스는 헴록으로 만든 독배를 마셔야 했다. 예수는 십자가에 못 박혔다. 갈릴레오는 지구가 태양 주위를 돈다고 "주장하고 가르쳤다."는 죄목으로 피사에서 추방되어 피렌체 교외 자택에 구금되었다. 엔론의 어떤 내부 고발자들은 해고되어 퇴직 수당도 받지 못했다.

결론: 생각하기는 위험할 수 있다.

그래, 생각하기는—실제로 생각을 하는 사람과 그 생각의 대상이 된 사람, 조직, 제도, 사상에—위험할 수 있다. 생각하기는 이미 확립된 질서 속에 있는 힘에 대해 도전하고 전통적인 신념에 의문을 제기할 수 있는 것이다.

사상가가 자신의 사고를 다른 사람에게 누설하지 않으려는 경향이 있다는 사실은 놀랄 일이 아니다. 진정한 사상가는 곧 말썽을 일으키지 말고, 당혹스런 질문을 던지지 말며, 악감정을 초래하지 말 것을 배운다. 그렇지 않으면 그들은 실제로 본격적으로 생각하는 일에 몰두할 때, 그리고 그들이 그렇게 몰두한다면 그들이 할 수 있다는 것을 아는 방식대로 좋지 않은 분위기를 경험하거나 폭동을 선동하거나 정부를 무너뜨릴지도 모른다.

> 사람들은 도대체 그밖에 두려워하는 것이 없기 때문에—파멸 이상으로, 심지어는 죽음 이상으로—사상을 두려워한다. 사상은 전복적이고 혁명적이며, 파괴적이고 끔찍한 것이다. 사상은 특권, 이미 확립된 제도 그리고 안락한 관습에 대해 무정하다. 사상은 무정부주의적이고 무법적이며, 권위에 대해 냉담하고, 많은 시련을 겪은 만년의 지혜도 개의치 않는다.

> 사상은 지옥 구멍까지도 들여다보지만 두려워하지 않는다. 사상은 헤아릴 수 없는 깊은 침묵에 둘러싸인 채 사람을 살피는데, 희미한 반점까지 살핀다. 그러나 사상은 마치 자신이 우주의 주인인 양 움직이지 않은 채로 거만하게 자신을 퍼뜨린다.
>
> 버트런드 러셀(Bertrand Russell)[3)]

버트런드 러셀은 무엇을 의미했는가? 그는 정확히 그가 말한 것을 의미했다. 그러나 그의 말에서 내가 훨씬 더 마음에 들어 하는 인용구는 "많은 사람들이 생각하느니 죽는 쪽을 택할 것이며, 실제로 사람들은 그렇게 한다."이다.

> **원칙**: 단기적으로는 명료한 사고가 말썽을 일으킬 수도 있다. 그러나 장기적으로는 명료한 사고가 보통 유익하다.

빌어먹을! 그 점에 관해서는 의문이 없다. 즉 생각은 많은 말썽을 일으킬 수 있다. 그러나 생각은 또한 경이로운 것을 창조할 수도 있다. 별난 생각을 하는 사람이 결국은 선구자가 될 수도 있다. 천재는 보통 고립무원의 소수파로 인생의 첫발을 내딛으며, 이전의 삶의 많은 시간을 감옥이나 포로수용소에서 보낸 많은 탁월한 정치가는 결국에는 지혜, 지식, 변화의 풍부한 선물을 전하는 일종의 프로메테우스로 나타났다.

그러나 나는 주제에서 벗어나고 있다. 마지막 한 가지 요점과 함

---

3) Bertrand Russell, *The Basic Writings of Bertrand Russell 1903~1959*, ed. Lester E. Denonn and Robert E. Egner(New York: Simon and Schuster, 1961), 411면.

께 일반 대중이 복잡한 문제에 대해 단순한 답을 좋아하는 이유로 되돌아가기로 하자. 복잡한 명제를 이해하고 설명하기란 어려운 일이다. 복잡한 문제를 부주의하고 어리석은 사람에게 설명하기란 특히 어려운 일이다. 대부분의 진정한 사상가는 자신의 생각을 효과적으로 전달하는 데 어려움을 겪는데, 이는 (비록 어떤 사상가들은 형편이 없지만) 그들이 형편없는 전달자라서가 아니라 그들이 말하고자 하는 사람들이 이해력이 형편없는 사람들이기 때문이다.

현실을 직시하자. 진정한 학식은 우리 인류가 성취할 수 있는 가장 높은 성공 중 하나이다. 누구도 가치 있는 주제를 선택하고 그 주제의 모든 사실과 구성에 정통하는 사람보다 더 성공적이지 않다. 그렇게 되면 그는 그가 원하는 것을 할 수 있다. 그러나 만일 그가 자신에게 알려진 대로 자신의 조사 결과를 전달할 수 있다면 그는 오래 전에 인류를 개화시켰을 것이다. 따라서 진정한 학자는 실패해왔다. 참다운 학식은 종종 전달 불가능하다.

원칙: 우리 자신과 같은 사이비 학자들이 세계의 미래를 제어한다.

나와 마찬가지로 우리 대부분은 사이비 학자이지 진정한 학자가 아니다. 우리는 비록 그것이 우리라 할지라도 사이비 학자를 통해 일을 끝내는 노력을 할 수 없는데, 이 사이비 학자들은 교회와 국가, 교육 체계, 보도 기관, 경제를 제어하며, 당신이 본격적으로 달려들면 우리 자신의 미래와 (직간접적으로) 세계의 미래를 제어한다.

좋은 소식은 현 상태의 진정한 학식이 주어지면 사이비 학식이 요구를 충족시키고, 필요를 만족시키며, 이 불완전한 세계에서 함께 잘 지내게 하는 데 도움이 된다는 사실이다. 사이비 학식은 그 정도로 충분하기 때문에 요구를 충족시킨다. 그것으로 충분하다. 그러나 우리는 사이비 학식도 일이기 때문에 심지어는 그것에도 종사해야 한다.

그래서 말썽은 일반 사람들뿐만 아니라 우리 자신에게서도 일어난다. 어떤 때에 사람은 자신 운명의 주인이지만 또 어떤 때에는 그렇지 않다. 친애하는 브루투스, 잘못은 우리의 스타들이 아니라 우리 자신, 즉 우리가 졸개라는 사실에 있다. 그래 맞다. 우리는 게으른 경향이 있다. 우리는 함께 가려는 경향이 있다. 우리는 요점을 놓치는 경향이 있다. 우리는 판단과 결정을 덥석 잡아채는 경향이 있다. 우리는 졸개가 되는 경향이 있다. 그리고 우리는 결과를 감수하는 경향이 있다.

맞다. 정말이지 단순한 게으름과 무리를 따르려는 경향, 일반적으로 새롭거나 색다른 것을 채택하기를 꺼리려는 태도는 진보를 방해하고 많은 생각을 막는다. 단순한 게으름은 적어도 처음에는 실재가 우리 머리에 충돌할 때까지 생각을 방해한다. 그 후 우리는 생각을 해야 하며, 그때는 어쩌면 생각을 하겠지만 너무 늦을 것이다.

원칙: 대부분의 사람들은 안이한 해결책을 취하는 경향이 있다.

문제에 합리적으로 대처하거나 씨름하는 방법을 발전시키는 것이 아니라 오히려 대부분의 사람은 싸움이 시작되기도 전에 굴복한다. 그들은 문제를 잠자코 받아들인다. 그렇게 잠자코 문제를 받아들임으로써 그들은 고통을 겪게 될 것이다. 그들은 어쩌면 오늘도 아니고 어쩌면 내일도 아니겠지만 조만간에 고통을 겪게 될 것이다. 그런 사람 중 하나가 되지 말라.

원칙: 올바르지 못하고 비논리적이고 그르며 오류를 범하고 비합리적이며 결함 있는 대부분의 생각은 정신적 게으름에서 기인한다.

이 원칙으로부터 다음 교훈이 따라 나온다.

교훈: 정신적 게으름을 피하라. 생각하는 일에 종사하라.

지금 당장 자신이 생각하지 않을 수 없다고 결심함으로써 정신적 게으름을 스스로 치유하라. 이 작은 책을 읽는 일이 야기할 괴로움에도 불구하고(그리고 이 책을 읽는 일은 실제로 괴로움을 야기할 것이다) 당신은 그렇게 하는 것이 결국은 당신에게 이로우며, 십중팔구 대단히 이로울 것임을 알기 때문에, 지금 당장 이 책을 읽는 일을 계속하지 않을 수 없다고 결심하라.

계속해서 생각하라. 계속해서 생각하는 일에 종사하라.

생각하기는 어려우며, 처음에는 특히 그럴 것이다. 그러나 그 일을 계속해라. 계속해서 생각해보라. 잠시 후 당신은 생각하는 것이 재미있다는 것을 알게 될 것이다. 잠시 후 당신은 마치 차를 운전하거나 포크를 사용하거나 양치질하는 요령을 터득하게 되는 것과 마찬가지로 생각하는 요령을 터득하게 될 것이다. 잠시 후 당신은 마치 운전의 재미와 자유를 경험하는 것과 마찬가지로 생각을 즐기게 될 것이고, 특히 생각의 자유를 즐기게 될 것이다. 그것은 당신이 포크를 이용해 음식을 먹거나 이를 깨끗이 닦는 일의 편리함을 경험하는 것과 마찬가지다. 그러고 나면 잠시 후 당신은 나만큼 식탁에서 참을 수 없을 정도로 포크를 사용하는 것을 즐기게 될 것이다. 잠시 후 나처럼 당신은 사람들이 자신의 신성한 암소라고 주장하는 어떤 생각이 그저 순전한 쓰레기에 지나지 않는다는 것을 재미있게 지적함으로써 그들이 말하는 것의 모든 것을 반박할 수 있게 될 것이다.

아하! 신성한 암소라, 나는 그것을 몹시 좋아한다. 신성한 암소는 최고의 햄버거를 만들어낸다. 맛이 기막히다!

다른 모든 것과 마찬가지로 생각은 하나의 기술이다. 생각을 잘하기 위해서는 당신은 특히 처음에는 지옥같이 힘든 고통을 겪어야 한다. 그렇게 하다 보면 사정이 나아질 것이다. 나중에 당신은 그것을 하면 할수록, 즉 생각을 하면 할수록 그 일을 하는 것이 더 쉬워진다는 것을 발견하게 될 것이다. 당신이 생각을 하면 할수록 그만큼 더 좋은 결과들이 있게 될 것이다. 생각하는 일은 재미있고 유익한 일이기 때문에 정신적 무력증을 극복하고 생각을 해라.

다른 사람들 앞에 나타나 그들의 결함을 드러내는 즐거움 외에 당신은 또한 올바른 생각이 말썽을 피하게 하고, 당신을 좀더 유능하게 만들어주며, 계속해서 성공하도록 당신을 발전시키고 유지할 수 있게 도와준다는 것을 깨닫게 될 것이다. 실제로 해보면 당신은 생각하는 일이 얼마나 유익한지 놀라게 될 것이다. 생각하기는 당신의 개인 생활과 사업 생활에 엄청난 이점을 제공할 터인데, 당신은 이 비슷한 것을 상상해본 적도 없었을 것이다. 생각하기가 이처럼 독특한 이점을 가져다주는 이유는 슬프게도 당신 주변의 다른 사람들, 사실상 당신 주변 사람들 대부분이 생각을 하지 않는다는 사실이다. 그들은 그저 정신적 안개가 처음부터 끝까지 자신의 날개와 기도가 되기를 바라면서 그 정신적 안개를 얼렁뚱땅 헤쳐 가면서 허공에서 헤매고 있다. 그들은 자신의 운명을 스스로의 계획에 맡기는 대신 운이나 다른 사람의 의지에 맡긴다.

마지막으로 경계해야 할 사항은 TV와 대중매체를 조심하라는 것이다. 그것들은 당신의 적이다. 그것들은 명료한 사고의 적이다. 그것들은 모든 사고의 적인 경우가 흔하다.

원칙: TV와 대중매체는 사람을 바보로 만드는 경향이 있다.

왜 그럴까?

과대 선전과 희망의 혼란스러운 혼합 외에도 그쪽에서 저작권이 소멸된 채 공유되고 있는 아이디어 대부분은 단순하며, 그래서 틀릴 가능성이 많다. 이처럼 유감스러운 사태가 발생하는 이유는 간단하다. 즉 단순한 아이디어는 쉽게 기억되고, 쉽게 설명되며, 쉽게 퍼지는데, 이 모든 것이 TV 시청자가 원하고 필요로 하는 요소인 것처럼 보인다.

우리가 우리 사회를 자유 발의권, 개인주의, 관념주의 중 한 가지를 지닌 것으로 말하는데, 이때 실제로는 그런 것이 대부분 말이라는 사실을 잊지 말라. 우리는 참다운 휴머니즘적 관심사에 의해 약간 완화되었을 뿐인 유물론에 의해 움직이지만 본질적으로는 관료제의 성격을 띠는 중앙집권적 산업문명 속에서 산다. TV는 대체로 미국 법인의 큰 회사가 소유하고 운영하며 (광고 수입을 통해) 지배하는데, 이 상사는 자사 제품의 질, 그리고 때로 〔월드컴(WorldCom), 다이너지(Dynergy), 아델피아(Adelphia), 타이코(Tyco), CMS 에너지(CMS Energy), 릴라이언트 리소시스(Reliant Resources), 엔론, 글로벌 크로싱(Golbal Crossing)의 경우처럼〕 회사 자체의 사업 실태의 건전성에 관해 판에 박은 듯이 기계적으로 우리에게 의존하고 있다.

그러니까 조심해라!

당신에게 영향을 끼치고 싶어 하는 사람들, 당신의 의견을 조종하고 싶어 하는 사람들—선생이든 광고주든 법이든 혹은 가엾은 정치인이든 간에—은 이미지 메이커인데, 이 이미지 메이커들은 자신이 말해야 할 것을 청중들의 지적 수준에 맞게 조정한다. 그리고 청중 수가 많으면 많을수록 수준은 그만큼 더 낮아진다. 그것이 바로 당신이 인터뷰 토막들로 잘려서 몹시 단편적인 요소들로 나누어진 뉴스를 얻게 되는 이유인데, 이 뉴스는 다시 쉽게 소화될 수 있는 정보 덩어리—그리고 종종 오보—를 제공할 목적에서 헤드라인과 선전 문구로 만들어진다.

토머스 제퍼슨(Thomas Jefferson)은 신문을 읽지 않는 사람이 읽는 사람보다 더 많이 안다고 말했다. 신문을 읽지 않는 사람들은 머릿속에 오보를 채워 넣지 않는다. 제퍼슨이 신문에 대해 그렇게 생각했다면 TV에 대해서는 뭐라고 말했을까? 이와 유사한 견해를 지녔던 마크 트웨인(Mark Twain)은 사람을 상하게 하는 것은 자신이 알았던 것이 아니라 자신이 옳지 않음을 알았던 모든 것이라고 말했다. 제퍼슨과 트웨인은 석가모니 부처에게 동의했을 텐데, 부처는 그의 사성제(四聖諦, Four Noble Truths)에서 똑같은 관념을 표현했다. 즉 고통은 누구에게나 있다. 고통은 원인이 있다. 고통의 원인은 잘못된 이해(misapprehension, 이 말로 부처는 잘못된 생각으로 이끄는 잘못된 정보를 의미했다)이다.

문제가 있다. 해결책이 무엇인가? 명료한 사고를 시작해라.

명료한 사고는 어떤 것이 옳을 가능성이 높고 어떤 것이 그를 가능성이 높은지를 다른 어떤 도구보다도 더 잘 알려준다. 명료한 사고는 우리로 하여금 올바르게 생각하도록 돕는 도구이다. 명료한 사고는 심지어 당신이 진리에 이르도록 숨겨진 메시지를 해독하게 하는 도구를 제공한다. 명료한 사고는 사람들이 당신에게 언제 쓰레기를 건네고 있는지를 알려준다.

나의 희망은 명료한 사고와 실용논리학에 관한 이 작은 안내서가 그 동안 많이 간과되어온 합리적 사고의 기술을 당신에게 소개함으로써 당신으로 하여금 올바른 길을 따라 좀더 안전하고 좀더 행복한 인생에 더 빨리 갈 수 있게 하는 것이다. 나의 희망은 이 책이 당신 정신의 기쁨거리 창고에 매우 큰 상품을 하나 추가할 기회를 제공했으면 하는 것이다. 나의 희망은 당신이 그 길을 따라가면서 내가 이 분야를 배웠을 때 느꼈던 것과 같은 어떤 재미를 느꼈으면 하는 것이다.

갈수록 문명은 똑바른 사고와 재앙 사이를 질주하고 있다. 만일 우리가 비뚤어진 사고를 즉시 똑바르게 펴지 않는다면 우리는 추락할 것이다. 만일 우리가 올바른 사고를 시작하지 않는다면 우리는 가엾기 그지없는 신세가 된다.

복습

복습에 들이는 시간은 절대 낭비가 아니다. 신경과학자들은 복습이 이전에 활성화된 신경망을 다시 활성화시킬 개연성을 증가시킴으로써 우리의 기억을 정리한다는 것을 발견해왔다. 반복된 재활성화는 기억력을 촉진하도록 뇌의 실제 구조적 변화라는 결과를 가져온다. 함께 자극을 받은 신경단위들은 자료를 함께 전송한다.

그러므로(여기서 당신은 앞에 언급한 전제들로부터 당신 자신의 결론을 산출할 수 있어야 한다).

연습문제

1. 이 장의 모든 주요 요점을 다시 읽어라. 그렇게 한 다음 스스로 여기에 검사 표시를 하라 _______.
2. 이 장의 모든 주요 요점을 큰 소리로 다시 읽어라. 그렇게 한 다음 스스로 여기에 검사 표시를 하라 _______. 큰 소리로 다시 읽는 것은 말없이 다시 읽는 것보다 기억을 더 잘 정리되게 한다. 다시 읽으면 읽을수록 그만큼 당신은 기억이 더 잘 정리될 것이다. 그러나 지나치게는 하지 말라. 네 번 정도면 충분하다. 당신은 단조로운 일을 반복해서 계속하는 사람이라는 평판을 얻기를 원하지 않는다.
3. 왜 논리가 사랑의 절반만큼도 중요하지 않은지 말해보라. 당신이 올바르다고 생각하면 여기에 검사 표시를 하라 _______. 힌트: 이 물음에 대한 답은 이 책이 아니라 당신의 심장 속에 있다. 오스카 와일드를 인용함으로써 이 책은 그저 논리가 사랑의 절반만큼도 중요하지 않다고 주장했을 뿐이지 그 이유를 전혀 설명하지 않았고, 증명도 하지 않았음이 확실하다. 뒷받침되지 않은 주장, 즉 아무런 증거가 제시되지 않은 주장은 엄밀히 말해 비합리적이다. 그런 진술이 비합리적인 이유는 뒤에서 다룰 것이다.
4. 맥주 비가 내리기를 기다리는 것이 왜 시간 낭비인지 설명해보라. 당신이 올바르다고 생각하면 여기에 검사 표시를 하라 _______.
5. 어떤 요인들이 복잡한 문제에 대한 단순한 답을 배제하는가? 당신이 올바르다고 생각하면 여기에 검사 표시를 하라

_______.

6. 올바르지 못하고 비논리적이고 그르고 결함 있는 사고 대부분의 원인은 무엇인가? 당신이 올바르다고 생각하면 여기에 검사 표시를 하라 _______.
7. 교재의 적당한 절들을 다시 읽음으로써 앞의 문제들에 대한 당신의 답을 검사해보라. 그 문제들 대부분에 대해 당신이 올바른 답을 했으면 여기서 멈추고 어떤 방식으로든지 자신에게 상을 주어라. 이 대목에서 간단하게라도 즐거움을 맛보는 것이 기억을 정리하는 데 도움이 될 것이다. 잘한 일에 대해 상을 주는 것은 뇌를 효과적으로 기능하게 하는 데 도움이 된다.
8. 이 장에서 배운 내용을 당신의 일상생활에 응용해보라. 심리학자들은 우리가 새로 배운 사고 전략을 바로 써먹지 않으면 그 전략을 우리가 보고 듣는 것에 관해 비판적으로 생각할 평생의 수단으로 채택할 가능성이 적다고 말한다. 오늘 신문이나 오늘 사람들이 당신에게 말한 것들 속에서 단순화된 사고의 예를 적어도 세 가지 찾아보라. 그러한 사고가 왜 단순화된 사고인지, 그리고 그러한 사고가 어떻게 기초적인 정신적 게으름의 경향을 나타내는지 설명해보라. 당신이 간파한 단순화된 사고의 이유를 적발할 수 있는지 보라. 보통 대중매체는 스스로를 속이기 때문에 우리도 속인다. 때로 대중매체는 뉴스라는 상품을 우리에게 팔고 싶어 하기 때문에 우리를 속인다. 최고로 잘 팔리는 뉴스는 나쁜 뉴스이므로 대체로 신문, 라디오, TV에서 주도권을 쥐고 있는 것은 나쁜 뉴스이다. 세상이 하늘이 무너진다고 외치며 이리저리 뛰어다니는 겁 많은 병아리(Chicken Little)같이 하찮은 사람들로 채워져 있다는 사실을 기억하라.

그런 사람들을 그렇게 취급하라. 겁 많은 병아리같이 하찮은 사람은 사실상 나 자신을 포함하여 우리들 대부분이 모두 작은 병아리이기 때문에 효과적이다. 힘들겠지만 용기를 내서 98%의 어둠과 악운을 잊어버리는 것이 합리적이다. 이 주장을 보강하는 일에 도움을 받으려면 도서관에 가서 작년 신문을 대충 훑어보라. 계속해서 더 좋은 방법으로 재작년 신문을 훑어보라. 시간이 지난 뒤 때늦은 통찰력으로 보았을 때 당신이 읽은 것의 얼마나 많은 내용이 두려움에서 혹은 정보의 결여로 인해 끊임없이 상황에 대해 그릇된 평가를 하는 사람들에 의해 만들어진 그저 순전한 엉터리인지 주목해보라. 오늘 하루 당신은 얼마나 많은 두려움을 보는가? 인류를 파멸케 하는 가장 최근의 이유들은 무엇인가? 당신은 이런 것에 대해 전에 얼마나 자주 들었는가? 전 세계적 경고? 혹은 그것이 전 지구의 냉각? 에이즈? 오존층의 구멍? Y2K? Y2K+1? 조직적 범죄와 마약? 백악관의 섹스 스캔들? 당신 자신의 인생에 적용되었을 때 이러한 통상의 우려 중 어떤 것이 결국 쓸데없는 것이 되는가? 아아, 슬프도다. 사운드 바이트의 세대에서 생각하기는 잃어버린 기술이 되고, 영혼이 고통을 겪는 동안에 주의를 집중하는 시간은 줄어든다. 만일 당신이 그렇게 생각하지 않는다면 스위스로 이사를 해라. 이 나라는 아무 일도 일어나지 않는 것 같은데 사람들이 만사를 걱정하는 것 같은 나라이다. 당신이 당신의 조사에서 지나친 단순화 때문에 결함에 빠진 사고의 적어도 세 가지 형태를 적발했다면 여기에 검사 표시를 하라 ________.

이제 과도한 단순화로 알려진 사고의 오류를 논의하는 다음 장으로 넘어가기 전에 어딘가에 가서 편하게 쉬어라.

제1장
과도한 일반화

이 책에서 단연 가장 어려운 부분인 이 장은 일반화 개념 그리고 그 개념의 지나친 확장이라고 할 수 있는 과도한 일반화 개념을 소개한다. 이러한 소개 과정에서 나타나는 관념은 몇 개 안 되지만 중요하다. 생각할 준비를 하고 언젠가 그 개념들이 몸에 배도록 시간을 들여라. 그렇지 않으면 지금 당장 시작하라. 만일 당신이 가고 있는 곳과 당신이 되고자 하는 것에 관해 열정이 없다면 포기하라. 당신에게는 그런 것을 만들 기회가 없다. 당신은 잘못된 책을 읽고 있다. 가서 TV나 보라.

한편 만일 당신이 그 일에 종사한다면 이 장 말미에 이르렀을 때 당신은 귀납논리와 연역논리에 대한 지식을 가져야 하고, 진리에 도달하고자 할 때 그러한 두 가지 사고 방법이 하는 역할에 대해 이해하고 있어야 한다. 도중에 당신은 (특수한 지식에 반대되는 것으로서의) 일반적 지식이 시험적 지식임을 배우게 될 것이다. 그리고 좀 더 중요한 것으로 당신은 일반적 지식이 왜 시험적 지식인지를 배우게 될 것이다.

일반적 지식은 경험으로부터 도출된 일반화에 기초를 두고 있기 때문에 시험적이다. 원리적으로는 바로 다음 경험이 의외로 다르고, 그래서 당신(그리고 우리, 실제로는 모든 사람)으로 하여금 이전에 수용한 일반적 결론에 대한 의심을 요구하는 일이 언제나 가능하다.

일반화의 본성을 이해하는 일은 당신이 진리를 발견하는 데 도움이 된다. 진리를 발견하게 되면 당신이 귀찮은 문제를 피하는 데 도움이 될 것이다. 진리를 발견하는 일은 당신의 성공을 보증하는 데 도움이 될 것이다. 진리라는 말로 우리가 존재하는 것, 실존하는 것, 실재하는 것을 의미한다는 사실을 기억해보라. 만일 당신이 진리를 안다면 당신은 옳은 것뿐만 아니라 옳지 않은 것, 즉 존재하지 않는 것, 실존하지 않는 것—실재하지 않는 것—도 명료하게 진술할 수 있어야 한다. 옳은 것과 옳지 않은 것을 아는 일은 실제 세계에서 우리가 효과적으로 기능하는 일에 도움이 되는 핵심 정보이다. 만일 당신이 살아남아서 성공하고 싶다면 실재를 다루는 일은 선택 사항이 아님을 기억하라.

원칙: 일반화는 좋다. 과도한 일반화는 나쁘다.

일반화는 사물의 본성을 기술하는 간단한 규칙을 제공하기 때문에 우리가 진리와 실재를 직시하는 데 도움이 된다.

과도한 일반화는 사물의 본성을 기술하지 않는 간단하고 단순한 규칙을 제공하기 때문에 진리와 실재를 직시하는 우리의 능력을 손상시킨다. 그러므로 일반화는 진리로 인도하기 때문에 좋고, 과도한 일반화는 진리로부터 먼 곳으로 인도하기 때문에 나쁘다.

하지만 지금 우리가 말하고 있는 것은 무엇인가? 일반화란 무엇인가? 과도한 일반화란 무엇인가? 그러한 일반화가 어떻게 이루어지고 왜 이루어지는가?

정의: 일반화는 우리가 특수한 관찰들로부터 일반적 규칙을 구성할 때 일어난다.

다음은 합리적인 일반진술을 산출하는 방법이다. 일련의 관찰을 한 후에 관찰된 특수 사건들로부터 과거, 현재, 미래에 그 관찰의 모든 사례를 기술하게 될 일반 규칙을 추정하라. 이것이 모든 혹은 거의 모든 과학적 규칙이 도출되는 방식이다. 맞다. 믿거나 말거나 모든 과학적 추론은 특수 관찰사례들을 받아들인 다음 모든 관찰사례를 설명하는 일반 규칙을 구성하는 일로 시작된다. 시간에 대한 이론이든 중력에 대한 이론이든 혹은 다른 어떤 개념에 대한 이론이든 올바른 모든 과학 이론은 이러한 방식, 즉 가장 실행 가능한 지식철학에 기초를 두고 있다. 이러한 연구 방식을 **실증주의적** 연구 방식이라고 한다. 이 연구 방식은 원래 칼 포퍼(Karl Popper)와 어거스트 콩트(Auguste Comte) 그리고 다른 몇몇 사람이 제창하였다.

따라서 과학 이론은 우리가 관찰하고 관찰해왔던 사례들을 기술하고 요약하는 모델이다. 훌륭한 이론은 소수 몇 개의 단순한 공준을 기초로 하여 광범위한 현상을 정확히 기술한다. 훌륭한 이론은 시험될 수 있는 명확한 예측을 할 것이다. 예측이 관찰과 일치하면 그 이론은 비록—그리고 이 점이 매우 중요한데—경험에 기초하고 있기 때문에 결코 절대적으로 그리고 언제나 올바른 것으로 증명될 수는 없다 할지라도 그 시험에서 살아남는다. 다음 경험이 이전의 관찰들과 다르지 않을 것이라는 보장은 없다. 새로운 관찰이 예측과 일치하지 않으면 그 이론은 올바르지 못한 것으로 증명되는 것이며, 우리는 그 이론을 버리고 모든 관찰, 즉 이전의 관찰과 새로운 관찰을 더 잘 설명하는 새로운 이론을 구성해야 한다.

원칙: 진정한 일반적 지식은 실재에 기초를 두고 있다.

근본적으로 **올바른** 모든 일반적 지식은 실재에 기초를 두고 있다. 그래서 올바른 모든 일반적 지식은 실제 관찰들에 의한 반복된 시험과 반복된 재확증을 필요로 한다. 결과적으로 어떠한 일반적 지식도 절대적이지 않다. 일반적 지식이 도출되는 방법의 본성으로 인해 어떠한 일반적 지식도 절대적으로 옳거나 절대적으로 옳은 것으로 알려질 수 없다. 대신 모든 일반적 지식은 시험적 지식이며, 언제나 시험적이고 잠정적이며 불확실한 것으로 간주되어야 한다. 이 사실에 정통할 방법은 없다. 불확실성은 일반적 지식이 얻어지는 방법에서 비롯되며, 바로 그것 때문에 불확실성은 극복될 수 없다.

만학의 여왕이라고 하는 수학조차도 한때 완벽한 사고였다가 나중에 결함이 있음이 발견된, 추론을 통한 '증명들'로 인해 애를 태워왔다. 자연과학에서는 실제 과학 종사자들이 끊임없이 그들 전임자들의 잘못된 판단과 잘못된 생각을 바로잡아 수정하고 있다. 그것이 바로 과학적 진보가 이루어지는 방식이다.

잡동사니 과학, 악용된 과학, 사이비 과학은 실재에 기초를 두고 있지 않다.

시험적 성격을 띠는 과학의 본성과 과학이 악용되는 성격을 갖는다는 사실은 서로 별개의 것이다. 과학적 방법이 남용될 수 있고 남용되어왔다는 사실을 염두에 두어라. 19세기에는 두개골 크기에 대한 측정이 북미 대륙 흑인과 원주민의 열등성에 대한 증거로 제시되었으며, 지난 20세기에는 아리아 인종이 우월하다는 이론이 악용된 인류학에 기초를 두고 주장되었다.

우리는 권위주의 정권이 과학자를 포함하여 자신들을 위해 봉사할 아첨꾼을 모집하는 방식에 대해 예리하게 자각하고 있어야 하는데, 이 아첨꾼들은 시인처럼 지성의 자유, 진리, 정의 쪽에 서 있어야 하지만 그 쪽에 서지 않는 자들이다. 결국은 카피르인, 에스키모인, 폴리네시아인이 평균적으로 백인보다 더 큰 뇌와 두개골 측정치를 가지고 있는 것으로 밝혀졌다. 그래서 많은 무지한 백인에 의해 뇌 크기가 우월성을 예언한다고 주장된 그 논증은 너무 멀리까지 밀고 나아갈 수 없었다. 이 책 뒷부분에서 우리는 **아리아인**과 **인종**에 대한 과학적 정의를 이용하여 아리아 인종 같은 것이 없는 이유를 보게 될 것이다.

일반적 지식과 대조적으로 특수한 지식은 절대적으로 옳을 수 있고, 옳다는 것이 절대적으로 알려질 수 있으며, 절대적으로 옳은 것으로 정의될 수 있다.

일반적 지식은 잠정적일 수 있고, 종종 실제로 잠정적이다. 특수한 지식은 절대적으로 옳을 수 있고, 절대적으로 옳다는 것이 알려질 수 있으며, 모든 시간 모든 공간에서 옳을 수 있으며, 종종 실제로 그렇다. 스키피오 아프리카누스(Scipio Africanus)가 B. C. 202년 자마(Zama) 전투에서 카르타고를 물리쳤고, 그로 인해 제2차 포에니 전쟁을 종식시켰다는 사실은 절대적으로 알려진다. 이 진술을 옳게 만드는 것은 그러한 일이 일어났다는 엄밀한 비언어적 사실이다. 20세기에 수백만의 사람이 AIDS로 죽었다. 바다는 소금기가 있다. 물은 액체이다. 6×5=30. 세계무역센터는 파괴되었다. 이 모든 진술은 특수한 진술—옳은 특수한 진술—이다. 그 진술들은 논쟁을 벌인다는 것이 합리적이지 않다. 그 진술들은 지금 옳고, 영원히 옳을 것이다. 각각의 영역에서 그러한 사실들은 중요하다. "사실은 노동자가 아는 가장 달콤한 꿈이나니."라고 로버트 프로스트(Robert Frost)는 읊었다.[1)]

그러나 각각의 진리, 즉 각각의 특수한 진리는 우리가 원하고 필요로 하는 유일한 진리가 아니다. 우리는 다른 진리, 즉 관련된 진리, 일반적 진리, 참신한 진리 혹은 흥미 있는 진리—논쟁의 여지가 있음에도 불구하고 필요한 진리—를 필요로 한다.

이러한 진리, 즉 우리가 필요로 하기도 하는 진리들은 우리가 많은 특수한 것들로부터 어떤 일반적 진술로 넘어갈 때 경험되지 않은 증거를 토대로 한 추정이 나타날 수밖에 없기 때문에 논쟁의 여지가 있다. 이것은 논리적인 일에 종사하는 일부 사람들에게는 '신앙의 비약'(the leap of faith)으로 알려져 있다. 학문적 의미에서의 '신앙의 비약'은 특수 자료들로부터 일반적 규칙을 추정하는 것을 의미한다. 그것은 종교적 의미의 신앙과는 아무런 관계가 없다.

귀납논리학의 이 기본적인 학문적 가정을 나타내는 말로서의 '신앙의 비약'은 사람들이 이 가정이 어쨌든 대부분의 종교의 기초를 이루는 '신앙'과 유사하거나 동일한 것이라고 추리하기 쉽기 때문

---

1) Robert Frost, *The Poetry of Robert Frost: The Collected Poems*(New York: Henry Holt, 1979), 17면 13줄.

에 어설픈 용어이다. (내가 이해하기에) 종교의 신앙은 실험, 관찰, 또는 특수 자연현상에 대한 분석에 기초를 둔 것이 아니며, 대신 계시, 즉 신으로부터의 직간접적인 초자연적 전언이라고 칭하는 것에 의존한다. 종교의 신앙이 사실이나 이성에 아무런 기초도 갖지 않는다는 사실에 입각하여 카톨릭 교부 테르툴리아누스(Tertullian, 155~222?)는 종교적 신앙의 입장을 그의 유명한 책 《호교론》(*Apologeticus*)에서 "나는 불합리하기 때문에 믿는다."는 말로 요약했다.

특수한 것으로부터 일반적인 것으로 나아가는 과정을 귀납이라 하며, 귀납과 관련된 형태의 논리학은 **귀납논리학**이라 한다. 귀납논리는 관찰된 특수 사건들로부터 그러한 사건들과 관계된 모든 관찰을 포괄하는 일반적 규칙을 추정하는 과정이다.

아이작 뉴턴(Issac Newton)은 중력 법칙에 도달하는 데 귀납논리를 사용했다. 뉴턴은 사과가 나무에서 떨어지는 것을 관찰했다. 그는 다양한 물체의 낙하 속도를 조사했으며, 어떤 경우에도 물체가 위로 떨어지는 법은 없다고 결론지었다. 모든 경우에 물체는 땅을 향해 떨어졌다. 그러므로 뉴턴은 그가 중력이라 불렀던 힘이 있으며, 이 힘이 물체를 아래로 떨어지게 만든다고 말했다. 그는 예외가 전혀 없기 때문에 중력의 힘은 언제나 끌어당긴다고 말했다. 더 나아가 실험과 측정을 행함으로써 뉴턴은 모든 물체가 32피트/sec^2의 가속도로 (땅에) 떨어진다는 것을 발견했다. 이 속도는 떨어지는 것이든 수평으로 던져진 것이든 총에서 수평으로 발사된 것이든 간에 모든 물체에 대해 언제나 똑같았으며, 지금도 똑같다.

또한 뉴턴은 똑같은 힘이 물을 아래로 흐르게 만들며, 똑같은 힘이 지구, 태양, 별들도 결합시키며, 달과 다른 행성의 위성도 궤도를 벗어나지 않게 만든다고 결론지었다. 그의 책《자연철학의 수학적 원리》(*Philosophiae Naturalis Principia Mathematica*, 1687)에서 뉴턴은 지구 중력에 대한 모든 관찰사례가

$$F = \frac{Gm_1m_2}{r^2}$$

에 의해 기술되는 힘으로 다른 모든 천체를 끌어당기는 단 하나의 만유인력법칙에 의해 설명될 수 있음을 보여주었는데, 여기서 G는 만유인력의 상수이고, m_1은 물체 1의 질량, m_2는 물체 2의 질량, r은 두 물체 사이의 거리이다.

뉴턴이 그가 실제로 행하고 측정했던 특수 관찰들로부터 그가 실제로 물리적으로 측정할 수 없었던 사건과 사물들로의 추정을 통해 이러한 결론에 도달했다는 사실을 주목하라. 뉴턴은 과거, 현재, 미래의 모든 시간에 걸쳐 모든 천체의 중력을 측정하지 않았으며, 그의 특수 관찰들로부터 다른 모든 천체가 여기 지구상에서 물체가 따르는 것과 똑같은 중력 규칙을 따를 것이라고 **일반화**해야만 했다. 이렇게 일반화한다고 해서 뉴턴이 아마 그 주제에 관한 미래의 모든 관찰을 예측할 수는 없었을 터인데, 그것은 미래의 관찰이 아직 이루어지지 않았고, 그 결과도 알려질 수 없었기 때문이다. 뉴턴은 그의 일반화에 대한 가능한 반증에 스스로를 열어놓았다. 만일 누군가가 그의 중력에 관한 일반진술에 대해 단 하나의 예외라도 있다는 것을 증명할 수 있었다면 뉴턴이 틀렸다는 것이 증명되었을 것이다.

이것이 바로 모든 귀납 추론이 가설적이고 시험적인 이유이다. 즉 하나의 모순진술이라도 해당 일반진술에 대한 수정을 요구할 것

이다. 다시 말해서 만일 내가 서로 끌어당기면서도 질량을 갖지 않는 물체가 있다거나 혹은 질량을 갖지만 서로 끌어당기지 않는 물체들이 있다는 등의 것을 보여줄 수 있다면 나는 뉴턴이 틀렸다는 것을 증명할 수 있다.

만일 내가 뉴턴이 틀렸다는 것을 증명한다면 뉴턴이 제창한 일반진술은 실재를 정확히 기술하지 않을 것이기 때문에 뉴턴의 중력이론은 수정이 필요할 것이다. 실험적 증거에 대해 귀납논리가 취약점을 드러내기 쉽다는 사실과 관련해서는 나중에 좀더 살펴보기로 하자. 지금 당장은 다음 원칙이 있다.

원칙: 일반진술은 하나의 예외만 발견해도 틀렸다는 것이 증명된다.

이 원칙으로부터 다음 교훈이 따라 나온다.

교훈: 어떤 일반진술에 대해 하나의 예외를 발견함으로써 그 일반진술이 틀렸다는 것을 증명하라. 일단 예외를 발견하고 나면 그 일반진술은 틀린 것이다. 그에 따라 행동하라.

앨버트 아인슈타인(Albert Einstein)은 뉴턴의 중력법칙에 대해 하나의 예외를 발견함으로써 뉴턴 식 중력이 틀렸음을 증명했다. 아인슈타인에 따르면 중력은 힘이 아니라 물질이나 에너지 앞에서 휘거나 굽는 시공의 기하학적 구조와 관계가 있는데, 이처럼 휘거나 굽는 방식은 마치 매트리스가 무거운 중량 아래서 굽는 것과 비슷하다.

1919년 아인슈타인은 중력이 힘이 아니라는 것과 질량이 그 주변의 시공간을 굽게 만든다는 것을 증명했다. 아인슈타인은 광자(光子)가 마치 태양의 중력에 의해 끌려가는 것처럼 태양 쪽으로 굽는다고 예측함으로써 이것을 증명했다. 광자가 정확히 아인슈타인이 예측했던 대로 굽었으므로 뉴턴의 중력법칙은 수정을 거쳐야만 했다. 다른 무엇보다도 그 수정안을 지금은 일반 상대성 이론이라 한다.

이 점에 대해 기분이 상할 필요가 없다. 뉴턴도 그것에 대해 기분이 상하지 않았을 것이다. 어째서 당신이 기분을 상해야 하는가? 아마 뉴턴은 아인슈타인이 제안한 수정안을 보고 기뻐했을 터인데, 왜냐하면 그 수정안이 이성의 검(steel of reason)으로 빛나고 있기 때문이다. 그 수정안—뉴턴의 이론이 아닌—은 실험 결과를 예측하기 때문에 실재의 본성을 좀더 정밀하게 반영한다. 아인슈타인의 예측은 뉴턴이 몹시 좋아했던 순수 사고력에 대한 주목할 만한 예증이다. 그리고 뉴턴이 그 수정안을 몹시 좋아했을 것인지 아닌지는 문제가 되지 않을 것이다. 왜냐하면 그나 다른 누군가의 개인적 선호에도 불구하고, 그것이 사실이 이루어진 방식이기 때문이다. 그것이 바로 실재이다. 그것이 바로 빛이 태양을 통과할 때 일어나는 일의 실상인 것이다. 그리고 그것이 바로 진보가 이루어지는 방식이다. 그것이 바로 우리의 지식이 세련되고 확장되는 방식이다.

원칙: 훌륭한 일반진술은 모든 예를 포괄한다.

원칙: 모든 과학적 원리는 시험적이며, 새로운 자료에 직면하여 수정되기 쉽다.

이 원칙으로부터 다음 교훈이 따라 나온다.

교훈: 만일 실제로 가장 견고한 기초를 갖는 과학적 원리가 시험적이라면 모든 일반적 원리는 시험적이다.

만일 누군가가 알파벳을 거꾸로 암송할 수 있다면 그는 그것을 올바로 암송할 수 있는 가능성이 있다. 만일 당신이 힘든 일을 할 수 있다면 당신은 쉬운 일도 할 가능성이 있다. 만일 우리의 가장 단단하고, 가장 견고하며, 가장 세련되고, 가장 어려운 형태의 일반적 지식이 잠정적이라면 덜 세련되고 덜 엄격한 형태의 일반적 지식은 좀더 잠정적이어야 한다. 그러므로 우리에게는 실재에 대한 우리의 이해를 개선시키고 우리가 진리에 좀더 가까이 갈 수 있도록 모든 일반진술에 대해 예외를 찾는 일이 요구된다.

원칙: 과학적이든 종교적이든 정치적이든 모든 일반적 원리는 시험적이다. 모든 일반진술은 진리다움과 실재성을 놓고 반복된 시험을 거치는 공정한 게임이다. 그러므로 어떠한 일반적 진리도 절대적이지 않다.

이 원칙으로부터 다음 교훈이 따라 나온다.

교훈: **모든**(all)이라는 말과 **절대 … 아니다**(never)라는 말은 이치에 닿게 사용하기에는 너무 일반적이다. **모든**이나 **절대 … 아니다**라고 말하는 사람은 보통 위험을 무릅쓰고 그렇게 한다.

잠깐만 기다려라! 만일 모든 원칙이 시험적이라면 앞의 원칙 역시 시험적이다.

당신은 뜻하지 않은 장애물을 찾아냈다. 그런 식으로 나를 보지 말라. 그것은 내 잘못이 아니다. 논리학자들도 여러 해 동안 당신이 발견한 사항을 논해왔다. 그것이 문제다.

아니, 그게 문제라고?

나는 그 원칙이 일반원리에 대한 예외라고 주장하고 있는 것이 아니다. 사실상 나는 그 원칙을 발견 방법에 속하는 것으로 생각하고 있다. 지금 당장 나는 그 원칙이 어떻게 반증될 수 있을지 생각할 수 없지만 미래의 누군가는 그 원칙이 틀렸음을 증명하는 법을 발견할 수도 있을 것이다. 그런 까닭에 틀렸다는 것이 증명되기까지는 그 원칙은 유지되어야 한다.

> **원칙**: 이 원칙을 포함하여 모든 원리는 시험적이다.

앞의 규칙을 철저하게 적용해보라. 당신이 무언가를 증명하는 데 그 규칙을 사용할 수 있는지 보라. 다음 물음에 대해 생각하려고 해보라. 안경 낀 여성들이 담배를 피우는가? 이 물음을 어떻게 해결할 것인가? 이 물음에 답하고 나서 그 답이 올바르다는 것을 어떻게 알 것인가?

그런 진술에 대해 생각할 때는 그런 진술을 (**가설**이라 하는) 서술문 형태의 진술로 바꾼 다음 그 진술이 틀렸다는 것을 증명하려고 하는 것이 유익하다. 그렇게 되면 그 물음은 다음과 같은 물음이 된다. 즉 다음 진술이 맞거나 틀리다는 것을 어떻게 증명할 것인가?

안경 낀 여성은 절대로 담배를 피우지 않는다.

또는 (같은 말이지만) 담배를 피우는 여성은 절대로 안경을 끼지 않는다.

10대 시절 대부분 동안에 나는 안경 낀 여성이 담배를 피우지 않으며, 담배를 피우는 여성은 절대로 안경을 끼지 않는다고 믿었다. 나는 담배를 피우는 것을 본 모든 여성이 안경을 끼지 않았고, 안경 낀 모든 여성이 담배를 피우지 않았다는 사실에 기초한 일련의 관찰에 의해 그 일반화에 도달하였다. 이 상황에 관한 나의 원래 가설이 어떻게 반증될 수 있을까? 즉 내가 틀렸다는 것을 당신이 어떻게 증명할 수 있을까?

잠시 의자에 앉아 이것에 관해 2분 동안 생각해보라. 시계로 당신이 생각한 시간을 재보라. 당신이 실제로 무언가를 증명할 수 있는지 보라. 당신이 그 진술이 그르다는 것을 증명할 수 있는지 보라. 다음의 특수한 물음을 제기하라. 즉 당신은 나의 가설이 틀렸다는 것을 어떻게 증명할 것인가?

좋다. 무언가를 찾아냈는가? 찾았다고? 찾지 못했다고?

당신 자신을 이해하는 것이 중요하다. "너 자신을 알라."는 델포이의 아폴론 신전 벽에 씌어 있는 금언이었다. 소크라테스 역시 그것, 즉 너 자신을 알라를 모든 지식의 출발점으로 생각했다. 영화 **〈매트릭스〉**(*The Matrix*)를 본 사람들은 똑같은 금언이 노파의 부엌 벽에 씌어져 있다는 것을 안다. 그게 왜 중요한가? 너 자신을 아는 일의 일부는 당신이 아는 것과 알지 못하는 것을 아는 것이다. 제자들에게 던진 소크라테스의 물음들은 제자들로 하여금 그들 자신을 알게 하려는 소크라테스의 일반적 계획 중 일부였다. 여기에 소크라테스의 역설이 있다. 소크라테스는 자신이 다른 사람들보다 더 많이 안다고 말했는데, 그것은 자신이 아무것도 알지 못한다는 것을 알았기 때문이다. 다른 사람들은 아무것도 모르면서도 자신들이 안다고 생각했다. 그러므로 소크라테스가 앞서 있었다.

또 다른 예를 들어보자. 어떤 과학자가 실험을 하는데, 그 실험이 그가 나오리라고 생각했던 방식대로 결과가 나오면 그는 기뻐한다. 과학자가 실험을 하는데, 그 실험이 그가 나오리라고 생각했던 방식과 다른 결과가 나오면 그는 더 기뻐한다.

어, 그런가? 실험이 잘 안 되었을 때 과학자들이 그 생각을 좋아할까? 왜 좋아할까? 두 번째 실험은 무지를 폭로한다. 두 번째 실험은 진보 가능성, 즉 새롭고 색다른 어떤 것의 발견이 가능하도록 길을 열어놓는다. 그것은 과학자들이 연구에 종사하면서 목표로 삼고 있는 것, 즉 이미 알려진 것의 단순한 확증이 아니라 새로운 지식의 발견이다. 모든 진보는 새로운 것의 발견에 달려 있다.

그래서 만일 앞의 물음에 대해 답을 파악한다면 당신은 위대하다. 그러나 답을 파악하지 못한다 해도 그것은 이제 당신이 당신 자신의 무지를 자각한다는 사실을 가리키기 때문에 여전히 더 위대한 것이다. 그것은 당신이 막 실질적인 어떤 진보를 이루려는 참이거나 혹은 적어도 이룰 가능성이 있음을 보여준다. 그것은 당신이 당신의 사고력을 개선시킬 필요가 있음을 가리킨다. 그것은 당신이 계속적인 연구와 응용으로부터 이익을 얻을 잠재력이 있음을 보여준다.

이제 그러한 커다란 이익을 염두에 두고서 안경 낀 여성 흡연자 문제로 돌아가보자.

그 진술은 분명히 그르다. 당신의 답은 무엇이었는가? 안경 낀 여성이 담배를 피우는가? 아니면 피우지 않는가? 당신은 이런 방식 혹은 저런 방식으로 그 진술을 어떻게 증명할 것인가?

다음은 한 가지 답이다. 흡연자와 안경에 관한 나의 이론은 안경을 끼었으면서 담배를 피우는 한 사람의 여성만 발견해도 틀렸다는 것이 증명될 것이다. 사실상 운명의 어느 날(다시 말해 내 이론에 치명적인 어느 날) 나는 주차장에서 개를 데리고 걷다가 잠시 멈추어 담배에 불을 붙이는 한 여성을 보았다. 그녀가 안경을 끼었으면서 담배를 피웠기 때문에 나의 과학적 이론은 예외가 발견된 셈이었다. 그 이론은 틀렸다는 것이 증명되었다. 얼마 안 있어 나는 내가 전에 위반된 적이 없다고 생각했던 그 규칙을 위반하는 다수의 사람을 보았다. 그런 일은 유별난 일이 아니다.

일단 어떤 일반진술이 틀렸다는 것이 증명되면 보통 많은 유사한 예가 따라 나온다.

하나의 예외가 드러날 때 왜 거의 곧바로 다른 다수의 예외가 표면에 떠오르는가는 전혀 분명하지 않다. 그러나 그런 현상은 심지어 과학적 연구에서조차 매우 통상적으로 관찰되는 현상이다. 아마도 이것은 우리 인간이 실재를 보는 방식과 무언가 관계가 있을 것이다. 우리는 우리로 하여금 우리가 기대하는 것을 관찰하게 만드는 경향이 있는, 깊은 무의식적 편향을 가지고 있을지도 모른다. 그리고 우리는 기대하지 않는 것을 관찰하지 못하게 하는 깊은 무의식적 편향을 가지고 있을지도 모른다. 어떤 규칙이 틀렸다는 것이 증명될 때 우리는 말하자면 그제야 이해가 되는 듯한 느낌을 갖기 쉬우며, 다수의 다른 예를 적발하기 쉽다. 이렇게 해서 우리는 잘못을 깨달을 수도 있을 것이다. 이렇게 해서 실재에 대한 우리의 지식은 앞을 향해 위대한 도약을 할 수도 있을 것이다. 그 과정은 특히 우리의 상처받은 자아(그리고 우리의 고갈된 퇴직금)에게는 고통스러울 수 있다. 그 과정은 엄청나게 복잡한 상황을 예증하는데, 이 상황은 우리가 견고한 결론을 도출하기 위해, 즉 현상과 실재를 구별하고 진리와 허위를 구별하기 위해 노력할 때 얽혀 들어가는 상황이다.

일단 하나의 회계 사기가 표면에 드러나고 나면 다수의 다른 가짜가 발견되었다. 일단 엔론에서 몇 가지 회계 사기가 폭로되고 나면 다수의 다른 회계 사기가 엔론뿐만 아니라 여러 다른 회사에서도 표면화되었다. 투자자들은 문제가 없는지 좀더 조심하거나 바위를 뒤집고 그 밑에 있는 진흙투성이에 쌓인 것을 찾아냄으로써 자금 유출입 명세서 내지 그 비슷한 어떤 것의 숨은 의미를 알아챌 수 있게 되었다.

미 증권거래위원회(Security Exchange Commission)는 엔론뿐만 아니라 글로벌 크로싱(Global Crossing)과 임클론(Imclone), 그리고 그 비슷한 회사들을 조사하기 시작했다. 그들은 사기를 무더기로 찾아냈다. 미 의회가 특별조사에 들어갔는데, 이들은 마치 이러한 교묘한 회계 사기에 대해 아무것도 모른 것처럼 행동했고, 많은 경우에 이들은 실제로 아무것도 몰랐다. 이제 우리는 이러한 커다란 회계 실패의 전염병을 도처에서 만나는 것처럼 보인다.

이런 사례를 통해 내가 말하고자 하는 요점은 작은 진리 뭉치에 대한 작은 발견이 종종 하나의 큰 진리 혹은 심지어 큰 진리들에 대한 큰 발견의 길을 열어준다는 것이다. 다수 미국 기업의 경우에서 쓰라린 진실은 많은 부정한 관행이 만연해 있다는 것이다.

하지만 이게 대체 무슨 일인가? 왜 우리는 일반진술을 논의하는 데 그토록 많은 시간과 정력을 소비하고 있는가? 그렇게 하는 일의 의미는 무엇인가? 그 의미는 일단 일반 규칙이 확립되고 나면 그 규칙이 실재에 관해 올바른 예측을 만들거나 올바른 결론에 도달하기 위해 특수 상황에 적용될 수 있다는 것이다. 이것은 우리가 어떤 행동을 취할 것인지 결정하는 데 있어서 도움이 되는 유용한 지침이 될 수 있다. 더 나아가 일반진술로부터 특수진술을 끌어내는 연역은 우리가 **검증하거나**(옳음을 증명하거나) **반증할**(그름을 증명할) 수 있는 예측을 산출한다. 검증은 일반원리를 확증하기 쉬울지 모르겠지만 반증은 일반원리를 절대적으로 반박한다. 과학철학에서는 이 과정이 가설-연역적 방법(hypothetico-deductive method)으로 알려져 있다. 아무리 많은 확증 실례를 산출한다 할지라도 임의의 개방된 보편명제나 일반명제를 딱 자르듯이 결정적으로 증명할 수는 없다는 것을 적잖은 철학자가 관찰하였다. 이러한 관찰을 통해 프랜시스 베이컨(Francis Bacon, 1561~1626)은 "부정적 실례의 힘이 더 크다."는 결론을 내리게 되었다. T. H. 헉슬리(T. H. Huxley, 1826~1895)는 거기에다 (아마도 반 놀림조로) "과학의 커다란 비극—추한 사실에 의한 아름다운 가설의 학살"을 추가했다.[2] 따라서 과학은 끝없는 분투와 끝없는 탐구의 문제이며, 또 그런 것이어야만 한다.

예컨대 앞의 들어가는 말에서 우리가 비행기 연료 문제에 대해 배웠던 것을 응용해보자.

모든 제트기는 연료를 필요로 한다(일반 규칙). 내 제트기는 연료 때문에 낮게 날고 있다(특수 상황). 그러므로 나는 비행기에 연료를 공급해야 한다(일반 규칙을 특수 실례에 적용하는 일에 기초하여 도출해

---

2) 두 인용 구절은 모두 Anthony Flew, *How to Think Straight: An Introduction to Critical Reasoning*(Amherst, NY: Prometheus Books, 1998), 37면에 나타난다.

낸 실재에 기초한 결론). (이 적용이 재앙을 막는 보호 효과가 있음을 주목하라.)

일반적인 것으로부터 특수한 것으로 나아가는 사건(즉 일반 규칙을 특수한 상황에 곧바로 적용하는 과정)은 연역이라고 하며, 그 과정은 연역논리라 한다. 보기에 따라서는 연역논리는 귀납논리의 반대인데, 이는 연역논리가 일반적인 것으로부터 특수한 것으로 나아가고, 귀납논리가 특수한 것으로부터 일반적인 것으로 나아가기 때문이다.

만일 내가 여전히 흡연과 안경 낀 여성에 관한 나의 그릇된 신념 아래서 애쓰고 있다면 나는 안경 낀 모든 여성이 흡연자가 아니며, 안경을 끼지 않은 약간의 여성은 흡연자일 수 있다고 결론지었을 것이다. 그 결론은 안경 낀 모든 여성이 담배를 피우지 않는다는 나의 일반진술로부터 따라 나올 것이다.

원칙: 연역은 일반적인 것으로부터 특수한 것으로 나아간다.

원칙: 연역논리는 일반 규칙을 특수 상황에 적용하는 과정이다.

원칙: 귀납은 특수한 것으로부터 일반적인 것으로 나아간다.

원칙: 귀납논리는 특수 실례들에 대한 분석에 의거해 일반 규칙을 만드는 과정이다.

전문 용어: '선천적'(a priori)은 '연역적'과 같다. 그리고 '후천적'(a posteriori)은 '귀납적'과 같다. 그러므로 선천적 추론은 일

반적인 것으로부터 특수한 것으로 나아가고, 후천적 추론은 특수한 것으로부터 일반적인 것으로 나아간다.

우리 뇌에 확고하게 새겨지도록 이 개념들에 대해 확실히 이해해 보자. 비록 근본적이긴 하지만 이 개념들은 근본적으로 단순하다. 그 개념들에 정통하면 당신은 당신이 사는 지역의 사람들 대부분 그리고 지구상의 사람들 99.9%보다도 우리 지식의 토대에 관해 더 많이 알게 될 것이다.

다음의 실증적 사례 연구, 즉 대서양을 사이에 둔 양 대륙이 거의 동시에 파킨슨병이 나타날 때 엘도파(L-DOPA)가 중요하다는 사실을 발견한 사건을 생각해보라. 브룩헤이븐 국립연구소(Brookhaven National Laboratory)에서 연구를 하고 있는 미국 연구팀은 파킨슨병 환자들에게 엘도파를 투여한 결과 환자들이 엄청나게 좋아졌다는 것을 알게 되었다. 그래서 그 연구팀은 그 병에 걸린 환자의 뇌에 엘도파가 결핍되어 있다고 가정했다. 미국 연구팀은 그러한 결론에 도달하는 데 어떤 유형의 추론을 사용했는가?

귀납 추론, 즉 후천적 추론이다. 이 팀은 특수한 관찰들로부터 엘도파와 그 병의 관계에 관한 일반진술로 나아갔다.

또 다른 사례 연구는 오스트리아 팀이 파킨슨병으로 사망한 환자들의 뇌에서 엘도파를 측정한 다음 다른 병으로 죽은 사람들과 대조하여 그들이 엘도파가 결핍되어 있다고 결론 내린 일이었다. 오스트리아 팀은 그들의 결론에 도달하는 데 어떤 유형의 추론을 사용했는가?

귀납 추론, 즉 후천적 추론이다. 이 팀도 특수한 관찰들로부터 엘도파와 그 병의 관계에 관한 일반진술로 나아갔다.

그 다음에 미국 팀 연구원들은 자신들이 보게 될 다음번 파킨슨병 환자를 엘도파로 치료해야 한다고 말했다. 그들은 그 환자 또한 호전될 것이라고 예측했다. 어떤 종류의 추론이 포함되었는가?

연역 추론, 즉 선천적 추론이다. 이 팀은 자신들의 이전 연구에 기초한 일반진술로부터 특수 환자에 관한 결론으로 나아갔다.

그 다음에 오스트리아 팀은 측정을 통해 자신들에게 나타날 파킨슨병 환자의 다음번 뇌도 엘도파의 결핍을 보여줄 것이라고 말했다. 어떤 종류의 추론이 포함되었는가?

연역 추론, 즉 선천적 추론이다. 이 팀도 그들의 이전 연구에 기초한 일반진술로부터 특수 환자의 뇌에 관한 결론으로 나아갔다.

소가 생각하는가? 그리고 만일 그렇다면 소가 **논리적 연역**이 뒤따르는 **논리적 귀납**에 의해 생각하는가?

귀납과 연역 그리고 귀납논리와 연역논리의 구별은 중요하다. 따라서 또 다른 특수 예를 통해 이 구별을 이해해보기로 하자. 이 특수 예는 동물이 생각하는 것처럼 보인다는 일반진술에 이른 다음 소가 생각하는 것처럼 보인다는 연역에 이르는 것인데, 이 과정은 논리적 연역이 뒤따르는 논리적 귀납에 의해 이루어진다.

전기 울타리가 있는 어떤 들판에 새로 도착한 소들은 몇 차례 전선을 건드릴 것이다. 그런 다음 소들은 전선으로부터 물러날 것이다. 소들이 새로운 들판에 들어가 전기 울타리를 건드릴 때마다 이런 일이 일어나므로 우리는 소들의 행동에 관해 일반화하고 싶은 마음이 든다. 심지어 우리는 소들이 연역논리가 뒤따르는 귀납논리를 사용하고 있다고 결론지을 수도 있다. 소들의 귀납은 울타리를 건드는 것이 다치게 만들기 때문에 좋은 일이 아니라고 결론지을 것이며, 소들의 연역은 울타리를 건드는 것이 좋은 일이 아니므로 다음번에 자신들이 전기 울타리를 건들게 되면 다칠 것이라는 사실일 것이다. 사정이 그렇기 때문에 소들이 남은 생애를 감전의 충격을 먹은 상태로 보내고 싶지 않다고 할 경우에 그들은 전기 울타리를 건들지 않게끔 자신들의 행동을 조정할 것이다.

비록 우리가 소가 어떻게 생각하는지에 대해(또는 소가 생각하는지 아닌지에 대해) 전혀 모른다 할지라도 소들의 행동은 이성적 추리를 한 것과 대단히 흡사하게 보이는데, 이 이성적 추리는 다음과 같이 표현될 수 있다. "내가 저 빌어먹을 전선을 건들 때마다 나는 충격을 받았다. 만일 내가 나머지 삶을 감전의 충격을 받은 상태로 소비하고 싶지 않다면 나는 그것을 건드는 일을 멈추어야 한다. 따라서 나 소 베시는 전선을 건드릴 때마다 충격을 받았다는 특수 관찰로부터 도출되는 어떤 일반 규칙을 구성할 것이다. 그 규칙은 다음과 같이 진술될 것이다. 즉 **전선 울타리를 건드는 일은 언제나 고통스럽다. 그 고통은 전선을 건드리지 않음으로써 피할 수 있다**. 나 소 베시는 전선을 건드리지 않고 충격을 받지 않음으로써 그 일반 규칙을 증명할 것이다. 가끔 나는 그저 그 규칙이 여전히 합리적임을 시험하기 위해 전선을 건드릴 터인데, 그렇게 할 때 나는 충격을 받을 것을 예상할 것이다."

다음 사실에 관해서는 의문의 여지가 없다. 즉 소와 다른 동물들은 그들의 행동을 변경하며, 아마도 그것들은 자신들의 일반진술에 어떤 종류의 본능 혹은 두 항목을 짝짓는 연상에 의해 도달하는데, 이때 두 항목은 그들의 의식 속에서 서로 연결되어 있다.

짝짓기 연상은 사고의 기초를 이루는 신경심리학적 메커니즘이다.

소 경우에서처럼 일단 두 항목이 의식 속에서 연상되고 나면 각 항목은 다른 항목을 떠올리는 데 도움이 되기 쉽다. 이것은 연상적 사고의 기본적인 신경심리학적 요소이며, 뇌 기능과 관계가 있다. 뇌는 뉴런이라고 하는 무수한 반응 단위로 구성된다. 한 항목—전기 울타리 같은—은 어떤 뉴런 집단을 활성화시키고, 다른 항목—고통 같은—은 다른 뉴런 집단을 활성화시킨다. 그 항목들이 상당한 수의 활성화된 뉴런을 공유할 때 공유 뉴런들은 양쪽의 뉴런 망이 방사되는 데 도움을 줌으로써 두 항목을 모두 떠올리는 것을 촉진시킬 것이다. 반복된 활성화는 억제된 연결을 제한하고 활기찬 연결을 촉진시킴으로써 재활성화의 개연성을 변화시킨다. 반복된 재재활성화는 연상을 더 견고하게 만듦으로써 뇌 구조의 실제 변화를 야기할 것이다. 이것은 장기간의 기억의 기초를 이루는 근본적인 신경심리학적 메커니즘이다. 이 메커니즘은 왜 과잉 학습된 작업이 손상되거나 지워지기가 그토록 어려운지 설명한다. 즉 지나칠 정도로 학습된 연상 기억은 신경망과 신경적 연결(시냅스) 구조 자체에서 탈국지화되어 널리 흩어져 저장되는 것이다.

연상은 의식적 사고의 축복이자 독이다.

한때 의식 속에서 연상된 두 항목은 각각 서로를 떠올리기 쉽다. 좋다! 그것은 학습에 의해 동물을 생존하도록 도왔고, 도우며, 돕게 될 언제나 중요한 메커니즘이고, 중요한 메커니즘이었으며, 중요한 메커니즘일 것이다. 문제는 항목들의 단순한 연상이 필연적으로 실재 상황을 반영하지는 않는다는 것인데, 이는 두 항목이 인과관계로서가 아니라 우연히 연상될 수도 있기 때문이다. 다시 말하면 심리적 연상은 진짜 세계 속에서 실제로 일어나는 연상을 반영하지 않을 수 있다. 우리의 정신적 삶에서 우리는 세계(실재)와 세계에 대한 표상(실재와 대응할 수도 대응하지 않을 수도 있는 우리의 내적인 정신적 세계관)을 둘 다 다루고 있다.

의식 속에서 짝 지어진 항목들—전선과 충격 같은—이 들판의 소에게는 맞을 수 있지만 인간은 훨씬 더 복잡한 상황에 직면하며, 그래서 짝 지어진 연상만으로는 충분하지 않다.

실재 세계의 외적 상황이 좀더 복잡해짐에 따라 어떤 연상이 중요하고 어떤 연상이 중요하지 않은지를 올바르게 해석하는 데 다른 정신적 장치가 필요할 것이다. 실재 세계와 그 실재 세계에 대한 지각 사이에 실재에 기초한 올바른 대응(진리치 확정과 진리성 보존)을 확보하기 위한 이 정신적 과정은 다양하고 가지각색인데, 명료한 사고의 규칙, 형식논리학과 비형식논리학의 규칙, 기호논리학, 법률, 상식(이 책에서 다수의 '기둥 원리들'), 과학적 방법 등이 포함된다.

이러한 규칙과 절차를 조직하고 설명하기 위해 명료한 사고와 비뚤어진 사고의 특수 예를 검토한 후 귀납에 의해 도달하는 일반 이론은 통일장 이론(uniform field theory)이라는 대단히 야심적인 제목 아래 이 책 끝 부분에 제시된다(9장). 이 대목에서는 소와 인간이 똑같이 근본적인 사고 메커니즘을 공유한다는 것을 이해하는 것으로 충분하다. 즉 소와 인간은 둘 다 짝 지어진 연상을 만든다. 인간은 더 나아가 실재를 좀더 신빙성 있게 이해하기 위해 자신이 한 연상의 진리치를 시험할 채비가 되어 있다. 그 또 다른 채비에는 부분적으로 언어 그리고 그 언어의 올바른 사용과 조절이 포함된다.

인간의 언어는 인간 사고의 기본 요소를 반영한다.

학교에서 당신은 어떤 단순 문장이 하나의 완성된 사고의 표현이라고 들었을 수 있다. 그 진술이 옳은가 그른가는 **사고**에 대한 정의와 **완성된**에 대한 정의에 달려 있다. 내 생각으로는 문장은 두 항목의 결합을 반영하며, 그래서 두 사고의 연상을 표현한다. 예컨대 "소크라테스는 대머리다."는 문장은 실제로 두 사고, 즉 소크라테스라는 개념과 대머리라는 개념을 연결시킨다. 그래서 문장을 뇌로 하여금 항목들을 연결시키게 만드는 기본적인 연상적 메커니즘의 단순한 반영으로 보는 일이 가능하다. 신경심리학 용어로 연결된 항목들은 관념, 개념, 사고 등으로 불린다. 언어학 용어로는 그렇게 연결된 항목들은 주어와 술어로 불린다. 논리적 용어로는 언급 대상과 특성 묘사 구라 불린다. 우리가 어떤 이름으로 부르기로 선택하든 그 항목들은 여전히 연상적 사고의 기본 메커니즘의 기초에 있는 똑같은 것을 반영한다. 언어의 근본 요소가 의식적 사고의 근본 요소를 반영한다는 사실은 우연이 아닌데, 이는 언어가 사고의 도구이자 산물이며, 뇌가 작동하는 근본 방식과 직접적으로 관계되어 있기 때문이다.

원칙: 연상만으로는 복잡한 인간의 상황을 이해하는 데 충분하지 않다. 실재와 진리를 충분히 이해하기 위해서는 종종 또 다른 고찰과 명료하고 지성적인 사고가 필요하다.

아마 소는 어떤 종류의 엄밀한 논리나 정합적인 사고에 의해 그들의 결론(그들의 행동 규칙)에 도달하는 것이 아니라 오히려 두 항목의 결합에 의해 도달할 터인데, 이 두 항목은 각각 서로를 암시하는 경향을 띠게 될 것이다. 이 경우에 결합 진술은 다음과 같은 진술, 즉 전선+충격=충격+전선이 되는데, 이때 충격은 소에게 전선을 생각나게 하고, 전선은 소에게 충격을 생각나게 한다. 생각나게 하는 것을 충분히 염두에 두면, 특히 고통스러운 것을 염두에 두면 그 결합은 양 항목에 공통적인 시냅스들의 촉진에 의해 소의 기억 속에 고정되게 된다. (나는 그게 옳다고 생각한다. 그러나 우리가 실제로 동물과 이야기하고 그 동물이 생각하는지, 그리고 어떻게 생각하는지를 알아낼 수 있기 전까지 대체 누가 알겠는가?)

결론: 소는 항목들을 연상함으로써 생각하는 것처럼 보이는데, 이 과정은 귀납논리나 연역논리와 닮았다.

고양이가 생각하는가? 그리고 만일 그렇다면 고양이가 소와 똑같은 방식으로 생각하는가?

허허! 그것 참 재미있다. 고양이를 길러본 사람은 누구라도 고양이가 그 자신의 인지 스타일을 가지고 있음을 알 것이다. 고양이는 소가 보는 방식으로 세계를 볼 것 같지 않다. 그러나 좀더 큰 의미에서 두 종은 사고와 행동의 어떤 측면을 공유한다.

내 고양이를 데리고 가보라. 아니, 내 고양이를 데리고 가지 마라. 당신은 내 고양이를 가질 수 없다. 나는 내 고양이를 끔찍이 좋아하며, 내 고양이와 떨어지지 않을 것이다. 대신 내 고양이의 행동을 살펴보라. 내 고양이 PJ 패튼은 영어에 대한 지식이나 이해가 거의 없다. PJ는 영어를 배우는 일에 어떤 흥미도 보여준 적이 없다. 하지만 내가 "밥이다!"(Cat food!)라고 외치면 PJ는 달려온다.

PJ는 자신의 작은 고양이 뇌 속에서 내가 처음 세 차례 "밥이다!"라고 외쳤던 사건으로부터 도출되는 어떤 일반적 추리를 구성했음에 틀림없다. PJ는 내가 "밥이다"라고 말할 때마다 내가 먹이를 주었다는 것을 알기 때문에, 그 고양이는 내가 그런 낱말들을 말할 때마다 음식이 오고 있는 중이라고 믿는다(우리가 **결론짓는다**라는 말을 사용하지 않는 한 다른 낱말이 없다). 비록 고양이가 어떻게 생각하는지(또는 고양이가 생각하는지)에 대해 아무것도 모른다 할지라도 PJ의 행동은 이성적 추리와 대단히 닮아 보인다. PJ의 귀납논리는 아마 이 비슷하게 진행될 것이다. 즉 "얼간이가 '밥이다.'라고 외칠 때마다 그는 캔을 따서 내 접시에 음식을 담아준다. 그러므로 다음번에 그가 '밥이다.'라고 말하면 그는 캔을 따서 내 접시에 음식을 담아줄 것이다." 결론: 고양이들은 생각한다.

결론: 소는 의식 속에서 항목들을 연상시킴으로써 생각한다. 소는 귀납에 의해 가설을 형성하는 것처럼 보이며, 그 가설을 연역에 의해 특수 상황에 적용하는 것처럼 보인다. 고양이도 이와 같다.

고양이에 대해 말하다 보니 찰스 다윈이 생각난다. 아마 당신도 그에 대해 들었을 것이다. 다양한 관찰 후에 다윈은 푸른 눈을 가진 모든 흰 고양이가 귀머거리라는 결론을 내렸다. 이것은 무수한 일련의 관찰로부터 나온 솜씨 있는 일반진술인데, 이 관찰들로부터 그는 알려진 모든 사례에서 푸른 눈을 가진 흰 고양이가 정말로 복된 소리를 들을 수 없다는 것을 확인하였다. 만일 내가 그 자신의 관찰 결과에 만족하고, 다른 사람들의 관찰로부터 그가 발견할 수 있었던 것이 이 문제와 관계가 있었다면 할 수 있는 말은 기껏해야 푸른 눈을 가진 많은 흰 고양이가 귀머거리라는 것이었다. 그렇지만 다윈은 그 자신의 경험을 넘어서서 자신이 과거, 현재, 미래의 푸른 눈을 가진 모든 흰 고양이에 대해 성립하는 어떤 조건을 발견했다고 말할 준비가 되어 있었는데, 말이 난 김에 덧붙이자면 실제로 사실이 그러했다.

결론: 다윈 같은 과학자들, 앞에서 기술된 것과 같은 소들, PJ 같은 고양이들, 그리고 추정컨대 모든 동물은 의식 속에서 항목들을 연상시킴으로써 생각하는 것처럼 보인다. 그것들은 귀납에 의해 일

반 규칙을 정립한 다음 연역에 의해 그 규칙을 특수 상황에 적용하는 것처럼 보인다.

다윈의 발견과 이른바 다른 과학적 일반진술의 경우에 예외를 하나만 발견해도 그것들이 무너진다는 사실을 주목하라. 다윈은 푸른 눈을 가진 모든 흰 고양이가 귀머거리라고 말했으므로, 나는 푸른 눈을 가진 한 고양이가 들을 수 있다는 사실을 증명함으로써 그의 진술을 반박할 수 있다. 지금까지는 그런 고양이가 발견되지 않았다.

과학의 시험적 성격은 새로운 의료 연구가 나와서 작년에 보고된 바 있는 연구와 다른 결론을 내릴 때 일반 대중이 무척 혼란스러워하는 이유가 된다. 작년에 여성에게 호르몬을 보충하는 것은 좋은 일이었다. 하지만 올해는 그렇지 않다. 20년 전에 유방암을 치료하는 데 유방을 완전히 절개하는 것은 외과술의 표준이었다. 하지만 지금은 유방 종양 제거술이 더 나은 치료법으로 간주된다. 작년에 의료 당국은 X선 유방 촬영술(mammography)에 대해 예민한 반응을 보였으나 올해는 예민한 반응을 보이지 않았는데, 그것은 새로운 연구가 이전의 연구가 틀렸음을 가리키는 자료를 보여주었기 때문이었다. 만일 이전의 연구가 틀렸다면 X선 유방 촬영술을 권장하는 일은 바뀌어야만 했다.

대부분의 정상적인 인간과 달리 과학자들은 자신의 법칙이 의문시되고 반증되는 것을 좋아한다. 그들은 모든 진보가 과정에 달려 있음을 안다. 따라서 과학은 그 자신의 법칙을 다소 냉정하게 고찰한다. 만일 어떤 법칙이 틀렸다는 것이 증명되면 그 자리를 대신할 새 법칙이 확립된다. 새 법칙은 실재 상황과 진리를 알려주는 일에 있어서 좀더 큰 정확성을 갖게 되는 일반진술이 될 것이다.

이런 유형의 사고는 중력이나 귀머거리 푸른 눈 고양이에 대한 과학적 이해에만 적용되는 것이 아니다. 그것은 우리의 개인적 삶에도 적용될 수 있다.

앞에서 말했던 것처럼 젊은 시절 나는 안경 낀 여성이 절대 담배를 피우지 않는다고 믿었다. 그 생각은 틀렸다는 것이 증명되었다. 이제 나는 내가 옳다고 생각했던 것이 옳지 않으며, 아마도 흡연과 안경을 끼는 일은 서로 간에 아무런 관계도 없을 것이라는 것을 안다. 나의 정신 속에서 결합된 '안경과 비흡연'의 연상은 실재 상황을 반영하지 않았다. 흡연과 안경에 관한 나의 잘못된 생각에 대해서는 이 정도로 해두자. 그것은 제대로 작동하지 않는 하나의 개인적 일반화이다. 그러나 내가 그르다는 것을 알지 못한 채로 지니고 있는 다른 모든 잘못된 관념은 어떤가? 아이쿠! 그런 관념들은 해를 입힐 수 있는 것이다.

마크 트웨인이 맞았다. 그를 믿어라. "해를 입히는 것은 내가 알지 못하는 그토록 많은 것이 아니다. 그것은 내가 그렇지 않다는 것을 아는 모든 것이다."

당신이 모르는 것도 해를 입힐 수는 있다. 하지만 그러한 관념, 즉 당신이 옳지 않음을 안다고 생각하는 관념은 훨씬 더 심각한 해를 입힐 수 있다.

모든 백조가 희다는 것은 한 마리의 검은 백조가 발견됨으로써 틀렸다는 것이 증명되었다. 몇 년 전에 과학자들은 모든 백조가 희다고 생각했다. 그러나 그 일반화는 검은 백조가 러시아에서 발견되면서 틀렸다는 것이 증명되었다.

광속은 일정하지 않고 시간에 따라 변할 수 있다. 광속은 72개의 퀘이사로부터 나온 빛에 대한 최근의 연구들이 이전 빛이 좀더 최근의 빛보다 약간 더 느린 속도로 이동하는 것처럼 보인다는 증거를 보여주기 전까지 일정한 속도로 이동한다고 생각되었다. 만일 그 말이 옳다면 광속이 일정하다는 과학 법칙은 옳지 않다는 것이 증명될 것이다. 만일 그 관찰들이 올바르다면 광속은 시간에 의존한다는 것이 증명될 것이다. 즉 시간이 전개될수록 그만큼 빛은 더 빨리 움직인다. 이런 일이 왜 일어나는가는 알려지지 않았지만 그것이 옳다는 것을 아는 일이 빛과 시간의 본성을 더 잘 이해하는 데 도움이 될 수는 있을 것이다. 빛과 시간은 우리가 더 많이 알 필요가 있는 두 가지이다. 어떤 바보라도 시계를 가지고 있으면 당신에게 몇 시인지 알려줄 수 있다. 그러나 누가 당신에게 시간이 무엇인지 알려줄 수 있는가? 우리는 시간을 측정할 수 있고, 아인슈타인은 시간이 그저 공간의 또 다른 형식이라고 말했다. 하지만 우리는 정말이지 시간이 무엇인지 참으로 모른다.

어떤 바보라도 불을 켤 수 있다. 그러나 왜 불이 켜지고, 우리가 빛이 나타난다고 부르는 전자기파를 만드는 것이 정확히 무엇인지 말할 수 있는 사람이 누구인가? 우리는 빛을 볼 수 있고, 점검하기 위해 그것을 조종할 수 있지만 실제로는 그 빛이 무엇인지 모른다.

과학자들은 사물의 진짜 본성에 대해 완전히 무지할 수 있다.

물리학자는 자연 속에 네 가지 힘, 즉 강력, 약력, 전자기력, 중력이 있다고 말한다. 그들은 이 힘들을 측정하고, 이 힘들이 어떻게 상호작용할 것인지에 대해 심오한 예측을 할 수 있다. 그러나 어떤 물리학자도 이 힘들 중 어떤 것이 실제로 무엇인지 알지 못한다. 자신들의 명예를 걸고 물리학자는 자신들의 무지를 인정한다. 사실상 누구도 중력이 무엇인지 혹은 빛(어떤 전자기파)이 무엇인지 알지 못한다. 과학은 이해하지 못하는 것을 동의어반복이나 순환 추론에 의해 설명하기 쉽다. 이것은 실제 그런 것보다 과학을 더 멋있게 보이게 한다. 그리고 과학자들이 근본적으로 그들이 이해하지 못하는 것을 성공적으로 조종할 수 있다는 사실은 실제 그런 것보다 과학을 훨씬 더 인상적인 것처럼 보이게 만든다. 나는 언제나 어떤 사람을 비과학자라고 말할 수 있는데, 그것은 그가 과학에 의해 과도하게 인상을 받은 사람이기 때문이다. 진정한 과학자는 자신의 한계를 안다. 그는 자신이 실제로 아는 것이 얼마나 적은지를 안다. 그런데도 그처럼 적은 지식을 가지고서 과학자는 아주 많은 일을 할 수 있다. 전화는 전기와 자석을 사소하게 응용한 것이지만 그 응용 결과는 사소하지 않다. 만일 과학자들이 그토록 적은 지식을 가지고 그렇게 많은 일을 할 수 있다면 그저 그들이 많은 것을 알 때 그들이 할 수 있게 될 일이 어떤 것인지에 대해 생각해보라. 미래는 밝으며, 참으로 밝다.

모든 과학자가 자신이 아는 것이 얼마나 적은지를 아는 것은 아니다. 물론 자신이 아는 것이 얼마나 적은지를 알지 못하는 과학자들이 있다. 나는 그런 사람 중 하나를 만난 적이 있는데, 그는 남아프리카 케이프타운 대학의 돈 커츠(Don Kurtz)라는 천문학 교수였다. 그는 **퀸 엘리자베스 2세 호**(Queen Elizabeth II)를 타고 강의하고 있었다.

나이 지긋한 (할머니 풍의) 한 여성 승객이 커츠 교수에게 무엇이 은하들을 결합시키는지 물었다. 그는 "중력입니다."라고 말했다.

"하지만 중력이 무엇이지요?" 그녀가 되물었다.

보란 듯이 되물은 이 일자무식에 충격을 받은 커츠가 말했다. "아시다시피 아주머니, 중력이란 우리가 여기서 지구에 대해 갖고 있는 것과 똑같은 힘입니다. 은하들을 결합시키는 힘이지요."

커츠는 이 순환 추론을 마치 자신이 100% 믿고 있는 것처럼 자신만만하게 설명했다. 그러나 나는 그가 그의 마음속 깊은 곳에서 이 세상의 어떤 사람이 중력이 무엇인지를 아는 것이 아니라는 사실을 알고, 그의 설명이 얼마나 결함 있게 보이는지를 파악하기를 바란다. 기본적으로 이와 똑같은 과학적 무지가 시간, 물질, 에너지에도 적용된다. 확실히 우리는 그런 것을 측정할 수 있지만 실제로 우리는 대체로 우리가 다루고 있는 것이 무엇인지, 즉 우리가 측정하고 있는 것이 무엇인지 모른다.

그것 참 매혹적이지 않은가?

어떤 것이 과학적이라거나 혹은 그와 같은 명칭이 붙었다고 해서 그것이 올바르다는 것을 의미하지는 않는다.

과학이라, 당신은 그밖에 다른 어느 곳에서도 그처럼 사소한 사실 집단으로부터 그처럼 대규모의 사변에 도달하지 못한다. 그것이 과학의 주요 한계 중 하나—사람들(보통은 비과학자들)이 과학적으로 알려진 것을 과대평가하려는 경향—인데, 사람들은 그러한 과대평가 때문에 과학이 제공하는 힘과 제어력을 과대평가하기 쉽다. 과학과 과학적 방법에 대한 과도한 믿음은 과학주의라는 결과를 가져온다.

만일 우리가 단순하고 구체적인 물리적 사물, 즉 중력처럼 과학에 의해 설명되는 것에 대해 그런 종류의 난점을 가지고 있다면 사랑, 다정함, 헌신, 충성 등과 같은 비물리적인 것에 대해서는 어떤가? 우리는 이미 알았거나 아는 것에 대해 너무 자랑으로 여길 필요가 없는데, 지식의 가면 뒤에는 대양보다도 크고 우주보다도 넓은 엄청나게 거대한 무지가 놓여 있기 때문이다.

커츠는 그의 대답을 통해 천문학자인 그가 지식을 가졌다고 상상되는 현재 상태에서 중력에 관해 알았던 것보다 나이 지긋한 여성이 무지한 현재의 그녀의 상태에서 중력에 관해 더 많이 알았다는 것을 증명했다. 좀더 올바르고 정직한 답은 "실제로는 아주머니, 나는 중력이 무엇인지 모릅니다. 누구도 알지 못하지요."였을 것이다.

> **원칙**: 모든 과학적 진보는 이전 관념을 전복시키고, 증거에 기초하여 사태를 더 잘 설명하는 새로운 관념으로 그 관념을 대체한다는 것을 보여준다. 과학은 실재 상황에 대한 우리의 견해를 세련되게 다듬고, 그럼으로써 물리적 우주에 대한 우리의 제어 능력을 증가시킨다. 하지만 실재에 대한 제어가 진정한 것이라 하더라도, 그 제어에 대한 설명은 잘못을 범할 수 있다. 사실상 그 설명은 단지 과학적 원리를 도출해내는 실험 자료를 어떤 형태로 되풀이하는 동의어반복에 지나지 않는 경우가 종종 있다.

이 원칙으로부터 다음 교훈이 따라 나온다.

> **교훈**: 현재의 과학적으로 무지한 상태를 고려하여 우리는 우리가 그토록 애지중지하여 지니고 있는 과학 법칙들이 전복될 때 놀라서는 안 된다. 사실상 우리는 우리의 이해가 좀더 세련되고 좀더 세밀해짐에 따라 과학 법칙들이 전복될 것을 예상해야 한다.

그리고 시간에 대해 말한다면 이제 또다시 당신의 뇌를 훈련시킬 시간이다. 투자에 대한 다음의 충고가 옳은가 그른가? 당신의 이익을 최대화하고 손실을 최소화하기 위해 투자를 언제나 분산시켜라.

투자 조언자는 종종 앞의 생각을 극구 권한다. 그러나 이 생각이 옳은가? 그 생각이 올바르다는 것을 어떻게 증명할 수 있을까? 만일 올바르다는 것을 증명할 수 없다면 우리는 어떻게 그것이 틀렸다는 것을 증명할 수 있을까? 잠시 2분 동안 쉬었다가 생각해보자. 언제나 투자를 분산시켜야 한다는 투자 원칙이 맞거나 틀리다는 것을 우리가 어떻게 증명할 수 있을까?

이 문제에 대한 해답은 두 가지 이유로 간단하다.

한 가지는 복잡한 문제에 대해 단순한 관념이 그릇될 가능성이 많다는 것을 우리가 이미 배웠다는 것이다. 그래서 우리는 연역논리에 의해 그 일반진술을 이 특수 상황에 적용할 수 있다. 투자는 복잡한 문제이므로 분산에 관한 단순한 충고는 의심스럽거나 이해가 되는 게 아니라 그릇된 것임에 틀림없으며, 그것도 절대적으로 그릇된 것임에 틀림없다. 그 충고는 복잡한 문제에 대한 지나친 단순화이기 때문에 그릇된 것이다. 그 충고는 어쩌면 모든 상황과 모든 투자자에 대해 옳을 수 없을 것이다.

여기에 포함된 유형의 추론을 기억해냈는가? 연역이라고 말했다면 당신이 올바르다. 이 추론은 복잡한 문제에 대해 단순한 답이 없다는 일반진술로부터 진행되었기 때문에 연역이었다. 그 다음에 당신은 그 일반진술을 분산에 관한 진술에 적용했다. 선천적 추론이라고 말한 사람 또한 선천적 추론과 연역논리가 같은 것이기 때문에 올바르다. 그들은 둘 다 어떤 일반진술로부터 특수 실례로 나아갔던 것이다.

그러나 앞에서 언급한 투자 원칙을 일반적 근거를 통해 때려눕히는 일을 제쳐놓고, 특수한 것을 근거로 해서도 때려눕힐 수 있을까?

어떤 일반진술이 그르다는 것을 증명하기 위해 우리가 해야 할 일은 그와 반대되는 특수 예를 하나 보이는 것뿐임을 다시 생각해 보라. 이 상황에서 우리는 투자를 분산시키지 않고 한곳에 집중했지만 그래도 이익을 본 투자자의 예를 하나 보여주기만 하면 된다. 그 한 예는 그 규칙이 틀렸음을 증명할 것이다. 그 한 예는 그 일반진술이 성립할 때와 성립하지 않을 때와 관련하여 적어도 약간의 제약 조건이나 수정 혹은 또 다른 구체화가 있어야 한다고 요구할 것이다. 그러한 제약 조건은 감추어진 특수 상황에서 우리가 투자를 행하는 올바른 조처를 수립하는 데 도움이 되기 때문에 유익할 것이다.

좋다. 우리가 해야 할 일은 투자를 분산하지 않고 한곳에 집중했던 약간의 투자자 혹은 어떤 투자자가 돈을 벌었다는 것을 보여주기만 하면 된다. 빌 게이츠(Bill Gates)는 한 회사, 즉 자신의 마이크로소프트사에 집중 투자하여 수조원을 벌었다. 나중에 게이츠는 투자를 분산시켰다가 손해를 보았다. 조지 소로스(George Soros)는 어떤 특정한 시기(1992년)에 하나의 화폐(영국 파운드)로 큰 돈(100억 달러)을 걸었는데, 10억 달러의 이익을 남겼다. 나중에 소로스는 집중 투자에서 탈피하여 손실에 대한 방지책으로 분산 투자를 했다가 손해를 보았다.

결론: 고려해야 할 것은 분산 투자나 집중 투자가 아니라 올바른 시기에 올바른 투자를 누가 하는가 하는 것이다. 집중 투자를 하거나 분산 투자를 하는 것은 무관하다. 그 점을 안다면 우리는 적당히 기대되는 것에 투자함으로써 우리의 정력을 개별 투자들을 조사하는 일에 집중해야 한다. 우리는 분산이나 집중에 관심을 가져서는

안 된다. 만일 분산 투자한다면 우리는 분산 때문에 우리의 투자가 안전할 것이라는 그른 신념에 대해 경계심을 늦추어서는 안 된다. 그런가 하면 집중 투자했기 때문에 우리가 이익을 볼 것이라고 가정해서도 안 된다.

내가 지금 아주 분명하다고 확신하는 요점은 집중이나 분산이 투자의 성공과 별 관계가 없다는 것이다. 두 전략 모두 투자 성공에서 중요한 핵심 포인트가 훨씬 더 복잡하기 때문에 요점을 빗나갔다. 투자 성공은 주로 올바른 시기에 올바른 것을 지니고 있는가와 관계가 있다. 뿐만 아니라 분산 투자라는 관념은 아마도 모든 시간 모든 상황에 적용될 수는 없을 것이다. 만일 그렇게 적용된다면 투자는 믿을 수 없을 정도로 단순해질 것이고, 모든 분산 투자자는 이익을 얻을 것이며, 몇 달 만에 세계를 소유하게 될 것이다.

원칙: 대부분의 투자 조언은 허풍이다.

투자 조언자에 대해 간단히 한마디 한다면 다음과 같다. 슬프게도 대부분이 아니라면 자칭 많은 투자 조언자가 비록 길을 안내한다고 맹세하긴 하지만 실은 여러 대에 걸쳐서 투자 사업을 규정해온 엉터리 허튼 수작으로 당신을 속이려 하는 사기꾼들이다. 그뿐이랴. 아 슬프고, 슬프도다. 그들은 여전히 그렇게 하고 있다. 엉터리 허튼 수작은 오보와 그릇된 추론의 형태를 띤다. 엉터리 허튼 수작은 실재에 기초하지 않기 때문에 큰 불행으로 이끌 수밖에 없다. 내가 최근 예를 인용할 필요가 있을까?

나는 내가 어떤 비책을 따를 경우 다음 주 화요일까지는 크리서스(Croesus, 기원전 6세기의 리디아 최후의 왕. 큰 부자로 유명함)보다도 더 큰 부자가 된다는 말이 옳기를 바란다. 나는 최근에 연기 자욱한 실험실에서 자칭 어떤 시장 도사가 발견한 마술 같은 어떤 기술적 해법이나 해법들을 따를 경우 내가 나의 이익을 극대화해서 억만장자가 된다는 말이 옳기를 바란다.

이 말은 옳지 않은 것만이 아니다. 그리고 여기서 나는 월 스트리트의 열쇠를 발견할 때마다 어떤 개자식들이 자물쇠를 바꾼다는 G. M. 러브(G. M. Loeb)의 말로 대답을 대신하고 있는 셈이다.[3)]

좋다. 그렇다면 이제 당신은 귀에 거슬리고 가까이 하기 어려운 진리, 즉 투자 및 투자 성공은 단순하지 않기 때문에 투자 성공에 이르는 단순한 방법은 없다는 진리를 아는 셈이다. 만일 그게 사실이라면 성공적 투자를 하기 위해 우리가 할 수 있는 일이 무엇인가? 《운율과 시로 표현된 현대의 투자 금언》(*Investment Pearls for Modern Times Expressed in Meter and in Rhymes*)이라는 제목의 나 자신의 투자 방침 책을 권하는 일과는 별도로 나는 우리 대부분이 투자나 사업에 관해 아무것도 알지 못하기 때문에 우리가 그걸 아는 누군가에게 의지해야 한다고 제안하고 싶다. 하버드, 스탠포드 혹은 컬럼비아 대학에서 2년 동안 사업이나 회사에 대해 공부하고 경영학 석사학위를 가진 젊은 남녀의 비밀 회합장소에 접근할 수 있는 선량하고 정직한 전문 브로커를 붙잡아라. 이들은 그들이 추천하는 회사에 거의 또는 전혀 재정상의 이해관계가 없으며, 상당한 정도의 적당히 조심스런 태도를 가지고 기꺼이 어떤 조언을 하려는 사람들이다. 일단 그런 사람들이 어떤 추천을 하게 되면 그들이 그

---

3) Louis Rukeyser, "There Is No Magic Key: Only Knowledge and Consistency," *Louis Rukeyser's Mutual Funds*(February 2001)에서 인용.

렇게 하는 이유와 그들의 결론을 뒷받침하는 증거를 조사하라. 만일 그 증거가 수효, 종류, 비중에 있어서 적절하고 적합하다면 그에 따라 행동하라.

그러나 내가 하려고 했던 것의 요점으로 되돌아가기로 하자. 그 요점이란 분산이 투자 방법이라는 생각이 과도한 일반화임이 증명되었으며, 그래서 사고상의 오류를 범했다는 것이다. 과도한 일반화로서 분산이라는 생각은 우리를 실재 상황으로부터 멀어지게 하고 오류 쪽을 향하게 한다. 지나친 단순화로서 그 생각은 진리를 감추고, 올바른 조처를 취하지 못하도록 막는다. 매우 많은 과도한 일반진술과 마찬가지로 그 생각은 실재에 대해 가짜 관념을 제공하는데, 이 가짜 관념이야말로 바로 우리가 피하려고 하는 것이다.

과도한 일반화, 어떠한 과도한 일반화도 오류이다.

이 사실로부터 다음 교훈이 따라 나온다.

교훈: 일반화 기법은 사고에 필수적이다. 하지만 어떤 의미에서 그 기법은 과도한 일반화를 포함한다. 따라서 일반화 기법은 양날을 가진 무기이다. 합당하게 사용되면 그 무기는 위대한 지성의 승리를 얻을 수 있다. 하지만 남용되면 그 무기는 재앙으로 이끈다. 과도한 일반화에 대해 조심하라. 당신이 그것을 보게 되면 속임을 당하지 말라.

예를 더 들어본다면 다음과 같다. 즉 일상생활에서는 많은 과도한 일반진술이 표면에 떠올랐다가 자그마한 상식에 의해 쉽게 무너진다. "모든 신경과 의사는 멍청하다."는 진술을 생각해보라. 그 진술이 옳을 수 있는가? 그 진술이 옳지 않다는 것을 어떻게 증명할 수 있는가?

신경과 의사는 뇌, 척수, 신경, 근육의 질병을 다루는 의료 전문가이다. 그들은 보통 고등학교와 대학의 학부를 마치고 의과대학을 수료하게 마련이다. 신경과 의사는 적어도 1년 동안 지속되는 인턴과정을 거쳐 적어도 3년 동안 레지던트 전문의 과정을 밟아야 한다. 더 나아가 도중에 그들은 해당 분야에서 수많은 필기와 실무 시험을 통과해야 하며, 그 외에도 개업을 하려면 의사면허증을 획득해야 한다. 누군가가 수많은 시련을 겪고 장애물을 극복했는데도 여전히 멍청하다는 것이 얼마나 있음직한 일일까?

답은 실제로 가능성이 별로 높지 않다는 것이다.

그렇다면 **모든** 신경과 의사가 멍청하다는 것이 얼마나 있음직한 일일까? 그들 중 약간은 당연히 멍청할지도 모르겠다. 어쩌면 그들 대부분이 멍청할지도 모르겠다. 하지만 모두가 그렇다고? 전혀 그렇지 않다. 요점을 파악하는 게 중요하다. **모든**은 하찮은 단어지만 커다란 의미를 가지고 있다. 만일 우리가 **모든**을 포함하는 진술에 대해 단 하나의 예외라도 가질 수 있다면 그 진술은 그르다는 게 증명된다. 우리는 한 사례만 제시하면 된다. 우리는 멍청하지 않은 단 한 사람의 신경과 의사를 발견하기만 하면 된다. 우리가 예로 드는 신경과 의사가 탁월한 신경과 의사의 전형임을 증명할 필요가 없다는 사실을 주목하라. 그 신경과 의사가 빈틈없는 의사임을 증명할 필요도 없다. 우리는 그 신경과 의사가 멍청하지 않다는 것을 보여주기만 하면 된다. 그리고 한 신경과 의사가 멍청하지 않다는 것을 보여줌으로써 우리는 모든 신경과 의사가 멍청하다는 주장을 반증하게 될 것이다.

> **원칙**: **모든**이라는 단어를 가진 어떠한 견해, 진술, 주장도 극단적이기 때문에 계속 유지되기가 매우 힘들다. 이런 형식으로 **모든**, **각각의**, **개개의 모든**, **언제나**, **절대 … 아니다**, **절대적으로** 혹은 그러한 어떤 전 포괄적 단어나 진술을 포함하는 어떠한 논증도 단 하나의 반대 실례에 의해 무너질 수 있다.

이 원칙으로부터 다음 교훈이 따라 나온다.

> **교훈**: 다른 방법으로 증명되기까지는 어떠한 총괄적 진술도 그른 것으로 간주되어야 한다.

고객에게 무작위로 전화를 거는 뉴욕의 한 브로커가 그가 당신에게 권한 주식이 다음 주 안에 40% 오를 것이 절대적으로 확실하다고 말하면 당신은 그 진술이 옳지 않다는 것을 꽤 확신할 수 있다. 아니, 말을 바꾸어 당신은 그 진술이 옳지 않다는 것을 **절대적으로** 확신할 수 있다. 미국의 대통령이 "나는 빈 라덴(bin Laden)이 체포될 것임을 당신에게 보증한다."고 말하면 당신은 누구도, 심지어 강력한 미국의 대통령조차도 미래를 절대적으로 확실하게 예측할 수 없기 때문에 그 진술이 옳지 않다는 것을 꽤 확신할 수 있다. 그러므로 심지어 미국의 대통령조차도 미래의 어떤 일에 대해 우리에게 절대적으로 보증할 수 없는데, 하물며 빈 라덴이 붙잡힐 것이라는 사실은 더더욱 말할 것도 없다.

멕시코의 산적 두목이자 국민적 영웅이 된 반정부 게릴라 지도자

판초 빌랴(Pancho Villa, 1878~1923)는 멕시코와 미국 남서부의 미국 시민들에 대한 잔학한 공격을 이끌었던 인물이다. 우드로 윌슨(Woodro Wilson) 대통령은 국민들에게 빌랴가 체포되어 처형될 것이라고 말했다. 윌슨 대통령은 빌랴를 체포하기 위해 미국 병력을 멕시코에 보냈다. 하지만 미 군대는 판초를 잡지 못했다. 그래서 대통령의 말이 틀렸음이 증명되었다. 그 뒤에 일어난 역사적 사건들은 윌슨 대통령이 거짓말했음을 증명하였다.

워워!

윌슨 대통령이 거짓말쟁이라고? 그것은 **거짓말쟁이**와 **거짓말**에 대한 정의에 달려 있다. 윌슨이 거짓말했다는 나의 진술은 약간은 너무 강한 말일 수도 있을 것이다. 만일 당신이 거짓말은 우리가 그르다는 것을 아는 그른 진술로서 고의적으로 속이려는 시도로 이루어진다는 정의를 받아들인다면 윌슨 대통령이 거짓말을 했을 것 같지는 않다. 미국의 대통령이 고의적으로 국민을 속이려 했거나 속일 수 있을 것 같지 않다. 그런 일은 어쩌다 일어나는 것이며 최근 예들을 들 수도 있지만 일반적으로는 그런 일이 일어날 것 같지 않다. 그러므로 엄밀한 정의하에서 윌슨은 십중팔구 거짓말하지 않았을 것이다. 그는 그저 옳지 않았을 뿐이었다. 아마도 그는 신중한 어떤 군인에게서 빌랴에 대한 조처가 실행 가능한 조처라는 말을 들었을 것이다. 그러한 희망적인 말을 듣고 윌슨의 마음은 아마도 소망적 사고(wishful thinking)의 상태가 되었을 것이며, 그 다음에는 국민에게 전한 형태로 미지의 사실, 즉 판초 빌랴가 체포될 것이라는 사실을 추정하게 되었을 것이다. 이와 똑같이 왜곡된 정신적 과정이 아마도 부시 대통령으로 하여금 그가 빈 라덴에 대해 한 진술로 이끌었을 것이다.

원칙: 현실에 대해 위안을 주는 메시지는 대부분 가짜이다.

하지만 그렇다면 왜 국민은 아무런 진지한 의문도 제기하지 않은 채 이처럼 뻔히 그릇된 메시지를 받아들이는가? 간단하다. 그 메시지는 위안을 주는 메시지이다. 국민은 그 메시지를 듣고 싶었다. 국민은 그런 메시지를 들을 정서적 필요가 있었다. 정치인들은 그러한 정서적 필요를 충족시켜 주기를 원했다. 따라서 정치인들은 국민에게 그처럼 위안을 주는 메시지를 제공하기를 원했다. 그 메시지는 위안을 주는 메시지로 가짜이다. 그 메시지는 옳지 않았으며 옳을 수도 없었다. 만일 당신이 라라랜드(la-la land)에서 살고 싶다면 당신은 그것들을 믿어야 한다. 내 의견은 그처럼 사람들에게 전달되는 위안을 주는 메시지가 잘못이라는 것인데, 이는 그 메시지들이 너무 많은 것을 약속하면서 너무 적은 것을 전해주기 때문이다. 진리는 언젠가는 드러나게 마련이다. 따라서 결국은 우리와 대통령들은 실재에 직면하지 않을 수 없다.

적은 것을 약속하고 많은 것을 전해주는 것이 낫지 않을까?

그렇지만 잘못을 범한 이유와 무관하게 보증한 것은 옳지 않았다. 대통령도 다른 어떤 인간도 미래를 정확하게 예측할 수 없기 때문에 그 보증은 옳지 않았다. 대단한 지성인이라고 할 수 있는 윌슨 대통령이라면 그 점을 알았어야 했다. 그는 이러한 특수 실례에서 총괄적인 보증이 불가능하며, 그래서 그를 수밖에 없다는 것을 알았어야 했다.

원칙: 대통령들도 인간이다. 인간으로서 대통령들은 우리와 똑같이 결함 있는 사고를 하기 쉽다.

이 원칙으로부터 다음 교훈이 따라 나온다.

> **교훈**: 대통령의 진술, 그리고 일반적으로 정치인들의 진술에 대해 조심하라. 그런 진술들이 미래의 우연적 사건에 대한 총괄적인 보증을 동반할 때는 특히 그릇될 가능성이 크며, 그것도 완전히 그릇될 가능성이 크다.

예를 하나 더 들어보자.

베트남 전쟁을 생각해보라. 준엄한 시각으로 역사를 회고해보면 당시 국방장관 로버트 맥나마라(Robert McNamara)를 포함하여 대부분의 사람이 베트남 전쟁이 잘못이었음을 인정한다. 미국은 어떻게 그러한 잘못을 저질렀는가? 그 전쟁이 어떻게 해서 일어났는가?

간단하다.

첫째, 존슨 대통령이 베트남이 중요하다고 잘못 생각했다. 그는 베트남이 공산화될 경우 동남아시아가 모조리 공산화될 것으로 생각했다. 이 이론은 **도미노 효과**라 불렸다. 기본 발상은 국가들이 준안정 평형 상태로 연달아 줄지어 서 있는 도미노와 같다는 것이었다. 일단 하나의 도미노가 밀려 넘어뜨려지면 다른 도미노들 역시 밀려 넘어뜨려진다. (이런 사고의 오류는 4장에서 논의할 것이다.) 간단히 진술하면 도미노 이론은 국가가 도미노가 아니기 때문에 사고상의 오류를 범한 이론이다. 설령 국가들이 도미노라 할지라도 국가들은 연달아 줄지어 있지 않다. 국가들은 확실히 준안정 상태에 있지 않다. 엄밀히 말하면 국가들은 쓰러지는 곳이 없기 때문에 결코 어떤 곳으로도 쓰러지지 않는다. 국가의 정부들은 쓰러질지 모르겠지만 국가 자체는 언제나 있던 곳에 남게 된다. 더 나아가 한 국가의 정부가 쓰러지거나 바뀔 때 주변의 다른 국가들이 반드시 바뀌는 것은 아니다. 그리고 만일 그처럼 주변의 국가들이 바뀐다 해도 그 국가들이 반드시 똑같은 방향으로 바뀌는 것도 아니다. 만일 그랬다면 우리는 오래 전에 하나의 세계 정부를 가졌을 것이다.

베트남 전쟁은 그릇된 추론에 근거한 것이었다.

이 사실은 중요하다. 나는 올바른 사고의 실행이 어떻게 베트남 전쟁 기간 동안에 일어났던 수많은 죽음과 수많은 돈의 낭비를 막을 수 있었는지를 논증하려 한다.

일단 베트남에 대해 잘못 생각하고 난 뒤에 존슨 대통령은 매스컴을 속였는데, 그러자 매스컴은 국민을 속였다. 그러한 상황이 바로 진짜 도미노 효과였다. 일단 전쟁에 돌입하자 어떤 것도 전쟁을 막을 수 없는 것처럼 보였다. 존슨은 미군의 무기가 과열되고 있는 동안에도 계속해서 버튼을 더 세게 눌러댔다. 우리는 필사적으로 에이전트 오렌지(Agent Orange)란 이름의 고엽제를 쌀농사 지역에 대량으로 쏟아 부었다. 우리는 밀짚모자 쓴 베트남인들이 모이는 시장에 박살이 날 정도로 폭격을 가했다. 베트남인 1,600만 명이 사망했다. 알게 뭐야? 그들은 아시아인인걸. 문제가 되는 것은 사망한 58,000명의 미국인이었다. 그들은 아시아인이 아니었다. 그들은 바로 우리였다.

존슨 대통령은 우리가 전쟁에 나가지 않을 경우 베트남이 결과적으로 공산화될 것이라고 말했다. 오류는 미래에 관한 과도한 일반화였다. 만일 그가 우리가 전쟁에 나가지 않을 경우 베트남이 공산화될 수도 있고 되지 않을 수도 있다고 말했다면 그는 가능성의 영역 안에 있었을 것이고, 우연적 미래에 관해 확신을 가지고 과도한 일반화를 하지 않았을 것이다. 그러한 입장은 우리가 어떻게 해야 하는지에 대해 많은 토론과 논쟁의 여지를 남겼을 것이다. 그러한 입장은 일어날 수도 있고 일어나지 않을 수도 있는 미래의 우연적 사건에 그토록 많은 사람, 자원, 국가적 부를 모두 연루시키는 일이 권할 만한 일인지에 관해 어떤 합리적인 토론으로 이끌었을 수도 있었다. 추론상의 결함은 훨씬 더 엄청난 잘못이었는데, 이는 존슨 대통령이 베트남이 공산화될 경우 캄보디아가 공산화될 것이며, 그 뒤에는 동남아시아 모두, 그리고 그 다음에는 세계가 공산화될 것이라고 믿었기 때문이다. 이러한 생각들은 각자 따로 떼어서 생각하면 틀린 것이 아니다. 그러나 그 생각들이 절대적 확실성을 띠고 제시되는 일은 전혀 가능하지 않은 미래 사건에 대한 지식을 함의한다.

실제로 베트남 전쟁 동안에 근무했던 (나 자신을 포함한) 군인들은 자신들의 경험에 관해 질문을 받으면 종종 입을 열지 않는다. 그들이 보고 겪은 일은 상상을 초월할 뿐만 아니라 말로 표현할 수 없기도 하다. 《우리는 한때 젊은 군인이었다》(*We Were Soldiers*) 같은 어떤 영화들은 아주 훌륭한 이유가 있을 경우를 제외하고는 국가가 왜 출정해서는 안 되는지를 매우 생생하고 자세하게 보여주는 데 근접했다. 도미노 이론과 같은 사고상의 오류는 훌륭한 이유가 아니다.

> 만들어진 모든 총, 발진된 모든 군함, 발사된 모든 로켓포는 궁극적인 의미에서 먹지 못하고 굶주리는 사람들, 입지 못하고 추위에 떠는 사람들로부터의 절도를 의미한다. 무기로 둘러싸인 이 세계는 돈만을 낭비하고 있는 것이 아니다. 이 세계는 노동자들의 땀, 과학자들의 비상한 재주,

어린이들의 희망을 낭비하고 있다. … 이것은 진정한 어떤 의미에서도 삶의 방식이 전혀 아니다. 위협적인 전쟁의 먹구름 아래서 세계는 철의 십자가에 매달려 있는 인간의 모습이다.

드와이트 D. 아이젠하워[4)]

아이젠하워 말이 맞다. 전쟁은 엄청나게 많은 부정적 측면을 가지고 있다. 그것은 전쟁의 가혹한 실상이다. 그런 식으로 전쟁의 가혹한 실상이 베트남에 있는 우리의 머리, 즉 우리를 향해 밀려들어왔다. 그래서 우리는 우리가 범한 사고상의 오류, 즉 실재 상황을 이해하지 못한 것에 대한 대가를 치렀다. 모질고 준엄한 역사적 시각에서 회고해보고 우리는 전쟁에서 졌음을 알았다. 더 나아가 모진 역사적 시각에서 볼 때 우리는 베트남이 패망한 후에도 동남아시아가 거의 같은 상태로 지속되었다는 것을 알았다. 도미노 이론은 그르다는 것이 증명되었다. 사실상 전쟁이 끝난 후 심지어 베트남조차도 완전히 공산화된 게 아니었다. 베트남은 지금 미국의 무역 상대국이며, 세계의 대부분 국가가 그런 것처럼 혼합 경제 체제를 유지하고 있다.

원칙: 미래는 우연적인 것이지 결정된 것이 아니다. 그러므로 미래는 예측될 수 없다. 미래는 확실히 정확하게 예측될 수 없다.

이 원칙으로부터 다음 교훈이 따라 나온다.

---

4) Martin J. Medhurst, *Dwight D. Eisenhower: Strategic Communicator* (Westport, CT: Greenwood Press, 1993), 78, 167면. 이 인용구는 원래 John K. Jessup의 논문 *Life*(March 27, 1970)에서 따온 것이다.

교훈: 미래 사건에 대한 누군가의 절대적 예측을 의심하라. 예측이 그릇될 가능성이 크다.

다음번 일식이나 2026년 8월 12일 오후 4시 수성의 위치와 같은 어떤 것들이 비교적 정확하게 예측될 수 있다는 말은 옳다. 달과 태양의 중력은 물의 표면을 상승시키거나 하강시키고(조수), 물을 밀려오거나 빠져 나가게(조수의 흐름) 만듦으로써 커다란 수계에 영향을 준다. 달과 태양이 조수와 조수 흐름을 일으킴으로, 임의의 시간에 임의의 장소에 그것들이 미치는 영향은 예측될 수 있다. 매년 발행되는 조수와 조수 흐름 표들은 조수와 조수 흐름의 상황을 날마다 예측한다. 대체로 정확하긴 하지만 그러한 정보는 대부분의 선원이 알고 있듯이 때로 틀린다. 심지어 조수 표조차도 틀릴 수 있는데, 이것은 그 지역의 바람이나 역기후 혹은 미처 이해되지 못한 다른 요인 때문에 그럴 수 있다. 만일 우리가 조수조차도 예측할 수 없다면 한 국가가 공산화될 경우 그 인근의 모든 국가 역시 공산화될 것이라는 것을 어떻게 확신할 수 있을까? 금리를 낮추는 일이 경제를 되살아나게 할 것이라는 것을 어떻게 확신할 수 있을까? 자유세계의 교역이 일반적으로 번창을 가져올 것이라는 것을 어떻게 확신할 수 있을까? 우리는 어떻게 확신할 수 있을까? 지금쯤은 당신은 삭막한 진실을 깨달아야 한다. 즉 우리는 확신할 수 없다!

훌륭한 일반적 규칙은 어떤 것이 정확하게 예측되면 될수록 그 예측이나 예측된 것에 대한 인간의 관심은 그만큼 적다는 것이다. 행성들의 위치와 조수에 관해 실제로 관심이 있는 사람은 거의 없다. 중요한 인간의 문제, 불확실하고 불안정한 우리의 실존이 우리에게 훨씬 더 관심을 끈다. 나는 다우존스 평균 지수가 그날 얼마나 되는지, 이엠시(EMC)나 암젠(Amgen)이 더 나은 투자일지 혹은 내 손녀 캘리(Callie)가 결혼할 것인지 등을 알고 싶어 한다. 나는 중요한 일을 알고 싶은데, 유감스럽게도 정확하게 알 수 없는 것은 바로 그런 것들이다. 미래는 여전히 미래이다. 지금은 현재이다.

부시 대통령이 할 수 있었던 말 중 좀더 합리적이고, 그래서 좀더 믿을 만한 진술은 이와 같이 진행될 수도 있었을 것이다. 즉 "우리는 빈 라덴을 체포하거나 살해하기 위해 엄청난 노력을 기울이겠지만 우리는 그 일이 언제 성공할지 혹은 과연 성공할 것인지에 대해서는 예측할 수 없다."

그런 진술은 TV나 대중 신문에 별로 영향을 끼치지 않을 것이다. 그런 진술은 박력이 없고 주저하는 것처럼 들린다. 그러나 그것이 진실에 더 가까이 가는 것이며, 나는 그것이 부시 대통령이 그가 한 말을 통해 실제로 의미했던 것에 가깝다고 믿는다.

원칙: 미래에 관한 총괄적 보증 혹은 그런 문제라면 어떠한 것에 관한 총괄적 보증이라도 그를 가능성이 높다.

이 원칙으로부터 다음 교훈이 따라 나온다.

교훈: 어떠한 총괄적 보증도 믿지 말라. 어떠한 총괄적 보증에 따라서도 행동하지 말라.

말이 난 김에 말하자면 많은 혼동이 사람들이 '모든'과 '약간'을 구별하지 못하기 때문에 일어난다. 만일 누군가가 나에게 아무도 앨 고어(Al Gore)를 좋아하지 않는다고 말한다면 나는 "내가 그를 좋아하며, 나는 그를 좋아하는 사람이다."라고 말함으로써 그의 말이 그름을 증명할 수 있다.

"아무도 … 않는다."(nobody)는 용어에 제한을 가하지 못한 것이 바로 그 진술이 그토록 쉽게 논박되는 이유였다. 많은 진술, 특히 광고에서 사용되는 많은 진술은 '약간'만을 의미할 때 '모든'을 함의한다. "기네스는 당신에게 딱 맞다."(Guinness is good for you.)는 슬로건(이 슬로건을 나는 최근 아일랜드에 있었을 때 보았다.)은 이 독한 흑맥주가 언제나 당신에게 딱 맞다는 것을 시사한다. 그 진술은 당신이 체중을 줄이려 하거나 그 술이 상했거나 혹은 당신이 이미 7파인트의 맥주를 마시고 운전을 하려는 참이라면 옳지 않다. 기네스는 당신이 그것을 자동차 연료로 주입하거나 발모제로 사용할 경우에 당신에게 맞을 수 없다.

속담 역시 보통 제한을 둘 필요가 있는 반쪽짜리 진리이다. "느려도 착실하면 이긴다."(Slow and steady wins the race.)는 어떤 상황에서는 훌륭한 충고가 되겠지만 100m 달리기에서 세계 기록을 깨려고 하는 올림픽 선수들에게는 별로 효과가 없을 것이다. 이 말은 내내 올바른 것으로 유지된 잘 추론된 속담들을 배제하지 않는다. 예컨대 패튼의 소설 집필 법칙은 결코 시작되지 않은 소설은 결코 완성되지 않는다고 진술한다. 이 법칙은 어떤 것이 끝이 나려면 시작을 해야 하기 때문에 언제나 옳다는 것이 자명하다. 또는 유클리드의 공리, 즉 동일한 것과 같은 것은 또한 서로 같다는 것은 어떤가. 이 공리도 의문의 여지가 없다. 만일 어떤 것이 두 번째 것과 같고, 세 번째 것이 두 번째 것과 같다면 세 개가 모두 같다. 소설 집필 충고, 논리학, 기하학의 영역의 어떤 것들은 절대적으로 옳을 수 있다. 그것이 바로 교육 전문가들이 그러한 학문 분과에 대해 그토록 애착을 갖는 이유이다. 그것이 바로 그러한 학문 분과가 우리의 청소년기 교육에서 지나치게 강조되는 이유이다. 기하학과 수학은 부가적인 교육상의 이점이 있는데, 그것은 시험을 치르는 문제들이 보통 명확한 하나의 (단순한) 답을 가짐으로써 아이들에게 그들의 삶에도 비슷한 상황이 어울릴지 모른다는 환상을 심어준다는 것이다.

당신의 학창 시절로 되돌아가 생각해보라. 호기심으로 인해 고양이에게 어떤 일을 했는가? 《앤젤라스 애쉬스》(*Angela's Ashes*)에서의 퀘스천 퀴글리(Question Quiggley)처럼 언제나 질문을 하고 있었던 어린아이에게 무슨 일이 일어났는가? 당신은 언젠가 "우리가 이 문제들을 모두 풀 시간이 없다고? 우리가 학과 진도를 마쳐야만 한다고?"라고 선생이 말하는 것을 들어본 적이 있는가? 소크라테스는 언제나 질문을 하고 있었다. 하지만 그가 일으킨 말썽으로 인해 그는 헴록을 마시도록 강요받았다.

당신에 관해서는 모르지만 나는 학교생활을 거의 만족할 줄 모르는 호기심을 가지고 시작하였다. 그렇지만 나는 얼마 안 있어 질문보다 답이 더 중요하며, 훨씬 더 중요한 것으로 간주된다는 것을 배웠다. 얼마 안 있어 나는 교육 체계가 애매한 것을 좋아하지 않으며, 질문을 제기하는 재능을 후원하지도 않는다는 것을 배웠다. 오히려 보상을 받는 재능은 '올바른 답'에 도달하는 재능인데, 이때 올바른 답이란 유감스럽게도 보통 선생이 가지고 있는 답이며, 선생은 유감스럽게도 사실상 올바른 답, 즉 단 하나의 올바른 답이 있다는 잘못된 신념하에서 수업을 운영하고 있는 게 보통이었다.

권위에 만족하고, 질문을 억누르며, 규칙을 따르는 접근 방식은 당신이 중학교, 고등학교, 대학, 대학원을 마치는 데 매우 쓸모가 있을 것이다. 그 점에 관해 의문의 여지는 없다. 즉 교리를 따르는 것이 효과가 있다. 똑같은 태도가 사회에 대해서는 일관 작업을 하기 위해 멋지게 늘어선 노동자와 관료들의 모습을 제공하겠지만 그것이 당신이 가혹한 인생의 현실을 대비하는 데 크게 도움이 될까? 그것이 우리의 미래 사회를 대비하는 데 크게 도움이 될까?

이와 밀접하게 관련된 난점은 어떤 문제에 대해 두 가지의 가능한 해결책 중 단 하나의 원인이나 단 하나의 해답만이 있다고 생각하는 것이다. 내가 (그것이 과도한 일반진술이기 때문에) 내가 과도한 일반화의 오류의 역할을 하고 있다고 생각하는 이 사고상의 오류는 이름이 필요하다. 스티븐 제이 굴드(Stephen Jay Gould)는 그의 책 《인간에 대한 오해》(*The Mismeasure of Man*)에서 이 오류를 이분화(dichotomization)라고 한다. 그 말은 복잡하고 연속적인 실재를 두 구획(영리한 자와 멍청한 자, 흑인과 백인, 선인과 악인 등)으로 나누어 이해하려는 우리의 경향을 한마디로 지시하기 위한 것이다. 우리는 그가 의미하는 것을 안다. 그러나 우리가 이해하기 쉽도록 이 오류를 흑백사고의 오류라 부르기로 하자.

> **원칙**: 흑백사고는 복잡한 관념이나 복잡한 상황을 단순화시키기 때문에 오류이다.

이 원칙으로부터 다음 교훈이 따라 나온다.

> **교훈**: 흑백사고를 피하라.

만일 사람들이 복잡한 어떤 문제에 대해 단 두 가지의 행동 방책이나 단 두 가지의 해결책만이 가능하다고 말한다면 그것을 믿지 말라. 만일 그들이 단 하나의 행동 방책만이 있다고 말한다면 그것은 확실히 그릇되다. 흑백사고는 대체로 그릇되다. 흑백사고는 우리로 하여금 어떤 상황의 복잡성을 보지 못하게 막으며, 그래서 대안의 해결책에 이르는 우리의 능력을 해친다.

나치는 (전부가 아니라도 어쨌든 어떤 나치 당원들은) 그들이 유태인을 살해할 경우 독일의 걱정이 없어질 것이라고 생각했다. 그들은 유태인이 독일의 모든 문제에 대해 책임이 있다고 생각했다. 그저 겉보기에도 사람이라면 그것이 절대적으로 불가능하다는 것을 알 것이다. 도대체 모든 유태인 혹은 다른 어떤 인종, 종교, 정치 집단이 독일이나 세계 혹은 그밖에 다른 모든 곳의 모든 문제에 대해 책임이 있을 턱이 없기 때문이다. 유태인이나 다른 집단들이 문제 중 일부, 즉 그 시대의 일부에 대해 책임이 있을 수는 있겠지만 그 책임은 구체적 문제와 구체적 사례를 포함하는 증거를 통해 증명되어야 할 것이다. 말이 난 김에 증거란 정의에 의해 진리를 가리키는 어떤 표시이다. 많은 종류의 증거가 있지만 최상의 증거는 물리적 증거인데, 우리는 이 증거를 직접 관찰한다. 그런 방식으로 우리는 그 증거가 실재적이라는 것을 확실히 안다. 유태인이 독일의 모든 문제에 대해 책임이 있다는 증거가 전혀 없기 때문에 그 생각은 그릇된 생각이다. 더 나아가 그 생각은 유태인에 관한 과도한 일반화인데, 이는 그 생각이 각각의 유태인이 다른 모든 유태인과 정확히 똑같다고 가정하기 때문이다. 그 생각은 옳을 수 없다. 유태인들은 우리 모두와 마찬가지로 개인들이다.

금본위제가 미국의 번영에 반드시 필요한가? 믿거나 말거나 많은 사람은 미국의 번영이 금본위제에 의존한다고 생각했다. 반대 증거에도 불구하고 어떤 사람들은 여전히 그렇게 생각하고 있다. 다른 사람들은 복지 제도가 없어지면, 정부에 의해 일자리가 창출되면, 모든 사람에게 짧은 교대제 일거리가 주어지면 혹은 정부가 품팔이 일을 필요로 하는 모든 사람을 노상으로 내몬다면 … 실업이 없어질 것이라고 생각한다.

청소년 비행? 아무 문제가 없다. 청소년 비행은 종교 교육이 부족해서 생긴다. 혹은 비행은 결국 우리가 아이들에게 온화하게 대해야 한다는 얘기가 되는가? 오늘날 아이들에게 필요한 것은 유익한 매질이다. "매를 아끼면 자식을 버린다."(Spare the rod and spoil the child.)라는 말이 실제로 의미하는 것은 무엇인가? 이 말은 우리가 매를 아끼고 자식을 버려야 한다는 것을 의미하는가, 아니면 우리가 정말로 매를 아낄 경우에 자식을 버릴 것이기 때문에 매를 아껴서는 안 된다는 것을 의미하는가? 어떤 입장을 지지하는 증거가 무엇인가? 어느 쪽이 올바른가? 그 진술이 모든 상황에서 모든 아이에 대해 올바른 것으로 유지될 수 있을까?

요점을 파악하라.

이처럼 'A이거나 또는 B' 진술과 같이 전체를 통트는 일반진술들은 종종 약간의 진리를 포함하기 때문에 사람들을 유혹하지만 결코 온전한 진리를 포함하지는 않는데, 온전한 진리는 사실에 대한 고찰과 증거, 그리고 복잡한 문제에 대해 단순화된 형태의 소수 문제나 일부 문제에 관한 사고가 아니라 상당한 정도의 사고를 요구하기 때문이다.

원칙: 복잡한 쟁점이나 문제에 대한 올바른 평가의 열쇠는 증거에 대한 분석이다.

증거가 무엇인가? 이 질문은 두 개의 시시한 단어와 물음표로 이루어졌지만 몇 톤의 무게가 나간다고 할 만큼 중요하다. 증거가 무엇인가? 어떤 일반적 문제에 대해 신속한 해결책을 들을 때마다 (당신이 합리적이기를 원한다면) 그 질문을 스스로에게 하라. 어떤 것이 옳다는 증거가 무엇인가? 우리는 그것을 어떻게 확실하게 아는가? 그와 같은 질문은 보통 문제의 복잡성과 제안된 해결책의 단순화된 성격을 드러낸다. 그 질문들은 우리가 유익할 수 있는 행동을 취하거나 유익하지 않을 수 있는 행동을 취하는 것을 피하기 전에 우리가 문제에 대해 좀더 생각하고 좀더 이해할 필요가 있음을 이해하도록 돕는다.

예컨대 매를 아껴서 자식을 버리는 문제에 관해서 생각해보자. 어떤 자식들은 응석을 받고 자라 버릇이 없다. 나에게는 내가 어쨌든 끔찍이 사랑하는 손녀가 하나 있다. 캘리 패튼(Callie Patten)이 버릇이 없다. 그래서 어쨌단 말인가? 응석을 받고 자라 버릇없는 자식이 방치된 자식보다 범죄를 저지를 가능성이 많음을 시사하는 증거는 거의 없다. 응석을 받고 자라 버릇없는 자식은 종종 자신이 사랑받았고 행복하다고 느끼며, 완전히 행복한 삶을 누리도록 성장할 수 있다. 나를 보라.

사실상 방치된 자식은 성인이 되었을 때 응석을 받고 자라 버릇없는 자식보다 더 많은 말썽을 일으킬 수 있다. 그러나 그것은 요점을 벗어났는데, 우리는 사실 그 자체에 관심이 있는 게 아니라 우리로 하여금 계속해서 조처를 취할 수 있게 해주는 진술 배후에 있는 추론에 관심이 있기 때문이다.

벌벌 떨기만 할 뿐 사정을 하지 않는 아이들이 있을 수 있는데, 이런 경우에 실은 자신이 겁쟁이라서 아이를 때리는 사람은 그 자신이 복용하는 약을 먹는 것이 이로울 것이다. 그러나 닥치는 대로 매를 드는 것이 언제나 효과적이라고 주장하는 것은 어떤 아이들이 (특히 소년들이) 매질에도 요지부동이라는 사실과, 또 어떤 아이들이 그 매질에 의해 똑같은 행동을 하도록 조장되거나 훈련된다는 사실을 무시하는 것이다.

요점은 아마 어떤 처벌도 모든 상황에서 모든 이단아에게 적절할 수는 없으리라는 것이다. 청소년 비행은 여러 가지 형태를 띠고 있으며, 모츠 레스토랑이 많은 사과소스를 가지고 있는 것만큼이나 많은 복잡한 원인을 갖고 있다. 누군가가 말할 수 있는 것은 기껏해야 매를 사용하는 일이 어떤 경우에 적절할 수 있다는 것이다. 그렇지만 그처럼 제한된 진술들이 특히 독단주의자에게는 호소력이 없는데, 이들은 우리가 증거가 그저 회의주의를 보증하는 경우에조차도 용기를 가지고 소신을 주장해야 한다고 생각하는 사람들이다.

때로 과도한 일반화는 논쟁에서 상대방을 이기는 속임수로 사용된다. 일어날 수 있는 일은 당신의 진술이 멍청하고 옹호할 수 없는 주장이 되도록 다른 측에 의해 단순화되고 확장될 수도 있다는 것이다. 알다시피 그처럼 확장되고 단순화된 논증은 반박되기가 훨씬 더 쉽다.

당신은 정말로 히틀러가 잘못을 벌충할 수 있는 단 한 번의 미덕에 의해서는 도저히 회복할 수 없을 정도로 잔인하고 압제적이며 폭군 같은 인물로 처리될 수 있는 반면에 처칠이나 루즈벨트는 훌륭한 인간의 전형이었다고 생각하는가? 인간은 사실상 너무 다양하고 복잡해서 그처럼 엄격한 범주에 맞출 수 없다. 누군가가 전혀 잘못이 없다거나 전혀 가치가 없다고 주장하는 것은 경험을 무시하는 처사이다. 더 나아가 이 넓은 세상에서 어떤 사람도 전적으로 시종 일관된 태도를 취할 수 없다. 부헨발트(Buchenwald) 수용소의 살인범들은 추운 날씨에 굶주리는 새들에게 먹이를 주었다. 맞다. 그들은 동물에게는 친절했다. 하지만 이것은 그들의 비열한 범죄 행위를 전혀 완화시키지 못하는 풍습이었다. 그렇지만 이처럼 거의 기억되지 않는 친절과 사랑의 행위는 인간의 아주 사악한 행위조차도 자비심이 전혀 없는 게 아니라는 것을 증명한다. 복잡한 사실은 단순한 판단을 내리기에 적합하지 않으며, 복잡한 인간도 단순한 판단을 내리기에 적합하지 않다.

최근에 한 중국계 원자력 과학자가 중국에 대한 동정의 뜻을 나타내면서 중국에서 부가 더 고르게 분배된다는 사실을 표명했다. 그는 곧바로 위험 인물로 의심을 받아 구속되었으며, 일시적으로 로스앨러모스에 있는 원자력 연구센터에서 비밀정보 사용 허가를 취소당하면서 일자리를 잃었다.

중국 공산주의는 내가 상상하기에 무수히 많은 인간 활동에 관해 무언가를 말하고 있는 복잡하고 까다로운 강령으로 이루어져 있다. 아무리 사악하다 할지라도 중국인이 모든 쟁점에 대해 언제나 옳지 않은 일은 있을 성싶지 않다. 그들이 만사에 관해 틀리는 일은 있을 성싶지 않다. 그러나 여기서 문제는 좀더 구체적이다. 공산주의자들이 공동 소유와 관련하여 잘못 생각하고 있는가? 만일 그들이 잘못 생각하고 있다면 우리는 중국계 미국인이 현재 실천되고 있는 중국식 풍습의 작은 부분을 칭찬하는 일을 막아야 하는가?

재산을 공유하는 일은 대부분의 현대 미국 가족의 특징인데, 이는 말하자면 많은 공화당원이 그런 것으로 인정하지 않는다 할지라도 가족의 가치나 마찬가지다. 공동 소유권은 각 주에서 결혼과 관련된 공동 재산 법규를 가진 가족법의 원칙이다. 가족 소유권과 공동체 재산은 실질적 의미에서 공산주의적 사상이다. 그것이 잘못되었는가? 초기 기독교 교회 역시 모든 재산을 공유했는데, 비록 현대의 어떤 기독교인들, 특히 우익에 속하는 사람들이 초기 교회가 그 자체로 공산주의적이었다는 것을 거의 인정하지 않을 것임에도 불구하고 그렇다. 공동 재산은 대부분의 아메리카 인디언 문화 속에서도 통용되었던 규정이었다. 따라서 자본주의가 아니라 공산주의는 원래 자생적인 경제 체제로 간주되어야 한다.

미국 과학자가 어떤 외국 정부 정책의 한 측면에 대해 공감을 표현한다는 단순한 사실만으로는 그 과학자를 스파이로 만들지 못한다. 그를 마치 스파이인 것처럼 취급하는 일은 과도한 일반화라 불리는 사고상의 오류를 범하는 것이다. 과도한 일반화는 이런 식으로 진행될 것이다. 그는 자신이 중국인을 좋아한다고 말했다. 그러므로 그는 공산당 동조자이다. 공산당 동조자이기 때문에 그는 스파이일지도 모른다. 만일 그가 스파이라면 그는 비밀 정보 사용 허가와 일자리를 유지할 수 없다. 다행히도 법원은 이 과학자의 비밀 정보 사용 허가를 맡고 있는 관료들보다 더 합리적이었다. 그 사람은 일자리를 다시 찾았다.

요점이 무엇인가?

요점은 당신이 사물을 흑과 백으로 보는 것을 피해야 한다는 것이다. 침소봉대하는 일을 피하라. 지나친 추정과 과도한 일반화를 피하라.

유보 그리고 미봉책과 타협에 대한 중시가 모두 나쁜 것은 아니다.

이러한 노선을 따른다면 우리는 또한 미봉책을 멸시하지 말아야 한다. 유보하라. 사랑, 결혼, 아이를 갖는 일 등과 같은 개인적 문제에 관해서는 언제나 유보하라. 만일 당신이 그런 문제에 관해 유보할 필요가 있다면 당신은 확실히 이라크와의 전쟁에 참전하거나 헌법을 개정하거나 대통령을 선출하는 일 등의 큰 문제에 관해서는 유보해야 한다. 복잡한 어떤 문제에 대해 단순 명쾌한 답을 요구하지도 기대하지도 말라. 군중을 따르지 말라. 그것은 절벽으로 뛰어내리는 일일지도 모른다. 단순한 답은 이 요정(tooth fairy, 서양 풍습으로 아이가 이가 빠질 때 그 이를 베개 밑에 놓고 자면 이 요정이 돈으로 바꾸어준다고 함. 물론 실제로 돈을 주는 것은 부모임—옮긴이 주)처럼 전혀 존재하지 않는다.

원칙: 흑백 논증은 그릇되다. 흑백 추론은 어떤 상황이나 문제에 대한 모든 가능한 해결책을 고려하지 못하도록 이끈다.

이 원칙으로부터 다음 교훈이 따라 나온다.

교훈: 복잡한 문제에 대해서는 그저 한 가지나 두 가지가 아니라 많은 해결책이 있다.

상자처럼 틀에 박힌 통념을 벗어나 주식 철학이나 주식 원칙에 대해 실행 가능한 대안에 도달하기 위해 생각해보라. 답은 거기에 있을 수도 있고 없을 수도 있다. 그러나 그것에 관해 생각하는 일만 가지고서도 문제의 본질과 적합한 해결책에 가까이 가는 데 필요한 작업을 명료하게 드러내줄 것이다. 쉬운 해결책을 피하라. 많은 것이 "머리를 굴리지 않아도 뻔히 알 수 있는 것"은 아니다.

당신의 논증을 늘이거나 과도하게 일반화하거나 너무 많이 믿는 일을 피하라.

맞다. 당신의 적들이 당신의 논증을 늘이는 유일한 자들은 아니다. 그렇다면 그밖에 누가 우리의 논증을 늘이는가? 바로 우리 자신이다. 우리는 우리의 논증을 늘이고, 단순화하며, 논쟁에서 이기기 위해 실제 전개된 것보다 더 좋게 보이게 만든다. 이것은 그릇되다. 진리를 아는 일, 복잡한 진리를 아는 일—혹은 당신의 해결책이 완전하지 않다는 것을 인정하는 일—은 실재에 훨씬 더 가까이 가는 것이며, 당신과 인류를 더 좋게 하는 데 도움이 될 것이다.

정말이지 우리는—우리 자신이 합리적인 사람이 되려고 노력하고 있다 할지라도—우리 자신의 논증을 늘이고 단순화할 수 있다. 논쟁이 한창일 때에 우리는 우리의 사례를 과장할 수 있다. 그러다가 마침내 우리의 논증은 지나치게 부풀은 풍선처럼 고무 표면이 한계에 이를 때까지 늘어나면서 지나치게 얇아져 터져 버릴 정도로 과장된다. 조금만 건드려도 말이다.

원칙: 극단적 주장은 쉽게 공격받는다. 온건한 주장은 그렇지 않다.

이 원칙으로부터 다음 교훈이 따라 나온다.

교훈: 당신 자신의 수사(修辭)에 도취되지 말라.

당신은 다른 사람들에게 합리적인 사람으로 남기를 원하는 것만큼 당신 자신이 합리적인 사람으로 남고 싶어 하며, 어쩌면 다른 사람들보다 더 합리적인 사람으로 남고 싶을 텐데, 그것은 당신의 비합리적 사고가 당신 자신에게 미치는 귀결이 종종 다른 사람에게 미치는 것보다 더 심각할 것이기 때문에 그렇다.

교훈: 과도하게 일반화하지 말라.

히틀러가 유태인 600만 명을 살해한 것은 과도한 일반화의 소름 끼치는 귀결이었다. 왜냐하면 이러한 인종 절멸 배후에 숨겨진 원리는 모든 유태인이 똑같다는 것이었기 때문이다. 명료한 사고를 통해 대학살을 막는 것이 훌륭한 일 아니었을까?

존슨 대통령은 공산주의의 확산에 대해 도미노 이론을 제창함으로써 베트남의 중요성에 관해 과도하게 일반화했다. 그가 범한 오류는 그른 정보, 나쁜 조언, 숨겨진 일정, 그리고 다른 다수 요인의 어떤 결합에 의해 구성된 것일 수 있는데, 이런 요인들은 모두 당신이 그것에 관해 명료하게 생각하지 않은 한, 그리고 그렇게 생각하기 전까지는 그럴듯하게 보였을 수 있는 수사가 뒷받침했다. 명료한 사고를 통해 베트남 전쟁을 막는 것이 훌륭한 일 아니었을까?

역사적 예를 두 가지 더 생각해보고, 당시에 그 자리에서 그 문제들을 다루려 했던 사람들보다 우리가 더 잘 처리할 수 있었을 것인지 보기로 하자. 두 가지 역사적 예를 살핀 뒤에 우리는 사례 연구에 몰두함으로써 우리가 당시에 거기에 있었던 경찰보다 더 잘 처리할 수 있었을 것인지를 살필 것이다.

역사적 예 1: 당신이 16세기에 있는 양 해보라. 당신은 방금 공기보다 무거운 것이 난다는 것은 가능하지 않다는 말을 들었다. 당신은 이 진술이 그르다는 것을 어떻게 증명할 것인가?

분석: 그 진술은 일반진술이다. 어떤 일반진술이 그르다는 것을

증명하려면 우리는 단 하나의 반대사례만 있어도 된다. 그 반대 예가 무엇인가?

새는 난다. 새는 공기보다 무겁다. 곤충도 난다. 어떤 포유동물, 예컨대 박쥐도 난다. 그러므로 공기보다 무거운 것이 난다는 것은 가능하다. 그것은 가능할 뿐만 아니라 내내 실제로 일어난 일이다. 사실상 그것이 바로 라이트(Wright) 형제의 작업 배후에 있는 추론이었다. 라이트 형제는 새가 나는 게 가능하다면 인간이 나는 것도 가능할지 모른다고 추론했다. 라이트 형제는 역점을 두어 다루어야 하는 것이 새의 경우에 공기보다 무거운 것의 비행을 가능하게 만드는 메커니즘임을 깨달았다. 이 메커니즘에 관한 힌트는 새를 연구함으로써 발견될 수 있다. 새는 두 날개를 가지고 있다. 그것이 중요할까? 새는 동력 공급원, 즉 (날개의) 비상근(flight muscles)을 가지고 있다. 그것이 중요할까? 새는 꽁지깃을 이용함으로써 자신의 날기를 조절하는 법을 안다. 그것이 중요할까?

내가 뭘 말하려는지 아는가?

16세기로 되돌아가보라. 단순한 분석에 의해 당신은 공기보다 무거운 것의 비행이 가능하다는 것을 확실히 알 수 있었다. 분석에 의해 당신은 공기보다 무거운 것의 비행 원리를 도출하기 위해 어디를 살펴야 할지를 알 수 있었던 것이다.

역사적 예 2: 당신이 19세기에 있는 양 해보라. 당신은 영국 왕에 의해 철선(iron boats)의 문제를 조사하기 위한 특수 해군본부위원회의 위원직을 임명받았다. 1858년 그 위원회는 해군 장관 프랜시스 베어링 경(Sir Francis Baring)의 서명 아래 막 공식 견해를 발표했다. "해군본부는 쇠가 나무보다 무거워서 물에 가라앉을 것이기 때문에 철선에 반대한다."

당신은 반대 의견을 제시할 준비가 되어 있는가? 당신은 뭐라고 말할 것인가?

분석: 그 진술은 요점을 벗어났다. 철은 나무보다 무겁고, 그래서 물에 가라앉을 것이다. 그래서 어쨌단 말인가? 왕도 그것을 알고 있다. 대부분의 사람들 역시 마찬가지다. 당신이 그저 사람들의 동의를 기다리고 있는 게 아니라면 왜 빤한 것을 공표하는가? 사실상 해군본부의 성명은 늘려지고 단순화된 논증이다. 위원회는 철선 대 목선에 대한 찬반 의견을 살피도록 되어 있었다. 쇠로 배를 만드는 일에 반대하는 이유를 가지고 문제에 대한 지성적 토론을 하는 대신에 그들은 그저 우리에게 허풍을 떨었을 뿐이다. 이것이 허풍이라는 것을 우리가 어떻게 아는가? 다음을 생각해보라.

성명은 '해군본부'로 시작한다. 성명은 '우리'나 '위원회'나 그러한 다른 어떤 구절로 시작하지 않는다. 차이를 알겠는가? 해군본부는 우리 머리에 그것이 명성과 권위를 지니고 있다는 인상을 준다. 성명은 우리가 별 볼일 없는 얼간이라는 사실을 함의하면서 해사(海事)에 관해서는 자신이 전문가임을 말하고 있다. 해군본부는 우리를 설득하기 위해 지식, 사실, 증거, 이유를 사용해야 할 때 권위를 이용함으로써 우리로 하여금 그 견해를 승인하도록 힘, 권세, 정치적 영향력을 사용하고 있다.

계급, 명성, 지위, 습관, 문화적 관습, 전통, 이전의 경험 등에 대한 존중으로부터 의견을 승인하는 것은 비합리적인데, 이는 그것이 사실, 증거, 명료한 사고, 증명에 대한 검토를 불필요하게 만들기 때문이다. 대부분의 진보는 회의적 태도에 의존하는 것이지 복종에 의존하지 않는다. 권위에 대한 맹목적 집착은 인류를 계속해서 곤경에 몰아넣어왔다. 어떻게 그런 일이 일어나는가? 왜 권위에 대한 분별없는 집착이 그릇된 것인가?

그러한 집착은 권위가 종종 그릇되기 때문에 그릇되다. 권위는 실재를 잘못 표상하거나 잘못 지각하기 때문에 그릇된 경우가 종종 있다. 그런 경우에 권위에 대한 존중은 실재에 대한 경시가 된다.

한 분야에서 얻은 명성이 다른 분야에는 전혀 권위를 부여하지 않는다.

여기서 해군 장성들은 귀족 출신, 힘든 항해술 훈련, 바다 전투에서의 성공, 정치적 연고 등의 요소가 결합되어 그들의 지위를 획득하였다. 하지만 그들이 그런 분야에서의 우수성 때문에 그런 지위를 획득했다는 사실은 철선 문제를 논의하는 경우에 그들에게 특별한 권위를 거의 제공하지 못하는데, 철선 문제는 과학적이고 공학적인 문제이지 해군의 문제가 아니기 때문이다.

만일 당신이 이 생각을 갖고 있지 않다면 다음을 생각해보라. 즉 인기 영화배우가 당신이 재정 상담을 받기 위해 찾을 곳에 관해 조언을 할 수 있는 전문가인가?

유명 인기 배우는 상품 거래 규정, 주식이나 채권 거래 혹은 재정 상담을 받기 위해 찾아가야 할 곳에 관해 가치 있는 말을 많이 할 수 있을 것 같지 않다. 축구선수도 투자에 관해 그렇기는 마찬가지다. 카톨릭 사제는 (그가 고대 힌두교에 대한 별도의 자격증을 갖고 있지 않은 한) 기원전 1500년으로 거슬러 올라가는 힌두교 경전 리그베다에 대한 주석자일 것 같지 않다. 리볼버 자동 권총과 반자동 권총의 차이를 알지 못하는 캘리포니아 출신 상원의원 바바라 복서(Barbara Boxer)는 권총 두 자루의 상대적 안전성에 대해 분별 있는 설명을 할 것 같지 않다.

그런데도 복서 자신은 그녀가 분명히 거의 알지 못하는 주제에 관한 법률안을 짤 자격이 충분하다고 생각한다. 복서는 상원의원이고 우리는 아니다. 우리의 지위(그리고 우리의 무지)로 인해 우리는 어쩔 수 없이 그녀의 (엉터리) 권위에 의존할 수밖에 없고, 그녀가 말하고 행동한 것 대부분을 신뢰할 수밖에 없다. 그러나 우리는 언제나 제 자신의 전공 분야를 벗어나 활동하고 있는 다른 권위들과 마찬가지로 그녀가 그를 수 있음을 기억해야 한다. 만일 그녀가 그르다면 우리는 그녀의 잘못에 대한 대가를 치러야 하는 사람들이 될 것이다.

원칙: 편향된 권위는 편향의 정도만큼 신빙성이 없다. 편향의 원천과 그 강도를 아는 일은 편향의 방향과 크기에 대한 단서를 제공한다.

편향된 권위는 편향의 정도만큼 권위가 아니다. 예컨대 메어리 미커(Mary Meeker)의 경우를 생각해보자. 1999년 4월 (배론에 의해 '인터넷의 여왕'이라는 칭호가 붙은) 메어리 미커는 주당 104달러의 Priceline.com 주식을 '매수'(buy) 등급으로 발표했다. 21개월 동안 그 주식은 1.50달러에 팔렸으며, 매수자들은 98.5%의 손해를 보았다. 만일 당신이 그녀의 조언을 따랐다면 당신은 10,000달러의 최고 상태에서 144달러라는 최저 상태로 떨어지는 경험을 하게 되었을 것이다. 하지만 미커는 조금도 굴하지 않고 Yahoo!, Amazon.com, drugstore.com, inc., Homestore.com의 주식들을 '매수' 등급으로 발표하였다. 무수한 투자자가 그녀의 조언을 따랐다가 무일푼 신세가 되었다. 야후(Yahoo!)는 97%가 망가졌다. 아마

존(Amazon)은 95%가 구멍이 났다. 드러그스토어(Drugstore)는 98.9%나 시세가 떨어졌다. 홈스토어(Hoemstore)는 95.5% 수직 낙하했다. 그러한 하락의 속도와 크기는 우선 무엇보다도 왜 메어리 미커가 그처럼 가치가 없는 주식들을 추천했는지에 대해 의문을 제기하게 만든다. 그리고 그녀는 왜 주식이 계속해서 20, 40, 50, 70%로 하락하고 있을 때조차도 그러한 추천을 고집했을까?

답: 나는 알지 못한다.

그러나 나는 메어리가 편향되어 있었다고 의심하고 있다. 미커가 추천한 '강력 매수들'(strong buys) 각각은 그녀의 고용주인 모건 스탠리 딘 위터(Morgan Stanley Dean Witter) 사에 그 회사의 배당금이 늘어나는 방식으로 수백만 달러의 수입을 가져다주고 있었다. 그렇다면 모건 스탠리가 자신들을 돕는 대가로 미커에게 보상을 하는 일—1,500만 달러의 엄청난 연봉으로 보상하는 일—이 있었을 수 있지 않을까?

그래서 나는 수백만의 투자자가 심한 불안을 느끼는 동안에도 메어리 미커와 모건 스탠리, 그리고 그들이 추천하고 있는 더러운 회사들은 은행으로 가면서 내내 웃고 있었을 것으로 어림짐작한다. 다른 예? 내가 원하는 바이다. 그리고 당신도 원하는 바이다.

1999년 살로먼 스미스 바니(Salomon Smith Barney)는 자신의 인수 업무를 이용하여 거대한 공중무선국을 손에 넣을 양으로 AT&T의 주식을 추천하고자 했다. 문제는 살로먼의 수석 주식분석가 잭 그럽먼(Jack Grubman)이 여러 해 동안 AT&T에 낮은 등급을 매겨왔다는 사실이었다. 하지만 살로먼이 교묘한 말로 선전을 해대자 그럽먼은 마치 기적처럼 AT&T에 대해 낮은 등급을 매겼던 것을 '매수' 등급으로 바꾸었다.

나머지 이야기가 다음과 같이 쉬지 않고 이어진다. 살로먼은 선도적인 인수업자로 불렸으며, 수백만 달러를 벌었다. AT&T는 그토록 갈망했던 대로 매우 성공적으로 주식을 공개적으로 상장했으며, 수백만 달러를 벌었다. 그럽먼은 2,500만 달러의 연봉을 유지하게 되었다. 13개월 뒤 주가가 폭락했을 때 대중은 가진 돈의 50%를 잃게 되었다.

《개인 투자자》(*Individual Investor*) 지는 잭 그럽먼을 '수치의 전당'(Hall of Shame)에 올려놓았다. 2002년 12월 그럽먼은 법정에서 죄상을 인정하였으며, 벌금 1,500만 달러가 부과되었다.

(내 생각에) 이런 잘못은 용서받을 수 있는 정직한 잘못이 아니다. 그것들은 월스트리트 내부자들이 대중의 희생을 통해 부자가 되려는 시도였다. 그들은 당신의 점심을—그리고 맛도—먹어치웠던 것이다.

원칙: 전문가의 조언을 액면 그대로 받아들이기 전에 언제나 편향에 대해 검사하라.

전문가가 편향되면 그 전문가가 제공하는 정보는 편향된 정도만큼 신빙성이 없다. 잭 그럽먼은 주식매매 측 브로커들을 위한 주식 분석가로서는 물론이고 살로먼 스미스 바니의 투자업자로서 일하는 등 공공연하게 일인 이역을 했기 때문에 편향되어 있었다. 그의 전문적 식견은 텔레콤 분야의 주식을 매입할 것을 부추기고 있었다. 그의 텔레콤 그룹 전체—월드콤(WorldCom), 글로벌 크로싱(Global Crossing), 피에스아이넷(PSINet), 로저스 와이어리스(Rogers Wireless), 아이시지 커뮤니케이션스(ICG Communications)—의 주식 평가가 사실상 부풀려졌으나 그는 주가가 70% 정도로 떨어질 때까지도 전혀 낮게 평가하지 않았다.

원칙: 권위는 틀릴 수 있다. 편향된 권위는 종종 틀린다.

이 원칙으로부터 다음 교훈이 따라 나온다.

교훈: 권위를 신뢰하지 말라. 증명을 요구하라.

권위가 특수한 지식이나 자격이 전혀 없는 분야에서 그릇될 수 있을 뿐만 아니라 능력을 가지고 있는 영역 내의 상황을 다루고 있을 때에도 그릇될 수 있다는 사실을 기억하라.

원칙: 전문가는 특수한 능력을 가지고 있는 분야에서조차 잘못을 범할 수 있다.

이 원칙으로부터 다음 교훈이 따라 나온다.

교훈: 전문가를 신뢰하지 말라. 증명을 요구하라.

배 문제로 되돌아가보자. 설령 당신이 해군본부가 철선 문제를 검토하는 데 특수한 전문적 의견을 가졌다고 생각한다 해도 위원회가 어떤 전문적 의견을 갖는다는 사실만 가지고서는 그 위원회의 평가가 올바를 것이라는 사실을 보증하지 못한다. 더 나은 보증은 실재 상황에 대한 올바른 분석으로부터 나올 것이다. 더 나은 보증은 위원회라는 지위의 권위로부터 나오는 게 아니라 오래 걸리고 힘들고 벅차고 어려운 진리 발견으로부터 나올 것이다. 이용할 수 있는 모든 증거에 대해 분석하다 보면 해군본부가 영국 해군을 몇 10년 뒤로 후퇴하게 만든 이 엄청나게 어리석은 오류를 범하지 않을 수도 있었을 것이다.

권위에 호소하는 논증은 비이성적이다.

믿어야 하는 이유로 권위를 드는 일과 관계된 논증은 **권위에 호소하는 논증**(*argumentum ad verecundiam*)으로 알려져 있는데, 이 말의 라틴어 문자 그대로의 의미는 '존경에 기초한 증명'이다. 이 경우에 존경은 권위—해군본부의 권위—에 대한 것이다. 권위에 호소하는 논증은 (비합리적으로) 권위에 대한 존경(경의)에 기초를 두고 있다.

"나는 단순한 대학 교수가 아니다. 나는 학과장이다. 나 자신은 공중 유독 사고를 피하는 법을 알지 못한다. 그런 것은 지방의 덤불 많은 지역의 이동식 주택에서 사는 사람에게나 해당되는 이야기인데, 그곳은 물고기 부화장들이 있는 곳이다."[5] 그래 그게 바로 문제다. 권위에 대한 존경에 기초한 논증은 실재에 대한 존경에 기초하지 않는 경우가 종종 있다. 그 학과장도 그 지역의 다른 모든 사람과 마찬가지로 공중 유독 사고를 경험했다. 권위자가 실재로부터 특별 대우를 받아야 하거나 받을 특별한 이유란 없다. 공중 유독 사고가 대학 교수나 학과장에게 자비를 베풀어야 하거나 베풀

---

5) 이 인용문은 Don DeLillo, *White Noise*(New York: Penguin, 1985), 114, 117면에 의거한 것이다.

특별한 이유란 없다. 당신이 그 점에 관해 한번 생각해본다면 사실상 권위에 호소하는 논증은 증거가 되는 사실들에 대한 고찰로부터 우리를 멀어지게 하고 잠재적 오류를 향하게 하면서 우리의 주의를 딴 데로 돌리게 하는 기법이다. 사실상 준엄한 역사적 시각에서 우리는 해군본부가 철선에 관해 옳지 않았으며, 그것도 완전히 옳지 않았음을 안다. 진실은 쇠가 나무보다도 훨씬 더 좋은 배를 만든다는 것이다. 그것이 바로 현대의 배가 대부분 강철로 만들어지는 이유이다.

원칙: 권위를 인용하는 논증은 요점을 무시하며, 우리가 증거에 대해 충분히 고려하지 못하도록 우리의 주의를 딴 데로 돌린다. 그러한 논증은 과도하게 일반화하고 이성적 사고를 막는 경향이 있으며, 그래서 비합리적인 사고를 하게 만든다.

이 원칙으로부터 다음 교훈이 따라 나온다.

교훈: 사람들이 권위라는 가면을 쓸 때 명예를 더럽히는 게 아니라면 그들을 의심을 가지고 대하라. 전문가는 그릇될 수 있다. 물론 그들도 올바를 수 있다. 그들이 올바른지 그릇된지는 그들의 권위 자체가 아니라 사실과 그 이유에 대한 분석에 달려 있다. 그러한 사실이나 결론 혹은 그밖에 이런저런 것들이 우리에게 적용되는지, 아니면 달리 일반화될 수 있는지는 단순한 권위 주장으로부터가 아니라 증거에 의해 증명되어야 한다.

해군본부의 성명은 간단하면서도 극단적으로 단순화한 것처럼 보인다. 우리는 배 건조의 공학적 문제가 매우 복잡한 것임에 틀림없다는 것을 안다. 그러므로 보통 복잡한 문제에 대해서는 단순한 답이 없기 때문에 우리는 그 진술을 모든 상황에서 옳음직하지 않은 것으로 내동댕이칠 수 있다. 이제 그 점을 제쳐놓고, 해군본부가 철선을 거부한 이유를 살펴보기로 하자.

"쇠는 나무보다 무거워서 물에 가라앉을 것이다." 이 진술은 요점을 벗어났으며, 불합리한 추론이다. 그러나 우리는 해군본부가 의미했던 것을 안다. 그 진술은 쇠가 물에 가라앉고 나무가 물에 뜬다는 것을 말하려 했던 게 아니었다. 우리는 그것을 이미 알고 있었다. 대신 위원회는 철선 대 목선에 관한 어떤 일반진술—철선은 가라앉고 목선은 가라앉지 않는다—을 함의했다. 철선은 정말로 가라앉는다. 그 점에 의문의 여지는 없다. 하지만 목선 역시 가라앉는다. 그 점에 관해서도 의문의 여지는 없다. 사실상 해군본부는 목선이 가라앉는 일이 꽤 자주 있다는 것을 알고 있었다. 왕 역시 그것을 알고 있었다. 그것이 바로 왕이 더 나은 배를 얻으려 했던 이유였다. 그것이 바로 왕이 해군본부에 조사를 주문한 이유였다.

어떤 일반진술이 그르다는 것을 증명하는 일은 단 하나의 반대사례만 있어도 된다. 단 하나의 목선이 가라앉는다는 것을 보여줌으로써 우리는 해군본부의 추론이 결함이 있음을 증명할 수 있다. 더 나아가 우리는 일정한 균형과 비례 상태에서 쇠그릇이 물에 뜬다는 것을 보여줄 수 있을 것이다. 만일 쇠그릇이 물에 뜬다면 철선 역시 마찬가지일 것이다. 그러므로 검토했어야 할 문제 중 한 가지는 어떤 유형의 배가 덜 자주 가라앉는가 하는 것이었다. 쇠인가 나무인가? 해군본부는 쇠에 대한 편견 때문에 그 문제에 관해 생각할 수 없었다. 또한 해군본부는 성명을 통해 배수량 법칙에 대한 엄청난 무지를 증명하였다.

배는 그 배를 건조한 재료가 물보다 무겁거나 가볍기 때문에 물에 뜨는 게 아니라 선체에 의한 물의 배수량 때문에 물에 뜬다. 선체에 미치는 부양력은 배제되는 물의 무게와 정확히 똑같다. 그리스 수학자이자 발명가 아르키메데스(Archimedes, 287?~212 B. C.)는 지금은 아르키메데스의 원리로 알려진 원리를 발견했는데, 그 원리는 액체에 잠긴 물체는 배제된 액체의 무게와 똑같은 양의 무게를 잃는다는 것이다. 이 원리 때문에 철선이 물에 뜰 뿐만 아니라 적절한 조건 아래서는 시멘트로 만든 배도 물에 뜰 것이다. 배의 선체가 배제하는 물의 무게가 배 자체의 무게보다 많이 나가는 한 어떤 유형의 배라도 물에 뜰 것이다. 성명을 발표함으로써 해군본부는 나무, 쇠, 시멘트, 섬유유리 혹은 그밖에 이런저런 것으로 만들어진 배가 물에 뜨는 이유에 대해 심각한 무지를 드러냈다. 해군본부는 우리에게 잊어서는 안 되는 교훈, 즉 정부가 잘못 처리하는 일 혹은 위원회, 심지어 전문가들로 구성된 위원회가 내리는 결정과 의견의 경우에 무지가 커다란 역할을 할 수 있다는 교훈을 가르쳐 준다.

원칙: 위원회는 그릇될 수 있으며, 종종 그르다.

해군본부의 결정은 위원회 결정이었다. 6장에서 우리는 위원회 결정이 왜 종종 실패로 돌아가는지 검토할 것이다. 여기서는 나는 그냥 종종 위원회가 내리는 결정이 때로 그 집단의 개별 성원들의 이성적 자격에 대한 분석을 통해 예측될 법한 것보다 덜 합리적이라는 사실에 대해 조심하라고만 하고 싶다.

원칙: 권위는 완전히 그릇될 수 있다.

예: 미국 국무장관이 다음과 같이 말했을 때 그는 중요한 무기 계획에 관해 완전히 틀렸다. 즉 "그 생각은 그 얼간이가 공중에서 폭격시키려 하는 동안에도 내가 기꺼이 전함의 갑판에 서 있으려 할 정도로 완전히 엉터리 같은 불가능한 생각이네."[6] 이 말은 비행기가 전함에 폭격을 가함으로써 그 전함을 침몰시킬 수 있다는 군 장성 빌리 미첼(Billy Mitchell)의 주장에 대한 뉴턴 베이커(Newton Baker)의 대꾸였다. 뉴턴 베이커 같은 인물이 어떻게 해서 그 나라의 최고 조종사가 공격하는 동안에 배의 갑판에 서서 완전히 안전하다고 결론지을 수 있었을까? 한편 어떻게 해서 모기만한 비행기가 거대한 전함을 침몰시킬 수 있었을까? 여기에 바로 문제, 즉 커다란 문제가 있다. 그리고 논쟁거리도 있는 셈이다. 그 문제가 어떻게 하면 해결될 수 있을까? 베이커의 결론을 증명하거나 반증하기 위해 어떤 정보가 필요할까?

베이커의 주요 잘못은 그가 믿었던 것에 있다기보다는 자신이 옳다는 것을 전적으로 확신하고 있었다는 사실에 있었다. 그는 해군이 그 생각을 시험해보는 일을 물리칠 정도로 자신이 옳다고 믿었다. 그는 그 당시 이용할 수 있는 최상의 증거가 전함이 무거운 강철로 만들어졌으며 까다로운 이동 표적일 것이라는 점에 흡족해했다. 따라서 당시 전쟁이라는 주제에 대해 미국에서 최고 권위자인 국방장관은 시험을 통해 쓸모 있게 만들 수 있었던 대안의 증거를

---

6) Paul H. H. Schoemaker, "Disciplined Imaginnation: From Scenarios to Strategic Options," *International Studies of Management and Organization* *27*(1997): 1.

고려하지 않고 자신의 신념에 따라 행동하는 잘못을 범했다.

잠깐만 생각해보라. 빌리 미첼은 베이커의 일반화가 그르다는 것을 어떻게 증명할 수 있을까?

윌슨에 이어 워렌 하딩(Warren Harding)이 대통령이 되자 베이커는 국방장관에서 물러났고, 미첼 장군의 작은 비행기 편대는 필경 가라앉을 수 없을 것으로 생각되었던 드레드노트 전함(dreadnought)을 대양의 바다 밑바닥에 영원히 침몰시켰다.

운 좋게도 베이커는 시험용 배가 폭격을 맞아 부서지는 동안에 배의 갑판에 서 있을 필요가 없었다. 베이커가 범한 오류와 해군본부가 범한 오류는 우리가 실은 어떤 것을 알지 못하는데 그것을 안다고 생각할 때 범하는 오류를 예증한다. 그들이 범한 오류는 권위가 그릇될 수 있다는 것, 즉 쓰라릴 정도로 그릇될 수 있다는 것을 증명한다. 권위가 그릇될 때는 보통 그 권위가 자신의 지식에 관해 과도하게 확신하고, 자신의 견해를 단 하나의 통계나 사실에 고정시키기 때문인데, 이 통계나 사실은 그때부터 지금까지 그의 사고과정을 지배한다.

원칙: 어리석은 결정, 특히 위원회의 어리석은 결정, 그것도 정부 위원회의 어리석은 결정, 그리고 특히 정부 관료들의 어리석은 결정은 무지가 주요한 역할을 한다. 무지뿐만 아니라 종종 과도한 확신에서 발생하는 고집불통도 주요한 역할을 하는데, 이런 요인들은 현대의 많은 지도자의 체계적 결함이라고 할 수 있으며, 이들은 그들의 사고를 지배하는 단일 사실에 자신의 견해를 고정시키는 경향이 있다.

이 원칙으로부터 다음 교훈이 따라 나온다.

> **교훈**: 비록 당신이 다른 사람들의 무지나 고집불통에 대해 책임이 있는 것은 아닐지라도 당신이 그런 것에 맞닥뜨리면 그러한 무지를 바로잡기 위해 노력하라. 그리고 소중히 여기는 신념이나 단일 사실에 따라 중요한 정책이나 방침을 내릴 때는 언제나 객관적 시험을 제안하라.

> **원칙**: 반대 증거나 반대 입장을 고려하지 못하는 것은 추론상의 오류이다.

철선의 이점은 나무와 달리 철선이 목재가 썩거나 바닷물에 금이 가기 쉽지 않다는 것인데, 이것은 그 당시 영국 해군을 괴롭혔던 문제였다. 쇠는 나무보다 무거우며, 그래서 파도, 바람, 적군의 대포의 영향에 나무보다 더 잘 견딜 것이다. 더 나아가 쇠는 나무처럼 쉽게 불에 타지 않는다. 분명히 해군본부는 나무에 대한 쇠의 이러한 가능한 이점에 관해 생각하지 않았다. 그러므로 위원회는 철선을 물리쳤을 때 명료하게 생각하고 있지 않았다. 위원회는 쇠와 나무의 장단점 및 모든 가능성을 고려하는 데 실패했다. 이러한 실패는 해군본부의 사고가 흑백사고임을 의미한다. 즉 그들에 따르면 쇠는 나쁜 것이어야만 했다. 나무는 좋은 것이어야만 했다. 그들의 분석은 단순하면서도 극단적으로 단순화된 것이었으며, 현실을 받아들인다면 아마도 어리석은 분석이었을 것이다. 사실상 면밀히 검토해보면 그들의 성명은 이치에 닿지 않는다. 그것은 불합리한 추론이다. 그 단순함 때문에 그 성명은 해군본부가 수용한 표준 의견에 불리하게 작용하는 커다란 증거 체계를 고려하는 데 실패한다.

쇠 대 나무? 배에 어느 것이 최상인가? 물론 우리는 현대의 경험과 관점에서 답을 알고 있지만 나는 해군본부가 엉뚱한 성명을 발표했던 당시에도 그 답을 알아낼 수 있었다고 믿는다. 나는 그 당시에도 명료한 사고를 통해 해군본부 성명이 아마 그릇될 것이라는 것을 알아낼 수 있었다고 믿는다.

장래에 관해 전망해보는 사고는 과도한 일반화인 경우가 종종 있으며, 그래서 잘못된 결론으로 귀착될 수 있다.

우연적 사건의 본성 때문에 철선 문제처럼 회고를 통해 사물을 이해하는 것은 전망을 통해 똑같은 것을 이해하는 것보다 쉽다. 그것은 전망을 통한 이해가 가능하지 않다는 것을 의미하지 않는다. 그것은 그저 회고를 통한 분석보다 전망을 통한 분석이 어렵고 덜 신빙성 있다는 것만을 의미한다. 전망을 통한 사고는 신빙성이 덜하기 때문에 신중한 자세가 요구되지만 종종 적절하게 행해지면 실재에 대한 옳은 견해를 제공할 수도 있다.

예컨대 이 진술을 생각해보라. "생각하는 기계라고? 그런 것은 전혀 가능하지 않다." 당신은 생각하는 기계에 관해 어떻게 생각하는가? 가능한가? 아니면 가능하지 않은가? 이 문제를 철선 문제를 해결했던 방식으로 해결해보라. 이 문제를 라이트 형제가 공기보다 무거운 것의 문제를 해결했던 방식으로 해결해보라. 그 문제를 명확한 주장을 하는 진술로 재진술함으로써 사고 기계가 가능한지 자문해보라. 그 다음에 예외를 발견함으로써 그 주장이 그르다는 것을 증명하려고 해보라.

문제를 주장으로 재진술하면 다음과 같다. 즉 생각하는 기계는 가능하지 않다.

만일 그러한 것이 가능하지 않다면 우리들 각자는 어떻게 해서 텅 빈 원형 두개골 속에 생각하는 기계를 갖게 되는가? 맞다. 정말이지 그 뇌와 가장 작은 꼬마의 뇌에서부터 가장 큰 코끼리의 뇌에 이르기까지 지구상에 있는 다른 뇌들은 생각하는 전기화학적 젤리이다. 만일 그러한 전기화학적 젤리들이 생각하고 있다면 어째서 미래의 어떤 남녀가 생각도 하는 비슷한 어떤 것을 만들 수 없을까? 생각하는 기계는 단순히 가능하기만 한 게 아님이 분명하다. 무수히 많은 그런 기계가 이미 존재하기 때문이다.

그 점을 감안하고 이제 이것에 관해 생각해보라. 즉 미래의 언젠가 인간 뇌보다 더 빠르고, 더 나으며, 더 효율적으로(즉 에너지를 더 낫게 사용하는) 생각하는 기계를 만드는 일도 가능하지 않을까? 그러한 생각하는 기계를 누가 만들까? 물론 인간들이다. 만일 인간이 그때까지 오래도록 지속된다면 인간은 인간 신체보다 더 좋은 나는 기계를 만들었던 것과 마찬가지로 더 나은 사고 기계를 만들 것이다. 그렇다면 우리는 순수 이성적 사고력에 의해 미래의 언젠가 인간이 만든 기계가 인간보다 더 잘 생각하게 될 것이라는 것은 물론이고, 인간보다 더 잘 느끼고, 더 나은 도덕적 표준을 가지며, 일도 더 잘하고, 놀기도 더 잘할 것이라는 것을 이끌어낼 수 있다. 이것이 미래이다. 그런 일은 일어날 것임에 틀림없다. 달리 말했던 권위는 그를 가능성이 높을 것이다.

이와 관련된 또 다른 오류는 권위를 잘못 귀속시킨 다음 그 잘못된 귀속으로부터 일반화하는 것이다.

권위의 잘못된 귀속은 그릇된 결론으로 이끄는 오류이다.

예컨대 이 진술을 생각해보라. "흡연의 건강 유해성에 관한 미국

정부의 공식 정책은 내가 클린턴 대통령이 담배 피우는 것을 보았기 때문에 바뀌어야 한다. 만일 그가 담배를 피운다면 흡연은 그렇게까지 나쁜 것은 아니다."

클린턴 대통령이 그의 사생활에서 한 일은 미국 정부의 보건 정책과 아무런 관계가 없다. 클린턴이 무언가를 하기 때문에 우리가 그렇게 하는 것도 괜찮다고 결론짓는 것은 동시에 여러 가지 오류를 범하는 것이다. 즉 그것은 우리가 클린턴이 아니기 때문에 그릇된 유비이다. 그리고 그것은 클린턴에게 괜찮은 것이 우리에게도 괜찮다고 추리하기 때문에 과도한 일반화를 범한 것이다. 또한 그것은 그와 우리가 그렇게 하는 것을 괜찮게 만드는 어떤 특성을 공유한다고 가정하기 때문에 입증되지 않은 가정을 하고 있다. 그리고 그것은 "너도 마찬가지야."(Tu quoque)라는 추론상의 결함을 포함하고 있는데, 이 결함은 무관한 문제 쪽으로 논증의 시선을 돌린 다음 과도한 일반화를 통해 그 결론을 확장하여 똑같은 것(비판되는 것)을 행하는 비판자를 비난함으로써 비판을 거부하는 오류이다.

예: "클린턴이 담배를 피운다. 그러니까 흡연은 나에게도 괜찮은 것임이 틀림없다."

다른 측이 어떤 것을 하는지 아닌지는 실질적으로 그 결론과 관계가 없다. 그것은 그저 실제 쟁점으로부터 주의를 멀리하여 시선을 딴 데로 돌리게 하는 것인 경우가 종종 있다. 이러한 사고상의 오류에 대한 라틴어 이름은 *tu quoque*인데, 이 말은 "너도 마찬가지야."로 번역되는 말이다.

"로이, 네 나이 때는 공부를 너무 많이 하면 안 된단다. 심장질환에 걸릴지도 몰라."

"말하고 있는 분을 보시죠."

이 경우에 나이와 공부를 열심히 하는 것의 문제는 다루지 않았다. 대신 화자도 그렇게 하고 있으므로 괜찮은 것임에 틀림없다는 사실이 함의되어 있다. 다른 사람들이 하거나 하지 않는 것은 그러한 행위가 이유에 의해 지지되지 않는 한, 그 나이에 열심히 공부하는 것이 괜찮다는 것을 함의하는 결론과 무관하다. 설령 관계가 있다 하더라도 그 결론이 거론된 특수한 사람이나 사람들을 포함하도록 합당하게 일반화될 수 있다는 것을 외적인 증거가 증명해야 할 것이다.

"알레그라가 먼저 쳤어요." 아이들이 반사회적 행위를 그런 식으로 설명할 경우에 그들이 그 행위가 완전히 정당화된다고 느껴서는 안 된다. 그 사실은 누군가 다른 사람이 나쁘기 때문에 당신 또한 나빠도 된다는 일반적 면허를 당신에게 주는 것이 아니다.

"조지, 내가 너라면 담배를 그렇게 많이 피우지는 않을 거야."

"폴, 내가 너라면 나도 담배를 그렇게 많이 피우지는 않을 거야."

응답자는 다른 사람이 그가 아니라는 것을 알고 있으며, 그래서 그 진술이 너도 마찬가지야 하는 것일 뿐만 아니라 사실에 반하는 것이라는 것도 알고 있다. 사실에 반하는 진술은 증거를 무시하며, 그래서 부적절하다.

"미키, 나는 네가 술을 마실 거라고는 생각하지 않아. 알코올은 너의 감각을 무디게 하기 쉽고, 신체 조절 능력을 감소시키며, 심지어는 중독이 될 수도 있어."

"아빠, 그 말을 손에 스카치 위스키를 들고 있으면서 하시다니 별로 수긍할 수 없어요."

아버지는 아들의 음주에 관한 염려를 아들에게 말할 의무가 있다. 그 아버지 자신은 그러한 충고를 따라야 할 아무런 도덕적 요구도 받지 않는 상태에 있다.

"당신은 담배를 끊어야 됩니다. 그렇지 않으면 또다시 심장질환에 걸릴 수도 있습니다."

"의사 선생님, 그렇게 말씀해 주시니 고맙습니다. 하지만 조금 전 선생님도 바로 앞에 있던 담배를 가지고 방 안으로 들어가 피우는 걸 제가 봤어요."

의사는 어떤 것이 건강에 유해한 효과를 갖는다는 사실에 관해 환자에게 충고할 완전한 권리가 있는데, 어떤 사람들은 이 권리를 의무라고까지 말한다. 그러나 의사 자신은 그 충고를 따라야 할 아무런 책무도 없다. 사실상 의사가 담배를 피우는지 아닌지는 고려 대상이 된 문제와 무관한데, 이 문제는 의사에 의해 명료하게 진술되어 있다. 설령 의사가 담배를 피우는 것이 괜찮다 할지라도 그 사실은 환자, 특히 전에 심장질환이 있었던 환자에게 그 결론이 똑같은 정도로 적용될 것임을 의미하지 않는다.

편견은 일종의 과도한 일반화이다.

인종에 관해 과도하게 일반화하게 되면 우리는 오류를 범하지 않을 수 없고, 켄터키에 사는 한 변호사 친구가 나에게 들려준 다음 이야기가 예증하는 것과 같은 귀결을 경험하지 않을 수 없다. 그 이야기는 신문 기자들이 경찰에 대해 생각하면서 잘못된 것이 무엇인지를 알아내려 하면서 몇 주 동안 제1면 뉴스거리가 되었다. 당신이 무엇이 잘못되었는지를 알아낼 수 있는지 보라. 경찰이 어떻게 하면 그 상황을 더 잘 처리할 수 있었을까? 당신은 어떻게 하면 그 상황을 더 잘 처리할 수 있었을까?

사례 연구: 경찰관 두 명이 순찰차를 타고 고속도로 교통을 감시

하고 있었다. 푸른색 양복, 흰 셔츠, 빨간 넥타이를 맨 흑인이 운전하는 신형 빨간색 캐딜락이 고속도로를 따라 달려오고 있었다. 캐딜락은 정상적으로 달리고 있었으며 제한속도를 초과하지 않았다. 운전, 번호판, 교통위반 스티커와 관련하여 불법적 요소는 전혀 없는 것처럼 보였다. 그런데도 경찰들은 전력 질주해 캐딜락을 몇 마일 쫓아가서 한쪽에 세우게 했다.

"뭐 잘못된 것이 있습니까?" 흑인이 물었다.

돌아온 응답은 "운전면허증과 보험증 좀 봅시다."뿐이었다.

한 경찰이 동료를 엄호하는 동안 다른 경찰은 서류를 검사했다. 그들은 코드 오렌지(code orange) 경보 발령 상태하에 있었는데, 이 말은 실제 공격받은 것이 아니라도 무장 공격에 대해 매우 조심할 것을 의미하는 경찰 용어이다.

서류는 정상이었다. 흑인은 다시 왜 자신이 정지했어야 했는지 물었다.

그는 "잠깐만 기다리시오."라는 말을 들었는데, 그 동안 경찰들은 자신들의 순찰차로 되돌아가 번호판과 운전자의 이름을 조회했다. 조회 담당자는 둘 다 깨끗하다고 말했다. 그 캐딜락은 보고된 도난 차량이 아니었다. 흑인을 체포하는 데 필요한 눈에 띄는 정당한 근거도 없었다. 게다가 차량 소유주 조사 결과도 차량을 압수할 권리가 없음을 보여주었다. 그 흑인은 차량 소유주였고, 부채도 없었던 것이다! 신형 차는 대금을 완불한 상태였다.

이러한 지식을 입수하고서 경찰들은 캐딜락으로 되돌아갔다. "당장 나와. 손을 차 위에 대고 쭉 뻗어." 경찰이 그에게 말했다. 경찰 1이 소지품을 검사하는 동안 경찰 2는 그를 엄호했다. 그들은 아무런 무기도 발견하지 못했다.

이 대목에서 흑인은 경찰이 이상하게 여기고 거의 미쳤다고 생각했던 것을 말하기 시작했다. “부당한 수색, 체포, 압수로부터 신체, 가택, 서류, 동산의 안전을 보장받는 개인의 권리를 침해하면 안 됩니다.”

“뭐라고?” 한 경찰이 말했다.

“그리고 체포, 수색, 압수 영장은 발급의 충분한 이유가 있고, 선서 또는 확약에 의하여 뒷받침되며, 수색될 장소, 체포될 사람 또는 압수될 물품을 기재한 경우에 한하여 발급됩니다.”

그 순간 그 진술이 경찰들 머릿속에 어떤 생각을 불러일으켰을지 모르겠지만 경찰들은 마약을 찾기 위해 차를 수색했다. 그들은 아무것도 발견하지 못했다. 그러고 난 뒤 그 흑인은 경찰들을 구속시켰다.

물음: 그 흑인은 어떤 힘이나 지위를 가지고 경찰들을 구속시켰는가?

답: 그는 주 지방법원 재판관이었다.

실제로 그가 자신이 주 지방법원 재판관임을 고지하자 한 경찰은 그를 알아보고 “애고, 죽었구나!” 하고 외쳤다.

그 재판관이 왜 경찰들을 구속했을까?

그 재판관은 두 경찰을 수많은 인권법 위반, 공무상 직권 남용, 희롱 죄로 구속하였다.

어떤 사고상의 오류가 경찰들을 파멸에 이르게 했는가?

당신을 위해 내가 이 사례 연구를 되새기기 전에 그리고 내가 사고상의 오류라고 생각하는 것을 지적하기 전에 먼저 당신 자신이 되새겨보라. 경찰들이 오류를 범한 곳에 대해 생각해보라. 그러한 오류들이 어떻게 해서 이미 일어난 사회적 · 정치적 · 개인적 재앙으로 이끌었는지에 관해 생각해보라. 잠시 생각한 후에 나의 설명을 살펴보라. 나의 설명은 모든 것을 총망라한 것은 아니며, 단지 약간의 제안을 하고자 한 것뿐이다.

첫째, 경찰들은 캐딜락을 멈추게 할 권리가 없었다.

경찰들은 그랬으면 도움이 되었겠지만 반드시 논리적이어야만 하는 것은 아니다. 그러나 경찰들은 법을 준수하지 않으면 안 된다. 경찰은 미국 헌법이 그들에게 규정한 법에 복종해야 한다. 그리고 그 법, 즉 그 지방의 최고 법규는 법 위반 혹은 충분히 합당한 법 위반 증거가 없는 한 시민을 자유롭게 놔두어야 한다고 규정하고 있다.

그것이 법이다. 그 법은 준수되어야 한다. 만일 그 법을 준수하지 않으면 경찰은 형사소추를 받는다.

둘째, 경찰들은 생각을 하지 않았다. 혹은 생각하고 있었다 해도 그들은 적절하게 생각하고 있지 않았다. 상황에 대한 그들의 평가는 아마 이런 식으로 진행되었을 것이다. "자, 새 캐딜락을 탄 커다란 검둥이 자식이 있다. 범죄자를 제외하고는 모든 흑인은 가난하다."(과도한 일반화) "그러므로 이 흑인은 범죄자임이 틀림없다."(잘못된 결론으로 실제로는 잘못된 과도한 일반화로부터의 연역)

그 다음에 이 생각은 아마도 어떤 불법적 활동에 연루되지 않으면 검둥이 자식이 캐딜락을 소유할 수는 없을 것이기 때문에(그들은 그렇게 생각했다), 그 차는 십중팔구 도난 차량이라는 또 다른 결론(이 또한 오류임)으로 다듬어지게 되었을 것이다.

만일 경찰들이 올바르게 생각했다면 그들은 유명 연극배우, 스포츠 스타, 영화배우, 정치인 등을 포함하여 부자 흑인도 많다는 것을 깨달았을 것이다. 그렇게 되었으면 이 사람이 범죄자임에 틀림없다는 과도한 일반진술은 쉽게 반박되었을 것이다.

셋째, 경찰이 흑인을 정지시킬 아무런 권리도 없으므로 그들은 신분증이나 면허증을 요구할 아무런 권리도 없었다. 그들은 설령 그들이 무언가가 잘못되었음을 발견했다 할지라도 법원이 그 증거를 승인할 수 없는 것이라는 판결을 내렸을 것이라는 것을 알았어야 한다. 그것은 그들이 계속해서 더 큰 오류를 범하는 것을 막지 못했다.

넷째, 흑인이 차를 소유하고 대금을 치렀다는 것이 증명되었을 때 경찰들은 그런 흑인이 마약 판매상임에 틀림없다는 또 다른 과도한 일반화를 했다. 과도하게 일반화하는 추론은 이런 식으로 진행되었을 수 있다. "마약 판매상인 흑인들만이 현금으로 차 대금을 지불할 수 있다. 이 흑인은 현금으로 차 대금을 지불하였으므로 마약 판매상임에 틀림없다. 그가 마약 판매상이므로 그의 차 속에는 마약이 있을지도 모른다. 따라서 우리는 마약을 찾기 위해 그의 차를 수색할 것이다."

광고에서 과도한 일반화

광고는 우리 대부분이 마음속 깊이 알고 있듯이 비이성적인 경우가 종종 있다. 광고가 종종 비이성적인 이유는 무수히 많지만 이 장에서 나는 과도한 일반화로서의 광고에 초점을 맞추고 싶다.

어떤 일반화가 합리적이기 위해서는 증거에 기초를 두어야 하는데, 그 증거에는 주의 깊게 선택된 실례들이 아니라 공정한 표본이 포함되어야 한다. 어떤 유명 영화배우가 럭스 비누(Lux soap)를 사용한다는 사실은 고작해야 단지 그녀가 그렇게 그 비누를 사용한다는 것을 의미하며, 최악의 경우에는 그녀가 상품 보증 선전의 대가로 돈을 받았다는 것을 의미한다. 만일 돈을 받았다면 그녀는 아마도 당당하게 받았을 것이다. 그녀가 받은 돈이 많으면 많을수록 그녀의 상품 보증 선전은 그만큼 편향될 가능성이 많으며, 우리가 그 선전을 믿어야 할 정도도 그만큼 떨어질 것이다.

광고는 종종 보증되지 않은 일반진술을 함의한다.

이런 형태의 광고에 함의된 일반진술은 우리도 럭스 비누를 사용해야 한다는 것이다. 우리가 사용해야 하는지 아닌지는 물론 논의의 여지가 있는 문제인데, 왜냐하면 내가 아는 한에 있어서 럭스 비누는 미국에서 더 이상 팔리지 않기 때문이다. 그러나 그것은 논점을 벗어난 것이다. 영화배우의 상품 보증 선전은 그 비누를 사야 할 합리적 논증을 우리에게 제공하지 않는다. 만일 수많은 구매자가 진정으로 만족하고 몇 안 되는 사람만이 불만을 가진다면 문제의 비누는 괜찮은 것일 개연성이 많으며, 사실상 충분한 값어치를 제공할 것이다. 하지만 영화배우 한 사람? 영화배우 한 사람의 상품 보증 선전만으로는 무언가를 결론내리는 데 충분치 못하다. 영화배우 한 사람은 참새 한 마리가 왔다고 해서 여름이 오는 것이 아니듯이 그 비누의 왕성한 사용을 의미하지 않는다. 더 나아가 그 광고는 엄밀히 말해 과도한 일반화에 의한 경우를 제외하고는 우리에게 적용되지 않는다. 그 광고가 영화배우들에게 적용될지는 모르겠지만 나는 영화배우가 아니기 때문에 나에게는 적용되지 않는다. 이와 같은 광고의 유해한 매력은 대부분의 사람이 영화배우 혹은 적어도 영화배우처럼 유명한 사람이 되고 싶다는 소망에서 비롯된다.

광고주는 우리가 럭스 비누와 유명해지고 싶다는 우리의 비밀스런 욕구, 어쩌면 영화배우가 되고 싶다는 우리의 비밀스러운 욕구를 잠재의식적으로나 무의식적으로 연결시키기를 바란다. 그러한 연결은 몇 가지 이유 때문에 그른데, 그 이유 대부분은 다른 장들에서 제시할 것이다. 광고주를 위해 여기서 이용된 심리학적 원리는 일단 두 항목이 인간의 의식 속에서 연상이 되고 나면 각 항목은 다른 항목을 떠올리게 하는 경향이 있다는 것이다. 이 심리학적 원리를 **연상 결합**(tied association)이라고 하는데, 그것은 두 항목이 정신적으로 서로 결합되어 있기 때문이다. 만일 우리가 전에 검정색과 흰색을 연결시켜 연상했다면 우리가 검정색에 대해 생각할 때 우리는 흰색에 대해 생각하게 될 것이고, 그 역도 마찬가지다. 똑같은 이유로 고양이는 대부분의 사람들에게 개를 떠올리게 할 것이고, 럭키 스트라이크(Lucky Strike)는 멋진 담배를 의미할 것이다.

럭스 광고는 당신으로 하여금 럭스 비누와 영화배우의 매력을 연상시키기를 원했다. 광고주는 당신이 가게에서 럭스를 보았을 때 그 비누를 사고 싶어 하면서도 당신이 그 비누를 왜 사는지에 대해서는—설령 당신이 잘못된 이유로 그 비누를 샀다 할지라도—신경쓰지 않기를 원했다. 광고주 입장에서는 당신이 그 비누를 샀다는 사실만으로 충분했던 것이다. 나에 대해 의심하는 사람은 광고주가 어쩌면 영화배우에게 아주 좋은 어떤 비누가 당신에게도 아주 좋을 것이라는 메시지를 당신이 비이성적으로 일반화하기를 원했다고까지 주장할지도 모르겠다. 그 외에도 광고주는 아무리 터무니없다 할지라도 당신이 럭스를 사용하면 유명해질 수 있다는 생각을 갖기를 원했다고도 주장할 수도 있을 것이다.

그렇다면 좋다. 이제 우리는 한 영화배우의 상품 보증 선전이 비누를 살 훌륭한 이유가 못 된다는 것을 안다. 하지만 해당 회사에 편지를 보내고 럭스에 관해 자신들의 증언을 제공하는 사람들은 어떤가? 그것은 잠시 숨을 돌려 럭스를 고려할 이유가 되는 것 아닌가? 혹은 그밖에 다른 어떤 것이 있는가?

옛날 카멜(Camel) 담배 광고를 기억하는가? 열에 아홉 명의 의사가 카멜을 피운다는 사실은 우리도 카멜을 피워야 할 충분한 이유가 되는가? 카멜이 광고에서 의사들이 말했던 것처럼 정말로 우리의 T존(눈썹 바로 윗부분과 코 부분)에 (그것이 어떤 것이든) 좋은가? 회고를 통해 이미 뻥이라는 것을 알고 있기 때문에 우리가 과거에 역사적으로 유명한 광고의 흠을 들추어내고 있다는 사실을 주목하라. 오늘날의 광고도 이 비슷하게 비합리적이며, 그래서 쉽게 공격받는다.

원칙: 상품 보증 선전은 주의를 기울일 만한 가치가 없다. 제품이 제공하는 이득에 대한 증언들로 채워진 어떤 회사의 우편물 속에 들어 있는 것은 주의를 기울일 만한 가치가 없다.

광고주는 때로 그들의 상품을 구매한 고객들로부터 온 감사 편지를 모아 간행하기도 한다. 그런 편지들은 오직 한 가지 것만을 증명할 뿐이다. 그런 편지들은 편지 쓴 사람이 그 제품을 좋아한다는 사실을 증명한다. 파렴치한 회사는 그 회사의 비누가 아무짝에도 쓸모없고 비누에 대한 회사의 주장이 사기라고 불만을 제기하는 편지를 999통 받고 제품을 칭찬하는 편지를 단 한 통 받게 될 수도 있다. 만일 그 회사가 증거를 편파적으로 선별하여 그 한 통은 간행하고 다른 편지들은 감춘다면 그 제품의 가치나 인기에 관한 어떠한 일반화도 쓸모가 없을 것이다. 간행된 편지는 광고가 흔히 그렇듯이 제품이 실제로는 좋지 않은데도 좋다는 환상을 일으킬 것이다. 그 제품은 사실상 그 제품을 사용한 사람들 대다수(1,000명 중 999명)에게 좋지 않다.

> **교훈**: 광고의 상품 보증 선전은 무의미하며, 그것을 믿거나 그에 따라 행동해서는 안 된다.

제품에 관한 일반적 결론은 편파적으로 선택되고 종종 의심스럽기까지 한 증거가 아니라 주의 깊게 선택된 독자적 표본에 기초를 두어야 한다. 광고에서는 증거가 과학적으로 선택되고 공평무사하게 제시되는 경우는 거의 없다고 보아도 무방하다.

편파적으로 선택된 증거 배후의 실제 동기는 편견을 강화하는 것이다. 우리에게는 우리 마음에 드는 사실을 붙잡고 마음에 들지 않는 사실을 무시하려는 경향이 정말로 있기 때문에 그 점에 대해 조심할 필요가 있다.

개인적 선호는 잘못된 결론이나 과도한 일반진술을 끌어낼 가능성 앞에서 우리를 보호해주는 체하게 마련이다.

만일 내가 와인 마시는 것을 좋아한다면 나는 와인을 마시는 것이 나에게 좋으며, 심장질환이나 뇌졸중이 일어나는 것을 막아준다고 말하는 뉴스 보도를 호감을 가지고 볼지도 모른다. 만일 내가 합리적으로 논증하고자 한다면 나는 그런 뉴스와 상충을 일으키는 증거를 찾음으로써 이러한 경향에 반하는 태도를 취해야 한다. 와인이 나에게 좋다는 일반화 속에 놓여 있을 수 있는 확신은 명백히 그 진술을 검증하는 프랑스의 몇몇 인상적인 보도에 의존해야 할 것이 아니라 오히려 그 이론을 반증하는 실례들에 대해 이루어지는 철저한 조사에 의존해야 한다. 와인 일반화는 충분히 넓은 분야를 포괄하는 탐구에 기초를 두어야 하며, 조사대상이 된 실례들은 그저 프랑스인이 아니라 나 자신과 같은 사람들을 대변하는 것이라야 한다. 프랑스인들이 심장질환을 막아주는 다른 어떤 것을 먹고 있을 수도 있으며, 그래서 와인을 마시는 것의 이점이 실제보다 더 눈에 띌 수 있는 것이다. 사실상 와인을 마시는 것은 상류 계층의 사회경제적 지위, 채소 소비 증가, 스트레스를 덜 받는 것 등과 연관될 수 있으며, 이런 것 모두는 심장질환과 뇌졸중 발병률을 줄이는 통제 요인일지도 모른다. 그러한 모든 것을 고려해볼 때 와인을 마시는 것은 가짜 연관성에 불과하거나 다른 여러 가지 변수가 어지럽게 뒤섞여 있는 상태일 수도 있다. 이미 논의했던 것처럼 설령 와인 진술이 이러한 모든 조건을 충족시킨다 할지라도 그 진술은 새로운 자료에 비추어 검토되거나 수정되어야 할 작업 규칙(working rule) 혹은 가설로 간주되어야 한다.

광고주는 비합리적 사고의 기술에 거의 통달해왔다. 이성에 호소하는 광고주는 거의 없다. 그들은 대부분 단순한 주장, 반복, 암시 연결을 선호하는데, 이런 것들은 그 자체로 비이성적인 과도한 일반진술이다. 버지니아 슬림스(Virginia Slims) 담배는 당신의 살을 빠지게 하지 않는데, 비록 그것이 광고주가 당신이 그렇게 믿기를 원하는 바로 그것이라 할지라도 그렇다. 버지니아 슬림스는 당신을 아름답게 만들지 않는데, 비록 그것이 광고주가—그 담배를 피우는 젊고 아름다운 여성을 보여줌으로써—당신이 그렇게 믿기를 원하는 것이라 할지라도 그렇다. 버지니아 슬림스는 남자를 데려다주지 않는데, 비록 그것이—배경에 희미한 남자 그림을 보여줌으로써—제조업자가 당신이 믿기를 원하는 것이라 할지라도 그렇다. 버지니아 슬림스는 당신을 자유로운 영혼을 가진 개인 사상가로 만들지 않는데, 비록 그것이—"나는 공공연한 유혹 앞에서 나 자신이 직접 결정을 내린다." 같은 진술을 보여줌으로써—그 담배 제조업자가 당신이 믿기를 원하는 것이라 할지라도 그렇다.

결론: 대부분의 경우에 광고=허풍이다.

이것으로부터 다음 교훈이 따라 나온다.

교훈: 광고에 대해 무관심해라.

2장으로 넘어가기 전에 일반적 규칙과 예외에 관해 잠시 몇 마디 언급하고 넘어가기로 하자.

일반 규칙은 예외를 허용하지 않는다. 그렇지 않으면 그 규칙은 진정한 일반 규칙일 수 없을 것이다.

예외가 그 규칙을 증명하는가?

이 문제에 대해 생각해보라.

"예외가 규칙을 증명한다."는 말을 얼마나 많이 들었는가? 이 주장은 15초 동안 비판을 침묵시킬 수 있을지는 모르겠지만 무의미한 진술이다. 일반 규칙은 예외를 전혀 허용하지 않는다. 말이 난 김에 덧붙이자면 이 맥락에서 **증명하다**(prove)는 말은 원래 '시험하다'(test)를 의미했으며, 그래서 그 진술은 예외를 찾음으로써 일반 규칙을 시험하는 방식이었다. 일반 규칙을 반증하는 이 방법이 바로 우리가 논의했던 것이었다. 예외를 찾음으로써 어떤 규칙을 시험하는 것은 그 규칙을 시험하는 방식이다. 만일 예외가 발견된다면 그 규칙은 그른 것으로 증명된다.

나 같은 사이비 학자들은 "예외가 규칙을 증명한다."는 주장이 라틴어 표현 *Exceptio probat regulam*에 대한 어설픈 번역에서 비롯되었다고 생각하는데, 이 표현은 규칙이 (구체적으로) 제외되지 않은 모든 사례를 포괄한다는 것을 의미한다.

뭐 이런 일도 있나 본데, 모든 인생에는 작은 비라도 내려야 하는 법이다.

지금까지 이 책을 읽어준 당신 같은 사람들에게 매우 감사한다. 이제 우리가 복습을 한 다음 새 장으로 들어가 이 책의 나머지 내리막 해안을 출발하기 전에 올라야 할 마지막 둔덕이 하나 있다. 그 둔덕을 **삼단논법**(syllogism)이라고 하는데, 이 말은 '함께'(together)를 의미하는 그리스어 *syn*과 '추론하다'(reason)를 의미하는 *logizesthai*에서 유래했으며, 그래서 '함께 추론함'(reasoning together)을 의미한다. 삼단논법은 전제들로 알려진 진술들과 그 진술들로부터 도출되는 결론으로 이루어지는 형태의 일반화이다.

삼단논법은—전제라 불리는 진술들(보통 두 개의 진술)과 그 진술들로부터 도출되는 결론으로 이루어진 논증이나 추론 형식이다.

예:

1. 모든 포유동물은 온혈이다(**대전제** major premise).
2. 고래는 포유동물이다(**소전제** minor premise).
3. 그러므로 고래는 온혈이다(결론).

1+2+3=삼단논법이다.

각각의 정언삼단논법에는 세 개의 문장이 있고, 각각의 문장은 다시 네 개의 식(moods, A, E, I, O: 보편긍정, 보편부정, 특수긍정, 특수부정)을 가질 수 있기 때문에, 모두 64개의 서로 다른 정언삼단논법이 제공된다. 각각의 삼단논법에 대해서는 네 개의 격(figures, 즉 대명사major term, 소명사minor term, **매개명사**middle term의 배열들)이 있으므로, 모두 256개로 알려진 삼단논법 형식이 있게 된다.

논리학자들은 **타당한** 삼단논법과 부당한 삼단논법을 구별해왔다. 비록 대부분의 현대 학문적인 논리학 체계에서 타당성과 부당성이 기초개념이긴 하지만 여기서는 그런 개념에 (별로) 관심을 기울이지 않겠는데, 그것은 이 책이 형식논리학 책이 아니라 실용논리학 책, 즉 당신에게 서양 세계의 지적 유산에 정통하게 하기 위한 것이 아니라 당신이 진리를 알게 하는 데 도움을 주고자 하는 실용논리학 책이기 때문이다. 그렇지만 삼단논법에서 가장 흔히 범하는 오류를 언급하는 것이 중요한데, 이 오류는 **매개명사 부주연**(undistributed middle)의 오류로 알려져 있다. 이 예는 형식논리학이 어떻게 작동하며, 전제들에 대한 해석을 연구함으로써 형식논리학이 진리치 평가와 어떻게 관계되어 있는지에 대해 이해할 수 있도록 해줄 것이다. 다음을 살펴보라.

1. 모든 포유동물은 온혈이다(대전제).
2. 고래는 온혈이다(소전제).
3. 그러므로 고래는 포유동물이다(결론).

이 삼단논법에서 결론은 비록 옳지만 전제들로부터 논리적으로 연역될 수 있는 것이 아니다. 전제 1은 모든 온혈동물이 포유동물이라고 말하지 않았다. 만일 전제 1이 그렇게 말했다면 전제 1은 완전히 그릇된 문장일 것이다. 사실상 상당한 증거가 공룡이 온혈임을 가리키며(공룡도 동물이다), 새 또한 언제나 온혈임은 말할 것도 없다(새도 동물이다). 그래서 앞에 진술된 전제 1과 2는 논리적으로 결론 3을 만들지 못하는데, 그것은 비록 옳다고 해도 전제 1이 약간의 온혈동물이 포유동물이 아니라는 사실을 포함하지 않기 때문이다. 이 점에 대한 이유는 차의 경우를 예로 들어보면 알기가 더 쉽다.

1. 모든 포드 차는 차이다(대전제).
2. 나는 차를 한 대 가지고 있다(소전제).
3. 그러므로 나는 포드 차를 한 대 가지고 있다(결론).

실제로는 나는 링컨 콘티넨탈(Lincoln Continental)을 가지고 있는데, 이 차는 포드회사 제품이며, 그래서 결론이 옳다. 그러나 전제 1이 모든 차가 포드 차라고 진술하고 있는 것이 아니기 때문에 그 결론은 논리적으로 도출되는 결론이 아니다. 사실상 전제 1이 정말이지 그렇게 진술했다면 포드 차 이외에도 많은 차가 있기 때문에 전제 1은 옳지 않을 것이다. 내가 다른 어떤 종류의 차를 쉽게 소유할 수 있을 것이기 때문이다.

고래와 차 삼단논법 모두에서 문제는 매개명사—대전제와 소전제가 공통으로 가지고 있는 명사—가 가능한 온혈동물(예 1)이나 차(예 2)의 전 영역을 포함하지 않기 때문에 발생했다. 전문 용어로 대전제의 매개명사는 **주연되지**(distirbuted) 않았다. 즉 언급된 온혈동물 집합의 각각의 원소(예 1)와 언급된 차 집합 각각의 원소(예 2)에 적용되지 않았다. 온혈동물 집합에는 고래가 아닌 다른 원소들이 있으며, 차 집합에는 포드 차가 아닌 다른 원소들이 있다. 따라서 결론은 실제로 옳지 않은 일반진술들이다.

매우 유명한 한 삼단논법은 삼단논법에 의거한 추론이 어떻게 문제를 일으킬 수 있는지에 대해 또 다른 견해를 제공한다.

1. 모든 인간은 죽는다(대전제).
2. 소크라테스는 인간이다(소전제).
3. 그러므로 소크라테스는 죽는다(결론).

결론은 옳으며, 소크라테스가 헴록을 마시고 죽었다는 사실에 의해 옳음이 증명되었다. 그러나 이 삼단논법은 지금까지의 관찰사례만을 포함시키는 한에서만 옳다. 이 삼단논법은 언젠가 불사의 비밀을 발견할 수도 있는 미래 세대에게는 확실히 논리적으로 적용될 수 없다. 미래에 단 하나의 반대사례가 소크라테스 삼단논법을 반박할 것이기 때문이다.

이 삼단논법에 관해서는 어떤가? 결함을 발견할 수 있겠는가?

1. 다른 인간들은 죽는다.
2. 나는 또 하나의 인간이 아니다.
3. 그러므로 나는 죽지 않을 것이다.

복습

복습에 들이는 시간은 절대 낭비가 아니다. 신경과학자들은 복습이 이전에 활성화된 신경망을 다시 활성화시킬 개연성을 증가시킴으로써 우리의 기억을 정리한다는 것을 발견해왔다. 반복된 재활성화는 기억력을 촉진하도록 뇌의 실제 구조적 변화라는 결과를 초래한다. 그러므로 당신은 복습을 해야 한다. (이 구절을 반복하는 것은 들어가는 말 말미에서 당신이 처음 읽었을 때 갖지 못했던 익숙한 느낌을 당신에게 제공하려는 취지에서 하는 것임을 주목하라. 또한 당신의 연역과 나의 연역을 비교할 수 있도록 내가 나의 연역을 채웠다는 사실을 주목하라.)

연습문제

1. 이 장의 모든 주요 요점을 다시 읽어라. 주요 요점은 원칙, 교훈, 고딕체로 표현된 주제문들이다. 그렇게 한 다음 스스로 여기에 검사 표시를 하라 ______.
2. 이 장의 모든 주요 요점을 큰 소리로 다시 읽어라. 그렇게 한 다음 스스로 여기에 검사 표시를 하라 ______. 큰 소리로 다시 읽는 것은 말없이 다시 읽는 것보다 기억을 더 잘 정리되게 한다. 매일 다시 읽는 것은 하루에 두 번 읽는 것보다 기억을 더 잘 정리되게 한다. 다시 읽으면 읽을수록 그만큼 당신은 기억이 더 잘 정리될 것이다. 그러나 지나치게는 하지 말라. 네 번 정도면 충분하다. 당신은 무해하면서도 단조로운 일을 반복해서 계속하는 사람이라는 평판을 얻기를 원하지 않는다.
3. 안경 낀 여성이 절대 담배를 피우지 않는다는 진술이 틀렸음을 어떻게 증명할 것인가? 당신이 올바르다고 생각하면 여기

에 검사 표시를 하라 ______. 힌트: 이 물음에 대한 답은 이 장에 들어 있다. 이 문제에 대한 답을 이해하면 당신은 일반진술의 그름을 증명하는 법을 아는 것이다.

4. 모든 과학적 지식이 잠정적이며, 모든 시간과 모든 장소에 걸쳐 절대적으로 옳은 것으로 알려지지 않는다는 것을 실제로 믿는가? 올바르다고 생각하면 여기에 검사 표시를 하라 ______.
5. 고양이가 생각하는가? 당신은 그것을 어떻게 아는가? 올바르다고 생각하면 여기에 검사 표시를 하라 ______.
6. 올바르지 못하고 비논리적이고 그르고 결함 있는 사고 대부분의 원인은 무엇인가? 올바르다고 생각하면 여기에 검사 표시를 하라 ______. 힌트: 이 문제는 1장이 아니라 들어가는 말에서 다루었다는 점에서 함정이 있는 문제이다. 힌트: 답을 확신하지 못하면 게을러지지 말라. 들어가는 말에서 답을 찾아보라.
7. **모든**, **언제나**, **절대 … 아니다** 같은 낱말을 포함한 진술이 왜 그릇될 가능성이 큰지 설명하라. 당신의 답이 괜찮다 싶으면 여기에 검사 표시를 하라 ______.
8. "대마초를 피우는 것은 언제나 나쁘다." 이런 진술이 왜 그른가? 여기에 포함된 사고상의 오류는 무엇인가? 왜 나는 그와 같은 진술을 **과도한 일반진술**이라 부르는가? 또한 이 예는 흑백사고의 예인가? 당신이 문제들에 대해 답을 얼마나 잘했다고 느끼는가에 따라 검사 표시를 한 개, 두 개 혹은 세 개를 하라 ______.
9. **증거**란 무엇인가? 최상의 증거란 무엇인가? 올바르면 여기에 검사 표시를 두 개 하라 ______. 힌트: 이 문제에 대한 답은

교재에 숨겨져 있다. 나는 **증거**를 진리에 대한 올바른 지각으로 이끄는 어떤 표시로 정의하였다. 그런 것이라면 증거에는 사실, 지성적 실험, 명료한 추론, 검증 그리고 형식논리학과 비형식논리학을 포함하는 다른 많은 표시가 포함될 터인데, 이런 것들은 진리에 이르는 방식을 가리킨다.

10. 권위의 명령에 대한 맹목적 추종과 관련하여 비합리적인 것이 무엇인가? 권위의 명령을 추종하는 일이 어떻게 문제에 이르게 만들 수 있는가? 당신은 어떤 상황에서 권위의 명령을 따라야 하는가? 힌트: 타히티 섬까지 보잉 747기를 몰고 가는 데 있어서 당신 자신을 신뢰해야 하는가, 아니면 여러 차례 그곳을 다녀본 경험이 있는 UTA 항공기 조종사를 신뢰해야 하는가? 수술에 관해서는 어떤가? 당신은 자신이 대동맥판 누수를 수술할 자격이 있다고 생각하는가, 아니면 심장 전문의로 하여금 그 일을 하도록 할 것인가? 앞의 문제에 대한 가능한 답들을 생각해보고 당신의 답들이 괜찮은 것 같으면 여기에 검사 표시를 네 개 하라 ______.
11. 다음과 관련하여 비합리적인 요소가 무엇인가? "논리학 책의 저자로서 나는 조울병(manic-depressive psychosis)의 직접 사례에 대해 진단을 내릴 자격이 있다고 주장할 수 있다. 분명히 안드레아 예이츠(Andrea Yates, 최근 미국에서 산후 조울증으로 자신의 아기 다섯 명을 모두 익사시켜 세상을 경악케 한 엄마. 사건 당시 자신은 정신이상이었다고 주장했으나 사형에 해당되는 중대 살인을 저질렀다는 유죄 평결을 받음—옮긴이 주)는 논리적으로 생각하고 있지 않았으며, 그녀의 아이를 익사시켰을 당시의 그녀의 행위는 비이성적이었다." 당신이 올바르다고 생

각하면 여기에 검사 표시를 하라 ______. 힌트: 한 분야에서의 권위는 다른 분야에서는 권위가 아니다. 논리학 책의 저자는 정신의학 전문가가 아니다. 안드레아 예이츠로 하여금 아기 다섯 명을 익사시키도록 이끌었던 심리적 혹은 비이성적 메커니즘에 대한 설명이 일어난 일을 설명할 수는 있겠지만 그 설명이 반드시 그 일에 대한 변명이 되라는 법은 없으며, 하물며 정당화하리라는 법은 더더욱 없다.

12. 유명한 《라이트 브리게이드의 돌격》(*Charge of the Light Brigade*)을 읽거나 그 주제에 관한 알프레드 로드 테니슨(Alfred Lord Tennyson)의 시를 공부하라. 약 600명의 영국 여단이 비록 "누군가가 큰 실수를 범했다."는 것을 알고 있었는데도 굽히지 않고 잘못된 명령을 따랐던 이유를 설명하라. 크림 전쟁에서 발라클라바 전투(Battle of Balaklava)가 벌어졌을 때 왜 군인들이 자신들에게 크게 불리한 상황에서 러시아의 중 대포에 맞서 영웅적이지만 쓸데없는 돌격을 감행했을까? 만일 틀렸다는 것을 안다면 설령 군대 명령이라 할지라도 그 명령을 따르는 것이 합리적인가? 미국 군대는 왜 모든 명령에 순종할 것을 맹세하는 게 아니라 '합리적이고 합법적인' 모든 명령에 순종할 것을 맹세하는가? 그러한 돌격을 자세히 조사할 정력을 가졌거나 혹은 그 시를 읽었다면 검사 표시를 두 개 하라. 두 가지 일을 모두 했다면 여기에 검사 표시를 다섯 개 하라 ______.

만일 당신이 이 문제들을 해낼 수 있을 것 같은 생각이 들면 본문의 적당한 절을 다시 읽음으로써 앞의 문제들에 대한 당신의 답을 검사해보라. 그 문제들 대부분에 대해 당신이 올바른 답을 했으면 여기서 멈추고 아주 기꺼이 어떤 방식으로든 자신에게 상을 주어라. 이것도 당신의 기억을 정리하는 데 도움이 될 것이다. 잘한 일에 대해 상을 주는 것은 뇌를 효과적으로 기능하게 하는 데 도움이 된다.

만일 당신이 답을 검사할 수 있을 것 같지 않다는 생각이 들면 다음 장으로 건너가서 의사소통 난점의 공통 원천이랄 수 있는 모호한 정의에 관해 공부해보라.

제2장

모호한 정의

이 장은 **모호한 정의**(vague definition)라고 하는 사고상의 오류에 대해 논의한다. 올바른 정의는 진리로 인도한다. 모호한 정의는 오류로 인도한다. 이 장 끝부분에 이르게 되면 당신은 정의의 종류—포괄적 정의, 분할적 정의 그리고 특수 기준이나 예에 의한 정의—약간에 대해 실용적으로 쓸 수 있는 지식을 가져야 하며, 사람들이 말하는 것 배후에 숨겨진 의미를 밝힐 수 있어야 한다.

혼란이 일어나는 것은 많은 낱말이 여러 가지 의미를 갖기 때문이다. 이런 경우 낱말의 의미는 주어진 맥락에서 일정하게 유지되어야 하며, 그렇지 않을 경우 혼란이 일어날 것이다. 또한 혼란은 개별 낱말들이 서로 다른 종류의 의미—지시적 의미(denotive meaning, 해명적 혹은 내포적 의미), 언외의 함축적 의미(connotive meaning, 그 낱말이 암시하거나 연상시키는 좀더 포괄적인 관념이나 개념), (어떤 의미를 암시하는) 낱말 역사, 낱말 분위기(어조)—를 갖기 때문에 일어날 수도 있는데, 이런 의미들은 모두 서로 협력하여 어떤 낱말에 미묘한 차이, 암시, 인유, 지시 그리고 의미의 정밀성을 제공하려 하며, 이런 것들 중 약간은 어떤 상황에서 우리를 오도할 수도 있다.

낱말의 올바른 사용은 표현의 정확성, 올바른 사고, 올바른 결론으로 인도한다. 올바르지 못하고 부주의하고 거짓된 낱말 사용은 표현의 부정확성, 올바르지 못한 사고, 올바르지 못한 결론으로 인도하며, 때로 사기와 속임수로 인도한다. 정의에 주의를 기울이면 당신이 진리를 발견하고 실재를 다루는 더 나은 방법에 익숙해지는 데 도움이 될 것이다. 정의에 주의를 기울이면 당신이 의미하는 것을 말하는 데 도움이 되고, 당신이 의미하지 않는 것을 말하지 않는 데 도움이 될 것이다.

* * *

말은 중요하다. 무언가 미심쩍은가? 말은 복잡한 인간의 사고에 특히 중요하다.

앞 장에서 실증했던 것처럼 동물은 아마도 말이 없이도 생각하는 것 같다. 소 예에서처럼 동물은 아마도 한 개념과 다른 개념의 거친 연상을 통해 생각하는 것 같은데, 소의 뇌에서는 **고통=전기 울타리**, **전기 울타리=고통**이었다.

작은 동물들과 마찬가지로 아주 어린 아기도 아마 말이 없이 생각할 것이다. 우리 같은 성인 중 약간은 우리도 때로 말이 없이 생각한다는 것을 안다. 나는 어제 차를 몰고 휴스턴에 갔는데, 아무리 해도 내가 어떻게 그렇게 했는지 알지 못한다. 나는 내 발에게 적당할 때 브레이크나 가속 페달을 밟으라고 의식적으로 말하지 않았으며, 다른 차들에 접근해 사고를 내는 일을 피하는 일에 관해서도 전혀 진지하게 생각하지 않았다. 나의 뇌는 말을 사용하지 않은 채로 어떤 잠재의식 수준에서 내 운전 대부분을 처리했다. 그런 일은 나의 뇌가 말을 필요로 하는 좀더 복잡한 일에 관해 생각하는 경우를 제외한다면 운전과 같은 사소한 일에 대해서는 괜찮다.

예리한 인간 사고는 상당 부분 언어 덕분이다. 극작가들이 매우 좋아하는 독백은 불합리하게 보일 수 있지만 사실상 독백을 우습게 만드는 유일한 것은 배우들이 자신들의 사고를 큰 소리로 낭독한다는 사실이다. 우리 대부분은 언제나 우리 자신에게 독백을 하고, 문제를 검토하며, 해야 할 일을 계획하고, 상황을 평가하고 있다.

당신은 자신에게 어떻게 말을 거는가? 나는 보통 나 자신이나 내가 한 일이 맘에 들지 않을 때는 "이런 세상에! 패튼 너는 그때 정말로 엄청난 실수를 했구나."의 경우에서처럼 나 자신을 '너'로 놓고 말을 건다. 그리고 무언가 좋은 일이 있을 때는 "나는 아이스크림을 먹고 싶어."의 경우에서처럼 나 자신을 '나'로 놓고 말을 건다. 당신은 보통 당신 자신에게 어떻게 말을 거는가?

자신과 일종의 논쟁을 지속하는 과정은 일상적인 문제 해결 방식이다. 사실이 그러하다는 것은 사고가 말에 의존한다는 사실을 예증한다. 우리의 사고가 이처럼 말에 의존하므로 적절한 사고는 말이 올바르게 사용될 것을 요구한다. 그렇지 않을 경우 우리는 진정한 의미에 도달할 수 없다. 문제는 많은 낱말이 여러 가지 정의 혹은 공통의 사용을 갖는다는 것이다. 정의 중에서 한 측이 한 정의를 사용하는데 다른 측은 다른 정의를 채택하면 혼란이 일어날 수 있다.

예를 들어보자. 알코올이 음식인지, 독약인지, 마약인지 혹은 화체(化體, transubstantiation) 성례용 성찬의 일부인지는 그런 것들에 대한 정의 그리고 그것들이 알코올에 적용되는 방식에 달려 있다.

그레인 에틸알코올은 7kcal/g의 칼로리 함유량을 갖는다. 만일 우리가 섭취했을 때 열이나 신체 에너지를 생산하는 데 사용될 수 있는 물질로 **음식**을 정의한다면 알코올은 확실히 음식이다. 만일 우리가 섭취했을 때 신체에 필요한 아미노산, 단백질, 지방, 심지어 탄수화물로 전환될 수 있는 물질로 **음식**을 정의한다면 알코올은 확실히 음식이다.

만일 섭취할 경우 어떤 특수한 상황에서 사람을 죽이는 물질로 우리가 **독약**을 정의한다면 알코올은 확실히 독약이다. 만일 우리가 **마약**을 인간의 뇌 기능을 변화시킬 수 있는 물질로 정의한다면 알코올은 확실히 마약이다. 만일 우리가 카톨릭교회에서 사용되는 와인이 (모든 반대 증거와 현상에도 불구하고) 그 알코올 내용물을 실제로 예수 그리스도의 피로 변화시킨다고 믿는다면 어떤 특수한 상황에서 알코올은 성찬이다. 그래서 알코올은 우리가 그런 것들을 어떻게 정의하느냐에 따라 음식이거나 독약이거나 마약이거나 성찬이 된다.

글쎄, 어떤 것이라고?

만일 두 사람 가운데 한 사람은 알코올이 독약이라고 생각하고 있고 다른 사람은 환경 보호를 위한 휘발유 첨가제라고 믿는다면 두 사람이 알코올이 음식인지 아닌지를 놓고 논쟁을 벌인다는 것이 얼마나 의미가 있을까?

따라서 명료한 사고와 사리에 맞는 추론을 하는 데 있어서 정의는 결정적으로 중요하다. 만일 그 말이 옳다면 계속해서 완전한 일관성을 유지하기 위해서는 우리는 정의가 의미하는 것을 이해하는 일로부터 시작해야 한다. 우리는 정의에 대한 정의에서 시작해야 하는 것이다.

정의는 두 가지 주요 수단, 즉 유(類, genus)와 분할(division)로 나뉜다. 유는 학술적 용어이거나 생물학 용어처럼 들리지만 실은 그렇지 않다. 유 정의는 보통 정의(의미)가 문장 형식으로 진술된다는 사실에 의해 쉽게 알아볼 수 있다. 예: 텍사스 주 형법 1.07조: "총기란 폭발이나 물질이 탈 때 발생하는 에너지를 이용함으로써 어떤 통을 통해 발사체를 발사하도록 설계되거나 만들거나 개작된 어떤 기구이다."

그래서 만일 내가 탄산가스 실린더에 의해 추진되면서 22구경 산탄을 발사하는 산탄총(pellet gun)을 소지했다고 하여 체포된다면 나는 총기 소지죄로 체포될 수 없다. 그 산탄총은 총기에 대한 유 정의에 적합하지 않다. 마취용 주사총(dart gun)도 그 정의를 만족시키지 못한다. 원래는 총기가 아니었지만 총기처럼 작동하도록 개작된 수제권총(zip gun)은 그 정의가 적용될 것이고, 나를 최장 10년에 이르는 기간 동안 감옥에 보내게 될 것이다.

그러한 차이가 몇 마디 말로 만들어질 수 있음을 주목하라. 몇 마디 말이 세상의 모든 차이를 만들 수 있다. 몇 마디 말이 나의 운명, 즉 내가 유죄인지 아닌지, 내가 감옥에 가는지 안 가는지를 결정할 수 있다. 정의는 중요하다. 그 점에 의문의 여지는 없다.

원칙: 정의는 중요성을 지니며, 종종 상당한 중요성을 지닌다.

이 원칙으로부터 다음 교훈이 따라 나온다.

교훈: 정의에 주의를 기울여라.

낙태를 생각해보라. 낙태에 관해서는 모든 것이 낙태를 당하는 생물에 대한 정의에 달려 있다. 만일 우리가 낙태의 대상을 인간으로 정의한다면 우리는 낙태를 (**고의적 살인**과 **우발적 살인**에 대한 정의에 따라) 사전에 계획된 고의적 살인(모살謀殺, murder)이나 우발적 살인(고살故殺, manslaughter)으로 비난하게 된다. 만일 우리가 태아를 인간이 아닌 어떤 것, 이를테면 (낙태의 시간에) 엄마와 독립해서 인간 생활을 할 수 없기 때문에 일종의 기생동물로 정의한다면 우리는 담화의 근거를 선택의 자유에 대한 문제로 옮길 수 있다. 그렇게 되면 우리가 낙태 혹은 선택의 자유에 찬성할 것인지 아닌지는 우리가 생명에 대한 일반적 정의라고 생각하는 것에 의존하게 될 것이다.

실제로 카톨릭교회는 수세기 동안 태동초감(胎動初感, 대략 태아의 움직임이 처음으로 느껴지는 첫 3개월 끝 무렵)의 시기까지 낙태를 허용했는데, 그것은 성 토마스 아퀴나스(Saint Thomas Aquinas)가 그 시기를 태아의 생명이 실제로 시작되는 시기라고 결정했기 때문이었다. 최근에 카톨릭교회는 생명이 시작되는 시기에 대한 정의를 바꿈으로써 그 문제에 대한 입장을 바꾸었다. 카톨릭교회는 지금은 수태가 이루어지는 순간에 정자가 난자에 들어갈 때 생명이 시작된다고 주장한다. (이 정의에 따르면) 수태가 일어날 때 생명이 시작되므로 카톨릭교회는 어떠한 종류의 낙태도 인간을 살해하는 것이라고 결정하였다. 따라서 인간을 살해하는 것은 그릇된 일이기 때문에 낙태는 그릇된 일이다.

정의를 변화시킨 일은 토마스 아퀴나스가 여전히 교회학자(doctor of church, 카톨릭교회에서 교의상 큰 기여를 한 교회 내의 학자에게 부여한 칭호로 교회박사라고도 함)이자 사실상 로마 카톨릭 학교들의 수호성인으로 간주되고 있기 때문에 의심스러워 보인다.

분할에 의한 정의는 소화할 수 있는 크기의 조각들로 전개되는 형태의 정의인데, 보통 목록에 번호가 매겨져 있다. 총기에 대한 유정의는 다음과 같이 분할에 의해 정의될 수도 있었다.

어떤 기구는 총기로 간주될 것이다. 만약:

1. 그것이 발사체를 발사하도록 만들어지거나 설계되거나 개작된다.
2. 발사체는 통을 통해 발사된다.
3. 발사체를 발사하기 위해 생성된 에너지는 어떤 물질을 폭발시키거나 태워서 만들어진 것이다.

분할적 정의에서는 어떤 것들이 정의에서 배제되는지를 상술함으로써 정의를 더 세련되게 다듬을 수 있다. 예컨대 "이 법규의 어떤 부분도 BB총이나 마취용 주사총 혹은 압축 공기나 다른 가스에 의해 추진되는 산탄총이 총기를 의미하도록 해석될 수 없다. 1899년 이전에 만들어진 구식 총기나 골동품 총기들은 배제된다."처럼 말이다.

분할적 정의는 법률에서 아주 중요하다. 유죄 판결이나 석방은 종종 정의에 달려 있으며, 정의의 엄격한 적용에 달려 있다.

텍사스 주 형법 46.035조 5항은 놀이공원에서는 권총을 소지하는 것이 불법이라고 규정하고 있는데, 설령 권총을 소지한 사람이 텍사스 주가 발행하는 특수 비밀 권총면허를 가지고 있다 할지라도 그렇다.

이 조항은 우리가 같은 형법의 세부항 f를 참고하기까지는 충분히 명료한 것처럼 보인다. 세부항 f는 "이 항에서 '놀이공원'은 실내 혹은 야외의 상시 편의시설이나 공원을 의미하는데, 이곳에는 100만 이상의 주민이 사는 지역에 위치해 있으면서 대중이 유용하게 이용할 수 있는 탈것들이 있고, 적어도 75에이커의 표면적을 포함하며, 통제요원을 통해서만 출입할 수 있도록 봉쇄되어 있고, 연중 120일 이상이 가동되도록 개방해야 하며, 전술한 사항들에 대해 언제나 안전요원들이 있다."

와아! 만일 총을 휴대하고 간 놀이공원이 이 많은 기준 중에서 단 하나라도 만족시키지 못한다면 면허증을 소지한 어떤 사람이 그곳에 총을 휴대하는 일은 합법적이다. 부정적 표현에 대한 정의에 의해 우리는 그 공원이 상시적이지 않거나 탈것이 없다면 혹은 탈것이 대중이 이용할 수 있는 게 아니라면 혹은 공원이 100만 미만의 사람이 사는 지역(텍사스 주에 있는 대부분 지역들)에 위치해 있다면 혹은 1년에 119일만 개방한다면 혹은 75에이커 미만의 면적을 가지고 있다면 혹은 24시간 내내 지키는 안전요원이 없다면 그 공원은 이 법규에 따라 놀이공원이 아니며, 그래서 그 형법 조항에 의해 다루어지는 곳이 아니다.

법이란 그런 것이다. 법은 많은 예외적 사건과 불가사의한 굴곡과 이상할 정도로 뒤틀린 사건들을 갖고 있다. 법은 예외로 가득 차 있다. 아리스토텔레스는 "법이란 격정 없는 이성이다."[1]라고 말했었다. 나는 법이란 예외에 의해 마침표가 찍어지는 이성이라고 말하고 싶다. 다른 사람들은 법이란 대체로 종종 불명료한 정의로 인

---

1) Aristotle, *Politics* 3, 15~16면.

해 우여곡절을 겪는 예외들이며, 아마도 한때 특수한 언어로 된 법률안을 제의했던 입법자들이나 아는 이성들이라고 말한다. 많은 경우에 그 이성들은 그것을 제의했던 사람들에 의해서조차 더 이상 알려지지 않는다.

법률이 제정된 후에는 법률에 의해 진척될 목표가 아니라 법률 자체가 초점이 된다. 그때가 바로 법률가들이 맘껏 떠들며 즐길 때이다.

비밀 권총면허증 실례는 아무리 정밀한 규정이라 하더라도 뚫린 구멍을 막을 수 없음을 보여준다. 공교롭게도 사실은 반대인 것 같다. 구멍은 규정이 너무 정밀하기 때문에 나타날 뿐이다. 간단한 일반 원칙들의 문서로 이루어진 미국 헌법은 구멍이 거의 없다. 그것이 바로 헌법이 그토록 잘 떠받들어지고 그토록 오랫동안 지속되어 온 이유이다.

* * *

많은 종류의 정의 가운데 우리는 동의어에 의한 정의, 예에 의한 정의 혹은 구체적 기준에 의한 정의를 발견한다. 예컨대 우리는 근심(anxiety)을 어떻게 정의할 수 있는가?

근심이란 신경질적인 느낌이다. 이 정의는 동의어 기준에 의한 정의이다. 근심이란 병원에 가서 혈압을 잴 때 내가 느끼는 것이다. 이 정의는 예에 의한 정의이다. 근심이란 자율신경계 활동의 증가와 연관된, 말로 형언할 수 없는 불안이라는 주관적 느낌이다. 이 정의는 심리학적이고 생리학적인 기준에 의한 정의이다.

다음은 좀더 많은 정의의 실례 및 상황에 대한 그 정의의 적용 사례들이다.

1. 소유권 주장은 때로 분할적 용어로 상술되었다. 당신은 정복을 이유로(옛날에) 혹은 법적 소유권자로부터 구입함으로써(소유권자가 아니거나 불법적 소유권자로부터의 구입은 제외된다는 것을 주목하라) 혹은 상속이나 결혼 혹은 도박 빚 해결의 경우에서처럼 계약에 의해 재산을 소유했다. 만일 당신이 20년 동안 어떤 재산에 의지하여 살았는데 실제 소유권자가 당신에게서 그 재산을 떼어놓으려는 시도를 전혀 하지 않았다면 당신은 불법 점유 인정권이나 불법 거주 인정권 등에 의해 그 재산을 소유할 수 있다. 이 목록은 소유권에 대한 분할적 정의이다. 만일 당신이 그런 기준 중 한 가지를 충족시킨다는 것을 보여줄 수 있다면 법원은 당신의 재산권을 인정할 것이고, 경찰이 출동해 침입자들을 체포할 것이다.
2. 많은 의학적 진단이 분할적 정의에 기초를 두고 있다. 전신성 루푸스 병(systemic lupus)에 대한 진단을 생각해보라.

a. 뺨에 나비 모양 발진(Malar rash)

b. 원반성 피부 병변: 피부에 붉은 반점(Discoid rash)

c. 햇빛에 대한 과민 반응: 햇빛에 노출된 후 발진(Photosensitivity)

d. 구강 궤양: 입과 코의 점막에 작은 궤양 병변(Oral ulcers)

e. 다발성 관절염 또는 관절통(Arthritis)

f. 늑막염, 심낭염(Serositis)

g. 신장 기능 이상: 소변 검사나 혈액 검사상의 이상(Renal disorder)

h. 신경학적 이상: 경련과 정신질환(Neurologic disorder)

i. 혈액학적 이상: 혈소판 감소, 용혈성 빈혈 등(Hematologic

disorder)

j. 면역학적 이상: LE cells, 항-DNA 항체가 상승, 항-SM 항체 존재 (Immunologic disorder)

k. 자가핵항체의 존재: 약을 투여한 경력이 없는 상태에서 혈액을 형광 현미경을 통해 검사했을 때 항체 존재(Antinuclear antibodies)

해리슨(Harrison)의 의학 교재에는 "병이 진행되는 동안의 어떤 시간에 이런 증상 중 네 가지 이상이 나타나면 98%의 확실성과 97%의 감도를 가지고 전신성 루푸스라고 진단할 수 있다."고 씌어 있다.[2)]

끔찍이 과학적인 것처럼 들린다. 그렇지 않은가? 아니면 그런가? 어떤 환자가 이 항목들 중에서 세 가지 증상만을 보였는데, 죽고 난 뒤 부검을 해보니 루푸스로 죽었다면 어떻게 되는가? 나는 그런 환자를 대한 적이 있다. 그 여성은 한 정의(부검 사실)에 의하면 루푸스를 앓은 것이었지만 다른 정의, 즉 표준 의학 교재의 정의에 의해서는 루푸스를 앓지 않았다. 그런 경우에 그 환자가 그녀가 앓지 않았던 어떤 병으로 죽었다고 결론지어야 할까? 어라? 이 문제는 병 진단에 적용된 것이 다를 뿐 앞에서 나왔던 "알코올은 음식이거나 마약이거나 독약이다."는 문제의 재판이다.

루푸스에 대한 유 정의는 어떤가? 유 정의가 죽은 나의 환자에 대한 진단 상황을 명료화하는 데 도움이 될까? 당신이 결정하라. 결정하고 나면 나에게 알려라. 유 정의: "전신성 홍반성 루푸스

---

2) Anthony S. Fauci eds., *Harrison's Principles of Internal Medicine*, 14th ed.(New York: McGraw-Hill Health Professions Divisions, 1998).

(systemic lupus erythematosis, SLE)란 병적인 자가 항체와 면역 복합체에 의해 조직이나 세포가 파괴되는 원인 불명의 질병이다."[3)]

의사들이 누가 어떤 병에 걸렸고, 어떤 조치를 취해야 하는지를 놓고 언제나 논쟁을 벌이고 있는 것처럼 보이는 것은 놀랄 일이 전혀 아니다. 그런 논쟁은 대부분 병의 본성에 대한 합법적 이해 차이에서 비롯된다. 많은 논쟁이 병에 대해 서로 다른 정의를 합법적으로 사용하는 데서 비롯되며, 많은 논쟁이 판단이나 경험의 차이 혹은 (이런 일이 있을 수 있을까 하는) 관례와 인습화된 추론과 논리(혹은 그들이 논리라고 생각하는 것)의 합법적 차이에서 비롯된다.

원칙: 어떤 의학 용어들은 실재와의 관계나 대응성이 의심스럽기 때문에 진정한 의미를 거의 혹은 전혀 갖지 않는다.

우리가 의학 용어를 주제로 논의하고 있기 때문에 나는 매일 환자들에게 던지는 의학 용어 중에 놀라울 정도로 많은 수의 용어가 거의 의미가 없다는 사실을 언급하지 않을 수 없다. 회의주의자는 그 용어들이 거의 의미가 없다는 사실이 놀랍게도 고의로 그런 것이라고까지 주장할지도 모른다. 회의주의자는 그 용어들이 의사의 무지를 숨기고 환자를 어리둥절하게 하기 위한 것이라고 주장할지도 모른다.

하지만 그것은 사실과는 무관하다. 원칙은 명료하다.

원칙: 의학적 진단은 종종 실재 상황을 적합하게 반영할 수도 있고 반

3) 같은 책, 1874면.

영하지 못할 수도 있는 미심쩍은 정의들에 기초를 두고 있다.

이 원칙으로부터 다음 교훈이 따라 나온다.

교훈: 의학은 과학이 아니다. 의학은 다른 무엇보다도 모호한 정의들 때문에 커다란 한계를 가질 수밖에 없는데, 이 모호한 정의 대부분은 불완전하고 부정확하며, 어떤 경우에는 그릇된 지식에서 비롯된다.

나는 의학을 비판하거나 의사들을 꾸짖고 있는 게 아니다. 무엇 때문에 내가 그런 일을 하겠는가? 나 자신이 의사이다. 내 아내도 의사고, 내 딸도 의사이며, 사위도 의사이다. 나는 그저 당신이 사실을 직시하도록 돕고 있을 뿐이다. 현 상태의 의학 지식은 아마도 당신이나 대부분의 사람이 가정하는 것보다 못할 것이다.

의사들이 병이나 진단에 관해 논쟁하고 있든 않든 혹은 다른 사람들이 낙태나 그밖에 다른 어떤 것에 관해 논쟁하고 있든 않든 놀랄 만한 수의 논쟁이 논쟁자들이 자기들이 사용하는 용어를 정의하지 못하는 데서 비롯된다. 그들은 자신들이 사실 문제를 가지고 논쟁하고 있다고 믿지만 진짜 쟁점은 사용된 낱말에 대한 정의이다.

낙태에 관한 논쟁에서 당신은 인간을 다음 특성들, 즉 머리, 두 눈, 두 발, 심장 등을 소유한 것으로 정의할 수 있으며, 그 다음에는 수태 순간의 배아가 이런 것들 중 어떤 것도 갖지 않는다는 것을 보여줄 수 있다. 그러므로 그 배아는 그 정의에 의해 인간이 아니라는 것을 보여줄 수 있다.

한편 만일 당신이 인간을 살아 있는 동안 인간의 유전 물질을 완벽하게 제공받는 생물이면서 유전학적으로 말해 완성된 독립적 동물이라고 정의한다면 앞으로 수태 순간에 생기는 어떠한 배아라도 인간으로서의 자격을 갖게 되는데, 이렇게 되면 시험관에서 수정된 난자도 인간으로서의 자격을 갖게 되고, 줄기세포도 인간으로서의 자격을 갖게 된다.

낙태 논쟁은 생명의 시작에 관한 사회적 결정과 관련된 의견의 불일치를 반영한다. 이 분야에서 발견해야 할 색다른 객관적 사실이란 없으며, 우리가 행해야 할 독창적인 생물학적 연구도 없다. 필요한 것은 그 문제에 대해 모든 사람이 만족하도록 철학적 반성을 하는 것이다. 그러한 반성은 수정으로부터 출생에 이르는 연속적 과정에서 단순한 생물학적 존재와 진정한 인간 존재 사이의 경계선을 어디에 그어야 최상인지에 관해 일반적으로 승인하는 결정이 될 것이다. 이러한 결정이 근거가 없거나 임의적인 결정이 될 위험은 매우 많다.

토마토는 과일인가, 채소인가, 아니면 장과(漿果, berry)인가? 좀 더 세속적인 차원에서 토마토가 과일인지 채소인지는 사용된 정의에 달려 있다. 이 문제는 확실히 논쟁을 촉발시켜 온 문제이다. 우리 어머니는 그 문제를 언제나 사실 문제라고 생각했지만 나는 어머니가 어떤 쪽 편을 들었는지 잊어먹었다. 나에게는 그 문제가 단순히 언어적 문제에 불과하다. 만일 당신이 **과일**을 씨를 덮고 있는 식물의 부분으로 정의한다면 토마토는 분명히 과일이다. 만일 당신이 **채소**를 뜰에서 나오는 식용물로 정의한다면 토마토는 채소이다. 식물학적으로는 토마토는 장과지만 조세 목적으로 미국 연방대법원이 1880년에 내린 판례에 따르면 토마토는 과일이나 장과가 아니라 틀림없는 채소이다. 과일인가 장과인가 채소인가? 어느 쪽인가?

누가 알고 있으랴.

이 문제는 그저 우리가 의미하는 것에 달려 있다. 이 문제는 인생의 아주 많은 것이 그런 것처럼 그저 정의에 달려 있다.

정부 혹은 어떤 관리가 어떤 것을 어떤 방식으로 정의한다는 바로 그 사실만 가지고서는 그것을 그런 것으로 만들지 못한다.

내가 기억하기에 로널드 레이건(Ronald Reagan) 대통령은 학교 급식에 대한 연방정부의 영양 공급 지침을 충족시키기 위해 케첩을 채소와 동일시하는 학교 급식 프로그램을 촉구했다. 우리 대부분은 케첩을 걸쭉한 퓌레(puree)에 맛을 내는 소스와 동일시할 텐데, 케첩의 원료는 보통 토마토지만 때로 (버섯 같은) 또 다른 식품이 사용되기도 한다. 대통령의 견해에도 불구하고 케첩은 채소가 아니다. 레이건은 케첩이 없이는 그 음식이 보기 흉하다고 말함으로써 토마토가 채소라는 그의 견해를 코티지 치즈(cottage cheese)에 적용했을 때 토마토케첩에 대해 또 다른 곤란한 지경에 빠졌다. 결과적으로 그는 위스콘신 주의 지지를 잃었다.

어떤 정의는 문화적 제약을 받으며 장소마다 다르다. 소말리아에 사는 사람은 **가난하다**는 낱말에 대해 미국에 사는 사람과는 완전히 다른 정의를 가질 것이다. 사실상 미국에서 공식적으로 **가난하다**고 정의되는 소득 수준은 소말리아에서 아주 부유하다고 간주되는 소득 수준과 같을 것이다.

과학적인 생물학적 범주들은 성격상 선택을 포함한다. 정의는 어떤 방식으로는 잘려지고 다른 방식으로는 잘려지지 않는다. 예컨대 우리는 고래를 서식지나 이동 방법에 의해 분류할 수 있는데, 이 경우 고래는 코끼리와 관계가 있게 될 것이다. 그런가 하면 우리는 고래를 지능에 의해 분류할 수 있는데, 이 경우에는 고래는 인간이나 큰 원숭이와 같은 집단에 속할 것이다. 이러한 견지에서 생각해보면 생식 방법과 새끼에게 젖을 먹인다는 사실에 기초한 현재의 '과학적' 분류는 그것이 지닌 명백한 특권을 상실한다.

고래의 본성에 대한 우리 지각의 각 측면은 합리적이고 합법적이며 유용하다. 다시 말해서 각 측면은 동물의 흥미로운 어떤 특징들에 초점을 맞추고, 다른 동물들과의 중요한 관계를 눈에 띄게 한다. 그런 측면 중 오로지 어떤 한 측면만이 실제 사실이 존재하는 방식이라고 말하는 것은 결국은 생물 세계의 복잡성을 깎아내리는 빈약한 주장이나 다름없다.

요점이 무엇인가?

요점은 총기인 것과 총기가 아닌 것에 대해 찬반 논쟁을 하지 말라는 것이다. 요점은 인간인 것과 인간이 아닌 것에 대해 찬반 논의를 하지 말라는 것이다. 토마토가 과일이거나 채소이거나 장과라고 당신에게 말하려 한다는 것도 요점이 아니다. 요점은 **가난하다**는 낱말이 미국의 빈곤 수준과 전혀 다른 소말리아의 빈곤 수준을 의미한다고 말하려는 것도 아니다. 고래류에 대해 현재 공인되는 생물학적 분류를 내던지자는 것도 요점이 아니다.

요점은 결론에 도달하는 데 있어서 정의가 얼마나 중요한지를 명료하게 실증하고 또 실증하는 것이다. 우리는 승인된 어떤 정의들이 거의 자동적으로 어떤 결론에 이르게 할 것이라고까지 말할 수도 있다.

그러니 조심하라. 당신이 언급하고 있는 것을 아는지 확인하라. 다른 사람이 언급하고 있는 것을 아는지 확인하라.

교훈: 정의에 주의를 기울여라. 정의는 이해의 열쇠일 수 있으며, 모

든 차이를 만들 수 있다.

앞에서 언급했던 것처럼 많은 낱말이 여러 가지 의미를 갖는다. 어떤 낱말은 특수한 의미를 가지며, 그렇게 사용될 때는 아무런 혼란도 존재하지 않는다. **수소**나 **쿼크**나 **췌장**은 일반적 합의에 의해 각각 하나의 양성자와 하나의 전자를 가진 특수 원소, 양성자나 중성자를 만드는 세 개의 핵입자, 복부의 내-외 분비 기관을 가리킨다. 이런 낱말의 의미에 관해서는 논란이 없으며, 서로 간에 혼동하는 일도 일어나지 않는다. 글쎄, 논란이 전혀 없는 것은 아닐 것이다. 이러한 과학 용어조차도 논란이 일어날 수 있다. 하지만 그리 많지는 않다.

다른 낱말의 경우에는 사정이 전혀 다르다. 우리가 **법**, **자연**, **민주주의** 같은 좀더 추상적인 낱말을 사용할 때는 크게 갈라지는 해석들이 나타난다.

그런 용어들의 문제는 그 용어들이 매우 넓은 범위와 복잡성을 지닌 개념을 나타냄으로써 너무 많은 것을 말한다는 것이다. 각 낱말은 사람마다 전혀 다른 것을 의미할 수 있다. 예컨대 **민주주의**에 관해 이야기해보자.

크세노폰의《아나바시스》같은 고대 작품을 읽다 보면 우리는 그리스인들이 그들의 장군과 지휘관을 선거를 통해 뽑았음을 발견한다. 사실상 그리스 군대는 매일 회의를 열었는데, 그 회의에서는 보통 군인들도 어떤 조치를 취해야 하는지, 언제 그리고 누가 그 일을 해야 하는지에 관해 자신의 생각을 자유롭게 표현할 수 있었다. 더 나아가 이 회의에서 채택된 방책은 거기에 모인 군인들 다수가 합의한 방책이었다. 그 군인들은 다른 어떠한 방식의 군대 운영도 일종의 노예제로 생각했다. 이 그리스 군인들은 선출되지 않은 관리의 명령을 따르는 사람을 일상적으로 노예라고 생각했다.

이와 대조적으로 미국 군대는 대통령이 장군을 임명하고 의회의 승인을 받는다. 미국 군인들은 매일같이 고대 그리스 군인들에게 주어졌던 중요한 문제, 즉 "당신은 오늘은 누가 우리 군대를 통솔하기를 원하는가?"에 대해 투표를 하거나 의견을 표현하지조차 않는다.

이게 사실이라면 고대 그리스인들은 미국 군대를 그들이 이해하는 의미에서 민주주의라고 생각하지 않을 것이다. 그리고 그들은 틀림없이 알고 있었을 것이다. 고대 그리스인들은 민주주의를 창안했던 것이다. 사실상 민주주의(democracy)는 데모스(*demos*), 즉 민중에 의한 통치를 의미하는 그리스 낱말이다.

한편 대부분의 미국인은 민주주의에 대해 생각할 때 이와는 다른 정의를 염두에 둔다. 대부분의 미국인은 군대 민주주의라는 관념을 어리석고 바보같고 쓸데없다고 생각할 것이다. 대부분의 미국인에게 민주주의는 국민의 통치를 의미하지 않는다. 민주주의는 개인적 자유 혹은 원할 경우 국민이 정부를 바꿀 수 있다는 사실 비슷한 어떤 것을 의미한다. 만일 그것이 민주주의에 대한 정의라면 미국은 민주주의 체제이다. 만일 그것이 민주주의에 대한 정의가 아니라면 미국은 민주주의 체제가 아니다.

냉전 기간에는 공산주의를 대표하는 소련과 자본주의를 대표하는 미국 간에 어떤 체제가 참다운 민주주의적 체제인가를 놓고 신랄한 논쟁을 많이 벌였다. 러시아인들은 자신들이 민주주의적 체제라고 주장했고, 미국은 그렇지 않다고 주장했다. 러시아인들에게는 민주주의가 생산수단을 공동으로 소유하는 계급 없는 사회를 함의했으며, 자신들이 무언가를 성취해온 반면에 미국인들은 그렇지 않았다. 그들은 여론을 침묵시키고 개인의 권리를 억압하는 소수 독재 체제가 최고 권력을 휘두른다는 사실은 민주주의와 무관하다고 생각했다.

각자 다른 정의를 사용함으로써 소련과 미국은 서로를 비민주적이라고 비난했다. 쟁점은 민주주의에 대해 어떤 정의를 사용해야 하는가 하는 것이다. 미국인의 정의를 사용하면 미국이 민주주의 체제이다. 러시아인의 정의를 사용하면 소련이 민주주의 체제이다.

자, 그렇다면 어느 쪽이 민주주의 체제인가?

그리고 더 중요한 것은 "이 문제에 대해 우리가 전쟁을 벌였어야 했는가? 논란이 되는 정의를 놓고 전쟁을 벌여야 하는가?" 하는 것이다.

거 봐라! 정의 문제는 사소한 게 아니다. 정의 문제는 전쟁이 사소한 것이 아니기 때문에 사소한 것일 수 없다. 실제로 큰 전쟁들은 그보다 작은 요인 때문에 치러졌다. 아마도 민주주의에 대한 러시아인의 정의와 미국인의 정의는 둘 다 부족한 점이 있을 것이다. 어쩌면 우리는 다른 어떤 기준을 적용할 필요가 있을지도 모르겠다. 게티즈버그에서 링컨이 연설을 통해 했던 정의는 어떨까? 링컨의 정의는 어떤 종류의 것이었던가? "민주주의란 국민의, 국민에 의한, 국민을 위한 통치이다."

앞의 정의를 분할적 정의라고 추측하면 당신이 맞는 셈인데, 그것은 이 정의가 고대 갈리아(Gaul)처럼 자신을 세 부분으로 분석하거나 나누기 때문이다. 만일 당신이 유 정의라고 답한다면 당신은 그 정의가 완전한 문장으로 진술되었다는 의미에서 맞는 셈이다. 만일 당신이 그 정의가 예와 구체적 기준에 의한 정의라고 추측했다면 역시 당신이 맞다.

링컨의 정의를 이용하여 미국의 정치 체제를 생각해보자. 링컨의 정의에 따를 때 미국의 정치 체제가 민주주의인가?

문항: 국민의 통치? 물론이지! 어떻게 어떤 정부가 국민을 통치하지 **않을** 수 있겠는가?(내 말은 농담일 뿐이다.)

링컨은 국민의 통치를 국민이 해야 할 일을 말하거나 명령을 내림으로써 국민들을 통제하는 통치라는 의미로 의도하지 않았다. 그와는 정반대이다. 여기서 혼란은 *of*(~의)라는 작은 낱말이 여러 개의 의미를 갖고 있기 때문에 일어난다. 이 맥락에서 그 낱말은 소유격이다. 그 낱말은 국민이 정부를 소유하고 통제한다는 것을 의미하지 그 반대는 아니다. 링컨에 따르면 합법적 정부는 전혀 독립적으로 실존하는 게 아니기 때문에 국민이 만들어낸 기구이며, 어떤 일을 해도 되는지를 정부에 말하는 것은 국민이지 그 반대는 아니다.

오늘날 미국에서 이것이 사실인지 아닌지는 논쟁의 여지가 있다. 사실은 커다란 증거 체계를 고려해 결정해야 할 것이다. 정부를 통제하는 정치인들을 통제하기 위해 로비스트(2002년 1월에 등록된 숫자가 64,000명에 달했다!), 법인, 큰 돈이 했던 역할에 대한 최근의 폭로는 미국인들이 링컨이 의미한 대로 국민의 정부—국민이 소유하고 통제하는 정부—를 가지고 있는지에 관해 중대한 의문을 제기한다. 정부에 대해 국민보다 이기적인 기업의 이해가 더 많이 소유하는 일이 가능한 것이다.

문항: 국민을 위한? 이 문제에 대한 답은 당신이 해보라. 나 자신은 증거의 대부분이 현 미국 정부가 개별적인 특수 이익집단들을 위한 것이지 전체 국민을 위한 것이 아님을 가리킨다는 의심을 갖고 있다.

정확히 지켜야 할 사항: 6시 정각에 나에게 전화를 해라. 작은 것이 많은 결과를 낳는 법이다.

만일 **of**(~의)와 같은 두 문자로 된 작은 낱말이 다수의 의미를 갖는다면 당신은 더 긴 낱말의 경우에 우리가 처하게 될 어려움을 상상할 수 있을 것이다. 세 문자 낱말 *lie*를 생각해보라. 내 사전에는 종종 *down*과 함께 사용되는 정의, 그리고 앞에서 논의한 바 있는 또 다른 정의, 즉 *lie*를 고의적인 그른 진술로 기술하는 정의를 포함하여 모두 10개의 정의가 나와 있다. 만일 내가 어떤 젊은 여성에게 "I want to lie about you."라고 말한다면 그녀는 어떻게 생각할까. 그녀가 명예훼손이나 성희롱 혹은 두 가지 모두로 나를 고소할까? 그녀가 나와 함께 침대로 갈까, 아니면 적으로 간주해 피할까? 혹은 그녀가 선제 공격을 감행해 내 얼굴에 한방 먹일까?

때로 짧은 낱말의 의미에 관한 혼동은 사람들이 그 낱말이 여러 가지 의미를 갖는다는 것을 깨닫지 못한다는 사실에서 비롯된다. "The coffee is cold."(커피가 차다.)는 진술을 생각해보라. 이 진술에서 *is*라는 낱말은 바로 커피의 현재 상태를 서술하기 때문에 술어라는 전문 용어로 알려져 있다. 한편 "There is a God."(신이 있다.)이라는 진술은 전혀 다른 is를 포함한다. 즉 그 문장에서의 *is*는 (비록 술어 *is*와 똑같은 것처럼 보이긴 하지만) 술어가 아니다. 신에 관한 문장에서의 *is*는 전문 용어로 존재주장의 *is*로 알려져 있다. 짧은 낱말 *is*의 이 이중적 의미는 **오류**, 즉 동사 *is*의 두 가지 의미를 혼동하는 오류로 이끄는데, 동사 *is*는 다시 동사 *to be*의 두 가지 의미를 반영한다.

다른 많은 사용 중에서도 동사 *to be*는 어떤 속성을 귀속시키는 경우(술어 *is*)와 존재성을 주장하는 경우(존재주장 *is*) 둘 다를 위해 사용될 수 있다. 신 존재에 대한 존재론적 증명의 기초라고 할 수 있는 방금 말한 오류는 어떤 것의 존재성에 대한 주장이 그것이 어떤 속성을 지녔음을 주장하는 술어와 문법적으로 유사하며, 그래서 술어처럼 존재주장이 존재성이 주장되고 있는 바로 그것의 존재성을 미리 가정하는 것처럼 보인다는 사실에서 비롯된다. 이 가정은 긍정 존재주장을 동의어반복(tautology)으로 알려진 순환 형태의 그릇된 추론으로 만든다. 그 과정을 **동의어반복**이라고 한다.

언젠가 나는 나를 반대심문하고 있는 검사에게 그가 시시포스 왕처럼 헛수고를 하고 있다고 말했다. 그러자 반대심문을 하던 검사는 "그래서 쓸데없이 되풀이하고 있다는 말이군요."라는 말로 건너뛰었다. 그것이 바로 동의어반복이 하는 일이다. 동의어반복은 쓸데없이 반복적이거나 혹은 하나 마나 할 정도로 빤한 관찰을 가지고 시간을 낭비하게 만든다. 그래서 동의어반복은 시시포스 왕 같은 것이다.

"그는 언제나 무일푼이기 때문에 가난하다." "우리 연보는 매년 간행된다." "홈리스(The homeless)는 집이 없기 때문에 홈리스이다."

다음은 부시 대통령의 주옥 같은 동의어반복 표현들이다.

"낮은 투표자 수는 투표에 참가한 사람이 적다는 표시이다."

"우리의 환경을 해치고 있는 것은 오염 물질이 아니다. 그렇게 하고 있는 것은 바로 우리의 물과 공기 속에 들어 있는 불순물들이다."

"우리의 수입품 대다수가 우리나라 밖에서 온다."

그러한 동의어반복을 듣고 난 후에는 우리는 멍한 상태가 된다. 우리가 전보다 조금이라도 더 알게 된 것이 없다. 동의어반복이 우리를 진리에 더 가까이 가게 하지도 않고 실재에 관해 알려주지도 않기 때문에 나는 그것을 사고상의 오류로 간주한다.

"조지 워싱턴은 1999년에 죽었거나 또는 죽지 않았다."

한 수준, 즉 언어적 수준에서 어떤 사람들은 그 진술을 옳은 진술로 간주할지도 모르겠다. 하지만 나는 그 진술이 무언가에 관해 알려주는 것이 없기 때문에 그저 허풍이라고 생각한다. 그 진술을 읽고 난 후에도 우리는 전과 똑같이 계몽되지 않은 상태로 남아 있다. 사실상 그 진술은 언제나 옳으며, 그래서 항진진술이다. 이 점에 대한 형식적 증명은 다음과 같다.

P를 "1999년에 죽었다."라 하자.

~P를 "1999년에 죽지 않았다."라 하자.

T = 옳음, F = 그름, P∨~P는 "P 또는 P가 아니다."를 의미하는데, 이때 또는(or)의 의미는 포괄적 의미, 즉 둘 다 아니면 둘 중 하나라는 의미라고 하자.

진술이란 명확한 주장을 하는 문장이다. 진리치표는 결국은 진리(truth)나 허위(falsity)라는 진리치를 갖는 주어진 진술 속에서 주장들의 가능한 모든 조합을 보여주는 표이다. 이런 식으로 진술 'P'를 생각해보라. 만일 'P'가 옳다면 그 부정은 옳지 않다. P와 P가 아니다의 가능한 모든 조합, 그리고 그것들의 진리성이나 허위성은 다음과 같이 진리치표로 기호화할 수 있다.

P	P가 아니다
T	F
F	T

이 표는 편리하게도 두 가지 경우만이 있음을 알려준다. 경우 1—P가 옳을 때 P가 아니다는 그르다. 경우 2—P가 그를 때 P가 아니다는 옳다. P의 가능한 진리치는 두 가지뿐이다. 즉 P는 옳거나 그르거나 둘 중 하나다. ~P의 가능한 진리치도 두 가지뿐이다. 즉 ~P도 옳거나 그르거나 둘 중 하나다. 그렇다면 모든 경우와 가능한 진리치들은 다음 진리치표로 기술될 것이다:

	P	~P	P∨~P
경우 1	T	F	T
경우 2	F	T	T

P ∨ ~P('P 또는 P가 아니다.'로 읽음)는 언제나 옳으므로 우리에게 새로운 정보를 전해주지 않으며, 그래서 항진진술이다.

기자: "대통령께서는 현재 미국의 경제 상황과 관련하여 어떤 조치를 취할 생각입니까?"

트루먼 대통령: "글쎄요. 무언가 해야겠지요. 그리고 그게 효과가 없으면 다른 어떤 조치를 취할 것입니다."

트루먼 대통령은 조치를 취하겠다는 것 외에는 실질적으로 아무것도 말하지 않은 셈이다.

"왜 여자는 전쟁에 나가 복무할 수 없습니까?"

"왜냐하면 이미 제정된 연방법이 어떤 명령 어떤 상황에서도 건강한 성인 남자가 아닌 한 전쟁에 나가 복무하는 것을 명시적으로 금하기 때문입니다."

완전히 헛소리다!

이른바 이유라고 하는 것은 전혀 이유가 아니다. 그것은 단지 정부 방침의 재진술일 뿐이다. 그것은 책임 회피성 구실이며 동의어 반복이다. 질문자는 왜 그런가 하는 이유를 물었다. 질문자가 들은 것은 이유가 아니라 방침 자체의 반복이 전부였다. 덧붙이자면 전쟁터에 적절하게 훈련받은 여자 군인을 제외시키는 일은 정당화하기가 어려울 것이기 때문에 어떤 이유도 진술되지 않은 것이다. 정부의 태도 근저에 있는 근거는 "모든 남자 전투병은 모든 여자 전투병보다 우수하다."는 과도한 일반진술이다. 만일 이 일반진술이 그르다면 (점차로 여성들이 인식하고 있는 것처럼) 정부는 방침을 바꾸어야 할 훌륭한 이유가 있는 셈인데, 정부는 실제로 그러한 이유를 갖고 있다. 걸프전 전투에서 여성 두 명이 살해당했고, 이보다 많은 여성이 붙잡혔던 것이다.

"너무 많이 조심하는 것은 좋지 않다." 이 진술은 주어 속에 이미 포함되어 있는 것을 반복하고 있는 것처럼 보인다. 만일 어떤 것이 "너무 많다."면 이 말에는 그것이 좋지 않다는 뜻이 함의되어 있다. 그렇지만 우리는 그 말의 취지는 이해한다. 만일 우리가 너무 많이 조심하는 것이 왜 좋지 않은지 들었다면 혹은 어떤 상황에서 너무 많이 조심하는 것이 나쁘다는 것을 증명하는 예가 우리에게 제시되었다면 우리는 그 말의 취지를 더 잘 이해했을 것이다.

부정 존재주장들은 모순진술이다.

존재하지 않는 것이 부정 존재주장의 주어일 수 있기 때문에 존재하지 않는 것이 존재해야 한다는 것과 같은 혼란된 생각으로 이끎으로써 긍정 존재주장을 항진진술로 만드는 것과 똑같은 과정이 부정 존재주장을 모순진술로 만든다. 이러한 사고상의 오류는 많은 문제를 일으킬 수 있다. 예컨대 존재하지 않는 것은 존재하지 않는 것이므로 존재하지 않는 것은 존재한다는 논증. 알려지지 않는 것은 알려지지 않는 것이라고 알려지므로 알려지지 않는 것은 알려진다는 논증. 또는 더욱 나쁜 것으로 알려지지 않는 것은 어린 학생이 그의 어머니에게 말한 것처럼 "그것은 X이다!"로 알려진다.

마찬가지로 어쩌다 일어날 법하지 않은 일이 일어나므로 일어날 법하지 않은 일이 일어날 것이라는 것은 (충분한 시간이 주어지면) 일어날 법한 일이다. 따라서 일어날 법하지 않은 일은 일어날 법하다 (고전적인 그릇된 추론).

동사 *to be*의 의미에 대한 그러한 혼동들을 이용하면 약한 논증을 더 강하게 보이게 만들고, 우리 자신을 속이면서 다른 사람을 오류에 빠지게 만드는 일이 가능하다. 영어 이외의 다른 언어는 때로 영어의 *to be* 형태로 번역되는 여러 개의 낱말을 가짐으로써 이러한 혼동을 피하려 한다. 스페인어의 *estar*와 *ser*가 그 예인데, 이 낱말들은 동사 *to be*의 다양한 측면을 가리킨다. 티베트어는 이보다 훨씬 많은 낱말을 가지고 있다(고 나는 들었다).

짧은 낱말 *is*가 쓸데없이 여기저기서 나타남으로써 혼동이 발생하는 데 대해 우리가 그 혼동을 제거할 수 있는 것은 대체로 이탈리아 수학자 겸 논리학자 페아노(Peano) 덕분인데, 페아노는 *is*와 *is a*의 차이를 인식하고 나중의 관계에 대해 그리스 문자 입실론(epsilon)을 이용하여 특수 기호 ∈이란 칭호를 부여했다. 독특한 표기법에 의거해 우리는 이제 집합의 원소관계를 동일성, 포함, 함의, 또는 *is*에 의해 명명되는 다른 많은 관계들과 분명하게 구별할 수 있다. 따라서 기호논리학에서 우리는 르나르(Reynard, 12세기 후반에서 13세기에 걸쳐 고대 프랑스어로 쓰인 우화집에 등장하는 여우의 이름)가 '여우' 집합의 원소라는 것을 간단하면서도 정확하게 표현하기 위해 다음과 같이 쓸 수 있다.

르나르 ∈ 여우

이 표현은 ∈이 "그 집합의 원소이다."를 의미한다는 점을 염두에 두고 "르나르는 여우이다."로 읽는다. 그런 식으로 하게 되면 우리는 *is*의 이 의미와 다른 잡다한 의미를 혼동하지 않는다. *is*의 이 의미를 염두에 두고서 다음 표현을 읽어보라.

8 ∈ 수
성 ∈ 성채와 집

이 짧은 낱말 *is*에 대해 조금만 더 생각해보자. 앞에서 언급한 *is*의 다른 의미들 사이에서 차이를 알아낼 수 있는지 살펴보라.

"신은 정의롭다."(God is just.)라는 진술에서 *is*는 무엇인가? 그 진술에서 *is*는 술어인가 단정인가? 또는 둘 다인가? *is*는 무엇인가?

우리는 전자의 *is*와 후자의 *is*를 혼동할 경우 "신은 정의롭다."(God is just.)라는 진술이 틀림없고, 정확하고, 명확하게 옳은 진술이며, 커피가 차다는 진술만큼 사실을 기술하는 진술이라고 가정할 수 있음을 이미 살펴본 바 있다.

당신의 답이 다음의 내 답과 맞는지 살펴보라. 즉 신에 관한 진술은 단순한 주장이다. 그러한 것으로서 "신은 정의롭다."는 진술은 두 가지 것을 주장한다. 즉 그 주장은 가정에 의해 신이 존재한다고 주장하며, 술어에 의해 그 신이 정의롭다고 주장한다. 증명이 되기까지는 단순한 주장을 믿는 일이 요구되지 않으며, 우리는 예외를 발견하여 일반적 주장의 그름을 증명하는 법을 이미 배웠다. 신의 통제나 관리 아래 일어난 하나의 부정의 실례를 보여줌으로써 우리는 신이 정의롭지 않다는 것을 증명할 수 있다.

신이 존재한다고 주장하는 논증들은 약한 논증이기 쉬우며, 신이 존재하지 않는다는 것이 증명될 수 없기 때문에 신이 존재하는 것이라는 도피처 찾는 식 논증은 무의미하다. 그 논증은 라틴어로 *argumentum ad ignorantiam*으로 알려져 있는데, "무지에 〔호소하는〕 논증"을 뜻한다.

무지에 호소하는 논증은 어떤 명제가 반증된 적이 없다고 주장함으로써 그 명제가 옳다는 것을 증명하려 한다. 하지만 어떤 것이 반증된 적이 없다는 사실은 결코 그것이 증명되었다는 논증이 아니다. 어떻게 그럴 수 있겠는가? 그런데도 무지에 호소하는 논증은 우리가 무지한 것에 대해 광범위하게 적용되어왔다. 즉 아무도 유령이 존재하지 않는다는 것을 증명하지 않았기 때문에 유령이 존재한다거나, 아무도 UFO가 존재하지 않는다는 것을 증명하지 못했기 때문에 UFO가 존재한다는 식이다.

그런데 나는 내가 희생자이기 때문에 UFO 유괴사건들을 안다. 몇 년 전 나는 금성인 20명에게 유괴되었는데, 그들은 모두 풋내기 시절의 마릴린 먼로(Marilyn Monroe)를 닮았다. 그들은 나를 그들의 우주선에 태우고 반복해서 … 하도록 강요했다. 자, 당신이 그 그림을 생각해보라.

다음 진술이 주장하는 것을 말함으로써 그 진술에 대해 연구해보라.

우리는 지배자 인종이다.

여기서 **우리**는 독일 국민을 가리킨다. 그 진술은 독일 국민에 대한 히틀러의 주장이다. 히틀러는 다음과 같이 주장한다.

1. 지배자 인종이 있다.
2. 독일 국민은 인종이다.
3. 독일 국민은 지배자 인종이다.
4. 지배자 인종이 있으므로 노예 인종도 있어야 한다.
5. 지배자 인종과 노예 인종이 있으므로 지배자 인종은 노예 인종을 노예로 삼을 수 있다.

주장 1~3은 원래 진술의 부분이자 조각들이다. 주장 4와 5는 원래 주장에 함의되어 있는 **부속**(subaltern) 주장들로서 처음 세 주장으로부터 직접적으로 따라 나온다. 주장 1~5는 그르다. 그 주장들이 그르다는 것을 증명할 수 있겠는가?

다른 많은 난점은 물론이고 애매성을 피하기 위해 기호논리학에서는 낱말 *is*를 변덕스러운 문어체 문법이나 구문이 아니라 논리적 구조의 단순화된 문법을 나타내는 임의의 기호들로 대치한다. 예컨대 다음을 살펴보라.

a. 그 장미는 붉다(The rose is red). 이 진술에서 *is*는 어떤 속성을 장미로 알려진 어떤 요소에 귀속시킨다.
b. 로마는 아테네보다 크다(Rome is greater than Athens). 이 진술에서 *is*는 '~보다 큰'이라는 이항 관계를 주장하는 조동사로서만 포함되었다.
c. 조지 부시는 미국의 대통령이다(George Bush is president of the United States). 여기서 *is*는 동일성을 표현한다.
d. 빌 클린턴은 터무니없는 거짓말쟁이이다(Bill Clinton is a legendary liar). 여기서 *is*는 어떤 집합, 즉 터무니없는 거짓말쟁이

집합의 원소임을 가리킨다.

e. 잠을 잔다는 것은 꿈을 꾼다는 것이다(To sleep is to dream). 이 *is*는 꿈꾸는 것이 잠자는 것을 논리적으로 수반한다(함의한다)고 말하기 때문에 논리적 수반 관계를 함의한다.

f. 신은 존재한다(God is). 앞에서 지적했던 것처럼 이 진술은 존재성을 주장하는 *is*를 갖고 있다.

그래서 이제 우리는 a와 b가 동사의 부분일 뿐인 *is*를 갖고 있다는 것을 안다. 이때 *is*는 다른 방법으로 표현되는 어떤 관계를 주장하는 데 소용이 된다. 그러나 나머지 경우들—c, d, e, f—에서 *is*는 매 경우마다 다른 관계를 표현한다. 이 *is*들은 공통 형식을 갖는 것처럼 보이지만 실은 각자 차이를 분명히 알아볼 수 있는 표지로 나타나는 어떤 관계를 가리키는데, 이 관계들이 기호논리학에서는 다음과 같이 그 관계가 명료하게 드러나도록 특수 기호들로 기호화된다.

c. 조지 부시=대통령

d. 클린턴 ∈ 터무니없는 거짓말쟁이

e. 잠잔다는 것 ⊃ 꿈꾼다는 것

f. E! 신

미묘한 의미 차이와 낱말이 사용되는 분위기를 고려해 올바른 낱말을 사용하라.

거의 같은 의미지만 미묘한 의미 차이를 나타내는 풍부한 낱말들은 언어를 좀더 정확하게 만들며, 정확히 올바른 낱말을 제공함으로써 우리가 정확한 분위기와 의미를 포착하는 데 도움을 준다. 예컨대 *paternal*과 *fatherly*라는 낱말을 놓고 다음 문장들에 들어갈 말을 고르는 것은 영어 이외의 다른 언어에서는 거의 만들 수 없는 미묘한 구별을 포함한다.

The judge's decision rested on Tom's ________ rights.

(판사의 판결은 탐의 아버지의 권리에 의거했다.)

Pop gave Marge a ________ smile and went back to reading his newspaper.

(팝은 마즈에게 아버지다운 미소를 짓고 다시 신문을 읽기 시작했다.)

나는 첫 번째 문장에는 *paternal*을 집어넣고 두 번째 문장에는 *fatherly*를 집어넣을 것이다. *fatherly*와 *paternal*은 똑같은 기본적 의미와 외연(denotation)을 공유하며, 나는 첫 번째 문장에 *fatherly*, 두 번째 문장에 *paternal*을 사용할 수도 있었다. 하지만 그와 반대되는 선택을 선호하는 것은 낱말의 이차적 연상적 의미라고 할 수 있는 언외의 정서적 함축(connotation) 때문이다. *paternal*은 좀더 형식적이면서 법적 맥락에 더 어울리는 반면에, *fatherly*는 덜 형식적이면서 가정의 상황에 더 어울린다. *fatherly*는 외연상 이상적인 부성(父性)의 성질들, 즉 인간적 온화함, 사랑, 보호 역할 등을 함의한다.

외연과 언외의 정서적 함축 외에 낱말은 그 낱말이 사용되는 어떤 상황이나 의미를 제공하는 역사를 가지게 마련이다. *paternal*은 라틴어 *pater*에서 유래하고 *father*는 고대 영어에서 유래했으며, 이 말들은 다시 고대 인도유럽어족 낱말 *patre*에서 유래했는데, 이 말은 아마도 원래 아빠(papa)를 의미하는 아기의 말(baby talk)에서 생겼을 것이다. 여기서는 이것을 자세히 조사할 시간이나 지면이 없지만 낱말의 역사와 그 낱말이 사용되는 분위기는 어떤 것에 대한 의사 전달이나 사고에 있어서 엄밀한 사전적 의미만큼 중요할 수 있다. 어조, 분위기 그리고 익숙함의 수준에 덧붙여 정서적 색채는 우리의 의식적인 자각 없이도 우리의 사고에 전해지거나 영향을 미칠 수 있다. 예컨대 누군가 커피를 언급하면 나는 어쩔 수 없이 아라비아인을 생각하지 않을 수 없다. 또 누군가 담배를 언급하면 나는 아메리카 인디언을 생각하지 않을 수 없다. 당신은 *landscape*(풍경), *yacht*(요트), *algebra*(대수학), *holster*(홀스터, 권총용 가죽집), *avocado*(아보카도), *shampoo*(샴푸, 영어에서 몇 안 되는 힌두어 중 하나), *pantaloons*(판탈롱, 영어 *pants* 팬츠는 이 말에서 유래했음), *asparagus*(아스파라거스), *daisy*(데이지, 이 꽃에 대한 옛날 이름 *Day's eye*의 줄임말. 프랑스 국화), *weenie*(작은 거시기), *black out*(등화관제), *beat*(군 등의 미국 행정구역), *booby trap*(부비트랩, 원래는 출입문 같은 곳에 설치한 물 양동이), *allomorph*(이형태 異形態), *affricate*(파찰음), *pancration*(판크라티온, 그리스 고대 올림픽 때 정식 종목으로 채택되었던 격투 무술) 같은 낱말들을 읽으면 마음속에 어떤 심상이 떠오르는가?

만일 당신이 그 말을 모른다면—그리고 많은 사람이 실제로 allomorph, affricate, pancration을 모른다—, 아무것도 떠오르지 않거나 그저 당혹스럽거나 혼란스럽거나 혹은 자신감이 상실된다는 사실을 주목하라. 당신이 익숙하지 않은 낱말을 볼 때 당신 마음속에는 어떤 것이 떠올라야 하는가? 잠시 생각해보라. 당신이 알지 못하는 낱말에 마주쳤을 때 어떤 조처가 연상되어야 하는가?

답: 사전을 갖다가 열심히 찾아보라.

예컨대 루이스 캐럴(Lewis Carroll)의 《이상한 나라의 앨리스》

(*Alice in Wonderland*) 5, 6면에서 따온 구절을 생각해보라. "글쎄, 그건 약 4,000마일쯤일 거라고 생각해— …. 맞아, 그게 대략 맞는 거리야—하지만 그러면 내가 간 위도나 경도는 얼마나 될까? (앨리스는 위도가 무엇인지 또는 경도가 무엇인지에 대해 전혀 알지 못했지만 그런 말을 말하는 것이 멋있고 품위 있는 것이라 생각했다.)

원칙: 낱말은 의미를 가지고 있다. 어떤 낱말은 많은 의미와 미묘한 많은 의미 차이를 가지고 있다. 어떤 의미에 대해서는 당신이 알고, 다른 의미에 대해서는 찾아보아야 할 것이다.

이 원칙으로부터 앨리스는 **위도**와 **경도**를 찾아보아야 하고 당신은 이 교훈을 따라야 한다는 결론이 따라 나온다.

교훈: 당신이 어떤 낱말의 의미에 대해 명료하게 파악하지 못하면 그 낱말의 의미를 찾아보아라. 그리고 제발 당신이 알지 못하는 낱말을 사용하는 일을 피하라.

나는 내 주머니에 색인 카드를 넣고 다니면서 그 카드를 일상에서 맞닥뜨리는 낱말 중 내가 확신하지 못하는 낱말이 있으면 기록해두기 위해 사용한다. 당신도 똑같이 해보라. 그 낱말을 기록해두었다가 밤에 찾아보라. 그 낱말의 외연과 언외의 정서적 함축에 주의를 기울여라. 그 낱말이 사용되는 상황과 역사를 연구해라. 그 낱말이 숨겨진 어떤 의미가 있는지 찾으려고 해보라. 낱말의 숨겨진 의미는 우리의 다음 주제가 될 것이다.

숨겨진 의미는 중요한 주제이다. 이 주제에 달려들기 전에 이 지점에서 당신은 커피 잔을 갖다 놓거나 일어나 스트레칭을 하거나 혹은 정신을 새롭게 가다듬기 위해 잠시 산책을 함으로써 준비를 할 수도 있을 것이다. 당신이 지금 막 읽으려 하는 것은 당신의 인생과 성공에 커다란 영향을 미칠 것임에 틀림없다. 당신은 숨겨진 의미에 관해 배우게 되는 것으로부터 최대의 이익을 얻기 위해 최고로 정신을 바짝 차리기를 원한다.

원칙: 모든 진술은 두 가지 의미, 즉 공공연한(overt) 의미와 암암리의(covert) 의미를 갖는다.

당신이 듣는 거의 모든 진술이 적어도 두 가지 의미, 즉 명시적 의미와 숨겨진 의미를 갖는다. 이 의미들은 각각 **공공연한 의미**와 **암암리의 의미**로 알려져 있다. 공공연한 의미는 그저 진술에 대한 문자 그대로의 해석을 통해 이해하면 쉽다. 암암리의 의미는 공개적이지 않고, 그런 만큼 쉽게 이해되는 것이 아니며, 종종 공공연한 진술의 숨겨진 함의에 의존한다.

"내가 견딜 수 없는 것이 두 가지 있지. 그것은 다른 문화에 대한 편견과 네덜란드인이야." 영화 〈오스틴 파워스: 나를 쫓는 스파이〉(*Austin Powers: The Spy Who Shagged Me*)에서 따온 이 편견적 진술의 공공연한 의미는 명료하며, 오스틴의 아버지가 사실상 네덜란드인에 대해 편견을 가지고 있다는 암암리의 의미도 명료하기는 마찬가지다. 자신이 문화적 편견을 가지고 있지 않다고 주장하면서 실제로는 갖고 있기 때문에 오스틴의 아버지는 우리에게 자신이 위선자라고 말하고 있는 것이다.

왜 숨겨진 의미가 존재하는가가 완전히 명료한 것은 아니다. 나는 그것이 무의식적으로 진실을 말하려는 우리 마음의 어떤 원초적 시도라고 믿는다. 나는 숨겨진 의미가 한 방향을 지시하는 벡터가 가미된 열역학 제2법칙처럼 진리를 향하고 허위를 멀리하는 인간 영혼의 본유적 선, 즉 자연법과 같은 종류의 무의식적 주장을 반영하는 것이라고 믿는다. 나는 그것이 바로 숨겨진 의미가 진리를 아는 일에 관심이 있는 사람들에게 그토록 유익할 수 있는 이유라고 믿는다.

정신분석은 숨겨진 의미를 드러낸다.

오래 전에 프로이트(Freud)는 빈의 히스테리에 걸린 가정주부들이 그들의 노이로제를 극복하는 것을 돕기 위해 무의식적 정신을 폭로했는데, 이 무의식적 정신의 관념들은 종종 꿈이나 잘못된 말을 통해 위장된 형태로 표면화된다. 그런 것이 모두 흥미로운 것이긴 하지만 여기서는 우리가 거기에 다 관심을 가질 수는 없다. 우리는 사람들이 우리에게 말하는 것의 숨겨진 의미를 밝혀내기 위해 심리치료의 장황한 기법을 사용할 필요는 없을 것이다. 대신 우리는 그저 명료하게 생각하고 또 생각해야 할 것이다.

이 말을 분석해보라. "나는 내가 모르는 손님이 대부분인 파티에 가는 게 싫어요." 공공연한 진술은 무엇인가? 그녀가 의미하는 것은 무엇인가? 공공연한 의미는 충분히 이해할 수 있을 만큼 쉬우며 요점을 벗어나지 않고 적절하다. 그녀는 낯선 사람들과 함께 파티에 가는 것을 좋아하지 않는다는 뜻이다. 그러나 암암리의 의미는 무엇인가? 그녀가 암암리에 의미하는 것은 무엇인가? 공공연한 진술 배후에 숨겨진 의미는 무엇인가?

실제로 그렇게 말하지는 않았지만 그녀는 자신이 알지 못하는 사람들과 대화를 시작하는 것이 편하거나 즐겁지 않다고 말한 셈이다. 그녀는 암암리에 "나는 수줍음이 많아요."라고 말했던 것이다.

이 진술은 어떤가? "나는 조용해요. 나는 **조용해요**. 나는 **조용해요**."

만일 어떤 아가씨가 자신은 조용한 사람이라고 말하는데, 그것을 조용하고 초연한 목소리로 말한다면 우리는 그녀 말을 믿을 수도 있을 것이다. 그러나 만일 그녀가 그 말을 점점 더 세게 반복하면서 고함으로 끝낸다면 그녀는 아마도 조용하지 않은 어떤 것에 대해—우리에게 그리고 자신에게—확인시키려 하고 있는 것이다. 그녀가 하고 있는 것을 말하는 방식은 그녀가 말한 것에 대한 문자 그대로의 해석과 모순을 일으킨다. 또한 자신들이 조용하다고 반복하는 사람은 반복하지 않는 사람보다 조용할 것 같지 않다. 강조, 특히 지나친 강조는 화자가 확인을 시키려 하고 있음을 암시한다. 만일 그녀가 확인을 시키려 하고 있다면 (정당한) 의심이 제기될 수 있다. 어쩌면 그녀는 그녀 자신에 대해 의심하고 있을 수도 있다. 그렇기 때문에 "나는 조용해요."가 "나는 완전히 조용해요."보다 옳을 가능성이 높다.

이 진술은 어떤가?

"당신이 당신에게 행했을 것을 다른 사람들에게도 행하라."

이것은 황금률(Golden Rule)의 정식화이다. 황금률은 인간 행위에 대한 모든 계율 가운데 가장 위대한 계율과 밀접하게 관계되어 있는데, 원래는 구약에 "네 이웃을 네 자신과 같이 사랑하라."고 진술되어 있었다.

공공연한 메시지는 무엇인가? 암암리의 메시지는 무엇인가? 공공연한 메시지는 쉽다. 암암리의 메시지는 자기를 존중하는 것이

자연스럽고 일차적인 것이며, 타인에 대한 존중은 파생적이라는 것이다. 암암리의 메시지는 타인에 대한 관심이 오직 이용할 수 있는 신뢰할 만한 표준, 즉 자기에 대한 관심이라는 표준만을 이용하여 실현되어야 한다는 것이다. 이 진술에는 그 계율이 없다면 우리의 편향으로 인해 자신에 대해 관대하게 대우하고 타인에 대해 인색하게 대우한다는 사실이 함축되어 있다. 자애심은 윤리적 삶에 있어서 우리에게 주어진 불가피하고 일차적인 자료로 간주된다. 그래서 기독교철학은 자기이익, 자기중심주의, 자기에 대한 관심이라는 커다란 밑그림을 통해 개인의 존속과 생존이 이루어질 수 있다는 것을 인정한다. 이 점을 고려하지 못하는 이타주의, 즉 우리 자신의 이익이 본래 어떤 상황의 일부라는 것을 인정하지 못하는 이타주의는 그릇된 관점의 오도적이고 근시안적인 귀결—그리고 아마도 마르크스주의의 기초에 깔려 있는 근원적 오류—이다. 개인의 자기이익을 고려하지 못했다는 사실은 아마도 똑같이 억압적인 경제적 자원 아래서 대다수 사람에게 자본주의가 제공하는 것만큼이나 많은 물품과 많은 편의를 제공하려 했던 공산주의가 실패한 근원적 원인일 것이다.

다음 진술에 대해 생각해보라. "내가 방에 들어서면 다른 사람은 누구라도 재빨리 차려 자세를 취하고, 책상에서 발을 내려놓으며, 신문 읽던 것을 멈출 것이다. 하지만 당신은 내 종업원들 중 가장 높은 생산성을 보이는 사람 중 하나이기 때문에 나는 그런 일에 신경 쓰지 않는다."

잠시 한숨 돌리고 생각해보라. 공공연한 진술은 무엇인가? 암암리의 진술은 무엇인가? 당신은 암암리의 의미를 얼마나 많이 파악하는가? 고용주는 종업원의 행동 가운데 어떤 것을 좋아하는가? 고용주가 싫어하는 것은 무엇인가? 종업원의 행동에 대해 고용주가 신경 쓰지 않는다는 말이 사실인가?

답은 이렇다. 만일 종업원의 행동이 문제가 되지 않는다면 왜 그는 하던 행동을 멈추는가? 암암리의 메시지는 실제로 공공연한 메시지와 모순을 일으킨다. 그뿐만 아니라 암암리의 메시지는 고용주가 좋아하지 않는 모든 행동을 일종의 분할적 정의로 개별적으로 기술하고 있다. 실제로는 고용주는 자기가 방에 들어설 때 그 종업원이 재빨리 차려 자세를 취하기를 원한다. 실제로는 고용주는 종업원이 책상에서 발을 내려놓기를 원한다. 고용주는 실제로는 자신이 나타날 때 종업원이 신문 읽던 것을 멈추기를 원한다. 심지어 고용주는 종업원이 일하는 중에 아예 신문을 읽지 않기를 원할 수도 있다. 만일 나열된 행동 항목이 문제가 되지 않는다면 고용주는 왜 그 항목들을 그렇게 정밀하게 나열했을까? 게다가 이 고용주는 생산성이 저하될 경우 종업원이 곤란해질 것이라는 암암리의 메시지를 보내고 있는데, 왜냐하면 그것이야말로 종업원에 대해 언급한 말 중 유일하게 결점을 벌충할 수 있는 종업원의 장점이자 그의 고용을 유지시켜 주는 장점이기 때문이다.

물음: 당신은 종업원이 고용주가 말한 것 배후의 숨겨진 의미를 해독했다고 할 경우에 이 종업원이 얻을 수 있는 어떤 이점에 대해 생각할 수 있는가?

좋다. 답을 얻었는가? 답들 중 어떤 것은 빤한 것이다. 맞는가? 고용주가 원하는 것을 할 때 우리는 봉급이 오르고, 좀더 많은 연금 혜택을 받으며, 무언가를 간청했을 때 좀더 호의적인 고려의 대상이 될 가능성이 많다. 고용주의 기대를 충족시키거나 능가할 때 우리는 승진이나 다른 것을 얻을 가능성이 많아지는데, 이런 것은 모두 우리 자신의 개인적 행복과 안전을 증가시키는 데 도움이 된다.

그러나 당신은 이 고용주의 진술에서 진짜 암암리의 메시지를 파악했는가? 내 생각에 진짜 메시지는 두 가지, 즉 "나에게 경의를 표하라."와 "계속해서 생산성을 높여라."였다. 이런 부류의 고용주를 대하면 나는 그러한 두 가지 요구에 응하고, 특히 경의를 표하는 일에 응하려 노력할 것이다. 왜냐하면 그것이 바로 고용주가 원한다고 말했던 것이기 때문이다. 약간 아첨하는 식으로 차려 자세를 취하면서 고용주의 자존심을 만족시키게 되면 아마 그만큼 커다란 이득을 가져다 줄 것이다. 그런 일은 어쨌든 시도해볼 만한 가치가 있다. 즉 만일 당신이 그럴 배짱이 있다면 그런 일은 시도해볼 만한 가치가 있는 것이다.

한편 암암리의 메시지를 파악함으로써 당신은 그처럼 사소한 일에 관심을 갖는 고용주를 좋아하지 않으며, 그를 위해 일하고 싶지 않다고 결론지을 수도 있다. 당신은 어떤 종류의 거대한 자존심 부족을 가진 그런 종류의 고용주와 함께 그런 식으로 사람을 부리는 스타일은 당신이 섬길 게 못된다고 결론지을 수도 있다. 어느 경우든 당신은 그 회사에서 일찌감치 빠져 나와 당신의 필요와 좀더 잘 어울리는 일을 하는 회사를 찾기로 결정할지도 모른다. 어떻든 암암리의 의미를 폭로함으로써 당신은 경쟁에서 유리한 단계에 서게 되는데, 그것은 당신이 그들이 이해하는 것보다 진리, 즉 실재 상황을 더 잘 이해하기 때문이다. 진리를 더 잘 이해하기 때문에 당신은 영리한 조처를 취하기에 더 좋은 위치를 차지할 수 있는 것이다.

앞의 책상 위의 발 예는 숨겨진 의미를 파악하는 일이 어떻게 당신의 미래를 향상시키고, 당신의 경력을 끌어올리며, 회사에서의 성공을 증진시키고, 개인적 행복을 향한 다른 목표를 달성하는 데 도움이 되는지를 보여주었다. 그러나 그것을 넘어서서 숨겨진 의미를 파악하는 일은 중요한 두 분야, 즉 협상과 내부 정보의 분야에서 중요하다.

잠시 멈춰서 생각해보라. 당신은 날마다 거래를 하고 있다. 날마다 당신은 온갖 종류의 문제를 놓고 사람들과 협상을 벌이고 있다. 이 좌담과 논의—나는 그것들을 그렇게 부르고 싶다—는 사소한 것으로부터 중요한 것, 그리고 때로 숭고한 것에 이르기까지 다양하다.

예컨대 당신의 손녀가 제 시간에 잠자리에 들도록 시키는 일은 당신 손녀의 필요와 욕구에 대한 약간의 이해를 요구한다. 우리는 우리 손녀 캘리 수잔 패튼(Callie Suzanne Patten)이 자고 싶어 하지 않는다는 것을 발견했다. 그 아이는 억지로 자라는 강요를 받을 경우 한바탕 소란을 피울 것이다. 그러나 가족들이 모두 침실로 가는 행진을 하면 캘리가 아무런 소란 없이 잠자러 간다는 것을 내 아들과 며느리 크레이그(Craig)와 미셸(Michelle)이 발견했을 때 문제는 해결되었다. 그래서 크레이그와 미셸이 캘리가 잠들기를 원할 때 그들은 행진의 시작을 알리고, 콧노래로 행진곡을 부르면서 거실에 줄지어 선다. 캘리는 두 사람 사이에 줄을 서고, 세 사람 모두 즐겁게 침실로 출발한다. 캘리는 겨우 생후 17개월밖에 안 되기 때문에 그 아이가 말로 생각할 것 같지는 않다. 그러나 그 아이가 정말로 생각한다는 사실은 의심할 수 없다. 그 아이는 잠자는 일에 관해 자신의 입장을 분명히 했으며, 어떤 의미에서 자신이 행진을 할 수 있다면 잠자리에 가겠다는 식의 교섭을 했다. "네가 나에게 무언가를 준다. 그리고 나도 너에게 무언가를 준다."는 모든 협상의 최종 결과인데, 그 협상이 아이를 재우는 일처럼 중요한 어떤 일이든 20억 달러 규모의 회사를 합병에 이르게 하는 일처럼 사소한 어떤 일이든 간에 그렇다. 캘리는 잠자리에 드는 것에 대한 동의와 행진을 맞바꾸었다. 그 결과가 양쪽 모두에 유익했다는 것, 즉 윈윈 상황(win-win situation)이었다는 것을 주목하라. 캘리는 약간의 즐거움을 맛보았다. 크레이그와 미셸은 번거롭지 않게 취침 시간을 얻었다. 캘리가 잠자리에 가기 위해 행진하려는 깊은 내적 욕구를 어디서 갖게 되었는지는 아무도 모른다. 내 짐작으로는 캘리가 보기를 좋아하는 곰돌이 푸(Winnie the Pooh) 비디오 중 하나로부터 그런 욕구가 생긴 것 같다. 잘 시간에 하는 일이 이제는 아무런 울음이나 소란 없이 행해졌다는 사실을 주목하라. 크레이그와 미셸도 취침 시간 전 행진이 재미있을 수 있다는 것을 알게 되었다. 그 의식을 보고 난 뒤에는 나 자신도 그렇게 한다. 그것은 참 재미있다.

자동차 판매원이든 노조 지도자이든 전화 판매원이든 혹은 무작위로 전화를 거는 뉴욕의 브로커이든 간에 협상자는 그가 실제로 하고 있는 것과 실제로 생각하고 있는 것을 덮어버리는 수가 종종 있다. 그는 자신에게는 가능한 가장 큰 이익이 돌아오도록 하고 당신으로부터는 가능한 가장 큰 양보를 받아내고 싶어 한다. 그가 진리, 즉 실재 상황을 말하면 말할수록 과분한 수익을 올릴 가능성은 그만큼 낮아질 것이다. 문제는 당신을 효과적으로 다루기 위해서는 그가 당신의 신용을 얻을 수 있도록 진실해 보여야 한다는 것이다. 그래서 실제 협상가들은 당신이 진리, 즉 실재 상황을 아는 데 도움이 될 정보를 실제로는 전혀 주지 않으면서도 정직하게 말하는 것처럼 보이게 만드는 교묘한 기술을 개발한다.

다행히도 당신은 숨겨진 의미가 연역될 수 있다는 것과, 반대측에서 말을 많이 하면 할수록 그만큼 그 반대측이 노출된다는 것을 이미 안다. 암암리의 메시지를 알게 되는 최상의 방법은 유인어(flag words)를 주의 깊게 듣는 것이다.

유인어는 화자가 온전한 진실을 말하고 있지 않다는 좋은 징표이다. 내 말이 무엇을 의미하는지 파악하기 위해 몇몇 유인하는 낱말이나 구절을 잘 생각해보자. **당연히**, **물론**, **의심할 여지없이**, **분명히**, **역시**, **진실을 말하자면**, **놀랄 일이 아니지만**, **당신이 예상했겠지만 누구나 아는 것처럼**. 이런 낱말이나 그 비슷한 낱말들을 듣게 되면 조심해라. 그런 낱말이나 구절이 붙어 있는 진술은 어떤 것이든 의심스럽다. 이런 낱말들은 화자가 당신으로 하여금 미심쩍은 어떤 정보를 사실로 받아들이게 만들려 하고 있는 것이다. 이런 낱말들 뒤에 오는 어떤 진술과 관련된 확실성은 그가 당신이 믿기를 바라는 것보다는 그 정도가 덜하다(때로 훨씬 덜하다).

만일 어떤 배 판매원이 "물론 그것은 내가 그 배에 대해 제시할 수 있는 가장 낮은 가격입니다."라고 말한다면 당신은 실제로는 그가 좀더 싼 가격에 흥정을 할 것이라고 가정해야 한다. 그 말은 바로 1999년에 내가 한 배 판매원에게서 들었던 말이었는데, 그 판매원은 21피트 길이의 차패럴(Chaparral) 내측/외측 장치를 나에게 팔려고 하고 있었다. 나의 현실 상황을 무시하고 그 판매원은 "물론 34,000달러가 내가 제시할 수 있는 가장 낮은 가격입니다."라고 말했다. 만일 그가 그냥 "좋습니다, 박사님. 34,000달러, 바로 그것입니다. 그게 우리가 할 수 있는 최선입니다."라고 말했다면 나는 그를 용서했을지도 모른다. 그러나 비록 푸른색 지폐를 보는 것은 아니라 할지라도 종잇조각 위의 숫자 역시 돈이라는 것을 알게 되자 나는 "나는 가격을 낮추려면 당신이 다른 누군가에게 말해야 한다고 알려준 당신의 솔직성을 고맙게 생각합니다. 사정이 그렇다면 그 사람에게 말해보시지요. 그런 뒤에 가장 좋은 가격을 가지고 내게 내일 전화하세요."라고 대꾸했다.

내가 그 판매원의 진술에 대해 빙빙 돌려서 한 말을 주목하라. 나는 그가 가격을 더 낮출 수 있다고 주장하지 않았다. 대신 나는 그의 진술을 그가 가격을 낮출 수 없으므로 누군가 다른 사람이 낮출 수 있다는 걸 의미한다고 해석함으로써 그의 진술에서 나라는 낱말을 강조하였다. 누군가 다른 사람이 가격을 더 낮출 수 있다는 사실을 강조함으로써 나는 가격 할인에 관해 그가 누군가 다른 사람과 상담을 하거나 혹은 누군가 다른 사람과 상담을 하는 것같이 하도록 함으로써 그가 체면을 세울 길을 마련해주었다.

다음날 그 배 판매원 찰리가 전화를 했다. "아, 박사님, 좋은 소식이 있습니다. 24,000달러쯤으로 하죠."

여담이지만 말이 난 김에 덧붙이자면 말이 난 김에 말이지, 잊어먹기 전에, 그 주제에 관해 이야기하는 김에, 내친 김에 덧붙여 말하면—이런 낱말이나 그 비슷한 용어를 들으면 조심해라. 이런 표현을 하게 되는 기본 착상은 이런 낱말 뒤에 나오는 진술을 사소한 의미가 있는 것처럼 보이게 만든다는 것이지만 사실은 대개는 정반대이다.

"여담이지만 이 일에는 약간의 야간작업이 포함됩니다." 나는 그렇다는 데 걸고 싶다. 그 점에 관해 의심의 여지는 없다. 그 일은 야간작업을 요구한다. 그 항목은 마치 사소한 문제인 것처럼 첨가되었지만 실제로는 중요하다. 그 말을 듣고 나면 당신은 얼마나 많은 야간작업을 해야 하고, 어디서 그리고 언제 하며, 보수를 얼마나 더 (혹은 덜) 받는지, 그리고 왜 그렇게 받는지 등에 관해 좀더 자세히 알고 싶을 것이다. 당신은 그 일이 낮에 하는 경우와 밤에 하는 경우에 어떤 차이가 있는지 알고 싶을 것이다. 보통은 그렇게 한다.

"말이 난 김에 덧붙이자면 이 사무실이 일가족 거주 지역 안에 있긴 하지만 구역설정위원회는 언제나 그것을 눈감아주었습니다." 이 말은 말이 난 김에 덧붙이는 것이 전혀 아니다. 구역설정위원회가 과거의 위반을 눈감아주어 왔다는 사실은 현재나 미래의 위반도 눈감아줄 것임을 의미하지 않는다.

"잊어먹기 전에 임차인은 때로 하수구를 물로 씻어 내릴 필요가 있을 것입니다."

당신은 그들이 그럴 것이라는 쪽에 건다. 그리고 이내 그렇게 된다. 그리고 그 비용은 임차인의 몫이다.

… 이기 때문에 가능하지 않거나 혹은 그럴 수 있기를 바라지만 … 이기 때문에 나는 할 수 없습니다. 당신이 이런 말이나 그 비슷한 말을 들으면 그 말은 상대방이 왜 당신에게 특별한 어떤 고려를 할 수 없는지를 말하기 위해 약간 애쓰고 있다는 것을 의미한다. 그는 그가 할 수 있는 바로 그것을 말하고 있는 경우도 종종 있다. 이런 말을 들으면 당신은 그가 '왜냐하면' 다음에 나열되는 모든 것을 당신에게 제공할 수 있다고 어지간히 확신해도 좋은데, 그것은 그가 할 수 있는 일일 가능성이 매우 높기 때문이다. 그뿐만 아니라 아마도 그는 그 이상의 것을 당신에게 제공할 수 있을 것이다. 일반적으로 그들이 설명하려고 노력하면 할수록 그만큼 그들이 진실할 가능성이 적으며, 그들이 할 수 있는 것이 그만큼 더 많다. 그러니 내가 '할 수 없다는 말'이라고 부르는 것으로 인해 농락당하지 말라. "할 수 없다."고 말하는 사람은 할 수 있는 경우가 빈번하다. 그들은 그저 그들이 당신에게 제공할 수 있다는 것을 알고 있으면서, 즉 당신이 얻을 수 있다는 것을 알고 있으면서 당신이 그것을 찾지 못하게 단념시키려 하고 있을 뿐이다.

따라서 "나는 네 봉급을 올려줄 수 없어. 왜냐하면 그렇게 할 경우 우리 예산 사정이 나빠지게 될 테니까."는 "나는 네 봉급을 올려줄 수 있어. 내가 왜 그래야 하는지 증명해봐."를 의미한다.

"나는 보통 첫 데이트 하는 날 잠자리까지 하진 않아."는 당신이 일을 잘 처리할 경우 당신에게 여전히 그렇게 할 기회가 있음을 의미하는데, "보통 하지 않아."는 "경우에 따라서는 한다."를 의미하기 때문이다. 달리 진술하면 그는 상황이 그럴 만하다거나 믿음이 갈 경우에 정말로 잠까지 같이 한다는 걸 암시하면서 경우에 따라서는 첫 데이트에서 같이 잠을 잔다고 말하고 있는 것이다. 그 사람의 진술은 그를 다시 불러낼 경우에 당신에게 분명히 그와 같이 잠자리를 할 기회가 있음을 의미하기도 한다. 많은 사람이 냉담하지만 얼어붙기까지 한 사람은 거의 없다.

숨겨진 어떤 의미가 당신의 입장에서는 유리하지 않을 수도 있다. 그런 의미는 잘 생각해보면 사실상 명백히 불쾌한 것일 수도 있다. 예컨대 "나는 당신이 떠나는 걸 원하지 않아. 나는 우리가 이해에 도달할 수 있기를 바라고 있어."를 생각해보라. 공공연한 메시지는 충분히 명료한 것 같다. 당신 방식대로 하거나 혹은 떠나라. 그러나 암암리의 메시지는 이보다 더 나쁘다. 암암리의 메시지는 그가 당신이 나가기를 원한다는 것이다. 그리고 그는 당신이 당장 나가기를 원한다. 더 좋은 것은 당신이 짐을 꾸리기 시작하는 것이다. 새로운 일자리를 찾아보라. 혹은 여전히 더 좋은 것으로 그냥 퇴직하라.

"아직도 난 당신을 사랑해요. 하지만 앞으로 몇 주 동안은 매우 바쁠 것 같아요. 좀 한가해지면 전화할게요." 그녀의 전화를 기대하지 말라. 그녀는 그저 당신을 능숙하게 차버리려고 하고 있을 뿐이다. "아직도"란 말은 그녀가 계속해서 사랑하고 있다는 점에 관해 어떤 의심을 품을 수 있는 암암리의 메시지를 보내고 있다. 만일 정말로 그녀가 당신을 그토록 사랑한다면 그녀는 전화를 할 수 있어야 한다. 전화를 걸어 사랑한다는 말을 할 수 없을 정도로 바쁜 사람은 아무도 없기 때문이다.

또는 "내가 하고 있는 다른 일을 마칠 수 있으면, 그리고 내가 데리고 있는 견습공이 지독한 감기에서 낫는다면 내일은 당신의 화장실을 고치러 갈 수 있을 것 같습니다."를 생각해보라. 이 말에서 당신은 단서가 달린 몇몇 말로부터 내일 배관공을 보지 못할 것이라는 꽤 훌륭한 징표를 파악할 수 있을 것이다. 십중팔구 당신은 잠시 동안 그를 보지 못할 것이며, 어쩌면 며칠 동안까지도 그를 보지 못할 것이다.

또는 "그 고난이 지금 여기에서, 그리고 앞으로도 계속해서 악착같이 쫓아온다 해도 한번 과부가 된 이 몸 어찌 다시 아내의 몸이 될 수 있겠습니까!"를 생각해보라. 햄릿(Hamlet)이 그의 어머니 거트루드(Gertrude)에게 "어머니, 이 연극 맘에 드십니까?" 하고 물었을 때 거트루드는 "여자가 너무 많은 맹세를 하는 것 같구나."(The Lady doth protest too much, methinks.)라고 올바르게 평가하였다. 거트루드는 극중 왕비가 지나친 맹세를 하고 있음을 안다. 극중 왕비는 재혼한 것에 대해 처벌을 받기를 원할 뿐 아니라 그 처벌이 사건이 일어나기 전인 지금(여기서) 시작되어 지금으로부터 계속해서(앞으로도 계속해서) 계속되기를 원하며, 그 처벌, 즉 (지속적) 고난이 영원히 지속되기를 원한다. 그것은 일어날 수도 있고 일어나지 않을 수도 있는 미래의 우연적 사건에 대한 처벌치고는 꽤 가혹한 처벌이며, 어쩌다 일어난다 하더라도 정당화될 수도 있고 정당화되지 않을 수도 있는 가혹한 처벌이다.

자신에 대한 극중 왕비의 저주가 너무 극단적이기 때문에 거트루드는 여자가 무언가 효과를 노리고 과장하고 있으며, 어쩌면 진실하지 않을 수 있다는 숨겨진 의미를 파악한다. 극중 왕비의 진술은 너무 심하다. 너무 심하기 때문에 그 진술은 위선적 과장, 즉 **필요 이상의 과도한 진술**일 가능성이 높다.

말이 난 김에 덧붙이자면 **맹세하다**(protest)의 옛날 의미는 좀더 현대적인 의미로 이의를 제기하거나 의견을 달리한다는 뜻이 아니라 서약하거나 단언하거나 혹은 긍정적으로 진술한다는 뜻이었다. 현재의 사전들은 두 가지 의미를 모두 싣고 있다. "여자가 너무 많은 맹세를 한다."(The Lady doth protest too much.)는 여자가 너무 많은 서약을 하거나 단언을 한다는 것을 의미한다.

요점은 다른 사람이 말하는 것 배후에 숨겨져 있는 암암리의 의미를 알게 되면 당신이 협상에서 이기거나 당신에게 유리하게 흥정을 하거나 행동을 예측하거나 또는 다른 사람의 심중을 읽어낼 수 있는 방식에 관해 중요한 단서가 제공된다는 것이다.

또한 숨겨진 메시지를 아는 일은 다른 사람의 정서적 필요를 당신이 식별력 있게 다루는 데에도 도움이 된다. 다음은 레프 톨스토이(Lev Tolstoy)의 유명한 소설《안나 카레니나》(*Anna Karenina*)에 나오는 어떤 대화이다. 안나가 표현하고 있는 숨겨진 필요가 무엇인가?

브론스키: 내가 희구하는 유일한 것은 내 인생을 당신의 행복을 위해 전념하도록 이 상황에 종지부를 찍는 것뿐이오.

안나: 왜 그렇게 말하세요? 당신은 내가 그 말을 의심할 수 있다는 것은

생각지 않는군요. 그렇죠?

브론스키: 누가 온다고? 알려지든 말든![4)]

마지막 줄에서 그가 말하고자 했던 것은 "내 모든 영혼을 걸고 진심으로 사랑해요, 안나. 누가 알든 신경 쓰지 않아요. 그리고 누가 오든 신경 쓰지 않아요."가 틀림없었다. 그 다음에 그는 틀림없이 그녀에게 격정적으로 키스했을 것이다. 안나의 숨겨진 두려움을 파악하지 못했기 때문에 브론스키는 단서를 놓쳤던 것이다. 브론스키는 그녀에 대한 그의 사랑에 관해 안나를 안심시키는 데 필요한 안나의 필요, 즉 실제로는 안나의 두려움을 이해하지 못했다. 그는 공공연한 의미는 아주 분명한 그의 진술이 왜 안나로 하여금 반대로 반응하게 하는지 이해하지 못했다. 그는 안나가 그가 한 말의 가능한 숨겨진 의미를 파악했다는 사실을 깨닫지 못했다.

안나는 자신에 대한 브론스키의 헌신이 의문의 여지없이 확고한 것이라고 가정해왔다. 브론스키가 그 점에 대해 안심시키려 했을 때 그녀는 그의 말로부터 그가 그 헌신을 그녀만큼 의문의 여지없는 것으로 가정하지 않았거나 가정해오지 않았다는 숨겨진 의미를 읽어냈다. 그녀 입장과는 매우 다른 브론스키의 입장에 대해 그렇게 이해하고 나자 안나의 두려움은 커졌다. 그래서 그녀가 그러한 반응을 보였던 것이다.

같은 면에서 톨스토이는 브론스키의 무감각에 대한 이유를 설명한다. 즉 브론스키는 안나의 남편과 벌여야 할 결투에 대해 걱정하고 있었다. 그 결투에서 명예를 지키려면 브론스키는 공중에 총을

---

4) Leo Tolstoy, *Anna Karenina*(New York: New American Library, 1961), 323면.

쏘고 카레닌이 그의 등 뒤에서 총 쏘는 것을 기다려야 할 것이다. 만일 카레닌이 뒤에서 총을 쏜다면 브론스키는 죽을지도 모르겠다. 죽음에 대한 생각이 브론스키의 마음을 안나에게서 멀어지게 했고, 일시적이나마 그에게서 평상시의 민감성을 잃게 했다. 죽음에 대한 예상에 그의 마음이 집중된다. 브론스키의 마음이 일시적으로 자신의 죽음 가능성에 맞추어지고, 일시적으로 안나에 대한 그의 사랑을 멀어지게 했던 것이다.

암암리의 메시지는 위험을 신호할 수 있다.

암초다. 숨겨진 의미를 해독하는 일은 당신이 곤란에서 벗어나는 데 도움이 될 것이다. 유인어 외에도 그릇된 방송용 정의(broadcast definition)에 주의를 기울여라. 그리고 특히 일구이언하는 행동에 주의를 기울여라. 왜냐하면 그런 행동은 사기임을 가리키는 경우가 종종 있기 때문이다. 그러한 두 가지에 주의를 기울여온 투자자들은 엔론 사로 인해 돈을 날리는 일을 피했을지도 모른다. 먼저 방송용 정의를 생각해보고, 그 다음에 일구이언하는 행동으로 넘어가보자. 어느 한 쪽 혹은 둘 다에 대한 파악은 그름에 대한 증거를 제공하며, 그래서 우리로 하여금 반대 방향, 즉 그름을 멀리하고 진리를 향하는 쪽으로 집중하게 할 수 있다.

우리가 앞에서 **증거**를 진리에 대한 지각으로 이끄는 어떤 표시라고 정의했던 것을 기억하라. 사람들이 사용하는 방송용 정의는 어떤 문제에 관한 개인의 사고를 반영하는 일종의 증거이다. 방송용 정의가 그릇된 정의일 때 우리는 우리가 진리를 멀리하고 오류를 향하는 쪽으로 이끌리고 있다는 증거를 갖는 셈이다.

2002년 1월 28일자 《뉴욕 타임즈》(*New York Times*, p. C2) 판은

휴스턴 소재 텍사스 대학의 앤더슨 암센터(M. D. Anderson Cancer Center) 원장 존 멘델존(John Mendelsohn) 박사의 다음 진술을 보도했다. "멘델존 박사는 생명공학 회사 임클론(ImClone)과의 어떠한 이해충돌(coflict of interest)도 피하기 위해 조심해왔다고 말했다. '나는 많은 강연을 하는데, 언제나 내가 임클론의 임원이라는 것과 내가 그 회사의 주식을 소유하고 있다는 것을 진술한다. 나는 언제나 그 사실을 말한다.'"

공공연한 메시지는 무엇인가? 공공연한 메시지는 멘델존 박사가 우리가 그가 대중 앞에 정직하고 공명정대하며, 언제나 그래 왔다고 믿기를 원한다는 것이다. 그가 든 이유, 즉 그가 자신의 정직성을 우리에게 확인시켜야 한다고 느끼는 이유는 그의 많은 강연에서 그가 언제나 항암제 C-225를 만드는 그 회사의 이사 중 한 사람이라는 것과 자신이 그 회사의 주식을 소유하고 있다는 것을 언급한다는 것이다. 이 책 뒷부분에서 우리는 증거에 의해 뒷받침되지 않는 단순한 주장은 비합리적이라는 것을 배우게 될 것이다. 계몽 철학은 우리가 적절한 관련이 있는 증거에 의해 입증되는 것만을 믿을 것을 요구한다. 우리는 그저 주장만 하고 있는 것을 믿을 필요가 없다. 그러므로 멘델존 박사의 주장이 증거에 의해 뒷받침되지 않기 때문에 우리는 그것을 믿을 필요가 없다. 그것은 한 가지 고려사항이다. 또 다른 고려사항은 그의 진술 속에 숨겨진 의미이다.

멘델존 박사는 **언제나**라는 낱말을 반복함으로써 그의 진술이 면밀한 검토를 받는 것처럼 유인한다. 왜 그가 **언제나**를 두 번씩 말할까? 한번으로 충분하다. 또는 오히려 한번으로 충분해야 한다. 그가 **언제나**를 반복했기 때문에 그는 청자에게 경계 신호를 보낸 셈인데, 이 경계 신호는 어쩌면 우리가 이 문제에 관해 그에게 의문을 제기하는 것이 나을지도 모르는 신호이다. 그가 **언제나**를 반복했기 때문에 그는 그 자신의 진실성에 관해 의심을 불러일으키는 셈이다. 만일 그 자신이 자기가 말한 것을 충분히, 그리고 아무런 의문이나 단서 없이 믿었다면 왜 그는 그러한 강조 표현을 쓸 필요가 있었을까? 그 사람은 너무 많은 맹세를 하는 것 같다.

그런데 여담으로 우리가 기억할 필요가 있는 **언제나**는 어떤가? 지금 여기에서 그리고 앞으로도 계속해서 지속적인 고난이 우리를 쫓아온다 해도 한번 들었으면 우리가 어찌 **언제나**가 언제나 언제나를 의미한다는 것을 기억하지 못하겠는가.

그래서 만일 멘델존 박사가 그의 많은 강연 중 하나에서 임클론 사와 그의 연관을 언급하지 않았다는 것을 보여줄 수 있다면 우리는 그의 주장이 그르다는 것을 증명할 수 있을 것이다. 하지만 그것은 요점을 빗겨간 것이다. 우리가 여기서 검토하고자 하는 것은 멘델존 박사의 진술이 만들고 있는 암암리의 메시지이다. 그것이 무엇일까?

암암리의 메시지는 그가 **이해충돌**(conflict of interest)에 대한 정의를 알지 못한다는 것이다. 그는 **이해충돌**과 **이해충돌의 발각**을 혼동하고 있다. 게다가 그는 어떤 이해충돌의 발각이 그 이해충돌에 대한 변명거리가 된다고 생각하며 (그리고 이것이 더 나쁜 것인데) 그는 그 정의를 혼동함으로써 대중을 혼란스럽게 하려 한다. 멘델존 박사는 쟁점을 혼란스럽게 하여 우리를 당혹스럽게 만들려 하고 있다. 증거를 가지고 사람들을 설득할 수 없으면 허풍을 쳐서 그들을 무너뜨려라.

확신이 들지 않는다고? 멘델존 박사의 진술을 다시 읽어보라.

그는 임클론 사와의 관계에서 그가 어떠한 이해충돌도 피하기 위해 조심해왔다고 말한다. 그러나 그는 자신이 그 회사의 주식을 소유하고 있고, 그 회사의 이사임을 인정한다. **어떠한** 이해충돌도 피하기 위한 그의 조심은 그가 막기 위해 그토록 조심했던 것을 막기에는 충분한 정도가 아니었다. 사실상 그는 자신이 이해충돌에 빠져 있으며, 그것도 하나가 아니라 두 개의 이해충돌에 빠져 있음을 인정한다. 즉 그는 임클론 사의 이사진 중 한 사람이자 대주주이다.

따라서 멘델존 박사는 모순된 말을 하고 있다. 만일 그가 어떠한 이해충돌도 피하기 위해 조심했다면 어떻게 해서 그는 그러한 두 가지 이해충돌에 빠지게 되었을까? **모순되는** 두 가지는 동시에 옳을 수 없다. 한 가지는 그른 것이어야 한다. 모순되는 두 주장은 동시에 옳을 수 없다. 둘 중 한쪽이 그르거나 둘 다 그른 것이어야 한다. 그렇다면 결론은 다음과 같다. 즉 멘델존 박사는 혼란에 빠졌거나 아니면 거짓말하고 있다.

이해충돌에 대한 정의는 피신탁인 입장에 있는 사람, 즉 믿고 맡긴 입장에 있는 사람이 그가 그의 피신탁인 입장과 관련된 결정이나 활동의 결과에 대해 개인적 이해가 있을 경우에 이해충돌에 빠지게 된다는 것이다. 이 정의는 멘델존 박사가 그의 행동을 평가하면서 그가 사용하거나 혹은 우리가 사용하기를 바라는 정의가 아니다.

한 번 더 멘델존 박사의 진술을 다시 읽어보라. 내가 의미하는 것이 보이는가? 그는 자신이 이해충돌에 빠져 있다고 말할 뿐만 아니라 두 가지 이해충돌을 모두 가지고 있다고까지 말한다. 그는 그러한 이해충돌들이 어떤 것인지 말한다. 더 나아가 그는 그의 이해충돌에 대한 변명거리로 삼기 위해 **이해충돌**에 대한 잘못된 정의를 사용하고 있다고 우리에게 말한다. 내 생각으로는 정의를 바꾸는 일이 실제 이해충돌보다 훨씬 더 비열하다. 그리고 충돌에 대한 변명거리로 삼기 위해 바뀐 정의를 사용하는 일은 훨씬 더 터무니없는 짓이다. 정의의 변화는 조지 오웰(George Orwell)의 유명한 소설 《1984》의 뉴스피크(Newspeak)의 기법, 그리고 의미상의 미묘한 차이를 이용하는 것 같은 냄새가 난다.

원칙: 방송용 정의가 그릇될 때 언어에 대해 사기를 행하게 되고, 그만큼 당신에 대해서도 사기를 행할 가능성이 많다.

이 원칙으로부터 다음 교훈이 따라 나온다.

교훈: 당신이 들은 정의가 당신이 아는 정의와 조화를 이루지 못하면 조심해라. 누군가가 못된 일을 꾸밀 가능성이 많은데, 보통은 그 정의를 잘못 진술해온 사람이 그럴 가능성이 많다.

이 교훈을 염두에 둔다면 당신은 멘델존 박사가 개발과 시험을 도운 임클론의 항암제 C-225의 가치에 관한 멘델존 박사의 진술을 신뢰하겠는가? 당신은 엔론의 이익에 관해 그나 그의 진술을 신뢰하겠는가? 맞다. 멘델존 박사는 엔론의 이사회 일원이기도 하다. 이제 곧 좀더 자세하게 그의 이사직을 검사할 것이다.

이 책은 명료한 사고 및 사람들이 당신을 우스운 사람으로 취급하고 있을 때를 아는 법에 관한 책이다. 이 책은 심리학이나 정신의학에 관한 책이 아니지만 이 중요한 때에 멘델존 박사의 진술의 충분한 함의에 대해 약간의 또 다른 통찰을 당신에게 제공한다면 더 좋을 것이다. 이 함의들은 내가 콜롬비아에서 정신의학 수련을 받을 때 배웠던 것과 30년 이상에 걸친 의사생활 동안 환자를 대하면서 했던 경험에 기초를 두고 있다.

방어적 진술은 또 다른 검토를 요구하는 충돌을 유도한다.

멘델존 박사의 진술은 방어적이다. 그 자체로서는 그의 진술은 그 자신이 어떤 수준에서, 즉 어쩌면 무의식적 수준에서 다른 영역에서의 좀더 중요하고 좀더 심각한 이해충돌에 빠져 있다는 염려를 숨기기 위해 부정과 배제의 무의식적인 정신적 메커니즘을 사용하고 있음을 시사한다. 연설을 할 때 어떤 이해충돌의 발각은 어쨌든 비교적 사소한 문제이다. 그 발각이 사소하기 때문에 다음 문제가 제기된다. 즉 그 발각이 그것에 주의를 집중하도록 하고, 좀더 중요한 사항일 수 있는 다른 어떤 것으로부터 주의를 멀리하게 하기 위한 것인가? 다시 말해서 멘델존 박사의 방어적 진술은 일종의 잘못 쓴 번지수인가? 그의 진술은 우리를 따돌리고 실체를 숨기기 위한 일종의 마술 같은 속임수인가? 정신의학자는 은밀하게 추론하라는 훈련을 받는다. 하지만 나는 그럴 수 없다.

멘델존 박사는 지금은 어비툭스(Erbitux)로 알려진 항암제 C-225의 개발자이자 한때 주요 심사자였는데, 이 약은 한때 기적의 치료약으로 칭송을 받았지만 지금은 경영진, 이사진 (마사 스튜어트 Martha Stewart 같은) 임클론 사 경영진의 친구들에 의한 주식 매매와 약의 검사에 대해 회사가 돈을 댄 것 등으로 인해 스캔들의 중심에 있다. 멘델존 박사는 그의 진술을 발언하고 있는 시점에 텍사스대학의 앤더슨 암센터 원장이었는데, 이 연구소는 원장인 존 멘델존 박사가 그 약의 투여와 조사 결과에 따라 엄청난 재정적 이해를 갖고 있다는 사실을 알리지 **않은 채** 환자 195명에게 그 약을 시험했다.

2002년 6월 30일에 《휴스턴 크로니클》(*Houston Chronicle*), 7월 1일자 1면에 따르면) 한 센터 직원이 2001년 11월에 입원 환자들에게 재정적 이해충돌에 관해 말하기 시작했다. 그때는 식품의약국(FDA)이 (멘델존 박사와 다른 사람들이 계획하고 행했던) 그 약에 대한 검사가 환자에게 이롭다고 할 수 없을 정도로 너무 결함이 많다는 평가를 내리고 그 약의 채택을 거부하기 한 달 전이었다. 그때는 임클론이 비틀거리기 꼭 한 달 전이었다.

그래서 멘델존 박사는 그의 이해충돌에 관해 청중(주로 의사들로 이루어진 청중)에게 말하는 것이 조심스러웠을지 모르지만 그는 훨씬 더 중요한 이해충돌에 관해서는 환자들에게 말하지 않았다. 즉 그는 환자들을 실험 대상으로 삼고 있었으며, 그렇게 하면서 그 실험의 결과에 대해 개인적인 금전적 이해관계가 있었던 것이다.

따라서 그가 진짜 발각 문제로부터 소소한 문제로 주의를 돌렸을 수 있다는 결론은 정당화되는 것처럼 보인다. 그의 진술은 진짜 문제를 숨기기 위해 주의를 딴 데로 돌리는 논증이었다. 이 모든 진실의 발견은 그의 원래 진술에 대한 주의 깊은 분석으로부터 따라 나왔다는 사실을 명심하라. 그것이 바로 숨겨진 의미를 해부하는 일의 절묘한 대목이다. 그것이 바로 그러한 해부가 그토록 유익할 수 있는 이유이다.

임클론의 붕괴는 희망에 찬 암환자들을 지옥에 남긴 채 수많은 투자자와 수백만 달러에 달하는 연금을 희생하는 대가를 치렀으며, 의회 조사단으로 하여금 사기와 주식 내부자 거래로 고발하게 했다. 그 중 내부자 거래는 인생 설계 전문가 마사 스튜어트를 지목했는데, 이 사람은 임클론 사의 최고 경영자 새뮤얼 왁살(Samuel Waksal)의 전 여자친구였으며, FBI에 의해 구속된 뒤 증권 사기죄로 유죄 판결을 받았다.

하버드 대학 강사이자 《뉴 잉글랜드 의학 저널》(*New England Journal of Medicine*)의 전 편집장 마샤 엥겔(Marcia Angell)은 "발각—은 재정적 이해로 인해 연구자에게 유리한 결과를 산출하고 해로운 결과를 누르도록 압력을 가할 가능성을 포함하는—최소한도의 것에 지나지 않는다."[5]고 말했다. 멘델존 박사는 이것을 알거나 알았음에 틀림없다. 의사단체에 보낸 그의 이메일들은 확실히 이해충돌 문제에 초점을 맞추고 있다. 하지만 그의 이메일들은 이해충돌의 발각에도 불구하고 그 발각이 동반하는 좀더 중요한 윤리적 문제에 대해서는 초점을 맞추지 않고 있다. 이해충돌이 발각되었을 뿐만 아니라 그 이해충돌은 또한 약의 시험이 진행될 때까지도 계속되었는데, 나중에 FDA는 그 약을 시험한 결과 최소한의 과학적 표준도 만족시키지 못한다고 발표하였다.

나중에야 진실을 깨닫게 되는 것은 정상이다.

사건을 결정하는 인과적 결합이 우연적이기 때문에 우리는 일어나게 될 것을 (온전히) 예측할 수 있는 경우보다는 일어난 어떤 것을 설명할 수 있는 경우가 더 자주 있다. 임클론은 이에 대한 적절한 사례이다. 일어났던 일은 누군가가 예측했던 것보다 더 나빴다. 하지만 혹시 당신은 그것을 아는가? 나는 임클론 이야기가 훨씬 더 가증스러울 것이라고 예측한다. 어쩌면 임클론의 나머지 이야기는 엔론의 나머지 이야기보다 훨씬 더 가증스러울 텐데, 엔론 이야기는 최근 엔론이 사기를 인정하는 것으로 드러났다.

---

5) *Houston Chronicle*, July 1, 2002.

우리는 이제 엔론 법인의 이사진이 낸 217면짜리 보고서로부터 경영진이 엔론이 붕괴되기 전 해에 회사의 수익을 거의 10억 달러에 이르도록 부풀림으로써 고의적으로 조작했다는 것을 안다. 그들은 미로같이 복잡한 합자회사 그룹들을 권모술수를 통해 다룸으로써 그 짓을 했다. 감독 체제가 무너졌기 때문에 그 에너지 회사의 64,000명 주주를 희생하면서 사적 거래와 제 것 챙기기의 문화가 생겨났다고 엔론 보고서는 말한다. 그 보고서는 아서 앤더슨(Arthur Anderson) 밑에 있던 엔론의 회계사들과 그 회사의 변호사들에 대해 호되게 비판하는데, 이들이 매번 그런 식의 결함 있고 부적절한 결정에 대해 승인을 했다고 말한다.

엔론의 임원 아서 앤더슨은 의회에서 엔론의 회계 서류를 조각조각 찢어 없앤 일에 관해 증언했다. 그는 "이러한 서류 처리 방침은 건전한 회계 감사 실태를 반영하는 것입니다."[6]라고 말했다. 그 임원에 대한 질의를 통해 의회는 "건전한 회계 감사 실태"라는 말로 증인이 '재정적으로 건전함'을 의미한다는 사실을 배웠다. 분명히 아서 앤더슨은 재정적으로 건전함에 대한 정의를 왜곡했으며, **건전한 회계 감사 실태**라는 용어를 특이한 방식으로 사용한다. 아서 앤더슨의 방송용 정의는 분명히 그릇되다. 그 사실은 언어에 대한 사기를 드러내며, 아서 앤더슨의 회계 정직성에 관해 심각한 의문을 제기한다.

그 후 아서 앤더슨은 공정 관리 방해로 유죄 판결을 받았으며, 공공 회계를 할 수 있는 자격이 취소되었다. 현실이 앤더슨의 머리에

---

6) 이 인용문은 의회에서의 증언에 대한 《뉴욕 타임즈》 기사에서 인용한 것이며, 국립기록보관소(http://www.archives.gov/)에서 찾아볼 수 있다.

와르르 소리를 내며 무너져 내렸던 것이다. 그것도 아주 심하게. 회사는 망했다.

선견지명을 가지고 미리 아는 것은 불가능하지만 지성적 분석이 불가능한 것은 아니다.

엔론이 붕괴되기 전에는 대중이 이 모든 것의 세세한 내용을 안다는 것은 불가능했다. 그러나 내용과 방책에 대한 분석을 통해 어떤 것을 의심해보는 일은 가능했다. 1999년 누군가가 나에게 엔론에 투자할 것인지 물었다면 나는 워렌 버핏(Warren Buffet), 피터 린치(Peter Lynch), 나 세 사람 모두 "당신이 이해하지 못하는 것에는 절대 투자하지 말라."고 답했을 것이다. 나는 엔론의 사업을 이해하지 못했으므로 거기에 투자하지 않았을 것이다. 만일 당신이 켄 레이(Ken Lay, 엔론의 최고 경영자), 멘델존 그리고 앤드류 패스토우(Andrwe Fastow) 같은 최고 재무관리 임원들이 했던 말과 행동에 대해 지성적 분석을 실행할 기회가 있었다면 당신도 엔론에 투자하지 않았을 것이다. 특히 만일 당신이 그들의 이해충돌과 일구이언하는 그들의 행동에 관해 알았다면 당신은 엔론에 투자하지 않았을 것이다.

이해충돌은 우리가 판단을 내릴 때에 권력, 부 그리고 재산에 대한 욕망이 끼어드는 것을 막는다는 것이 거의 불가능하기 때문에 비윤리적이다. 재판관은 그들의 친구, 사업 동료, 친척이 연루된 사건을 취급하게 되면 판사석에서 물러나야 하며(스스로 기피해야 하며), 민사와 형사 재판에서는 개인적 편견을 뿌리 뽑기 위해 무수한 예방책이 강구된다.

루이지애나 출신의 어떤 사람에게 공산주의에 관해 설명하는 한 텍사스인의 이야기가 있다. "만일 당신 이웃이 집을 두 채 갖고 있다면 그는 하나를 당신에게 주어야 합니다." 이 제안은 직접적인 승인을 얻었다. "만일 그가 차를 두 대 갖고 있다면 그는 당신에게 한 대를 주어야 합니다." 이번에도 흔쾌히 승낙을 얻었다. "만일 그가 보트를 두 대 갖고 있다면 그는 한 대를 당신에게 주어야 합니다." 하지만 이 말은 단호한 제지를 받았다. "안 됩니다, 호세 씨. 당신은 내가 보트를 두 대 갖고 있다는 것을 알지 않습니까."

이해충돌을 아는 것은 숨겨진 의미를 드러내는 데 도움이 되고, 그래서 진실을 좀더 잘 이해하는 데 도움이 될 수 있다. 당신이 이해충돌을 증언하고 있는 비밀정보는 일구이언하는 이중적 행동에 대한 분석에서 나온다.

이중성을 보이는 대부분의 사례는 이해충돌의 상황에서 나타난다. 보통 신탁 관계에 있는 사람은 말로는 어떤 것을 말하지만 행동은 반대로 한다. 예컨대 《뉴욕 타임즈》에 따르면 멘델존 박사가 임클론의 미래에 대한 긍정적 전망을 언급하고 있었던 시점에 그는 임클론의 90,226주에 대한 선택권을 가지고 있었으며, 그는 그 주식을 팔아치웠고, 630만 달러를 벌었다. 그 뒤 식약청이 C-225의 허가를 거부했으며, 임클론의 주식은 모습을 감추었다. 멘델존 박사에게서 그런 주식을 구입한 브리스톨-마이어스 스큅(Bristol-Myers Squibb)이라는 회사는 그에게 주당 70달러를 지불하였다. 임클론 주식은 내가 조사했던 때인 2002년 1월 26일 금요일에 16.49달러에 팔리고 있었다. 2002년 6월 28일에 그 주식은 8.02달러에 거래되었으며, 주식 란 큰 제목은 의회가 멘델존 박사를 포함하여 임클론의 중역들에 대한 이해충돌 조사에 들어갔다고 말하고 있었다.

원칙: 어떤 사람이 말하는 것과 행동하는 것에 상충이 있을 때는 그가 하는 행동이 진실을 가리킬 가능성이 크다. 다시 말하면 행동이 말보다 더 크게 말한다. 행동의 증거는 말의 증거보다 더 강력한 법이다. 이런 이유로 세계의 위대한 과학 기구 중 하나인 런던 왕립협회(Royal Society of London)의 라틴어 제명(題名)은 *Nullius in Verba*(누구의 말도 받아들이지 말라)이다.

이 원칙으로부터 다음 교훈이 따라 나온다.

교훈: 권위 있는 사람들이 말과 행동이 다를 때 조심하라. 그들의 모순적인 행동의 숨겨진 의미를 드러내라. 이중성에 대한 분석을 통해 어떤 문제가 나타날 것인지 예측하라. 그리고 언제나처럼 그에 따라 행동하라. 더 나아가 이중적 행동이 나쁜 성격의 증거일 가능성을 생각하라.

이 교훈으로부터 다음 교훈이 따라 나온다.

교훈: 사람들이 말하는 것을 경청하되 또한 그들이 하는 행동을 검토해라. 그들이 하는 말과 행동이 일치하지 않을 때 그들이 하는 행동을 진리에 대한 좀더 강한 증거로 간주하라. 모든 이중적 행동은 사기, 위선, 불성실 혹은 어리석음—이 네 가지 중 하나나 모두 혹은 그 네 가지의 어떤 조합—에 대한 증거이다. 성격을 평가하는 데 이중성의 증거를 이용해 득을 보라. 일단 그러한 성격 분석을 행하고 나면 앞으로의 문제를 예측하여 그에 따라 행동하라.

이중성격은 보통 언제나와 같이 작동하는 경향이 있다. 그것은 합리적이고 개연적이다. 즉 합리적이고 개연적인 것이 보통 일어나는 일이니까 언제나 그것에 걸어라는 식이다.

만일 당신이 집에 돌아온 후에 길모퉁이 푸줏간에서 산 목살 1파운드가 실제로는 0.8파운드밖에 나가지 않는다는 것을 발견한다면 당신은 다음번에 당신이 그 주인에게서 똑같은 것을 사려고 할 때 그 푸줏간이 똑같은 저울에다 똑같은 양을 빠지게 할 것이라는 데 걸어도 좋을 것이다.

만일 멘델존 박사가 대중과 종업원들이 곤란한 지경에 빠져 있을 때 임클론의 내부에 있었다면 (그 사실로부터) 엔론 이사로서의 그의 행동을 예측하는 일이 가능했을까?

성격 분석에 기초하여 예측을 하라.

당신이 멘델존 박사의 공개적 진술에 관해 무엇을 해야 할지 알고, 거기서부터 그의 성격에 대해 도출되는 증거를 안다면 그가 엔론의 이사로서 어떻게 구실했을지 예측할 수 있을까?

자꾸 해보라. 짐작을 해보라. 그 다음에는 엔론의 이사로서 멘델존 박사의 행동에 관한 당신의 짐작을 명료하게 표현하기 위해 잠시 숨을 고르라.

답: 엔론 이사진의 한 사람으로서 멘델존 박사는 이사회에서 논란이 된 대부분의 결정—1999년 6월과 10월에 당시 그 회사의 주요 재무 임원이었던 앤드류 S. 패스토우(Andrew S. Fastow)와 협력 관계를 맺는 일의 승인—을 내리는 데 있어서 적극적이었다. 또한 멘델존 박사는 패스토우 씨를 협력 관계에서 일반 사원으로 봉사하도록 엔론의 윤리 강령을 중지시키는 엔론 이사회의 결정에 관계했는

데, 이 결정은 엔론의 붕괴를 가져왔다. 또한 멘델존 박사는 엔론 감사위원회의 일원이기도 했는데, 이 위원회가 바로 아서 앤더슨의 대단히 미심쩍은 엔론 감사 보고서를 다루었다.

이 사람의 진술에 대한 간단한 분석이 어떻게 임클론과 엔론이 함정을 향할 수 있음을 시사하는지 알겠는가? 숨겨진 의미에 대한 지식이 어떻게 당신이 엔론에 투자하지 않도록 도울 수 있는지 알겠는가?

확신이 들지 않는다고? 또 다른 예들이 필요한가?

엔론의 전 최고 경영자 켄 레이는 그 자신이 그의 엔론 주식을 팔아치우고 있던 그 시간에 그의 종업원과 일반 대중에게 엔론 주식을 적극 권유하였다. 사실상 종업원들이 최후로 몰리는 동안에 경영진은 미친 듯이 주식을 팔아치우고 있었던 것이다. 그것이 이중적이었는가? 물론 그렇다.

아리스토텔레스 논리학에 따르면 모순되는 두 가지는 동시에 옳을 수 없다. 그러므로 둘 중 하나는 그름에 틀림없다. 엔론 주식은 켄 레이가 말한 것처럼 좋은 것이거나 나쁜 것이거나 둘 중 하나였다. 전자의 경우에는 엔론의 주식을 사는 일이 좋은 일이었을 것이다. 후자의 경우에는 그 주식을 파는 일이 좋은 일이었을 것이다. 만일 켄 레이가 엔론에 대해 알았던 것을 당신이 알았다면 그가 했던 바로 그 방식대로 당신도 당신의 주식을 팔았을 것이라는 게 진실임을 이제 우리는 안다.

맞다. 켄 레이는 한 입 갖고 두 말을 했다. 켄 레이는 어떤 것을 적극 조언하면서도 그와는 반대로 행동하고 있었는데, 이러한 소행은 그 자신의 개인적 이득을 가져오면서 그에게 도움이 되었다. 그러나 그러한 소행은 또한 손실을 가져오면서 대중에게 해를 끼치기도 했다.

비록 이러한 소행이 신탁 의무를 위반한 것이라 할지라도 켄 레이의 행위는 심리적 수준에서는 이해할 수 있는 일이었다. 그는 기회를 노리고 있었다. 회계사들 역시 기회를 노리고 있기는 마찬가지였다. 엔론의 다른 임원들, 엔론 이사진, 통합을 권유했던 변호사들, 그 회사에 유리한 입법을 지원했던 정치인들 모두 기회를 노리고 있기는 마찬가지였다. 그들은 모두 이런저런 방식으로 기회를 노리고 있었다. 회사에 대한 그들의 충성은 매수된 것이었다.

그들의 행위는 이해할 수는 있지만 용서할 수는 없는 것이었다. 사실상 그들의 행위는 자위적 본능의 형태를 띠었다. 인간 본성은 우리에게 스스로를 돌보라고 명령한다. 켄 레이가 그의 종업원들이나 엔론 주주들에 대해 그가 자신에 대해 가졌던 것과 같은 관심을 갖지 않았다는 것은 정상적인 인간 본성을 나타내는 것이다. 그의 행동이 보여주는 것처럼 그의 성격을 감안해보라. 그가 달리 행동하기를 기대하는 것은 불가능한 것을 기대하는 것이다. (누군가 다른 사람, 예컨대 마더 테레사Mother Teresa에게서는 그 이상의 것을 기대할 수 있을지 모르지만 켄 레이에게서는 그런 것을 전혀 기대할 수 없다.)

켄 레이를 지키는 것과 똑같은 본능은 궁지에 몰린 한 지독한 여자로 하여금 그녀가 추락할 때까지 싸우도록 격려한다. 켄 레이의 본능은 그 자신의 행운을 고스란히 지키려는 기본적 본능이었다. 정글의 법칙이라고 할 수 있는 자위적 본능은 행동에 깊은 영향을 발휘할 정도로 강력한 기본적 충동이다. 이 본능은 직업윤리에 어긋나는 행동, 즉 신탁 의무의 위반과 범죄 행위를 일으킬 수도 있다. 어떤 측이 결과에 대해 개인적 이해관계가 있어서 이해충돌이 일어날 때는 언제라도 조심해라.

앞으로의 엔론들을 막기 위한 바람직한 조치는 이해충돌, 사기, 이중 거래 등을 막기 위한 제도적 장치를 마련하는 것이다. 여기서 우리는 개인으로서의 우리가 개인적 투자 손실을 막기 위해 행하거나 행했어야 하는 것에 좀더 관심을 갖는다. 만일 주주들이 당시에 켄 레이의 이중 행동을 알았다면 어떤 투자 방침이 합리적인 것이었을까?

투자에 대한 신뢰는 이사진과 경영진이 진실할 것이라는 신념에 의존한다. 따라서 최고 경영자가 거짓말하는 것을 포착하면 조심하라. 만일 당신이 주식을 소유하고 있는데 회사의 임원이 이중적 행동을 한다는 것을 포착한다면 당신은 그의 정직성에 관해 의심을 해보아야 한다. 당신이 경영자가 부정직하다는 것을 안다면 그 주식을 팔아치워라. 만일 당신이 경영자가 정직한지 아닌지 모른다면 당신은 그가 정직하지 않은 것처럼 생각하고 행동해야 한다. 그것은 증가된 위험과 불확실성에 맞추어 당신이 그 주식에 대해 지불할 가격을 낮추어야 한다는 것을 의미한다.

이제 잠시 숨을 고르고 2001년 10월 글로벌 크로싱 사의 최고 경영자 존 J. 레지어(John J. Legere)가 한 다음 진술에 대해 당신의 분석 능력을 발휘해보라. "파산 가능성은 전혀 없다."

이 진술이 왜 틀렸을 것 같은지 말해보라. 그런 진술을 들었을 때 어떤 조치를 취해야 하는지 말해보라. 설령 당신 답이 내 답과 다르다 할지라도 요점을 파악했다면 당신의 답이 맞는지 생각해보라.

진술의 핵심이라고 할 수 있는 요점은 가능한 것의 부정이다. 대부분의 것은 가능하므로 그것들이 가능하지 않다고 말하는 것은 힘겨운 싸움이 되며, 그 주장에 대한 증명이 요구될 것이다. 더 나아가 그 진술에 "전혀"(at all)를 추가한 것은 파산 가능성이 완전히 부정된다는 것을 의미한다. "전혀"를 추가함으로써 그 사람은 너무 많은 것을 맹세하고 있다. 다시 말해 파산이 완전히 불가능한 경우란 거의 있을 수 없기 때문에 그는 그의 진술이 그름에 틀림없다는 것을 우리에게 보여준다. 그리고 수익이 감소하고 있던 당시의 글로벌 크로싱의 경우에 파산이 완전히 불가능한 일일 수는 없었다. 설령 조금만 가능했다 해도 파산은 가능한 것임에 틀림없었다.

만일 존 J. 레지어의 진술이 그르다면 그와 반대되는 진술이 옳음에 틀림없다. 즉 글로벌 크로싱이 파산한다는 것이 가능했음에 틀림없다. 레지어의 진술이 그르고 그 반대진술이 옳으므로 그 진술은 부단히 조심하고 있는 즉석 투자자들, 즉 분별 있는 사람들에게 파산 가능성을 경고하고 있음에 틀림없다. 그처럼 조심성 있고 분별 있는 사람들은 그날로 글로벌 크로싱의 주식을 팔아치웠다. 그처럼 조심성 있고 세련된 투자자들은 레지어 씨의 진술이 나온 후 곧바로 그들의 주식을 팔아치웠다.

왜 그랬을까? 그들은 레지어 진술의 분명하고 공공연한 의미가 파산이 전혀 가능하지 않다는 것이었을 때 왜 주식을 팔아야 했을까?

간단하다. 영리한 투자자는 공개적 메시지를 무시하고 좀더 심층에 있는 암암리의 메시지를 읽었던 것이다. 암암리의 메시지는 그 사람이 가능한 것을 부정하고 있으며, 그래서 거짓말하고 있다고 말하고 있었다. 거짓말하는 사람은 신뢰할 수 없다. 게다가 만일 만사가 그렇게 잘 되어가고 있다면 그는 왜 그렇게 앞장서서 응원단장 역할을 하고 있는가? 월스트리트는 전통적으로 최고 임원들, 특히 최고 경영자가 시장에 조언을 할 경우에 회사 사정이 나쁘며, 그것도 나타나는 것보다 훨씬 더 나쁘다는 우울한 추론을 함으로써 그러한 응원단장의 역할을 불신으로 간주한다.

그 후 글로벌 크로싱의 주가는 주당 2달러에서 1센트로 가파른 하강 곡선을 그렸다.

2002년 1월 28일 글로벌 크로싱은 미 연방 파산법 제11조에 의거 파산 보호를 신청했다. 맞다. 글로벌 크로싱은 최고 경영자(레지어)가 글로벌 크로싱이 파산하는 일은 가능하지 않다고 말한 뒤 불과 4개월 만에 비관을 넘어서서 파산했다.

역사, 즉 상상력 없이 닳아빠진 계집의 행위는 되풀이되었다. 엔론같이 또 다른 미국의 대기업이 최고 경영자가 파산은 가능성이 없으며, 그것도 전혀 없다고 말한 후 파산했던 것이다.

나는 레지어가 그가 말하고 있는 것에 관해 몰랐을 것으로 짐작한다. 하지만 당신—당신은 파산이 실제로 일어나기 **3개월** 전에 파산이 가능하다는 것을 분석을 통해 알 수 있었을 것이다. 당신은 충분히 검사할 시간이 있었다. 당신은 주가가 폭락하기 전에 주식을 팔 시간이 있었다.

다음 교훈. 그 그릇된 진술이 레지어에 관해 말하는 것은 무엇인가? 그의 성격에 대해 무언가를 반영하는가? 그의 성격에 대한 당신의 분석으로부터 당신이 그가 한 다음 진술의 옳음이나 그름을 예측할 수 있는가? "나는 글로벌 크로싱의 자금을 보호하기 위한 폭넓은 노력의 일환으로 임금을 30% 삭감하고 있습니다."[7]

꽤 좋은 말처럼 들린다. 그렇잖은가? 이 사람은 주가를 보호하고 보존하는 데 도움이 되도록 자진해서 개인적 희생을 치르고 있는 것 같다. 그것 참 훌륭한 일이다. 그렇잖은가? 그 말은 레지어가 주

---

7) *New York Times*, April 8, 2002, C5면.

주들의 고통을 느낀다는 사실을 가리키는 것 같다. 그는 회사를 돕기 위해 본분을 다하고 싶어 하는 것 같다. 그것 참 멋진 일이다. 하지만 정말 그런가?

(《뉴욕 타임즈》 2002년 4월 8일자 C5면에 따를 때) 레지어가 회사 자금을 보호하려는 그의 폭넓은 노력의 일환으로 글로벌 크로싱에서 받는 그의 연봉 110만 달러에서 30%를 삭감하고 있다고 말했으면서도 그와 동시에 글로벌 크로싱으로부터 350만 달러의 특별 상여금과 글로벌 크로싱에서 빌린 부채 중 1,000만 달러 탕감 안을 받아들였다는 사실을 아는 일이 당신에게 흥미를 끌까?

연봉 삭감이 이야기의 전부는 아니었다. 레지어는 자초지종을 말하지 않고, 그저 그가 우리에게 들려주고 싶었던 부분적 진실만을 이야기했을 뿐이었다. 그는 그를 좋게 보이게 만드는 부분만을 말했다. 그는 그를 나쁘게 보이게 만드는 부분을 제외하였다. 증거의 편파적 선택은 그른 결론으로 이끌 수 있기 때문에 사고상의 오류이다. 오로지 증거의 한 조각, 즉 연봉 삭감만을 보게 되면 우리는 레지어가 멋진 친구라고 결론지었을지도 모른다. 그러나 충분한 증거를 살피는 일은 그가 그런 사람이 아니라는 것을 알려준다.

전체 이야기에서 누락시킨 것은 고의적 사기였다. 사실상 레지어는 350만 달러의 특별 상여금을 받았고, 아시아 글로벌 크로싱(글로벌 크로싱 소유의 또 다른 회사)에서 빌린 대부금 1,000만 달러도 탕감받았다. 또한 아시아 글로벌 크로싱은 레지어가 거래법상 미 재무성에 내야 할 세금도 대신 내주었다. 따라서 레지어는 연봉 삭감을 통해 110만 달러의 30%, 즉 33만 달러어치만큼 주주들의 부담을 덜어주었다. 그러나 그는 그에게 부과된 세금에서 1,350만 달러 +360만 달러어치를 주주들에게 부담시켰다. 그러므로 회사와 회사 소유주들, 주주들이 부담한 총 비용은 1,677만 달러였다. 주주들에 관한 한 나쁜 것 대 좋은 것의 비율은 51 대 1이었는데, 왜냐하면 그것이 레지어가 회사의 부담을 덜어준 금액 대 그가 차지한 금액의 비율이었기 때문이다. 레지어의 개인적 이해에 관한 한 좋은 것 대 나쁜 것의 비율은 똑같이 51 대 1이었다. 당신은 이 양쪽 이야기 중 어느 쪽을 택할 것인가? 주주들 쪽인가 레지어 쪽인가?

켄 레이가 했던 것처럼 일반 투자자가 이용할 수 없는 정보를 기초로 하여 주식을 파는 일은 내부자 거래인데, 이것은 다른 사람들을 불공정하게 이용하기 때문에 비윤리적일 수 있다. 어떤 상황에서 내부자 거래는 불법이다. 내부자 거래는 매각이 일어난 달이 지나고 10일 안에 증권거래위원회(Security Exchange Commission)에 보고가 되지 않으면 (주식의 매각이 그 주식을 발행한 당해 회사로 되돌아오는 경우를 제외하고는) 분명히 불법이다.

증권거래위원회에 보고된 내용을 찾아볼 필요 없이 내부 정보를 아는 것은 멋진 일이 아닐까? 그 보고는 내부자가 무엇을 했는지 알려준다. 그와 같은 공개적 정보는 좋은 것이다. 햇빛은 훌륭한 살균제이다. 그러나 핵심 정보는 빠져 있다. 확실히 우리는 누가 무엇을 했고, 언제 했는지 알고 싶어 한다. 그러나 우리는 또한 왜 했는지도 알고 싶어 한다. 내부자들은 왜 주식을 매각했을까? 우리는 어떻게 하면 그런 종류의 내부 정보—보고되지 않은 정보—를 얻을 수 있을까?

답은 내용분석(content analysis)을 하라는 것이다. 내용분석을 하면 당신은 내부 정보에 관해 통찰하게 된다. 많은 노력을 들이지 않고도 당신은 그 이유를 연역해낼 수 있다. 다음은 그 방식이다.

내부 정보는 때로 일련의 진술에 대한 내용분석을 통해 연역해낼 수 있다. CIA와 다른 정부 기관들은 다른 나라 정부들로부터 나온 공식 성명에서 공개적으로 진술되어 있는 것의 숨겨진 의미나 내부 의미를 연역해내기 위해 이런 일을 한다. 내용분석이라는 이 기법은 낱말이나 표현의 빈도와 사용을 살펴봄으로써 숨겨진 의미를 드러낸다.

"조안은 어젯밤 나와 춤추러 갔어요. 그녀는 아주 멋지고 아주 귀여워요. 그녀는 재규어 XJ라는 멋진 차도 있어요. 그리고 그녀의 아버지가 다음 주 우리를 타이탄스 게임(Titans game)에 데려다 준다고 했어요."

만일 당신 아들이 언제나 여자들에 대해 이야기하고 있다면 당신은 여자들이 아들 마음을 사로잡고 있다고 단언해도 좋다. 만일 그가 언제나 한 여자 조안에 대해 이야기하고 있다면 당신은 그녀가 바로 그 사람, 즉 그가 연모해 마지않는 사람이라고 단언해도 좋을 것이다.

니키타 흐루시초프(Nikita Khrushchev)가 (구둣발로 연단을 걷어차면서) "매장시켜 버리겠어."(We will bury you.)라고 말했을 때 당신은 그의 의도가 평화적인 게 아니었다고 단언해도 좋을 것이다. 또한 당신은 그가 러시아가 미국과의 전쟁에서 승리할 수 있다는 것을 의심했다고 추측할 수도 있을 터인데, 그렇지 않았다면 왜 그가 그런 식으로—몹시 호전적으로—말했을 것인가? 만일 쉽게 승리할 수 있다는 것을 알았다면 왜 그는 우리를 위협하고 협박하려 했을까? 그래서 당신은 러시아가 미국과의 전쟁에서 승리할 것이라는 데 대해 심각하게 의심하고 있었다고 단언할 수 있다. 그는 그런 식으로 말하는 많은 사람이 그런 것처럼 허세를 부리고 있었던 것이다. 몇 년이 흐른 뒤 우리는 흐루시초프가 정말로 허세를 부리고 있었다는 것을 알게 되었다. 강력한 러시아 군 조직이 공산주의 아래서 붕괴되었는데, 이는 마치 나머지 소비에트 연방이 붕괴되는 것과 비슷했다.

사람들이 당신 도시의 세수 상황을 보면 기본적으로 시 정부가 좀더 많은 돈을 필요로 한다고 말할 때 당신은 그들이 기본적으로 그것이 기본적 사실인지 아닌지를 알아보기 위해 기본적인 상세한 분석을 하는 수고를 하지 않았다고 기본적으로 단언해도 좋을 것이다. 만일 그들이 그러한 상세한 조사를 했다면 빠져 나갈 구멍을 만드는 낱말 '기본적으로'를 사용하지 않고 곧바로 결론을 진술했을 것이기 때문에 당신은 그렇게 단언할 수 있는 것이다.

1973년 2월 닉슨 대통령은 연두교서에서 "우리 국정의 기본 상태는 건전하며, 희망으로 가득 차 있습니다."라고 말했다. 변호용 수식어 **기본적**(basic)의 사용은 눈에 보이는 국가의 표면화된 상태(즉 저변의 기본 조건의 반대 측면)가 (워터게이트 추문이 터지기 직전에서) 건전하거나 희망으로 가득 찬 상태가 아님을 반영했을 수 있다. "6시 정각에 전화해. 작은 것들이 많은 것을 의미해."라는 오래된 노래가 있다. 이 경우에 나는 대통령이 한정사 **기본적**을 사용한 것이 많은 것을 의미한다고 믿는다. 그 뒤에 일어난 사건들은 그 가정이 맞다는 것을 증명하였다.

> **원칙**: 낱말의 경우에 작은 낱말들이 많은 것을 의미할 수 있으며, 특히 빠져 나갈 구멍을 만드는 작은 낱말들의 경우에 더욱 그렇다.

이 원칙으로부터 다음 교훈이 따라 나온다.

교훈: 더욱 큰 진술을 한정하기 쉬운 작은 낱말들에 주의를 기울여라. 그러한 작은 낱말들은 핵심에 있는 숨겨진 의미를 드러낼 수 있다.

저명한 소프트웨어 제작회사의 주주회의에서 따온 다음 진술들을 검토해보라.

"우리 회사의 새로운 라인은 드림위버(Dreamweaver)에 맞서 우리의 경쟁적 지위를 회복시키는 일을 잘 진척시킬 것입니다."

"정리해고를 통해 우리는 직원들을 간소화시켰으며, 극적으로 비용을 줄였습니다. 우리는 스스로 또다시 수익을 내도록 인력을 배치하기 위해 올 연말까지 종업원 600명이 더 퇴직하기를 희망합니다."

"경제가 호전되면, 특히 일본에서의 경제가 호전되면 우리는 충분히 이전의 성과 수준으로 되돌아갈 것으로 예상하고 있습니다."

"7.0이 생산이 중단된 다른 제품들을 대체할 것입니다."

"인터넷 통신사들(dot coms)과의 곤란한 상황은 곧 극복될 것으로 기대하며, 그들은 또다시 우리의 영원한 고객이 될 것입니다."

앞의 진술 중 어떤 것도 따로 떼어서 생각하면 거의 의미가 없다. 그러나 이 진술들이 2000년에 열린 같은 주주회의에서 나온 말임을 감안해 함께 묶어서 생각하면 숨겨진 의미가 분명하게 드러난다. 회의 주제는 회사가 처한 곤경이다.

어도비(Adobe)라는 이 회사는 매크로미디어(Macromedia) 사의 제품 드림위버와 힘겨운 싸움을 벌이고 있었다. 이 회사는 근로자들을 정리해고하지 않을 수 없을 정도로 자신들이 만든 소프트웨어의 수요가 매우 적었다. 어도비는 현재 수익을 올리고 있지 않다. 일본에서의 일반적인 경제적 환경이 호전되지 않는 한 형편이 나아질 수는 없을 터였다. 7.0 버전은 신제품이 아니라 그저 현존하는 포토샵 프로그램을 대체할 업그레이드용 제품에 불과했다. 인터넷 통신사들 사이에서 일반적인 경제적 환경이 호전되지 않는 한 그 회사의 형편이 나아지지는 않을 것이었다.

내 말이 무슨 뜻인지 알겠는가? 이러한 숨겨진 의미는 문제를 제기한다. 즉 무엇을 해야 할까? 당신은 어떻게 생각하는가? 당신은 어떻게 할 것인가? 나라면 그 회사의 주식을 팔 것이다. 당신도 그러지 않겠는가? 실제로 나는 그 회사의 주식을 팔았다. 나는 내가 가진 그 회사의 주식 20,000주를 주당 93달러에 모두 팔아치웠다. 그 후 내가 마지막으로 조사했을 때 어도비 주식은 주당 16달러에 팔리고 있었다.

또 다른 실제 예가 하나 있는데, 이 예는 1969년 뉴욕시 이스트 빌리지(East Village)의 내 아파트에서 일어났던 강도 사건에서 나온 것이다. 내용분석을 통해 당신이 그 범인이 우리 거처에 되돌아오려고 하는지 아닌지를 파악할 수 있는지 보라. 내 아내, 딸, 아들 그리고 나는 엘리베이터를 탔다. 문이 닫히기 직전 칼 든 남자가 뛰어들더니 내 딸을 붙잡고 칼을 목에 들이대면서 돈을 요구했다. 나는 내 지갑을 그에게 주었다. "겨우 8달러뿐이라니!" 그가 소리를 질러댔다. "그게 내가 가진 전부요."라고 내가 말했다. 강도는 화난 표정을 짓고는 내 딸을 내동댕이치더니 엘리베이터를 빠져 나갔다.

이틀 뒤 집으로 전화가 걸려왔는데, 그 사람은 다음과 같이 말했다. "걱정 마세요 박사님. 내가 고속도로 쓰레기에서 박사님의 지갑을 발견했습니다. 신용카드와 운전면허증을 비롯해 박사님의 모든 소지품이 '원래 그대로' 있네요. 없어진 것은 없습니다."

나는 전화를 건 사람에게 소지품을 안전하게 돌려줄 경우 22달러를 보상하겠다고 말했다. 그는 보상이라는 말을 맘에 들어 했다. 우리는 다음날 오후 6시에 그에게서 지갑을 돌려받기로 약속을 했다.

그 사이에 나는 경찰서에 가서 형사 두 명에게 다음날 오후 6시경에 범죄자가 내 아파트에 나타날 것이라고 확신하고 있는 내 사건에 대해 이야기했다. 친애하는 독자여, 그 대목에서 형사들은 내가 당신에게 던졌던 것과 똑같은 질문을 나에게 던졌던 것이다. 박사님, 강도가 되돌아올 것이라는 것을 박사님이 대체 어떻게 압니까?

대화의 어떤 부분이 전화 건 사람의 신분에 관해 당신에게 정보를 제공하는가? 내용분석이 어떻게 해서 전화 건 사람이 강도임을 증명하는가?

답은 이렇다. 전화 건 사람은 모든 신용카드를 그가 갖고 있고, 아무것도 없어진 것이 없다고 말했다. 지갑을 발견만 했을 뿐이라면 도대체 어떻게 그가 그것을 확실히 알았을까? 모든 카드와 운전면허증이 고스란히 그대로 있다는 것을 그가 알 수 있는 유일한 방법은 그 자신이 범인일 경우일 것이다. 지갑을 발견한 사람은 당연히 어떤 것이 없어졌는지를 알 수 없을 것이기 때문이다.

다른 합리적 결론은 없다. 내용분석은 전화 건 사람이 범죄와 밀접한 연관이 있음을 증명한다. 내용분석은 전화 건 사람이 그 자신이 범인일 가능성이 매우 높을 정도로 범죄와 밀접한 연관이 있음을 증명한다. 만일 그 말이 옳다면 그 자신은 보상금을 챙기기 위해 되돌아올 것이다.

나는 내용분석을 딕 트레이시들(Dick Tracy, 미국 만화의 주인공으로 등장하는 형사)에게 설명했다.

한 형사가 머리를 긁적이고는 그의 회전의자를 뒤로 젖혀 기댄 채로 카멜 담배를 깊이 들이마셔 길게 내뿜으면서 말했다. "어렵쇼 박사님, 박사님은 너무 논리적이에요. 그들은 절대 되돌아오지 않습니다. 지갑을 발견했다는 말은 그저 농담일 뿐이에요."

많은 논란 끝에 두 형사 모두 범인을 잡을 수 있도록 오후 5시 30분에 내 아파트에 오기로 약속했다.

맞다, 그들은 약속을 했다. 뉴욕시의 형사를 대해본 사람은 그러한 약속의 이행이 확실치 않다는 것을 알 것이다. 따라서 형사들이 나타나기를 바라는 내 희망은 그리 크지 않았다. 하지만 나는 내게 강도짓을 한 그 녀석이 나타날 것이라는 것은 꽤 확신했다. 나는 스스로 커다란 부엌칼로 무장을 하고 기다렸다.

오후 6시 12분에 초인종이 울렸다. 문을 여니 열세 살쯤 되어 보이는 아이가 보였다. 그 아이는 고무줄로 싼 작은 신용카드 묶음을 건넸다. "지갑은 어디 있지?"라고 내가 물었다.

아이가 어깨를 으쓱했다. "난 몰라요. 나는 심부름꾼일 뿐예요."

"그 지갑은 소가죽으로 만들었어. 20달러나 나간단다. 지갑을 돌려받고 싶은데."

"난 아무것도 몰라요, 아저씨. 말씀드린 것처럼 나는 그저 심부름꾼일 뿐예요."

"네가 지갑을 발견한 것이 아니구나. 그럼 누가 발견했지?"

아이는 아무 말도 하지 않았지만 엘리베이터 쪽 복도를 흘긋 보았는데, 그곳에는 내 의심스런 눈초리에 나타나야만 하는 자, 즉 나에게 강도짓을 한 바로 그 녀석이 있었다.

"경찰을 불러요." 나는 아내 에셀(Ethel)에게 외쳤다. 그리고 나는 복도를 따라 그 녀석을 쫓아갔다. 강도는 엘리베이터 문에 반쯤 몸을 밀어넣고 있다가 쉽게 엘리베이터 속으로 들어가 내가 도착하기 전에 문이 닫히도록 했다.

내가 23층이나 되는 계단을 뛰어 내려갔을 때 강도는 인근의 주택단지로 내빼고 있었다. 그 뒤 얼마 지나지 않아 경찰들이 도착하여 안타깝다는 표정을 지었지만 그들은 주택단지로 그 녀석을 추적하기를 거절했다. "너무 위험해요." 그들은 말했다.

내용분석의 이로움에 대한 또 다른 예가 있다. 해리 S. 트루먼 대통령(Harry S. Truman)과 드와이트 아이젠하워(Dwight Eisenhower) 대통령의 국정 연설에서 따온 다음 인용문들을 생각해보라. 내용분석이 어떻게 이 굉장한 사람들 각각의 통치 스타일과 내적 심리 상태를 드러내는가?

해리 트루먼: "무위도식했던 제80회 공화당 대회 바로 다음 대회인 제81회 대회에서 국정이 잘 돌아간다는 보고를 드리게 되어 기쁩니다." 이듬해 트루먼은 국정이 "계속해서 잘 돌아가고 있습니다."라고 말했다.

드와이트 아이젠하워: "국정은 계속해서 공화당 창립 원칙들의 지혜를 입증하고 있습니다."

답은 이렇다. 트루먼의 진술은 단순하고 직접적이다. 그의 진술은 트루먼이 아무것도 하지 않았다고 느낀 이전의 공화당 대회를 비방하고 있다. 간접적으로는 트루먼은 그가 우리에게 국정이 "잘 돌아간다."고 말했는데도 국정을 개선할 방책을 요구하고 있다. 당신은 트루먼이 한 말에 동의하지 않을지 모르지만 적어도 그가 어떤 입장에 서 있는지는 안다.

아이젠하워의 진술은 추상적이며, 국정이 잘 돌아가는지, 잘 안 돌아가는지, 볼썽사나운지 혹은 이런 상태 중 어떤 것도 아닌지를 결정하는 데 애를 먹을 정도로 추상적이다. **지혜**(wisdom)나 **입증하다**(vindicate) 같은 낱말의 사용은 아이젠하워(혹은 좀더 그럴듯한 인물로 그의 연설문 작성자)가 명료하고 구체적인 사고를 형성하고 있지 않으며, 단순하고 직접적으로 의사소통하는 데 어려움이 있음을 시사한다. 또한 **입증하다**는 연방정부가 무언가에 대해 비난을 받았거나 변호를 하고 있음을 시사하는 함축적 의미를 가지고 있다. 또한 만일 명료한 사고가 지혜의 일부라면 그 진술은 명료하기 않기 때문에 지혜와 반대되는 것임을 함의한다. 아이젠하워 진술은 국정에 명료한 사고를 할 여지가 있으며, 추정을 통해 좀더 많은 지혜를 발휘할 여지가 있음을 시사한다. 아이젠하워가 한 말에 의견을 같이하거나 달리하기란 어려운데, 그것은 우리가 그가 어떤 입장에서 있으며, 무엇을 의미하는지 알지 못하기 때문이다.

모든 진술은 공공연한 의미와 암암리의 의미를 갖는다. 오늘날의 일상생활에서 다반사로 나타나는 비행기 태우기, 허위진술, 거짓말, 왜곡, 빙빙 돌리면서 빈정대기, 곡해, 부정직, 속임수, 허세, 기만, 사기, 이중성, 책략의 저변에 숨어 있는 진실과 실재를 배우려면 공공연한 의미와 암암리의 의미를 해독하는 것을 배워라. 이 지식을 당신에게 이롭게 되도록 전환시키고, 가능하면 당신 주변의 사람들에게 이롭도록 전환시켜라. 그 과정에서 명료한 사고를 통해 당신에게 초래된 당신의 새로 발견한 능력을 즐겨라.

복습

복습에 들이는 시간은 절대 낭비가 아니다. 복습은 기억을 결합시키고 이해를 증대시킨다. 위대한 신경생리학자 D. O. 헵(D. O. Hebb)은 "함께 불붙고 함께 감기는 신경들"이라고 말했다.[8)] 이제 그런 일에 착수해보자. 우리 생각들을 어느 정도 불붙이고 어느 정도 감기게 해보기로 하자.

연습문제

1. 이 장의 모든 주요 요점을 다시 읽어라. 다 읽고 나면 스스로 여기에 검사 표시를 하라 ______.
2. 이 장의 모든 주요 요점을 큰 소리로 다시 읽어라. 그렇게 한 다음 스스로 여기에 검사 표시를 하라 ______. 큰 소리로 다시 읽는 것은 말없이 다시 읽는 것보다 기억을 더 잘 정리되게 한다. 매일 다시 읽는 것은 하루에 두 번 읽는 것보다 기억을 더 잘 정리되게 한다. 다시 읽으면 읽을수록 그만큼 당신은 기억이 더 잘 정리될 것이다. 그러나 지나치게는 하지 말라. 네 번 정도면 충분하다. 당신은 무해하면서도 단조로운 일을 반복해서 계속하는 사람이라는 평판을 얻기를 원하지 않는다.
3. 다음 광고를 생각해보라. "Put a tiger in your tank." 이 광고의 착상을 정의할 수 있겠는가? 공공연한 메시지는 무엇인가? 암암리의 메시지가 있는가? 당신이 안다고 생각하면 검사 표시를 두 개 하라. 1분 이상 문제에 대해 생각했는데도 모른다면 검사 표시를 한 개 하라 ______. 생활의 한 단면을 정확히 묘사하는 광고방송들, 어둠 속에서 돌진해 나오는 제품들,

---

8) Eric R. Kandel, James H. Schwartz, and Thomas M. Jessell, eds., *Principles of Neural Science*, 4th ed.(New York: McGraw Hill Health Professions Division, 2000), 1260면에서 인용.

노래처럼 주문처럼 암호화된 품목들과 끝없는 반복들 배후의 메시지를 설명하라. (힌트: 그 메시지는 광고주가 당신이 가진 무언가를 얻을 수 있도록 당신이 하기를 원하는 어떤 것에 관한 것이다. 당신이 가진 것 중에 그들이 원하는 것이 무엇일까? 또 다른 힌트: 당신이 가지고 있고 그들이 원하는 것은 M으로 시작해 *honey*와 운이 맞는다.)

4. 왜 언론매체가 신성시되는 처방과 어리석은 관념들로 넘쳐나는지 설명하라. 우리가 순진하게 반응하는 것을 기억하면서 우리의 초조함, 신중함, 싫어함을 눈에 안 띄게 할 수 있는 방식을 설명하라. 당신의 이해도에 비례해서 검사 표시를 다섯 개까지 하라 ______.
5. 왜 낱말들이 중요한지 당신 자신의 말로 설명하라. 당신의 답이 영리한 답인 것처럼 들리면 검사 표시를 하라 ______. 작은 낱말들이 왜 큰 의미를 가질 수 있는지 설명하라. 큰 힘을 발휘하는 작은 낱말의 예를 들어라.

본문의 적당한 절을 다시 읽음으로써 앞의 문제들에 대한 당신의 답을 검사해보라. 그 문제 대부분에 대해 당신이 올바른 답을 했으면 여기서 멈추고 아주 기꺼이 어떤 방식으론가 자신에게 상을 주어라. 이것 또한 당신의 기억을 정리하는 데 도움이 될 것이다. 잘한 일에 대해 상을 주는 것은 뇌를 효과적으로 기능하게 하는 데 도움이 된다. 그 다음에는 긴장을 풀고, 3장을 순조롭게 읽어가면서 어느 정도 재미를 보아도 되는데, 3장은 선후를 인과로 보는 오류라 불리는 일상적인 사고상의 오류를 다룬다.

제3장

선후를 인과로 혼동하는 오류

이 장의 목적은 좀더 단순하고 좀더 쉽게 이해할 수 있는 일상적인 사고상의 오류를 다룸으로써 당신에게 마땅히 받아야 할 휴식을 주려는 것인데, 이 오류는 라틴어 제목으로 *post hoc, ergo propter hoc*로 알려져 있으며, 지금부터는 선후를 인과로 혼동하는 오류(*post hoc, propter hoc*)로 부르기로 하겠다.

*post hoc, propter hoc*는 "이것 다음에, 이것 때문에"를 의미한다. 라틴어 표현은 시간상의 연결을 토대로 원인을 지정하는 사고상의 오류를 정확히 기술한다. 한 사건 뒤에 다른 사건이 일어난다고 해서 두 사건이 반드시 원인과 결과로 연관되어 있는 것은 아니다. 두 사건이 그렇게 원인과 결과로 연관되어 있다고 가정하는 것은 우리를 실재에 대한 이해로부터 멀어지게 하고 오류를 향하게 하는 것이며, 그래서 비합리적인 사고상의 오류이다.

선후를 인과로 혼동하는 오류는 우리가 진리를 추구하면서 맞닥뜨리게 될 많은 오류 중 으뜸가는 오류이다. **오류**(fallacy)란 잘못된 생각이나 의견으로서 추론상의 잘못이나 논증상의 결함을 의미하는데, 특히 합리적인 것처럼 보이는 추론 내지 논증에서의 잘못이나 결함을 의미한다. 간략히 표현하기 위해, 그리고 어떤 사람들이 *propter*란 낱말을 기억하는 데 애를 먹기 때문에, post hoc, propter hoc 오류는 종종 간단히 'post hoc'로 줄여서 표현된다(우리말로는 '선후를 인과로 혼동하는 오류'를 간단히 '선후인과의 오류'로 하기로 하겠다—옮긴이 주).

일상적인 사고상의 오류는 어떤 것이 다른 것 다음에 일어나기 때문에 두 번째 것이 첫 번째 것의 귀결로서 첫 번째 것과 관계되어 있음에 틀림없다고 가정하는 것이다. 즉 첫 번째 사건이 두 번째 사건을 일으켰다고 가정하는 것이다. 첫 번째 사건이 두 번째 사건을 일으켰는지 아닌지는 단순히 시간적 연결만 가지고 결정할 수는 없다. 원인과 결과의 연결은 대신 다른 증거에 의해 증명되어야 한다.

수탉이 울자 해가 뜬다. 하지만 수탉의 울음은 해가 뜨는 것의 원인이 아니다. 그런데도 두 사건은 시간적으로 연결되어 있다. 원시인은 두 사건이 인과 관계로 연관되어 있다고 가정했을지도 모르겠다. 실제로 원시인은 수탉이 해를 뜨게 만들었다고 가정했을지도 모르겠다. 수탉이 해를 뜨게 만들지 않았다는 것을 우리는 어떻게 아는가?

어린 시절 우리 집에는 뒤뜰에 닭장이 있었다. 날마다 수탉이 울고 해가 떴다. 그런 일은 우리가 수탉을 잡아먹기까지 날마다 일어났다. 마침내 수탉을 없앴음에도 불구하고 해는 계속해서 떠올랐다. 두 사건, 즉 해가 뜨는 것과 수탉이 우는 것이 이제 한 사건 없이도 다른 사건이 일어났기 때문에 우리는 결과(해가 뜨는 것)가 수탉을 필요로 하지 않는다는 것을 확실히 안다. 해가 뜨는 데에는 무언가 다른 것이 역할을 하고 있음에 틀림없었다. 수탉은 해가 뜨는

데 필요한 것이 아니었던 것이다.

두 조건이 나란히 나타나면, 특히 두 조건이 반복해서 나란히 나타나면 한 조건이 다른 조건을 설명한다고 결론짓기 쉽다. 그것을 믿지 말라. 물론 두 가지 사이에 필연적 연관이 있을 수 있다. 하지만 인과 관계가 확립되기 위해서는 결과가 원인 다음에 나타나지 않을 경우에 공인된 어떤 일반원리를 어기게 된다는 점을 먼저 증명해야 한다. 훨씬 더 강력한 증명은 수탉의 경우에서 증명되는 것처럼 원인으로 가정된 것과 독립적으로 나타나는 결과를 발견하는 일일 것이다.

수탉이 우는 것은 결국 해가 막 뜨려고 하기 때문이 아니라 아침에 수탉이 짝짓기를 하고 싶어 하기 때문인 것으로 판명된다. 짝짓기 욕구 때문에 수탉은 짝짓기를 하자고 암탉을 부른다. 수탉의 울음은 해가 뜨는 것과 동시적이지만 비인과적 사건으로서 간접적으로만 관계가 있을 뿐이다. 수탉을 닭장에서 제거해도 해는 언제나 그랬듯이 계속해서 뜨고, 지금부터 25억년까지는 언제나 뜰 텐데, 이 25억년은 과학자들이 태양이 적색 거성이 되어 지구를 다 태워버리게 된다고 말하는 시간이다.

조지 버나드 쇼(George Bernard Shaw)는 채식주의자였다. 그는 위대한 극작가이기도 했다. 육식을 삼가는 일이 당신을 위대한 극작가로 만들까?

천만에!

두 가지는 독립적이며, 상호 의존하면서 변하는 것이 아니다. 나를 믿지 못한다고? 1년 동안 계속해서 채식을 해보라. 그런 다음 그것이 당신의 극작 능력에 무언가 차이를 만들어내는지 보라.

원칙: 시간적으로 연관되어 있는 두 가지 것이 원인과 결과로 연관되어 있지 않을 수 있다.

이 원칙으로부터 다음 교훈이 따라 나온다.

교훈: 한 사건 다음에 다른 사건이 나타나거나 혹은 사건들이 시간적으로 서로 연결되어 있기 때문에 그 두 사건이 인과적으로 연관되어 있다고 절대 가정하지 말라.

비가 오고, 거리가 젖는다. 그 다음에 비가 그치고, 거리가 마른다. 그리고 거리가 마를 때 다시 비가 온다. 마른 거리가 비가 오는 것의 원인인가? 젖은 거리가 비를 그치게 하는가? 원시시대의 사고로는 빌어먹게도 거리가 마를 때마다 조만간 비가 내릴 것이기 때문에 마른 거리가 비가 오게 만드는 원인이라고 결론지을지도 모르겠다.

두 예, 즉 수탉과 마른 거리 예를 선택한 것은 단지 두 사건이 생각 속에서는 연결될 수 있지만 원인과 결과로서는 연관되지 않을 수 있는 방식을 보여주기 때문이다. 그것들을 원인과 결과로 연관시키게 되면 우리는 좀더 복잡한 진리, 즉 어떻게 해서 지구가 회전하는지 혹은 기후나 이슬점에서의 어떤 변화가 비를 일으키는지 등에 대한 이해에서 멀어지게 될 것이다. 실재의 참다운 본성에 대한 우리의 이해를 흐리는 것은 무엇이든 사고상의 오류이며, 그것이 오류인 한 어떤 방식으론가 우리에게 해를 입힐 것이다.

에셀과 내가 델로스에서 그리스 미코노스 섬으로 되돌아오고 있을 때 우리 배는 커다란 폭풍과 만났다. 그리스인 선장은 괜찮을 것이라고 말하면서 우리를 안심시켰다. 그는 성모 마리아에게 기도를 했기 때문에 그가 안전하고 건강하게 목적지에 당도할 것임을 안다는 것이었다.

"성모 마리아가 우리를 도울 것이라는 것을 어떻게 그렇게 확실히 압니까?" 내가 물었다.

"미코노스 섬에 세워진 그 많은 작은 교회들을 보지 못하셨습니까? 바다에 심한 폭풍이 닥칠 때마다 선장들은 성모 마리아에게 교회를 세우겠다고 약속합니다."

"하지만 기도를 했으면서도 살아 돌아오지 못한 선장들이 세운 교회들은 어디에 있지요?" 내가 물었다.

선장은 대답을 하지 못했다. 그는 그의 추론이 결함이 있다는 것을 이해했다. 선장의 추론은 중대한 결함이 있다. 왜 그런가?

왜냐하면 어떤 사람이 기도를 하고 살아남았다는 사실은 그가 기도를 했기 때문에 살아남았다는 것을 의미하지 않기 때문이다. 한 사건 다음에 다른 사건이 발생한다는 사실만 가지고서는 두 사건이 원인과 결과로 연관되어 있다는 것을 의미하지 않는다. 기도와 안전한 도착이 관계가 있다고 가정하는 것은 선후인과의 오류를 범하는 것이다. 더 나아가 기도를 하고도 살아남지 못했던 사람들은 교회를 세울 수 없었을 것이기 때문에 살아남은 사람들만이 교회를 세웠을 것이다. 그러므로 사람들이 기도를 하고 살아남았다는 사실을 증명하기 위해 증거를 편파적으로 선택함으로써 미코노스 섬의 교회 수가 늘어났을 것이다. 그러나 그것은 그들이 기도를 했기 때문에 살아남았다는 사실을 증명하지는 못할 것이다.

우리가 알 필요가 있는 것은 비슷한 위험에 봉착한 선장들의 집단을 택해서 그 중 절반을 무작위로 선택해 기도하도록 하고, 그리고 나머지 절반을 무작위로 선택해 기도하지 않도록 했을 때 어떤 일이 일어날까 하는 것이다. 만일 기도했던 사람들이 살아남고 기도하지 않았던 사람들이 살아남지 않는다면 우리는 기도가 효험이 있다고 결론지을 수도 있을 것이다.

그러한 조사가 행해지기까지는 우리가 바다에서의 안전을 위한 표준 절차들, 즉 누름대로 승강구를 막아라, 바람을 뚫고 나아가면서 파도 속에서 배를 조정해라, 조타 방향을 유지하면서 최저 속도로 천천히 나아가라, 구명 재킷을 입어라, 구명정을 내려라, 구조를 요청하라 등의 절차를 따를 경우에 좀더 사정이 낫고 좀더 안전할지 모르겠다. 실재에 기초한 이 기법들은 수많은 조사에 의해 효과적임이 증명되어왔으며, 이 기법들이 기도보다 생존을 가져올 가능성이 더 많다.

함장 인가나 선장 면허를 따려고 하는 지망자들이 바다에서 비상사태가 발생했을 때 어떤 조치를 취해야 하는지 질문을 받았을 때 "성모 마리아에게 기도하라."라고 답한다면 그들은 필요한 해안경비대 시험에 낙방할 것이다.

종교적 열광은 흔히 선후인과의 오류와 연관이 있다.

고대 마야족은 그들의 위대한 신 차크(Chaac)가 비를 지배했다고 믿었다. 마야족은 옥수수 수확이 얼마나 비에 의존하는지를 알았다. 반복된 관찰을 통해 그들은 비가 거의 내리지 않을 때 옥수수도 거의 나지 않는다는 것을 보았다. 비가 전혀 내리지 않을 때는 옥수수도 없었던 것이다.

그렇다면 해결책이 무엇인가? 비가 내리지 않을 때 우리는 어떻게 하면 비를 얻을 수 있을까? 그것이 문제였다.

진짜 해결책은 지하에서 물을 퍼 올리는 것이었다. 그 해결책은 당시 마야족의 역량을 넘어서는 것이었다. 그들은 다른 어떤 것, 즉 효과가 없었던 가짜 해결책에 관해 생각하는 일로 너무 바빴다. 마야족의 가짜 해결책은 인간 제물을 바치는 것이었다. 그러다가 마침내 그들은 그들에게 효과가 있는 해결책을 만나게 되었다. 진짜 해결책은 다른 곳, 즉 비가 오는 곳으로 이사하는 것이었다. 그것이 바로 마야족이 비 문제를 해결하기 위해 최종적으로 했던 일이었다. 그러나 그들이 그 해결책에 도달하기까지 사제들은 인간 제물을 가지고 실험을 했다. 가뭄이 닥칠 때마다 지원자들이 욱스말(Uxmal)과 치첸이트사(Chichén Itzá), 그리고 마야 왕국 전체의 다른 곳에 있는 세노테(cenotes, 연못과 우물의 중간 크기쯤 되는 저수시설로 비의 신 차크가 이곳에 산다고 믿음)들에 빠져 익사했다. 인간 외에도 많은 값비싼 물건이 세노테에 던져졌다. 기본 착상은 차크를 달래어 그의 처녀들, 즉 천국의 처녀들을 취하도록 하고, 그 처녀들의 특수한 물 항아리를 이용하여 그들 아래로 물을 쏟아 붓게 한다는 것이었다.

우리는 이것이 제물 배후에 숨겨진 동기였음을 아는데, 그것은 마야족의 경전은 물론이고 사제들이 돌에 새긴 상형문자들이 그렇다고 말하고 있기 때문이다. 보석으로 장식된 인간의 해골을 포함하여 세노테에서 복원된 증거는 제물이 바쳐졌음을 확증한다.

그래서 무슨 일이 일어났는가?

약간의 제물을 바친 후에는 비가 내렸다. 그래서 그들이 내린 결론은 이렇다. 제물이 효과가 있었다. 따라서 바람직한 방책은 비가 오지 않을 때는 사람을 죽여라는 것이었다.

이 모든 말은 꽤 어리석은 말인 것처럼 들린다. 그러나 중요한 것은 그런 일이 일어났다는 것이다. 한 사건 다음에 다음 사건이 이어지기 때문에 두 사건이 원인과 결과로 관계를 맺고 있음에 틀림없다고 가정했기 때문에 마야 문명 전체가 발광을 했다. 비가 전혀 내리지 않았다. 그래서 그들은 사람들을 세노테에 던졌다. 그러자 마침내 비가 내렸다. 그래서 마야족은 다음과 같은 일반원리를 귀납적으로 이끌어냈다. 즉 가뭄이 닥치면 사람을 죽여라.

일단 잘못된 일반원리가 승인되고 나자 다른 많은 남신이나 여신들을 위해, 그리고 그들이 생각할 수 있는 다른 어떤 특수한 목적 때문에 사람들을 희생할 다른 많은 이유를 찾는 일로부터 마야족의 신정 정치를 막을 길은 없었다. 사실상 마야 문명의 멸망에 대한 합리적 이론은 희생 제물의 필요에 의한 인구 격감에 기초를 두고 있다. 우리는 고대 마야의 말기쯤 되면 전쟁이 주로 제물용 인간을 구하기 위해 계획되었음을 안다. 선후인과의 오류 때문에 살해당한 그 많은 모든 젊은 남녀를 생각해보라. 그들을 생각하면서 애도하라.

1692년에 있었던 세일럼의 마녀 재판(Salem witch trials)은 사법적인 재판 절차를 밟았으며, 그래서 축어적 보고 형태로 기록되었다. 그럴 기회가 있다면 그 기록을 숙독해보라. 당신이 얼마나 많은 선후인과의 오류를 찾을 수 있는지 보라.

한 농부의 마차가 괴상한 어떤 노파의 집을 지나 3마일 떨어진 지점에서 바퀴가 빠졌기 때문에 법원은 그 노파를 마녀라고 추정했다. 법원은 그 노파가 어쨌든 마차의 바퀴를 빠지게 했다고 추정했다. 그런 짓을 했을 때 3마일 떨어져 있었으므로 그녀는 바퀴를 제거하기 위해 마력을 사용했어야만 했다. 만일 그녀가 마력을 사용했다면 그녀는 마녀임에 틀림없었다. 따라서 법원은 그녀에게 사형을 선고했다. 그리하여 그녀와 다른 '마녀들' 18명이 교수형에 처해졌다.

이야기는 매혹적이다. 이야기는 1692년 5월 젊은 소녀들(자신들에게 악마가 들었다고 믿었던 사람들)이 그 지역의 한 노파를 고발하면서 처음 시작되었다. 특별 법정이 소집되었다. 이어 열린 재판들로 인해 주민들은 빠르게 대중적 히스테리 상태가 되었는데, 여기에는 심지어 총독 윌리엄 핍(William Phip)의 부인조차도 연관되어 있었다. 다행히도 인크리스 매더(Increase Mather)와 그의 아들 커튼(Cotton)이 1692년 세일럼에서의 마녀 재판을 종식시키는 데 영향력을 발휘했다. 두 사람 모두 마녀를 믿었지만 재판 증거가 신빙성이 없다고 확신했다. 두 사람 모두 선후인과의 오류를 범하는 증거를 싫어했는데, 특히 그 증거가 유령의 형태, 즉 피고인과 닮은 가상적 존재 형태라고 가정되는 경우를 싫어했다. 이러한 재판의 조건 아래서 피고인은 그녀의 통제를 벗어나서 일어나는 사건(예컨대 마차 바퀴가 빠지는 일)에 대해서는 물론이고 그녀의 유령이 저지르는 행동, 즉 어쨌든 그녀가 통제할 수 없는 행위에 대해 책임이 없었다. 현대 정신의학은 지금은 유령을 목격자의 환상이라고 파악하는데, 말이 난 김에 덧붙이자면 그 당시 이러한 환상이 일어났던 것이다.

여론으로 인해 우선 재판이 중지되고, 그 다음에는 그 재판에 대한 비난이 잇따랐다. 주 의회는 단식일에 세 재판관 중 한 사람인 새뮤얼 소웰(Samuel Sewell)이 자기의 잘못, 즉 주로 증거를 평가하면서 범한 잘못을 인정한 것을 비롯하여 회개를 통한 해결책(1696년 12월 17일)을 채택했다. 수감된 여자들은 석방되었다. 그들과 가족에게는 배상금이 지급되었다. 하지만 잘못의 교정이 교수형에 처해진 '마녀들'에게는 너무 늦어버렸다. 그들은 보상을 받지 못했다. 그들은 저 세상으로 가고 없었다. 그들은 죽었던 것이다.

만일 당신이 세일럼 마녀 재판의 원래 재판기록을 읽을 수 없다면 재판기록의 사본을 기초로 하여 쓴 아서 밀러(Arthur Miller)의 희곡 《시련》(*The Crucible*)을 살펴보라. 잘 보고 애도를 표하라. 선후를 인과로 혼동하는 사고상의 오류 때문에 희생된 모든 무고한 사람을 위해 애도를 표하라.

의사와 정치인은 선후를 인과로 혼동하는 사고상의 오류로 인해 때로는 이득을 보고 때로는 통렬한 비난을 받는다.

정치인은 물론이고 의사들은 자신들의 명성에 선후인과의 오류가 달라붙어 있음을 발견한다. 의사들이 진단을 내리고 치료 과정을 처방한 뒤에 환자의 증상이 사라진다. 어떤 약을 복용하고 그에 이어 치료가 되었다는 단순한 사실은 한 사건이 다른 사건 뒤에 일어났다는 것 외에는 아무것도 증명하는 것이 없다. 약은 걸핏하면 전혀 쓸모가 없으며, 건강이 회복된 것은 자연적인 힘들 탓일 수도 있다. 대부분의 질병은 스스로 회복된다. 만일 그렇지 않다면 인류는 오늘 이 자리에 없었을 것이다. 많은 경우에 매우 중시된 의학적 치료들이 효과가 없을 뿐만 아니라 아예 해롭기까지 하다는 사실을 역사는 가르쳐준다. 예컨대 수은염과 비소염은 효과가 없을 뿐만 아니라 그것을 복용한 사람에게 독이 되기도 했다. 에이브러햄 링컨(Abraham Lincoln)은 자신이 복용하고 있는 푸른색 작은 알약이 자신을 더 아프게 하고 있다고 생각했으며, 그래서 약 복용을 중단했다. 그 약은 수은염이었다. 이제 우리는 그 약이 독성이 있으며, 링컨의 우울증에 대한 치료제로 아무런 가치가 없다는 것을 안다.

사실상 그 약은 링컨을 불쾌한 느낌을 갖도록 만들었다. 다행히 그는 그 약을 중단했다. 그렇지 않았다면 우리는 대통령의 자살을 경험했을지도 몰랐다.

조지 워싱턴(George Washington)은 후두암(식도 종양)으로 사망했다. 아마도 그가 치료하면서 받은 반복된 출혈이 그의 죽음을 재촉했을 가능성이 높다. 출혈은 그 시절에는 훌륭한 치료법으로 간주되었다. 출혈을 행했던 의사들은 정통 주류 의사로 생각되었다. 출혈을 행하지 않았던 사람들은 기껏해야 변두리 의사로 생각되었다. 이제 우리는 후두암과 같은 심각한 식도 감염이 출혈에 의해 촉진될 뿐만 아니라 사태를 더욱 악화시킨다는 것을 안다. 출혈이 실제로 병의 원인인 박테리아에 대해 워싱턴의 저항력을 손상시켰을 수 있다. 현재 의학계는 출혈을 감염 치료법으로 보는 것에 대해 냉담하다. 당신은 당신의 아픈 식도에 대해 어느 쪽을 택하겠는가? 피를 흘리게 놔두겠는가, 항생제를 쓰겠는가?

영국의학협회(British Medical Society)가 천연두 예방접종을 반대했던 때가 있었다. 의료 조직 역시 그 문제에 대해 잘못된 판단을 내렸다. 그리고 얼마 지나지 않아 헝가리 태생 의사 이그나츠 제멜바이스(Ignaz Semmelweis)는 의사들이 손을 씻지 않기 때문에 산욕패혈증(산욕열)의 책임이 바로 의사들에게 있다고 주장함으로써 병원 일자리를 잃게 되었다! 의료 조직은 손 씻는 문제에 대해서도 잘못된 판단을 내렸던 것이다.

이 이야기에서 끌어낼 수 있는 교훈은 명료하다. 즉 의학적 주장에 대해 조심하라. 무수히 많은 자료에 의해 뒷받침되지 않는 한 그런 주장은 가짜일지도 모른다. 심지어 이른바 표준 치료법, 즉 공인된 처리, 수술, 절차조차도 미심쩍을 수 있으며, 어쩌면 해로울 수도 있다.

물론 선후인과의 오류는 양쪽으로 작용한다. 이 오류는 의사가 달성하지 못한 치료를 그의 공으로 돌림으로써 그 의사의 평판을 높일 수 있다. 그런가 하면 이 오류는 의사가 아무런 역할도 하지 않았던 불운을 그의 탓으로 돌림으로써 그 의사의 평판을 해칠 수 있다.

최근에 의사들은 의료사고 소송에서 선후인과의 오류로 인해 끔찍한 시간을 보내왔다. 한 의사가 약을 투여하고 난 뒤에 환자가 죽는다. 그러한 사건은 그 약이 환자 죽음의 원인이라는 추정을 불러일으키는가?

물론 아니다.

그러한 사건이 대중의 마음속에 그러한 추정을 불러일으킬지는 모르겠다. 그러나 그런 사건은 올바르게 생각하는 법을 알고 있는 우리 같은 사람들에게는 그러한 추정을 불러일으키지 않는다. 유감스럽게도 어떤 (악랄한) 원고 측 변호인들에게는 그런 사건이 실제로 그러한 추정을 불러일으킨다. 그런 일에 놀랄 필요는 없다. 변호인 집단은 진실을 왜곡하고 사태를 실제 그런 것보다 더 실감나게 만들기를 좋아하는 사람들이다. 그들은 변호사인 것이다. 진실을 악용하는 것이 바로 그들 임무의 일부이다.

어떤 치료가 회복된 사람으로 하여금 회복이 되게 도왔다고 가정할 수 없는 것과 마찬가지로 어떤 치료가 회복되지 않은 사람을 해쳤다고 가정할 수도 없다. 그 치료가 도움이 되었는지 해로웠는지는 한 사건이 다른 사건 뒤에 일어났다는 단순한 사실 이외의 다른 증거에 의해 입증되어야 한다.

그리고 잊어서는 안 되는 것은 환자가 그 약을 복용한 데에는 이유가 있었다는 사실이다. 그 이유는 치료보다 더 보잘것없는 결과와 관계가 있을 수도 있다.

암 치료를 받는 모든 사람이 죽는다. 암 치료를 받는 대부분의 사람은 그들의 암으로 죽는다. 그것은 애석한 일이지만 사실이다. 다시 말해서 암을 가진 환자들의 사망 원인은 치료가 아니라 암인 경우가 아주 많다. 이른바 의료 불운이나 의료사고의 대부분은 단지 어떤 문제에 앞서서 일어난 사건들일 뿐이었다. 환자의 죽음에 대해서는 병원 직원들의 자의적인 부당한 조처라는 좀더 거리가 먼 우발적 사건들보다는 질병, 노쇠, 사고, 불운, 재난이 더 설득력 있는 설명을 제공한다.

마찬가지로 자신의 당이 발의해온 어떤 법령에 대해 신용을 얻고자 하는 정치인은 그가 그 법안의 도입 후에 따라온다고 주장한 개선점이 아무렇게나 해서 일어나지는 않을 것이라는 사실을 증명해야 한다. 신용을 얻는 일과 비난을 받는 일에 대해 정치인은 일구이언할 수 있다. 그들은 언제나 신용은 주장하면서 비난은 받지 않으려는 것처럼 보인다. 그래서 만일 자신들의 통치 기간 동안에 번창기가 나타나면 그들은 자신들이 그런 번창기를 일으켰다고 말한다. 한편 그들은 종종 자신들의 집권 기간 동안에 나타나는 경제적 불황이 수입 초과, 공급 중시 경제정책, 사우디에 의한 연료비 폭등 등 그들이 생각할 수 있는 모든 희생양이나 그밖에 자신들의 정책이나 통치와 아무런 연관도 없다고 합당하게 주장할 수 있는 모든 것에서 기인한다고 지적할 준비가 매우 잘되어 있다.

역사는 선후인과의 오류로 가득 차 있다.

역사가들은 똑같은 오류에 빠진다. 20세기 미국의 번창은 흔히 자유무역이나 (구체적으로 정의되지 않은) 자본주의의 견고한 정착 탓으로 돌려진다. 번창은 자유무역을 따라 일어났고, 확실히 자본주의를 따라 일어난 것처럼 보였다. 번창은 확실히 자본주의의 반대 진영, 즉 공산주의를 따라 일어나지는 않았다. 그러나 좀더 큰 의미에서 그 연관은 증명되지 않은 채로 남아 있다. 우리는 이미 복잡한 문제에 대해 간단한 답이 없다는 것을 안다. 그래서 우리는 국가 전체의 번창이 그저 한두 가지 것에 의존했거나 의존할 수 있었을 가능성이 별로 없었음을 이미 안다.

좀더 있음직한 일로는 성공하겠다는 동기를 가지고 미국에 온 이주민들의 생산성, 철도와 훌륭한 도로, 커다란 전쟁들에서 승리를 거둠으로써 미국 상품을 위한 최고의 시장을 개척한 위대한 해군과 육군, 미국 발명가들의 주목할 만한 창의성 등을 포함한 다수의 복잡한 요인이 역할을 했을 것이다.

내 말의 요점은 선후인과의 오류가 종종 역사가들의 잘못과 일치한다는 것인데, 역사가들은 실제로 일어났던 일의 부분적 그림만을 제시하는 공공 정책의 선별 실례나 소수의 선별 항목이나 사건들로부터 과도하게 일반화하는 잘못을 범한다. 자본주의가 번창의 원인이거나 또는 원인 중 하나일 수 있지만 이 점은 번창이 자본주의를 따라 일어났다는 것을 보여줌으로써 증명되는 것이 아니다. 한 사건이 다른 사건을 따라 일어났다는 것은 단순한 우연의 일치일 수도 있었기 때문이다.

자본주의와 번창 사이에 존재하는 필연적 연관을 실제로 증명할 다른 증거가 없는 한 우리는 그 연관이 반드시 인과적 연관이라고 믿어야 하는 것은 **아니다**.

어떤 사람이 사다리를 타고 내려간다. 2년 뒤 그가 죽는다. 이 사실이 사다리를 타고 내려간 일이 불운이라는 것을 증명하는가? 우리가 그가 술을 먹고 보트를 몰다가 충돌사고를 내서 죽었다는 사실을 무시한다고 한다면. 우리가 전에 그가 죽지 않고 수차례 사다리를 타고 내려갔다는 사실을 잊어버린다면. 그리고 우리가 사망원인이라고 주장되는 것의 터무니없을 정도의 비개연성에 대해 절대 생각하지 않기로 한다면 그러한 헛소리를 믿는 일이 가능하다.

모든 미신은 헛소리다.

맞다. 이 말은 진부한 말이다. 즉 미신은 정의상 근거가 없는 것이며, 그래서 모두 헛소리다. 미신은 어리석은 것이기도 하다. 어리석은 것이기 때문에 우리는 미신을 어리석은 미신(stupidstitions)이라고 부를 권리가 있다. 하지만 미신이 왜 나쁜가?

미신은 실재로부터 우리의 정신을 딴 데로 돌리는 쪽으로 작용하기 때문에 나쁘다. 미신은 우리가 실재하는 것에 관심을 가져야 할 때 가짜의 어떤 것을 생각하는 데 시간을 낭비하도록 만든다. 사다리를 타고 내려가기를 거부하는 것은 아마도 사다리를 타고 내려오는 동안 당신 머리 위에 물건들이 떨어질 수 있는 위험을 지각했다는 사실에 그 기원을 두었을 것이다. 그것은 진짜 위험한 상황이기는 하지만 우리가 여기서 언급하고 있는 것은 아니다. 여기서 우리는 사다리를 타고 내려오는 것이 당신의 삶과 운수에 어떤 종류의 먼 영향을 미친다는 미신에 관해 언급하고 있다. 사다리가 당신이나 당신의 운명에 앞으로 불운한 영향을 미칠 수 있다는 것은 완전 헛소리다.

13일의 금요일에 대한 두려움도 의미가 없다. 토끼의 발을 가지고 다니는 것도 행운을 가져오지 않는다. 의심할 여지없이 토끼 발을 가지고 다니는 어떤 사람들은 운수가 좋게 될 것이다. 그러나 그 운은 토끼 발과 아무런 관계가 없다. 신혼부부의 차에 깡통을 매다는 것은 아마도 시끄러운 소리가 악령이 놀라서 달아나게 할 것이라는 생각에서 유래했을 것이다. 새해 불꽃놀이나 방울 등으로 시끄러운 소리를 내는 것에 대해서도 똑같은 말을 할 수 있다. 중세시대에는 마녀들이 스스로 검은 고양이로 변신할 수 있다고 믿었다. 그래서 그런 고양이가 보이면 그 고양이는 마녀가 변장한 것이라고 생각했다.

원칙: 미신은 헛소리다.

이 원칙으로부터 다음 교훈이 따라 나온다.

교훈: 미신이라고? 잊어버려라. 미신을 믿는 것은 시간 낭비이다.

미신과 밀접하게 관계되어 있는 것은 기적에 대한 믿음이다. 기적에 대한 믿음은 아주 흔히 있는 일이며, 때로 선후인과의 오류에 기초를 두고 있다. 기적은 (단지) 우연히 바로 그 시간, 바로 그 장소, 바로 그 사람에게 일어나는 훌륭하거나 주목할 만하다고 생각되는 어떤 것일 수 있다.

어떤 기적들은 냉정한 이성의 시각으로 음미되기 전까지는 꽤 그럴듯해 보인다. 그러나 보통은 단순한 자연현상이 이른바 기적을 설명할 것이다.

나는 테레사 수녀의 자서전을 읽었던 것을 기억하는데, 내 기억 속에 그녀는 손에 불 켜진 초를 들고 계단을 오르고 있었다. 냉기를 머금은 미풍이 불어 촛불을 희미하게 만들었다. 그러나 몇 초 안에 촛불이 다시 켜졌다. 테레사 수녀는 촛불이 희미해진 것이 악마의 소행이라는 것을 알았는데, 그녀는 악마가 기도를 하기 위해 그녀를 방에 들어가지 못하도록 막는 것이라고 생각했다. 악마는 촛불을 바람에 날리게 했다. 그러나 기적으로 예수님이 불꽃을 다시 살렸던 것이다.

악마는 촛불이 꺼지는 현상과 아무런 관련이 없을 가능성이 훨씬 많다. 예수가 불꽃을 다시 살린 것도 아니다. 그저 바람이 촛불을 약하게 한 것으로 생각된다. 촛불은 그저 그냥 다시 살아난 것으로 생각된다. 특별히 악마나 예수의 개입 없이도 나에게도 똑같은 일이 일어났기 때문이다. 아마도 당신에게도 똑같은 일이 일어났을 것이다.

그런데 불이 나갈(goes out) 때 그 불은 어디로 가지?

앨리스는 이상한 나라를 모험하면서 바로 그것에 관해 의아해한다. 그 불은 정확히 어디로 갈까? 우리는 아는가? 소크라테스 이전 사람들은 그런 문제를 즐겼다. 그러나 내가 아는 한에 있어서 그들은 만족스러운 답을 내리지 못했다. 불이 아무 데도 가지 않는다고 말하는 것은 선결 문제 요구의 오류를 범하는 것 같지만 실은 그렇지 않다. 꺼진 불은 아무 데도 가지 않는다. 그 문제에 관한 우리의 사고가 단지 불의 소멸을 기술하는 은유적 표현들로 인해 잘못된 방향으로 미리 조건지어(일정 방향으로 정해져) 있을 뿐이다. 여기서의 경우처럼 어떤 언어는 함축된 언질을 가지고 우리에게 나타나는데, 이 언질은 우리가 그것을 쉽게 간과하거나 그것으로 인해 쉽게 바보가 될 수 있을 정도로 깊이 스며들어 있다. 언어의 함축적 요소를 간과하게 되면 우리는 순진하거나 (이 경우에서처럼) 잘못된 자연관에 이를 수 있다. 불 문제는 루드비히 비트겐슈타인(Ludwig Wittgenstein)이 진술한 것처럼 언어가 휴가 갈 때 일어나는 사이비 문제 중 하나이다. 만일 우리가 그냥 "불이 꺼졌다."(the flame became extinct)나 "그치다."(ceases) 혹은 "그쳤다."(ceased)라고 말했다면 또 다른 논의나 결론이 없게 될 터인데, 왜냐하면 이런 식으로 표현할 경우에 그런 문제는 아예 제기되지 않을 것이기 때문이다. 그래서 다음번에 "불이 나갈 때 그 불은 어디로 가지?"라는 질문을 받으면 그 불이 아무 데도 가지 않는다고 답하라. 그 물음에 대한 답은 공집합, 즉 존재하지 않는 것들의 집합의 원소가 되는데, 이 공집합에는 비종교적 교회들, 둥근 사각형들, 네 변 삼각형들, 나는 고래들이 포함된다.

불 문제나 그 비슷한 다른 문제들에 대한 진짜 시험은 용어법을 바꿈으로써 의견의 불일치가 해결될 것인지 묻는 것이다. 예컨대 "불이 그쳤다."와 같은 표현들이 "불이 나갔다."에 의해 포착되는 관련된 사실을 빠뜨린다고 이의를 제기함으로써 불과 관련된 사이비 문제에 대한 앞의 해결책에 대해 합당하게 이의를 제기할 수 있는 사람은 아무도 없다. 불의 경우에 언어적 혼란이 지적되었을 때 문제가 명료해지기 때문에 논쟁이 되는 실질적 사실이란 없다. 한편 언어나 문제를 보는 각도를 바꿈으로써 해결될 수 없는 문제는 순수한 의미론적 난점이 아니라 관련된 적합한 증거를 검토함으로써 해결되어야 한다.

어떤 사람이 어떤 성당에 가서 그의 목발을 놓고 가기 때문에 성당에서 목발이 발견되었다는 사실이 기적이 일어났음을 의미하는 것은 아니다. 의사로서 나는 위약을 가지고 많은 환자를 치료했다. 나는 여러 해 동안 이른바 중풍에 걸려 휠체어를 타던 환자들에게 휠체어를 벗어나게 해주었다. 문제는 인간의 무의식적 정신의 비밀스런 작용과 장애자로 남으려는 의지에 있었다. 일단 그러한 의지가 위약에 대한 믿음 또는 의사나 성모 마리아나 성 안나(Saint Anne)나 그 누구에 대한 신앙에 의해 깨지게 되면 장애는 사라진다.

그런 환자는 정말로 병이 있다. 그러나 그들의 병은 발단이 물리적인 것이 아니라 심리적인 것이다. 그들의 병은 바람직하지 않은 심적 자료가 물리적 징후로 전환되는 전환 반응(conversion reactions)이다. 많은 전환 반응이 강한 암시에 의해 치유된다. 초자연적인 것은 전혀 포함되지 않는다. 초자연적인 어떤 것이 포함된다고 가정하는 것은 우리를 진리로부터 멀어지는 쪽으로 이끈다. 진리에서 멀어지고 오류를 향하게 하는 것은 무엇이라도 사고상의 오류이다.

원칙: 비록 어떤 기적은 선후인과의 오류에 기초를 둔다 할지라도 또 어떤 기적은 다른 형태의 결함 있는 추론이나 잘못된 지각에 기초를 두고 있다.

수많은 기적 주장은 사진의 결과에 대한 잘못된 해석, 자연현상에 대한 잘못된 이해, 자연의 무작위적 유형을 상상을 통해 종교적 상과 동일시하는 것, (뒤에 나오는 집단순응사고에 관한 장에서 논의되는) '대중 환각'이나 망상, 노골적 사기, 날조, 기억에 관한 담소 등과 같은 다양하고 풍부한 다른 원인으로 인해 비롯되는 것이지 선후인과의 오류와는 무관하다.

원칙: 기적은 헛소리다.

이 원칙으로부터 다음 교훈이 따라 나온다.

교훈: 기적이라고? 잊어버려라. 기적을 믿는 것은 시간 낭비이다.

좋다. 이제 선후인과의 오류에 대해 알았으니 다음 문제를 해결해보기로 하자. 우리의 능력을 시험해보자. 미국 해안경비대의 (72 Colregs로 알려진) 해상 충돌 방지 규정에서 따온 다음 진술을 검토해보라. "만일 충돌이 발생했다면 충돌의 위험이 있었음에 틀림없다. 충돌의 위험이 있었으므로 충돌 관련 당사자들에게는 위험을 피하기 위한 적당한 조처를 취할 것이 요구된다. 충분히 적당한 조처를 취하지 않았으므로 그들에게는 충돌에 대한 책임이 있다."

물음: 충돌 규정이 합리적인가? 왜 그런가 또는 왜 안 그런가? 잠시 멈추어 이것에 관해 생각해보라. 내가 아래에 제시하는 모범답안과 명확하게 비교할 수 있도록 당신의 답을 적어보라. 당신의 답을 두 부분으로 나누어서 제시해보라. 첫째, 해상 충돌 방지 규정이 합리적인지 아닌지 진술하라. 둘째, 당신이 당신의 답에 어떻게 그리고 왜 도달했는지 설명하라. 당신의 설명은 내 설명과 다를 수 있다. 이치에 닿는 한에 있어서 당신의 답을 올바르다고 생각하라.

답: 부분 1—그 규정은 불합리하다.

답: 부분 2—그 규정은 (여러 가지 오류 중에서도) 선후인과의 오류에 기초를 두었기 때문에 불합리하다.

당신의 답이 올바른지 스스로 검사하라. 두 가지 답에 대한 훌륭한 이유가 있었는지 각각 검사하라.

검토: 이와 같은 진술들을 분해하는 경우에 한 발 물러서서 그 언어의 최종 결과가 무엇인지에 대한 종합적 견해를 취하라. 때로 말,

특히 정부 당국이 표현하는 과장된 호언장담의 말은 우리를 을러대어 생각을 하지 못하게 하기 쉽다. 그러한 조건 아래서는 한걸음 뒤로 물러나 그 결과를 분석하는 것이 최선이다. 이 충돌 방지 규정의 최종 결과는 모든 충돌에 대하여 원인이 있다고 주장하고, 모든 충돌에 대하여 그 원인이 판단상의 잘못이라고 주장하는 것이다. 본질적으로 그 충돌 방지 규정은 모든 충돌이 적당한 조처를 취하지 못한 데서 기인한다고 단정한다. 이것은 정부 규정으로서는 위장된 의학적 부정 치료의 과오이다. 그것은 마치 환자가 수술을 받은 후 죽을 경우에 의사가 죽음을 방지할 적당한 조처를 취하지 않았기 때문에 그 의사가 잘못을 범했음에 틀림없다고 정부가 단정하는 것과 같다. 정부가 그런 판결을 내릴 수는 있지만 규정을 그런 식으로 만들 수는 없다. 정부조차도 실재에 의해 속박되는데, 실재는 논리법칙, 이성, 명료한 사고가 작동함으로써 모습이 드러난다.

수술 후 사람이 죽는 데에는 그렇게 죽는 사람의 수만큼이나 많은 이유가 있다. 세상의 의사를 모두 합친 것보다도 감염, 연로, 질병이 수술 후 죽음을 더 많이 일으킨다. 수술 후의 어떤 죽음은 단순한 사고이다. 또 어떤 죽음은 칼륨을 정맥주사로 주입하는 정신나간 간호사들에게서 기인한다는 것을 이제 우리는 안다 등등. 한 사이즈(one-size)에만 맞도록 만들어진 진술은 전혀 맞을 수 없으며, 전혀 맞지 않는다. 그런 진술은 절대 맞지 않을 것이다. 세상은 그런 식으로 돌아가지 않는다. 세상은 그렇게 단순하지 않다.

시간적으로 연결된 두 가지(수술과 죽음, 충돌 위험과 충돌 또는 판단상의 오류와 충돌)는 원인과 결과를 함의하지 않는다. 두 가지가 원인과 결과를 함의한다고 주장하는 것은 사고상의 오류이다. 어떤 사람들은 이 점을 명료하게 파악하는 데 애를 먹는다. 당신도 애를 먹는다면 그 문제에 대해 다음 접근 방식을 생각해보라.

만일 A(사고)가 일어난다면 A의 원인은 E이다(판단상의 오류). 이 판단은 옳을 수 없는데, 왜냐하면 이 판단이 옳다면 모든 사고가 판단상의 오류(A⊃E와 E⊃A)를 함의할 것이기 때문이다. 그러나 우리는 A들 없이도 많은 E들이 있으며, 아마도 E들 없이도 어떤 A들이 있을 것이라는 것을 안다. 그러므로 판단상의 오류 없이도 사고가 일어나고, 사고 없이도 판단상의 오류가 일어나므로, 두 가지(사고와 판단상의 오류)는 서로 원인과 결과로 엄밀하게 관계될 수 없다. 그 두 가지가 모든 조건 아래서 언제나 원인과 결과의 관계일 수 없다는 것은 확실하기 때문이다.

이 점에 관해 어떻게 생각하는가. 다음과 같이 자문해보라. 이 규정들이 극히 단순한가? 만일 그렇다면 그 규정들을 내던져 버려라. 극단적으로 단순화된 사고는 복잡한 상황에서 차지할 자리가 없다. 복잡한 세계에서는 단순한 것이 틀릴 가능성이 많다는 사실을 기억하라. 그 규정은 모든 충돌이 적당한 조처를 취하지 못하는 인간의 과오에 기인해야 한다고 가정하기 때문에 단순하다. 그것은 불가능하다. 어떤 충돌은 인간의 과오에 기인할 수도 있다. 심지어는 대부분의 충돌이 인간의 과오에 기인할 수도 있다. 그러나 모든 충돌이 그렇다고? 그것은 전혀 아니다.

모든(all)이라는 낱말을 가진 진술이 그르다는 것을 어떻게 증명할까? 예외를 발견하라.

우리가 해야 할 일은 하나의 예외를 발견하는 것뿐이며, 그렇게 되면 그 일반진술은 그르다는 게 증명된다. 인간이 판단상의 오류를 범하거나 적당한 조처를 취하지 못한 경우가 아니면서도 충돌이 일어날 수 있는 예를 생각할 수 있는가?

지난번 허리케인이 클리어 레이크(Clear Lake)를 휘몰아쳤을 때 배 수백 척이 충돌해 침몰했다. 그 배들 대부분은 통제 불능 상태에 있었다. 그 배들 대부분은 정박시설에서 무리하게 떼어져 방향을 잡지 못하고 바다를 떠돌고 있었다. 다시 말하면 그 배들은 지휘를 받는 상태가 아니었으며, 폭풍우와 파도에 의해 까불려지면서 이리저리 떠돌고 있었다. 그 배들의 선장, 기사, 조종사 대부분은 마침 없었다. 그들은 해안경비대로부터 그 지역으로부터 전원 철수하라는 명령을 받았다. 설령 선장들이 마침 거기에 있었다 할지라도, 그래서 설령 그들이 해안경비대의 명령을 위반했다 할지라도 허리케인이 야기한 자연의 엄청난 힘에 대항하여 실질적인 어떤 조치가 행해질 수 있었을 것 같지 않다. 다른 어떤 것보다도 다수의 충돌을 야기했던 것은 바로 그러한 자연의 힘이었던 것이다.

그렇다면 허리케인이 유발한 충돌의 원인과 관련하여 누구의 판단이 결함이 있었는가? 현실적으로 십중팔구는 누구의 판단도 결함이 있었다고 할 수 없을 것이다.

그러므로 모든 충돌이 부적합한 조처를 취한 충돌의 위험이 있었음에 틀림없다는 규정이 함의하는 일반진술은 그르다는 게 증명된다. 다시 말하면 충돌 방지 규정은 과도한 일반진술, 즉 복잡한 상황을 극단적으로 단순화한 과도한 일반진술이다. 우리는 예외를 하나 보여줌으로써 그 규정이 과도한 일반진술임을 증명하였다. 사실상 삶은 사람들이 상상하는 것보다 훨씬 더 복잡하기 때문에 다른 많은 예외가 있다. 수술 후 죽음에 대해서 그렇게 죽는 사람의 수만큼이나 많은 원인이 있는 것과 마찬가지로 충돌에 대해서도 그런 충돌의 수만큼이나 많은 원인이 있다.

핵심은 이것이다. 즉 개개의 모든 충돌에 대해 조사하고 각 사건의 원인을 이해하려고 하는 것이 중요하다. 그런 식으로 해서 앞으로의 재난을 막는 진짜 진보가 이루어질 수 있다. 어쩌면 더 좋은 조명시설이나 레이더의 의무적 사용, 안개 경보기(fog horns) 등이 해결책이 될 수 있을 것이다. 판단상의 오류가 충돌의 유일한 원인이라고 가정하는 것은 우리로 하여금 문제의 진정한 복잡성을 보지 못하게 눈멀게 하고, 실재 상황을 효과적으로 다루지 못하게 막으며, 그래서 우리로 하여금 앞으로의 유사한 충돌을 막는 데 실제로 효과가 있을 성공적 해결책에 도달할 수 없게 만든다.

충돌 방지 규정 같은 진술에 접근하는 또 다른 방식은 그 규정을 분해하여 개별 조각들을 검토하는 것이다. 만일 추론 사슬의 한 부분이 결함이 있다는 것을 보여줄 수 있다면 전체 **연쇄논증**(sorites), 즉 결론을 끌어내는 전제와 논거들의 연결에 오류가 있었음이 증명될 것이다.

규정 조항: 만일 충돌이 일어났다면 충돌의 위험이 있었음에 틀림없다.

완전 잠꼬대다.

이 조항은 소박하게 있는 그대로의 적나라한 색깔로 제시된 고전적 선후인과의 오류이다. 이 조항은 과도한 일반진술이며, 그래서 그르다. 이 조항은 극단적으로 단순화된 진술이다. 이 조항은 단순한 주장이며, 그처럼 단순한 주장으로서 자신을 입증할 자료의 부담을 지는 게 요구될 것이다. 더 나아가 그 진술은 동의어반복, 즉 어떤 주장을 증명하는 것이 아니라 오히려 단지 그 주장을 재진술하고 있을 뿐이기 때문에 범하는 사고상의 오류이다. 모르핀은 그것이 가진 잠이 오게 하는(somniferous) 속성 때문에 잠을 유발한다. 이 진술은 **잠이 오게 하는**이란 낱말이 잠을 유발하는(sleep inducing)

을 의미하기 때문에 동의어반복이다. 말해진 것은 모르핀이 잠을 산출하기 때문에 모르핀은 잠을 산출한다는 것이다. 그 진술은 아무 효과가 없다. 그 진술은 확실히 모르핀이 왜 효과가 있는지에 대해 우리에게 아무것도 계몽시켜 주지 않는다.

만일 어떤 충돌이 일어났다면 충돌의 위험이 있었음에 틀림없다는 진술은 같은 것을 두 번 말하기 때문에 동의어반복이다. 어떤 일이라도 일어났다 하면 그것은 이미 일어났기 때문에 일어날 수 있다는 것을 함의한다. 그래서 충돌이 충돌의 위험과 연관이 있다고 말하는 것은 말하는 것이 별로 없다. 사실상 그 말은 순환논증이다. 비슷하면서 똑같이 이해할 수 있는 진술로는 사망자가 있는 뱃놀이 사고에서는 누군가가 죽는다는 진술을 들 수 있을 것이다. 체셔 고양이(Cheshire Cat)는 앨리스에게 주변에 있는 모든 사람이 미쳤다고 말했다. "하지만 내가 여기 있잖아." 앨리스가 말했다. "그리고 나는 미치지 않았어." 고양이가 대꾸하기를 "너도 미쳤음에 틀림없어. 너도 여기 있으니까."(72~73면) 체셔 고양이는 입증되지 않은 진술을 만든 다음 그 주장에 기초를 둔 결론을 끌어냈다. 그 다음에 그는 그 주장을 재진술하기 위해 순환 형태의 추론을 사용했다. 해안경비대 규정 역시 체셔 고양이의 논증만큼 순환적이지만 중요한 차이가 있다. 고양이는 그냥 재미있는 허구이다. 반면 해안경비대 규정은 법의 효력을 지니고 있다.

만일 충돌 방지 규정이 합리적이라면, 나는 똑같은 방식으로 충돌이 일어났다면 배가 연관되어 있음에 틀림없다고 말할 수 있다. 등대는 서로 충돌하지 않지만 배는 서로 또는 다른 어떤 것과 충돌한다. 그것이 바로 이 규정이 대상으로 하는 것, 즉 해상 충돌이다. 그렇지 않은가? 그렇다면 어리석은 것에서 불합리한 것으로 나아가 보는 게 어떤가? 모든 충돌이 배를 포함하므로 배가 잘못을 범했음에 틀림없다고 주장하는 것은 어떤가? 왜냐하면 배가 없으면 충돌도 없을 터이니까. 이 점으로부터 모든 충돌에 대한 해결책은 배를 물에 들어가지 못하게 막는 것이라는 결론이 따라 나온다. 배의 운행이 없으면 충돌도 없다.

알아들었는가?

결론: 충돌 방지 규정 진술의 첫 번째 전제가 그르므로 전체 진술이 **건전하지 못하다**(unsound). 즉 전체 진술이 결함이 있다.

같은 방식으로 우리는 충돌 방지 규정의 다른 진술들 각각을 분해할 수 있었다. 그러나 우리는 그렇게 하지 않을 것이다. 대신 나는 다른 중요한 사고상의 오류, 즉 (만일 당신의 눈과 마음이 열려 있다면) 당신이 매일 밤낮으로 보게 될 오류로 나아가고 싶은데, 그것은 바로 다음 장의 주제인 그릇된 유비이다.

연습문제

1. 지금쯤은 당신도 반복 연습을 안다. 이 장의 모든 주요 요점을 큰 소리로 다시 읽어라. 그렇게 한 다음 스스로 여기에 검사 표시를 하라 ________.
2. 왜 선후인과의 오류가 사고상의 오류인지 설명하라. 129면의 정의를 읽어서 당신의 답을 검사하라. 맞았으면 여기에 검사 표시를 하라 ________. 맞지 않았으면 잊어버려라. 다음 장으로 건너가라. 그것에 관해 더 이상 머리를 짜내어 생각하지 말라. 다음에 이 질문을 받으면 “나는 두 가지가 시간적으로 서

로 연결되어 있으니까 어떤 것이 다른 어떤 것을 일으켰다고 말하는 것이 그르다는 것을 안다. 패튼이 명료한 사고의 실용적 입문서라고 할 수 있는 그의 작은 책에서 나에게 그렇게 알려주었다."고 말하라.

이제 다음 장으로 넘어가기 전에 어딘가에 가서 멋지게 휴식을 취하라. 다음 장에서는 그릇된 유비로 알려진 오류를 검토한다.

제4장

그릇된 유비

이 장은 그릇된 유비로 알려진 일상적인 사고상의 오류를 다룬다. 유비는 우리의 사고의 많은 부분을 형성하는데, 이는 일단 두 가지 것이 인간의 의식 속에서 연결되고 나면 각각은 서로 다른 것을 생각나게 하는 경향이 있기 때문이다. 이것은 인간 사고의 기본적인 심리적 메커니즘이기 때문에 우리는 때로 그로 인해 잘못 생각하게 되는 수도 있다. 이는 뇌가 만드는 연상이 반드시 합리적인 것도 아니고 실재 상황과 반드시 관계되어 있는 것도 아니기 때문에 그렇다. 우리의 뇌는 자연스럽게 두 가지 것을 함께 연관시키기 때문에 우리는 각 항목들이 일정한 방식으로 서로 닮았다고 가정하기 쉬우며, 실은 그렇지 않은데도 또 다른 유사점이 있다고 잘못 결론지을 수 있다.

유비를 통한 한 항목과 다른 항목의 비교는 결코 어떤 이론이나 판단의 유일한 입증 근거로 사용되어서는 안 된다. 그러한 비교는 이미 확립된 사실을 예증하는 데 사용되거나 일련의 사고나 작업 가설을 확립하는 데 도움이 될 수 있다. 그러한 비교가 할 수 있는 일은 이것에 불과하며, 그 이상을 강요하면 안 된다.

그릇된 유비는 진리를 멀리하고 오류를 향하게 만들기 때문에 사고상의 오류이다.

유비 논증은 당신이 그것에 관해 생각하지 않는 한 종종 발견하기는 쉽지만 그 논증에 반하는 말을 하기는 어렵다. 우리는 도미노 이론이 옳지 않음에 틀림없는 이유에 대해 이미 면밀하게 살펴보았다. 그러나 이제 우리는 그 이론이 왜 그른지 안다. 즉 그 이론은 그릇된 유비였다. 도미노 이론은 국가를 쓰러질 준비가 되어 있는 준안정 상태의 도미노에 비유하였는데, 국가는 도미노가 아니며, 처음부터 끝까지 일렬로 늘어서 있지도 않으며, 국가들 중 하나를 뒤집어엎어도 다른 국가들이 뒤집어엎어지지 않으며, 떨어질 장소가 없기 때문에 어느 곳으로도 떨어지지 않는 등의 이유 때문에 그르다. 심지어 도미노라 할지라도 1인치 미만의 간격으로 적당히 배열된 상태에서 도미노를 갖고 노는 아이가 적당한 힘으로 도미노를 밀지 않는 한 도미노처럼 움직이지 않는다. 도미노 이론이 그릇된 유비임을 드러내는 또 다른 방식은 그 이론이 끌고 가는 대로 그 이론을 따라가는 것, 즉 그 이론이 올바르다고 가정한 다음 그 결과가 실제로 그렇게까지 나쁜 것인지 묻는 것이다.

나는 30년 동안 정원을 손질해오면서 어떤 땅에서 잘 자라는 식물이 다른 땅에서는 시들게 될 수 있다는 것을 안다. 내 상추는 봄에 잘 자라고 여름에 시든다. 내 옥수수는 봄에는 잘 자라지 않지만 여름에는 잘 자란다. 정부 형태들은 쉽게 이식될 수 없지 않을까?

이해가 되는가? 내 유비가 무엇인가?

나는 국가를 식물에 빗대고 있다. 그것이 합리적인가? 아니라면 좀더 직접적인 추론은 어떤가. 이것은 어떤가. 우리의 경제 체제 형태는 베트남에게는 이상적이지 않을 수 있다. 우리에게 좋은 것이 그들에게는 나쁜 것일 수 있다. 우리의 자본주의를 베트남에 아무런 위험 없이 수출할 수 있었을까? 한 정세에서 기분 좋게 동의할 수 있는 척도들이 다른 정세에서는 그저 부아만 돋우는 것일 수 있다. 게다가 다른 나라의 국민들이 어떤 형태의 정부를 필요로 하는지를 결정하는 우리는 누구인가? 그러한 다른 나라 국민들이 그들의 미래 행복이 어디에 있을지를 더 잘 결정할 수 있는 처지에 있지 않을까? 미국의 독립 선언은 국민이 그들 자신의 정부를 통해 그들 자신의 운명을 통제할 필요성을 설명하지 않는가? 우리가 우리 자신에게는 자치의 원칙을 주장하지만 다른 사람들에게는 자치 원칙을 부정하는 것은 위선적이지 않은가?

내 말이 무슨 뜻인지 알겠는가?

베트남에 대한 미국의 개입에 기여했던 하찮은 사고와 전체 정치 이론은 쉽게 노출되고 반박된다. 올바른 명료한 사고를 통해 우리는 베트남에서의 각종 문제를 피할 수 있었고 피했어야 한다. 명료한 사고를 통해 우리는 우리의 젊은이들을 안전하게—그리고 생존한 채로—집에 있게 했어야 했고, 또 집에 있도록 할 수 있었다.

도미노 이론에 함의되어 있는 것은 특수한 어떤 조처가 불가피하게 보통은 바람직하지 않은 특수한 어떤 귀결로 이끌게 될 일련의 단계에서 그저 한 단계이며, 그것이 보통은 첫 단계라는 것이다. 존슨 대통령은 베트남이 공산화될 경우 캄보디아가 그 뒤를 이을 것이라고 주장했다. 그 다음에 라오스가 무너지고, 그 다음에 동남아시아의 모든 국가가 그리고 그 다음에는 인도가 무너질 것이다. 그리고 그 다음에는 (이 말은 내가 날조한 것이 아니다. 왜냐하면 나는 그의 연설들 중 하나에 대한 녹음 테이프를 가지고 있기 때문이다) 세계가 공산화될 것이다.

존슨 대통령이 미국 정치에 도미노 이론을 적용한 것은 비참한 귀결을 가져왔다. 그가 범한 과오에는 그릇된 유비(국가는 도미노가 아님)뿐만 아니라 아무런 증거 없이 예측된 사건 사슬의 모든 요소가 일어날 것이라고 가정한 것도 포함되어 있었다.

어떤 사건 계열 속의 각 사건은 저마다 (적절하고 적합한 증거에 의해 지지되는) 독립적 논증이 제시되어야 한다. 우리는 어떤 경우에도 각 사건에 포함되어 있을 수 있는 인과적 요인에 대한 별도의 탐구 없이 한 사건이 자동적으로 다른 사건이나 사건 계열에 이른다거나 일으킬 것이라고 가정해서는 안 된다.

캄보디아는 베트남과 다른 나라이다. 거기 있는 사람들은 행하는 일이 다르다. 캄보디아가 다른 나라인데, 어째서 캄보디아가 베트남에 이어 공산화될 것이라고 가정하는 것이 안전할까?

앞에서 진술한 것처럼 베트남이 전쟁에서 이긴 후 결국은 베트남조차도 공산화되지 않았다. 전혀 공산화되지 않았던 것이다. 베트남 사람들은 세계의 대부분 나라가 그런 것처럼 혼합 경제를 선호했다. 베트남은 지금 미국의 무역 상대국이다. 베트남에 미국이 개입한 뒤로 베트남 사람들은 중국 공산당을 포함하여 외국인을 자국에 들이지 않기 위해 또 다른 전쟁을 벌였다.

오늘날의 이 예는 어떤가? “만일 우리가 게이와 레즈비언의 결혼을 허용한다면 다음에는 집단혼(group marriages)을 원하는 사람들이 나타날 것이고, 그 다음에는 곧 누구도 결혼 문제로 걱정하지 않게 될 것이다.” 도미노 이론이 동성 결혼에 적용된다는 것을 파악했는가? 게이들의 결혼과 집단혼 사이에서도 집단혼과 정상적 결혼의 소멸 사이에서도 인과적 연관이 전혀 증명되지 않았다는 사실을 주목하라. 이런 주장을 뒷받침하기에 충분한 증거는 제공되지 않는다. 그러므로 그 결론은 증거에 의해 뒷받침되지 않으며 올바르게 도출되지 않는다. 사실상 그와는 정반대의 결론, 즉 게이와 레즈비언들의 결혼이 정상적 결혼을 억제하는 게 아니라 촉진시킬 것이라고 주장될 수도 있다.

"일단 당신이 담배를 피기 시작하면 당신은 대마초를 피게 될 것이다. 일단 대마초를 피게 되면 당신은 코카인을 이용하기 시작할 것이고, 그 다음에는 그보다 센 온갖 마약을 이용하게 될 것이다. 그 후에는 감옥이나 무덤으로 가는 내리막길뿐이다." 도미노 이론이 담배에 적용되었음을 파악했는가?

이것은 어떤가? "역사는 6개의 문자로 되어 있으면서 *er*로 끝나는 이름을 가진 사람들이 사악한 침략자임을 증명한다. 예를 들면 크뤼거(Kruger, 남아프리카의 정치인. 1877년 트란스발 공화국이 영국에 병합되자 반영 독립운동을 일으켰으며, 1881년 영국군을 격파하여 독립을 되찾은 완강한 반영 투사), 히틀러(Hitler), 카이저(Kaiser) 등이다. 침략을 시작하기 전에 다음번 침략자를 막아보자." 직관적으로 우리는 이 말이 옳을 수 없음을 안다. 6개의 문자로 되어 있으면서 *er*로 끝나는 이름을 갖는 일은 침략과 아무런 관계도 있을 수 없기 때문이다. 그러나 사실은 그런 것처럼 되어 있다.

사실은 어떻게 되어 있는가?

열거한 사람들은 군 지도자들이었다. 하지만 그 사실은 그들의 이름과 아무런 관계가 없었다. 그들로 하여금 공격적 지도력으로 이끌었던 상황, 그들의 권력 증대, 사회적 · 경제적 힘이 그들의 이름보다 훨씬 더 중요했다. 사실상 그들의 이름은 그들이 한 일과 거의 또는 전혀 관계가 없었다. 그 이름들은 임의적 호칭이었다. "이름에 무엇이 있나요? 우리가 장미라 부르는 그것을 다른 이름으로 불러도 향긋한 냄새가 나는걸." (셰익스피어의 《로미오와 줄리엣》 2막 2장 1~2절)

전시에 정치 지도자였던 이 사람들이 모두 6개의 문자로 된 이름을 공유하고 있다는 사실과 그들의 이름이 *er*로 끝난다는 사실은 단순한 우연의 일치였다. 논증으로 표현하게 되면 이 유비는 다음과 같이 말하는 셈이다. 즉 침략은 *er*로 끝나는 6개의 문자로 된 이름이라는 속성과 연관이 있기 때문에 *er*로 끝나는 6개의 문자로 된 이름을 가진 다음번 녀석도 똑같은 공격적 성향을 가져야 한다.

기호를 사용하면 이 논증은 다음과 같이 진행될 것이다. 즉 만일 X가 a와 b를 가지고, Y가 a와 b를 가진다면 Y 또한 X에 속하는 c라는 속성을 가져야만 한다. 그것은 물론 옳지 않다. Y가 c를 갖는지 아닌지는 단순한 (아마도 그릇된) 유비의 확장이 아니라 상황, 사실, 증거, 이유들에 달려 있다.

훨씬 더 세련된 역사적 유비가 무너지는 수가 종종 있는데, 이는 역사가 되풀이되지 않기 때문이다. 역사는 절대로 되풀이되지 않는다. 가능한 지침으로 삼기 위해, 그리고 인간성에 관해 교훈을 발견하기 위해 과거로 시선을 돌려 보라. 그것은 별로 많은 것을 바꾸지 못한다. 그러나 과거의 상황을 현재에 적용하지 말라. 과거 사건과 현재 사건의 차이점은 아마도 유사점을 훨씬 더 초과할 것이다. 뿐만 아니라 역사는 역사로부터 배운 교훈을 잘못 적용한 사례로 가득 차 있다.

1차 세계대전은 2차 세계대전이 아니었다.

1차 세계대전에서 독일군의 진격을 막는 데 참호가 아주 효과적이었다고 해서 이 사실이 2차 세계대전에서도 마지노선이 똑같이 효과가 있을 것임을 의미하지는 않는다. 1차 세계대전이 시작된 1914년과 2차 세계대전이 시작된 1940년 사이에는 사람들을 속이는 가짜 유사성이 많이 있다. 즉 전투가 베네룩스에서 시작되었고, 독일군이 다시 프랑스와 영국을 상대로 싸웠으며, 경제적 문제도 똑같았다. 그러나 상황이 바뀌었다. 2차 세계대전에서 독일군은 새로운 형태의 전술을 고안했다. 그들은 그 새로운 형태의 전술을 **전격전**(*blitzkrieg*)이라고 했는데, 이것이 바로 1차 세계대전과 2차 세계대전의 모든 차이를 만들었다. 이 새로운 형태의 전술을 고려하지 못한 프랑스인의 모든 논증은 역사적 유비를 그른 결론에까지 너무 많이 밀고 나아가는 비참한 결점으로 인해 고통을 겪었다. 프랑스인의 사고가 올바른 추론에 기초하지 않았기 때문에 프랑스인들이 크게 고생하고 또 고생했던 것이다.

사고에서 프랑스인의 오류에 대한 공식 이름은 연속성의 오류(fallacy of the continuum)이다. 프랑스인은 그들의 전쟁 방책을 1차 세계대전의 상황이 2차 세계대전에서도 별로 변하지 않았다는 그릇된 생각에 기초를 두었다. 즉 그들은 한 시대에서 다른 시대까지 연속성이 있다고 생각했다. 따라서 그들은 두 시대가 같거나 유사하다고 가정함으로써 한 시대를 다른 시대에 빗대는 유비를 만들었다. 실제로는 그러한 유비가 성립하지 않았다. 시대가 바뀌었고, 그래서 상황이 바뀌었다. 변화에 대비하지 못했던 사람들은 불리한 입장에서 움직이면서 고생을 했을 것이다. 그리고 그들은 실제로 그렇게 했다.

최근에 나는 텍사스 대학 의학과의 해부학 및 신경과학 교수인 노마 루빈(Norma Rubin)에게서 이메일을 받았다. 거기서 그녀는 다른 무엇보다도 유태인이 지금 이스라엘 영토인 땅을 차지할 권리가 있다고 말했는데, 이는 유태인이 기원전 1020년에 그 자리에 고대 솔로몬 왕국을 세웠기 때문이라는 것이었다.

노마는 솔로몬이 많은 이방의 아내를 거느렸는데, 그 아내들이 그들이 섬기던 신들을 위한 제단을 세우도록 허용했다는 사실을 언급하지 않았다. 그의 호사스러운 궁정을 유지하기 위해 솔로몬은 백성들에게 무겁게 세금을 부과했다. 그리고 그의 기력이 약해지면서 사람들과 영토에 대한 장악력 역시 약화되었다. 솔로몬을 계승한 아들 르호보암(Rehoboam) 치하에서 솔로몬 제국은 멸망하였고, 그의 왕국은 분열되었다.

그러나 역사의 사실들과는 별도로, 솔로몬이 기원전 1020년에 그 땅을 지배했기 때문에 유태인이 이스라엘을 소유한다는 생각은 어떤 것이 과거에 존재했기 때문에 현재에도 계속해서 존재해야 한다는 생각을 전제가정하기 때문에 완전히 그르다. 지금은 사정이 다른 것이다. 오늘날 이스라엘은 솔로몬 치하에 있었던 나라와 같은 나라가 아니다. 그러므로 두 나라가 같은 나라라고 가정하는 어떠한 유비도 그릇된 유비이다.

더 나아가 그런 논증은 불합리하다는 것을 보여줄 수 있는데, 이는 그런 논증이 올바르다고 할 경우에 로마인들이 팔레스타인을 자신들의 한 지방으로 통치했으므로 이스라엘은 이탈리아에 속하기 때문이다. 또는 미국의 인디언이 미국 땅에 먼저 있었기 때문에 그들이 미국을 소유해야 하는 것이다.

표준형식으로는 연속성의 오류를 범하고 있는 노마의 논증이 다음과 비슷해 보인다.

X가 X였으므로
X는 여전히 X이어야만 한다.

이 논증은 거의 순환이다. 맞는가? 또한 이 논증은 진보를 부정하고 방해하는 논증이기도 하다. 그러니 3000년 후에는 X가 절대 똑같은 것이 아님을 잊지 말아라. 3000년이 경과한 후에는 X는 언제나 다른 것이다. 3000년 후에 X는 언제나 X+3000년의 시간 X T(시간 T에서의 변화에 따른 X에서의 변화)이다.

이 오류의 고대 이름은 **수염의 오류**(fallacy of the beard)이다. 그런 식의 이름은 "수염이 되기 위해서는 우리가 얼마나 많은 털을 가져야 하는가?"에 관한 고대의 논쟁에서 유래했다.

우리는 수염을 만드는 데 필요한 정확한 털의 수를 진술하기를 주저하는데, 이는 그 일이 임의적인 것처럼 보이기 때문이다. 수염이 있는 것과 있지 않은 것은 분명히 차이가 있다. 어떤 구분점이 확립되어야만 한다. 아니, 그런가? 어째서 이 문제가 모호한 집합, 즉 절대적 숫자가 아니라 상대적 관계에 의존할 수 있는 개념임을 인정하지 않는가? 우리가 다루는 많은 개념이 이처럼 모호하다. 어떤 사람이 언제 키가 크고 언제 키가 작은가? 언제 살찌고 언제 말랐는가? 우리는 모두 그런 용어들이 의미하는 것에 대해 일반적인 관념을 가지고 있다. 그런데도 어째서 어떤 사람들이 꼭 키가 크거나 꼭 작지 않을 수 있다는 것을 인정하지 않는가. 그들은 큰 것도 작은 것도 아닐 수 있다.

성적에 대해서도 똑같은 말이 어울린다. 64점과 65점의 차이는 1점이다. 그래서 어떤 의미에서 대수학에서 평균 64점을 받은 학생과 65점을 받은 학생은 거의 차이가 없다. 그러나 실제적 목적 때문에 통과를 하는 사람과 하지 못하는 사람은 구분점이 있어야 한다. 성적의 눈금은 연속선이지만 통과와 낙제의 한계점은 연속선이 아니다. 기본적으로 64점은 65점과 똑같은 점수가 아니다. 똑같은 점수가 아니기 때문에 이 유비는 무너지며, 64점을 받은 아이는 낙제하고 65점을 받은 아이는 낙제하지 않는다.

실제로 대부분의 선생은 이것이 모호한 장치임을 안다. 선생들은 평균 64점을 받은 학생을 낙제시키지 않을 것이다. 보통 그들은 그 학생의 평균 점수가 합격 점수가 되도록 끌어올릴 것이고, 평균 60점 혹은 그 이상을 받은 누구에게도 낙제 점수를 적용하지 않을 것이다.

똑같은 말이 신용카드 부채에도 적용된다. 판매원은 고객의 현재 월 납부액 215달러에다 50달러만 더 내면 되니까 새 TV를 사라고 고객을 설득할 것이다. 그 말은 별로 해로울 것이 없는 소리로 들린다. 판매원의 논증은 납부액에서의 작은 변화가 무시해도 좋은 결과를 갖는다는 것이다. 만일 우리로 하여금 새 TV를 구입하는 쪽으로 이끈다면 그러한 추론은 고객이 신용카드 한도 때문에 재정적 어려움에 처하기 전에 단 몇 차례만 일어날 필요가 있다. 또한 고객에게 요구되는 월 납부액이 쓸 수 있는 돈과 신용을 초과하고, 그래서 고객이 더 이상 돈도 없고 신용도 없으며, 그래서 지불할 수 없는 지점(연속선에서 절단점)이 있게 될 것이다.

연속성의 오류에 기초한 고전적인 그릇된 논증은, 여기서부터 저기까지 걸어갈 때 우리는 먼저 그 거리의 절반 지점을 통과해야 하고, 그 다음에는 나머지 거리의 절반 지점을 통과해야 하며, 그 다음에는 또다시 그 나머지의 절반을 통과해야 하는 등 절대 목적지에 도달하지 못할 것이기 때문에 여기서부터 저기까지 걸어간다는 것이 불가능하다고 주장한다. 그런 식의 그릇된 논증은 일어나서 저기까지 걸어감으로써 쉽게 반박할 수 있다. 물리적인 통행 행위는 그릇된 논증을 부정하는 강한 증거이다.

"지금 떠돌고 있는 소식을 들었어? 팻 오그래디(Pat O'Grady)가 상원의원에 출마한대. 나는 그 얼간이를 6학년 때 알았어. 나는 절대로 그 녀석에게 투표하지 않을 거야."

만일 오그래디가 상원의원에 출마한다면 그는 지금 35세 이상의 성인이다. 오그래디가 6학년 시절의 바로 그 사람이라고 가정하는 것은 연속성의 오류를 범하는 것이다. 오늘날의 오그래디가 오그래디가 6학년이었을 때의 바로 그 사람이라고 보는 것은 그릇된 유비를 하는 것이다. 성장하면서 아이들은 종종 성숙된 모습을 보이면서 지혜와 지식을 획득함으로써 변한다. 오그래디 역시 변했을 수 있다. 그는 더 나아졌을 수도 있다. 또는 그는 6학년 때보다 훨씬 더 나빠졌을 수도 있다. 오그래디에게 표를 줄 것인지를 결정하는 좀 더 합리적인 방식은 오그래디의 현재 지위를 평가하고, 쟁점들에 대한 그의 입장과 그의 공직 자격을 조사하는 일일 것이다.

그릇된 많은 연속성 논증이 다이어트 혹은 마약, 알코올, 담배를 끊는 일과 관계가 있다. 다이어트중이거나 담배를 끊으려고 하는 사람 중에 어떤 사람이 작은 도넛 한 개를 먹거나 담배를 한 가치 더 피우는 것이 아무런 실제적 차이를 일으키지 않을 수 있다는 논증에 의해 속지 않았겠는가?

적으면 적을수록 그만큼 더 좋다는 논증과 많으면 많을수록 그만큼 더 좋다는 논증은 둘 다 나쁜 연속성 논증이다.

만일 너무 많은 콜레스테롤이 당신에게 나쁘다 하더라도 그것은 어떤 콜레스테롤도 당신에게 좋지 않다는 것을 의미하지 않는다. 콜레스테롤은 세포벽과 많은 필수 호르몬을 구성하는 데 필요한 천연산 체내 화학 성분이다. 콜레스테롤이 너무 많은 것은 나쁘지만 너무 적은 것 역시 나쁘다. 필요한 것은 그저 적당한 양이다.

비타민 A는 당신에게 좋으며, 그것이 없으면 당신은 병에 걸리게 될 것이다. 그러나 비타민 A가 너무 많으면 독이 된다. 너무 많은 비타민 A는 치명적이다. 비타민 A가 너무 적어도 나쁘지만 너무 많은 것 역시 나쁘다. 필요한 것은 그저 적당한 양이다. 약간의 소금이나 후추는 음식 맛을 좋게 할 수 있겠지만 소금이나 후추가 너무 많거나 너무 적으면 그렇지 못할 것이다.

적으면 적을수록 그만큼 더 좋다와 많으면 많을수록 그만큼 더 좋다는 논증의 오류와 밀접한 관계가 있는 것은 **숫자와 크기의 횡포**(tyranny of numbers and size)이다.

큰 숫자는 진리로 인도하지 않고 커다란 오류로 인도할 수 있다.

큰 숫자는 작은 숫자보다 사람들에게 더 많은 인상을 주기 쉽다. 이 점에다가 대부분의 사람이 통계, 백분율, 분수를 이해하지 못한다는 사실을 추가해라. 다시 말해서 백분율보다는 오히려 커다란 숫자를 인용하는 것이 보통은 설득력이 높다. 그처럼 커다란 숫자는 진리를 흐리고 순진한 견해 쪽으로 오도할 수 있다. 예컨대 2000년 대통령 선거에서 승자인 조지 W. 부시(George W. Bush)는 선거인단과 미국 연방대법원의 작용 때문에 패자인 앨 고어(Al Gore)보다 더 적은 표를 얻었다. 그래서 종종 승자의 전체 표수가 유권자의 절반 이상이 승자에 반대표를 던졌다는 사실을 흐리기 위해 (무수히) 인용된다. 역으로 커다란 숫자가 부당하게 인상을 줄 수 있는 것과 마찬가지로 적은 숫자 역시 무시되는 경향이 있다. 예컨대 국제 정치에 대해 논하면서 사담 후세인(Saddam Hussein)은 미국이 불과 두 개의 정당이 있는 반면에 이라크는 하나의 정당이 있다고 지적하였다. 그는 이 말로 정당 수가 겨우 하나의 차이에 불과하기 때문에 별로 중요치 않은 차이임을 암시하였다.

큰 사람들이 반드시 올바른 것은 아니다. 키 큰 사람이 반드시 올바른 것도 아니고 키 작은 사람이 반드시 그릇된 것도 아니다. 그러나 크기는 우리가 사람을 보는 방식에 차이를 만든다. 이런 사고는 비합리적이다. J. 에드거 후버(J. Edgar Hoover)가 높이 세워진 연단에 섰고, 왕들이 왕좌에 앉았으며, 판관들은 판사석에 앉았는데, 이 모든 것은 높이가 올바름을 만든다는 비합리적 가정을 이용하려는 것이었다. 같은 이유로 당신은 작은 계란을 살 수 없다. 미국 가게에서 팔리는 가장 작은 계란도 중간 크기라 불린다.

많은 정부 프로그램이 그릇된 유비에 의해 대중을 속인다.

아직도 그릇된 유비에 관해 확신이 들지 않는가? 그렇다면 참으로 터무니없는 다음의 약간의 유비를 살펴보라.

"이 720억 달러 농가 보조금 프로그램은 식량을 산출할 것입니다. 식량은 돈과 같습니다. 그러니 여러분은 그것을 너무 많이 가질 수는 없습니다."라고 농림부의 한 입법 청원자가 말했다. 이 대목에서 독자에게 사과드린다. 내가 이 입법 청원자의 이름을 알지 못하는 것이 죄송하지만 그 말은 내가 어느 날 오후 주방으로 들어가다가 NPR 방송에서 그가 말했던 것을 들은 내용이다.

720억 달러 농가 프로그램이 식량을 산출하는지는 그냥 주장만 할 것이 아니라 증명이 되어야 한다. 그 프로그램은 실제로 농부들에게 식량 생산을 증대하지 못하도록 하기 위해 돈을 지불하기 때문에 그 프로그램이 어떻게 식량을 창조할 것인지 상상하기란 어렵다. 단순한 주장은 진리를 멀리하고 오류를 향하게 하는 경향이 있기 때문에 오류이다.

그 유비는 어떤가? 식량이 실제로 돈과 같은가?

당신은 식량을 먹을 수 있지만 돈은 정신병자만이 먹는다. 식량은 썩는다. 돈은 썩지 않는다. 그리고 왜 당신이 너무 많은 식량을 가질 수 없는가? 농가 프로그램은 너무 많은 식량이 생산되어 농부들이 낮은 가격 때문에 피해를 보는 일이 없도록 식량 생산을 안정시키기 위해 만들어지지 않았던가? 당신은 확실히 너무 많은 식량을 먹을 수 있으며, 당신이 정말로 너무 많이 먹는다면 당신은 살찌게 된다.

정치인들은 최고로 어처구니없는 것을 말한다. 이 진술은 그저 어떤 정치인들이 얼마나 어처구니없는 소리를 낼 수 있는지를 보여주는 또 하나의 예이다.

과학자들도 어처구니없는 것을 말할 수 있고, 또 실제로 말하는데, 그런 것 중 많은 것이 그릇된 유비로 서술된다. 《털 없는 원숭이》(*The Naked Ape*)와 《인간 동물원》(*The Human Zoo*)을 쓴 유명한 동물학자 데스먼드 모리스(Desmond Morris)에게서 따온 이 예를 생각해보라. "현대 도시생활의 외양 배후에는 오래된 똑같은 털 없는 원숭이가 있다. 이름만 바뀌어왔다. '사냥'은 '노동'으로, '본거지'는 '집'으로, '짝짓기'는 '결혼'으로, '짝'은 '아내' 등으로 해석된다(*The Naked Ape*, 〔London: Corgi, 1968〕, 74면).

이 유비의 관념은 만일 우리가 원숭이로부터 진화했다면 우리는 실제로는 원숭이로 남아야 한다는 것이다. 이 유비는 그릇되다. 사냥과 노동은 두 가지 다른 일이다. 두 가지 사이에 어떤 차이를 생각할 수 있겠는가? 대부분의 현대 집은 우리의 먼 고대 조상들이 살았던 동굴과는 완전히 달라 보인다. 당신이 다섯 가지 차이를 지적할 수 있겠는가? 사실상 우리가 원숭이로부터 진화했다고 말하는 것은 우리가 지금은 원숭이와 똑같은 것이 아니라 다르다는 것을 함의한다. 여담이지만 문명인은 원숭이가 아니다. 그리고 현대인은 옷을 입기 때문에 현대인은 확실히 벌거벗은 원숭이가 아니다.

언어 유비(language analogies)는 언어가 그 적절하고 확립된 사용과 관련하여 합리적이거나 사리에 맞는 관계가 아니라 관습에 의존하기 때문에 그릇된 경우가 종종 있다.

*mice*가 *mouse*의 복수이기 때문에 *hice*는 *house*의 복수이어야 한다. *slough*는 *cow*와 운이 맞기 때문에 *ought* 역시 *cow*와 운이 맞아야 한다.

이런 식의 유비는 분명히 그릇되다. 문제는 낱말들이 어떤 점에서만 유사하고 다른 점에서는 다르다는 것이다. *ough*가 들어간 낱말들은 똑같이 철자되고 네 개의 문자가 똑같이 조합되지만, 그 점이 그 낱말들이 똑같이 발음된다는 것을 의미하지 않는다. 이 낱말들이 *ough*를 갖는다는 사실은 그 낱말들의 역사와 관계가 있다. 비록 그 낱말들이 유사해 보이긴 하지만, 기원은 완전히 다르다. 그 낱말들의 발음 역시 완전히 다르다. *mouse*와 *house*는 네 개의 문자를 공유하지만, *house*의 복수는 *houses*이지 *hice*가 아니다. *ought*는 *caught*와 운이 맞으며, *cow*와는 맞지 않는다.

최근에 나는 라이스 대학의 신경과학 강의에 참여했다. 강사는 투렛 증후군(Tourette's syndrome)을 가진 캐나다 의사의 사례를 설명했다. 그 의사는 수술실에 있을 때를 제외하고는 깨어 있는 동안

심한 안면경련과 더불어 큰 소리를 내고 고함을 치며 욕설을 퍼붓는데, 수술실에서는 비정상적인 무의식적 움직임을 전혀 보이지 않으며, 비정상적인 발성도 내지 않는다. 강사는 이 의사가 그의 비정상적 행위를 설명하는 어떤 종류의 뇌 질병을 가지고 있다고 주장했지만 수술하는 동안에 그 질병의 증상이나 증후가 완전히 사라지는 현상을 설명하지는 못했다.

나의 설명은 그 의사가 수술실에서 어떤 행동을 하지 않았다는 것이었는데, 그것은 만일 그가 그런 행동을 했을 경우에 그는 자신의 의사 면허가 위태로운 상태가 되고, 그래서 중요한 수입원을 잃게 될 것임을 알았기 때문이라는 것이었다. 나의 설명은 즉시 거부되었다. 내가 지방 의과대학의 전임 교수진에 속하는 신경과 전문의사라는 사실을 몰랐던 그 강사는 이 복잡한 뇌 질병에 대한 나의 이해가 단순하며 정식 교육을 받지 않은 사람의 견해임을 암시하였다. 그 강사는 이 불쌍한 아픈 환자인 의사에 대해 내가 동정심이 없고 어쩌면 편견을 가지고 있음을 암시하였다.

사람들이 나의 논증이 아니라 나를 개인적으로 공격할 때 나는 내가 예민한 신경을 건드렸으며, 내가 올바른 쪽에 있음을 안다. 그 사람의 논증이 아니라 그 사람을 공격하는 논증을 **사람을 트집 잡는 논증**(*argumentum ad hominem*)이라고 하는데, 이 말은 라틴어로 '사람에 대한 논증'이라는 의미를 가지고 있다.

권위에 호소하는 논증(argumentum ad verecundiam)처럼 사람을 트집 잡는 논증은 쟁점에 대한 이성적 요인과는 완전히 무관하게 사람들의 시선을 딴 데로 돌리는 것이다. 내가 단순하거나 정식 교육을 받지 않았는지의 문제는 내가 올바른지 그릇된지 하는 문제와는 아무런 관계가 없다. 특수 쟁점에 관해 단순하고 정식 교육을 받지 않은 사람이 옳을 수도 있고 그릇될 수도 있는데, 이는 마치 교양 있는 지성인이 특수 쟁점에 관해 올바르거나 그릇될 수 있는 것과 마찬가지이다. 그 문제에 관해 내가 올바른지 그릇된지는 나를 욕하거나 매도하는 일과는 전혀 무관하다. 똑같은 방식으로 내가 그 의사에 대해 동정심이 있는지, 동정심이 없는지, 또는 심지어 편견을 갖고 있는지는 내 논증을 부수지 않는다. 편견을 가지고 있고 동정심이 없는 사람이 올바를 수 있으며, 공평무사한 사람이 그릇될 수 있다. 나를 욕하는 것은 그저 실제 쟁점으로부터 주의를 흩뜨리기 위한 또 하나의 시도이며, 이것이 바로 그 강사의 논증의 약점이었다.

이것과 관계가 있는 재판 법규에 다음과 같은 격언이 있다. 즉 "판례 없음: 원고의 증인들을 매도하라." 그 말이 잘 속는 배심원 앞에서는 효과가 있을지 모르지만 우리 앞에서 효과를 발휘해서는 안 된다.

다음날 《휴스턴 크로니클》(*Houston Chronicle*)의 기자가 전화를 했다.

"선생님이 수년 동안 투렛 증후군과 싸우고 있는 캐나다 의사의 무결성에 대해 의문을 제기하신 분입니까?"

"네 그렇습니다."

"선생님은 이 병으로 고통을 받고 있는 사람들이 잠시나마 그들의 안면경련과 소리치는 것을 완화시킬 수 있다는 사실을 알고 있지 않나요?"

"그 점에 대해서는 나는 전혀 의심이 없습니다. 그 의사는 딱 맞는 사례지요. 내 질문은 수술실에서 그런 증상이 멈춘 이유를 문제 삼은 것이지 수술실에서 그런 증상이 멈췄다는 사실을 문제 삼은

게 아닙니다. 나는 수술실에서 그런 증상이 멈춘 한 가지 이유가 그런 증상이 멈추지 않았을 경우에 면허청에서 그의 면허를 빼앗아갔을 것이라는 사실을 제시했던 것이지요. 증상 중단이 환경에 따라 선택적으로 이루어진다는 사실은 어떤 병도 없고 그 의사의 행위가 자발적 통제하에 있을 가능성을 제기합니다. 증상 중단이 환경에 따라 선택적으로 이루어진다는 사실은 그 증상이 적어도 부분적으로라도 자발적 통제하에 있음을 증명하는 것입니다."

"강의가 끝난 후 그런 내용은 모두 매우 간단하게 설명되었습니다." 기자가 말했다. "안면경련과 천한 언어와 관련해서는 우리 몸에 일시적으로 지니고 있을 수 있는 생리적 구조가 있는 겁니다. 하지만 결국에는 그 모든 것이 밖으로 드러나야 합니다. 그것은 방광이 꽉 찬 것과 마찬가지입니다. 선생님은 잠시 소변을 지니고 있을 수 있지만, 결국에는 방광을 비워야 하지요. 소변은 밖으로 나와야 하는데, 이는 마치 천한 언어와 안면경련이 밖으로 나타나야 하는 것과 마찬가지입니다."

여기에서 잠시 멈추고 기자의 논증을 반박하려고 해보라. 기자의 논증이 어떤 방식으로 그릇된 유비인가? 방광 유비는 의사의 증상이나 증후를 설명하기 위해 제시되었다. 그것이 아마도 옳을 수 없다는 것을 우리는 어떻게 아는가? 이것에 대해 잠시 생각해보라. 내 답과 비교할 수 있도록 종이에다 당신의 답을 열거하라.

내 답을 가지고 시작하기 전에 보통의 이유들에 대한 기자의 진술을 때려눕히도록 하자. 소변 지연과 행위 지연이 동등하다는 증거가 무엇인가? 그 생각은 너무 단순하다. 그 생각은 아무런 증거도 제시되지 않은 근거 없는 주장이다. 그 생각은 증거가 아닌 사실들을 가정한다. 그런 사실들은 증거로 삽입되어 신빙성이 검토되어야 한다. 더 나아가 그러한 사고는 우리를 어디로 인도하는가? 똑같은 사고를 기초로 우리가 어떤 비정상적 행위, 심지어 범죄 행위에 대해서까지 변명할 수는 없지 않을까? 그 사고는 결국 어디에서 끝날까? 누군가는 합리적인 것과 올바른 행위가 무엇인지를 결정해야 한다.

일반적 근거에 관한 강사의 주장을 무너뜨린 후에 그릇된 유비에 집중하라. 왜 그것이 유비인지 말하라. 그 유비가 왜 그릇된지 말하라. 그 유비가 그릇된 것임을 증명하라. 설령 그릇되지 않다 할지라도 그것이 여전히 의사의 수술 후 행위에 대해 변명이 될 수 없음을 증명하라.

다음은 내가 그 문제에 대해 접근한 방식이다.

의사의 안면경련과 다른 증후들은 언젠가 비워야 하는 꽉 찬 방광에 비유된다.

좋다. 그렇다면 그것은 유비이다. 다음 질문: 그 유비가 올바른가? 그릇된가?

누가 알랴.

나는 모른다. 당신도 모른다. 우리는 모른다. 기자도 모른다. 우리가 의거할 수 있는 것은 강사의 주장뿐이다. 어쩌면 강사도 모를지 모르겠는데, 왜냐하면 그 강사도 그저 의사가 적어도 잠시라도 자신을 통제할 수 있는 증거를 설명하기 위해 방광 유비를 만든 것처럼 들리기 때문이다. 그러나 그 강사는 현장에 있는 사람이다. 그런 상황에서 우리가 그의 주장을 얼마나 신뢰할 수 있을까?

그런 것이 주장될 때 우리는 그 주장이 옳다는 것, 즉 그 주장이 실제로 실제 상황을 반영한다는 것에 대한 증명을 가져야 한다. 그러한 비교, 그러한 유비에 맞닥뜨리면 우리는 그 비교가 분석되는 방식에 대해 생각함으로써 그 진실성을 시험할 수 있다. 이 경우에 유비는 우리로 하여금 소변과 꽉 찬 방광에 관해 생각하도록 촉구한다. 그렇게 해보자.

만일 내 방광이 차 있다면 나는 소변을 본다. 그 의사도 그의 방광에 대해 나와 똑같이 한다. 그러나 나는 사무실이나 집 주변의 오래된 장소가 아니라 욕실에서 소변을 본다. 그리고 나는 내가 소변을 보아야 한다고 느낄 때의 익숙한 시간이 아니라 특정한 시간에 소변을 본다.

그 의사가 수술실에서 밖으로 나올 때 그 유비에 따르면 그는 어디에서나, 그리고 어쩌다 그 자리에 있게 된 누구에게나 고함과 천한 언어를 토해내지 않을 수 없다. 그에게는 그렇게 해야 한다고 느끼는 익숙한 어떤 시간이라도 그렇게 하는 것이 허용된다. 왜 그는 필요하다면 방음실이나 욕실에서 할 수 있도록 나쁜 소리를 아껴놓을 수 없을까? 왜 그는 정상인이 소변을 보는 데 걸리는 3분 동안에 그것을 끝낼 수 없을까?

분별 있는 사람이라면 누구도 이 의사로 하여금 공공연하게 소변을 보게 놓아두지 않을 것이다. 왜 그로 하여금 그러한 외설스런 행위를 공공연하게 표출하도록 하겠는가? 따라서 그 유비는 무너진다. 설령 그 나쁜 행위가 생리적으로 필연적인 것(아직 증거에 의해 입증되지 않은 것으로 딱 어울리는 사례)이라 할지라도 그것은 여전히 변명이 될 수 없을 것이다. 나쁜 행위는 생리적 필연성에 의해 변명이 되지 않는다. 그 유비는 설령 합리적인 것이라 해도 효과가 없기 때문에 유비의 전제가 그른 것임에 틀림없다.

만일 당신이 그런 점을 파악하지 못한다면 좀더 쉽게 파악할 수 있는 것은 다음과 같다. 만일 투렛 증후군과 꽉 찬 방광이 둘 다 생리적으로 필연적인 것이라면 왜 그 의사는 그의 방광 배설물을 비우는 것과 똑같은 사회적 조절 아래서 그의 투렛 배설물을 비울 수 없을까? 글쎄, 어쩌면 당신은 그가 방광을 조절할 수 있는 것과 같은 방식으로 그의 안면경련증을 조절할 수 없다고 말할지도 모르겠다.

맞다! 그게 바로 내 말의 요점이다. 방광 유비를 제창한 것은 내가 아니었다. 그것은 강사였다. 만일 방광 유비가 무너진다면 그것은 강사의 문제이지 내 문제가 아니다. 아마도 그 캐나다 의사는 그의 방광을 조절할 수 있는 방식으로 그의 투렛 증후군을 조절할 수 없을 것이라고? 맞다. 어쩌면 그는 그렇게 할 수 없을 것이다. 그러나 증거는 그가 그렇게 할 수 있다는 것이다. 그는 그의 방광을 조절할 있고, 수술실에서 그의 안면경련증을 조절할 수 있다. 그는 거기서 소변을 보지 않으며, 거기서 욕설을 퍼붓지 않는다.

인간과 기계 유비는 그릇된 경우가 종종 있다.

내 차와 나는 둘 다 텍사스 주 클리어 레이크에서 발견될 수 있다. 내 차와 내가 그러한 공통 속성을 공유하고 있다고 해서 그것이 반드시 우리가 다른 속성도 공유하고 있다는 것을 의미하지는 않는다. 사실상 어떤 속성을 우리는 전혀 공유하지 않는다. 내 차는 운행하는 데 휘발유가 필요하다. 휘발유가 차에게는 연료이다. 하지만 내가 휘발유를 들러 마시면 나는 죽을 것이다.

한편 연료가 바닥이 나면, 즉 굶으면 내 차 링컨의 엔진이 멈추는 것과 마찬가지로 먹지 않으면 나도 또한 멈출 것이라고 말하는 것이 합리적일 것이다. 이 유비가 그 이상의 다른 압력을 받지 않는다고 한다면 그 비유는 성립한다. 차와 인간은 연료를 필요로 한다. 차의 연료는 휘발유이다. 인간의 연료는 음식이다. 차와 인간은 둘

다 지탱하는 데 에너지의 원천을 필요로 한다. 두 가지 모두 에너지 원천이 제공되지 않으면 기능이 멈추는 것에 대한 예가 된다.

그렇지만 여러 달 동안 정지했던 엔진이 연료를 공급했을 때 다시 움직일 수 있는 것처럼 시체에 음식을 먹이면 다시 소생할 수 있다고 말하는 것은 합리적이지 못할 것이다. 여기서 잠시 멈추어 왜 그런지 생각해보라. 기계와 죽은 신체가 어떻게 다른지 생각해보라. 맞다. 기계는 멈추었을 때 죽은 것이 아니기 때문에 그 유비는 무너진다. 사실상 그 기계는 처음부터 다시 살아난 것이 아니었다. 만일 기계가 죽는다면 죽음이란 되돌릴 수 없는 것이기 때문에 그 기계는 다시 움직일 수 없다.

내 차와 내 신체가 유사한 것인 한에 있어서 차에 대해 옳은 것은 신체에 대해서도 옳다. 내 차와 내 신체가 다른 것인 한에 있어서 차에 대해 옳은 것은 신체에 대해서는 옳지 않다.

그러니 기계 유비에 대해 조심하라. 기계는 종종 생명, 건강, 인간 신체 그리고 실제 연관이 없는 온갖 종류의 것과 비교된다. 기계와 이 지구상의 다른 어떤 것 사이의 차이점은 유사점보다도 훨씬 더 많고, 훨씬 더 중요하며, 훨씬 더 두드러진다. 기계에 적용되는 것은 종종 기계 이외의 어떤 것에도 적용되지 않는다.

정부는 배가 아니며, 대통령은 선장이 아니다.

나를 많이 괴롭히고, 당신도 괴롭힐 것임에 틀림없는 그러한 한 가지 기계 유비는 정부를 배에 비유하는 것이다. 다음 시 조각을 생각해보라. 어떤 유비가 사용되고 있고, 그 유비가 실제 세계와 관계가 있다면 어떻게 관계되어 있는지 결정하려고 해보라.

오 선장이여! 나의 선장이여! 우리의 무서운 항해는 끝났습니다.

배는 온갖 난관을 뚫고, 우리가 추구했던 바를 쟁취했습니다.

항구는 가까워지고 종소리와 사람들의 함성이 들려옵니다.

사람들의 시선이 흔들림 없는 선체, 굳세고 용감무쌍한 우리의 배를 좇고 있습니다.

하지만 오 심장! 심장! 심장이여!

오 뚝뚝 떨어지는 붉은 핏방울이여,

그곳 갑판 위에 나의 선장이 누워 있도다.

쓰러져 싸늘하게 죽은 채로.

월트 휘트먼(Walt Whitman),

〈오 선장이여, 나의 선장이여〉(O Captain, My Captain) 1~8행

토론: 시와 정확한 사고는 별개의 것이다. 시는 느낌과 감정을 표현하는 것을 목적으로 한다. 그 목적을 달성하면 시는 훌륭한 것이다. 월트 휘트먼의 시집 《풀잎》(*Leaves of Grass*)에서 인용한 앞의 시구는 많은 학생에게 그 시를 암송할 것을 요구할 정도로 훌륭한 시이다. 초등학교 때 나도 그 시를 외웠다. 어쩌면 당신도 외웠을 것이다.

그 시는 링컨 대통령의 암살에 관해 월트 휘트먼의 감정을 표현하고 있다. 휘트먼은 링컨을 몹시 좋아했으며, 링컨의 죽음이 국가에 커다란 손실이라고 느꼈다. 그러나 좀더 큰 의미에서 휘트먼은 링컨을 인가된 선장에 비유하는데, 링컨은 선장이 아니었다. 하지만 우리는 휘트먼이 미국 정부를 배, 즉 국가라는 배, 그것도 속담식으로 국가라는 배에 비유하고 있는 것이라고 말할 수도 있을 것이다. 그렇게 비유하는 것이 무엇이 잘못인가?

시로서는 그렇게 비유하는 것에 잘못된 것이 전혀 없다. 그러나 사실로서는 그 비유는 전혀 옳지 않다. 그것은 그릇된 유비이다. 그것은 실재로부터 가짜로 우리를 꾀어낸다. 그것은 실재를 흐리고 우리의 주의를 위조된 것에 집중하게 한다.

그 시의 태평스런 사고 노선은 진실과 진심에서 우러난 것이긴 하지만 진리를 위해 절대적으로 필요한 명료한 시야를 결여하고 있다. 이 점은 본래 시적 정신에 내재해 있는 결점이며, 우리는 시적 정신이 우리를 위해 해왔던 모든 것을 살핀 뒤에 그런 사고 노선을 따르는 것이 좋을 것이다. 그러나 그 개념이 정치적 목적을 위해 이용될 때는 우리는 잠시 멈추어 이의를 제기해야 한다.

닉슨 대통령은 종종 그가 국가라는 배의 키를 잡은 선장이라고 보도진에게 말하곤 했다. 그는 그 배의 선장으로서 우리가 어디로 가고 있고 왜 가고 있는지를 알고 있기 때문에 베트남 전쟁을 끝내는 그의 비밀 계획에 관해 매스컴과 대중이 알 필요가 없다고 매스컴에 말했다. 이 말이 함축하는 바는 우리는 그저 입을 닫아야 한다는 것—그냥 잠자코 그의 명령을 받아들여 따라야 한다는 것—이었다.

하지만 우리가 왜 그래야 할까? 왜 우리가 그가 마치 인가받은 선장인 것처럼 대통령에게 순종해야 할까? 그 유비가 그릇된가? 그 유비가 반대의 귀결을 가져오는 행위 쪽으로 이끄는가?

닉슨은 그 후 배우게 된 것이지만 비밀 계획에 꽤 능숙한 사람이었다. 1969년 그는 캄보디아에 대한 비밀 폭격을 인가했는데, 이 폭격은 4년 동안 계속되었다. 거기에 투하된 총 폭탄 수는 539,129개였다〔정보자유법(Freedom of Information Act)을 통해 입수한 정보〕. 거의 절반 가량의 폭탄은 마지막 6개월 동안에 투하되었다. 캄보디아의 오래된 관개시설 대부분이 파괴되었다. 많은 쌀 재배 지역이 황폐화되었다. 무수한 사람이 도살되었다. 그런 짓을 하는 것의 목적이 무엇인가? 그 일에 관해 하는 내 말의 요점이 무엇인가?

나는 이 예를 정부의 비밀 정책의 가능한 귀결을 예증하는 데 이용한다. 나는 이 예를 마치 대통령이 인가받은 선장인 것처럼 그의 말에 맹목적으로 순종하는 것이 잘못될 수 있음을 보여주는 데 이용한다. 베트남 전쟁을 끝내려는 닉슨의 비밀 계획은 결국은 단지 거기로부터 빠져 나오는 것이었을 뿐임이 드러났다. 지워버린 테이프 속에 들어 있던 비밀 계획이 무엇이었을까? 아마도 우리는 절대로 알지 못할 것이다. 그러나 당신은 그리 멋진 내용이 없을 것이라는 데 걸어도 좋을 것이다. 그렇지 않았다면 왜 닉슨이 테이프를 지우려 했을까?

내 말의 요점은 대통령을 선장으로 정부를 어떤 종류의 배로 간주하는 것이 잘못이라는 것이다. 그 유비는 심각하고, 때로는 끔찍한 귀결로 이끌 수 있는 그릇된 유비인 것이다.

그 유비가 왜 그릇된 유비인가? 왜 선장-국가라는 배 유비가 전혀 효과가 없는지 몇 가지 이유를 생각해보라. 당신의 답과 내 답을 검사할 수 있도록 이 이유들을 개괄적인 형태로 적어보라.

지금쯤은 당신은 당신의 반론을 정부와 배의 비유가 증거로서 (아직 표현되지 않은) 사실들을 가정한다는 진술에서 시작했어야 한다. 그 가정은 우리가 믿기에는 많은 증거 더미를 필요로 하는 단순한 주장에 불과하다. 또한 그 가정은 너무 단순한데, 그릇될 수밖에 없을 정도로 단순하다. 나라를 운영하는 것은 배를 통솔하는 것보다 훨씬 더 복잡하다. 그 역 또한 옳다. 즉 배를 통솔하는 것은 미국만큼 거대한 나라를 운영하는 것보다는 훨씬 더 단순하고 훨씬 더 직접적이다. 그릇된 유비는 정부가 배가 아니기 때문에 무너진다. 즉 정부는 물에 뜨지 않으며, 정부는 높은 파도가 있는 어딘가로 국민을 수송하지 않는다. 게다가 배는 정부가 하는 많은 것을 하지 않는다. 배는 국민에게 세금을 부과하지 않으며, 전쟁을 벌이지 않는다 등등. 만일 정부가 배가 아니라면 대통령이 선장인지 아닌지는 실제로 문제가 되지 않는다. 만일 그가 선장이라 해도 그 사실은 정부가 배가 아니기 때문에 그의 대통령직과 관계가 없을 것이다. 사실은 대통령과 선장이 서로 다른 두 가지 권력의 자리라는 것이다. 대통령의 권력은 의회, 연방 최고 대법원 그리고 한정된 범위 내에서 언론과 여론에 의해 제지를 받는다. 높은 파도가 일렁이는 대양에서 선장은 배의 주인이며 최대의 통제권을 갖는다. 그의 말이 곧 법이다. 그는 누구에 의해서도 제지를 받지 않는다. 물론 그도 우리 모두가 그런 것처럼 바람이나 기후 같은 자연적 힘에 의해 제지를 받기는 마찬가지다.

사실상 선거로 뽑힌 공직자가 선장으로 간주되기를 원하는 주요 이유는 바다에서 선장이 누리는 것만큼 자신도 절대적 통제권을 마음대로 사용할 수 있도록 하자는 것이다. 그것이 바로 닉슨이 원했던 것이다. 그것이 바로 그가 획득했던 것이다. 그것이 바로 그가 실제 현실에 발목을 잡혀 그의 권력 남용이 폭로되기까지 잠시 동안 획득했던 것이다. 이 권력 남용은 닉슨이 그의 자리에서 물러나지 않을 수 없을 정도로 너무나 어처구니없는 것이었다. 결국 닉슨은 대통령직에서 물러난 최초의 대통령이 되었다.

링컨은 합리적인 사람이었으므로 "오 선장이여! 나의 선장이여"를 약간 뜻밖이긴 하지만 아부의 말 정도로 생각했을 것이다. 아마도 그는 얼굴을 찡그리며 다음과 같이 말했을 것이다. "나의 면허는 선박조종술이 아니라 법의 실행을 떠맡는 것입니다. 게다가 나는 보트를 딱 한 번 타본 적이 있는데, 그 속에서 지독한 뱃멀미에 시달렸지요."

원칙: 배, 자동차, 비행기 그리고 다른 기계에 적용되는 것은 종종 기계에만 적용된다.

이 원칙으로부터 다음 교훈이 따라 나온다.

교훈: 기계 유비를 조심하라. 그런 유비는 우리를 현혹시키기 쉽다. 그런 것 중 많은 유비가 그릇되다.

이제 기계 유비를 조심해야 한다는 것을 알았으니 내가 거듭 들어왔던 일상적 유비에 대해 잘 이해해보자.

고전적인 그릇된 유비: 뇌는 컴퓨터이다. 또는 (약간 달리 표현해) 뇌는 컴퓨터와 같다.

그 유비에 대해 생각해보라. 뇌는 컴퓨터이다. 그 유비가 옳은가? 그 유비가 유익한가? 그 유비가 실재 상황, 즉 진리에 대해 좀 더 나은 이해를 하도록 안내하는가? 그 유비가 뇌를 더 잘 이해하는 데 도움이 되는가? 그 유비가 컴퓨터를 더 잘 이해하는 데 도움이 되는가? 도대체 뇌를 컴퓨터에 비유하고, 컴퓨터를 뇌에 비유하는 것이 좋은 점이 무엇인가?

보통 제기되는 반론(증명되지 않은 주장, 증거가 아닌 사실들 가정, 과도한 일반화, 지나치게 단순화된 사고)과는 별도로 우리가 이 논증을 어떻게 하면 무너뜨릴 수 있을까?

이것에 관해 생각하기 위해 숨을 고르지 말라. 당신은 이 장에서 이미 너무 많은 생각을 해왔다. 당신 자신에게 휴식을 주어라. 그냥 내 해설을 대충 훑어보라.

뇌는 컴퓨터가 아니며, 뇌는 컴퓨터와 같지 않다. 뇌는 살아 있는 유기체의 부분이다. 컴퓨터는 아니다. 뇌는 신진대사를 위해 포도당과 산소를 이용한다. 컴퓨터는 전기를 이용해 작동한다. 4분 이상 포도당이나 산소를 제거하면 뇌는 죽으며 재생할 수 없다. 심지어 수개월 동안 전자를 박탈해도 컴퓨터는 당신이 다시 켰을 때 다시 작동할 것이다. 컴퓨터는 전기를 차단했을 때 회복 불가능한 손상이 발생하지 않는다. 뇌는 뉴런이라는 1,000억 개의 신경세포로 이루어진다. 컴퓨터는 실리콘 칩으로 이루어진다. 뇌는 90% 이상이 물이다. 컴퓨터는 실제로 전혀 물이 아니다. 물의 환경을 박탈하면 뇌는 기능을 멈출 것이다. 물 환경에 넣어보라. 그러면 컴퓨터는 금방 멈추어 완전히 기능을 못하게 될 것이고, 십중팔구는 영원히 못하게 될 것이다. 마지막으로 뇌는 생각할 수 있다. 컴퓨터는 지금까지는 생각할 수 없다. 결론: 뇌와 컴퓨터는 두 가지 다른 것이다.

그 유비가 유익한가?

그릇된 유비를 공격하는 또 다른 방식은 그 유비가 어디로 이끄는지에 대해 생각하는 것이다. 실제적 의미에서 우리가 뇌를 연구함으로써 컴퓨터가 어떻게 작동하는지에 관해 무언가를 배울 수 있는가? 그 귀결은 무엇인가? 이 유비가 우리를 어디로 인도하는가? 뇌를 컴퓨터로 생각하는 일이 어떠한 방식, 형태, 형식으로라도 우리에게 도움이 되는가? 그 유비가 컴퓨터가 어떻게 작동하는지 우리에게 알려줄 수 있을까?

거의 그럴 것 같지 않다.

뇌가 작동하는 방식에 관해 배우기 위해서는 우리는 컴퓨터가 아니라 뇌 그 자체를 연구함으로써 훨씬 더 잘 알게 될 것이다. 뇌에 관해 배우기 위해서는 우리는 컴퓨터 학교가 아니라 의과대학에 가야만 한다. 최근 신경과학의 놀랄 만한 진보는 바로 그것, 즉 뇌 및 뇌의 구조와 기능에 대한 혹독할 정도의 정밀한 연구에 기초를 두고 있다. 컴퓨터에 대한 연구로부터는 어떠한 신경과학의 진보도 일어나지 않았다.

> **원칙**: 뇌는 컴퓨터가 아니며 컴퓨터와 같지도 않다.

이 원칙으로부터 다음 교훈이 따라 나온다.

> **교훈**: 당신의 컴퓨터를 고안 목적에 맞게 이용하라. 당신의 뇌는 생각하는 데 이용하라.

뇌-컴퓨터 유비는 신경과학계에서 **기상**(conceit, 奇想, 수사법 중 하나로 상식적으로는 결부시킬 수 없는 두 개 이상의 관계로부터 공통성을 발견하여 억지로 결부시키는 것. 기발한 비유)으로 간주되기 때문에 아주 나쁘다. 기상은 종종 인상적이긴 하지만 부자연스럽고 임의적인 은유로서 가상의 재치 있는 생각이다. 기상은 생각 이상으로 뒤틀린 그릇된 유비이다.

역사를 통해 보면 기상은 뇌에 대한 우리의 이해를 틀어지게 해왔다. 기상을 사용할 때의 통상적 관념은 뇌를 당대 최고의 기술적 업적에 비유하는 것이었다. 따라서 막 수리학(hydraulics)을 배운 고대 그리스인들은 뇌를 수압기계(hydraulic machine)로 생각했다. 뇌 중앙의 액체가 채워진 방들은 신경을 통해 액체를 보내면서 수축이 되고, 그렇게 함으로써 신경은 약간 확장되어 근육을 수축시키는 것으로 생각되었다. 위대한 수학자 데카르트조차도 이것이 신경이 작동하는 방식이라 생각했다.

만일 데카르트가 그저 한 동물의 시신경을 절개하는 데 어려움을 겪었더라면 그는 자신이 틀렸음을 증명할 수도 있었을 것이다. 시신경은 액체가 채워진 강(腔, cavities)을 가지고 있지 않다. 사실상 어떤 정상 신경도 액체가 채워진 강을 가지고 있지 않다. 만일 신경이 강을 가지고 있지 않다면 신경은 존재하지 않는 것의 수축이나 확장을 통해 작동할 수 없다. 따라서 수압 유비는 반박된다.

동력시계(mechanical clocks)가 독일에서 유행했을 때 뇌는 일종의 동력시계로 간주되었다. 전신기가 유명할 때는 뇌가 그러한 장치에 비유되었다. 소년 시절 나는 초등학교에서 뇌가 내 머리 안쪽 깊숙이 있는 교환대의 복잡한 스위치를 가진 전화교환수와 같다고 배웠다. 오랫동안 나는 내 두개골 속에 어떤 종류의 전화교환수가 있다고 열심히 생각하고 있었다. 그러한 상은 계산기가 유명해졌을 때 바꾸지 않을 수 없게 되었다. 그렇게 해서 뇌에 대한 나의 심상은 계산기가 되었다. 당신은 내가 의과대학에서 눈은 카메라가 아니라는 것, 폐는 공기가 채워진 풍선이 아니라는 것, 신장은 오줌을 만들지 않는다는 것(제강소에서 용재를 만들지 않는 것처럼), 그리고 뇌가 그 자신 외에 아무것도 아니라는 것을 배웠을 때 내가 어떻게 느꼈을 것인지를 상상할 수 있을 것이다.

오스카 해머슈타인(Oscar Hammerstein)의 '귀부인 같은 것은 없나니'(There Is Nothing Like a Dame)라는 곡에 맞추어 다음과 같이 노래해보라.

뇌 같은 것은 없나니
전혀 없나니
그것이 바로 뇌 같은 어떤 것이라고
당신이 지명할 수 있는 것이 없나니.
뇌같이 말하고,
뇌같이 걷고,
뇌같이 생각하는 것은 없나니
그것이 바로 뇌 같은 어떤 것이라고
당신이 지명할 수 있는 것이 없나니.

뇌에 관한 그러한 모든 생각—수압기계, 시계, 전화, 계산기—은 기상, 즉 터무니없다고 할 정도로 몹시 나쁜 유비이다. 그런 유비들은 인류를 진리로부터 오류 쪽으로 꾀어낸다.

그리고 설상가상으로 뇌에 관한 그러한 모든 생각은 틀렸다. 그런 생각들은 사고상의 오류였다. 그런 생각들은 인간의 진보와 이해를 지체시켰다. 교훈을 통해서 그러한 논증을 승인하는 원래 근거가 빈약한 것이었음을 주목하라. 그런데도 그런 논증은 때로 수 세기 동안 학자를 포함한 대다수 사람에 의해 유행되면서 확신을 가지고 주장되었다. 수리학의 경우에 1500년 이상 동안이나 잘못된 확신이 지배하였다. 그런 상황이 어리둥절하지 않은가? 그런 상황이 어리석지 않은가? 그처럼 돼먹지 않고 무의미한 헛소리를 사람들이 쉽게 승인하고 보유했다는 사실을 우리가 도대체 어떻게 설명할 수 있을까?

대부분의 사람은 비교된 것들 사이에 있다고 주장되는 유사성을 의문시하지 않기 때문에 이와 같은 유비 논증을 승인할 것이다. 게다가 많은 유비가 아무런 지적 힘이 없으며, 사실상 어떤 것이 전혀 이해되지 않을 때 그것이 이해된다는 소망적 사고를 불러일으키도록 상상력을 자극하는 일에 효과적으로 의존한다. 우리는 실제로 어떤 것에 관해 우리가 아는 것보다 더 많이 안다고 생각하도록 비밀리에 스스로를 속이고 싶어 한다. 비밀리에 우리는 뇌를 컴퓨터에 비유하는 일이 나쁜 생각이 아니라고 생각하고 싶어 한다. 뇌라고? 아, 그럼 내가 그것에 대해서는 좀 알지. 뇌에 대해서는 내가 다 알아. 그거 간단한 거야 정말로. 그거 정말이지 아주 간단해. 뇌는 그저 컴퓨터야. 나는 컴퓨터를 매일 쓰잖아. 컴퓨터에 대해 아니까 뇌에 대해서도 알고 있음에 틀림없어. 내가 얼마나 많이 아는지 보란 말이야!

무엇이 잘못되었는가? 그러한 비유는 역효과를 가져온다. 지식을 가졌다고 잘못 지각한 상태에서 애쓰는 것보다는 무지를 인정하는 것이 더 낫다. 적어도 당신은 당신이 모른다는 사실만큼은 알며, 그릇되더라도 당신이 안다고 생각하는 모든 것으로 인해 오도되지 않을 것이다.

정치 무대에서는 그릇된 유비와 기상이 축약된 형태의 슬로건으로 나타난다. 이 슬로건들은 그것들이 발언하는 주제에 대한 진지한 토론을 방해한다. 많은 경우에 슬로건은 아무 의미도 없거나 모순된 말을 하는 자체모순적 표현이다. '진품 복사물'(genuine facsimile)의 의미는 (내가 짐작하기에) 대단히 실감나는 모방이고, '비폭력적 힘'(nonviolent force)은 (내가 짐작하기에) 비폭력이라는 수사적 표현이 동반하는 힘을 의미하며, '화이트 니거'(white nigger)는 흑인에 동정적인 백인을 의미한다. 다른 용어들은 전혀 슬로건이 아니며, 선전보다는 오히려 의미를 흐리기 위한 완곡어구이다. '사회적 추출'(social extraction)은 CIA에서 사용하면 정치적 고려에 의해 정당화되는 일종의 살인을 의미하고, '극도의 편견으로 끝내다'(terminate with extreme prejudice)는 공적 명령에 의한 살해를 의미하며, '상징적 언론 행위'(Symbolic speech)는 담화 이외의 행위로서 그것이 언론의 자유를 상징하며, 그래서 헌법 제1조에 의해 보호를 받는다는 사실을 근거로 정당화되는 행위를 의미한다. 국기 소각과 십자가 소각은 지지자들이 '상징적 언론 행위'라고 말하는 두 가지 그러한 행위이다.

'마약과의 전쟁'이란 슬로건을 생각해보라. 당신은 전부터 그 말을 들어왔다. 이 슬로건은 미국 정부의 정책을 나타낸다. 지금 그 슬로건에 대해 다시 생각해보라. 그 슬로건이 무얼 의미하는지 말해보라. 왜 그 슬로건이 진리로부터 오류로 이끄는지 말해보라. 당신이 생각한 것의 주요 요점을 적어두라. 당신의 분석과 내 분석을 비교하라. 지금쯤은 이와 같이 어리석은 정부 슬로건과 프로그램들에 대한 당신의 공격이 꽤 세련된 형태로 나타나야 한다. 당신은 그 슬로건이 함의하는 사고상의 모든 커다란 오류를 구분할 수 있어야 한다. 당신은 어려움 없이 그릇된 유비를 깨뜨릴 수 있어야 한다.

지적 사항: 슬로건이 단순하며, 상황을 극단적으로 단순화시키고 있다.

마약 문제는 복잡하고 까다롭다. 따라서 단순한 해결책은 있을 수 없다. 그런 해결책은 정말이지 불가능하다. 만일 마약 문제가 그렇게 단순하다면 앞서 마약과의 전쟁을 벌였던 이전 정부들에 의해 오래 전에 해결되었을 것이다. 내 말을 오해하지 말라. 나도 마약 문제가 해결되기를 원한다. 나도 마약과의 전쟁을 벌이는 일이 그 문제를—영원히—해결하기를 원한다. 하지만 실상은 그렇게 되지 않을 것이라는 것이다. 그것은 아무 효과도 없는 소망적 사고이다. 정부가 마약과의 전쟁을 벌여 마약 문제를 해결할 승산보다는 차라리 내가 팔을 퍼덕거려 달까지 날아갈 승산이 더 많다.

지적 사항: 증거가 못되는 사실을 가정하고 있다.

마약과의 전쟁 선포는 해당 문제들이 철저하게 논의되고 이해되었으며, 국민, 의회, 대통령이 거의 보편적으로 중요한 것이라고 인정되어온 목표를 달성하기 위해 이런 식의 발본책을 지지한다는 것을 함의한다. 하지만 사실은 그렇지 않다. 마약 금지에 대한 의미 있는 찬반 논의는 일어나지 않았고 일어나지 않는다. 만일 일어난다면 그러한 논의는 합법화, 또 다른 시행 절차의 비용(시간, 에너지, 예산), 의학적 치료를 포함하여 마약 중독을 다루는 다른 대안의 방식들, 마약에 대한 이전의 비슷한 전쟁들의 실패의 역사, 중독의 원인, 각기 다른 마약과 그 속성 등에 대한 찬반 의견을 고려해야 할 것이다. 그러한 분석은 시간이 오래 걸리고 복잡하며, 적당한 정도의 학식 있는 사람들에게 떠맡길 경우에는 혼란스럽게 된다. 마약 문제에 대해 빠르고 쉬운 해결책을 원하는 사람들에게는 마약 문제를 해결하는 데 실제로 필요한 과정이 지루할 것이다.

지적 사항: 과도한 일반화.

우리는 모든 마약과의 전쟁을 벌이려는 것이 아님이 분명하다. 어떤 마약은 우리에게 좋다. 통증이 있는 사람에게는 진통제가 필요하고, 감염된 사람에게는 항생제가 필요하며, 당뇨 환자에게는 인슐린이 필요하다 등등. 다시 말하면 의학적 사용은 제외되어야 한다. 그러나 그 진술은 그렇게 말하지 않는다. 우리가 마약과의 전쟁을 벌이려는 것이 아니므로 '유해' 마약의 유형과 양이 상술되어야 한다. 그보다 더 좋은 것은 특정 마약들, 금지되는 양, 그 특정 약품에 대한 금지 이유, 금지할 만한 가치가 있음을 보여주는 비용 편익 분석을 언급하는 일일 것이다. 다른 예외 사례들도 상술되어야 한다. 예컨대 아메리카 인디언은 그들의 종교적 의식을 치르면서 페이요티(peyote)와 다른 환각제를 사용할 수 있다. 알래스카 주와 네바다 주의 어떤 지역들에서는 마리화나의 오락용 사용이 합법적이다. 마리화나의 의학적 사용은 캘리포니아 주를 포함하여 13개 주에서 합법적이다.

지적 사항: 뒷받침되지 않은 주장.

마약과의 전쟁이 정당화된다거나 심지어 필요하다는 함축된 주장은 증거에 의해 증명되어야 한다. 수십 억 달러 프로그램이 그것이 필요하다거나 효과적일 가능성이 높다는 것을 보여주는 증거 더미 없이 그냥 우리에게 제시될 수는 없다. 일반적으로 국가는 생존이 위태로울 때 전쟁을 벌인다. 방금 이 경우가 그러한 상황인가? 만일 그렇다면 그것을 증명하라. 단순히 마약 상황이 전쟁을 요하는 상황에 필적할 정도로 심각하다고 주장하는 것만으로는 충분치 않다. 단순히 현 상태가 전쟁에 필적한다고 진술하는 것만으로는 충분치 않다. 그 상황이 실제로 전쟁에 필적한다는 것이 **증명**되어야 한다. 사실상 다수의 중요한 차이가 존재한다.

지적 사항: 모호한 정의들.

전쟁이라는 낱말의 오용은 잠시 제쳐놓더라도 이 맥락에서는 **마약**이란 낱말이 적절하게 정의되지 않고 있다. 아마도 그 낱말이 의미하는 것은 불법 마약이겠지만 이 불법 마약들 속에서도 다양한 불법 마약이 있으며, 어떤 것은 다른 것보다 좀더 강력하다. LSD처럼 어떤 마약은 중독되지 않는다. 코카인처럼 어떤 마약은 담배보다 중독성이 덜하다. 맞다. 마약 중독에 관해 일급 전문의 50명이 조사한 것을 보면 담배가 코카인보다 훨씬 더 중독성이 강한 것으로 올라 있다. 그리고 나는 그 이유를 안다. 즉 실제로 담배가 중독성이 더 강한 것이다. 그렇다면 (도파민 분비 가족에서) 담배처럼 중독성이 더 강한 약품이 합법일 때 마약을 금지시킨다는 것이 얼마나 의미가 있을까?

마리화나 같은 어떤 마약은 비교적 무해하다. 미국의학협회(American Medical Association)가 보고했던 것처럼 라구아디아 위원회(LaGuardia commission)도 보고했기 때문에 사실상 두 개의 정부 위원회가 마리화나가 비교적 무해하다고 보고해왔다.

맞다. 미국의학협회는 마리화나가 유해하다는 의학적 증거가 없다고 의회에서 증언하였다. 미국의학협회는 마리화나의 사용을 제한하는 연방 법안에 반대하기 위해 압력을 가했다. 1914년에 미국의학협회에 대한 동의의 표시로 특별히 마리화나를 마약에서 면제시키는 해리슨 마약 법안(Harrison Narcotic Act)이 통과되었다. 1937년에는 아편, 헤로인 그리고 관련 약물들에 대한 처벌이 인가받지 않은 마리화나의 취급에 대해서도 적용되었다. 그 후 나 자신을 포함한 모든 의사는 마리화나 사용 면허가 취소되었다. 따라서 마리화나는 의학적 목적의 경우에도 더 이상 사용할 수 없게 되었다. 마리화나와 헤로인을 하나로 묶어 취급한 것의 귀결은 무엇인가?

마리화나 소지자를 구속하는 일은 법정 체제를 완전히 마비되게 할 수도 있다. 그것은 어떤 재판권들을 마비시킨다. 마비 때문에 영국은 이용자를 금지하는 법안을 더 이상 시행하지 않을 것이라고 선포함으로써 마리화나를 사실상 합법화시켰다.

현재 다른 무엇보다도 바로 그러한 이유로 마리화나법은 휴스턴에서 시행되지 않으며, 갤버스턴(Galveston)에서도 시행되지 않고 있다. 만일 마리화나법이 휴스턴에서 시행된다면 어떤 구역은 주민의 90%가 감옥에 있게 될 것이다.

솔직히 나는 누군가가 마리화나를 피운다 해도 별로 염려하지 않는다. 당신은 염려하는가? 설령 당신이 염려한다 해도 얼마나 하는가? 마리화나를 피운 어떤 사람을 체포하고, 소환하여 조사하고, 기소하고, 재판하고, 선고하고, 투옥시키는 비용으로 당신이 당신의 개인 돈 중에서 얼마나 많이 자진해서 낼 것인가?

지적 사항: 주의를 딴 데로 돌리는 사고.

마약과의 전쟁이라는 관념이 단순히 마약을 통제하는 방법이 아니라 어떤 쟁점으로부터 우리의 사고를 다른 데로 돌리거나 어떤 방향으로(즉 개인의 삶에 대해 사회적 통제를 좀더 많이 하는 방향으로) 우리를 유도하기 위해 구성되는 일이 가능한가? 만일 그 말이 옳다면 그 말이 옳은 한에 있어서 마약과의 전쟁은 진짜 문제들로부터 우리의 주의를 딴 데로 돌리려는 모든 시도가 적절치 않은 처사이기 때문에 적절치 않다.

그러고 보니 조지 오웰(George Orwell)의 유명한 소설 《1984년》에서 **'전쟁'**(WAR)이 생각난다. 골드슈타인(Goldstein)의 편람에 따르면 **'전쟁'**은 실재하는 것이 아니다. **'전쟁'**은 실재하지 않을 뿐만 아니라 결코 끝나지 않을 텐데, 왜냐하면 그것은 권력의 도구, 즉 핑계거리로서 이를 통해 통치자들이 대중을 통제할 수 있기 때문이다. 《1984년》에서 **'전쟁'**은 편리하게도 오세아니아 시민들이 참고 견뎌야만 하는 지독한 빈곤과 노예 상태로부터 주의를 딴 데로 돌려놓는다. 시민들에게 그들이 걱정하고 증오할 가짜 적과 가짜 전쟁을 제시함으로써 권력 엘리트는 진짜 문제, 즉 자유 상실과 인간 존엄성 상실이라는 진짜 문제로부터 주의를 딴 데로 돌려놓는다. 빅브라더(Big Brother)와 그의 앞잡이들에게 권력은 수단이 아니라 목적이다. 그리고 권력은 다른 인간에게 무제한의 괴로움과 고통을 가할 수 있는 능력을 의미한다. 시몬느 베이유(Simone Weil)가 말하는 것처럼 살아 있는 사람을 시체, 즉 물체로 변형시키는 것은 바로 권력이다.[1)]

내 말의 요점은 마약 문제를 논의하지 말자는 것이 아니라 이 슬로건 속에 어떤 종류의 사고가 포함되어 있는지를 지적하자는 것이다. 그러한 사고는 꽤 나쁜 약간의 귀결을 가져올 수 있다. 이 모든 것은 우리 대부분이 매일 마약을 이용한다는 사실에 의해 논파된다. 내가 매일 마시는 아침 커피에는 카페인이라는 마약이 들어 있다. 차도 같은 마약이 들어 있으며, 코카콜라도 마찬가지다. 카페인은 아데노신 수용기관에 달라붙음으로써 작용하는데, 그렇게 해서 다수의 신경물질의 파괴를 막는다. 카페인의 최종 효과는 뇌를 자극하는 것이다. 약품으로서 카페인은 아주 좋은 효과가 있다. 그것이 바로 우리가 그것을 사용하는 이유이다. 똑같은 추론을 통해 매우 실제적인 의미에서 나의 아침 커피 머그컵은 마약 배달 장치이다. 담배와 알코올도 마약이다. 그것들의 판매는 통제를 받으며, 그것들의 사용도 성인에게 제한된다. 어젯밤 토니 레스토랑에는 알코올을 마시는 많은 성인이 있었지만 그들은 알코올을 남용하고 있지 않았다. 거기에는 차이가 있다. 어떤 사람이 현재 불법인 마약을 이

---

1) 조지 오웰 《1984년》(*Nineteen Eighty-Four*, New York: Penguin Putnam, 1950)의 에릭 프롬(Eric Fromm) 발문, 263면에서 인용.

용하면서 그것을 남용하지 않을 수 있을까? 왜 그런가 혹은 왜 안 그런가?

또한 토니 레스토랑에서 나는 바에서 시가를 피우는 것처럼 보이는 몇 명의 남자, 그리고 당치 않게도 어린 여자애가 담배를 피우고 있는 모습을 보았다.

그래서 어쨌단 말인가?

그게 바로 핵심이다. 그래서 어쨌단 말인가. 왜 통제된 합법화와 사용을 허용하는 유사한 프로그램들이 우리가 전쟁을 벌일 필요가 있다고 들은 마약 중 적어도 일부에 대해서는 작동할 수 없을까? 영국은 어떤 의사라도 마약 중독자를 지원하기 위해 그의 판단을 이용할 수 있도록 하는 프로그램이 있는데, 심지어는 중독자에게 헤로인을 투여하는 판단을 내릴 수도 있다. 그 프로그램은 여러 해 동안에 걸쳐 자리를 잡아가고 있다. 그 프로그램은 이상적인 것이 아니며 마약 관련 범죄를 차단시켜 왔다. 그러한 프로그램이 미국에서도 효과가 있을 수 있을까? 왜 그럴까 혹은 왜 안 그럴까?

지적 사항: 그릇된 유비.

그 슬로건은 마약을 우리가 전쟁을 벌이게 될 적국에 비유한다. 마약은 국가가 아니다. 마약은 어떤 싸움도 획책하지 않는다. 상상컨대 전쟁은 만일 싸움이 있다고 한다면 누군가, 즉 알지 못하는 사람이나 사람들과 벌이는 싸움일 것이다.

누구와?

그 슬로건은 말하지 않는다. 만일 우리가 전쟁을 하려고 한다면 우리가 누구와 싸우려 하는지 알아야 하지 않겠는가? 그 상대가 중독자들일 수 있을까? 중독자 대부분은 무장을 하고 있지 않으며, 군복을 입고 있지도 않을 것이다. 만일 그 전쟁이 중독자와 벌이는 전쟁이라면 많은 중독자가 그저 후회의 감정에서 어떤 마약들에 대해 일시적으로 망각한 채 그것을 중단하려고 하는 아픈 사람들이기 때문에 정당화되지 않을 수 있다. 그 전쟁이 마약 거래인과 벌이는 전쟁인가? 거래인 대부분은 무장을 하지 않을 것이며 군복도 입고 있지 않을 것이다. 거리를 떠돌며 마약을 밀매하는 아이들은 간신히 먹고 살아간다. 그런데도 그들은 대체로 다른 거래인들로부터 최고의 위험에 직면하고 있는 마약 거래인이다. 그러나 그들은 또한 경찰로부터 구속과 가능한 해를 당할 위험에 직면해 있기도 하다. 대체로 흑인이면서 마약 밀매를 하고 있는 이 아이들이 표적인가? 그리고 경찰에 대해 말한다면 그들이 어떻게 여기에 어울리는가? 타락한 경찰은 어떤가? 타락한 경찰은 적인가? 경찰의 보호 없이는 마약이 할렘 가에 존재할 수 없다. 그러니 이 새로운 마약과의 전쟁의 표적은 경찰인가? 이 나라와 다른 나라들의 타락한 정치인들은 어떤가? 우리가 그들 역시 해치우는가? 그리고 말이 난 김에 이 전쟁은 어떤 방식으로 치러지는가? 기관총으로? 대전차용 무기로? 지상부대로? 수소폭탄으로?

중요한 것은 구체적인 각론이다. 민주주의 사회에서 참으로 정보통이 되기 위해서는 우리는 착상과 프로그램이 합리적인지 아닌지를 알기 위해 세부 사항을 알아야 한다. 만일 사람들이 주의 깊은 사고를 하는 것에 별 저항이 없다면 그들은 자신들로 하여금 어떤 명제들을 승인하도록 조장하는 이 같은 유비가 얼마나 자주 반대 결론을 확립하는 데에도 똑같이 잘 사용될 수 있는지를 깨달을 것이다. 이 사실로부터 다음 질문이 따라 나온다. 마약과의 평화는 어떤가?

지적 사항: 그릇된 정의 유포.

이 슬로건에서는 **전쟁**이라는 낱말이 오용되고 있다. 그 낱말이 이렇게 오용되는 것은 아마도 그 낱말의 정서적 효과 때문일 텐데, 이 정서적 효과가 바로 우리가 명료한 사고를 통해 막으려 하는 것이다. 정서가 사고를 방해할 때는 조심하라.

전쟁은 국가간 혹은 한 국가 내의 파벌간의 공개적인 무장 충돌이다. 만일 마약과의 전쟁이 진짜 전쟁이었다면 의회가 그것을 선포했어야만 할 것이다. 의회가 전쟁을 선포하지 않았고 다른 국가에 대한 어떠한 군사적 조처도 구체화되지 않았으므로 우리는 마약과의 전쟁이 진짜 전쟁이 아니라고 결론지어야 한다. 만일 그것이 진짜 전쟁이 아니라면 그것은 위조된 것임에 틀림없다.

당신은 현대 미국에 위조된 것이 너무 많다는 것을 알아채왔는가? 우리에게 또 하나의 위조된 것이 필요한가? 우리가 위조 전쟁을 필요로 하는가? 우리가 마약과의 위조 전쟁을 필요로 하는가?

그렇다면 이제 전쟁 은유를 중단시키기에 좋은 시간 아닌가? 이제 마약 문제에 관해 지성적으로 생각을 시작하기에 좋은 시간 아닌가?

지적 사항: **선결 문제 요구의 오류**.

우리는 이 사고상의 오류를 7장에서 논의할 것이다. 선결 문제 요구는 증거의 편파적 선택으로 알려진 오류의 일부분이다. 요컨대 마약과의 전쟁은 우리가 전쟁에서 승리할 것임을 암시한다. 제 정신인 사람이나 국가는 합리적인 성공 가망이 없는 한 전쟁을 선포해서는 안 된다. 이전의 마약과의 전쟁들은 성공을 거둔 적이 없었다. 사실상 이전 마약과의 전쟁들은 실패였다. 그런 전쟁들이 방금 제안된 새로운 전쟁과 어떻게 다른지가 구체화되어야 하며, 그래서 이 전쟁이 다른 결과를 가져올 가망이 과거 전쟁보다 더 많거나 같거나 혹은 더 없는지를 우리가 결정할 수 있어야 한다.

이러한 노선을 따라 지금까지 실패해온 다른 마약 금지 프로그램들에 대해서도 국가의 경험을 재검토하는 것은 흥미로울 것이다. 예컨대 금주법은 알코올 소비를 더 적게 한 것이 아니라 더 많게 하는 결과를 낳았고, 여성을 주류 밀매점에서 술을 마시도록 끌어들였으며, 사람들을 거대한 규모의 범죄 조직으로 끌어들였고, 설상가상으로 인간의 시각 체계에 높은 독성을 발휘하는 물질인 메틸알코올로 오염된 알코올 음료를 시장에 등장시켰다.

결국 거대한 국가적 실험은 실패로 여겨졌으며, 미국 헌법 수정(제18조) 금주법은 폐지되었다. 성인 미국인은 이제 술병의 내용물을 자유롭게 흡수할 수 있다. 흥미롭게도 금주법 폐지 후 금주법에 의해 초래된 범죄의 일시적 증가는 사라졌다. 범죄의 증가가 사라진 이유는 주류품을 밀매하는 불법 시장이 사라졌다는 것이다. 가격이나 질에 있어서 불법 알코올이 합법 알코올과 효과적으로 경쟁할 방법이 전혀 없었던 것이다.

그러한 결과는 흥미로운 문제를 제기한다. 즉 현재 불법인 모든 마약이 합법화된다면 어떤 일이 일어날까? 마약 거래와 연관된 범죄 또한 사라질까? 누가 알겠는가? 그러나 이 문제는 최신의 가장 값비싼 마약과의 전쟁이 효과가 있을 것이라고 가정하기 전에 생각해야 할 문제이다.

다음 30초짜리 TV 광고방송을 생각해보라.

"나는 도왔습니다."(I Helped)라는 첫 번째 광고는 "나는 콜롬비아의 살인 패거리를 도왔습니다." "나는 폭파범이 위조여권을 갖도록 도왔습니다." "나는 건물 폭파를 도왔습니다." 등의 것을 말하는 젊은이들을 연속해서 보여준다. 그 광고는 "마약 자금은 테러를 지원합니다. 당신이 마약을 사면 당신 역시 테러를 지원할 수 있습니다."로 끝을 맺는다. 'AK-47'이라는 두 번째 광고는 뉴욕에 있는 맥캔-에릭슨 월드와이드 광고사(McCann-Erickson Worldwide Advertising)에 의해 '돈으로 살 수 없는 고품격' 마스터카드의 광고 스타일이 이어진다. 자동화기로 채워진 트렁크가 있는 임대차들, 안전한 집, 금고 절단기를 구입하는 남자의 상들—9 · 11 이후 미국의 시청자들에게는 통렬한 상들—이 다음 말을 동반하면서 화면에 번쩍이며 지나간다. "테러리스트들이 어디에서 자금을 얻을까요? 당신이 마약을 구입하면 자금 중 일부는 당신에게서 나온 것일 수 있습니다."

이 광고들은 (당신이 낸) 세금으로 제36회 슈퍼볼대회 기간 동안에 각각 190만 달러의 비용으로 처음 방영되었다. 그리고 "나는 도왔습니다."의 변형 광고들은 300개 이상의 신문에 실렸다.

일부 부모들을 포함한 비판자들은 부정적 틈새를 파고드는 그 광고들의 전략이 효과적일 것 같지 않다고 말한다. 두 아이의 어머니이자 캘리포니아 주 팔로알토의 사친회(師親會, PTA) 회원인 제인 마커스(Jane Marcus)는 "그 논증은 처음부터 오류이며, 사람들의 공포심을 이용하고 있는데, 두 가지는 연관이 없다."고 말했는데, 그녀의 말은 테러와 마약 남용의 결부에 관해 말한 것이었다. 제인, 참 말 잘했다. 치료를 더 중시하는 전략을 선호하는 마약정책연맹(Drug Policy Alliance)의 전무이사 에단 A. 나델만(Ethan A. Nadelmann)은 다음과 같이 말했다. "이것은 뻔뻔스럽게 테러와의 전쟁을 이용하는 것이다. 정부는 테러와의 전쟁과 결부시킴으로써 쇠퇴해가는 마약과의 전쟁을 강화시키려 하고 있다." 에단, 참 말 잘했다.

그것이 바로 그들이 말하는 것이다. 당신은 어떤가? 당신은 뭐라고 말하는가? 당신은 마약에 대해 '아니'라고 말하는가? 당신은 마약과의 전쟁에 대해 '아니'라고 말하는가? 당신은 안달이 난 슬로건 일반에 대해 '아니'라고 말하는가? 다음과 같은 과거 몇 가지 전쟁 슬로건에 대해 논평 없이 재검토해보자.

"이교도로부터 그리스도의 무덤을 구하라!"

"교황 타도!"

"자유 아니면 죽음을!"

"목화, 노예 그리고 주권을!"

"자유냐 죽음이냐, 자유 푸에르토리코 만세!"

"모든 전쟁을 끝내기 위한 전쟁!"

"메인을 기억하라!"

"54도 40분, 아니면 싸워라!"

앞의 슬로건 각각은 이제는 영원히 돌이킬 수 없는 과거의 부분이다. 그 슬로건들은 전쟁에 나간 수많은 사람에게 영향을 미쳤다. 그 슬로건들은 공동으로 무수한 죽음—그 중에는 수백만의 죽음—에 대한 부분적 책임을 져야 한다.

원칙: 슬로건은 사고를 흐릴 수 있다.

이 원칙으로부터 다음 교훈이 따라 나온다.

교훈: 슬로건은 의심스럽다. 슬로건을 조심하라. 몇 번이고 반복되

> 는 슬로건을 조심하라. 슬로건은 보통 완전히 틀리다. 반복되는 슬로건은 그 슬로건이 함의하는 것의 반대가 진리에 더 가깝다는 것을 함의한다. 반복된 슬로건은 일종의 응원 지휘와 같은데, 이 응원 지휘는 우리로 하여금 왜 그러한 응원이 우리에게 맡겨지는지에 관해 막연히 추론하도록 만드는 것임에 틀림없다.

누가 앞 장에서 나온 이 슬로건을 기억하는 사람 있는가? "우리는 지배자 인종이다!"(We are the master race!) 이 슬로건에서 우리가 누구인가? 그것은 물론 제3제국 독일이다.

앞의 슬로건에서 **이다**(*are*)라는 낱말은 술어인가 존재사인가? 독일인은 실제로 인종인가? 만일 독일인이 실제로 인종이라면 그들은 실제로 지배자 인종인가? 문제가 그처럼 단순한가? 증거가 무엇인가? 만일 독일인이 지배자 인종이라면 그들은 1차 세계대전에서의 패배를 어떻게 설명하는가? 독일인이 지배자 인종이라는 관념으로부터 어떤 결론이 따라 나올까? (힌트: 만일 지배자 인종이 있다면 노예 인종도 있어야 한다. 사실상 히틀러는 다른 민족에 대한 침략과 정복을 정당화하기 위한 합리화 논거로 바로 이 거짓말을 이용했다.)

나치 시대와 2차 세계대전에 관한 윌리엄 L. 샤이러(William L. Shirer)의 베스트셀러 고전 《제3제국의 흥망》(*The Rise and Fall of the Third Reich*)은 히틀러가 어떻게 해서 (후에 대중의 계몽과 선전으로 확대된) 선전부를 설치할 생각을 했는지를 알려준다. 히틀러는 요제프 괴벨스(Joseph Goebbels)를 대중 계몽과 선전 담당 장관에 임명했다. 히틀러는 괴벨스에게 비록 어리석고 허위적인 것이라 하더라도 반복을 통해 결국은 믿게 되는 슬로건을 만들도록 지시했다. 모든 라디오 방송과 신문은 괴벨스의 통제하에 놓이게 되었다. 제3제국에서 편집발행인이 되려면 먼저 정치적으로 그리고 인종적으로 '깨끗해야' 했다. 신문잡지업을 국가의 규제를 받는 '공적 직업'으로 만든 1933년 10월 4일자 제국의 출판법은 모든 편집발행인이 독일 시민권을 소지해야 하고, 아리안 혈통에 속해야 하며, 유태인과 결혼해서는 안 된다고 규정했다. 이 법률로부터 독일의 신문업계에 참을 수 없는 복종이 강요될 것임은 불가피했다. 커다란 거짓말들이 오늘의 뉴스가 되었다. 언어적 선동, 대중 조작, 사기의 재능을 가진 소수 몇 명의 지도자가 세계를 비극적 운명으로 이끌었던 것이다.

아무런 예고 없이 독일 잠수함 U-30이 미국인 28명이 포함된 112명의 사람을 죽이면서 영국 정기선 **아테니아 호**(*Athenia*)를 침몰시켰을 때조차도 히틀러는 개인적으로 라디오 방송과 신문 기사에 영국 해군의 제1수석위원 처칠이 그 배의 선창에 시한폭탄을 설치함으로써 아테니아 호를 침몰시켰다고 말하도록 명했다! 처칠이 독일을 나쁘게 보이도록 만들기 위해 그런 짓을 저질렀다는 것이었다!

이 책을 읽고 난 후 당신이 샤이러의 학문적 저작에 상세하게 기술된 나치 독일의 역사를 완성해보는 것은 흥미로운 경험이 될 것이다. 그렇게 하면서 당신은 히틀러로 하여금 권력을 얻게 한 다양한 사고상의 오류에 주의를 기울일 수도 있을 것이다. 히틀러가 벌인 마약과의 전쟁에 주의를 기울이고, 그 다음에는 그가 마약 중독자들과 벌인 전쟁 및 그 이유에 대해 주의를 기울여라. 그 전쟁은 총기의 사적 소유권과의 전쟁을 동반했다. 무기의 사적 소유에 반대하는 히틀러의 논증에 주의를 기울여라. 우리는 오늘날에도 똑같거나 유사한 총기 단속 논증을 듣는다. 그 다음에는 히틀러가 유아 포르노를 제거한 처사 배후에 무엇이 있었는지 생각해보라. 그리고는 히틀러의 표적이 된 '동성애를 하는 성도착자'를 생각해보라. 공산주의자, 사회주의자, 예술가, 작가 그리고 말할 것도 없이 유태인의 뒤를 이어 그 다음에는 집시가 표적이 되었다. 각각의 경우에 독일 거주민의 일부 집단에 대한 공격은 의미가 있는 것처럼 여겨졌다. 그러한 공격은 당신이 그것에 관해 잠시라도 생각하지 않은 한 의미가 있는 것처럼 여겨질 것이다. 히틀러가 했던 일과 그 일을 한 이유에 대해 생각해본 후에도 그러한 공격은 여전히 좀더 음울한 의미를 갖는다는 것을 제외하면 의미가 있었다. 생각을 좀 하면 히틀러와 나치가 염두에 두었던 무시무시한 계획을 쉽게 폭로할 수 있었을 것이라는 데 대해 당신이 동의하지 않는지 보라. 디킨스(Dickens)의 《돔비 부자》(*Dombey and Son*)에서 번스비(Bunsby)가 말한 것처럼 "이러한 관찰의 결실은 그 적용에 있다."[2)]

복습

이제는 당신도 반복 연습을 안다. 앞 장들에서 했던 것처럼 이 장의 내용을 복습하라. 반면에 복습이 필요하지 않다고 느끼면 다음 장으로 건너가라. 반복 연습이 필요한지에 대해 확신이 서지 않으면 아래의 12개 물음에 답하라. 그 물음의 70%를 맞추거나 좋은 답을

---

2) 《돔비 부자》에서 번스비는 Marcus Tullius Cicero, "Paradox 3," in *Familiar Quotations* by John Bartlett, 13th ed.(Boston: Little, Brown, 1955), 34면 a열을 인용한다.

낸다면 당신은 괜찮은 편이다. 만일 70% 미만을 맞춘다면 이 장뿐만 아니라 앞 장들에 나온 모든 고딕체 부분을 다시 읽는 것이 좋다.

1. 다음 진술을 생각해보라. "논리는 날이 잘 선 칼과 같다. 당신이 그것을 쓰면 쓸수록 그것은 그만큼 더 예리하게 벤다." 다음 중 어느 것이 가장 옳은가?

   A. 이 진술은 올바르다.

   B. 이 진술은 그릇된 유비이다.

   C. 이 진술은 그릇된 유비인데, 그것은 날이 잘 선 칼이 쓸수록 무뎌지는 반면에 논리의 이용은 사고 기능을 향상시키기 때문이다.

   D. 논리학은 정밀과학이며, 그래서 칼 유비는 그것에 적용되지 않는다.

2. 다음 진술을 생각해보라. "코카콜라가 그것이다."

   A. 이 진술은 모호하다.

   B. **코카콜라**와 **그것**은 정의되지 않은 채로 있다.

   C. 이 진술은 이유나 증거에 대한 지성적 언급이 없는데도 가능한 가장 광범위한 청중에게 코카콜라를 팔기 위해 가능한 가장 광범위하게 적용되도록 고안된 광고 슬로건이다.

   D. A, B, C가 옳다.

3. 9 · 11 공격을 받은 후 부시 대통령은 "이런 짓을 저지른 자들은 겁쟁이다."라고 선언했다. "두려움 때문에 행동하지 못하는 사람"이라는 **겁쟁이**(coward)에 대한 사전의 정의를 살피고 난 다음, 대통령의 진술에 대해 말할 수 있는 것이 무엇인가?

   A. 그 진술은 옳지 않다.

   B. 그 진술은 그릇된 방송용 정의의 예이다.

C. 대통령은 테러리스트들이 **비겁자**(*dastards*)라고 말해야 했는데, 이는 남몰래 악행을 저지르는 자라는 의미의 **비겁자**라는 낱말이 테러리스들이 실제 했던 짓에 훨씬 더 가깝기 때문이다.

D. A, B, C가 맞다.

4. 다음 진술을 생각해보라. "뇌는 컴퓨터이다."

A. 천만에 호세.

B. 이 진술은 뇌와 컴퓨터가 둘 다 덧셈을 할 수 있기 때문에 옳다.

C. 이 진술은 뇌에 관해 배움이 컴퓨터에 관해 가르쳐주기 때문에 옳다.

D. 이 진술은 뇌와 컴퓨터가 유사한 재료로 만들어지고 같은 환경에서 같은 방식으로 작동하기 때문에 옳다.

5. 다음 진술을 생각해보라. "역사는 되풀이된다."

A. 역사적 유비들은 몹시 일상적인 것이면서 빈번히 오류를 범한다.

B. 역사는 그렇다는 격언에도 불구하고 정확히 되풀이되는 경우가 거의 드문데, 이는 현재의 상황과 역사적 상황이 정확히 똑같은 경우가 거의 없기 때문이다.

C. 이 진술은 역사가 되풀이된다는 제안에 대한 단순한 주장 이외에 아무런 근거가 없다.

D. A, B, C가 옳다.

6. 무작위로 전화를 거는 뉴욕의 브로커가 당신에게 지금 제공하는 비밀 투자 정보가 완벽하다고 말한다. 그는 당신이 그의 투자 정보를 따를 경우 실패할 가능성이 없다고 말한다. 그 사람의 진술로부터 당신은 어떤 결론을 내릴 수 있을까?

A. 그는 거짓말하고 있다. 완벽한 것은 없다. 투자에 대한 미래의 성취는 결코 절대적 확신을 갖고 예측될 수 없다.

B. 그가 무언가에 관여하고 있을 수도 있다.

C. 그것은 모험을 건 도박이지만 어떤 일이 일어나는지 보기 위해 약간의 돈을 그에게 보낼 가치가 있다.

D. A, B, C가 맞다.

7. 마약과의 전쟁

A. 마약과의 전쟁이 좋은 일이라고 가정함으로써 선결 문제 요구의 오류를 범하고 있다.

B. 마약과의 전쟁에서 승리할 수 있다고 가정함으로써 선결 문제 요구의 오류를 범하고 있다.

C. 마약 문제가 해결 가능하고, 그 해결책이나 해결책의 일부가 바로 마약과의 전쟁이라고 가정함으로써 선결 문제 요구의 오류를 범하고 있다.

D. A, B, C가 맞다.

8. 다음 진술을 생각해보라. "또 정치인 한 사람이 투옥되었다. 그것은 정치인들이 결코 신뢰받을 수 없다는 것을 보여준다."

A. 이 진술은 일반진술이다.

B. 이 진술은 옳다.

C. 이 진술은 오로지 그것을 뒷받침하는 완전하고 적합한 증거에 토대를 두고 있다.

D. 어떤 집단의 몇몇 성원의 행동은 그 집단 일반의 행동에 대한 좋은 지표이다.

9. 공영방송 PBS 기자의 다음 진술을 생각해보라. "20,000명이 거주하는 이 작은 도시에서는 모든 사람이 알 카에다가 이곳으로부터 불과 19km 떨어진 구릉 중턱에서 지금 사력을 다해 싸우고 있다는 것을 압니다."

A. 이 진술은 그 도시의 모든 사람을 면담하여 기자가 서 있는 곳으로부터 19km 떨어진 구릉 중턱에서 알 카에다가 사력을 다해 싸우고 있다는 동의를 받지 않는 한 전혀 옳을 수 없다.

B. 이 진술은 기자에 의해 과장된 표현의 예이다.

C. 이 진술은 이 진술에 동의하지 않는 마을 사람을 한 명만 발견해도 틀렸다는 것이 증명될 수 있다.

D. A, B, C가 맞다.

10. 《워싱턴 포스트》 1988년 12월 23일자에서 따온 이 헤드라인 기사들을 생각해보라. "드렉셀 청산, 월스트리트에 의해 무난히 처리되다." "드렉셀 소송, 월스트리트에 심각한 타격을 줄 듯."

A. 하나 또는 두 헤드라인 기사 모두 서로 반대되는 두 가지 것이 동시에 옳을 수 없기 때문에 그른 것임에 틀림없다. 만일 두 기사 모두 그르다면 두 기사는 서로 반대관계이다. 만일 전자는 그르고 후자는 옳다면 두 기사는 모순관계이거나 반대관계이다.

B. 헤드라인 기사들은 '이중 사고'라는 기법을 이용한 멋진 신문 글의 훌륭한 예인데, 이 이중 사고에서는 소설 《1984년》에서 논의된 것처럼 서로 반대되는 관념들이 옳다고 주장된다.

C. 합쳐서 생각했을 때 헤드라인 기사들은 그 연언이 0의 진리치를 갖는 자체모순진술이다.

D. A와 C가 맞다.

11. 다음을 생각해보라.

전쟁은 평화다

자유는 노예다

무지는 힘이다

A. 세 진술은 슬로건이다.

B. 세 진술은 색다른 모순진술**이면서 동시에** '이중 사고'의 예이다.

C. 이 진술들은 소설 《1984년》에서 오세아니아 정부인 영사(Ingsoc, England socialism의 새로운 약어 표현)의 단조로운 모토이다.

D. A, B, C가 맞다.

12. "이것은 최상의 설타나(건포도 일종)예요." 식품점 주인이 말한다. 그러고는 한숨을 쉬면서 한마디 보탠다. "당신이 어떻게 그 값에 최상의 설타나를 기대할 수 있겠어요?"

A. 두 진술은 진술 2가 진술 1이 옳지 않다는 것을 함의하기 때문에 서로 모순이다.

B. 우리는 설타나가 무엇인지 알지 못하고서는 그 진술들이 옳은지를 알아낼 수 없다.

C. 식품점 주인의 진술은 사업가 정신에 일반적인 결점을 반영할 수 있다.

D. A와 C가 맞다.

답:

1. C가 맞는데, 그것은 가장 옳은 것이 답이기 때문이다. D는 논리학이 정밀과학이 아니기 때문에 틀리다. 논리학이 정밀과학이라고 누가 말했는가? 논리학이 과학인지 아닌지는 **과학**과 **논리학**에 대한 정의에 달려 있다. 그런 낱말들에 대한 일상적 정의 아래서는 논리학은 과학도 아니고 정밀하지도 않다. 사실상 들어가는 말에서 나는 논리학을 과학이라고 하지 않았

다. 나는 논리학을 기술(art)이라 불렀다. 논리학은 성공적 수행을 위해 능숙함과 노련함을 요구하는 직접적이고 개인적이고 창조적이고 상상력이 풍부한 솜씨라는 의미에서 기술이다.

2. D

3. D

4. A

5. D

6. A

7. D

8. A

9. D

10. D

11. D

12. D

제5장

증거의 편파적 선택

이 장은 **증거의 편파적 선택**으로 알려진 일상적인 사고상의 오류를 다루는데, 이 오류는 우리로 하여금 진리를 멀리하고 큰 과오를 범하도록 꾀어낸다. 진리에 도달하려면 우리는 단순히 증거의 부분이 아니라 모든 증거를 고려해야 한다. 만일 우리가 합리적 증거를 고려 대상에서 배제하면 실재를 보는 우리의 시야가 흐려지고 오류의 기회가 증가한다.

어떤 점에서 증거의 편파적 선택은 그릇된 유비, 과도한 일반화, 단순화의 뿌리가 되는 오류이다. 그러한 오류들은 논증에서 똑같이 중요한 다른 요소는 무시하면서 어떤 요소를 인용한다. 그래서 편파적 선택이다. 편파적 선택은 또한 편견(prejudice)으로 알려진, 특히 유해한 형태의 과오의 뿌리가 되는 오류이기도 하다.

편견은 피해자, 즉 편견의 대상이 된 사람에게 피해를 줄 뿐만 아니라 가해자, 즉 편견을 가진 사람에게도 피해를 준다. 때로 편견은 우리를 우리 자신에게 유리한 논증은 채택하고 상대에게 유리한 논증은 무시하는 **특별 변론**(special pleading)이라는 이기적 형태의 편향된 견해로 나아가게 한다.

부적합한 증거, 불완전한 증거 또는 잘못된 증거에 기초한 의견은 어떤 것이든 그만큼 편파적 선택에 의해 이루어진 의견이며, 그래서 불합리하다. 따라서 증거를 평가하는 일이 핵심 열쇠가 되지만 이 일은 다음과 같은 4중의 어려운 작업이다. (1) 우리는 이용할 수 있는 모든 관련 증거를 고려해야 한다. (2) 우리는 그 증거가 적합하고 충분한지—즉 우리가 합리적 결론에 도달하기에 충분한 증거를 가지고 있는지와 그 증거가 그 결론을 정당화하는지—를 결정해야 한다. (3) 우리는 모든 증거가 합리적인지 결정해야 한다. (4) 만일 모든 증거가 합리적인 것이 아니라면 우리는 증거의 어떤 부분이 합리적이고 어떤 부분이 합리적이지 않은지를 결정해야 한다.

옳다는 것을 확인하기 위해 증거를 면밀히 조사하는 일은 쉬운 작업이 아닌데, 우리를 속이기 위해 계획적인 노력이 이루어지고 있는 현대에는 특히 그렇다. 명백한 사기는 차치하더라도 정신적 게으름이나 어리석음과 별도로 올바른 증거 평가를 방해하는 비이성적 특징을 갖는 것이 바로 우리의 정서이다. 정서적 요인은 근본적으로 우리가 완전한 이성적 존재가 아니기 때문에 우리의 사고를 궤도에서 이탈하게 한다.

망상(delusion)은 종교 체계의 부분이 아니면서 논리적 설득에 따르지 않는 그릇된 신념이다. 우리 대부분이 지니고 있는 가장 두드러진 망상 중 하나는 우리가 본성상 순전히 이성적이라는 것이다. 하지만 다양한 노선의 증거는 인간의 상태 구조에서 정서가 다소 커다란 역할을 하고 있음을 가리킨다. (어쩌면 그것이 바로 좀더 이성적이게 되는 법을 가르치기 위해 우리가 이와 같은 작은 책을 필요로 하는 이유일 것이다.)

어떤 심리학자들은 심지어 우리 인간 종 대다수가 짐승과 같은 격정, 탐욕, 편견에 의해 지배된다고까지 말한다. 우리가 가장 확신하는 판단이나 공인된 의견들도 진지한 사고보다는 본능에서 비롯되는 일이 더 많다. 사실상 덕과 마찬가지로 이성은 우리가 할 수 있는 어떤 것이지만 그것을 성취하기 위해서는 노력이 요구되며, 종종 엄청난 노력이 요구된다.

우리는 우리가 순전히 이성적이라는 망상에 사로잡혀 있는데, 그것은 상처받은 자존심이 그 생각을 믿는 것이 반대 생각을 승인하는 것보다 더 편안하기 때문이다. 우리는 우리의 자존심을 보호하는 방식으로 움직이기 쉽다. 우리는 무의식적 정신 작용을 통해 무의식적으로 그렇게 움직인다.

그래, 무의식적 정신이다. 꽤 많은 심리학적이고 정신병학적인 증거는 우리의 정신적 삶이 두 부분, 즉 우리가 직접 의식하는 사고나 정서로 이루어진 의식적 부분과, 정서적 이유로 인해 억눌려 있기 때문에 곧바로 떠올릴 수 없는 약간의 중요한 기억을 포함하여 의식에 나타나지 않은 기억은 물론이고 우리의 원시적 본능, 자율반응, (성욕이나 식욕과 같은) 정서적 충동을 숨기는 무의식적 부분으로 구성된다는 것을 가리킨다.

어떤 사람이 파티에서 내 아내에게 키스하려 했을 때 나는 몹시 화가 났다. 순간적으로 나는 그 녀석을 죽이고 싶었다. 그 생각이 마음에 떠올랐다는 사실이 우리를 놀라게 할 필요는 없다. 5000년 동안의 문명기는 20만 년 동안의 야만 상태에 기초한 본능을 거의 제거하지 못했던 것이다. 그 녀석을 치는 대신에 내가 마시던 음료가 '우연히' 그의 가랑이에 엎질러졌다. 그는 씻기 위해 방을 떠야만 했다. 이렇게 해서 나는 분별력으로 상황을 타개하였다. 경쟁자를 죽이고 싶었던 나의 충동은 억제되었다. 그러나 그 충동은 다른 형태로 변하고 바뀌며, 나의 무의식적 정신이 가장 크게 관여하는 해부학적 영역의 명령에 따라 (암시적으로) 좀더 온건한 공격 형태로 (희미하게) 위장되어 다시 표면화된다.

정신적 메커니즘은 정서적 진실을 숨긴다.

나의 반응이 전적으로 비이성적이었는가? 아마 그렇지 않을 것이다. 사실에 대한 연구는 정서가 (때로) 인식적 내용을 가질 수 있음을 보여준다. 예컨대 낯선 사람에 대한 본능적 불신은 교활한 사기꾼을 경계하고자 하는 것이다. 가정의 평화와 행복에 대한 위협을 감지하고 나면 나의 행동은 좀더 이해할 수 있을 만한 것처럼 보인다.

의식적 정신이 우리의 무의식적인 정서적 진실을 숨기게 만드는 정신적 메커니즘은 정신의학자들에게는 잘 알려져 있다. 그러한 메커니즘에는 억제(suppression), 억압(repression), 투사(projection), 감정의 고립화(isolation of affect), 현실감 상실(derealization), 비인격화(depersonalization), 감정 전이(displacement), 기시감(déjà vu) 등의 것들이 포함된다. 그런 메커니즘들은 사고에 관한 안내서보다는 정신의학 교재와 더 밀접한 관계가 있다. 그러나 그런 메커니즘들을 아는 것은 당신의 정서적 삶을 더 잘 이해하고 정서적 진실에 이르게 하는 데 도움이 될 것이다. 비록 사고나 논리와 직접적 관계가 있는 것은 아니지만 이러한 정신적 메커니즘은 당신이 정신의학 교재에서 찾아보아야 할 정도로 충분히 중요하다. 그런 메커니즘 중 하나인 합리화(rationalization), 즉 우리의 의견이나 행동에 대해 그릇된 이유를 들어 주장하는 일에 대해서는 이 장 뒷부분에서 좀더 충분히 논의할 것이다. 현재 우리의 임무는 무의식적 충동이 명료한 사고를 방해한다는 사실을 이해하려는 것이다.

의사로서 정신질환을 연구했기 때문에 나는 정신병자도 확실히 인간임을 안다. 그들의 망상, 환각, 비정상적 사고 과정은 일상적 사고에도 그에 대응하는 짝이 있다. 정도 문제와 어떤 질적 차이만이 자신이 억만장자 빌 게이츠라고 생각하는 정신병 환자와, 게이츠만큼의 돈을 가졌다면 그 돈을 가지고 했을 일을 상상하는 정상적인 공상가를 구별해준다. 당신이 텍사스 복권에 당첨될 것이라고 상상하는 일은 당신이 부자라는 공상을 제거하는 한 단계일 뿐이다. 당첨되기를 소망하지 않고서는 누구도 복권을 사지 않는다. 그 돈을 어떻게 사용할지 생각하지 않고서는 누구도 복권을 사지 않는다.

다음 환자를 생각해보라. 그녀는 우중충한 군대 작업복을 입은 서른두 살의 여성이다. 나에게 무엇을 말하고 싶은지 묻자 그녀는 말했다. "실은 나는 매우 예뻐요. 하지만 좀 못생긴 것처럼 위장했지요."

"왜 위장을 했지요?" 내가 물었다.

"나는 우주선을 타고 지구에 왔는데, 여기 사람들이 미녀 죽이기를 좋아한다는 것을 알았기 때문이죠. 왜 그런가요, 의사 선생님?"

"무엇이 말입니까?"

"왜 지구인들은 미녀를 죽이고 싶어 하죠?"

"내 생각은 중요하지 않아요. 그것에 대해 어떻게 생각합니까?" 내가 물었다.

"제기랄, 정신과 의사 티 좀 내지 마세요!"

이 여성은 전투복을 입었고, 그래서 나는 싸움을 예상했다. 그녀가 자신이 예쁘지 않다는 것을 알지만 자신이 예쁘다는 허위 관념을 가지고 살고 싶어 한다는 것을 주목하라. 그 관념을 거울에 비춰진 반대 증거와 맞추기 위해 그녀는 자신이 우주선을 타고 이 지구라는 행성에 오게 되었다는 정교한 공상을 구성했다. 공상의 정교함은 그녀가 여기에 도착해서 지구인들이 미녀를 죽인다는 것을 발견했다는 것이다. 그녀의 자아는 진실을 직시하고 그녀의 외모를 개선시키기 위해 적극적인 어떤 조처를 취하는 것보다는 이 허위 관념을 갖는 것이 더 위안이 된다는 것을 발견한다. 그녀가 나를 그녀의 공상으로 끌어들였을 때 내가 그 공상을 지지할 수 없었다는 것을 주목하라. 망상을 지지하거나 동의하는 것은 전문 의사로서 할 일이 아니었을 것이다. 대신 나는 그녀에게 그녀의 의견을 물었다. 그녀는 그것이 책략임을 알기에 충분할 정도로 많은 정신과 의사를 보아왔다. 그녀는 화난 반응을 보였다. 그녀의 마음은 그녀가 이 중요한 문제에 대해 틀렸다는 생각을 견딜 수 없었다. 내적 조화를 유지하려면 그녀는 그녀의 망상 체계를 위협하는 다른 사람들을 공격해야 한다. 실제로 그녀는 병원에서 무의식중에 다른 (예쁜) 여성을 찌름으로써 그녀의 화를 표출하였다.

이 환자와 속으로는 자신이 예쁘지 않다는 것을 알고 있으면서도 예쁘다는 말을 듣고 싶어 하는 여성 사이에 많은 차이가 있는가? 이 환자와 의사에게서 비만이라서 15파운드의 살을 뺄 필요가 있다는 충고를 듣고 화난 반응을 보인 여성 사이에 많은 차이가 있는가? 이 여성과 화성에 가는 우주선을 타고 있는 양 가장함으로써 우주비행사가 될 것 같지 않은 어린 소년 사이에 차이가 있는가? 실제로는 우리가 누릴 수 없는 것을 우리의 상상 속에서 (부분적으로) 달성하기 위해 연극이나 영화를 보러 가거나 소설을 읽거나 또는 그런 것들을 이용할 때 많은 차이가 있는가?

원칙: 심층의 정서적 필요는 진실의 지각을 방해할 수 있다.

이 원칙으로부터 다음 교훈이 따라 나온다.

교훈: 반응이 자극이나 예측되는 바를 넘어설 때마다 정당화되지 않고 정당화될 수 없는 이유가 제시될 때마다 작동하고 있는 정서적 요인을 찾아라.

맞다. 인간의 정신이 그런 식으로 작동한다는 것은 정말로 안 된 일이다. 하지만 그것이 현실인데, 우리는 스스로 우리가 중요하거나 유명한 인물이라거나 우리가 알고 있는 것보다 더 많이 안다거나 혹은 언젠가 우리가 부자가 될 것이라고 생각하는 망상에 빠지는 것을 좋아한다. 그것에 잘못된 점이 무엇인가?

그러한 망상들로 인해 우리는 교정을 통해 상황을 실제로 개선할 수 있는 실재에 기초한 조처를 취하지 못하게 된다.

인간의 정신은 보통 갈등을 견뎌내지 못하며, 철저하게 어떤 허위 조화라도 추구할 준비가 되어 있다. 그 방책은 유화책이다. 정신의 평정을 방해할 우려가 있는 사고와 관념들을 물리치는 과정에서 정신은 아주 무모할 정도로 비이성적이다. 과학자들은 이 점을 알고 의식적 조처에 의해 그것을 막으려 한다.

정서적 요인 때문에 우리는 우리가 좋아하는 증거는 선택하고 좋아하지 않는 증거는 무시하기 쉽다. 그처럼 정서에 기초한 편파적 선택

은 실재를 보는 우리의 시야를 흐리게 하며, 사고상의 오류를 범하는 것이다.

다윈은 진화론에 대한 반론을 기록했던 노트를 가지고 있었다. 그는 반론이 나타나자마자 그것을 적어놓지 않을 경우에 자신이 그것을 잊어버리고 진화론을 뒷받침하는 관념과 사실만을 기억할 것임을 알았다. 다시 말해서 그는 그의 정신, 즉 위대한 과학자의 정신이 그가 그토록 많이 이해관계에 해당한다고 귀속시켰던 관념의 매력에 저항하는 데 애를 먹을 것임을 알았다. 그의 이론에 대한 반론들은 정신적 부조화를 창조해냈다. 그의 정신은 자칫 방해가 되는 관념들을 잊어버림으로써, 즉 부분적으로 진화에 유리한 관념을 선택하고 그의 이론에 불리한 관념을 거부하거나 잊어버림으로써 자신을 보호하였던 것이다.

나중에 다윈이 그의 책 《종의 기원》(*The Origin of Species*)과 관련하여 도처에서 공격을 받았을 때 그의 노트는 공격에 대처할 수 있는 편리한 도구가 되었다. 그는 반론 대부분에 대해 이미 스스로 생각하고 있었기 때문에 그 반론들에 대처할 준비가 되어 있었던 것이다.

자아를 돋보이게 하려는 우리의 필요는 사기꾼, 아첨꾼 그리고 온갖 부류의 식객의 알랑거리는 소리에 우리를 넘어가게 하기 쉽다. 방송인 그리고 어떤 신문이나 잡지의 편집인들은 우리 자신에 대해 좋게 생각하려는 똑같은 (비이성적인) 인간적 필요, 즉 우리가 실제 아는 것보다 더 많이 안다고 생각하려는 인간적 필요를 먹이로 삼는다.

테마 공원도 똑같은 일을 한다. 이 점은 미스터 L이 나에게 설명해주었는데, 그는 디즈니사에서 일했던 사람이었다. 미스터 L은 디즈니월드와 디즈니랜드에서 탈것을 만드는 일을 맡고 있었다. 나는 미스터 L을 텍사스 주 클리어 레이크에 테마 공원을 조성하는 일과 관련하여 나에게 조언을 해줄 자문 역으로 고용하였다. 나의 테마 공원은 **텍사스의 고대 세계**(Ancient World of Texas)로 부르기로 되어 있었다. 기본 착상은 이집트의 귀족들 무덤이나 영국 스톤헨지의 잘 정돈된 거석들 같은 고대 유적의 정확한 모사물을 만들자는 것이었다. 나는 대중이 테마 공원에 와서 고대 문명들에 관해 배우기를 원했다. 미스터 L은 이 착상에 대해 탈것을 타고 둘러보는 여행이 대중이 이미 안다고 생각했던 것을 보여주어야 할 것이라는 점만 제외하면 훌륭한 생각이라고 말했다. 새로운 정보는 전혀 제공될 수 없었고, 낡은 이론이나 공인된 표준 정보도 바뀔 수 없었다. 요컨대 대중이 알거나 안다고 생각했던 것이 그들에게 보여주게 될 것이었다. 여행과 전시물의 궁극적인 효과는 사람들이 실제로 알았던 모든 것을 정말로 알았다는 것을 그들의 마음속에서 확인해야만 하는 것이라고 미스터 L은 설명했다. 여행은 사람들에게 그들의 지식이 완벽하다는 것을 보여주어야 했다. 목표는 대중의 우쭐해진 자존심을 충족시키는 것이었다. 그 목표는 무언가에 대해 누군가를 가르치는 것이 아니었다.

물론 나는 반대했다. “이건 옳을 수 없습니다.”라고 나는 말했다.

미스터 L은 그것이 옳다고 장담하면서 평범하고 진부한 것을 제시한 탈것 여행이 상업적으로 성공적임을 보여주는 자료로 그의 진술을 뒷받침했다. 진짜 정보를 제시하는 여행은 실패했다. 따라서 나의 테마 공원이 성공할 수 있는 유일한 방법은 본래 복잡한 것을 지나치게 단순화하여 방문객의 정신적 습성에 영합하고, 정서와 편견에 호소하며, 실제 있었던 일에 대해 그릇된 상을 제시하도록 역사적 증거를 편파적으로 선택하는 것이었다. 미스터 L은 그것이 테마 공원의 실상이며, 무수한 사람이 온갖 종류의 비뚤어진 사고를 조장하는 탈것 여행—탈것 소유주들이 부끄러워해야 할 실례가 되는 여행을 설정한 탈것 여행—에 노출되어왔으며, 그가 함께 일해온 다른 사람들도 자신들이 하고 있는 일을 잘 알고 있으면서 대중에 대한 그들의 탐욕스런 부패에 대해 냉소적으로 옹호한다고 장담했다.

"그렇다면 그 프로젝트는 할 만한 가치가 없군요." 내가 말했다.

나는 미스터 L에게 그의 입장에서 당연한 18,000달러의 보수를 지불했다. 미스터 L이 맞았다. 실상에 대한 단서를 줌으로써 그는 내가 **텍사스의 고대 세계**에 투자하려 했던 액수인 300만 달러를 건지게 했던 것이다.

원칙: 대중은 그럴 만한 가치가 있는 탈것을 탄다.

이 원칙으로부터 다음 교훈이 따라 나온다.

교훈: 당신이 누군가가 정보의 원천으로 테마 공원의 탈것 여행이나 혹은 더 나쁜 것으로 TV(심지어 디스커버리 채널Discovery Channel조차도)를 인용하는 것을 들으면 합리적인 유일한 반응은 발을 빼는 것이다.

합리화—그른 이유를 들어 주장하는 것—는 일상적인 사고상의 오류이다.

갈등을 피하고 자존심을 지키는 또 다른 방식은 우리가 하는 대로 처신하거나 믿는 것에 대해 이유를 발견하거나 심지어 고안하는 것이다. 그것을 합리화라는 정신적 메커니즘이라고 한다. 심리학에서 합리화는 보통 실제 동기를 의식하지 못하면서 우리의 행동, 믿음, 욕구에 대해 이유나 그럴듯한 설명이나 변명을 피상적으로 제시한다.

합리화는 사람들이 자신의 견해를 뒷받침하는 논증을 제시하는 것을 좋아하기 때문에 일상적으로 널리 퍼져 있다. 그러나 그런 논증 대부분은 실제로는 이유가 못된다. 그 이유들은 스스로를 그 견해의 원인인 양 가장하는 견해들이다. 실제로 우리가 이른바 추론이라고 하는 것의 대부분이 합리화, 즉 우리가 이미 믿는 것을 정당화하려는 시도로 이루어진다. 대부분 합리화는 우리가 정당화하려고 하는 의견이나 믿음이나 행위 다음에 온다. 때로 합리화는 우리 자신이나 우리의 의견을 정당화하기 위해서가 아니라 개인의 부적당성을 은폐하기 위해 고안된다.

여우는 포도에 닿을 수 없었으며, 그래서 자신이 그 포도를 원하지 않는다는 결론을 내렸다. 그는 그 포도가 시다는 결론을 내렸기 때문에 자신이 포도를 원하지 않았다는 것이었다. 하지만 포도는 시지 않았으므로 포도가 시다는 결론은 사실에 반하며, 그래서 틀린 것이다.

실제에 있어서는 여우는 자신에게 있는 어떤 결함, 즉 좀 영리하지 못하다든지 능력이 없다든지 혹은 키가 좀 작다든지 하는 것이 포도에 닿지 못하는 것 배후의 실제 이유라는 생각과의 충돌을 피하고 있는 것이다. 그 자신의 무능을 직시하는 것이 아니라 여우는 위안이 되는 거짓말—자신이 포도를 원하지 않는다는 거짓말—을 고안한다. 하지만 그 거짓말은 너무 빤한 거짓말이다. 그는 자신이 포도를 원한다는 것을 알고 있으며, 그래서 더 나은 이유를 찾아내야 한다. 스스로에게도 거짓말을 숨기기 위해 여우는 그 거짓말을 좀더 의식적으로 승인할 만한 어떤 것으로 다듬거나 변형시켜야 한다. 보통 거짓말을 정교하게 다듬은 것은 공상이나 합리화이다. 여우는 (포도를 원하지 않는다는 그릇된 이유를 들어) 합리화했다. 그 합리화는 포도가 시기 때문에 갖고 싶은 것이 아니라는 것이었다.

신 포도는 사람들이 자신이 원하는 것을 얻을 수 없을 때 사용하는 합리화이다. 따라서 신 포도는 잃어버린 사랑이나 일방적인 짝사랑에 대한 변명(합리화)인 경우가 종종 있다. 비이성적인 사고가 이런 식으로 진행될 수 있는 것이다. 그녀는 아름답지만 나를 원하지 않는다. 그러므로 나는 그녀를 가질 수 없다. 내가 그녀를 가질 수 없기 때문에 그녀는 내 사랑을 받을 만한 가치가 없다. 그녀가 내 사랑을 받을 만한 가치가 없기 때문에 나는 그녀를 원하지 않는다. 그 이유 또한 그녀가 가슴이 안 예쁘다거나 춤을 잘 못 춘다거나 혹은 요점을 벗어나긴 하지만 옳거나 옳지 않을 수 있는 다른 무수한 항목 같은 것을 포함하도록 다듬어질 수 있다. 좀더 진지하게 다듬게 되면 실제로 다음과 같은 정서적 반응이 포함될 수도 있을 것이다. 즉 나는 그녀를 사랑하지 않는다. 나는 그녀를 증오한다. 또는 그녀는 나를 사랑하지 않는다. 그래서 나도 그녀를 사랑하지 않는다. 나는 그녀를 사랑하지 않을 뿐만 아니라 그녀를 증오한다.

또는 훨씬 더 어리석게도 사소한 결함이 편파적으로 선택되어 지나치게 강조된다. 그녀는 아름답다. 하지만 그녀의 아름다움은 흠이 있다. 그녀는 손이 예쁘지 않다. 그러므로 나는 그녀를 사랑할 수 없다. 사실상 나는 그녀의 못생긴 손을 몹시 싫어한다. 내가 그녀의 못생긴 손을 싫어하기 때문에 나는 그녀를 몹시 싫어한다.

이런 식으로 좋지 못한 생각의 상호 연관된 사슬을 통해 사랑은 미움이 될 수 있다. 그렇게 되면 극단적인 어떤 경우에는 미움이 폭력적 행위로 이끌 수도 있다.

수상하게 들린다고? 불가능하다고? 맞다. 수상하다. 하지만 불가능하지는 않다. 많은 우발적 범죄의 근저에는 그처럼 그릇되고 뒤집힌 일련의 연관이 있다.

윤리 원리의 편파적 적용은 편파적 선택이자 그릇된 것이다.

합리화가 윤리 원리의 편파적 적용이나 잘못 적용을 정당화하는데 사용되는 경우가 종종 있다. 서로 상반되는 관념들 집합간의 접촉은 좀처럼 피할 수 없다. 접촉이 일어나면 합리화가 구원이 되며, 내면의 불일치를 피할 수 있다. 여러 영역의 노력을 분리시킴으로써 행해진 일의 충분한 중요성이 감추어지고, 상반되는 관념들 사이의 관계는 왜곡된다.

예컨대 매주 일요일마다 교회에 가는 어떤 사람들은 소득세 신고서를 속이는 일과 관련하여 양심의 가책을 느끼지 않는다. 소득세를 속이는 논증은 언급할 필요가 없을 정도로 너무 익숙하다. "정부가 어차피 그 돈을 오용할 것이다." "내 가족과 내가 정부보다 더 많은 돈이 필요하다." "누구나 그렇게 하고 있다." "정부를 속이는 것과 개인을 속이는 것은 똑같은 것이 아니다." "세금이 탈세가 정당화될 정도로 너무 불공정하다." "연간 1조 달러의 세금을 거두어들이는 정부가 내 잔돈푼을 아쉬워하지 않을 것이다." 등등.

여기서 잠시 멈추어 당신이 자신의 소득세에 대해 속이기 위해 사용했던 변명들에 대해 생각해보라. 그런 것들에 관해 생각하기란 정말이지 무척 어려운 일이기 때문에 나는 그런 것들에 관해 생각해보라고 말하는 것이다. 우리는 자신에 대해 좋게 생각하고 싶어하기 때문에 우리가 사기꾼임을 깨달으면 견디기 힘들 것이다. 말이 난 김에 당신이 당신의 소득세에 대해 속이고 있다는 것을 내가 어떻게 알았을까?

정신적 갈등의 또 다른 일상적 원인은 우리의 본능이나 욕구의 좌절이다. 우리는 새 차를 원하지만 살 돈이 없다. 우리는 은행에서 돈을 좀 훔치고 싶지만 그것이 잘못된 일임을 안다.

원칙: 본능이나 욕구의 좌절은 정신적 갈등의 가장 일상적인 원인이다.

이 원칙으로부터 다음 교훈이 따라 나온다.

교훈: 공상은 좌절에 대처하는 방식이 아니다. 당신의 본능이나 욕구를 (가능할 때) 좀더 직접적으로—실상 그대로—만족시켜라.

행위와 윤리의 충돌은 두 체계를 별개의 상태로 유지함으로써 (비이성적으로) 피할 수 있다. 따라서 사생활에서 존경할 만한 사람인 엔론의 최고 경영주 켄 레이(Ken Lay) 같은 교회 신도도 두 영역의 활동이 그의 의식적인 정신 속에서 서로 부딪치게 하지 않는다면 사업을 할 때는 거짓말도 하고 사기도 칠 수 있다. 정신병자도 이와 똑같은 일을 쉽게 한다. 그들은 두 가지가 절대 만나지 않도록 물샐틈없는 별도의 칸막이 속에 그들의 망상을 지니고 있다. 우중충한 군대 작업복을 입고 자신이 예쁜 여성이라고 상상하는 나의 환자는 필경 연관된 부조화로 인해 평정심을 잃지 않고 정신병동에 수감되어 있을 것이다. 마찬가지로 이웃에 대한 사랑을 서약하는 기독교인들도 종종 그 이웃들에게 칼을 들이댄다.

때로 합리화는 그것들을 폭로하기 위해 약간의 기초 작업이 필요할 정도로 상당히 은폐되어 있다. 그런 경우에 맥락을 분석하고 고도의 의심을 제기하는 것만이 요구되는 경우가 종종 있다.

만일 내가 이 책에 대해 나쁜 평을 듣는다면 나는 비판자가 숨겨진 분노와 심한 질투를 가지고 이 책을 읽었다고 합당하게 주장할 수도 있을 것이다. 무엇보다도 논평자들은 그들의 몸에 독창적인 뼈대가 없다. 그것이 바로 저자가 되는 대신에 그들이 비판자가 되는 이유이다. 우리는 그들을 전혀 인정할 필요가 없다. 그들이 말하는 것은 편견이고, 비합리적이며, 때로 순전히 뻥이라고.

만일 다음날 내가 호평을 듣고 논평자를 크게 칭찬한다면 우리는 나의 첫 의견이 합리화일 가능성이 많다는 것을 안다. 호의적이지 않은 평은 나의 자존심에 상처를 준다. 내 책에 관해 말한 동의할 수 없는 것들이 나의 자존심과 충돌할 위험이 있었던 것이다. 나의 무의식적 정신은 조화를 되찾을 방법을 찾았다. 요점은 내가 진술된 이유들 때문에 비판자를 싫어하는 것이 아니라는 것이다. 그 이유들은 비판자가 내 책에 관해 말한 것을 내가 싫어하기 때문에 산출되었다. 만일 내가 나의 이유들이 가짜라는 것을 알았다면 나는 위선을 범한 것이겠지만 만일 내가 내 이유들의 진짜 (무의식적) 원천을 의식하지 못한다면 나는 단지 비이성적일 뿐이다.

이런 종류의 비판 그리고 그 문제에 관해서라면 모든 비판에 대한 정서적 반응의 문제는 자기기만의 안락함이 지속되지 않는다는 것이다. 완강한 실재는 가짜와 충돌하기 쉽다. 영화 〈일곱 가지 유혹〉(*Bedazzled*)에서 엘리자베스 헐리(Elizabeth Hurley)가 증명하는 것처럼 소망적 사고는 효과가 없다. 그리고 우리는 그 귀결로 인해 고생한다.

비판에 주의를 기울이지 않는 것은 내가 다음 책을 쓸 때 건설적인 개선의 여지를 배제함을 의미한다. 비판자들은 책을 팔리게 하는 데에도 도움이 되므로, 내가 나의 바보 천국에서 빠져 나와 가혹한 실재의 빛 속에 서는 것이 그 빛이 아무리 밝고 고통스럽다 할지라도 경제적으로 나에게 이득이 된다.

집단본능(herd instinct)과 집단순응사고(groupthink)는 종종 편파적 선택을 포함한다.

거의 모든 사람이 일반적으로 승인되는 것과 극단적으로 다른 관념을 주장하는 것이 어렵다는 것을 발견한다. 대담하게 기발한 원리를 주장하는 몇 안 되는 사람들은 보통 비순응이 유발하는 박해에 저항할 뿐만 아니라 무리에 순응하려는 내재적 경향과도 맞서 싸운다. 나로 하여금 자기 회사에 투자하도록 해보려는 뉴욕의 회사에서 보내온 다음 선전 문구를 생각해보라.

> 롱텀 캐피탈 매니지먼트(Long-Term Capital Management)의 쇠퇴가 유발한 혼란을 기억하면서 펀드 매니저로부터 고급 투자자에 이르는 모든 사람이 헤지펀드를 유심히 살피고 있다.
>
> 투자 공동체의 장기간에 걸친 매력 있는 소산, 점점 더 서민들은 그저 자주 변덕을 부리는 시장의 흐름을 진정시킬 투자 수단으로 이처럼 규제받지 않고 선전이 되지 않은 기구들을 주시하고 있다. 헤지펀드의 자산은 1995년 이래 버섯처럼 부풀어 올랐다.

《인베스터스 비즈니스 데일리》(*Investor's Business Daily*)의 크리스티나 와이즈(Christina Wise)가 이 쓰레기 같은 소리를 만든 장본인이다.

분석: 롱텀 캐피탈의 실패에 대한 나의 기억은 아직 시들지 않았으며, 그래서 첫 문장은 나에게 적용되지 않는다. 사실상 나는 LTCM을 꽤 잘 기억하고 있다. 롱텀 캐피탈 매니지먼트의 자산은 1조 2,500억 달러에서 8억 달러 미만으로 떨어졌다. LTCM에는 혼란 이상의 것, 즉 손실이 있었던 것이다. 그 손실은 총 46억 달러에 달했다. 물론 LTCM은 붕괴 직전 앨런 그린스펀(Alan Greenspan)의 도움으로 구제를 받아야만 했다. LTCM은 펀드가 사용하고 있던 엄청난 양의 차입 자본에 의해 증대된 보유 주의 크기 때문에, 그리고 주요 운영자 두 명, 즉 경제학자 로버트 C. 머튼(Robert C. Merton)과 마이런 S. 숄즈(Myron S. Scholes)의 명성 때문에 한층 더 외부인의 주목을 받았는데, 옵션 가격 결정(option pricing)에 관한 그들의 저작은 1997년에 노벨 경제학상을 수상했다. 이처럼 우주의 거장으로 가정되던 두 사람은 그들 자신의 이론에 의해서라기보다는 어떤 이론도 예측할 수 없었던 전 세계적 사건들에 의해 거꾸러지면서 쇠퇴했다.

《인베스터스 비즈니스 데일리》의 이 공허한 기사에 대한 분석을 계속한다면 어떻게 펀드 매니저들로부터 고급 투자자에 이르는 모든 사람이 헤지펀드를 유심히 살피고 있을 수 있을까? 그 진술은 옳을 수 없다. 소수 몇 사람이 펀드를 살피고 있을 수는 있을 것이다. 심지어 **많은** 사람이 살피고 있을 수도 있을 것이다. 그러나 모든 사람이? 천만에. 나도 어엿한 투자자지만 헤지펀드를 살피고 있지 않다. 사실상 나는 반대쪽을 살피고 있다.

잠깐 기다려라. 나도 정말이지 헤지펀드를 주시하고 있다. 내가 이 책에서 헤지펀드를 논의하고 있기 때문에 나도 무심코 헤지펀드에 대해 또 다른 시선을 주고 있다. 하지만 만일 내가 또 다른 시선을 주고 있다면 그것은 확실히 와이즈가 의미하는 시선은 아니다. 내 책에서 나는 그 선전 문구와 규제받지 않은 헤지펀드들, 즉 그토록 많이 몰락한 헤지헌드들에서 어리석은 것을 많이 보기 때문에 얄궂게 쳐다보는 것이다.

그리고 그 말이 옳다면 어떻게 될까? 그래. 모든 사람이 헤지펀드를 좀더 유심히 살피고 있다는 것이 옳다면 어떻게 될까? 그래서 어쨌단 말인가? 단지 다른 사람들이 그렇게 하고 있으니까 나도 그렇게 해야 할까? 그 진술은 집단본능에 호소하고 있음이 분명하다. 그 글의 작성자는 우리가 모든 사람이 헤지펀드를 유심히 살피고 있으니까 우리도 그래야 한다고 생각하기를 원한다. 우리는 인기 있는 것에 올라타야 한다. 무리를 따르는 것의 문제는 종종 어디로 가는지를 모르는 경우가 있다는 것이다. 낭떠러지로 떨어질 수도 있다. 당신이 들어본 적이 있는 작은 모든 나그네쥐(lemmings)처럼 당신은 무리와 함께 낭떠러지로 떨어질 수도 있는 것이다.

첫 문단이 사람들이 어떻게 또는 왜 헤지펀드를 유심히 살피고 있는지 언급하지 않는다는 사실을 주목하라. 그 시선들이 호의적인 것만은 아닐 수 있다. LTCM에 대해 다양한 조사가 이루어졌으며, 헤지펀드에 대하여 그것들이 '규제받지 않았다'는 바로 그것 때문에 다양한 비판의 소리가 나왔다.

우연적인 건 아니지만 헤지펀드가 선전되지 않은 이유는 그것의 광고가 금지되어 있다는 것이다. 더 나아가 헤지펀드는 법에 의해 유동자산 100만 달러 이상을 가진 투자자나 연간 20만 달러 이상의 수입을 가진 투자자에게로 제한된다.

두 번째 문단의 정서적 언어를 주목하라. 헤지펀드가 투자 산업의 "매력 있는 소산"(a glamour child)이었는가? 내가 아는 바로는 그렇지 않다. 매력 있는 소산이라고? 가족의 망나니(black sheep)와 더 닮았다고 나는 말할 것이다. 또는 LTCM에서 무일푼 신세가 된 백만장자들 입장에서는 문 앞의 늑대와 같다고 말할 것이다.

문단 2가 문단 1과 모순된다는 사실을 주목하라. 문단 2에서 우리는 점점 더 서민들이 헤지펀드를 주시하고 있다는 말을 듣는다. 점점 더? 내가 모든 사람이 이미 그렇게 하고 있다고 생각했다고? 이것은 물론 또다시 집단본능에 호소하는 것이다. 뒷받침되지 않은 주장은 점점 더 서민들이 그것을 하고 있으므로 우리 역시 그렇게 해야 한다는 것이다.

투자업계에서 당신은 군중이 당신과 불일치하기 때문에 올바른 것도 아니고, 그렇다고 그릇된 것도 아니다. 당신은 당신의 자료와 추론이 올바르기 때문에 올바른 것이다. 마찬가지로 증권업계에서는 적당한 지식과 시험을 거친 판단을 손에 넣은 다음에 배짱이 최고의 가치가 된다.

이처럼 군중의 의견이나 행동에 순응하려는 욕구는 우리로 하여금 증거 없이 가정된 의견이나 견해를 승인하도록 조장하기 때문에 비합리적이다. 공동체—그 견해들이 자금 관리자에 의해 주장되든 고급 투자자에 의해 주장되든 혹은 그저 서민들에 의해 주장되든 간에 크고 작은 임의의 공동체—에 널리 퍼져 있는 견해가 반드시 옳거나 그른 것은 아니다. 개인에 의해 주장되든 집단에 의해 주장되든 간에 모든 견해는 또 다른 사고와 증거 분석을 거쳐야 한다. 무리의 공인된 의견(들)과의 차이를 강조하거나 무리 내에서 무리를 형성하는 경향이 있는 것은 무엇이든 거의 언제나 본래 그 자체로 동의할 수 없다고 보는 것이 합리적인 것은 아니다. 그러나 사람들은 유감스럽게도 차이를 나쁜 것으로 간주하는 경향이 있으며, 그래서 그러한 차이들에 **사악한**, **나쁜 형태**, **수준 이하**, **바람직하지 않은** 등의 경멸적 용어로 꼬리표를 붙인다. 당신은 멕시코인이 게으르거나 무책임한 모방자라거나 혹은 흑인영어〔에버닉스(Ebonics), 검정(black)을 뜻하는 에버니(ebony)와 음향학을 뜻하는 포닉스(phonics)의 합성어로 흑인영어를 뜻하며, 수준 미달의 영어(bad English)의 표본인 것처럼 여겨짐. 에버닉스(Ebonics)라는 유행어를 본떠서 시카고(Chicago) 쪽의 영어를 시카고포닉스(Chicagonics), 유대인의 영어를 헤버닉스(Hebonics), TV의 게임 쇼를 티비보닉스(TVbonics), 정비공 영어를 그리스버닉스(Greasebonics)라고 부르기도 함〕는 좋은 영어가 아니라는 말을 얼마나 많이 들었는가?

우리가 적절히 검토된 증거 없이 어떤 의견을 받아들이려 하고 있다는 것을 깨달으면 그것은 그 의견이 완전히 이성적인 견해는 아니라는 훌륭한 징표이다. 사실상 그 의견은 아마도 부적합하거나 편파적으로 선택된 증거 또는 다른 어떤 사고상의 결함에 기초를 두고 있을 것이다.

왜 집단본능이 우리의 사고 구조 속에 그토록 깊이 뿌리박혀 있는가? 아무도 모른다. 하지만 그 이론은 무수한 세월 동안 우리의 원시 조상들의 생존이 사냥과 방어에 있어서 꽤 완벽한 협동에 의존했다고 주장한다. 5000년에서 1만년 동안의 문명기는 고대 종족의 규범의 힘을 축소시키는 일을 거의 하지 못했다. 말하자면 그것은 우리 인간의 유산의 일부이다. 생존경쟁에서 사회적 관습이 제공하는 이점의 한 예는 곰을 죽이는 늑대 무리에게서 볼 수 있다.

무리가 하나로 행동하게 되면 그 무리는 힘, 즉 많은 수의 힘을 가지고 행동하게 된다. 매머드를 요리하거나 종족의 모든 사람이 같은 동굴에서 같이 잠자게 하는 일은 집단행동의 조직화를 요구했다. 개인들은 집단의 행동에 민감해야만 했다. 그래서 개인들은 집단본능을 소유해야만 했다. 그것에 잘못된 점이 무엇인가?

집단행동이 올바른 한 함께 따라 하는 것에 잘못된 점은 없다. 그러나 그 집단이 잘못되었을 때는 어려움이 바로 앞에 놓이게 된다. 집단행동이 얼마나 잘못된 길에 이를 수 있는지를 알려면 뉘른베르크에서 열린 나치 집회의 낡은 필름들을 보기만 하면 된다. 너무 많은 군거 생활, 너무 많은 사회 조직과 통제는 재앙으로 이끌 수 있다.

전통은 많은 증거가 무시되는 일종의 집단본능이다.

맹목적으로 전통을 따르는 것은 전통을 찬성하는 이유를 이해하지 못하게 막고, 그래서 어떤 일을 달리 할 수 있는 우리의 자유를 제한하기 때문에 비이성적이다. 이슬람교와 유태교가 정한 돼지고기 먹는 일에 대한 엄격한 금지는 먼 과거의 어떤 시점에 이유가 있었을 수 있다. 그러한 이유는 여전히 지속될 수도 있고 지속되지 않을 수도 있다. 다른 모든 것과 마찬가지로 전통은 냉정한 이성의 빛에 비추어 지속적으로 경신되어야 하며, 그렇지 않을 경우 인간의 진보는 제한된 상태로 머무르게 될 것이다.

자이나교도는 많은 교도가 영양실조에 걸릴 정도로 먹는 것에 관해 그처럼 가혹한 금지 조항들을 가지고 있다. 공의파(空衣派, skyclad, 공기를 의복으로 한다고 주장해 아무 의복도 걸치지 않는 자이나교의 분파) 자이나교도는 어떠한 종류의 육식도 생명을 공격하는 것이며, 그래서 금지된다. 비슷한 이유로 자이나교도에게는 농업에 종사하는 것도 금지된다. 따라서 자이나교도가 할 수 있는 것과 먹을 수 있는 것의 범위는 좁게 제한된다. 폭력을 행하는 것에 대한 이 공의파 자이나교의 두려움은 채소에까지 적용된다. 즉 자이나교의 고행자는 식물을 해칠 것이라는 두려움에서 어떤 채소도 먹지 않을 것이다. 그들은 식물에서 유기퇴적물로 떨어져 나온 것, 즉 가지에서 떨어진 잎과 과일만을 먹는다. 이 음식 제한의 규정을 자연스러운 결론에까지 더 추정해보면 자이나교의 수도사들은 옷을 입지 않는다는 결론이 나오는데, 그것은 의복이 어떤 것에 대한 일종의 폭력이기 때문이다. **케발린**(*kevalin*, 절대적 지식)을 성취한 고행자들은 전혀 먹지 않는다. 그들 대부분은 궁극적인 업의 극복을 이루기 위해 약 두 달 동안 최후의 체중 감량 다이어트를 하면서 살기를 계속한다. 따라서 이 초인적 종교인들조차도 자연히 최후의 다이어트, 즉 아무것도 먹지 않기를 따르는 사람들에 속하게 된다는 귀결을 피할 수 없다. 아무것도 먹지 않는 것의 귀결은 죽음이다. 그리고 그것이 바로 **케발린**을 성취하는 모든 사람에게 일어나는 일이다.

홀로 있는 것의 두려움은 일종의 집단본능이다.

군생동물은 혼자 있을 때조차도 마치 집단의 일부인 것처럼 행동하기를 계속한다. 이것이 바로 음식을 강탈당할 것을 두려워할 이유가 없는데도 개가 음식을 허둥지둥 "이리 근성을 발휘해 게걸스럽게" 먹는 이유이다. 사람의 경우에 무리 군생의 지속성에 대한 증거가 되는 주요 사항은 물리적이거나 정서적인 혹은 정신적인 고독에 대한 두려움이다. 말할 것이 없을 때조차도 말할 필요를 느끼는 것의 근저에는 바로 그러한 두려움이 깔려 있다. 우리가 더 잘할 수 있는데도 다른 사람들과 접촉할 필요를 느끼는 것의 근저에는 바로 그러한 두려움이 깔려 있다. 지도력에 대한 우리 인간 종의 남다른 감수성과 명성에 대한 남다른 관심의 근저에는 바로 그러한 두려움이 깔려 있다. "진행 상황의 고리를 잘 알거나"(in the loop), "돌아가는 사정을 잘 알거나"(in the know), "시대의 흐름을 타거나"(in the swim), "최신식 유행 스타일이거나"(in the groove), "최신 유행의 사정에 밝거나"(hip), "유행하거나"(in fashion), 또는 어떤 문제, 모양, 형식에 대해 집단이 승인하는 것을 하지 못할 두려움은 우리의 이성적 사고에 거의 언제나 타격을 주는 역효과를 낳는다. 이것이 바로 우리로 하여금 집단의 명령이라면 어떤 것이든 이유나 증거 없이 승인하도록 조장하는 이유이다. 이 효과는 만일 다수가 좀 더 자주 올바르다면 타격이 덜할 것이다. 미국 창립자들은 집단본능을 잘 알고 있었으며, 그것이 바로 그들이 주 종교를 갖는 것에 대해 그토록 반대하고 자유 언론을 그토록 찬성했던 이유(어쨌든 이유들 중 하나)이다. 이러한 노선을 따라 올바른 정보의 자유로운 유통은 숙고된 판단을 내리는 데 있어서 절대적으로 필요하며, 그것이 바로 정부가 대중에게 거짓말을 하거나 정보의 유통을 제한하도록 허용해서는 안 되고, 대중이 정보를 자유롭게 접촉할 수 있어야 하며, 주의 비밀주의가 제거되어야 하는 이유이다.

부적합자, 별난 사람, 괴짜 그리고 그 외에도 주위 환경에 잘 적응하지 못하는 사람들은 아마도 잘못된 사고를 바로잡는 데 있어서 다수에게 도움이 되거나 혹은 괴짜 같은 어떤 생각에 대해 지나치게 순응함으로써 인간 종의 소멸을 막도록 진화에 의해 인간 종에 포함되는 쪽으로 교묘하게 처리될 것이다.

앞 진술의 옳음에 대해서는 훌륭한 사례를 만들 수 있다. 과학과 정부의 경우에 대부분의 위대한 진보는 동시대인들이 빤하고 자명한 것이라 생각했던 것을 승인하지 않았던 천재적이고 괴짜 같은 인물들에 의해 이루어졌다. 이 개인들은 그들의 이상한 생각으로 인해 무리에 위협이 되기 때문에 세상에서 가장 위대한 많은 은인은 박해를 받거나 처형되었다. 예수를 보라. 소크라테스를 보라. 영국의 지배로부터 프랑스를 구한 잔 다르크를 보라. 다윈을 보라. 갈릴레오를 보라. 예술, 연극, 문학, 패션 디자인, 음식물 조리 등에 대한 기여가 엄청났던 동성애자들을 보라.

관습은 일종의 집단본능이다. 집단본능으로서 관습은 올바르지도 그릇되지도 않으며, 그저 문화적으로 상대적이다.

따라서 귀고리를 하는 미국 여성은 코에 뼈를 거는 아프리카 여성에 대해 미개한 것으로 간주한다. 어느 쪽이 올바른가? 귀고리인가? 코에 뼈를 거는 것인가? 둘 다 올바른가? 둘 다 아닌가? 여성이 착용하는 것은 분명히 문화적인 사회적 물건이며, 올바르지도 그릇되지도 않다. 코에 뼈를 거는 것이 그릇되다고 주장하는 것은 세상사의 한 부분에서만 증거를 선택하고 다른 부분의 증거는 무시하는 것이다. 따라서 이런 주장은 훌륭한 이유가 전혀 없이 한 관습은 올바른 것으로 선택하고 다른 관습은 올바르지 않은 것으로 선택하는 사고상의 오류이다. 똑같은 사고를 문신에 적용해보라. 좋은가? 나쁜가? 정말이지 알게 뭐람? 문신은 원하는 사람에게는 괜찮은 것이고 원하지 않는 사람에게는 괜찮지 않은 것이다.

어떤 것이라도 정신적 조화를 위협하는 것에 대한 저항은 변화에 대한 반감을 설명한다. 윌리엄 윌렛(William Willett)이 일광을 보존하기 위해 계절에 따라 시계를 당기거나 늦추자고 제안했을 때 그는 온갖 종류의 엉터리 같은 이유로 노골적인 비난을 받았다. 시계를 조작하는 일은 불경스럽거나 미친 짓이거나 비현실적이라는 논증들이 제시되었다. 그 계획은 실제로 처음부터 반대를 받았는데, 그것은 그 계획이 변화, 즉 무언가 다른 것이었기 때문이었다.

1846년 보스턴 치과의사 윌리엄 모턴(William Morton)이 이빨을 뽑는 데 마취제로 에테르를 처음 도입했다. 그때까지 사람들은 그저 외과수술을 받으면서 고생을 해야만 했는데, 이 수술은 극단적인 응급 상황에서만 행해졌다. 마취는 수술이 좀더 잘 제어된 상황 아래서 환자가 통증을 느끼지 않는 상태로 좀더 여유 있게 행해질 수 있다는 이점을 제공했다. 그처럼 커다란 이점 때문에 통증의 완전 혹은 부분 제거의 원인이 되는 새로 개발된 약품이 급속도로 사용되었을 것이라고 당신은 생각할 것이다. 하지만 (놀랄 일이 아니지만) 마취는 단호한 반대에 부딪쳤다. 마취에 반대하기 위해 전개된 논증들에는 마취가 부자연스럽고 불경한 짓이라는 내용이 포함되었다. 만일 신이 인류가 고통을 겪지 않도록 하려는 의도가 있었다면 신은 인간이 고통을 겪도록 창조하지 않았을 것이다. 출산시 마취제 사용은 특히 문제가 있는 것으로 생각되었는데, 그것은 성경에 여자가 아기를 고통중에 낳아야 한다고 나와 있었기 때문이다. 실제로 그 문제는 처음 상상했던 것보다는 쉽게 해결되었다. 창세기는 슬픔만을 규정했을 뿐 출산시의 고통을 규정하지 않았다. 그러므로 고통을 막을 방도들이 성경의 다음 구절에 의해 허용될 수도 있었던 것이다. "여자에게는 이렇게 말씀하셨다. '내가 너의 슬픔과 너의 임신을 크게 늘리리라. 너는 슬픔 속에서 아기를 낳을 것이다.'" 하지만 실제 반대 이유는 마취가 공인된 관념의 수정을 요구했다는 것이었다.

원칙: 새롭고 다른 것에 대한 반대는 증거에 대한 고려를 습관이 대신하고, 그 정도만큼 편파적 증거 선택이 되며, 그래서 그릇되기 때문에 비이성적이다.

이 원칙으로부터 다음 교훈이 따라 나온다.

교훈: 새롭고 다른 것은 그렇다는 이유가 있는 경우를 제외하고는 좋지도 나쁘지도 않다. 그러니 새로운 것이 낡은 것에 비해 안전하고 효과적인 진보임이 증명되자마자 새로운 것을 채택하라.

습관은 편파적 선택인 경우가 빈번하다.

맞다. 우리는 습관의 노예이다. 습관의 노예로서 우리는 변화를 싫어한다. 유아에서 성년에 이를 때까지 우리 중 많은 사람이 우리 시대에 널리 퍼져 있는 관념, 우리 계급의 전통, 지방의 관습, 우리의 부모를 포함한 책임 있는 사람들의 의견을 받아들이도록 배운다. 말년에 우리는 우리가 자라왔던 세계를 모든 가능 세계 중 최상의 세계로 회고하면서 청춘 시절을 편파적으로 선택된 건망증 속에서 '좋았던 옛날'로 기술한다. 대부분 관습은 우리가 새롭고 다른 어떤 것에 대한 길을 생각도 할 수 없을 정도로 깊이 스며들어 있다. 내가 미국 여행객 집단과 영국을 여행했을 때 나는 차량이 도로의 잘못된 쪽으로 움직이고 있으며, 처음에 길 왼쪽을 보는 대신 오른쪽을 보아야 하기 때문에 미국인이 길을 건너는 것이 위험천만했다는 불평을 들었다.

의사인 내 친구가 파리에서 내가 휴식을 취하고 있는 동안 나를 찾아왔을 때 그는 사람들이 더 잘 이해될 수 있는 언어, 즉 영어 대신 프랑스어로 말하고 있다는 것에 대해 몹시 불평했다.

그런 사람들은 아무런 생각 없이 그들이 어쩌다 맛보게 된 것 이외의 다른 견해가 없다고 가정한다. 그들의 입장에서는 진리의 한 측면만이 보이는 것이다. 그들은 서로 다른 것이 있으면서도 그것들이 서로 적합하게 유지된다는 것이 얼마나 쉬운 일인지에 대해서는 신경 쓰지 않는다.

편견은 편파적 증거 선택에 기초한 일종의 집단본능이다.

1장에서 우리는 편견을 가진 사람이 어떻게 큰 고생을 할 수 있는지 논의했다. 우리는 주 판사에 의해 구속된 경찰들에 관해 배웠다. 이런 식으로 편견은 편견을 가진 사람과 편견의 대상이 된 사람 둘 다를 해칠 수 있다. 편견을 가진 사람은 그의 의견을 증거에 대해 주의를 기울이지 않고 선입견에 기초를 두고 있기 때문에 비합리적이다. 어떤 신념을 지니는 일에 대한 유일한 합리적 근거는 사실이 그렇게 하도록 요구한다는 것뿐임을 기억하라. 편견이라는 과오를 범한 사람들은 사실을 **속단하며**, 그래서 보증되지 않은 결론으로 비약해왔다.

원칙: 편견은 사고상의 오류이다.

이 원칙으로부터 다음 교훈이 따라 나온다.

교훈: 보증될 수 없는 의견을 지니지 말라. 믿기에 편한 것을 믿지 말

라. 당신의 사고가 감정이나 집단의 의견에 영향받도록 놓아두지 말라.

원칙: 개인적인 지방의 모든 편견은 그릇되다.

의사가 매우 중요한 사회 봉사를 수행하기 때문에 세금을 내지 않아도 된다는 나의 의견은 분명히 의심스러운데, 그것은 내가 의사이며, 그래서 의사들이 마땅히 받아야 할 것보다도 더 큰 비중을 갖는 부적절한 개인적 고려 사항—더 큰 새 배를 사고 싶은 나의 욕구와 같은 고려 사항—을 참작할 가능성이 매우 높기 때문이다. 방금 어떤 사슴을 쏜 사냥꾼은 사살이 깨끗하고 고통이 없었으며, 그 사슴이 무엇이 그를 맞추었는지 몰랐기 때문에 실제로 그런 것에 신경 쓰지 않았다고 자신에게 말할지도 모르겠다. 사냥꾼이 이것을 믿고 사실상 그 사냥꾼이 올바를지도 모르겠지만, 그런데도 그 사냥꾼은 사실 때문이 아니라 객관적으로는 생각할 수 없을 정도로 너무 잔인한 것을 추구하는 데서 오는 쾌감 때문에 그의 결론에 도달한 것인 한 편견을 가지고 있다. 다음 진술을 생각해보라. "사냥은 실은 사슴에게 친절을 베푸는 행위이다. 사냥은 사슴 집단의 수를 감소시키고, 그래서 사슴 무리가 충분한 음식을 가질 수 있도록 허용한다."

어떤 편견이 눈에 보이는가?

그 진술이 사냥꾼에게서 나왔다면 어떻게 되는가? 그 진술이 농작물이 사슴에 의해 유린된 농부에게서 나왔다면 어떻게 되는가? 그 진술이 야생동물 관리 분야의 박사학위를 가진 환경보호 공원 관리자에게서 나왔다면 어떻게 되는가?

법은 편견을 제거하기 위해 온갖 노력을 다해야 하며, 그렇지 않을 경우 정의가 병들게 될 것이다.

법은 편견을 이해하며, 편견을 피하기 위해 비상한 노력을 기울인다. 그것이 바로 피고인의 이전 유죄 판결에 대해 배심원들이 아는 것을 허용하지 않는 이유이다. 만일 배심원들이 그것을 안다면 현 사건을 편견 없이 판단하기란 거의 불가능할 것이다. 어떤 사람이 전에 법을 어겨 감옥에 들어갔다는 사실은 그가 똑같은 범죄를 다시 저질렀다는 증명이 아니다. (만일 당신이 이 점을 이해하지 못한다면 여기서 멈추고 그것에 관해 생각해보라.)

어떤 죄수의 과거에 대한 지식은 그의 공판을 왜곡시킬 것이다. 피고인에게 유죄를 선고하기 위해 필요한 것은 증거, 즉 그가 전에 범죄를 저질렀다는 사실이 아니라 그가 지금 재판을 받고 있는 범죄를 저질렀다는 사실이다.

증거주의, 자기부죄(self-incrimination)로부터 보호받을 헌법상의 권리, 공범자들(특히 자신의 증언에 대해 형이 면제되는 공범자들)의 증언이 독립적으로 확인되어야 한다는 요건, 그리고 다른 많은 훌륭한 법의 원칙은 편견을 피할 필요에 기초를 두고 있다. 만일 칵테일 드레스에 DNA 증거가 없었다면 모니카 르윈스키(Monica Lewinsky)의 증언은 어떻게 되었을까? 그녀가 맹세코 이미 거짓말을 해놓고도 이제 사법부로부터 덜 거친 처벌을 받기 위해 그녀의 이야기를 (부분적으로) 바꾸고 있었을 때 우리는 그녀의 증언을 얼마나 믿을 수 있었을까?

법은 사리추구가 사람들을 편견에 물들기 쉽게 만든다는 것을 인정한다. 사람들은 고려중인 어떤 것에 대해 개인적인 재정적 이해관계가 있다면 엔론의 이사회나 시 평의회 혹은 (가엾어라!) 미 의회에서 표를 던지면 안 된다. 만인의 이해를 대변한다고 맹세한 의회의 어떤 성원에 의해 행해진 그와 같은 불명예스런 어떠한 행동에 대해서도 무거운 형벌이 부과되어야 한다. 유감스럽게도 차갑고 모진 역사에 비추어 우리는 많은 공무원이 그들 입장에서 대중을 위해 봉사하는 것이 아니라 그들 자신의 주머니를 채우려 한다는 것을 배운다.

기득권을 조심하라. 기득권은 분란을 일으킬 수 있기 때문이다.

사도 바울이 다이아나 숭배의 중심지 에베소에서 여신 다이아나(그리스의 아르테미스 여신)를 공격했을 때 그는 여신의 은 조각을 만들었던 길드로부터 상당한 반대에 부딪쳤다. 그리스도가 당시의 권력에 도전했을 때 그는 심각한 분란을 일으켰다. 일어났던 일은 기득권이 위협을 받을 때 일어나는 것에 대한 좋은 실례이다.

"결국 빌라도가 밖으로 나와 그들에게 '너희는 이 사람을 무슨 죄로 고발하느냐?' 하고 물었다. 그들은 빌라도에게 '이 사람이 죄인이 아니라면 우리가 총독님께 넘기지 않았을 것입니다.'라고 대답하였다."(요한복음 18장 29~30절)

그들의 말이 동의어반복이고 순환논증임을 주목하라. 군중은 단지 예수가 그릇된 짓을 하고 있거나 혹은 이미 했다고 생각한다는 말을 재진술하고 있다. 하지만 우리는 어느 쪽인지 말할 수 없다. 그 논증은 순환논증인데, 그것은 그 논증이 사실상 "예수는 죄인이다. 만일 예수가 죄인이 아니라면 그는 죄인으로 고발되지 않았을 것이다."라고 말하기 때문이다. 범죄의 유형 그리고 예수가 그릇된 짓을 했다는 증거는 진술되지 않는다. 그러므로 비이성적 요인이 작용하고 있다. 예수가 곤경에 처한 진짜 이유는 결코 진술되지 않는다. 제사장들은 자신들의 위선을 비판했기 때문에 예수가 죽기를 바랐던 것이다.

"그러자 빌라도가 말하였다. '너희가 데리고 가서 너희 법대로 재판하여라.' 유태인들은 '우리가 사람을 사형에 처하는 것은 적법하지 않습니다."라고 말하였다.(요한복음 18장 31절)

군중의 성원들이 재판 절차나 예수의 유죄나 결백에 대한 자세한 조사에는 별 관심이 없었다는 사실을 주목하라. 그들의 관심사는 그들이 예수를 사형에 처하게 할 실제 권한을 갖고 있지 않다는 것이다. 그것이 바로 그들이 원하는 바이다. 그들은 자신들이 예수를 재판하기를 원하지 않는다. 그들은 그를 죽이고 싶어 한다. 당시의 유태인 법은 극형을 금지했지만 로마인들이 그 더러운 일을 하게 함으로써 법을 피해가는 일을 금하지는 않았던 것이다. 여기 묘사된 유태인들은 고려 사항에서 모든 증거를 선별하여 그들의 감정이 자유롭게 맹위를 떨치게 놓아둠으로써 극단적인 오류를 범하는 죄를 짓고 있다.

더 나아가서 빌라도가 예수에게 물었다. "도대체 네가 한 일이 무엇이냐?"

빌라도가 여전히 문제가 무엇인지 이해하려 하고 있음을 주목하라. 훌륭한 어떤 판관과 마찬가지로 빌라도는 법률 위반의 증거에 관심이 있다. 그리고 훌륭한 어떤 판관과 마찬가지로 빌라도는 군중이 그냥 자신에게 허풍을 떨어대기 때문에 부아가 돋고 있다. 군중은 그저 피를 원한다. 그러나 군중은 그리스도를 십자가에 못 박을 권리가 없음을 안다.

"예수께서 대답하셨다. … '이것 때문에 나는 진리를 증언하기 위해 세상에 태어났소. 진리 편에 선 사람은 누구나 내가 하는 말을 듣

소.' 빌라도가 예수께 물었다. '진리가 무엇이냐?'" (요한복음 18장 36~38절)

예수는 지금 증거 없이 주장을 하고 있다. 그의 일반진술은 올바를 수 없다. 진리 편에 선 모든 사람이 그의 말을 경청한다는 것은 불가능하다. 저기 바깥에 커다란 세계가 있으며, 빌라도는 그것을 알고 있다. 예수의 목소리는 거기까지만 전달될 뿐 더 이상은 전달되지 않는다. 그리고 빌라도가 예수에게 **진리**라는 낱말을 정의하라고 요구한 것은 정당한데, 이 맥락에서는 예수가 선결 문제 요구의 오류(옳다고 증명되어야 할 어떤 것이 옳다고 주장되는 오류)를 범한 것처럼 보이기 때문이다. 예수는 논쟁점을 가정하고 그의 논증이 승인될 수 있기 전에 증명이 요구되는 어떤 것의 옳음을 당연시했다. 그러므로 예수는 '선결 문제 요구의 오류'를 범했다. 정서적 언어의 무절제한 사용은 바로 그 점 때문에 무심결에 약점이 드러난다. 그리하여 아주 순진한 사람만이 그 재판이 객관적이었다고 믿을 수 있었다. 그래서 어쩌면 지성인이었던 것처럼 보였던 예수는 자신의 운동이 실패한 운동임을 깨달았을 것이다. 어쩌면 예수는 그저 진리가 중요하다는 자신의 핵심 메시지를 이해시키려 했을 것이다. 어쩌면 예수는 후대를 위해 마지막 한 가지 주장, 즉 나의 개인적 편향이 배경이 되어 뒷받침하는 주장인 진리가 중요하며, 그것을 위해 죽어도 좋을 정도로 중요하다는 주장을 하고 싶었을 것이다.

실제로 헤브라이인들 사이에서 현재 상황에 관해 진실을 말하고 있는 예수야말로 그가 처한 정치적 곤경의 근본 원인이었다. 왜냐하면 율법학자와 바리새인들의 증오를 낳았던 것이 바로 진실이었기 때문이다. 만일 예수가 율법학자와 바리새인들이 부정하다는 그의 논증의 전제라도 설명하려 했다면 그들은 아마 예수를 그때 그 자리, 특히 보통 무지에 비례하여 청중이 지시받은 대로 행하는 것을 주저할 때 돌로 쳐 죽이려 했을 것이다.

빌라도와 달리 문제의 유태인들은 다른 쪽의 논증을 경청할 준비가 되어 있지 않았지만 "십자가에 못 박으시오, 십자가에 못 박으시오"(그들의 슬로건)라고 반복해서 외치는 쪽을 택했으며, 그럼으로써 반대편을 침묵시켰다.

이 이야기는 소중히 여기는 신념이나 오래도록 지속되는 전통이나 확고히 구축된 권력이 위협을 받을 때 어떤 일이 일어나는지를 예증한다. 군중은 생각을 멈추고 싸움하기를 좋아하며, 용기를 북돋우기 위해 슬로건을 외치기 시작하는 것이다.

원칙: 반복해서 슬로건을 외쳐대는 군중은 제어가 안 되는 무리이다. 군중이 어떤 것에 대해 느끼는 느낌의 강도가 강할수록 그것이 이치에 닿는 일일 가능성은 그만큼 더 적다.

이 원칙으로부터 다음 교훈이 따라 나온다.

교훈: 반복해서 슬로건을 외쳐대는 군중은 말썽을 의미한다. 그들을 피하라. 보통 군중이 원하는 것은 그릇된 것이다. 그것에 관여하지 말라.

"그래서 빌라도는 다시 밖으로 나와 유태인들에게 말했다. '나는 이 의로운 사람에게서 아무런 잘못도 찾지 못했다. 그러니 너희들 자신이 처리하도록 하라.'"(요한복음 18장 38절)

사실상 빌라도는 증거도 없고 정당한 논거도 없다고 말했던 것이다. 이 말은 정확히 올바른 결론이며, 법률상으로 정당화되는 유일한 결론이다.

빤하다는 꼬리표가 붙은 진리들을 조심하라.

과학과 윤리학에서의 위대한 진보 대부분이 '빤한' 진리를 거부함으로써 이루어졌다는 것을 우리가 알고 있는데도 우리는 무비판적으로 습관이나 전통에 매달린다. 한때 심장이 영혼의 중심이고, 적혈구가 비활성이고, 지구가 우주의 중심이고, 왕은 신에 의해 선택되었다 등등으로 생각되었음을 기억하라.

확실성 탐구와 확실성이 존재한다는 비이성적 신념은 종종 편파적(그리고 때 이른) 증거 선택에서 기인하는 사고상의 오류이다.

인간 정신은 사물들을 똑같고 단순한 것으로 간직하기를 좋아한다. 인간 정신은 편안함을 추구하기 때문에 미해결되고 미결정된 채로 남아 있는 문제는 서둘러 해결되게 된다. 증거가 요구하는 회의적 태도는 버려진다. 이성이 종종 요구하는 판단 중지를 참을 수 없기 때문에 우리는 전혀 이해가 되지 않는 세계에서 산다는 것이 견딜 수 없는 것임을 안다. 그래서 우리는 그 세계에 대해 그릇된 상을 구성하게 되는데, 이 그릇된 상은 그것이 공상인데도 실재로 간주한다.

어떤 정치적 · 도덕적 · 미적 · 윤리적 논쟁에 대해 생각해보라. 예컨대 지구가 태양 주위를 돈다는 논쟁에 대해 생각해보라. 왜 지구가 태양 주위를 돌고, 지구가 우주의 중심이 아니라는 것이 일반적으로 승인되는 데 그렇게 오랜 시간이 걸렸는가? 진화를 생각해보라. 왜 진화론(말이 난 김에 한마디 하자면 진화는 사실이지 이론이 아니다)이 일반적으로 승인되는 데 그렇게 오랜 시간이 걸렸는가? 여성의 평등한 권리는 어떤가?

어떤 것이 열렬하게 믿어지면 질수록 그것은 그만큼 틀릴 가능성이 많다.

해당 문제를 이해한다고 열렬한 확신을 가지고 믿는 사람들의 수는 그들 대부분이 옳지 않음에 틀림없다는 징표여야 한다. 열렬한 확신 배후에는 틀림없이 많은 이유가 있겠지만 그런 이유 중 한 가지는 불확실성이 가져다주는 불안을 피할 필요이다.

원칙: 우리가 그랬으면 하고 바라는 만큼 단순한 것은 거의 없다. 감정이 증가함에 따라서 추론 능력은 감소한다.

이 원칙으로부터 다음 교훈이 따라 나온다.

교훈: 비록 불편하긴 하지만 회의적 태도가 아마도 신앙보다 더 유용할 것이다. 대부분의 주제에 관한 의견들은 의견 이상의 것인 경우가 좀처럼 드물다. 우리가 흥분하게 되면 될수록 우리가 명료하게 생각할 가능성은 그만큼 더 적어진다.

감정적 이해는 종종 우리가 우리 자신에게서 편견을 인지하는 것보다 다른 사람의 편견을 훨씬 더 쉽게 파악하도록 만든다. 왜 당신은 백혈병을 앓는 사람이 나에게 의사가 그의 문제가 무엇인지를 결코 말하지 않았다고 말했다고 생각하는가? 도대체 이 친구는 어떻게 매주 시행되는 화학요법에 대해 보고하면서 여전히 치료 이유에 대해 무지하다고 주장할 수 있었을까? 그가 중병에 걸렸다는 사실은 그의 자아가 처리하기에는 너무 싫은 일이다. 그래서 그는 자신이 그것에 관해 안다는 사실을 부인함으로써 그 병을 부인한다. 그는 자신의 병에 관해 아무것도 모르는 이유를 자신에게 아무것도 말해주지 않았다고 의사를 비난함으로써 설명한다. 문제를 미리 판단함으로써 그는 사실을 억지로 그의 정서적 필요에 맞게 하였다. 우리는 그의 외관을 얼마나 쉽게 꿰뚫어보는가! 우리는 다른 사람들을 꿰뚫어볼 수 있다. 하지만 우리는 부나 행복에 대한 우리의 바람 혹은 파멸과 사망에 대한 우리의 두려움이 옳다면 우리가 바라는 목표를 확보하거나 우리가 두려워하는 재앙을 피하게 할 것이라는 명제를 믿도록 우리를 이끌 때 정작 우리가 자신을 기만한다는 사실을 깨달을 것 같지는 않다.

그 점에 무엇이 잘못되었는가? 그것은 아무런 효과가 없다는 것이다.

이 말이 익숙하게 들리는가? 그러한 소망적 사고는 진실, 즉 우리가 처해 있는 실제 상황, 그리고 생명과 신체에 대한 중대한 위험 없이는 빠져 나올 수 없는 실제 상황에 반하기 때문에 효과가 없다.

예컨대 "내 엔론 주식이 30에서 6까지 떨어졌어요. 원상으로 복구될 때까지 그냥 갖고 있겠어요."를 생각해보라. 엔론에 목매다는 일이 효과가 있을까? 천만의 말씀이죠, 호세 씨.

마태복음에서 발췌한 다음 구절이 의미하는 것은 무엇인가? "어찌하여 너는 형제의 눈 속에 있는 티는 보면서 제 눈 속에 들어 있는 들보는 깨닫지 못하느냐? 보라. 네 눈 속에 들보가 있는데, 어떻게 형제에게 '네 눈의 티를 빼내주겠다.'고 말하겠는가? 이 위선자야! 먼저 네 눈에서 들보를 빼내라. 그래야 눈이 잘 보여 형제의 눈 속에 있는 티를 빼내줄 수 있을 것이다."

맞다. 남들이 믿는 것과 믿지 않는 것 속에서 그들의 결점을 보기는 쉽지만 우리 자신에게도 똑같은 과정이 작동한다는 것을 깨닫는 것은 개인적 편견을 버리는 일이 될 것이다.

색깔에 대한 편견은 편파적 선택이며, 그래서 비합리적이고 그릇된 것이다.

단 하나의 특성이나 성질에 의거해 누군가를 판단하는 것은 증거를 편파적으로 선택하는 것이며, 그래서 비합리적이다. "아일랜드인은 술주정뱅이이다." "히스패닉계 주민은 게으르다." "유태인은 언론을 통제한다." 이와 같이 전체를 아우르는 진술은 틀리게 되어 있으며, 설령 틀리지 않다 할지라도 옳은 진술로 승인하기 위해서는 그런 진술을 뒷받침하는 증거 부담의 짐이 요구될 것이다.

판단할 때 범하는 일상적 오류 중에서 우리는 색깔 문제를 발견한다. 누군가를 단순히 피부색을 기초로 판단하는 것은 이를테면 대통령 후보를 눈 색깔이나 머리 색깔을 기초로 판단하는 것이 이치에 닿지 않는 것처럼 (흰 피부가 햇빛에 대해 감광성이 증가하고 검은 피부가 감소한다는 사실과 관련된 매우 특수한 어떤 고려 사항들은 별도로 하고) 하등의 이유가 없다. 색깔, 즉 어떤 신체 부분의 어떤 색깔도 대통령직과 전혀 관련이 없다.

색깔 편견은 많은 문제를 야기해왔다. 이 편견은 미국이 벌였던 다른 어떤 전쟁에서보다도 더 많은 미국인을 죽였던 전쟁, 즉 남북전쟁에서 어떤 역할을 했을 수도 있다. 1960년대에 미국을 괴롭혔던 사회적 대변동들은 확실히 색깔 편견이 역할을 한다. 흥미로운 것은 미국 독립선언문의 집필자들이 "우리는 이 진리들, 즉 만인은 평등하게 창조된다는 것이 자명하다고 주장한다."라고 말했다는 것이다. 그러나 노예제는 미국에서 1987년 동안 지속되었다. 어떻게 해서 그렇게 되었는가? 창립자들은 빈틈없는 사람들이었다. 그들은 그 모순적 요소를 곧바로 파악했어야 한다.

그렇기도 하고 아니기도 하다.

어떤 의미에서 그들은 그 문제에 관해 알았지만 인간 정신이 어떻게 편견을 피하기를 거부하는지에 대한 연구의 주제로 색깔 문제보다 더 유망한 주제는 거의 없다. 수백만의 니그로는 그들의 주인이 만인의 자유와 평등 원리를 선언하는 동안에도 노예 신분을 지니고 있었다. 이상과 실제 간의 이러한 모순적 상황은 자연히 예민한 양심을 가진 사람들을 괴롭혔다. 노예제 반대자들은 독립선언문이 그저 소수나 백인이 아닌 만인이 평등하게 창조되었다고 말했다는 점을 지적했다. 노예 소유주들은 어떻게 이 반박 불가능한 주장을 피하려 했을까? 잠깐 생각해보라. 만일 당신이 노예 소유주라면 당신은 자신이 노예를 소유하면서 여전히 만인이 평등하게 창조되었다는 관념에 찬동하는 일을 어떻게 합리화할 수 있었을까?

답: 노예 소유주들은 "만인"이라는 구절에서 노예가 제외된다는 것을 발견했는데, 이는 니그로가 (노예 소유주들에 따를 때) 정확히 말하면 인간이 아니기 때문이었다. 오히려 니그로는 (노예 소유주들에 의해) 일종의 인간 이하의 종으로 생각되었다. 어떤 경우에는 니그로가 백인에 비해 지적으로나 도덕적으로 열등하며 전혀 학습 능력이 없다고 (비이성적으로) 선언되었다. 또 어떤 경우에는 니그로가 나이가 든다 해도 어린애이며, 그래서 누군가가 그들을 돌봐줄 필요가 있다고 (비이성적으로) 선언되었다. 그리고 그 연장선상의 추정에 의해 만일 니그로가 어린애라면 부모의 대리인이라고 할 수 있는 주인의 지배 아래 남아 있는 것이 그들에게 최상의 이익이 된다고 선언되었다.

이 교묘한 논증들에도 불구하고 소수 완강한 괴짜들은 이 인종 이론에 계속해서 도전했다. 이 도전은 또 다른 논증들을 탄생시켰다. 평균적으로 니그로의 뇌가 평균 백인 뇌보다 작은 40cm³임을 발견했을 때 이 측정은 흑인의 열등성을 입증한다고 주장되었다. 그 추론에 무슨 문제가 있는가?

논증의 단순성 외에도 그 논증은 지력과 뇌 크기가 직접적으로 관계가 있다는 가정에 기초를 두고 있다. 하지만 지력과 뇌 크기는 직접적인 관계가 없다. 프랑스 작가 알퐁스 도데(Alphonse Daudet)의 뇌의 무게는 정상인의 절반에 불과한 약 750g이었다. 앨버트 아인슈타인의 뇌 무게는 평균보다 약 150g 정도 미달이었다. 일단 뇌 크기 논증이 인종차별주의자의 목적에 기여하고 나면 그 문제를 좀 더 면밀하게 연구하는 일은 절대 일어나지 않았다. 폴리네시아인, 카피르인, 에스키모인은 모두 평균적으로 유럽의 백인보다 더 큰 뇌를 가지고 있다.

어떤 논증이 우리의 선입관을 뒷받침할 때는 사용하고, 그 논증이 우리의 선입관을 그렇게 뒷받침하지 못하는 다른 맥락에서는 그 논증을 거부하는 것은 특별 변론(special pleading)으로 알려져 있다. 특별 변론을 조심하라. 왜냐하면 특별 변론은 일상적으로 매우 흔하게 범하는 사고상의 오류이기 때문이다. 특별 변론은 보통 논증을 제시하는 사람이 자신을 위해 특별한 예외나 특별한 이익을 주장하면서도 다른 사람들에게는 그 예외나 이익을 부정하는 토론에서 나타난다.

의사들이 면세 혜택을 받아야 한다는 나의 논증은 내가 의사이고 면세로부터 재정적으로 이득을 보게 될 것이라는 사실에 비추어볼 때 매우 의심스러울 것이다. 이 차가운 이성의 빛을 통해서 보면 면세에 대한 특별 변론은 완전히 자기 잇속만 차리는 분별없는 짓처럼 보이지만 우리의 조세 법률은 자기 잇속만 차리는 분별없는 짓만큼이나 온갖 종류의 (종종 도망갈 구멍이라고 하는) 특별 면제 투성이이다. 이 특별 면제들은 정치적 이유, 즉 종종 정치운동에 기여한 것에 대한 보답으로 개인과 단체에 적용된다.

곤란한 문제는 그토록 많은 이 특별 면제 조항들이 대중에게 감추어져 있다는 것이다. 예컨대 당신은 어떤 입법자들이 봉급 외에 수당으로 정부로부터 보수를 받는다는 것을 알았는가? 그들은 이 보수의 용도에 대해 설명할 필요가 없는데, 이 보수는 자금이 합법적 공직 경비로 지출된다는 이론(근거)에 따라 과세가 되지 않는다. 실제로는 그 보수들은 공직자, 특히 의회 의원직을 가진 사람들에 대한 비과세 급료를 나타낸다. 힘을 가진 사람들은 수당으로 받는 이 보수에 대해 강한 영향력을 행사하며, 이 보수를 사랑스럽게 **루루**(*lulus*, 특별수당)—수당으로 받는 보수로 종종 정부 업무용으로 지출되지 않는 돈—라고 한다.

그러한 보수가 적임자를 정부에 끌어들인다거나 공직 의무를 제대로 실행할 수 있도록 한다고 말하는 논증은 관련 있는 적합한 증거에 의해 뒷받침되지 않을 경우 특별 변론 냄새를 풍기는 논증이다.

이 비뚤어진 사고 영역의 주요 위반자 중 하나는 미국 정부이다. 정부는 다른 점에서는 이 나라의 일반법의 적용을 받을 것에 대해 특별 예외의 집합을 만들어왔다. 따라서 (상하원 의원들을 포함하여) 연방정부 고용인들은 사회보장세를 내지 않는다. 그들은 자신들이 계획을 가지고 있기 때문에 사회보장 프로그램에 참여한다는 사실로부터 세금이 면제된다. 그러나 만일 내가 나 자신의 또 다른 연금 계획을 가지고 있기 때문에 사회보장제도에서 빠지기를 원한다면 법의 힘이 나를 막을 것이다. 그리고 만일 내가 사회보장세를 내지 않겠다고 우기면 나는 감옥에 갈 것이다. 정부 부처 건물은 비정부 건물의 안정성을 통제하는 여러 규제로부터 면제되어 있다. 이 나라에서 안전성이 가장 낮은 병원에 속하는 보훈병원들은 인디언국(Indian Service)을 제외한 다른 모든 병원을 관리하는 다수의 규정으로부터 면제되는데, 말이 난 김에 덧붙이자면 이 인디언국 또한 연방정부 대행 부서인 공중위생국(Public Health Service)에 의해 운영된다. 최근까지도 하원과 상원은 노동안전위생국(OSHA) 규정으로부터 면제되었다. 지금은 부분적으로만 면제될 뿐이다 등등.

2002년 3월 30일자 《뉴욕 타임즈》 1면에서 따온 다음 기사를 생각해보라. "펜타곤(미 국방부)은 멸종 위기에 처한 종과 그 서식지가 군사훈련과 무기개발에 방해가 된다고 말함으로써 그것들을 보호하는 법률에 대한 면제 조치를 구하고 있다." 잠시 멈추어 생각해보라. 특별 변론의 어떤 증거라도 있는가? 당신은 이 논증을 어떻게 반박할 것인가?

답: 이 논증은 펜타곤이 원칙, 규정, 기준을 자신에게는 적용하지 않거나 적용하기를 거부하면서도 다른 것들에게는 적용하고 있기 때문에 특별 변론이다. 환경보호 법규로부터 자신들이 면제되어야 한다는 펜타곤의 이기적이고 터무니없는 논증은 그러한 면제로부터 펜타곤이 이득을 보게 될 것이라는 사실과, 법규를 준수하지 않은 과거의 위반 행위에 대한 변명이 될 것이라는 사실에 비추어볼 때 심히 의심스럽다.

당신은 그러한 면제 조치에 대해 어떤 반론을 펼 수 있겠는가?

"평등한 법의 집행은 좋은 정부의 가장 견고한 기둥이다."는 뉴욕시 제2 지방법원에 새겨진 문구이다. 만일 그 말이 옳고 정부가 그것을 믿는다면 법에 대한 특별 예외는 평등한 집행의 위반이 될 것이다. 그러므로 면제는 잘못된 것이다.

펜타곤은 예외의 필요성에 대해 (수, 종류, 비중에 있어서) 충분한 관련 증거를 제시하지 않았다. 나 자신을 포함하여 어떤 사람들은 무기 프로그램이 야생의 서식지를 심하게 파괴하므로 면제되어서는 안 될 뿐만 아니라 그들이 환경보호 규정에 따르는지 확인하기 위해 특별 조사를 받아야 한다고까지 주장할 것이다.

이 책은 당신으로 하여금 오류를 공격할 수 있도록 당신을 무장시키는 일에 관심이 있는 게 아니다. 이 책은 사태를 추론해냄으로써 당신이 진리에 도달하도록 돕기 위한 책이다. 이 책은 당신이 다른 사람들의 불명료한 사고를 공격하거나 논쟁에서 이기는 일을 도우려는 것이 아니다. 그러나 정부에 의한 특별 변론이 너무 광범위하게 퍼져 있고 너무 엉터리없는 짓이기 때문에 나는 당신에게 이와 같은 논증들에 효과적으로 맞서기 위해 무엇을 해야 할 것인지에 대해 몇 가지 묘책을 제시할 것이다.

특별 변론에 대한 가장 효과적인 공격은 당신의 상대방이 이중 표준을 적용하거나 마음에 드는 것만을 가지고 장난치고 있거나 부정합하다고 비난하는 것이다. 이러한 비난은 제각기 통상 학계의 비난을 벗어난 것으로 이해되며, 강한 부정적 함축을 가지고 있는데, 이 부정적 함축에 대해서는 펜타곤조차도 자신들이 연관되어 있기를 바라지 않을 것이다.

또 다른 효과적인 공격은 그러한 특별 면제가 정당화되는 이유가 무엇인지 묻고, 그 이유의 불합리성을 보여줌으로써 이유를 하나씩 차례로 공격하는 것이다.

때로 쟁점이 되는 사고를 명료하게 드러내려면 면제 요구를 **표준**

형식이라고 하는 논증, 즉 삼단논증 형식으로 간추리는 것이 도움이 된다.

전제 1: 환경보호법은 일반적으로 한결같이 적용되어야 한다.

전제 2: 그러나 무기개발 작업이 매우 중요하고, 중요성의 정도에 있어서 어떤 산업의 작업과도 같지 않기 때문에, 펜타곤은 환경 규제로부터 특별 면제를 받아야 한다.

결론: 그러므로 환경보호가 펜타곤에 적용되어서는 안 된다.

펜타곤은 전제 1에 동의해야만 하는데, 그것은 전제 1이 법의 평등보호 조항으로 헌법에 명시되어 있기 때문이다. 펜타곤에 있는 사람들을 포함하여 대부분의 사람은 전제 2가 전제 1과 모순을 일으키며, 그래서 전제 2에 의존하는 결론이 그름에 틀림없다는 데 동의할 것이다.

부자는 종종 왜 자기들이 가난한 사람들보다 세금을 덜 내야 하는지를 말하는 논증을 제시한다. 부자는 자기들이 일자리를 만들고 다른 중요한 사회적 목표를 진척시키는 데 돈이 필요하다고 느낀다. 최고 경영자들은 자기들이 하는 일이 특별히 중요하고, 자기들의 절약이 국가의 부를 증가시키며, 자기들의 지출이 충분한 고용을 유지시켜 주기 때문에 많은 연봉이 필요하다고 믿는다. 때로 그 논증은 이보다 훨씬 더 터무니없는 경우도 있다. 즉 그들은 부자의 성공을 촉진시키기 위해 제공된 돈이 다른 사람들에게 새어 나가며, 결국에는 가난한 사람에게까지 그 돈이 들어갈 것이라고 주장한다. 이 논증을 달리 진술하면 이렇다. 부자에게 돈을 주어라, 그러면 모든 사람이 득을 보게 된다. 그러나 자신들을 위해서는 높은 연봉과 이익을 주장하면서도 많은 최고 경영자는 그들이 다른 사람들에게 지불하는 임금이 회사의 순이익을 촉진시키고 주가를 보호하며 인플레이션 등을 막기 위해 낮은 선을 유지해야 한다고 주장할 것이다.

그 논증을 뒤집어서 똑같이 설득력 있게 만들 수 없을까? 가난한 사람에게 돈을 주어라, 그러면 모든 사람이 득을 보게 된다. 높은 임금을 지불하여 좀더 많은 돈을 유통시키는 것이 전반적으로 경제적 번창을 높이지 않을까?

당신은 다음 논증, 즉 "가난한 사람에게 돈을 주라고? 천만의 말씀. 가난한 사람은 그 돈을 그저 맥주를 마시고 경마하는 데 써버릴 텐데."라는 논증을 어떻게 받아칠 것인가? 보통 제시되는 반론 외에 이런 식의 진술로 이루어지는 명제들은 적용되는 맥락을 바꿈으로써 그 상호 부정합성을 분명하게 드러낼 수 있다. 이 불합리한 논증을 제창하는 부자로 하여금 그의 논증의 기초가 되는 가정을 인정하게 하라. 잠시 생각해보고, 앞 논증의 기초를 이루는 가정이 무엇인지 찾아내보라.

찾았는가? 다음 문단으로 넘어가라. 찾지 못하겠다고? 그러면 그 진술을 다시 읽어보라. 그 진술이 가난한 사람은 자기가 원하는 대로 돈을 써서는 안 된다는 것을 함의하고 있지 않은가? 만일 그 말이 옳다면 부자가 자기가 원하는 대로 돈을 써서는 안 된다고 생각하는 것은 모순 아닐까?

맞다. 그것이 바로 특별 변론을 꼼짝 못하게 하는 방법이다. 그들로 하여금 그들의 일반적 가정을 어쩔 수 없이 정곡을 찌르는 특수 사례에 적용하도록 하라. 이 예에서는 진짜 문제가 "가난한 사람이 설령 맥주를 마시고 경마하는 데 소비한다 할지라도 자기 돈을 원하는 대로 쓸 자격이 있는가? 만일 가난한 사람이 그런 식으로 자기 돈을 쓸 자격이 없다면 부자는 어떻게 해서 자기 돈을 비싼 프랑스 와인, 외국 여행, 요트, 사설 제트기, 포시즌스 호텔(Four Seasons)에서의 호화스런 식사, 다이아몬드와 진주 등을 이용하는 데 쓸 자격이 있게 되는가?" 하는 것이다. 만일 일반원리가 누구도 하찮은 기분전환용으로 돈을 쓸 수 없다는 것이라면 그 일반원리는 부자와 가난한 사람에게 똑같이 적용되어야 한다. 그렇지 않다면 그 원리는 일반적으로 적용 가능한 원리가 아니며, 그래서 잘못된 원리이다.

물론 맥주를 마시는 데 돈을 쓰는 가난한 사람을 싫어하는 부자는 누군가가 자신들이 와인을 마시는 데 돈 쓰는 일을 막는 것에 대해 강하게 반대할 것이다.

> **원칙**: 나쁜 논증은 그것이 돈, 개인적 이해, 권력과 연루될 때 발견하기가 쉽다.

이 원칙으로부터 다음 교훈이 따라 나온다.

> **교훈**: 만일 어떤 사람의 논증에 기득권이 걸려 있다면 조심하라. 그 논증은 그릇된 논증일 가능성이 아주 높다. 그 기득권을 폭로하고, 그 사람을 위한 이득을 제거함으로써 논증을 맞받아쳐라. 기득권이 폭로되고 제거된 후에는 가장 나쁜 논증이 사라질 것이다.

이 논증이 정유회사 간부에 의해 제시된다면 당신은 그 논증을 어떤 방식으로 다룰 것인가? "우리는 북극 야생지대에서 석유 채굴 작업을 해야 한다. 그 일은 수십 년간 우리의 에너지 독립을 보증하고, 우리의 자유를 보호하며, 휘발유 가격을 내려줄 것이다."

진실은 정유회사들이 그러한 석유 채굴 작업으로부터 큰 이득을 보는 위치에 있다는 것이다. 그러나 그들이 그러한 시도로부터 커다란 수익을 올릴 것이라는 생각은 거론되지 않는다. 그 논증은 석유 채굴 작업이 공유지에서 일어날 것이므로 그러한 활동으로부터 파생되는 이익—단순히 이익의 일부가 아니라 모든 이익—도 공공에 속하는 것이 올바르며, 그 이익 중 어떤 것도 정유회사들 것이 아니라고 주장함으로써 완전히 바꿀 수 있다. 일단 그 이익이 사라지고 나면 나는 석유 채굴 작업 주장자들 또한 대부분 사라질 것이라고 장담한다. 그들의 실제 관심사는 그들 자신의 이익이지 공익이 아니었던 것이다.

회계사들이 발행하는 대외용 보고서는 회계 처리된 회사의 재정 정보를 외부의 개인과 업체에 제공하기 위한 것이다. 증권거래위원회(Security and Exchange Commission, SEC)는 주식이 상장된 회사들에게 90일마다 대외용 보고서를, 그리고 매년 좀더 완성된 보고서를 제출하도록 요구한다. 이 대외용 보고서는 대출을 받고, 신용을 확립하며, 투자자를 끌어들이고, 핵심 사원을 모집하는 데 꼭 필요하기 때문에 상장되지 않은 회사도 대부분 그런 보고서를 만든다.

SEC는 세 가지 유형의 대외용 보고서, 즉 대차대조표, 손익계산서, 현금흐름제표를 요구한다. 이 세 보고서가 그 회사의 '재무제표'를 이룬다.

재무제표는 회계 감사를 받는 업체와 무관한 회계 법인에 의해 조사 받고, 감사를 받으며, "공인된다." SEC가 요구하는 재무제표는 일반적으로 인정된 회계 원칙(Generally Accepted Accounting Principles)이라고 하는 것, 즉 GAAP('갭'으로 읽음) 표준을 충족시켜야 하는데, 이 표준은 함께 공인된 회계 관행을 이루는 개념, 약정, 규칙, 절차들이다. GAAP의 주요 원칙 중 하나는 회계사가 절대로 자산이나 수입의 가치를 과장하지 않고, 부채나 지출 액수를 줄여 말하지 않는 방법을 사용해야 한다는 것이다.

엔론은 재무제표에서 수입 내역은 제시했지만 부채는 누락시켰다. 엔론은 회사로 들어오는 현금 흐름은 제시했지만 밖으로 나가는 현금 흐름은 숨겼다.

만일 내가 내 자산만 열거하고 채무는 전혀 제시하지 않는다면 나의 개인적 부 그림은 실상에 의해 정당화되는 것보다도 좀더 좋은 풍경을 제시하는 쪽으로 왜곡될 것이다. 만일 내가 그냥 나의 부채만 제시하고 자산을 전혀 제시하지 않는다면 나의 개인적 부 그림은 실상에 의해 정당화되는 것보다도 덜 좋은 풍경을 제시하는 쪽으로 왜곡될 것이다. 그런 식으로 증거를 편파적으로 선택함으로써 나는 내가 부자라거나 파산했다는 것을 '증명할' 수 있다. 마찬가지로 편파적 증거 선택에 의해 우리는 종교가 위대하거나 끔찍하다는 것, 과학이 굉장히 훌륭하거나 몹시 무시무시하다는 것, 또는 어떤 회사가 잘 나가고 있거나 잘못 나가고 있다는 것을 '증명할' 수 있다.

엔론과 아서 앤더슨은 퇴출된 합자회사들에 부채를 전가함으로써 편파적으로 증거를 선택하였다. 결과적으로 외부인, 대중 그리고 많은 경우에 채권자와 은행이 이용할 수 있는 엔론의 그림은 실상에 의해 정당화되는 것보다도 좀더 좋은 풍경을 제시하는 쪽으로 왜곡되었다. 그리고 들어가는 말의 비행 예에서 배웠던 것처럼 실상은 우리의 공상세계를 깨뜨리는 경향이 있다. 언제나 그렇듯이 실상이 엔론 앞에 나타났던 것이다.

원칙: 진실은 반드시 드러난다.

이 원칙으로부터 다음 교훈이 따라 나온다.

교훈: 당신 자신이나 다른 사람들에게 진실을 숨기는 것은 단기간의 일시적 이득만을 제공하기 쉽다. 보통은 실상이 반드시 드러나며, 종종 아주 가혹하게 드러난다. 거짓말하지 말라.

모든 직업과 마찬가지로 회계 업무는 상당한 판단력을 필요로 하는 기술이다. 본성상 사업 활동은 대단히 가변적이다. 그리하여 단일 회계 규칙들 집합으로는 개개의 모든 상황을 완벽하게 기술할 수 없다. 실제에 있어 회계사들은 그들의 판단력을 사용해야 한다. 훌륭한 회계사끼리도 어떤 거래의 특수한 처리에 대해 저마다 의견이 다를 수 있다(그리고 종종 실제로 의견이 다르다). 그렇지만 언제나 회계사는 종종 GAAP을 참조하여 그들의 결정을 정당화할 수 있어야 한다.

회계 판단은 어떤 기준에 의해 판단될 것인가? 물론 증거에 의해서다. 그러나 증거가 파기되었다면 어떻게 되는가? 아서 앤더슨에 대한 사기죄 혐의의 형사고발은 합리적으로 의심할 바 없는 증명을 요구하게 되는 반면에, 같은 문제에 대한 민사재판은 압도적 비중의 증거에 의한 증명을 요구할 것이다. 어느 쪽이든 형사나 민사 재판은 증거에 대한 분석을 요구할 것이다.

하지만 증거는 어디에 있는가? 아무 데도 없다. 그것이 문제였다. 증거는 더 이상 존재하지 않는다. 증거는 조각조각 찢겨져 파기되었다. 일어났던 일에 관해 합리적 결론에 이르려면 증거가 매우 중요하기 때문에 증거 파기는 그 자체가 범죄이다.

그래서 아서 앤더슨은 결정적 증거를 파기했다는 이유로 부실 회계처리가 아니라 공무집행 방해로 기소되었다. 이제 그렇게 되면 유죄 판결에 요구되는 것은 공무를 방해할 의도로 증거를 파기했다는 것에 대해 합리적으로 의심할 수 없는 증명을 제시하는 것뿐이다. 배심원단은 그 말이 옳다고 결론짓고, 회사에 유죄를 평결했다. 형사 유죄 판결 때문에 그 회사는 공공회계를 할 수 있는 면허를 상실한다. 아서 앤더슨은 이제 죽은 목숨이다. 실재, 즉 그 가혹한 계집이 그녀의 복수를 단행했던 것이다. 공인 공공회계 회사로서의 아서 앤더슨은 더 이상 존재하지 않는다.

동의어반복이 같은 의미를 두 번 반복해서 만들어지는 순환논증임을 기억하라. 같은 진술의 반복은 훨씬 더 나쁜 논증이며, 합리적 논증이 아니다. 반복은 오히려 합리적 논증의 부재를 가리킨다. 어떤 사람은 자신의 생각을 반복을 통해 강화시키는 것을 좋아한다. 또 어떤 사람은 그냥 자신이 말하는 것을 듣기를 좋아한다. 어느 쪽이든 반복은 불가피하게 쉽게 발견할 수 있는 동의어반복으로 나타나는데, 종종 다음과 같은 단순한 주장들로 나타난다. "그것이 규정이야." "그건 회사 방침에 반하는 거야." "그것이 이 근처에서 우리가 일을 하는 방식이야." "좋아하든 않든." "그게 전통이야." "나는 부원들과 함께 그것에 대해 이야기를 나누었는데, 우리 모두 그 결론에 도달했어." 등등.

되풀이하는 동의어반복 형태의 논쟁을 충분히 진술하면 이와 같은 모양이 된다.

간호사: 환자는 의사가 회진하는 동안 방 밖으로 나갈 수 없어요.
환자: 의사가 회진하는 동안 왜 우리가 방 밖으로 나갈 수 없죠?
간호사: 그게 규정이에요.

간호사의 설명은 금지 이유에 대한 설명이나 해명이 아니다. 그것은 단지 규정을 다른 형태로 재진술한 것에 불과하다. 간호사의 두 번째 설명은 새로운 것을 전혀 말하지 않으며, 논점을 벗어난 동의어반복이다. 환자는 다음과 같이 응수할 권리가 있을 것이다.

환자: 나는 그 규정의 이유를 물었어요. 당신이 한 것은 똑같은 것을 두 번 말한 것이 전부예요. 나는 회진하는 동안 우리가 방 밖으로 나갈 수 없다는 것을 이미 알고 있어요. 나는 그 이유를 알고 싶은 것입니다.
간호사: 병동 정책입니다.
환자: (이제 격앙되어) 난 이유를 물었단 말입니다. 그런데 당신이 하고 있는 짓은 나를 엿 먹이는 것뿐이잖아요.

논점을 벗어난 논증은 이유 같지만 실은 그저 빈약하게 위장된 설명을 제공할 뿐이다. 그런 논증은 빈약하게 증명한 증명을 강화시키려는 시도이다.

"날 만지지 마세요. 난 카톨릭 신자예요."라고 말하는 여자를 생각해보라. 그 여성이 만지는 것을 원치 않는다는 것은 의심할 여지가 없다. 그러나 그녀가 카톨릭 신자라는 사실은 그녀를 만지면 안 되는 이유가 아니다. 그녀가 그런 입장을 고수하지 못한다는 사실은 그녀가 관련된 문제로부터 주의를 딴 데로 흩뜨리는(또는 흩뜨리려고 하는) 혼란된 사고자라는 표시이다. 우리는 주의를 딴 데로 돌리는 다른 형태의 논증들을 이미 언급했는데, 이런 논증들은 사람을 트집 잡는 논증과 권위에 호소하는 논증을 포함하는 불합리한 논증들이다. 그 논증들은 모두 그릇된 이유를 내세우며 진리로부터 우리의 주의를 흩뜨린다.

힘은 증거에 기초를 둔 게 아니기 때문에 합리적 논증이 아니다.

이 대목에서 나는 초보자가 최초의 순간에 호소하고, 좀더 지성 있는 사람들은 마지막에 호소하는 것으로서 매우 일상적인 주의 전환 논증을 언급하지 않을 수 없다. 이 논증은 대부분 또는 모든 증거를 무시하며, 그래서 편파적 증거 선택의 극단적 예가 되는 논증으로 **힘에 호소하는 논증**(*argumentum ad baculum*)이다.

폭력은 논점을 벗어난 것이며 이유를 대신하지 못한다. 피투성이는 (부상을 제외하고는) 아무것도 증명하지 못한다. 그 이는 확실히 누군가의 올바름이나 그릇됨을 증명하지 못한다. 힘에 호소하는 논증은 인간의 사고에서 최고로 중대한 오류인데, 이 오류는 논증을 싸움으로 변질시킨다. 힘이 곧 정의라는 격언에도 불구하고 힘이 올바름을 만들지는 않는다. 누군가가 다른 사람을 힘으로 무너뜨렸다 해도 그 사실이 그가 올바르거나 그릇되다는 것, 고상하거나 비열하다는 것, 신이 뒷받침하거나 악마가 뒷받침한다는 것 등을 의미하지는 않는다. 그 사실은 심지어 그가 가장 강하다거나 가장 영리하다거나 가장 운이 좋다는 것을 의미하지도 않는다. 그 사실은 단지 그가 싸움에서 이겼다는 것을 의미할 뿐 그 이상도 이하도 아니다. 왜 그가 이겼는가는 증거에 의해 입증되어야 할 것이다. 일반적으로 누군가가 폭력이나 폭력 위협에 호소할 때 그로 인해 그는 이성적 논증을 상실했으며, 패배를 인정하기보다는 필사적으로 무모한 수단에 호소하고 있다는 것을 인정하는 셈이다.

원칙: 힘에 대한 호소는 이성적 논증이 아니다. 그와는 정반대로 불합리의 전형이다. 전쟁은 언제나 실패의 인정이며, 최악의 해결책이다.

이 원칙으로부터 다음 교훈이 따라 나온다.

교훈: 사태가 절망적일 때만 마지막 수단으로 폭력을 사용하라.

또 다른 형태의 주의 흩뜨리기는 상대방 논증에서 사소한 어떤 점을 반박한 다음 상대방의 전체적 입장을 약화시키는 것이다. 그 논증이 올바르지 못한 어떤 뒷받침진술의 발견에 의해 약화되는지 아닌지는 잘못 진술된 사실 자체의 발견에 달려 있는 게 아니라 결론이 그 올바르지 못한 진술에 얼마나 의존하는지에 달려 있다.

야유하는 사람들은 연설자의 평판을 나쁘게 하기 위해 유머러스한 반론에 의존한다. 차고마다 차가 있게 하도록 하겠다고 약속하는 정치인은 "나는 차고가 없어요."라고 외치는 방해꾼에 의해 실제로 반박되지 않는다. 그런 진술은 심지어 지성적 사고의 기미조차도 포함하지 않는다. 그런데도 그런 진술은 정말이지 연설자를 불합리하게 보이도록 만든다. 그리고 그런 진술은 연설자의 평정심을 잃게 만들기 쉽다. 그처럼 어리석은 소리를 응대하는 것은 보통 논증의 논점을 벗어나 시선을 딴 데로 돌리게 된다. 그렇다고 그처럼 어리석은 소리를 무시하는 것은 연사가 어떤 점에선가 부족하기 때문에 야유하는 사람에게 대답하지 못한다는 인상을 남길 것이다.

거의 모든 것에 관한 엄청난 무지에도 불구하고 사람들은 차가운 이성의 빛에 비추었을 때 엉터리 같은 의견을 내뿜는 일에 대해 거의 아무렇지 않게 생각한다. 그런 문제를 연구하고 이해하는 데에는 거의 누구도 시간을 들이거나 애를 쓰지 않으므로 그런 문제에 대해 지성적으로 말할 수 있는 권위, 지식 또는 경험이 없으며, 알코올 음료를 상당히 많이 소비하는 칵테일 파티나 만찬에서는 더욱 그렇다. 이 사실로부터 그처럼 공개적인 목소리로 나오는 의견 대부분은 부적합하고, 불완전하며, 종종 잘못된 정보에 기초를 두고 있으며, 그래서 그 정도만큼 불합리한 의견이라는 결론이 따라 나온다.

"우리 이제 곤란한 문제를 해치웠으니 톰, 나와 결혼해주시겠어요?"

"그럴 수도 있지, 리사 그럴 수도."

"그럴 수도 있지."라는 톰의 진술은 그녀의 질문에 대한 지적 토론으로부터 시선을 딴 데로 돌리는 말이다. 그 진술은—리사가 우리처럼 숨겨진 의미를 파악하는 훈련이 되어 있다면—두려움을 불러일으킬 것임에 틀림없을 때 희망을 불러일으키도록 주의를 딴 데로 돌리는 말이다.

애국심, 충성심, 전통, 관습 등과 같은 대중의 감정에 호소함으로써 영향을 미치려 하는 논증은 **대중에 호소하는 논증**(*argumentum ad populum*)으로 알려져 있는데, 이 논증은 집단이 어떤 것을 생각하는지 아닌지가 그 어떤 것이 옳다는 이유가 아니기 때문에 시선을 딴 데로 돌리는 또 하나의 논증이다. 어떤 집단은 옳을 수도 있고,

그를 수도 있다. 그 집단이 옳은지는 합의가 아니라 증거에 의해 결정되어야 한다. “그것은 미국적이지 않아!” “우리는 일을 그런 식으로 하지 않아!” “대부분의 진짜 미국인은 … 을 알아.”는 진짜 쟁점으로부터 주의를 딴 데로 돌리는 표현들이다. 정부가 소련에서 했던 것처럼 제강소를 소유하는 것이 미국적이지 않을 수 있지만 그것이 미국적인지 아닌지는 그것이 바람직한지와 무관하다.

원칙: 대중이 단호하게 주장하는 강한 의견은 어떤 것이라도 적어도 부분적으로라도 틀릴 가능성이 많다.

이 원칙으로부터 다음 교훈이 따라 나온다.

교훈: 여론과 일반적으로 주장되는 신념들은 어떤 문제에 대해 유리하거나 불리한 이유가 아니다. 공인된 지혜를 맹목적으로 승인하는 대신에 증거를 검토하라. 그에 따라서 행동하라.

* * *

잘 훈련된 사고는 우리가 사실에 두려움 없이 맞서고, 단순히 증거의 일부가 아니라 모든 증거를 사심 없이 살필 것을 요구한다. 또 우리가 증거를 불편하거나 싫은 것으로 증명되었다고 해서 거부하지 말 것을 요구한다. 그리고 우리의 선입견과 맞아떨어진다고 해서 증거를 승인하지 말 것을 요구한다. 보통 잘 훈련된 사고를 방해하는 문제는 우리의 사고 과정에 등장하는 정서적 기득권이다. 무의식적 정신의 비밀스런 작동으로 인해 우리는 진실에 맞서서 실재를 효과적으로 다루지 못하게 되는 것이다. 만일 우리가 어쨌든 합리성을 성취하려고 한다면 우리는 무의식적 충동의 영향을 차단함으로써 그렇게 해야 한다. 우리는 그러한 충동들이 무엇이고, 어떤 상황에서 그 충동들이 작동하기 쉬운지를 배워야 한다. 그리고 우리는 의식적으로 우리가 좋아하는 증거를 편파적으로 선택하고 좋아하지 않는 증거를 거부하는 일을 못하게 스스로 막아야 한다.

그러므로 술 취한 사람이 조명이 아니라 지탱할 목적으로 가로등 기둥에 기대듯이 논증에 기대지 말라. 논증이 당신의 자아를 만족시키거나, 당신의 지위를 끌어올리거나, 또는 군중을 따라가는 데 도움이 된다고 해서 그 논증을 승인하지 말라.

당신을 불편하게 느끼도록 만들거나 당신의 전통적인 신념에 도전하는 논증에 특별히 주의를 기울여라. 그런 논증 속에서 당신이 오류에 빠질 가능성이 매우 높다.

복습

앞 장들에서 했던 것처럼 이 장을 복습하라. 반면에 복습할 필요를 느끼지 않으면 6장으로 건너뛰어도 좋은데, 6장에서는 집단순응사고로 알려진 흥미로운 오류를 논의한다.

당신이 석유 채굴 작업을 필요로 하는지 확신이 들지 않는다면 다음 문제에 답해보라. 국가의 부채가 있는가?

당신이 미국이 부채가 있는지를 어떻게 결정할 것인가? 왜 그 문제가 중요한가? 국가의 부채가 없다면 세금이 늘어나야 하는가, 줄어들어야 하는가? 왜 그런가? 내 생각을 검토하기 전에 당신의 생각을 적어보라.

답: 국가의 부채가 있는지 여부는 증거에 달려 있을 것이다. 현재 정부는 채무만 제시할 뿐 자산은 제시하지 않는다. 따라서 얼마나 많은 빚이 있는지에 대한 계산이 뒤틀려 있다. 더 합리적으로 접근하려면 자산과 채무를 모두 제시해야 할 텐데, 왜냐하면 그렇게 될 경우라야 자산이 채무를 차감시킬 것이기 때문이다. 정부의 자산은 무수히 많으며 모두 상당한 가치가 있다. 그 자산들에는 연방정부가 소유한 토지와 건물, 엄청난 양의 지적 재산, 포트녹스(Fort Knox)에 보관되어 있는 금괴, 팬텍스(Pantex)를 포함한 생산 시설, 수소폭탄을 만드는 애머릴로(Amarillo)의 공장 등이 모두 포함된다. 확실히 그러한 물자는 모두 무언가 가치가 있음에 틀림없다. 그러나 그러한 자산들은 국가 부채를 계산할 때 전혀 고려되지 않는다. 그 대신 포함되는 것은 미국의 미해결 재정적 채무들이다. 게다가 정부 증서 형태의 공공 부채 중 많은 것을 실제로 이 공정한 나라의 시민들이 소유하고 있다. 미국인들 자신이 채권자라면 그것이 진짜 부채일 수 있을까? 방금 내가 자신에게 작성한 약식 차용증서가 증명한다고 해서 내가 나 자신에게 10억 달러의 빚을 졌다고 제시할 수 있을까?

왜 정부는 자산을 줄잡아 말하고 부채는 늘여 말하고 싶은 걸까? 공공 부채 액수가 현재 미국인에게 부과되는 높은 조세 부담을 정당화하는 데 사용된 적이 있었는가? 처음부터 끝까지 내리 우리에게 과세되는 모든 세금이 합당함을 증명하는 논증을 만들 수 있을까?

세금은 대부분의 가구에서 가장 중요하면서도 가장 큰 단일 지출 항목이다. 이것은 당신이 번 것, 당신이 구입한 것, 당신이 판 것,

그리고 당신이 소유한 실제 재산에 대해 과세가 되기 때문이며, 당신이 죽으면 당신의 재산도 과세 대상이 된다. 또한 당신의 임금이 오르면 그 임금에 대한 세금도 오른다. 거기에 포함된 돈의 액수와 우리가 세금을 내면서 사는 오랜 기간을 생각하면 대부분의 사람은 그들 삶의 상당한 부분을 다양한 정부의 과세 당국을 위해 일하는 데 소비한다고 진술하는 것이 합리적이다. 지금 미국인에게는 우리 역사의 다른 어떤 시점에서보다 1인당 과세되는 비율이 더 높다. (나 자신을 포함한) 고소득자에 대한 한계 세율이 90%이곤 했는데 지금은 그보다 낮다는 말은 옳다. 그러나 노동에 종사하는 평균 시민은 여전히 그의 시간의 3분의 1이 그저 세금을 내기 위해 일하는 데 들어간다. 현재 미국의 노동자 당 세율은 8, 9세기에 샤를마뉴 대제가 농노들에게 부과했던 세율을 훨씬 초과한다. 다음번에 당신이 투표하러 간다는 사실을 기억하라. 설령 세금이 당신에게 중요한 문제가 아니라 해도 그들에게는 틀림없이 중요한 문제이다.

핵심 물음들을 다음과 같이 직접적으로 재진술하고 답하였다.

국가의 부채가 있는가? 십중팔구 그렇지 않을 것이다. 이유: 증거의 편파적 선택이 국가의 부채가 있는 것처럼 보이게 만들 뿐이다. 실제로는 국가 재정이 흑자일 가능성이 많다.

당신은 미국이 부채가 있는지를 어떻게 결정할 것인가? 답: 보통 방식은 이렇다. 즉 채무−자산=부채. 왜 그 문제가 중요한가? 만일 국가에 부채가 있다면 우리는 그 부채를 갚거나 처리할 방법에 역점을 두고 싶을 것이다. 만일 국가 재정이 흑자라면 우리는 그것을 분배하는 법에 역점을 두고 싶을 것이다. 만일 국가에 부채가 전혀 없다면 세금이 늘어야 할까 줄어야 할까? 줄어야 한다. 왜? 조세 부담을 덜기 위해.

제6장

집단순응사고

사회적 영향은 보통 우리의 관행, 판단, 신념을 형성한다. 어린이는 그의 부모의 언어로 말한다. 파푸아뉴기니의 한 부족의 성원은 모두가 서로 잘 어울린다는 표시로 등에 전체적으로 난자(scarification)를 하는 것에 복종한다. 집단에의 순응은 관례에 따라 정당화되는 행위이다. 그러나 함께 일하는 훌륭한 정신들이 집단이 생산적 갈등, 균형 잡힌 논쟁, 주의 깊은 추론을 억압할 때 개인들을 능가할 것 같지는 않다. 집단에 순응해야 한다는 가책이 실재 원리에 반할 때, 즉 순전히 집단이 생각하는 것을 기초로 진리를 멀리하고 오류를 향할 때 그 현상을 **집단순응사고**(groupthink)라 부른다.

집단순응사고는 문제에 대해 실재로부터 가짜 견해로 인도하는 사고상의 오류이기 때문에 효과가 없다. 집단순응사고는 피그스만(Bay of Pigs) 침공 작전이나 보우와 핍(Bo and Peep)이 이끄는 천국의 문(Heaven's Gate) 신도들의 존스타운(Jonestown)에서의 집단자살처럼 재앙으로 인도할 수 있다.

사회심리학자들은 집단순응사고가 일어나는 다양한 방식을 확인해왔다. 보통 집단의 성원들이 그릇된 해결책에 대해 일찌감치 서

둘러 동의한다. 그 다음에 그들은 전체로서의 집단으로 하여금 그 해결책이 올바르다는 것, 즉 올바른 선택을 하고 있다는 것을 확신하게 만드는 피드백을 서로 제시한다. 성원들은 서로 자신들의 사고 과정의 결함을 보지 못하도록 막으며, 보통 의사 결정을 강한 지도자에게 넘긴다. 그러다가 여느 때처럼 현실이 밀고 들어와 그들이 배울 필요가 있는 교훈, 즉 우리의 의견이 우리 자신의 숙고된 판단이 아니라 다른 사람들의 의견에 의존할 때 우리는 그만큼 틀릴 가능성이 많다는 교훈을 집단에게 가르쳐준다.

집단순응사고라는 이름은 어빙 재니스(Irving Janis)의 책 제목에서 유래하는데, 이 책은 집단이 범하는 오류를 분석한 책이다. 응집력, 고립감, 스트레스로 인해 집단은 처음에 지도자가 어떤 내용을 제안했든 간에 그 지도자를 지지함으로써 일찌감치 합의에 도달하게 된다. 보통 그 집단의 지도자는 자신과 집단의 의견을 확증하는 증거를 편파적으로 선택하며, 그 집단의 입장을 지지하지 않는 다른 증거는 고려하지 않는다.

자세한 분석을 통해 재니스는 피그스만 대실패에 대해 다음과 같이 기록하고 있다. 노한 대통령 존 F. 케네디가 쿠바 침공이 비참한 실패로 끝난 후 물었다. "어떻게 우리가 그토록 어리석을 수 있었을까?" 답은 개인으로서의 집단의 성원들이 어리석었기 때문에 그 집단이 실패한 것이 아니라는 것이다. 천만의 말씀이다. 그렇다고 집단이 실패하지 않았다는 것은 아니다. 그 집단은 부실한 의사결정 과정, 즉 집단순응사고 때문에 실패했다.

피그스만 침공 입안자들 속에는 미국에서 가장 똑똑한 사람들 약간, 이를테면 로버트 맥나마라(Robert McNamara), 더글러스 딜런

(Douglas Dillon), 로버트 케네디(Robert Kennedy), 맥조지 번디(McGeorge Bundy), 아서 슐레진저(Arthur Schlesinger), 딘 러스크(Dean Rusk), 앨런 덜레스(Allen Dulles)가 포함되어 있었다. 그렇다면 무엇이 잘못되었을까?

잘못된 조목: 그들은 모두 자신들이 그토록 똑똑하다는 것을 알았기 때문에 실패할 수 없다고 생각했다. 그처럼 똑똑한 집단이 어떻게 똑똑한 방책을 고안하지 않을 수 있었겠는가? 이 불패 환상으로 인해 그들은 좀더 숙고된 판단을 했더라면 나아가지 않았을 지점까지 돌진하게 되었다. 똑똑한 사람도 어리석은 결정을 내릴 수 있으며, 실제로 그런 결정을 내린다. 피그스만 작전은 분명히 그 점을 예증한다. 고려 대상이 되는 것은 이제 당신이 얼마나 똑똑하고 얼마나 멍청한가가 아니라 당신이 얼마나 올바른가 하는 것이다. 그리고 당신이 얼마나 올바른가는 당신이 사태를 두루 얼마나 잘 추론하느냐에 달려 있다. 여론도 아니고 IQ도 아니고 이전의 경험이나 명성도 아니며, 증거에 의해 뒷받침되는 이유가 상황을 지배한다. 이유가 설득력이 있으면 있을수록 그만큼 그 이유는 결론과 밀접하게 관계되어 있으며, 증거가 결론을 뒷받침하면 할수록 그만큼 결론은 올바르며 진리와 실재 상황을 반영할 가능성이 높다. 문제는 바로 그런 것 아니면 재앙이다. 당신이 선택해보라.

피그스만 결정을 좀더 주의 깊게 살펴보자.[1)] 이 결정은 많은 교훈을 가르쳐준다.

교훈 조목: 그 집단의 개인 성원들은 웃음거리가 되는 것이 두려워서 혹은 집단의 시간을 낭비하고 싶지 않아서 반대 의견을 내지 못하도록 스스로를 검열했다. 비망록에서 아서 슐레진저는 자신은 쿠바 침공을 부도덕하다고 생각했다고 말했다. 하지만 그는 케네디

팀의 회의에 참석했을 때 입을 굳게 닫았다. 나중에야 우리는 슐레진저가 입을 닫은 것이 바비 케네디(Bobby Kennedy)가 그렇게 하도록 명령했기 때문임을 알았다. "당신이 옳을 수도 있고 그릇될 수도 있습니다." 바비가 말했다. "그러나 대통령은 결심을 굳혔습니다. 더 이상 괴롭히지 마십시오."

교훈 조목: 대안으로 고려된 것이 너무 적었다. 나중에야 잘못을 해명하려 했던 JFK에 따르면 "CIA는 나에게 두 가지의 선택지만을 제공했다. 즉 침공하거나 아무것도 하지 말라." 이 말이 정말로 사실인지 아닌지 우리는 모른다. 그런 취지의 JFK의 공개적 성명은

---

1) 피그스만 대실패에 관한 모든 정보는 어빙 L. 재니스의 『집단순응사고』〔*Groupthink*, 2nd ed.(Boston: Houghton Mifflin, 1982)〕, 14~47면에서 따온 것이다. 재니스는 회의, 일기, 회고, 서신 기록들과 조사위원회에 제출된 준비 성명들을 인용한다. 기적이라고 할 수 있는 것은 그의 설명이 1999년에 풀린 정보 문서 사용의 자유에 맞추어 이루어졌다는 것이다. 사파타 작전(Operation Zapata, 피그스만 작전 암호명)과 관련하여 기밀 해제된 문서들을 지금은 국가안전보장 기록보관소(National Security Archives, 요약본 29집)에서 이용할 수 있으며, 부분적으로 국가안전보장 웹사이트와 http://www.gwu.edu/~nsarchiv/NSAEBB/NSAEBB29/에서 전자문서 형태로 볼 수 있다. 케네디는 맥스웰 테일러(Maxwell Taylor) 장군에게 피그스만에서 잘못된 것을 조사하도록 명했다. 아서 슐레진저 주니어(Arthur Schlesinger Jr.)는 그의 책 『백악관에서의 천일: 존 F. 케네디와 백악관』〔*A Thousand Days: John F. Kennedy and the White House*(Boston: Hohghton, Mifflin, 1965)〕에서 똑같은 분야의 문제와 인용구들을 다룬다. 그러한 흥미로운 것들과 관련하여 나는 CIA의 『피그스만 구술사』(*Oral History of the Bay of Pigs*)와 필 짐바도(Phil Zimbardo, 심리학 교수)가 사회를 맡은 애넌버그 재단(Annenberg Foundation)의 『디스커버링 심리학 총서』(*Discovering Psychology Series*)를 강력 추천하고 싶은데, 이 총서는 어빙 L. 재니스(*Groupthink*의 저자)를 면담하고, 당시 내각을 구성했던 각료들을 살피고 있으며, 그 다음에 사회심리학자 두 명이 사고상의 오류에 대해 논평하고 있다.

CIA에 지지자를 없게 만들었다. 어쨌든 그것은 문제 밖의 것이다. 정책은 대통령 자신에 의해 전혀 다르게 짜일 수 있었는데, 왜냐하면 CIA가 아니라 그가 지시했기 때문이다. 이른바 CIA가 제안했다는 흑과 백, 즉 이것 아니면 저것 식의 딜레마 이외에 다른 다양한 의견, 대안 그리고 다른 목표들이 고려될 수 있었던 것이다. 그 후 CIA는 대통령 팀이 침공에 내재되어 있는 위험 요소를 고려하고 싶어 하지 않았거나 심지어는 그런 얘기를 경청하지도 않았다고 말했다. 대통령 팀은 피그스만 근처에 배치된 적국의 힘에 대한 자세한 분석에 관심이 없었던 것처럼 보였다. 대통령 팀은 쿠바 국민 대부분이 카스트로(Fidel Castro)를 지지하고 카스트로가 제시하는 대의를 위해 기꺼이 죽을 준비가 되어 있다는 훨씬 더 흥미로운 생각을 경청하고 싶어 하지 않았다.

교훈 조목: 집단의 우두머리 케네디 대통령 자신이 일찌감치 침공 지지를 선언했다. 그의 선언은 집단의 성원들로 하여금 자신들이 이미 이루어진 결정을 처리하고 있다는 느낌을 갖도록 만들었다. 그래서 대통령에게 반대하는 것은 그들을 정치적 위험에 빠뜨릴 수도 있었다. 집단은 그 집단의 개인 성원들의 의견을 억누르는 것이 아니라 모든 증거에 대해 자유롭게 토론할 때 더 잘한다. 일본 회사들은 집단의 가장 하위직 성원들이 의견을 먼저 제시하고, 그 다음에 사다리를 타듯이 고위직으로 올라가면서 차례로 의견을 제시한다. 이런 과정은 다른 사람들이 자신들의 견해를 발표할 기회를 갖기 전에 우두머리가 자신의 입장에 맞게 집단을 조종하는 일을 막는다.

교훈 조목: 결정의 중요성, 결정의 복잡성 그리고 대통령이 집단에 부과하는 빡빡한 마감 시한은 성원들에게 압박과 협박으로 작용

한다. 압박을 받는 인간은 숙고된 사고를 할 수 있는 시간이 좀더 많은 사람보다 생각을 더 잘 못한다.

결론: 피그스만 침공 결정은 신비스러운 것이 전혀 없다. 그 기간 동안에 벌어진 일을 담고 있는 테이프들을 재조사를 위해 이용할 수 있다. 아무도 JFK나 그의 판단을 비판하는 일이 허용되지 않았고, 다수파와의 어떠한 의견 불일치도 관용되지 않았으며, 대안의 입장이나 반대 증거가 검토되지 않았고, 그 집단이 대중이나 대중이 뽑은 의회 대표자들에게 자문을 구하지 않고 고립된 채 일했기 때문에 잘못된 결정에 도달한 것이었다. 케네디 팀은 관련 있고 이용할 수 있는 모든 증거를 고려하지 못했다. 그들이 범한 사고상의 오류 때문에 그들은 고생했던 것이다.

그들의 고생은 나쁜 것만은 아니었다. 피그스만 재앙으로부터 나온 한 가지 좋은 점은 케네디와 그의 고문들이 겸손해졌다는 것이었다. 그들은 쓰라린 경험을 통해 자신들이 큰 실수를 범할 수 있다는 것을 배웠다. 피그스만은 다음번에 그들에게 떨어진 큰 문제, 즉 쿠바 미사일 위기를 더 잘 처리하는 법을 그들에게 가르쳤다.

하버드 대학 사회관계 연구소(Laboratory of Social Relations)의 실험은 피험자들에게 한 개의 직선과 다른 세 개의 직선을 비교하도록 요구했는데, 이 세 직선 중 한 직선만이 첫 번째 직선과 길이가 같았다. 개인으로서의 응답자들은 그 물음에 대해 99% 이상이 정확하게 답했다. (틀린 답을 제시하도록 지시받은 연구조교들이 들어간) 사회집단에서는 똑같은 사람들이 그 집단의 틀린 판단을 그 실험 당시 36.8%가 수용했다. 피험자들의 4분의 1은 실험을 거치면서 그 집단과 독립적인 입장을 유지했다. 일단 독립적 입장을 유지하고 나면 그들은 다수가 틀렸을 때 절대 그 다수의 의견에 따르지 않았다. 일단 의존하게 되면 그들은 다수가 틀렸을 때 그 다수의 의견을 따르는 데 절대 실패하지 않았다. 독립적인 사람들 가운데 대부분은 자신들이 올바르고 집단이 틀리다는 것에 대해 완고한 확신을 가졌다. 어떤 독립적인 사람들은 다수가 올바름에 틀림없지만 자신들은 "자신들이 본 대로 말해야 한다."고 느꼈다. 의존적인 사람들 가운데 어떤 사람들은 "그들이 올바르고 나는 틀렸다."고 느꼈다. 또 어떤 사람들은 "결과를 망치지 않도록" 하기 위해 양보하였다. 어떤 사람들은 다수가 착시를 일으켰다고 느꼈다. 의존적인 사람들 대부분은 집단과 그들의 차이가 그들 자신의 일반적 결함의 표시라 느꼈는데, 이 결함은 그들이 어떤 대가를 치르더라도 감추어야만 하는 것이었다. 의견을 양보한 모든 피험자는 자신들이 양보한 횟수를 실제보다 낮게 평가했으며, 집단에 동조하는 것보다 스스로 결정하는 것이 더 낫다고 말했다. 그러면서도 그들은 그들 자신의 조언을 따르지 않았다. 그들은 무엇이 최선이었는지를 알았다. 하지만 그들은 최악을 행했다.

존스타운에서 1,000명에 가까운 사람이 죽었다. 베네수엘라 국경 근처 가이아나(Guyana)에 있는 인민사원(Peoples Temple) 거주지의 신도들이 교주 짐 존스(Jim Jones)의 지시를 받고 독이 든 음료를 자신의 자식들에게 먹이고, 그 약을 유아들에게 복용시켰으며, 자신들도 둘러 마셨다.

어떻게 그런 비극이 일어났을까? 어떻게 전체 공동체가 그처럼 자신을 파괴할 수 있었을까?

신비스런 것은 없다. 짐 존스는 20여 년 전에 교회를 창건하였다. 처음에 그는 인종간의 형제애와 통합을 설교하였다. 그의 집단은 가난한 사람들을 부양하고 그들이 일자리를 찾는 일을 도왔다. 신도가 증가하자 존스는 계율을 늘렸다. 1965년 그와 추종자 100여 명이 북부 캘리포니아로 이사했다. '아버지'(Father)로 불렸던 그는 메시아의 현존을 사칭했으며, 실제로 신도의 헌신적 신앙의 대상이 되었다. 존스는 충성을 요구하고, 부담이 큰 섭생을 시행했으며, 설교를 통해 미리 예정된 핵 참사와 세상의 종말을 가르쳤다. 1977년 짐 존스는 신도의 대부분을 가이아나에 있는 정글 전초기지로 이주시켰다.

1년 뒤 1978년 11월 하원의원 리오 라이언(Leo Ryan)이 사원 신도들이 본의 아니게 억류되어 있다는 혐의를 조사하기 위해 현장을 방문했다. 두 가족이 자신들은 그와 함께 그곳을 떠나고 싶다는 메시지를 라이언에게 흘렸다. 라이언 일행과 이 배반자들이 그곳을 떠나기 위해 비행기에 오르려 했을 때 그들은 숨어서 기다린 사원 경비원들의 총격을 받았고, 이로 인해 라이언을 포함한 다섯 명이 살해되었다.

총격 사건 후 곧바로 짐 존스는 공동체 집단의 신도를 존스타운에 모았다. 그는 신도들에게 의원 일행이 죽임을 당했을 것이라고 말한 다음 최후의 의식, 즉 '대변혁을 가져오는 자살'(revolutionary suicide)을 거행할 것을 제안했는데, 신도들은 이 말을 전에 수없이 복창했으며, 지금은 테이프에 녹음되어 있다.

> 여인 1: 저는 살아 있는 한에 있어서 희망이 있는 것처럼 느껴져요.
>
> 존스: 글쎄, 언젠가는 누구나 죽느니라.
>
> 군중: 맞습니다, 맞고 말구요.
>
> 그리고 나중에—존스: 모쪼록 같이 의식에 동참하도록 합시다. … 이는 대변혁을 가져오는 자살이노라. 이는 자멸에 이르는 자살이 아

니노라.(테이프에서는 '아버지'(Dad)를 찬양하는 목소리들이 들린다. 박수갈채가 이어진다.)

이 집단의 전말에 관한 많은 이야기는 1970년대 초엽쯤이면 인민사원의 신도들이 계속해서 처벌—종종 사소한 위반이나 심지어 우연한 위반에 대해 공개적인 모욕과 더불어 잔인무도한 매질을 당하는 일—의 두려움 속에서 살았다는 것을 증언한다. 집단을 떠나기 전 고위 간부로 6년 동안 일했던 잔느 밀스(Jeanne Mills)는 다음과 같이 썼다. "교회에는 불문율이면서도 완전히 이해되는 매우 중요한 법이 있었다. 그것은 누구도 아버지, 그의 부인, 그의 자식들을 비판해서는 안 된다는 것이었다."

"가족은 적 조직의 일부다."라고 존스는 진술했는데, 이는 가족이 '대의'(Cause)에 대한 우리의 전면적 헌신에 해가 되기 때문이라는 것이었다. 부모와 자식을 갈라놓는 것 외에 존스는 아내와 남편의 결속도 완화시키려 했다. 그는 배우자로 하여금 혼외 성관계를 맺도록 강요했는데, 이는 종종 동성애적이거나 수치스런 성격을 갖는 일이었다. 강요된 성관계 중 많은 것이 존스 자신을 상대로 한 것이었다.

이해가 되는가?

잠시 뒤로 물러나 넓은 스크린으로 보자.

집단순응사고의 모든 구성 요소는 다음과 같다. 집단의 조화를 보존하는 응집력, 고립감, 심한 스트레스, 강력한 지령에 따른 지도력. 이 요인들은 모두 함께 명료한 사고를 무력화시키고 존스의 실상을 부인하도록 만드는 쪽으로 작용했는데, 이로 인해 914명이 죽게 되었던 것이다.

신도들이 보인 다양한 사고상의 오류를 당신에게 상기시키기 위해 존스의 진술을 하나씩 차례로 조사할 필요는 없다. 유감스럽게도 이 잔혹한 교훈은 이 집단으로 끝나지 않을 것이다. 다른 집단들이 그 뒤를 이을 것이다. 당신도 그런 집단에 걸릴 수 있다. 그런 집단의 일원이 되지 말라. 그런 집단이 시작되게 하지 말라.

잔느와 앨 밀스(Jeanne and Al Mills)는 자신들의 탈퇴를 따르는 인민사원 비판자들 가운데 가장 목소리가 큰 사람들이었다. 그들은 이른바 사원의 적 '살생부'(death list)에서 가장 맨 앞에 올라 있었다. 밀스는 존스타운을 떠난 뒤에도 거듭 그녀의 생명에 대한 두려움을 표현했다. 존스타운 대량 학살 후 1년이 지난 뒤에 잔느와 앨 그리고 그들의 딸이 버클리 집에서 살해되었다. 존스타운의 마지막 테이프에 따르면 짐 존스는 실명을 거론하며 잔느 밀스를 비난하였다. 그는 샌프란시스코에 있는 그의 추종자들이 "우리의 죽음을 헛되게 하지 않을 것이다."라고 약속하였다(《뉴스위크》, 1980).

보우(마셜 허프 애플화이트Marshall Herff Applewhite)와 핍(보니 루 넬슨Bonnie Lu Nelson)은 UFO 선원들(UFO를 타고 다니는 비행사들)과 통할 수 있다(텔레파시에 의해 의사소통할 수 있다)는 식의 뉴에이지 개념에서 나온 아주 진기한 비행접시 종교 하나를 창시하였다.

보우와 핍은 (아마 오리건 주 어딘가에 있는 동굴에서) 자신들이 요한계시록 2장에 언급된 증인 두 명임을 확신하는 경험을 했다고 주장했으며, 이 두 증인은 순교를 당했다가 사흘 반 뒤에 부활했는데, 그들은 이 사건을 '증명'(Demonstration)이라고 했다. 그들은 그들의 새로운 종교에 대한 열성적 신도를 모으는 데 놀라운 능력이 있었다. 추종자들은 엄격한 일과를 고수했고, 일반 사회로부터 고립된 생활을 유지했으며, 그들의 우주 형제들(Space Brothers)이 운전하는 우주선 탑승을 준비하기 위해 열심히 조직적인 생활양식에 몰두했는데, 이 우주 형제들은 UFO에 있는 특수 복제은행에서 특수 복제를 거친 후 그들에게 새로운 육체를 제공하면서 영광스럽게도 비행접시를 타고 우주 여기저기를 돌아다니는 새로운 임무를 제공할 것이었다.

고립과 교육의 조건 아래서 추종자들은 이 **두 분**(the Two, 보우와 펩의 다른 별칭)의 가르침이 정말이라고 점점 더 확신하게 되었다.

나중에 두 분은 그들의 가르침을 약간 바꾸어 자신들을 시와 도(Ti and Do)라고 하는 외계 방문자로 말하기 시작했다. 방문자는 원래 소유자가 비워놓은 육체를 차지한 존재이다. 외계 방문자는 다른 행성으로부터 이 지구에 온 것이다. 방문 상황은 점유하는 것과 약간 유사한데, 비록 점유의 경우에는 원래 영혼이 점유한 외계인에 의해 완전히 대체되는 것이 아니라 단지 그늘을 드리우는 정도라 할지라도 그렇다.

이제 당신이 그러한 배경을 알았으니 집단순응사고와 동일시되는 요소를 명백히 드러냄으로써 그 다음 이야기를 그려보라. 그러한 요소들로부터 비뚤어진 사고로 인해 궁극적으로 그 집단에 닥치게 될 실재와의 충돌을 예측해보라.

보우와 펩 신도들—일련의 사건들로 인해 아마도 천국의 문만큼이나 당신에게 익숙한 집단—은 1997년 3월 26일 뉴스거리를 만들었다. 이때 샌디에이고 외곽 호화 저택에서 39명의 남녀 시체가 발견되었는데, 이들은 모두 대량 자살 자원자들로 바르비투르산염(진정제나 마취제 등으로 쓰이는 유기화합물)을 복용하고 숨을 쉬지 못하도록 비닐 봉투를 뒤집어쓰고 있었다.

그들이 남긴 메시지는 그들이 헤일-밥(Hale-Bobb) 혜성이 지나간

자리를 따라 오고 있는 우주선에 오르기 위해 그들의 '물리적 용기'(physical containers)를 떠났다는 것을 암시했다. 그들은 비디오 자료와 웹사이트를 남겼는데, 이 자료는 그들이 헤일-밥 또는 그 일부가 지구와 충돌하여 대멸망을 일으킬 것이라고 믿었음을 말해 주고 있다. 그들의 지도자 마셜 애플화이트는 혜성 충돌이 아마도 세상 종말의 표시라고 예언하였다. 더 나아가 그는 우리가 사용하는 달력들이 몇 해가 빠져 있으며, 그해가 1997년이 아니라 2000년이라고 충고하였다. 그는 세상이 예수 탄생 후 정확히 2000년에 멸망할 것이라는 데 대해 일반적 합의가 있고, 그해가 1997년이 아니라 2000년이라고 믿었기 때문에 종말이 왔다고 결론지었다.

애플화이트에 따르면 외계인이 수백만 년 전에 현재 인류의 씨앗을 뿌렸는데, 이제 그들이 영적으로 진화된 개인들 형태로 비행접시 선원 계급에 합류할 그들 작업의 수확물을 거두어들이기 위해 오고 있었다. 그리고 천국의 문 공동체의 선택된 성원들에게만 이처럼 인간을 초월하는 상태로 나아가는 것이 허용될 것이다. 남은 신도와 우리에게는 지구의 유독한 대기에서 사는 암울한 운명을 겪는 일이 남겨져 있게 되는데, 이 지구는 이내 헤일-밥이 일으키는 엄청난 대파멸 속으로 떨어지게 된다.

애플화이트는 말했다. "현재 지구 문명은 막 재생되려는—'삽으로 밑을 파려는'—참이다. 지구 거주자들은 진화하기를 거부하고 있다. '잡초들'이 정원을 덮었고 수리 가망이 없을 정도로 쓸모 있던 지구를 어지럽혀 놓았다."[2)]

만일 당신이 세부 내용, 최종 시나리오, 1997년 3월 22일, 천국의 문 '어웨이팀'(Away Team)이 먼 우주 공간에서 인간의 수준을 높이기 위해 복귀했다는 선언에 관심이 있다면 그 집단의 웹사이트

www.heavensgate.com을 참고하라.

인민사원의 사람들과 케네디 대통령의 각료들과 마찬가지로 천국의 문 신도들은 자신들에 대해 다소 높게 생각했다. 각 집단은 자신들을 역사적으로 중요한 어떤 사건에서 중심 역할을 한다고 상상했다. 각 집단은 그것이 틀림없이 옳다는 것을 "알았다." 각 집단은 카리스마가 있는 지도자의 지도 아래 일반 사회로부터 고립되어 있었고 강하게 동기를 부여받았다. 각 집단은 자신들의 견해가 틀릴 수 있음을 가리키는 증거를 부정했으며, 그것이 뚜렷한 사명이자 운명이라고 느꼈다.

각료들의 경우에 그들은 자신들이 무신론적 공산주의를 신봉하는 아메리카인들을 제거할 것임을 "알았다." 존스타운 종교집단의 경우에 주요 사건은 그들이 핵심 역할을 하게 될 세상의 종말이었다. 천국의 문의 경우에 우주 형제들이 우주선에 탑승시킨 후 임기를 마치면서 세상을 멸망시키고, 충실한 신자를 영원히 은하를 순항할 우월한 존재로 변형시킬 것이었다.

각각의 경우에 실재가 그들의 머리 위로 요란한 소리를 내면서 떨어져 내렸다. 피그스만 침공은 침공자들이 포로로 잡혀 나중에 몸값을 치르고 풀려났을 때 실패하였다. 존스타운 사람들은 세상의 종말 없이 죽었다. 헤일-밥은 의미 있는 어떤 방식으로 지구를 붕괴시키지 않으면서 계속해서 제 갈 길을 즐겁게 갔다. 정말이지 우리는 여전히 여기에 있지 않은가! 예언은 틀렸음이 증명되었다. 예측

2) Robert W. Balch, "Wating for the Ships; Disillusionment and Revitalization of Faith in Bo and Peep's UFO Cult," in *The Gods Have Landed: New Religions from Other Worlds*, ed. James R. Lewis(Albany: State University of New York Press, 1995), 163면.

된 사건은 일어나지 않았다. 그런데도 많은 사람이 불필요하게 헛되이 죽었다. 이 사람들은 임상적으로 미친 게 아니라면 조지 로젠(George Rosen)이 "비정상적인 극단적 정신상태"(The Wilder shores of sanity)라고 했던 것에 도달했다. 그들의 결함 있는 현실 검사(reality testing)는 실제 정신분열증 환자만큼 결함이 있지는 않았지만 그에 가까웠다. 당신의 사고가 실재로부터 탈선을 하면 할수록 그만큼 귀결은 더 비참하다.

제7장

사기, 속임수, 계략, 야바위, 날조, 체계적 농간

이 장은 당신에게 일상적인 사기와 속임수의 구조와 기능에 관해 말함으로써 실재에 대한 당신의 이해를 넓힌다. 사기꾼들이 우리를 속이는 방식을 이해함으로써 당신은 많은 유형의 사기로부터 당신 자신을 보호하는 법을 이해하게 될 것이다. 도중에 당신은 (엄밀히 말해 법적인 것이긴 하지만) 이도저도 못하는 상황에 처하는 거래 속에서 당신의 권익을 보호하는 법도 배우게 될 것이다. 현실을 직시하라. 즉 정직한 거래와 약간의 사기 사이에 명료한 구분선은 없으며, 대부분의 사업상 거래는 사기 요소가 있다.

순종 개 사기(Pedigreed Dog Scam, PDS)는 가치 없는 주식, 플로리다 부동산, 금광, 석유 굴착 장치, 가스 계약 등을 상대로 벌어지는 아주 큰 어떤 신용 사기들의 할아버지이다. 다음은 그 사기가 작동하는 방식이다.

한 남자가 개(보통 잡종 테리어)를 데리고 바에 들어선다. 그 남자는 바텐더에게 그 개가 희귀종이라고 말한다. 그 개가 챔피언임을 증명하는 서류가 만들어져 있을 수도 있다. 하지만 그 남자는 거기에 머물 수 없다고 말한다. 그는 은행 직원을 만나야 하는데 개를 은행에 데리고 갈 수 없다는 것이다. 바텐더가 10달러를 받고 두 시간 동안 개를 지킬까?

개 주인이 떠난 뒤 다른 손님이 나타나 마실 것을 주문하고 그 개에 시선을 두면서 그 개가 얼마나 잘 생겼는지 평한다. 뜻밖에도 두 번째 손님이 그 개를 100달러에 사겠다고 제안한다. 물론 바텐더는 주인이 아니기 때문에 개를 팔 수 없다.

"들어봐." 손님 2가 말한다. "나는 당신을 속이려는 게 아냐. 그 개는 순종이야. 내가 개를 좀 알지. 당장이라도 5,000달러를 지불할 용의가 있어. 어떻게 할 거야?"

이제 바텐더는 그런 제안을 거절한다는 것이 상당히 고통스럽지만 진짜 주인이 곧 돌아올 것이라고 말한다. 바텐더는 손님 2에게 진짜 주인에게 그 제안을 전해주겠다고 말한다.

손님 2: "어떻게 할 건지 생각해봐. 내가 어디 좀 갔다 올 데가 있어. 세 시간 안에 돌아올게. 그 개를 확보할 수 있으면 내가 5,000달러를 당신에게 주고, 수고비로 200달러를 줄게." 그러고는 손님 2는 바를 빠져 나간다.

잠시 후 손님 1이 돌아온다. 그는 기분이 엉망이다. "내가 무슨 짓을 하는지 모르겠어. 거래가 틀려 버렸단 말이야. 현금이 좀 필요한데."

그 시점에서 바텐더가 이를테면 500달러에 개를 사고 즉석에서 사내의 손에 돈을 쥐어줄 수 있다고 말한다. 그러나 물론 손님 1은 그처럼 귀한 개를 그렇게 저렴한 값에 내놓는 것을 경청하려 하지 않을 것이다. 결국 값이 오르고 돈이 치러진다. 이제 원래 주인이 사라지자 바텐더는 그 개를 사줄 만한 사람인 손님 2가 돌아오기를 기다리고, 기다리고, 또 기다린다. 말할 필요도 없이 두 번째 손님은 절대 돌아오지 않는다. 그는 한통속이었기 때문에 절대 돌아오지 않는다. 그는 사기단의 일원이었던 것이다.

신용 사기꾼도 현금이 급히 필요할 때 이런 사기 수법을 이용한다. 그래서 그런 사기는 사업계에서 숏콘(short con, 간단히 해먹을 수 있는 신용 사기)으로 알려져 있다. 하지만 피해자가 더 이상 바텐더가 아니라 부유한 사업가일 때, 그리고 재산이 더 이상 잡종 개가 아니라 금광, 유전, 값비싼 어떤 보석, 습기 많은 플로리다의 부동산일 때 수익은 수십 만 달러에 이를 수 있다. 조심하라. 그 재산이 어떤 것이든 당신은 확신하지만 그 재산은 여전히 개일 수 있으니까.

원칙: 모든 사기는 6개의 부분으로 나누어진다.

순종 개 사기를 염두에 두고서 누군가가 당신에게 허튼 수작을 부릴 때 그 유형을 알아보고 격퇴할 준비가 되어 있도록 사기를 해부했을 때의 고전적인 여섯 가지 부분을 철저하게 공부해서 배워라.

사기의 해부:

부분 1: 권유(the come-on). 권유는 보통 삐끼(roper)에 의해 진행되는데, 삐끼는 피해자를 음모에 끌어들이는 일을 맡은 사람이다. 삐끼는 때로는 신용 증명서를 제시하고 대부분은 분위기를 통한 우격다짐이나 판매 수완을 통해 어떻게든 신용을 확인시키는 사기꾼이다.

부분 2: 유인책(the incentive). 유인책은 피해자가 그 자신을 사기 도사에게 맡기고 싶어 하게 되는 이유이다. 고전적인 사기의 경우에 유인책은 일확천금을 얻게 해주겠다는 책략이지만 (머피게임 Murphy game이나 배저게임badger game처럼) 성적 경험과 같은 다른 어떤 종류의 이득을 내거는 수도 있다. 때로 유인책은 자선단체에 선물을 보내는 경우처럼 다른 사람들을 돕는 일에서 보이는 호의일 수도 있다. 그러나 물론 이 경우에 자선은 가짜이다. 이득을 보는 사람은 선물을 제공하는 사람일 뿐이다.

부분 3: 한통속(the shill). 대부분의 사기는 한통속인 제3의 인물을 이용하는데, 이 제3의 인물은 때로는 당사자도 모르는 상태지만 사기단의 일원인 경우가 훨씬 빈번하며, 피해자가 참여하도록 부추기면서 사심이 없는 측인 것처럼 행동한다. 한통속은 경매에서 가격을 올리는 데 기여하는 가짜 구매자이다. 그는 야바위 노름이나 스리카드 몬테에서 얼마나 쉽게 이길 수 있는지를 보여주는 자이다. 한통속은 그 자리에서 얼마나 쉽게 이길 수 있는지를 보여줌으로써 얼간이들을 사기당하도록 끌어들인다.

부분 4: 교체(the switch). 야바위 사기에는 언제나 귀중한 물건 대신 가짜 물건으로의 교체가 이루어지는데, 이로 인해 피해자는 지난밤 하이네켄 병의 바닥에 있었던 진짜 에메랄드를 얻는다고 생각한다. 또는 피해자는 진짜 2000년 된 고대 로마의 주화를 얻는다고 생각하는데, 이 주화는 실은 어제 만들어진 것이다. 성 사기에서는 이미 돈을 치른 욕구의 대상이 정말이지 나타나지 않는 경우가 종종 있다. 때로 배저게임의 경우처럼 이미 돈을 치른 욕구의 대상이 나타나긴 하지만 얼간이가 상상했던 것보다 훨씬 더 골치 아프게 만드는 경우가 있다. 그녀는 얼간이와 함께 침대에 들지는 모르겠지만 그 짓을 하지는 않는다. 그녀는 그녀의 '남편'(한통속)이나 '형사'(이 또한 한통속)가 바로 **그 짓**을 하려는 결정적 순간에 방으로 뛰어들기 때문에 그 짓을 하지 않는다. '형사'나 '남편'은 돈으로 보상받기를 원한다. 그렇지 않으면 말썽을 피울 것이다.

때로 교체는 금덩어리를 납덩어리로 대체하는 것처럼 노골적인데, 이 사기는 1970년대에 뉴욕시의 나이든 시민 수백 명을 우롱했던 사기였다. 좀더 최근에 플로리다의 EDS 법인은 없었던 금에 대해서뿐만 아니라 보관되지 않았던(존재하지 않았던) 그 금에 대한 보관료까지 지불한 노인 수백 명을 우롱하였다. EDS는 금에 투자한 노인들에게 판에 박듯이 상투적으로 금덩어리 사진을 보냈다. 그 노인들이 실제로 지불했던 돈은 금덩어리가 그려진 사진과 멋지게 인쇄된 (가짜) 증명서에 대한 것이었다.

다른 경우에는 물리적 교체가 포함되지는 않지만 (오, 빌어먹을!) 우리가 어제 광고했던, 정말 싼 소니사 64인치 TV는 바로 한 시간 전에 다 팔렸노라고 말하는 후림상술 광고에서처럼 무형의 교체가 이루어진다.

부분 5: 압박(the pressure). 교체 직전이나 직후 피해자로 하여금 서두르도록 만들고 거래를 신중하게 생각하지 못하도록 방해하는 압박이 있다. 제시한 가격의 시한이 막 만료되기 때문에 거래는 지금 아니면 영원히 살 수 없다거나 어쩌면 더 좋은 가격으로 다른 고객이 기다리고 있기 때문에 거래를 할 수 없다고 선언함으로써 종종 시한을 정하는 경우가 있다. 이러한 압박—흔히 진지하게 생각하지 말고 지금 당장 빨리 무언가를 하라는 것—은 **강매사기**(hustle)라고 하는 신용 사기에 종사하는 사람들의 두드러진 특징이다. 그리고 강매사기를 하는 사람들, 즉 그러한 압박을 가하는 데 아주 능숙한 사람들을 **강매사기꾼**(hustlers)이라고 한다.

부분 6: 장벽(the block). 마지막이지만 하찮은 것이 아닌 부분은 장벽인데, 이것은 피해자가 경찰에 사건을 신고하지 못하도록 하려는 방책이다. 장벽은 본질적이면서도 주의 깊게 계획된 사기의 부분이다. 장벽은 두 유형, 즉 법적 장벽과 시간 장벽이 있다.

법적 장벽. 종종 피해자는 경찰에 사건을 신고할 수 없는데, 이는 신고하는 것이 밀수, 위조, (도박이 불법인 경우에) 도박을 획책한 경우에서처럼 범죄를 고백하는 것이 되겠기 때문이다. 만일 그런 활동이 불법이 아니라면 장벽으로는 수치스런 것을 세울 수도 있다. 성 책략은 바로 그러한 수치스런 상황을 이용한다. 어떻게 당신이 매춘부의 화대로 어떤 포주에게 돈을 지불하고 매춘부의 방에 가서 그녀와 매춘을 했다는 사실을 경찰이나 당신 어머니에게 말하고—또는 신문에 나게 하고—싶어 하겠는가?

시간 장벽. 때로 장벽은 시간이다. 때로 시간은 피해자가 염가에 산 다이아몬드가 실제로는 가짜라는 사실을 결코 알아채지 못하기 때문에—그가 가짜 다이아몬드를 결코 감정해보지 않기 때문에—무한하다. 이는 그가 필경 훔친 다이아몬드를 확인해보는 위험을 감수하고 싶어 하지 않기 때문이다. 때로 시간 장벽은 유한하다. 이를테면 피해자는 '자본의 고정'에 대한 협약이 있기 때문에 특정한 기간 동안 가짜 우라늄 주식을 현금으로 바꿀 수 없다. 보통 시간 장벽은 신용 사기꾼이 빠져 나갈 수 있게끔 짜여 있다.

기억하라. 대부분의 사기는 자기의 야심, 편견, 돈을 벌려는 열망을 만족시킨다고 믿고 싶은 피해자의 욕구 때문에 성공하는 것이다. 하늘 아래 새로운 날조 수법은 없으며, 모든 음모는 예로부터의 사기들이 새로운 형태를 띤다는 점을 제외하면 모두 6개의 고전적 부분으로 이루어져 있다. 따라서 속기 쉬운 바텐더들에게 자주 그리고 매우 효과가 있는 순종 개 사기는 본질상 **펌프 앤 덤프**(pump and dump, 헐값에 매입한 주식을 허위 사실을 유포해 가격을 높인 후 팔아 치우는 수법)라고 하는 주식 사기와 다르지 않은데, 이 사기에서는 쓸모없는 주식들이 돈을 탐내는 자들에게 팔리고, 이들은 이내 같은 주식을 더 높은 가격에 다른 누군가에게 팔 것이다.

사기, 야바위, 협잡은 책으로는 다 다룰 수 없을 정도로 많은 형태, 규모, 향기, 색깔을 띠고 나타난다. 이 짧은 지면을 통해 우리가 할 수 있는 최선의 것은 사기의 고전적인 6부분을 확인함으로써 속임수의 유형을 파악하는 것이다. 이제 고전적 사기 약간에 대한 다음 기술을 읽어 나가면서 당신이 앞에서 언급한 6개의 고전적 요소를 확인할 수 있는지 각 사기에 대해 분석해보라. 외우기 좋게 CISS(come-on, incentive, shill, switch), 그리고 다음으로 P&B(pressure and block)를 이용해서 또는 ciss, pressure, block을 이용해서, 또는 CISSPB를 이용해서 속임수의 6개 부분을 암기하라.

나는 휴스턴의 한 변호사에게 의료 상담을 하고 있었는데, 그는 그가 막 공작을 끝낸 큰 거래에 관해 말해주었다. 실명을 거론할 수 없으니 그를 로저(Roger)라 부르기로 하자. 당신은 로저의 큰 거래에 관해 어떻게 생각하는가?

로저: 여기 오다가 한 사내를 만났는데 나보고 국제변호사냐고 묻더군요.

나: 선생님은 국제법에 대해 잘 모르잖아요.

로저: 압니다. 하지만 그렇다고 했어요.

나: 로저, 그건 거짓말예요.

로저: 그는 콜롬비아의 누군가와 함께 일할 브로커가 필요하다고 했는데, 이는 콜롬비아 북서 해안에서 5마일 떨어진 곳에 있는

보물선을 인양할 수 있도록 콜롬비아 정부로부터 허가를 따내기 위해서랍니다. 협상은 모두 끝났고, 콜롬비아 관리가 이미 뇌물을 받은 상태랍니다. 그 배는 8,600만 달러의 가치가 있는 것으로 알려져 있습니다.

나: 오 저런! 설마 선생님이 뭔가를 주지는 않았겠지요, 그렇죠?

로저: 어려운 일이었지만 결국 나는 그 의뢰인과 그의 사업 동업자로 하여금 그 거래에 나를 끼워 넣도록 설득했어요. 그 동업자는 정말 개자식이더군요. 그 자식은 그 거래에 나를 전혀 끼워 놓고 싶은 마음이 없었어요. 그는 자기들이 나를 필요로 하지 않는다고 했어요. 하지만 나는 나를 참가시키지 않을 경우 그들을 고발하고 콜롬비아 정부와 FBI에 신고한다고 말했어요. 그 말이 그들을 설득시켰죠! 그들이 나를 끼워 주어야만 했으니까요. 그들은 단돈 40만 달러에 8%의 이익을 분배한다는 조건으로 나를 참가시켰어요. 그들은 그 돈을 현금으로 필요로 했습니다.

나: 현금으로요?

로저: 예, 그 돈은 뇌물로 쓸 참이었지요. 그래서 그 돈이 현금이어야 한다더군요.

나: 그리고 지금 선생님은 그들이 어디에 있는지 모른단 말이지요.

로저: 어떻게 알았습니까? 사실 그들에게 현금을 건네준 뒤로 지금까지 그들을 보지 못했습니다.

나: 걱정 말아요, 로저. 그들이 어디 있는지 압니다.

로저: 선생님이 아신다고요! 고마워라! 거 참 잘됐군요. 어디 있죠?

나: 그들은 … 어딘가에 있겠지요. 저기 어딘가에서 당신의 현금을 쓰면서 말이지요. 선생님은 숨겨진 보물 사기, 즉 약간 세련된 형

태의 순종 개 사기를 당한 겁니다.

로저: 아닙니다! 그건 있을 수 없는 일이에요. 그건 사기가 아니란 말입니다. 내게 지도가 있어요. 그들이 담보물로 지도를 남겼단 말입니다. 보세요.

그 시점에서 로저는 수작업을 통해 그린 콜롬비아 해안 지도를 꺼냈다. 아니나다를까 콜롬비아 북서 해안에서 약 5마일 떨어진 지점에서 보물이 있다고 가정된 장소를 커다란 붉은색 몰타 십자가 표시를 하고 있었다.

분석: 보물찾기 사기는 아주 오래된 사기이다. 앞에서 언급했듯이 이 사기는 순종 개 사기와 같다. 보물찾기에서 권유는 통상 하던 대로이다. 누군가가 좀 수상쩍긴 하지만 흥미로우면서도 표면상 그럴듯한 거래를 가지고 접근한다. 유인책도 통상적인 것이다. 즉 일확천금을 벌게 해주겠다는 것이다. 순종 개에서 한통속은 잠재적 구매자이다. 보물찾기에서 한통속은 이익이 되는 일에 로저가 끼어드는 것을 악착같이 막으려 하면서 마음 내켜하지 않는 동업자이다. 교체는 귀중한 것이 실제로는 전혀 포함되지 않는다는 것이다. 순종 개 사기에서 잡종 개는 5달러의 가치가 있다. 커다란 붉은색 몰타 십자가 그려진 보물지도는 3달러의 가치가 있다. 압박은 다른 누군가가 기회를 잡기 전에 거래를 해야 한다는 것이다. 장벽은 말 못하고 기다리기, 바보짓을 했다는 부끄러움, 그리고 부정직한 일을 하려 했다는 부끄러움이다. 마침내 로저는 사기를 당했다는 사실을 시인했다. 하지만 그는 경찰에게 알리지 않았다. 그는 자신이 경찰에 알릴 경우 말이 새어 나갈지도 모른다는 것과, 살면서 그가 가장 두려워하는 사람, 즉 그의 아내에게 혼쭐이 날 것이 두려웠던 것이다.

연금술사들은 중세 유럽의 지도자들에게 자신들이 납을 얼마나 쉽게 금으로 바꿀 수 있는지 보여주곤 했다. 연금술사들은 용해된 납을 속이 빈 쇠막대로 휘저음으로써 이 속임수를 행했는데, 이 쇠막대에는 밀랍 봉인된 바닥에 금 조각이 붙어 있었다. 막대가 용해된 납에 잠겼을 때 밀랍이 녹고, 납보다 가벼운 금이 그 혼합물의 윗부분으로 떠오르면서 나타났다. 군주, 공작, 왕들은 연금술사들이 납을 금으로 바꾸는 과정을 통해 자신을 부자로 만들어줄 것이라는 희망에서 이 엉터리 연금술사들을 수십 년 동안 후원했다. 하지만 그런 일은 결코 일어나지 않았다.

헛것을 진짜처럼 보이게 만드는 또 다른 형태의 사기는 쓸모없는 광산 재산을 크게 성공하고자 하는 열망 때문에 잘 속는 풋내기들에게 팔아 치우는 일이 포함된다. 그 재산을 보여주기 전에 금 조각이 광산의 입구 주변에 뿌려질 것이다. 견본이 살 만한 사람(지금은 봉)에게 건네지게 되면 그의 입장에서는 정말이지 금이 거기에 있는 것이 된다. 그 금을 시금사무소에 보내 분석해보면 아니나 다를까 그 금은 진짜임이 증명된다.

중국 이주자들은 금을 뿌려 놓는지 조심해야 하고 팔 사람이 아니라 살 사람이 선택한 지분의 부분에서 무작위로 견본을 선택해야 한다고 홍보를 할 정도로 자주 사기를 당했다. 편파적 증거 선택을 피하는 데 더할 나위 없이 합당한 이 시도는 죽은 뱀 속임수(dead snake tricks)라는 믿기 어려운 대항 속임수를 고안하도록 이끌었다.

뱀을 죽여서 한통속에 있는 자들 중 한 사람의 주머니에 넣어둔다. 살려는 사람이 동굴 뒤편 지역을 선택하면 뱀을 그 지역에 던져 놓고 그 자리에 참석한 한통속들 중 한 사람이 곧바로 두 차례 총격을 가한다. 산탄총 탄환의 산탄이 금 조각들로 대치되었기 때문에 죽은 뱀 근처의 지역은 이제 사실상 많은 양의 금을 생기게 만드는데, 그 중 많은 금이 진짜 금이 그래야만 하는 방식으로 흙 속에 파고 든다.

분석: 권유자는 고갈된 광산을 팔려는 자이다. 그는 보통 퇴직하기를 원하는 나이든 광산 시굴자로 쓸모없는 청구지를 잘 속는 사람에게 파는 것이 자신의 퇴직 권리라고 생각하는 사람이다. 유인책은 통상적인 것으로 쉽게 금을 얻을 수 있다는 꿈이다. 한통속은 광산을 파는 사람과 그 책략에 가담하고 있는 그의 보조자이다. 교체는 죽은 뱀 속임이라는 예리한 기술로 선택된 지역에 금이 뿌려진 것이다. 압박은 다른 사람들이 눈에 안 띄게 대기하면서 그 재산을 사려고 열망하고 있다는 것이다. 장벽은 청구지의 잔재 대부분이 면밀히 조사되어 금이 없다는 것이 발견될 때쯤이면 광산을 판 사람들이 샌프란시스코에 가 있게 될 것이라는 점이다.

머피게임 사기

머피가 거리에서 한 방문객에 접근해 같이 밤을 보낼 여자를 데려다 줄 수 있다고 말을 꺼낸다. 짐짓 뚜쟁이로 가장한 머피는 피해자가 제시하는 성 행위에 대해 값을 제시한다. 그 다음에 머피는 선불을 요구하는데, 이는 피해자가 여자에게 직접 값을 치를 경우 화대 지불이 매춘 범죄의 일부로 간주되기 때문에 법적인 문제가 있을 수 있기 때문이다. 피해자가 머피에게 돈을 치르고 나면 머피는 그 얼간이를 호텔로 안내한다. 머피는 피해자에게 자신이 위층에 올라가 여자와 협상을 마무리 짓고 경찰이 없는지 확인할 때까지

로비에서 기다리라고 요구한다. 그 다음에 머피는 엘리베이터를 타고 올라가 다른 출구를 통해 호텔을 빠져 나간다. 1942년에 나온 고전적 영화 〈카사블랑카〉의 배우들처럼 피해자는 기다리고, 기다리고, 또 기다린다.

변형: 머피는 피해자를 안심시키기 위해 피해자에게 객실 번호를 알려주고 정해진 시간, 이를테면 10분 후에 올라오라고 지시할 수도 있다. 물론 여자는 없다. 경우에 따라 종종 방이 없는 경우도 있다. 또는 방이 있어도 그 안에 아무도 없다. 또는 누군가가 있다 해도 무슨 영문인지 전혀 모르는 나이든 부부가 있다.

분석: 권유는 머피에 의해 이루어지는데, 머피는 보통 회의 참석차 집을 떠난 동안에 계집을 찾고 있는 사업자를 열심히 찾고 있는 사람이다. 유인책은 금지된 성관계이다. 이 게임에서는 한통속 또한 머피인데, 머피는 실제로는 그저 뚜쟁이처럼 행동하는 사기꾼인데도 자신이 뚜쟁이인 양 가장하고 있다. 교체는 여자를 약속했지만 그 여자가 존재하지 않는다는 것이다. 압박은, 글쎄 그 압박이 무엇인지는 당신이 상상해보아도 좋다. 이 아가씨는 아주 화끈하고 아주 섹시하며 밤일을 아주 잘하는데, 얼마 안 있어 경찰에 구속될 것이기 때문에 서비스를 제공할 수 없게 될 것이라는 말이다. 장벽은 머피가 도망갈 수 있도록 로비에서 기다리는 것이다. 그러나 그 장벽 또한 수치를 불러일으키는 것이다. 피해자는 경찰에 하소연할 가능성이 별로 없는데, 그렇게 할 경우 자신이 수치스럽게도 매춘에 연루되어 있다는 사실을 고백하는 게 될 것이기 때문이다.

어떤 의미에서 머피게임의 피해자는 여자가 거기에 없었다는 점에서 운이 좋았다고 볼 수 있는데, 그것은 여자가 있었을 경우 피해자가 훨씬 더 심각한 형태의 문제라고 할 수 있는 배저게임에 연루되었을 수 있기 때문이다.

배저는 여자가 계획표대로 방에 있다는 점만 제외하면 머피게임과 똑같은 음모 구조를 가지고 있다. 그녀는 실제로 잠자리에 들 수도 있다. 하지만 그녀는 **그 짓**을 하지는 않는다. 천만에! 그녀는 결정적인 순간에 '형사', '경찰' 혹은 노한 '남편'의 등장으로 게임이 방해를 받기 때문에 그 짓을 하지 않는데, 이들은 사태를 조용히 마무리하기 위해 보상을 요구한다. 어두운 측면을 보면 때로 그 게임은 공갈 수법인데, 이 수법에서는 보상하고, 보상하고, 또 보상하지 않는 한 현행범인 피해자의 사진이 피해자의 아내에게 보내지도록 되어 있다.

손님이 부자인 것처럼 보이는 경우에 행해지는 변형은 아홉 살에서 열네 살에 이르는 어린 소녀를 미끼로 이용하는 것이다. 방으로 돌진해 들어오는 성난 남편 대신 그 소녀의 '부모'가 뛰어들 것이다. '어머니'는 아이를 보고 비명을 지르며 그녀의 뺨을 후려갈길 것이다. 그녀의 타격 강도는 보통 아이의 입과 코에서 피가 나게 하기에 충분하다. 그 행위는 납득이 가는 행위이며, 피해자의 정신을 아찔하게 만든다. 이른바 '아버지'는 주먹을 사납게 피해자의 얼굴에 들이대면서 "너를 100년 동안 감방에 처넣을 거야!"라고 으르렁댈 것이다. 그렇게 협박을 받은 사람은 종종 입막음 돈으로 수천 달러를 지불한다. 말이 난 김에 덧붙이자면 그 소녀의 코와 입에서 나는 피도 소녀가 때렸을 때 그 소녀에게 달려들어 쪼아댄 닭 피를 싼 비닐봉투에서 나온 것이다.

야바위 노름과 스리카드 몬테

야바위 노름과 스리카드 몬테는 오늘날 거리에서 가장 흔하게 볼 수 있는 사기 수법이다. 대중 속의 어떤 사람들이 (마침내) 피해자가 게임에 참가하기 전에 표시된 카드가 바꿔치는 일이 있어서 몬테는 사기라는 것을 알아차렸기 때문에 이제 야바위 노름이 다시 성행하고 있다. 야바위 노름은 서기 2세기경의 이집트까지 거슬러 올라가는 오랜 역사를 가지고 있는데, 당시 이집트에서는 이것을 **컵과 공**(cups and balls)이라고 했다. 다음은 이 노름이 작동하는 방식이다.

어떤 젊은이들이 노상에 테이블을 갖다 놓고 컵 세 개를 갖고 놀기 시작한다. 그들 중에 한 사람 이상은 한통속(한쪽에서 가짜로 돈을 거는 사람)이며, 다른 사기꾼은 딜러이다. 또한 딜러는 '씸블 농간꾼'(thimble rigger)으로도 알려지는데, 이는 그가 숙련된 수단꾼으로 언제라도 원하는 콩을 감출 수 있기 때문이다. 딜러는 한통속들로 하여금 좌우에서 이기게 만들면서 그 게임이 아주 간단한 것처럼 보이게 만든다. 그러면 쉽게 돈을 벌 수 있다는 생각에 빠진 피해자도 그 게임을 하고 싶어 한다. 그러나 게임을 시작하자마자 그는 돈을 잃는다. 사실상 그는 곧 어떤 방법을 써도 이길 수 없다는 것을 알게 되는데, 이는 어디 있는지 알기 어려운 콩이 실은 깍지들 중 어떤 것에도 없을 때 콩이 들어 있는 깍지를 집어낸다는 것이 대단히 어려운 일이기 때문이다. 기본 규칙은 피해자가 돈을 따면 자리를 뜰 수 있기 때문에 그로 하여금 절대로 이길 수 없도록 되어 있다. 콩은 실제로는 딜러의 손바닥 안에 있는 것이다.

다음은 야바위 노름을 하는 최상의 방법이다.

적게 걸고 연속해서 세 번을 잃어라. 그 다음에 네 번째 판을 하기 위해 깍지들이 이리저리 움직여졌다가 모든 깍지가 테이블 위에 조용히 멈추고 나면 크게 걸자고 제안하라. 그 판을 위해 테이블 위에 현금을 걸어라. 딜러가 (종종 이번에는 확실하다는 것을 알기 때문에 그 판에 참가하기를 원하는 한통속들의 지원을 받아) 그 판을 성사시킬 때 당신의 총을 뽑아 테이블 위에 올려놓고 당신의 오른손도 그 위에 올려놓아라. 이번에는 당신이 콩이 들어 있는 깍지를 집어내는 게 아니라 콩이 들어 있지 않은 깍지 두 개를 집어내겠다고 선언하라. (오른손으로 계속해서 총을 잡고 있는 동안에) 왼손으로 깍지 두 개를 뒤집어라. 콩이 없다. 왼손으로 돈을 집으면서 "남은 깍지 두 개까지 뒤집을 필요는 없을 것 같은데요. 당신네가 매우 정직했다고 확신하니까요."라고 선언하라. 모든 사람이 엄호하는 동안 그 자리를 물러나라. 안전하다고 확신할 때까지 그 패거리를 뒤돌아보지 말라.

하지만 당신은 "총이 없으면 어떻게 해야 합니까?"라고 물을 수도 있다. 그래서 나는 이렇게 답한다. "총이 없으면 구하라. 하지만 더 좋은 것은 야바위 노름을 절대 하지 말라는 것이다."

행운의 편지 사기

행운의 편지는 편지를 읽은 사람에게 리스트의 맨 처음에 있는 이름 앞으로 1달러 혹은 다른 어떤 금액을 보낸 다음 맨 처음 이름을 지우고 편지를 읽은 사람 자신의 이름을 맨 아래에 추가하여 그 편지를 다시 쓸 것을 촉구한다. 그 편지는 그 계획을 따르는 사람들에게 부자가 되리라고 약속한다. 그 사슬은 곧 엄청난 수의 사람들에 이르도록 눈덩이처럼 불어나지만 행운의 편지를 처음 시작한 사람만이 큰 돈을 벌 얼마간의 기회를 갖게 될 뿐이다. 행운의 편지의 원리는 윗부분은 적고 아래는 큰 구조를 가진 피라미드의 원리이다. 모든 돈은 위로 향해 흘러가며, 아래에 있는 사람들은 수금자가 아니라 지불자이다.

누군가가 충분히 많은 친구를 판매원에게 끌어올 경우 그에게 물연화제(또는 이것저것)를 공짜로 주는 구매자 소개 판매(referral sales)를 포함하여 다른 많은 사기도 피라미드 원리에 기초를 두고 있다. 또 다른 변형은 대중에게 (접시, 양초, 에뮤 등의) 물건을 파는 일보다는 오히려 '판매인들'의 조직망을 구축하기 위해 엄청나게 노력하는 것이다. 모든 피라미드 조직에서처럼 희망이 결국에는 물거품이 되는데, 이는 사람들의 수가 일정한 상태에서 계속적 성장에 의존하는 그 조직이 한계에 달하면 붕괴되기 때문이다.

사기꾼 찰스 폰지(Charles Ponzi)는 고전적인 피라미드 조직을 이용하였다. 폰지는 그의 이름이 영어에 편입될 정도로 매우 유명했다. 그리하여 원래 투자자들이 후속 풋내기 떼가 제공하는 돈으로 이익을 보는 모든 조직은 이제 폰지 조직(Ponzi scheme)으로 알려져 있다.

처음에 폰지는 국제우편연합의 반신권(reply coupons)을 일부 외국의 국가들에서 낮은 가격에 구입하여 50%에 이르는 상당한 이득을 보면서 미국에 팔 수 있다는 것을 발견했다. 그것은 멋진 일이었지만 엄밀히 말해 시시한 것이었다. 폰지는 더 큰 무언가를 원했다. 그는 사람들에게 자신에게 투자할 경우 3개월 안에 50%의 이익으로 되돌려 주겠다고 제안했다. 나중에 그는 기다리는 시간을 45일로 잘랐다. 그가 이익금을 지불하기 시작하자마자 적어도 4,000명이 그에게 돈을 투자했다. 1920년 어느 날 폰지는 그 나라의 가장 새로운 투기꾼들로부터 200만 달러를 끌어들였는데, 이들은 작은 은행 계좌, 침대요, 돼지 저금통, 과자 단지, 신문 배달, 핫도그 판매대에서 돈을 쥐어 짜낸 서민들이었다.

폰지가 돈을 많이 끌어들이면 들일수록 그만큼 그가 지불하는 돈의 액수도 많아졌다. 지불하는 돈의 액수가 많으면 많을수록 그만큼 그는 많은 돈을 끌어들였다. 연쇄반응은 그가 들어온 돈을 그의 사무실에 어지럽게 흘려놓고, 찬장에 쑤셔 박으며, 휴지통이 넘쳐날 때까지 계속되었다.

어느 날 《보스턴 포스트》(*Boston Post*) 지는 폰지의 과거 기록을 조사해 그가 캐나다에서 수표 위조죄, 애틀랜타에서 외국인을 밀항시킨 죄로 전과가 있었음을 폭로했다. 그것은 폰지 투자자들 일부로 하여금 투자를 중단하게 하기에 충분했다. 그리고 물론 새 돈의 유입이 중단되자마자 그 조직은 대부분 가난한 이탈리아 이주자로 이루어진 4,000명의 사람들을 빈털터리로 만들면서 붕괴되었다.

주식시장 사기

전체 시장이 모두 사기라고 말하는 것이 정확할지도 모르겠다. 그리고 실제로 어떤 사람들은 그렇게 생각한다. 소득세 탈세 혐의로 체포되었을 때 알 카포네(Al Capone)는 정부가 자신을 진압하려고 하면서도 주식시장을 계속 돌아가게 하는 것에 대해 언제나 당혹스럽다고 말했다. (역사상 가장 큰 사기 중 하나인) 보험업과 마찬가지로 주식시장은 합법적인 사업 노력이 광범위한 사기로 진화해 가고 있는 예이다. 내 말이 믿기지 않는가? 증거를 생각해보라.

당신을 전혀 본 적도 없으면서 당신이 그들과 거래를 트고 투기적 저가주를 얼마간 살 경우 다음 주까지 당신을 굉장한 부자로 만들 수 있다고 말하는 뉴욕의 세일즈 전화 브로커들은 실제로는 당신이 아니라 그들 자신이 돈을 벌기 위해 애쓰고 있는 것이다. 그들이 강권하는 주식이 그렇게 대단한 주식이라면 왜 그들이 그 주식을 살 당신이 필요한가? 왜 그들은 그냥 그 주식을 자신들이 사고 모든 이익을 자신들 것으로 만들지 않는가?

많은 투기적 저가주는 대중을 속이고 싶어 하는 가짜 브로커들이 만든 가짜 회사의 가짜 주식이다. 그리고 설령 당신이 답신 메일을 통해 좋아 보이는 증권을 손에 넣는다 할지라도 그것은 많은 것을 의미하지 않는다. 증권은 쉽게 인쇄할 수 있다. 증권 역시 가짜일 가능성이 높은 것이다.

만일 당신이 이 세일즈 전화 브로커에게 거래를 트거나 주식을 사기 위해 돈을 보낸다면 당신은 그 돈을 다시 보지 못할 확률이 높다. 세일즈 전화 브로커는 심지어 브로커도 아니다. 그는 가짜다. 그는 엉터리 증권 브로커 사무실에 앉아서 당신이 속아서 주식을 사도록 하는 데 도움이 되는 글을 읽고 있는 사기꾼이다. 만일 당신이 그의 말을 귀 기울여 듣는다면 사기의 고전적 6부분을 확인하고 재미있어 할 텐데, 이 사기는 당신이 곧 지나가버릴 황금 기회를 놓치지 말고 지금 당장 어떤 일을 하라는 압박을 보통의 경우보다 훨씬 더 심하게 강조한다.

설령 투기적 저가주가 진짜라 할지라도 투기적 저가주와 관련하여 다른 나쁜 것은 그 주식들이 얼마 안 되는 재력을 가진 사람들이 소유할 가능성이 높은데, 이들은 긴박한 상황이 되면 얻을 수 있는 것이 있는데도 쉽게 놀라서 전형적으로 주식을 헐값에 내놓지 않을 수 없는 사람들이다.

최근에 투기적 저가주는 **펌프 앤 덤프**(pump and dump, 헐값에 매입한 주식을 허위 정보 등으로 폭등시킨 뒤 팔아 치우기)로 알려진 고전적 주가 조작의 최신 버전의 일부가 되었다. 당신이 펌프 앤 덤프를 이해하고 나면 순종 개 사기와 어떻게 닮았는지 밝혀 보라.

펌프 앤 덤프에서는 누군가가 투기적 저가주에 관한 최신의 확실한 비밀 정보를 약속하는 무료 웹사이트를 만든다. 그 다음에 그는 그 비밀 정보 대상이 된 주식을 사고, 뒤이어 사는 사람들이 값을 올리자마자 이익을 보고 그들에게 팔아 치운다. 그 다음에 그 주식은 부주의한 투자자들에게 손해를 남기고 투기꾼들에게는 이익을 보도록 만들면서 곤두박질치기 시작한다. 이것은 멋진 일이 아닐 뿐만 아니라 불법이기도 하다. 증권거래위원회에 따르면 윤수오 박(Yun Soo Oh Park)—도쿄 조(Tokyo Joe)로도 알려진 인터넷에서 가장 유명한 주식 도사—은 그가 종종 상당한 이익을 보면서 팔고 있던 어떤 주식들을 사도록 문하생에게 강요함으로써 예약자들의 돈으로 재산을 불렸다.

현재 진행중인 FBI와 의회의 조사는 주식 공개 기업들(Initial Public Offerings, IPOs)이 1990년대 동안에 내부인들은 첫날 주가 상승에 따라 수백만 달러를 벌고, 대중은 그 다음의 주가 하락에 따라 수백만 달러를 손해 보는 것과 같은 방식으로 주가를 조작했음을 보여준다. 상황을 분석해보면 왜 그러한 주식 공개 기업들의 주가가 그러한 상승을 보증할 만한 재정적 성과의 기초가 없는 상황에서 그토록 빨리 올랐는가라는 당혹스런 질문을 제기할 수밖에 없다. 그러한 주가 상승이 종종 단명으로 끝난다는 사실도 당혹스럽기는 마찬가지이다.

이제 우리는 주식 공개 기업들이 바람을 몽땅 넣었다가 다시 빼버렸기 때문에 그런 일이 일어나지 않을 수 없다는 것을 안다. 주식공개 기업들은 과장된 허풍을 통해 인위적으로 부풀린 거품의 일부였다. 투자에 참여한 은행 업자들은—관리 당국이나 투자 대중에게 알리지 않고—처음 며칠 안에 주식 공개 상장 기업들의 주가를 올리기 위해 자기들끼리 공모하여 합의를 보았다. 내부인들이 안전하게 주식을 팔 수 있을 때를 알 수 있도록 인위적인 부풀리기를 언제 그만두어야 할지에 대해서도 합의가 이루어졌다.

펌프 앤 덤프와 IPO 게임은 가치 없는 어떤 것을 가치 있다고 강권한다는 점에서 순종 개 사기와 닮았다. 교훈은 무엇인가?

교훈: 당신이 순종 개 사기를 멀리할 것 같은 열성을 가지고 펌프 앤 덤프와 IPO를 멀리하라.

그런데 만일 당신이 주식시장에 투자해야 한다면 IPO의 미래를 사실로 보는 오류를 피하라. 재정적 성과를 예측하지 말고 그 성과가 입증된 회사들에 달라붙어라. 초점은 똑같은 시장에 두되 훨씬 더 뒤의 더 안전한 발전 단계에 맞추어라.

당신의 사고 기술을 벌써 잊었는가? 그렇지 않기를 바란다. 신용사기꾼들이 대중의 손으로부터 어떻게 8조 6,000만 달러를 가로챘는지를 보여주는 오늘날의 예를 잘 생각해보고 당신의 기술을 새롭게 다듬어라. 상황을 연구한 다음 사고상의 오류를 개략적으로 그려보라. 내가 제시하는 답에 비추어 당신의 답을 검사하라. 나의 답은 불완전하지만 당신이 묘사된 상황을 분석하면서 접근할 수 있는 방식 중 어떤 것을 시사한다. 각각의 경우에 권유는 똑같은 것이었다. 최고 경영자들은 탐욕 때문에 사기에 가담했다. 권유는 "정말로 빨리 돈을 좀 벌고 싶습니까?"라는 것이었다. 각각의 경우에 아주 강한 회의적 태도가 당신의 돈을 구하게 해줄 것이다. 다음은 그 방식이다.

다이너지(Dynergy). 에너지 판매는 수익성 있는 일이 아니다. 하지만 당신은 투자자들에게 에너지 판매가 미래에는 수익성이 있을 것이라고 설득한다. 그 다음에 당신은 다른 에너지업자들과 계약을 맺기 시작한다. 합의하에 당신들은 각각 서로에게서 수백만 kw의 에너지를 산다. 또는 사는 것처럼 가장한다. 그러면 실제로 어딘가로 전기를 옮기는 수고를 할 필요가 없다. 갑작스럽게 당신은 크게 노는 사람처럼 보인다. 주식이 오른다. 당신은 높은 가격으로 현금화한다.

결함. 사실에 반하는 추론을 했다. 에너지 사업은 비열했다. 판매 실적도 없었다. 따라서 수익도 없었다. 판매, 수익 또는 심지어 희망이 있을 수 있다는 신념은 가짜 증거, 즉 전혀 증거가 아닌 것—그것은 실재를 멀리하고 오류로 인도함으로써 증거와 정반대되는 것이다—에 기초를 두고 있다. 가짜 증거에 기초를 둔 결정은 잘못될 가능성이 많다. 이 경우에 그들은 잘못되었으며, 그것도 완전히 잘못되었다.

미래는 결정되어 있지 않다. 미래는 정확하게 예측될 수 없다. 따라서 이른바 예정된 수익(그리고 그러한 수익을 산출하는 비용)은 결정되어 있지 않다. 어떤 의미에서 예정된 수익은 아직 존재하지 않으므로 현실이 아니다. 그 수익은 현재 실재하지 않으며, 대차대조표에 따라 현재 실재하는 것처럼 간주되어서는 안 된다. 미래의 사실은 전혀 사실이 아니다. 미래의 사실은 기껏해야 우연적이다. 다이너지의 경우에 그 사실은 우연적 사실조차 아니었다. 그런 일은 있을 수 없는 일이었다. 사실상 다이너지가 장래성이 없을 가능성이 매우 높다. 2002년 9월 주가는 95달러에서 2.07달러까지 떨어졌다. 손실률은 98%이다.

아델피아(Adelphia). 당신이 고객들과의 계약서에 서명하면서 투자자들로 하여금 수익성보다는 계약의 분량에 초점을 맞추도록 한다. 이번에는 당신이 가상의 거래를 꾸며내지 않으며, 많은 가상의 고객을 꾸며낸다. 당신의 예약 실적이 아주 빠른 속도로 성장하고 있는 것처럼 보이기 때문에 월스트리트의 주식 분석가들은 당신에게 높은 등급을 부여한다. 주식이 오른다. 당신은 높은 가격으로 현금화한다.

결함. 사실에 반하는 추론을 했다. 사업은 성장하고 있지 않았다. 고객들은 진짜가 아니었다. 판매 실적도 없었다. 따라서 수익도 없었다. 판매, 수익 또는 심지어 희망이 있을 수 있다는 신념은 가짜 증거, 즉 전혀 증거가 아닌 것—그것은 실재를 멀리하고 오류로 인도함으로써 증거와 정반대되는 것이다—에 기초를 두고 있다. 가짜 증거에 기초를 둔 결정은 틀릴 가능성이 많다. 이 경우에 그들은 틀렸으며, 그것도 완전히 틀렸다.

미래는 결정되어 있지 않다. 미래는 정확하게 예측될 수 없다. 따라서 이른바 예정된 수익(그리고 그러한 수익을 산출하는 비용)은 결정되어 있지 않으며, 그런 수익이 존재하지 않으므로 예정된 수익은 전혀 현실이 아니다. 그 수익은 현재 실재하지 않으며, 현재 실재하는 것처럼 간주되어서는 안 된다. 미래의 사실은 전혀 사실이 아니다. 그렇다면 또다시 그것은 미래에 사실이 아닐 수도 있다. 그것은 때와 형편에 달렸다. 우리는 단지 미래가 우연적이기 때문에 그것을 알지 못할 뿐이다. 아델피아의 경우에 내부자 거래를 포함하여 결코 변제할 의도를 가지고 있지 않으면서 자금을 비과세로 양도했다고 할 수 있는 회사 중역들에 대한 대여, 가짜 고객 등과 관련된 사기가 터무니없는 특징을 지니고 있기 때문에 미래의 수익은 우연적이지 않다. 그런 일은 있을 수 없는 일이었다. 아델피아의 현재 주가는 105달러에서 1센트로 떨어졌다. 손실률은 99.99%이다.

엔론(Enron). 향후 30년 동안 에너지를 공급하는 계약서에 서명한다. 고의로 지출 비용을 실제보다 낮게 어림한다. 그러한 장래의 판매에 따라 예정된 수익을 올해의 최종 결산표의 일부로 기입하라. 갑자기 당신은 매우 수익성 높은 사업을 하고 있는 것처럼 보인다. 주식을 팔아 부풀린 가격으로 그것을 현금화한다.

결함. 특별 변론이다. 수익과 지출은 동시에 같은 방식으로 다루어야 한다. 수익과 지출을 서로 다른 방식으로 취급하는 것은 일관성이 없고, 특별 변론이며, 실상을 왜곡시키며, 그릇된 짓이다.

미래는 결정되어 있지 않다. 미래는 정확하게 예측될 수 없다. 따라서 이른바 예정된 수익(그리고 그러한 수익을 산출하는 비용)은 결정되어 있지 않으며, 현실이 아니다. 그 수익은 현재 실재하지 않으며, 현재 실재하는 것처럼 간주되어서는 안 된다. 미래의 사실은 전혀 사실이 아니다. 2002년 9월 주가는 83달러에서 18센트로 떨어졌다. 손실률은 99.78%이다.

〔엔론의 대실패는 **파산선고**(bust-out)라고 하는 좀더 복잡한 사업 사기를 포함하고 있을 수 있다. 비록 원리상으로는 간단하다 할지라도 이 사기

는 종종 실행하는 데 수개월 혹은 수년이 요구된다. 파산선고에서 제일 요점은 사기꾼이 사업에서 힘을 갖고 사업 자금을 그 자신의 주머니 속으로 들어가게 한다는 것이다. 파산선고에서는 보통 '펜슬'(pencil)이라는 얼굴마담(front man)이 있는데, 이 사람은 사기에 가담하고 있지 않은 정직한 혹은 어리석은 사람이다. 그는 판에 박힌 회사의 업무를 가동시키는 사람인 반면에 사기 도사는 온갖 노력을 사기에 집중한다. 또한 펜슬은 사기 도사가 그 도시를 떠나거나 손을 빼거나 혹은 (그리고 이것이 그 게임의 보통의 결말인데) 회사가 파산한 후에 발바닥에 불이 나도록 뛰어다니는 사람이다. 그 시점에서 펜슬은 그가 음모를 꾸민 사기단의 일원이 아님을 증명하는 힘든 시간을 갖게 될 것이다. 엔론의 전 최고 경영자 켄 레이는 엔론의 펜슬일 수 있었으며, 엔론의 지출과 부채를 은폐한 '랩터스'(raptors)라는 불법 회계장부를 가지고 회사를 운영한 임원 패스토우가 실제로 사기 도사였는지도 모른다.]

월드콤(WorldCom). 여기서는 당신이 가짜 판매를 만들지 않는다. 당신은 운영비를 새로운 장비 구입 가격의 일부인 것처럼 꾸밈으로써 실제 지출 비용을 사라지게 만든다. 운영비는 투자비로 공제되며, 그래서 실제 지출은 미래로 이전된다. 지출이 수축되면서 수익성 없는 사업이 서류상으로 매우 수익성 있는 것처럼 보인다. 월스트리트 분석가들이 당신에게 높은 등급을 부여한다. 주식이 오른다. 당신은 높은 가격으로 현금화한다.

결함. 사실에 반하는 추론을 했다. 사업은 성장하고 있지 않았다. 수익은 지출이 진짜가 아니기 때문에 진짜가 아니었다. 만일 지출을 현재의 수익으로 충당했다면 수익은 사라졌을 것이다. 따라서 수익도 없었다. 수익 또는 심지어 수익의 희망이 있을 수 있다는 신념은 가짜 증거, 즉 전혀 증거가 아닌 것—그것은 실재를 멀리하고 오류로 인도함으로써 증거와 정반대되는 것이다—에 기초를 두고 있다. 가짜 증거에 기초를 둔 결정은 틀릴 가능성이 많다. 월드콤의 경우에 그들이 내린 결정은 완전히 틀렸으며, 이른바 수익의 70억 달러 이상은 전혀 수익이 아니었기 때문에 다시 진술되어야 했다. 이것은 (지금까지의) 세계 역사상 가장 큰 회계 사기이다.

특별 변론이다. 수익과 지출은 동시에 같은 방식으로 다루어져야 한다. 전자와 후자를 서로 다른 방식으로 다루는 것은 일관성이 없고, 특별 변론이며, 실상을 왜곡시키며, 그릇된 짓이다. 2002년 9월 주가는 60달러에서 13센트로 떨어졌다. 손실률은 99.78%였다.

글로벌 크로싱(Global Crossing). 이미 언급했던 것처럼 글로벌 크로싱은 비관적인 결말 쪽으로 넘어가고 있었다. 글로벌 크로싱이 부도를 헤치고 빠져 나왔을 때 전 최고 경영자 게어리 위닉(Gary Winnick)은 결국 9억 3,600만 달러를 차지했던 반면 주주들은 무일푼 신세였다. 어쨌든 위닉이 2002년 6월에 270억 달러의 가치가 있다고 말했던 광섬유망은 2002년 9월 경매에서 불과 2억 5,000만 달러에 팔렸다. 평가에서의 가파른 이 변화는 중요한 문제를 제기한다. 돈은 다 어디로 갔나? 어떻게 267억 5000만 달러가 사라질 수 있었을까? 2002년 9월 현재 글로벌 크로싱의 현 주가는 61달러에서 1센트까지 떨어졌다. 손실률은 99.97%였다.

최근의 주식시장 재난(엔론, 글로벌 크로싱, 월드콤, 아델피아 등)은 사업 반전보다 더 심각한 어떤 것이 포함되어 있다. 이 재난들은 주가가 치솟음에 따라 더욱 부자가 되는 임원진과 함께 재정 상태에 대한 허위 진술을 포함하며, 그 다음에 사기가 폭로되었을 때는 피고용인과 주주들에게 거의 또는 아무것도 남기지 않게 된다.

회사의 진짜 재정 상태가 지닌 현재의 불확실성에 비추어볼 때 특별히 사업에 대한 정부의 규제 철폐가 계획적으로 이루어지고 있는 미국에서는 시장의 주가를 고려할 때 그렇지 않았으면 정당화될 수 있었을 것보다 상당히 낮은 값에 도달할 불확실성을 계산에 넣어야 한다.

자, 이제 어떻게 해야 할까?

친구여, 그것은 당신에게 달려 있다. 돈을 잃는 것은 재미없는 일이다. 2003년에 스탠더드 앤 푸어스(Standard & Poor's)는 2000년 3월에 절정에 달했던 순간에 비추어 40%가 떨어졌다. 1973~74년 약세시장(Bear Market)은 그러한 지수가 48% 하락했음을 보여주었다. 그러한 하락세가 제자리로 돌아오기까지는 8년이 걸렸다. 다우존스 공업평균지수(Dow Jones Industrial Average)는 2003년에 약 9,700이었다. 그 지수는 더 낮아지거나 그 상태에서 더 머무를 수도 있었다. 또는 오를 수도 있었다. 누가 알겠는가?

나는 시장의 마지막 급락을 예측한다. 그 후 2004년에서 2008년 사이의 언젠가가 지적인 투자자에게는 명료한 사고의 기초에 관한 이 책으로부터 얻은 실제적 지식을 이용하여 부자가 될 수 있는 시간일지도 모른다. 이럭저럭하는 사이에 투자자에게는 그러한 부츠들이 걷기를 위해 만들어져 있는 것이다.

체계적 농간 날조

체계적 농간(gaslighting)은 표적의 심적 평형을 무너뜨리려는 체계적인 일련의 수법이다. 수법들 대부분은 포착하기가 어려우며, 운 나쁜 표적이 농간이 자신에게 행해지고 있다고 믿는 일이 결코 없게끔 악의 있거나 복수심에 불타는 상대측을 결코 선명하게 지적하는 법이 없다. 그래서 표적이 된 사람은 그냥 자신이 악운의 끈을 갖고 있다고 생각한다. 이 용어는 1944년에 나온 할리우드 영화 **〈가스등〉**(Gaslight)에서 유래하는데, 이 영화는 찰스 보이어(Charles Boyer)와 잉그리드 버그만(Ingrid Bergman)이 주연을 맡았다. 영화에서 보이어 역은 아내가 마치 건망증이 심하고, 길을 잘 잃어버리며, 혼란스러운 상태에 있는 것처럼 보이는 사건들을 궁리해냄으로써 아내가 미쳐 가고 있다는 것을 아내에게 납득시키려 한다.

여기서는 체계적 농간에 대해 더 논의할 지면이나 시간이 없으며, 건강관리 사기, 마약 거래 사기, 고의 사고, 보증, 도박의 위험, 우편 사기, 부동산 사기, 퀴즈쇼 날조, 탈선 사기 등과 같은 다른 사기들에 대해서도 제대로 처리할 수 없다. 당신이 관심 있으면 빅터 산토로(Victor Santoro)의 《바가지 책》(*The Rip-Off Book*)과 칼 시파키스(Carl Sifakis)의 《날조와 사기》(*Hoaxes and Scams*)를 참고하라. 내 자신의 책 《현대의 투자 금언》(*Investment Pearls for Modern Times*)은 주식시장 사기를 논의하고 있다. 프레드 슐테(Fred Schulte)의 《탈취하라!》(*Fleeced!*)는 텔레마케팅 바가지와 그것을 피하는 법에 대해 잘 논의하고 있다.

이 책들과 다른 책들 그리고 명료한 사고에 대한 당신의 배경 지식은 당신을 사기당하지 않게 보호해주겠지만 그렇다고 완전히 보호해줄 수 있는 것은 아니다. 누군가가 어떤 것을 당신에게 강요하면 그것을 너무 진지하게 받아들이지 말라. 그리고 당신 자신이 그것을 어렵게 견뎌내려고 하지 말라. 경험으로부터 배워라. 다음번에 더 잘하라.

복습

뉴욕의 퀸스에서 몇 차례 속이는 데 성공했던 이 사기를 이해할 수 있는지 살펴보라. 그곳은 우리 아버지 버나드 M. 패튼이 퀸스 지구 변호사 사무실에서 고충 처리 및 부정 돈벌이 단속을 맡고 있는 곳이었다.

일요일 오후다. 잘 차려입은 남자가 링컨 판매 대리점에 나타나 링컨 콘티넨탈을 곧바로 사고 싶다고 한다. 그는 그 차를 바로 사고 싶기 때문에 희망소비자 가격을 기꺼이 지불하려 한다. 하지만 뜻하지 않은 장애가 있다. 일요일이기 때문에 판매상은 잘 차려입은 남자의 수표가 문제가 없는지를 확인하기 위해 은행을 통해 검사를 할 수 없을 것이다. 그렇지만 잘 차려입은 남자는 정말이지 평판이 좋고 정식 신분증이 있으며, 기다리지 않겠다고 우긴다. "지금 나에게 그 차를 팔지 않으면 차를 팔 다른 판매상을 찾아보겠소." 판매상은 차를 팔고 42,000달러짜리 수표를 받고는 판매 계산서를 발급한다.

한 시간 뒤 잘 차려입은 남자는 다른 판매상의 대리점에 가 있다. 그는 똑같은 링컨을 팔고 싶어 한다. 그는 현금이 빨리 필요하다고 말한다. 그는 20,000달러에 기꺼이 팔려고 한다. 판매상 2는 판매 계산서가 불과 한 시간 전에 작성된 것임을 알아채고 미심쩍어한다. 그래서 판매상 2는 판매상 1에게 전화를 걸어 잘 차려입은 남자가 불량수표를 사용하고 있으며, 이제 재빨리 한탕하려 하고 있는 것 같다고 말한다. 판매상 1은 격분한다. 판매상 1은 판매상 2에게 자신(판매상 1)이 경찰을 부르는 동안 그 녀석을 근처에 잡아두라고 말한다. 경찰이 고발을 접수하고 잘 차려입은 남자를 체포한다.

물음: 사기가 무엇인가? 권유는 무엇인가? 유인책은 무엇인가? 누가 한통속인가? 교체는 무엇인가? 압박은 무엇인가? 장벽은 무엇인가?

포기하겠는가?

나는 당신을 비난하지 않는다. 이 예는 일찍이 없었던—눈이 부시다고 할 정도로—가장 잘 꾸며진 사기 중 하나이다. 창조적 상상의 영역에서 그 사기는 곧바로 인간 정신이 창조한 위대한 산물들 가운데 높은 등급을 부여받게 되는데, 왜냐하면 그 사기 역시 예술작품—그렇지만 보통 예술이 지니는 구원의 성질을 가지지 않는 예술작품—이기 때문이다.

월요일 아침이 되면 해당 은행이 그 수표를 유효한 것으로 인정한다는 것이 곧 사기이다. 그것은 잘 차려입은 남자가 잘못 고발되었고 잘못 체포되었음을 의미한다. 더 나아가 잘 차려입은 남자는 벨몬트에서 열리는 세 번째 경마의 비밀정보를 가지고 있기 때문에 그 돈이 필요했다고 설명할 터인데, 그 비밀정보란 어쩌다 22배의 이익을 가져다주는 정보이다. 만일 그가 경마에 거는 데 필요한 돈을 갖고 있었다면, 그는 440,000달러를 벌 수 있었던 것이다! 그래서 판매상 1, 판매상 2, 경찰은 잘못된 구속으로 인한 손해뿐만 아니라 기회 상실로 인한 경제적 손해에 대해서도 책임이 있다.

보통 판매상 1은 합의금 조로 큰 것을 치르게 되는데, 이 큰 것에는 물론 공짜로 링컨을 주는 것이 포함된다.

권유는 판매상 1이 희망소비자 가격으로 판매함으로써 큰 수익을 올리게 되리라는 것이다. 제 정신을 가진 사람이면 누구도 판매상을 접촉해 희망소비자 가격을 제시하지 않는다. 유인책은 쉽게 돈을 벌 수 있다는 것이다. 한통속은 잘 차려입은 남자인데, 이는 그가 사기꾼이지 차를 진짜로 사는 사람이 아니라는 점에서 그렇다. 교체는 수표가 가짜가 아니라 진짜라는 것이다. 압박은 애초에 판매를 한 다음 그 판매를 취소하고 구입자를 사기죄로 체포함으로써 큰 손해를 막는다는 것이다. 장벽은 당신의 자동차를 현저하게 낮은 할인 가격으로 파는 것이 완전히 합법이라는 것이다. 벨몬트에서의 경마는 이미 끝났고 그 결과가 공식적으로 등록되었으므로 1등을 한 말에 돈을 걸려고 했다는 구입자의 주장을 반증할 방법은 전혀 없다.

제8장

선결 문제 요구의 오류

이 장은 선결 문제 요구의 오류(begging the question)라는 편안하게 휴식을 주는 개념을 소개하기 때문에 당신에게 편안하게 휴식을 주는 장인데, 이 오류는 앞 장들에서 간단히 언급했던 사고상의 오류이다.

함축적 가정은 증명 없이 승인될 경우 우리의 사고를 진리를 멀리하고 오류를 향하는 쪽으로 탈선시킨다. 논쟁점을 가정하거나 증명이 요구되는 어떤 것의 옳음을 당연시할 때 우리는 **선결 문제 요구의 오류**를 범했다고 한다.

선결 문제 요구의 오류는 정서적 언어를 사용함으로써 그 본성을 드러내는 경우가 빈번하다. 누군가를 '비겁자'나 '바보'라 부르는 것은 비난을 함축하지만 그런 주장은 뒷받침할 증거를 내놓지 않는 한 단지 선결 문제 요구의 오류를 범하고 있을 뿐이다. 이 말은 선결 문제 요구의 오류를 범하는 말이 고함을 치거나 신음을 내거나 비명을 지르는 식으로 나타날 경우에 특히 옳다.

선결 문제 요구의 오류가 흔히 나타나는 곳은 정치인의 진술이다. 그리고 그런 말이 작동하는 것을 관찰하는 데 선거 유세 기간 동안보다 더 좋은 시간은 없다. 이는 사람들이 자신은 서로 경쟁하는 정당이 제창하는 논증들에 대해 이성적으로 숙고한 후 투표하고 있다고 느끼고 싶어 하기 때문이다. 그래서 후보자들은 실제 표를 얻게 만드는 것이 감정과 편견임을 충분히 잘 알고 있으면서도 이성에 호소하는 것처럼 가장한다. 그들의 정당은 미래의 정당, 즉 진보, 평화, 번영의 정당이다. 반면에 상대 정당은 과거의 정당, 즉 퇴보, 전쟁, 경제 침체 등의 정당이다. 하지만 이런 말은 모두 증명이 필요한 단순한 주장에 불과하다. 그렇지 않으면 이런 말은 선결 문제 요구의 오류를 범한다.

정치에서는 서로 묶여서 찬성이나 불찬성을 유발하는 암시적 표현들이 청중에게 미치는 효과에서 커다란 차이를 만든다. "공화당은 부자의 당이다." 그 말을 얼마나 많이 들었는가? "민주당은 전쟁의 당이다." 그 말을 얼마나 많이 들었는가? 그러한 무차별적인 포괄적 진술들은 그들이 갖고 다니는 금언집에 나올지는 모르겠지만 너무 모호하고 너무 일반적이기 때문에 결코 전적으로 옳을 수는 없다.

서로 묶어진 암시적 표현들(특히 광고의 암시적 표현들)은 선결 문제 요구의 오류를 범한다.

뇌가 사물을 익히는 기본 원리는 연상(association)이다. 일단 두 항목이 의식 속에서 견고하게 연결이 되고 나면 각 항목은 서로를 떠올리게 하기 쉽다. 이러한 메커니즘은 인간 정신이 이룩한 업적 대부분의 원인이다. 어떤 의미에서 이 메커니즘은 문학, 예술, 음악을 그런대로 괜찮고 즐거운 것으로 만드는 풍부한 연상의 원인이다. 모든 과학의 원인이라고 할 수 있는 것도 바로 이 메커니즘인데, 이는 모든 과학 법칙이 유도되는 것도 바로 이 연상에 의해서이기 때문이다.

그러나 똑같은 메커니즘이 사실적으로나 정서적으로 부정확한 연상을 만듦으로써 사고를 탈선시킬 수 있다. 우리는 이런 일이 버지니아 슬림스(Virginia Slims) 광고에서 나타나는 것을 보았다. **버지니아**는 어떤 유형의 담배 이름이자 여성의 이름이다. 그 이름이 종종 젊고 예쁜 여자의 사진과 함께 나타나기 때문에 우리가 떠올릴 자연스런 연상, 즉 광고주가 우리에게 일으켜 놓고 싶어 하는 연상은 사진에 등장한 그 여성의 이름이 버지니아라는 것이다.

슬림은 다른 담배들의 가로 직경에 비해 이 특수 담배의 가로 직경이 작은 상태를 정확히 기술하지만, 또한 **슬림**은 담배 길이에 비해 둘레가 상대적으로 작다는 상태를 의미하기도 한다.

같은 맥락에서 어떤 낱말이나 표현을 그 두 가지 다른 의미를 구별하지 않고 사용하는 것은 애매하다고 한다. 만일 애매어 사용자들이 자신이 애매하게 사용하고 있다는 것을 안다면 그들은 사기를 치고 있는 것이다. 만일 그들이 이것을 알지 못한다면 그들은 아주 글자 그대로의 의미에서 자신들이 무엇에 관해 언급하고 있는지 모르는 것이다.

이 버지니아 슬림스 광고의 이중적 정의 사용은 그 담배가 처음 나왔을 때 연방거래위원회(Federal Trade Commission)를 성가시게 했다. 그러나 그 담배 회사는 그 담배가 버지니아 담배로 만들어졌으며 다른 담배들보다 가늘다는 사실과 그 이름이 합당한 관계가 있다고 위원회를 납득시킬 수 있었다. 이러한 이유가 우리가 그 담배에 대해 가질 수 있는 연상들, 즉 십중팔구 광고주가 우리에게 일으켜 놓고 싶어 하는 연상들을 흐트러 놓지는 않는데, 그 연상들이란 버지니아 슬림스라는 담배가 어쨌든 광고의 사진에 등장한 여자를 늘씬하게—사실상 대부분의 여성보다 더 늘씬하게—만들었다는 것, 그리고 이를 확장하여 버지니아 슬림스를 피우는 일이 그 담배를 피우는 어떤 여성이라도 늘씬하게 만들어줄 것이라는 것 등이다. 그 주장이 비합리적이기만 한 것은 아니다. 평균적으로 흡연자가 같은 연령이나 같은 성별을 가진 비흡연자에 비해 체중이 덜 나간다는 것이 증명되었기 때문이다. 하지만 그것은 논점 밖의 일이다. 논점은 서로 묶어진 연상을 통해 그 광고가 버지니아 슬림스에 대해 우리가 다음 내용을 연상시키기를 원한다는 것이다.

'젊음',

'섹시한',

'늘씬하게 잘 빠진 몸매'

증거가 없는 경우에, 그리고 증거의 부담과 걱정이 없는 경우에 그러한 함축적 주장은 입증되지 않고 비이성적이고 그르며, 선결 문제 요구의 오류를 범한다.

모든 동의어반복은 선결 문제 요구의 오류를 범한다.

순환논증은 무지를 숨기는 멋진 방법이다. 전에 우리는 오줌이 노란색 색소인 우로크롬(urochromes)을 가지고 있기 때문에 노란색이라는 것을 배웠다. 우리는 모르핀이 그것이 지닌 수면 속성 때문에 잠을 일으킨다는 것을 배웠다. 두 주장 모두 단순한 재진술에 불과하며 선결 문제 요구의 오류를 범한다. 노란색 색소가 무엇인가?

그리고 왜 모르핀이 잠을 일으키는가?

이 점을 염두에 두고서 "유리는 깨지기 쉽기 때문에 깨진다."라는 진술이 무엇이 잘못되었는지 말해보라.

순환적 증명은 동의어반복이며, 그래서 아무것도 증명하지 못한다.

여호와증인 신도들은 때로 성경을 언급함으로써 신의 존재를 증명하려 한다. 구약의 권위를 들어 그들은 성서들이 신에 의해 쓰였다고 주장한다. 다른 방식으로는 그들은 우리가 신에 의해 쓰인 텍스트를 가지고 있기 때문에 신이 존재한다고 말했다. 그러한 입장은 "성경이 신에 의해 쓰였는가?"라는 물음을 불러일으킨다. 만일 신에 의해 쓰였다면 우리가 그것을 어떻게 확실하게 아는가?

명료한 사고를 강의하면서 나는 옥스퍼드 대학의 수학, 논리학 교수이자 루이스 캐럴(Lewis Carroll)이라는 필명으로 알려진 레버런드 찰스 러트위지 도지슨(Reverend Charles Lutwidge Dodgson)의 《이상한 나라의 앨리스》(*Alice's Adventures in Wonderland*)의 예를 사용하기를 좋아한다. 앨리스와 체셔 고양이가 나누는 재미있는 대화 장면을 다시 생각해보라.

> "**저쪽**에는…." 고양이가 오른발을 돌려 흔들면서 말했다. "모자 장사가 살고 있지. 그리고 **저쪽**에는 3월 토끼가 살고 있어. 가고 싶은 대로 가보렴. 둘 다 미치광이지만."
>
> "하지만 난 미치광이들이 있는 곳엔 가고 싶지 않아." 앨리스가 말했다.
>
> "어쩔 수 없을걸." 고양이가 말했다. "여기서는 우리 모두가 미치광이니까 말이야. 나도 미치광이, 너도 미치광이야."
>
> "내가 미치광이라는 걸 어떻게 알아?" 앨리스가 말했다.

"미치광이임에 틀림없어." 고양이가 말했다. "그렇지 않았으면 여기 오지 않았을 테니까."

앨리스는 그 말이 증명되었다고는 전혀 생각하지 않았다〔.〕[1)]

(그녀가 옳았다. 체셔 고양이는 선결 문제 요구의 오류를 범하고 있다.)

계속해서 앨리스가 말했다. "그럼 네가 미치광이라는 것은 어떻게 알아?"

말 잘했다, 앨리스. 그녀는 고양이의 진술이 그르다는 것을 증명하기 위해 거기 있는 한 사람만 미치지 않았음을 보여주면 된다는 것을 알고 있다. 앨리스가 그 논증을 고양이 자신에게 시험해보기로 결정한 것은 효과적이었다. 그녀는 고양이가 미치광이라는 것을 증명하는 증거를 요구하고 있다. 증거가 관련이 없고 적합하지 않을 경우 고양이의 진술이 입증되지 않을 것임을 앨리스는 알고 있는 것이다.

"우선." 고양이가 말했다. "개는 미치광이가 아니지. 그건 인정하지?"

"아마 그럴걸." 앨리스가 말했다.

"자 그럼." 고양이가 계속해서 말했다. "너는 개가 성이 나면 으르렁거리고 기분이 좋으면 꼬리 치는 걸 알잖아. 그런데 나는 기분이 좋으면 으르렁거리고 성이 나면 꼬리를 흔든단 말씀이야. 그러니 나는 미치광이지."[2)]

---

1) Lewis Carroll, *Alice's Adventures in Wonderland*, illust. John Tenniel and colored by Fritz Kredel(New York: Random House, 1946), 72~73면. **앨리스**에 대한 모든 언급은 이 판에서 나온 것이다.

2) 같은 책, 73~74면.

체셔 고양이의 증명은 더 그릇된 추론에 기초를 두고 있다. 행복할 때 꼬리를 흔들고 성날 때 으르렁거리는 개는 미치광이가 아니다. 그러나 이 고양이는 성날 때 꼬리를 흔들고 행복할 때 으르렁거리는데, 이는 개와는 정반대이다. 그러므로 만일 개가 미치광이가 아니라면 개와 정반대로 행동하는 고양이가 미치광이이어야 한다. 이 유비의 결함은 명백하다. 즉 개는 고양이가 아니라는 것이다. 정상적인 개가 행하는 것이 반드시 고양이에 대해서도 정상적인 것은 아니며, 그 역도 마찬가지이다. 개와 고양이가 어떤 특징을 공유할 수는 있지만 둘은 서로 다른 동물이기 때문에 또 다른 어떤 특징들은 공유하지 않는다. 또한 **으르렁거리다**(growl)에 대한 체셔 고양이의 정의를 앨리스가 어떻게 의문시하는지, 그리고 문맥상의 미세한 의미 변화를 어떻게 의문시하는지 주목해보라.

"그건 으르렁거리는 것이 아니라 목을 가르랑거리는 거야." 앨리스가 말한다.

"네가 부르고 싶은 대로 불러라." (그의 논증이 성공하기 위해서 융통성 있는 정의 쪽에서 선택할 필요가 있는) 고양이가 대답한다. 앨리스의 추론이 아슬아슬하다는 것을 알아챈 체셔 고양이는 주제를 바꾼다. "오늘 너는 여왕님과 크로케를 할 참인가?"[3)]

주의를 딴 데로 돌리는 것은 사고를 탈선시키기 위한 일반적인 계략이다. 주의를 딴 데로 돌리는 상황에 맞닥뜨리면 그냥 그렇게 주의를 딴 데로 돌리는 사람으로 하여금 제자리로 돌아가도록 하라. 그러면 아마 당신이 논쟁에서 이길 것이다.

---

3) 같은 책, 73면.

유인어(flag words)를 통해 우리는 종종 선결 문제 요구의 오류를 확인할 수 있다.

다행히도 선결 문제 요구의 오류를 범하는 사람은 종종 다음과 같이 문제를 유인하는 구절로 시작한다. "~라는 것은 부인할 수 없는 사실이다.", "~보다 더 명백한 것은 없다.", "~보다 더 간단한 것은 없다.", "~라는 것은 당연하다.", "학생이면 ~라는 것을 누구나 안다.", "우리 대부분이 알다시피~", "진정한 한국인이라면 누구나 ~라고 믿는다.", "지성인이라면 누구나 ~을 원한다."(~을 채워라).

우리가 사실을 언급하는 낱말을 사용하고 감정을 표현하는 낱말을 의심하지 않는 한 명료한 사고는 불가능하다. 우리가 믿어야 하는 것, 원하는 것, 모든 사람이 알고 있는 것을 들으면 그저 회의적 태도를 지니면서 선결 문제 요구의 오류를 범하고 있다고 가정하는 것이 합리적이다.

답을 유도하는 물음도 종종 선결 문제 요구의 오류를 범한다. 정해진 답을 재촉하는 모든 물음은 선결 문제 요구의 오류를 범한다. "동의하지 않습니까?", "박사님, … 라는 것은 옳지 않습니까?", "… 라는 것이 그럴듯하다고 생각하지 않습니까?", "… 라고 가정하는 것이 합리적이라고 생각하지 않습니까?", "확실히 허만, 당신은 충돌하여 뒤틀린 이 자동차 조각이 위대한 예술이라고 생각하지 않습니까?"

이 물음을 생각해보라. "우리가 섹스를 할 때 내가 상위에 있어도 될까요?" 그녀는 상위에 있을 것을 간청하고 있지만 그녀가 요구하고 있는 선결 문제는 무엇일까? 그 문제는 실은 두 개의 문제이다. 한 문제는 상위에 있을 것을 요구한다. 다른 한 문제는 선결 문제 요구의 오류를 범하고 있는데, 왜냐하면 그 문제는 그가 그녀와 섹스를 할 것이라고 가정하고 있기 때문이다. 그런 일은 일어나지 않을 수도 있으며, 사전에 상의가 있어야 한다. 상위에 있을 것인지 결정하기 전에 사람들은 어쨌든 섹스를 할 것인지를 먼저 상의해야 한다. 알다시피 그것이 먼저 해야 할 질문인 것이다.

> 앨리스는 아무 할 일도 없이 시냇가 둑에서 언니와 함께 앉아 있는 것이 지루해지기 시작했다. 언니가 읽고 있는 책을 한두 번 슬쩍 넘겨다보았지만 그 책에는 그림도 대화도 없었다. "그림도 대화도 없는 책의 용도가 대체 무엇일까?" 하고 앨리스는 생각했다.[4]

앨리스는 마음속으로 그 물음에 대해 물음 형태로 이미 답을 했다. 그녀가 그 답을 명시적으로 진술할 필요는 없지만 만일 그렇게 했다면 그녀는 "대화도 그림도 없는 책은 아무 쓸모가 없다."고 말했을 것이다.

법정에서는 앨리스와 같은 질문—올바른 어떤 답을 가정하거나 암암리에 그 답을 유도하는 질문—이 허용되지 않으며 (잠자고 있는 게 아니라면) 반대 측 변호인이 그러한 '유도' 질문에 대해 이의를 제기할 것이다. 이런 질문의 고전적 예는 "당신은 헤드라이트가 깨진 것을 보았을 때 어디에 있었느냐?"이다.

반론: 유도 질문이다. 명백하지 않은 사실을 가정하고 있다. 헤드라이트가 깨졌다는 것은 입증되지 않았다. 이 대목에서 반대 측 변호인은 "깨진 헤드라이트를 보았습니까?"라고 질문을 바꾸어 말하

4) 같은 책, 3면.

지 않을 수 없다.

다음은 또 다른 고전적 예이다. "당신은 아내를 때리는 것을 그만 두었습니까?"

반론: 유도 질문이다. 복합 질문이다. 명백하지 않은 사실을 가정하고 있다. 피고가 그의 아내를 때린다는 것은 입증되지 않은 사실이다. 만일 피고가 그 질문에 예 또는 아니오로 답해야 한다면 암암리에 그는 아내 폭행의 죄를 인정하는 셈이 될 것이다.

원칙: 보증되지 않거나 승인될 수 없는 가정은 선결 문제 요구의 오류를 범한다.

이 원칙으로부터 다음 교훈이 따라 나온다.

교훈: 암암리의 가정이나 진술되지 않은 가정을 조심하라. 널리 퍼져 있는 경우가 종종 있긴 하지만 그런 가정은 대체로 틀릴 가능성이 높다.

복습

앞 장들에서 했던 것처럼 이 장을 복습하라. 다음 문제를 풀어 보라.

1. 몇 년 전 한 유명 정치인이 공화당에서 민주당으로 당적을 바꾸었는데, 이로 인해 상원에서 힘의 균형이 바뀌게 되었다. 그

의원은 많은 비판자, 특히 공화당원들로부터 집중 비난 세례를 받았다.

일부 공화당원이 특히 통렬하다고 생각한 한 가지 논증은 그러한 당적 교체가 그 의원이 '충실한' 공화당원이 아니었음을 나타내는 징표라는 것이었는데, 그렇지 않았다면 그가 정당을 바꾸지 않았을 것이기 때문이라는 것이었다. 그렇지만 그가 '충실한 공화당원' 신분이 아니라는 것에 대해 거론된 유일한 증거는 그가 당을 바꾸었다는 것뿐이었다. 그의 이전 투표권 행사 기록은 공화당 노선과 상당히 일치하였다.

여기서 공화당원의 추론에 무슨 문제가 있는가?

나의 답: 이 상황은 선결 문제 요구의 오류를 범한 사례이다. 공화당원들은 '충실한' 공화당원(아마 좋은 어떤 것)을 결코 공화당을 떠나지 않을 사람으로 정의하고 있다. 그러므로 실제로 논쟁거리가 되는 유일한 문제는 그 정의가 적절한 정의인지 하는 것이다. 다른 사실적 주장은 전혀 문제가 되지 않는다.

2. 마크가 고등학교 3학년인 조카 허만에게 말한다. "내년에 어느 대학을 가려고 하니?" 여기서 마크가 무언가 선결 문제 요구의 오류를 범하고 있는가?

   답: 맞다. 마크 아저씨는 허만이 대학에 가고 싶어 한다고 가정하고 있다. 실은 허만은 해군에 입대해 세상을 경험하고 싶어 한다.

3. "자, 누가 이 터무니없는 문제에 대한 토론에 몇 마디 더 보태고 싶어 하지 않는다면 이제 다음 주제로 넘어가겠습니다." 여기서 무언가 선결 문제 요구의 오류를 범하고 있는가?

답: 그 문제가 터무니없다고 누가 말했으며, 왜 그런가? 이런 형태의 진술은 그 교수가 추가 토론에 대해 편견을 갖고 있음을 시사한다. 학생들은 교수가 추가 토론을 원하지 않기 때문에, 즉 교수가 다음 주제로 넘어가기를 원하기 때문에 위험을 무릅쓰고 그의 제안을 받아들일 것이다.

4. 2002년 3월 26일자 《휴스턴 크로니클》(*Houston Chronicle*)에서 케빈 모란(Kevin Moran)이 쓴 기사는 한 마르크스주의자를 묘사했는데, 이 사람은 미국 정부에 재직하면서 종신재직권에 지원하였다. 많은 사람이 그것에 반대했다. 그처럼 반대하는 사람들 중에는 갤버스턴 카운티의 전 판사 레이 홀브룩(Ray Holbrook)도 있었는데, 그는 다음과 같이 말했다. "스미스 박사가 파괴적인 반자본주의, 반자유기업철학을 신봉하고 있다는 것이 나에게는 분명한 것처럼 보이는데, 이런 신조는 고등교육을 하는 공공 기관에서는 제자리가 없으며, 이 나라에서 우리의 자유의 토대를 해친다고 믿고 있다."

문제가 있는가?

답: 홀브룩 판사는 나에게 분명하다고 말하지 않았다. 그는 분명한 **것처럼 보인다**고 말했다. 그것은 판사가 그가 말한 것에 대해 확신하지 못하고 있음을 의미할 수도 있다. 하지만 그가 말한 방식은 그가 **안다**는 것을 시사한다. 그런데도 **~한 것처럼 보인다**는 불명확한 표현은 그 자신이 의심을 가지고 있기 때문에 그의 견해가 정말로 올바른지에 관한 의문을 불러일으킨다. 스미스 박사나 그가 가르치는 강좌를 직접 접하지 못했기 때문에 그 판사는 스미스 박사가 가르치거나 가르치지 않는 것에 대해 확실하게 진술할 수 없는데, 하물며 스미스 박사가

신봉하고 있는 것에 대해서는 더더욱 말할 것도 없다. 그러므로 그 의심은 정당한 것처럼 보인다.

마르크스주의는 복잡한 교의들의 집합이다. 그 교의들 중 어떤 것이 파괴적인가? 어떤 것이 반자본주의적인가? 어떤 것이 반자유기업적인가? 마르크스주의의 많은 사상 중에서 홀브룩 판사는 구체적으로 어떤 사상에 반대하며, 왜 반대하는가? 그리고 왜 고등교육기관에서는 반대 견해를 표현하는 일이 제자리가 없는 것일까? 좀더 적당한 자리는 어디일까? 만일 그 판사가 그런 견해가 **고등**교육에서 배제되기를 바란다면 **하등**교육에서는 적당할까? 만일 그렇다면 얼마나 하등해야 할까? 초등학교? 유치원? 취학 전? 뭐라고? 물론 마지막 아이러니(그리고 모순)는 그 판사가 그 교수가 그가 원하는 것을 말하고 행할 자유에 있어서 제한을 받아야 할 것을 주창한다는 사실이다. 여기에는 그러한 개인적 자유의 제한, 즉 정부에서 임용한 교수들에 대한 그러한 금지와 제한이 자유 일반을 보호하고 증진시키기 위해 필요하다는 것이 암암리에 가정되어 있다. 그 판사는 우리가 자유 국가에 살고 있지만 그 국가가 평판이 나쁜 사상을 표현하고 싶어 하는 스미스 같은 교수들을 위한 국가는 아니라고 말한다. 그 말은 특별 변론이다. 그러니 그 판사가 자신을 우리가 자유롭게 말하고 들을 수 있는 것에 대해 판단하는 판관으로 만들고 있다는 사실을 주목하라.

다행히도 합리적인 사람들은 도처에 있었다. 메인랜드 대학 이사회는 스미스에게 종신재직권을 수여하기로 만장일치로 의결했는데, 이로 인해 스미스 박사는 그의 정치적 견해 때문에 해고되는 것으로부터 보호를 받았다. 만장일치 결정은 두 시간 동안 그의 견해를 공개적으로 청취한 후 이루어졌다.

"우리가 여기서 방금 목격한 것은 정치 집회였습니다." 홀브룩 판사가 이사들에게 소리쳤다.[5] 또 홀브룩은 스미스 박사에 유리하게 말한 학생들을 향해서도 고함을 질렀다. 이것은 "고함이 시작되면 추론은 정지된다."라는 원리의 또 하나 멋진 예이다.

5. "당신은 그 쇼를 어떻게 즐겼는가?" 여기에 무슨 선결 문제 요구의 오류가 있는가?

답: 의심할 여지없이 있다. 응답자의 응답 범위가 질문 형태에 의해 그 범위가 제한되는데, 이런 형태의 질문은 그 대답이 어떤 형태의 즐거움을 표현할 것이라고 가정하고 있다. 다음과 같이 좀더 제한 없는 질문을 던질 때 보통 좀더 많은 정보가 나온다. 그 쇼에 대해 어떻게 생각하는가? 또는 다른 사람들이 말하는 것을 그저 주의를 기울여 조용히 경청함으로써 그들로 하여금 아무런 질문 없이 답하게 하도록 하는 것이 훨씬 더 좋다.

만일 당신이 질문을 해야 한다면 아무것도 가정하지 않는 질문을 해라. "연극을 어떻게 보셨습니까, 어머니?"라는 햄릿의 질문은 제한적이지 않다. 그 질문은 햄릿의 어머니 거트루드로 하여금 가능한 무수히 많은 답으로부터 그녀가 가장 흥미로워하는 답, 즉 그녀의 마음속 깊은 곳에서 일어나는 것을 반영하는 답을 선택하도록 만든다. 그녀의 답은 빗나가긴 하

5) Judge Holbrook, quoted in an article by Kevin Moran, *Houston Chronicle*, March 26, 2002.

지만 효과가 있는데, 그것은 그녀가 결코 그 연극에 관한 그녀의 감정을 표현하지 않았기 때문이다. 대신 그녀는 햄릿에게 극중 왕비가 재혼하지 않겠다고 맹세한 것에 대해 말했다. "저 여자는 너무 많은 것을 맹세하는 것 같구나."

6. "유니콘은 앨리스를 전설에 나오는 괴물로 생각했다."[6] 여기에 무슨 선결 문제 요구의 오류가 있는가?

   답: 의심할 여지없이 있다. 그렇지 않으면 왜 이 물음이 이 장 여기에 나왔겠는가? 유니콘의 관점에서 인간은 꽤 재미있어 보임에 틀림없다. 뒷다리로 걸어다니고, 유연성 있는 한 쌍의 수정체를 통해 세상을 관찰하며, 얼굴에 있는 구멍을 통해 유기물을 밀어넣음으로써 주기적으로 에너지를 공급하는 무수히 많은 이성적 괴물이 있는데, 이 괴물들이 정작 자신들에 대해서는 전설적 요소를 전혀 알지 못하지만 새, 고양이, 동물원의 동물들에 대해서는 꽤 재미있게 생각한다는 것이야말로 철학적으로 둔감한 우리 시대의 단편이다.

7. 다음은 《이상한 나라의 앨리스》에서 따온 구절이다.

> 병목에 매어둔 종이 꼬리표에는 "**나를 마셔 주세요**."라는 글귀가 큼지막한 글씨로 멋지게 씌어져 있었다. "**나를 마셔 주세요**."라고 하는 게 더 좋았겠지만 영리한 어린 앨리스는 성급하게 **그것**을 하려고 하지는 않았다. 그녀는 "아냐, '**독**' 표시가 있는지 없는지 먼저 잘 살펴보아야지."라고 말했

---

6) 이 말은 캐럴 책에서 직접 인용한 것은 아니다. 이것은 실은 Martin Gardner, ed. *The Annotated Alice*(New York: Norton, 1990), 228~229면에 잘못 인용되어 있는 것이다. 그 말에 대한 언급은 *Through the Looking Glass and What Alice Found There*, 7장에 나와 있다.

> 다. 앨리스는 친구들이 가르쳐준 간단한 규칙들을 명심하지 않아서 화상을 입고 야수들에게 잡아먹히고 다른 온갖 불유쾌한 일을 겪은 아이들에 관한 몇 가지 멋지고 짧은 이야기들을 읽었기 때문이다. 이를테면 빨갛게 단 부지깽이를 너무 오래 잡고 있으면 화상을 입을 것이라든가, 칼에 손가락을 매우 깊이 베이면 보통 피가 난다든가, '독'이라고 표시된 병 속에 들어 있는 것을 너무 많이 마시면 조만간에 너의 목숨이 위태로울 것이라든가 등이었다.
>
> 그렇지만 이 병에는 '독' 표시가 **없었다**. 그래서 앨리스는 그것을 맛보는 모험을 감행하였고, 매우 맛이 좋다는 것을 알았다. … 그녀는 금세 병을 다 비워버렸다.[7)]

앨리스의 사고에 무슨 문제가 있는가?

답: 재미있다는 점을 차치하면 이 인용구는 사고상의 오류로 꽉 차 있다. 몇 가지만 언급해보자. "**나를 마셔 주세요**."라는 꼬리표가 병에 붙어 있다고 해서 그 사실이 앨리스가 그것을 마셔야 된다는 것을 의미하지는 않는다. 그 꼬리표는 다양한 문제를 제기하는데, 이를테면 "안전한가?", "무엇을 위한 것인가?", "내가 왜 그것을 마셔야 하는가?", "누가 그 표시를 만들었는가?", "그 사람은 왜 내가 그 병의 내용물을 마시기를 원하는가?" 등이다. (빅토리아 시대 약병은 비틀어 따는 마개도 없었고 옆면에 꼬리표가 붙어 있지도 않았다. 그 병은 병의 목에 매단 종이 꼬리표와 함께 코르크 마개로 닫혀 있었다.)

"앨리스는 성급하게 **그것**을 하려고 하지는 않았다. '아냐, 먼저 잘 살펴보아야지.'"

---

7) Carroll, *Alice's Adventures in Wonderland*, 9~10면에서 바꿔 쓴 것임.

앨리스가 이미 그 음료를 마시겠다고 결심했음을 주목하라. 그녀는 병을 살펴본 후에 그 음료를 마실 것이다. 따라서 앨리스는 "내가 마셔야 하는가?"라는 물음을 깨끗이 잊어버리고 "내가 언제 마실까?"라는 물음으로 대치하였다. 나중 물음에 대해 그녀는 준비된 답, 즉 '내가 병을 살피자마자'라는 답을 가지고 있다. 적당한 숙고 없이는 절대로 중대한 어떤 행동으로 뛰어들지 말라.

앨리스에게는 그저 행동하기 전에 약간의 합리화 과정을 거치는 일이 필요했을 뿐이었다. 그녀의 사고는 물론 논점을 벗어난 방식으로 진행되었으며 그 자체로 결함이 있다. 그 멋지고 짧은 이야기들은 그렇게 멋지지 않았다. 그 이야기들은 예로부터 전해 내려오는 동화로 공포의 사건들, 그리고 보통 경건한 교훈을 담고 있는 내용으로 채워져 있다. 그런 이야기들이 여러 가지 불유쾌한 일들 가운데 화상을 입고 야수들에게 잡아먹히는 아이들에 관해 이야기하고 있다는 사실은 마셔야 하는지 말아야 하는지 하는 문제와 직접 관련이 있다고 보기는 거의 어려운 것처럼 보인다. 더 나아가 빨갛게 단 부지깽이는 병 속에 위험이 잠복해 있는지 하는 문제와 아무 관계가 없다. 게다가 빨갛게 단 부지깽이는 당신이 그것을 잡을 때는 언제라도 화상을 입힐 것이다. 당신은 화상을 입기 위해 **너무** 오래 그 부지깽이를 잡을 필요가 없다. 어쨌든 **너무** 오래가 얼마나 오래일까? 칼에 대한 앨리스의 논의에서도 위험의 최소화에 대한 똑같은 표현이 제시된다. 즉 피를 흘리기 위해서는 **매우** 깊이 베이는 것이 반드시 필요한 것은 아니다. 깊이 베이는 것만으로도 피를 흘릴 것이기 때문이다.

병에 독 꼬리표가 붙어 있지 않다는 사실은 대수롭지 않은 일인데, 독은 꼬리표가 붙어 있든 않든 독일 수 있기 때문이다. 그런데도 앨리스는 병에 독 꼬리표가 없으므로 마셔도 안전하다고 결론짓고 있다. 좀더 형식적으로 명확하게 진술하면 앨리스의 사고는 다음과 같이 진행되었을 것이다. "모든 독은 **독**이라는 꼬리표가 붙어 있다. 이 병은 **독**이라는 꼬리표가 붙어 있지 않다. 그러므로 그 병에 들어 있는 것은 독이 아니다. 그러므로 마셔도 안전하다." 여기서 전제 1은 그르다. 그러므로 전제 1로부터 도출한 모든 결론은 그르다.

설령 전제 1이 옳고 그 액체가 독이 아니라 해도 결론 1과 2는 옳은 것처럼 보이지 않는다. 설령 독이 아니라 해도 안전하게 마실 수 없는 물질—예컨대 오염된 물—이 많이 있다. 또 어떤 물질—예컨대 식초—은 독은 아니지만 마시는 것이 기분 나쁠 수 있다. 또 어떤 액체는 정의에 따라 음식이기도 하고 독이기도 하고 마약이기도 하며, 아일랜드산 위스키처럼 어린 소녀가 마시기에는 적절하지 않을지도 모른다.

논점을 벗어난 지엽적 문제에 초점을 맞춤으로써 앨리스는 병 속의 음료를 마시는 것이 괜찮다고 확신한다. 이것은 분명히 그녀 행위의 진짜 이유를 정당화하려는 합리화인데, 진짜 이유는 무슨 일이 일어날지에 대한 그녀의 호기심이다.

그리고 호기심에 관해 말한다면 나는 다음 장이 어떤 내용이 될 것인지에 관해 알고 싶은데, 그것은 내가 이 장을 쓸 때 다음 장의 내용을 모르기 때문이다. 그리고 알지 못하기 때문에 나는 당신에게 알려줄 수 없다. 책장을 넘겨서 보기로 하자. 나는 다음 장이 "**나를 읽어 주세요**."라는 꼬리표가 붙어 있지 않기를 바라지만 남몰래 그런 꼬리표가 붙어 있을 것 같다는 느낌을 갖고 있다.

제9장

나를 읽어 주세요

이 장은 **통일장 이론**(uniform field theory), 즉 당신으로 하여금 진리에 도달하도록 돕기 위해 마련된 지식이론을 다룬다. 이 지점에 이르기까지 우리는 명료한 사고와 비뚤어진 사고의 다양한 특수 실례에 관심을 보여왔다. 우리 활동의 본성에 관해 일반화하고 실재에 대한 탐구를 지배하는 일반원리에 도달하는 것은 귀납에 의해 가능하다. 그 일반원리, 즉 통일장 이론은 진리에 대한 올바른 지각이 모든 증거에 대한 이해에 기초를 두고 있다고 말하는 원리이다.

추론은 그 자체로 정의에 의해 진리를 지시하는 표시일 수 있기 때문에 일종의 증거이다. 일종의 증거로서 추론은 올바르게 해석되지 않으면 안 된다. 따라서 정확한 사고의 모든 규칙, 명료한 사고에 관한 모든 지침, 이름이 있거나 없는 오류에 대한 모든 분석—모든 규칙, 법칙, 격률, 그리고 앞 장들에서 당신에게 가해진 모든 '패튼의 원칙들'—은 진리에 대한 통일장 이론의 적용으로 요약된다.

그러나 실제적 의미에서 우리가 모든 증거를 이용할 수 있는 경우는 좀처럼 드물다. 이 점과 관련하여 우리가 바랄 수 있는 것, 즉 모든 가능 세계 중에서 최상의 세계라고 할 수 있는 것은 **이용 가능**

한 모든 증거에 대해 올바른 해석을 하는 것뿐이다.

따라서 어떤 결론도 모든 증거에 기초를 둘 수는 없기 때문에 최종 결론일 수 없다. 미래의 증거는 아직 존재하지 않으며, 과거의 증거는 우리가 이용할 수 없을 정도로 불명료하거나 빠져 있거나 혹은 실제로는 가짜일 수도 있다. 그러므로 모든 결론은 부분적이고, 불완전하며, 때로 잘못된 증거에 기초를 두고 있음에 틀림없다.

결론이 결코 모든 증거에 기초를 둘 수 없기 때문에 모든 결론은 임시적인 것으로 간주되어야 한다. 만일 모든 결론이 임시적이라면 그 결론은 모두 새로운 증거가 이용 가능하게 될 때 수정되고 바뀔 수 있어야 한다.

따라서 진리를 탐구하면서 가장 중요하게 던져야 할 물음은 증거에 관한 것이다. 그런 물음은 '왜? 증거가 무엇인가? 그것이 확실하다는 것을 어떻게 아는가?'라는 형태를 띤다. 그런 종류의 물음들은 증거를 분명하게 드러내며, 실재와 진리에 관한 올바른 결론으로 인도한다.

때로 RA 암기법, 즉 증거는 관련이 있고((R)elevant) 적합해야((A)dequate) 한다는 규칙을 암기법으로 이용하면 증거에 관한 우리의 사고를 되살리는 데 도움이 된다. 만일 증거가 R이나 A의 중요한 어떤 부분과 관련하여 부족하다면 결론은 입증되지 않는다.

당신의 기억에서 이 생각을 강화시키고 굳건히 하기 위해 부디 이것을 지금 당장 큰 소리로 반복하라. 즉 통일장 이론은 실재에 대한 올바른 지각과 이해가 이용 가능한 증거에 대한 올바른 해석에 기초를 두고 있다고 주장한다.

이 점으로부터 다음 교훈이 따라 나온다.

교훈: 증거에 대한 분석이 결정적으로 중요하다. 증거는 관련이 있고 적합해야 한다. 그렇지 않다면 견실하거나 합리적인 결론에 도달할 수 없다.

분석을 위해서는 때로 증거에 대한 올바른 분석을 두 부분, 즉 관련성과 적합성으로 나누는 것이 유익하다. 이 두 부분은 서로 유사하면서도 어떤 의미에서는 다르기도 하다. 모든 것은 통일장 이론으로 소급된다. 통일장 이론의 두 부분은 이미 언급했던 것처럼 모든 증거에 대한 분석이 아니라 이용 가능한 증거에 대한 분석과 결부된다. 이 두 부분은 저마다 중요성을 지니지만 증거를 처음 고려할 때 가장 중요한 부분은 관련성이다.

관련성(relevance)에 대한 유 정의: 만일 증거가 문제가 되는 입장의 장점과 직접적으로, 그리고 감정적이지 않은 방식으로 관계되어 있으면서 결론을 뒷받침한다면 그 증거는 관련성이 있다. 직접적으로 관계되어 있지 않거나 결론을 뒷받침하지 않는 증거는 관련성이 없다.

관련성에 대한 분할적 정의: 만일 증거가 다음과 같다면 그 증거는 관련성이 있다.

- 결론과 직접적으로 관계가 있다.
- 결론의 옳음을 믿을 어떤 이유를 제공하거나 결론의 옳음에 유리하거나 결론의 옳음을 지각하는 데 영향을 미친다.
- 정서적 호소가 아니다.

만일 증거가 결론과 합리적인 방식으로 관계되어 있지 않다면 그 증거는 관련성이 없으며, 결론은 정당화되지 않는다. 훌륭한 증거는 결론의 옳음이나 그름과 관계가 있거나 결론의 옳음이나 그름에 대한 지지 근거를 제공하거나 결론의 옳음이나 그름에 영향을 미쳐야 한다. 그렇지 않으면 그 증거는 관련성이 없다. 모든 정서적 호소는 엄밀히 말해 임의의 결론의 진리성과 직접적으로 관계를 맺을 수 없다. 그러므로 정서적 호소는 관련성이 없을 가능성이 높기 때문에 의심스럽다.

빨갛게 단 부지깽이는 앨리스가 "**나를 읽어 주세요**."를 따라야 하는지와 무관하다.

우리는 여러 가지 다양한 형태로 관련성이 없음을 이미 살펴보았다. 빨갛게 단 부지깽이가 손에 화상을 입힐 것이라는 말은 옳지만 앨리스가 생각하고 있는 문제와 관련이 없다. 병에 독이 들어 있을 수 있다는 것은 독을 마시면 안 되는 상황에서 앨리스가 마셔야 할지를 결정하려고 하고 있기 때문에 관련이 있었다. 이 문제에 대해 그 다음에 이어진 앨리스의 사고는 궤도를 이탈했는데, 왜냐하면 그녀가 병에 독 꼬리표가 붙어 있지 않으므로 병 속의 액체를 마셔도 괜찮다고 결론지었기 때문이다. 독 이외에도 마시면 안 되는 다른 액체가 많이 있으며, 독 꼬리표가 없다는 사실이 병 속 내용물이 독이 아님을 의미하지는 않는다. 그런 꼬리표가 붙어 있든 않든 독은 독인 것이다.

논점을 벗어난 건전한 논증이나 타당한 논증을 조심하라. 그런 논증은 관련이 없다.

앨리스가 생각했던 빨갛게 단 부지깽이 같은 논증들은 실제로 옳은 전제, 즉 빨갛게 단 부지깽이는 손에 화상을 입힌다는 옳은 전제를 가지고 있다. 결과적으로 당신은 그런 부지깽이를 잡아서는 안 된다. 그러나 앨리스의 경우에 그런 논증은 그녀가 마셔야 되는지 하는 문제와 직접적 관계가 없다. 그런 논증은 논점을 벗어났으며, 그래서 무관하다. 독은 사람을 죽인다. 그 말은 옳다. 우리가 독성 액체를 마셔서는 안 된다는 고찰은 앨리스가 생각하는 문제와 직접적 관계가 있으며, 그래서 적절한 관련이 있다.

권위는 관련이 없다.

권위를 인용하는 것은 그 권위가 틀릴 수 있기 때문에 언제나 관련이 없다. 우리는 단순히 어떤 권위의 자질과 능력 때문에 비권위가 제시하는 이유보다 그 권위가 제시하는 이유에 더 주의를 기울일 수도 있다. 하지만 우리는 그 이유가 실제로 관련 있는 이유가 아닌 한 관련 있는 이유로 승인할 필요는 없다. 과거의 경험은 그 자신의 좁은 분야를 벗어나 행동하는 권위가 더 이상 권위가 아니며, 어떤 권위들은 어떤 방식으로 편향되어 있음을 보여주었다. 물론 익명의 권위나 혹은 검사될 수 없고 의문시될 수 없는 어떤 권위를 인용하는 것은 관련이 없다.

원칙: 권위가 권위이기 때문에가 아니라 그 권위가 제시하는 이유 때문에 권위를 승인하라.

이 원칙으로부터 다음 교훈이 따라 나온다.

교훈: 권위가 아니라 이유에 초점을 맞추어라. 편향되거나 자질이 없거나 익명의 권위들에 주의를 기울이지 말라. 그런 권위는 그

러한 한계만큼 관련이 없다.

주식시장에 관한 권위이긴 하지만 증권 브로커는 당신에게 주식을 팔고 사는 일로 생계를 꾸려 가기 때문에 편향되어 있다. 그러므로 주식을 사거나 팔라는 그들의 어떠한 충고도 이유에 의해 뒷받침되지 않는 한 무관한 것으로 간주되어야 한다.

예컨대 "미국에서 인척과의 충돌이 이혼의 제일 원인이라는 것을 알았습니까?"

"당신은 그것이 확실하다는 것을 어떻게 압니까?"

"오늘 오프라 윈프리 쇼(The Oprah Winfrey Show)에서 들었지요."

인용된 권위가 오프라 자신인가? 만일 그렇다면 그녀는 왜 그리고 어떻게 그런 자격이 있는가? 오프라 쇼에 출연한 게스트 중 한 사람이 권위였는가? 만일 그렇다면 그녀는 왜 그리고 어떻게 그런 자격이 있는가? 권위가 청중 속에 있는 사람이었는가? 새로 출판한 책을 광고하는 작가였는가? 정체 불명의 초대된 '전문가'였는가? 만일 그 권위가 이런 범주 중 어떤 것에 들어맞는다면 그 주장은 결론과 관련이 없으며, 아무것도 증명되지 않았다. 설령 그 전문가가 여러 해 동안 그런 문제를 연구한 진짜 사회학 교수라 해도 그리고 그런 연구 후에 그처럼 다소 놀라운 결론에 도달했다 해도 우리는 그 결론이 자료와 관계가 있고 정당화되는지를 결정하기 위해 실제 자료를 살펴보아야 할 것이다.

또 다른 예: "높게 평가받는 한 고위직 저명 인사가 《유에스 뉴스 앤 월드 리포트》(*U.S. News & World Report*)에 실린 최근 기사에서 역사가들이 아마 클린턴 대통령을 탈냉전 시대에 매우 강력하고 전향

적이며 명확한 대외 정책을 전개했다고 기술할 것이라고 말했다."

이름 없는 권위들—그들에게 냉소적 시선을 던져라. 이 같은 기사를 읽으면 나는 그냥 무시해버리는데, 그것은 정보의 비중과 신빙성이 매우 약하기 때문이다. '높게 평가받는 고위직 저명 인사'는 클린턴 대통령 치하의 국무장관 매들린 올브라이트(Madeleine Albright)로 밝혀졌다(나는 몇 주 뒤에 알았다). 나는 올브라이트를 좋아했다. 어떤 사람들은 좋아하지 않았다. 또 어떤 사람들은 중립적이었다. 그러나 내가 그를 좋아했는지 아닌지—그리고 당신이 그녀를 좋아했는지, 다른 사람들이 그녀를 좋아했는지 또는 대부분의 사람이 그녀를 좋아했는지—는 문제가 되지 않는다. 좋아하거나 싫어하는 것은 실질적으로 결론과 전혀 관계가 없기 때문에 문제가 되지 않는다. 결론이 옳을지 하는 문제와 관계가 있는 것은 올브라이트가 편향된 정보원이라는 것이다. 그녀는 모호하게 묘사되고 많은 칭찬을 받은 대외 정책의 중심 인물이다. 그렇게 클린턴의 대외 정책을 극구 칭찬함으로써—어떤 사람들은 심지어 입에 발린 말로 그렇게 말할지도 모른다—국방장관은 간접적으로 그리고 이기적으로 자신을 칭찬하고 있다. 더 나아가 국방장관은 대통령의 마음에 들도록 근무한다. 뒤얽힌 권력 관계에 비추어볼 때 올브라이트가 대통령의 의견에 반하는 견해를 지닐 수 있거나 지녔거나 혹은 (클린턴과 다른 견해를 지녔다 해도) 그런 목소리를 낼 가능성은 거의 없어 보인다. 편향된 권위는 편향된 만큼 전혀 권위가 아니다.

단순한 주장은 관련성이 없다.

어쨌든 그녀의 편향은 논점을 벗어난 것인데, 이는 올브라이트가 자신의 주장에 대해 아무런 이유를 제시하지 않았기 때문이다. 그녀는 그냥 클린턴의 대외 정책이 (그녀의 생각에 명백히) 훌륭하다고 말했을 뿐이다. 그녀는 대외 정책이 왜 훌륭한지는 말하지 않았다. 그러므로 그녀의 결론을 뒷받침할 수 있는 관련 있는 이유는 전혀 제시되지 않았다. 그녀 자신은 아마도 자신이 편향된 권위가 아닐까 하고 의심할 것이다. 그것이 바로 그녀가 자신을 진술된 의견을 주장하는 사람으로 거론하지 않은 이유이다. 정말이지 당치도 않다. 그녀는 "나는 … 라고 믿는다."라고 말하지 않는다. 대신 그녀는 이름 모를 미래의 역사가들, 즉 그녀가 진술한 의견을 지닐 수도 지니지 않을 수도 있지만 우리가 반문을 할 수 없는 남녀들을 인용한다. 따라서 인용된 권위는 정체 불명일 뿐만 아니라 아직 존재하지도 않는다. 어쩌면 그러한 미래의 남녀 역사가들이 국방장관의 이기적 의견을 증거를 가지고 뒷받침할 수도 있을 것이다. 하지만 또 한편으로 그들은 그렇게 하지 않을 수도 있을 것이다.

그러므로 올브라이트의 진술을 읽는 것은 대체로 시간 낭비이다. 이런 종류의 글이라면 아무것도 믿지 말라.

집단순응사고, 집단본능, 대중의 의견, 공인된 지혜, (이른바) 상식은 모두 보통 관련성이 없다.

애국심, 전통, 상식적 의견에 호소하는 것은 매우 미심쩍은 권위에 호소하는 것이거나 전혀 권위가 아닌 것에 호소하는 것이다. 그러한 호소는 논점을 벗어나는 것이며, 그래서 관련성이 없다. 시류와 여론은 아무것도 의미하지 않는다. 어떤 영화가 인기가 있다거나 없다는 사실은 당신이 그 영화를 보아야 하는지를 결정하는 고려 요인과 관련이 없다. 당신의 취향은 대중과 다를 수 있으며, 대중이 틀릴 수도 있다.

이 주장은 어떤가? "만일 햇볕에 피부를 그을리는 것이 정말로 안전하지 않다면 무수히 많은 미국인이 매주 그것을 하지는 않을 것이다."

"정말입니까? 당신은 어떻게 그렇게 확실히 압니까?"

많은 수의 사람이 옳다고 생각하는 것이나 그들이 하는 것은 실제로 진리인 것과 관련이 없다. 햇볕에 피부를 그을리는 것의 유익함과 위험은 그 활동이 대중의 인기를 끌고 있다는 사실로부터 연역될 수 없다. 다수가 행하거나 생각하는 것을 근거로 절대로 아무것도 추리하지 말라. 많은 무리의 사람이 점성술, 염력, 초감각적 지각, 체외유리 경험, 특수 창조설 등을 믿는다는 것을 기억하라. 한때 다수가 지구가 평평하며, 우주의 중심이라고 믿었던 적도 있었다. 여론조사는 유령, 귀신이 출몰하는 집, 죽은 사람과의 소통을 믿는 사람들의 비율이 지난 10년 동안 상승해왔음을 보여준다(뉴스스캔 뎅터 포인트, 《사이언티픽 아메리칸》(*Scientific American*) 285〔2001〕: 26). 그것이 바로 우리가 그러한 헛소리를 믿지 말아야 할 이유이다.

심지어 오늘날 시대의 일부라고 할 수 있는 과학조차도 때로 저온 핵융합, 필트다운인 날조 사건, 존재하지 않는 N-선의 발견에서처럼 그릇된 방향으로 획기적인 비약을 한다. 뉴스에서 보도된 어떤 의학적 발견이 결국은 또 다른 연구가 그 처음 연구와 모순되는 것 같다는 것을 배우게 되는 식으로 끝난다는 것을 당신은 얼마나 많이 들었는가? 유방 X선 촬영법 대 비 유방 X선 촬영법? PSA 스크리닝 대 비 PSA 스크리닝?

신경아세포종(neuroblastoma) 초기 정밀진단을 위한 최근의 스크리닝 검사는 그런 종양에 대한 초기 정밀진단이 생존에 아무런 차이를 가져오지 못한다는 것을 보여주었다. 사실상 초기에 발견된 종양의 대부분은 자연 쇠퇴를 겪으며, 그래서 아무런 치료도 요구되지 않았다. 최근 잘 제어된 유망 연구에 따르면 에스트로겐 보충은 전에 보고된 대로 치명적인 심장발작의 감소가 아니라 증가의 원인이 되었다. 에스트로겐 보충은 전에 보고된 대로 치매의 발생을 감소시키는 것이 아니라 증가시킨다.

모든 가짜 이유는 관련성이 없다.

우리는 이미 승인된 결론을 정당화하기 위해 사람들이 어떻게 가짜 이유를 사용하는지 논의했다. 보통 결론은 이유를 고찰한 다음에 나타나야 하며, 그 역은 안 된다. 합리화를 하는 경우에 진술된 결론은 보통 결론과 거의 또는 전혀 관계가 없으며, 단지 미심쩍은 입장을 정당화하기 위해 만들어졌을 뿐이다.

예컨대 "예, 나는 《허슬러》(*Hustler*)를 구독합니다. 하지만 나는 그 잡지의 기사들이 훌륭하기 때문에 구독하는 겁니다."

이 말은 합리화일 가능성이 높다. 나는 《허슬러》에서 훌륭한 기사를 본 적은 없지만 예쁜 여자의 훌륭한 누드 사진은 많이 보았다. 게다가 설령 때로 훌륭한 기사가 《허슬러》에 실린다 해도 그것이 그가 《허슬러》를 구독하는 진짜 이유는 아니다. 그것은 내가 《허슬러》를 구독하는 이유도 아니다. 어떤 주장을 뒷받침하기 위해 가짜 이유가 제시되면 그런 이유는 결론의 옳음과 관련이 없다. 세상에는 정말이지 가짜가 너무 많다. 거기에 가짜를 또 보태지 말라.

감정에의 모든 호소는 관련성이 없다.

전통이나 개인적 처지에의 모든 호소, 모든 비꼼이나 **비방**, 모든 연좌제, 아첨, 동정, 수치, 자선의 모든 사용, 폭력에 대한 모든 위협, 모든 폭력 자체는 때로 원하는 일을 성취하는 데 있어서 효과도 있겠지만 결론과 관련이 없으며, 그래서 비합리적이다.

감정이 우리로 하여금 어떤 것을 돕거나 하는 데 영향을 미칠 수 있겠지만 그것은 논점을 벗어난 것이다. 감정적 호소는 합리적 결론과 무관하며, 진짜 증거에 대한 부실한 대체물이다. 진리에 이르기 위해 감정을 사용하는 것은 이유에 대한 부실한 대체이다. 그러니 감정을 사용하지 말라.

이 말을 생각해보라. "나를 신뢰하라. 너는 두려워할 것이 없다." 이유에 의해 뒷받침되지 않은 상태에서 신뢰하라는 명령은 관련성이 없다. 앞의 주장과 결부시켜 생각해보면 우리는 경계를 늦추지 않는 것이 좋을 것 같다.

또는 이 말을 생각해보라. "너는 나와 잠자지 않는 한 이 과목을 통과하지 못할 것이다." 우리 견해에 대한 증거를 제시하는 대신 달갑잖은 어떤 사태를 가지고 위협함으로써 다른 사람을 설득하려고 하는 것은 관련성이 없다. 특수한 행동 방책의 귀결을 지적하는 것에 잘못된 점은 없지만 위협을 이용하는 것은 그 위협이 결론과 합당한 관계가 없기 때문에 관련 없는 호소를 이용하는 것이다. 그것이 얼마나 나쁜 것인지 보기 위해 그 말을 표준 형식으로 다시 써보기로 하자. 괄호는 함축적 전제들을 표현하고 있다.

나는 너와 성관계를 맺고 싶기 때문에
나는 네가 나와 성관계를 맺기를 원한다.
나는 너의 이 과목 통과 여부에 대한 지배 권한이 있으므로
(그리고 그렇게 너의 장래 직업적 삶에 대한 지배 권한이 있으므로)

(그리고 너는 너의 직업적 삶을 위태롭게 하고 싶어 하지 않을 것이므로)

(그리고 나는 네가 나와 성관계를 맺지 않는다면 그것을 위태롭게 할 것이다).

(결론:) 그러므로 너는 나와 성관계를 맺을 것이다.

이런 식으로 진술되면 이 논증은 합리적인 사람이면 누구에게도 요구된 행위의 올바름을 납득시키지 못할 것이다. 그러나 그 논증은 아마도 우리가 생각하는 것보다는 더 자주 요구에 순응하는 결과를 초래했을 것이다. 그 논증은 결과를 성취하는 데는 효과적인 장치지만 그런 논증에 사용된 (괄호 속) 함축적 전제들과 함께 위협하는 전제를 사용하는 것은 관련성이 없다.

당신으로 하여금 나쁘다고 느끼게 만들거나 죄의식을 느끼게 만드는 논증은 관련성이 없다. "우리가 당신을 여기서 칸쿤까지 공짜로 비행기로 실어 날랐고, 마야 팰리스 호텔(Maya Palace Hotel)에 사흘 동안 투숙시키면서 모든 식사와 접대를 제공했는데도 우리 콘도를 하나도 분양받지 않으시렵니까?" 이 중개인은 강한 감정을 이용하여 상품이 아닌 미끼를 물도록 잠재적 고객에게 죄의식을 주입시키려 하고 있다. 보통 그런 것처럼 그런 미끼가 제시되면 붙어 있는 끈이 없을 때 고객이 무언가에 관해 죄의식을 느낄 이유가 없는데, 하물며 고객이 원하지 않는 콘도를 구입하지 않을 것임은 말할 것도 없다. 감정—이 경우에 죄와 수치에 대한 감정—에 호소하여 어떤 행동에 영향을 미치려는 모든 시도는 관련성이 없다.

그 중개인에 대해서는 다음과 같이 답하는 것이 적절할 수 있을 것이다. 즉 "우리는 무언가를 구입할 의무가 전혀 없습니다. 홍보책자에 진술된 것처럼 무료 여행을 시켜준다는 것은 당신이 우리에게 제시한 원래 조건 중 하나였습니다. 감사하게 생각하지만 우리는 콘도를 구입하는 일에는 전혀 흥미가 없습니다." 이 대목에서 당신이 이유가 있다면 그 친구에게 그 이유를 제시해도 해롭지는 않을 것이다. 이를테면 "우리는 ( ) 하기 때문에 콘도를 좋아하지 않습니다."(괄호를 채워보라.)

모든 뇌물 그리고 공직자의 개인적 이해에 대한 모든 호소는 관련성이 없다.

"개인적으로 저에게 캠프 데이비드(Camp David, 메릴랜드 주에 있는 대통령 전용 별장)의 맥도널드 독점 판매권을 제공하는 은전을 베풀어주시겠습니까?"

대통령: "천만에요. 나는 그것이 본디 있어야 할 곳인 여기에—백악관에—있기를 원합니다."

개인적 호의나 개인적 이해에 호소하여 관료에게 영향을 미치려는 모든 시도는 감정적 호소이며, 그래서 관련성이 없다. 정치인으로 하여금 어떤 것에 찬성하거나 반대하는 표를 던지도록 설득하기 위해 돈을 쓰는 것은 관련성이 없으며, 그래서 비합리적이다. 모든 정치헌금이나 뇌물은 결론을 뒷받침하는 이유가 아니다. 그러므로 그런 것들은 그릇된 것이다.

정치적으로 올바르지 못한 많은 이야깃거리는 관련성이 없다.

예컨대 윙크하는 것은 괜찮은 일인가? 누가 알랴. 어떤 사람들은 여자가 윙크하면 남자를 거북하게 만들 수 있기 때문에 괜찮지 않다고 생각한다. 다른 한편으로 윙크는 아주 자연스러운 것처럼 보이며, 누군가를 중대하게 해칠 것 같지 않다. 여자가 나에게 윙크하면 나는 신경 쓰지 않는 편이다.

우리는 윙크하는 것을 정당화하기 위해 자연스러운 논증을 구성할 수 있다. 즉 여자는 시시덕거리기의 전조로서 남자에게 윙크할 가능성이 높고, 이것은 다시 사랑의 전조일 수 있으며, 이것은 다시 성관계, 결혼, 종 번식으로 이끌 수 있다. 그러므로 올바르든 그릇되든 윙크는 스테이크를 굽고 있을 때 킁킁거리며 냄새를 맡는 일처럼 자연스런 풍경의 일부라고 보아도 무방할 것이다. 맞다. 정말이지 여자는 태양이 다 타 없어질 때까지 남자에게 윙크할 것이다. 그러므로 윙크에 대해 어쩌면 더 좋고 덜 편파적인 낱말은 '감탄하다'(admire)일 것이다. 맞아 바로 그것이다. 여자는 태양이 다 타 없어질 때까지 남자에게 감탄할 것이다. 현실이 그러하므로 윙크에 대해 너무 심하게 반론을 펼치는 것은 올바른 것 같지 않다. 엘리자베스 케이디 스탠튼(Elizabeth Cady Stanton, 1815~1902)은 여권 선언(Declaration of Sentiments)에서 비슷하게 자연스런 논증을 사용하였다. "여성의 양심이 명하는 바에 따라 사회에서 여성이 그러한 지위를 차지하는 것을 금하는 모든 법 혹은 남성보다 열등한 지위를 부여하는 모든 법은 위대한 자연의 가르침에 반하는 것이며, 그래서 아무런 힘도 권위도 없음을 결의함."[1)]

만일 여성의 권리를 지지하는 그런 논증이 합리적이라면 나는 여자가 남자에게 감탄하고 남자가 여자에게 감탄한다고 주장하는 논증도 합리적이라고 생각할 터인데, 그것은 그 논증도 자연스럽기 때문이다.

---

1) 여권 선언 전문은 June Sochen, *Herstory: A Woman's View of American History*(New York: Alfred, 1974), 415~425면에서 볼 수 있다.

아첨이나 온갖 형태의 칭찬은 합리적으로 증거를 대신할 수 없다.

그러나 우리는 긍정의 말에 몹시 영향을 받기 때문에 값싼 아첨의 속임수에 쉽게 조종당할 수 있다.

"당신이 과거에 나에게 매우 친절하고 관대했기 때문에 정말이지 이런 말을 꺼내고 싶지 않지만 100,000달러를 더 빌려주실 수 있겠습니까? 나는 당신이 제 것만 아끼는 다른 녀석들과 달리 진정한 기독교의 박애 정신을 가지고 있기 때문에 이런 말을 꺼내도 좋다고 생각합니다." 청원자는 그의 요구에 대한 이유가 아니라 아첨의 말을 이용했다. 사실상 진정한 기독교인이라면 돈을 빌려줄 것이라는 의심스런 도덕적 논증 이외에는 돈을 빌려줄 필요성에 대한 증거가 전혀 언급되지 않는다.

이것은 어떤가? "이번 달에 팔아야 할 물건을 너무 못 팔고 있는 상태라서 나는 매상을 필요로 합니다. 제발 부탁이니 이 TV를 좀 사주세요. 나는 매상을 올려야 합니다. 내 아내도 매상을 필요로 하지요. 우리 아이들도 필요로 합니다." 동정에 대한 호소는 필요성에 대한 증거가 아니며, 우리가 TV를 사야 한다는 것을 입증하는 합리적 논증도 아니다. 그 TV를 사는 것이 우리에게 가져다 줄 이득에 대한 검토가 우선일 것이다. 문제의 TV가 나의 개인적 필요를 충족시키는가? 그 TV가 65인치인가? 서라운드 사운드를 가지고 있는가? 고화질은 어떤가? 마이크로파인 형광 CRT 화면인가? 우리 집에 들여놓을 수 없을 정도로 너무 큰 것은 아닌가? 가격은 얼마인가? 결재 계획은? 금주에 배달될 수 있는가? 그러한 모든 것이 내가 사야 하는지 하는 문제와 관련이 있을 수 있다. 그러나 그달 판매원이 팔아야 할 물건의 가련한 상태는 내 결정과 관련이 없다(혹은 없음에 틀림없다). 그의 필요는 단순히 매상을 올리려는 주장이 아니라 진정이라면 그가 매상을 올리는 일에 대해 관련 있는 이유일 것이다. 그렇지만 그 필요는 우리가 사야 할 이유는 아니다.

정치인은 관련 없는 증거를 사용하기로 악명이 높다.

"페로 씨, 당신이 대통령에 당선되면 같이 일해야 할 의회가 별로 협조적이지 않을 것 같은데요."

"글쎄요. 내가 당선되면 의원들 중 약 절반은 심장마비로 쓰러질 겁니다. 내 문제의 절반은 해결되는 셈이지요."

페로는 기자의 질문에 역점을 두지 않는다. 대신 유머를 사용함으로써 페로는 진짜 쟁점이 되는 문제에서 주의를 딴 데로 돌려놓는다. 그처럼 시선을 딴 데로 돌리는 것은 여우사냥에서 사용된 유명한 속임수를 따라 레드 헤링(red herring, 훈제 청어란 뜻으로 18세기 유럽에서는 냄새가 지독한 이 생선을 사냥개를 훈련할 때 여우가 다니는 길에 놓아두어 개를 훈련시키는 데 썼다고 한다. 한편으로는 사냥감을 쫓던 개가 그 냄새를 맡고 나면 사냥감을 놓친다고 해서 탈옥자나 도망자가 가장 좋아하는 생선이기도 했다. 논쟁에 휘말린 사람이 위기를 모면하기 위해 엉뚱한 데로 상대방의 관심을 돌려 논점을 흐리게 하는 기법을 말한다. 엉뚱한 허수아비를 만들어놓고 공격하게 한 뒤 그 틈을 타 도망가는 기법이다)이라고 한다. 부분적으로 구워진 훈제 청어를 여우의 꼬리에 문질러 바른다. 그러면 개들은 좋은 냄새를 따라 여우를 추적할 것이다. 여우사냥을 싫어했던 사람들은 그들 자신의 레드 헤링을 사용함으로써 그 개들의 시선을 분산시킬 수 있었다.

1984년 대통령 선거 유세 기간 동안 어떤 사람들에게는 레이건 대통령의 나이가 관심사였다. 나는 대통령이 좀더 젊은 월터 먼데일(Walter Mondale)과 경쟁하고 있을 때 그 문제가 제기되었던 TV

토론을 기억한다.

> 기자: 대통령 각하, 핵전쟁을 다루기에는 대통령께서 너무 나이가 많은 건 아닐까요?
>
> 레이건: 천만에요. 그리고 나는 상대방의 젊음과 미숙함을 이용하지 않을 생각입니다.

레이건은 (증거에 의해 뒷받침되지 않는 일반적 차원의 부정을 제외하고는) 그 문제에 초점을 맞추지 않았지만 유머를 통해 그 문제로부터 시선을 딴 데로 돌려놓았다. 대통령은 핵전쟁을 처리하는 대통령의 능력에 대한 유일한 평가 기준으로 나이를 이용하는 것이 양쪽으로 효과가 있을 수 있음을 영리하게 지적했던 것이다.

때로 정치인은 유머러스하지 않고 그저 어리석을 뿐인 관련 없는 증거를 이용하기도 한다. 하원의원 톰 들레이(Tom DeLay)는 "기숙사에서 공공연하게 성관계가 이루어지고, 대학에서 창조론을 가르치지 않기 때문에" 아이들이 베일러 대학이나 텍사스 에이앤엠 대학에 가면 안 된다고 말한 것으로 기록되었다. 들레이는 자신의 의견을 지닐 권리가 있다. 그러나 그 의견에 대한 이유를 제시할 때 그는 그 이유에 대한 분석과 비판에 스스로를 노출시키고 있다. 적절한 대학을 선택하는 것은 간단한 문제가 아니다. 오히려 그 문제는 들레이가 언급한 두 가지보다도 더 많은 이유를 포함해야 하는 복잡하고 다양한 문제이다. 단순히 편파적으로 선택된 두 가지의 작은 증거 조각 때문에 베일러 대학이 나쁘다고 말하는 것은 베일러 대학이 좋은 대학이라는 많은 양의 증거를 무시하는 것이다. 증거의 그러한 편파적 선택은 사고상의 오류이다. 편파적 선택에 기초한 결론은 어떤 것이든 그 정도만큼 그르다. 더 나아가 들레이는 기숙사에서 성관계가 이루어지고 창조론을 전혀 가르치지 않기 때문에 베일러 대학이 모든 학생에게 나쁘다는 것을 암시한다. 어떤 학생들은 《위험한 실험》(*The Harrad Experiment*)[2)]에서처럼 그런 환경 속에서 성공할지도 모른다. 그러므로 들레이의 진술은 과도하게 일반적이다. 과도한 일반화는 오류이며, 과도한 일반화에 기초한 결론은 어떤 것이든 과도한 일반화의 정도만큼 그르다. 게다가 만일 교육기관을 앞에서 언급한 두 가지 이유로 판단해야 한다면 하버드, 컬럼비아, 프린스턴, 예일, 스탠포드, 소르본 그리고 세계의 다른 훌륭한 대학 대부분이 배제될 것이다. 그러한 고찰들에 더하여 창조론 교육을 교육기관 평가의 표준으로 생각하기란 어려운 일이다. 그와는 정반대가 옳다. 즉 창조론은 무수한 과학적 연구와 250만 년 전으로 거슬러 올라가는 화석 기록을 무시한다. 주의 깊게 수집한 엄청난 양의 과학적 증거를 무시하는 교과는 주의를 기울일 가치가 없다.

이 점에 관해 질문을 받자 들레이는 말했다. "나를 기록한 녀석은 미국시민자유연맹(American Civil Liberties Union, 줄여서 ACLU)의 전 회원입니다." 들레이의 연설을 기록한 녀석이 미국시민자유연맹의 전 회원인지 현 회원인지 혹은 전혀 회원이 아니었는지는 그 진술이 합리적인지와 관련이 없다. 들레이는 그저 아무 가치 없고 관련 없는, 사람을 트집 잡는 논증에 호소함으로써 그 자신의 진술을 옹호해야 할 책임으로부터 시선을 딴 데로 돌리려 하고 있는 것이다.

---

2) Robert H. Rimmer, *The Harrad Experiment*(Amherst, NY: Prometheus Books, 1990).

공허한 위로는 관련성이 없다.

"시의원님, 저는 퇴직하고 나서 빚 안 지고 살아가기가 몹시 힘듭니다. 의원님께서 이번에도 재산세 증액에 표를 던지면 저는 어떻게 살아갈지 참 막막합니다."

"그냥 이를 악물고 견뎌야 할 겁니다. 사태가 더 악화될 수 있습니다. 선생이 테일러 레이크 빌리지에 사는 것은 행운입니다. 리버오크스에서는 세금이 훨씬 더 높으니까요."

이 말은 반대 세력의 입을 다물게 하고 문제에 대해 그 이상의 이성적 고찰을 못하게 막기 위한 흔한 형태의 레드 헤링 수법이다. 세금을 올려야 한다는 데 대해 이유 대신 제시된 것은 그저 해당 논점을 다시 주장한 것에 불과하다. 지적 토론 대신 퇴직자는 공허한 위로를 받는데, 이 위로는 '사태가 더 악화될 수 있거나' 다른 어떤 집단의 상황이 훨씬 더 나쁘기 때문에 불평자가 바람직하지 않은 상황에 만족해야 한다고 주장함으로써 불평으로부터 주의를 딴 데로 돌리려 하고 있다.

'사태'는 거의 언제나 악화될 수 있다. 하지만 '사태'는 거의 언제나 더 좋아질 수도 있다. 그것이 진짜 문제는 아니다. 때로 어딘가에서 사태가 어쩌면 악화될 수 있을 것이다. 때로 어딘가에서 사태가 어쩌면 좋아질 수 있을 것이다. 그것은 하나 마나 할 정도로 빤한 이치, 즉 정보 가치가 전혀 없는 항진진술이다.

그러한 엉터리 문제에 주의를 기울이도록 하는 것은 단지 불평 처리를 피하기 위한 방법에 불과하다. 그처럼 시선을 딴 데로 돌리는 논증에 대처하는 한 가지 방법은 빤한 것을 지적하는 것이다. 그래서 사태가 악화될 수도 있지만 좋아질 수도 있다는 것, 즉 디어파크는 테일러 레이크 빌리지보다 세금이 낮다는 것을 지적하는 것이다. 또는 리버 오크스가 휴스턴에서 가장 부유한 지역이라고 설명할 수도 있다. 리버 오크스와 테일러 레이크 빌리지의 세금 구조를 비교하는 것은 다이아몬드와 조약돌의 가치를 비교하는 것과 같다. 다시 말해서 테일러 레이크 빌리지와 리버 오크스를 비교하는 것은 그릇된 비교, 그릇된 유비이다.

또 다른 예: "제발 담배는 여기가 아니라 밖에 나가서 피우세요."

"이차 흡연은 밖에 있는 트럭이 공회전하면서 내는 디젤 배기가스 정도만큼 해로운 게 아닙니다. 그런 매연들도 당신을 병나게 할 수 있습니다."

맞다. 디젤 배기가스 매연도 당신을 병나게 할 수 있다. 그래서 어쨌단 말인가? 그것은 사무실 내 흡연에 대한 공허한 위로이다. 사무실 밖 흡연이 사무실에서 일하는 사람들에게 더 좋을 것이라는 문제는 다루어지지 않았다. 디젤 매연이 더 나쁜 것이라고 주의를 환기시키는 것은 심리적으로 강력할지는 몰라도 두 가지 결과, 즉 이차 흡연과 디젤 매연을 대비시키고, 그러한 대비를 통해 담배 흡연이 실제로 디젤 매연보다 더 좋아 보이게 만드는 관련성 없는 수법이다. 그러나 조사해야 할 논점은 이차 흡연이 디젤 매연보다 더 좋은지 나쁜지 혹은 똑같은지가 아니었다. 조사해야 할 논점은 맑은 공기가 사무실에서 일하는 사람들에게 담배 흡연으로 오염된 공기보다 더 좋으리라는 것이었다. 어쨌든 두 가지를 모두 제거하는 것이 낫지 않을까?

모든 모호한 정의와 모든 언어적 혼동은 관련성이 없다.

모호한 표현의 사용과 오용, 넓든 좁든 그릇된 정의, 다의성, 애매성, 차이가 없는 구별은 관련성이 없다.

1. "맥스는 아내보다 테니스를 더 좋아한다."
2. "사람들은 수은 때문에 같은 주에 두 번 일리노이에서 잡은 물고기를 먹어서는 안 된다."
3. 물음: "왼쪽으로 돌아야 합니까?"
   답: "Right!" (오른쪽으로! 혹은 똑바로!)
4. "우리 미국인에게는 어떠한 좌절도 좌절이 아니다."

앞과 같이 애매한 어법과 부적절한 표현은 올바른 결론에 도달하는 것을 방해한다. 우리는 맥스가 아내를 좋아하는 것보다 테니스를 더 좋아하는 것인지, 아니면 그의 아내가 테니스를 좋아하는 것보다 그가 더 테니스를 좋아하는 것인지 모른다. 예 2에 대해서는 사람들이 같은 주에 물고기를 두 번 먹어서는 안 된다고 보는 것이 좀더 그럴듯한 해석인데, 이는 같은 주에 같은 물고기가 두 번 잡힐 것 같지 않기 때문이다. 예 3은 실제로 어떤 쪽으로 돌지를 모르기 때문에 우리를 곤란한 상황으로 몰아넣는데, 이는 *right*라는 단어가 두 가지 의미, 즉 "오른쪽으로"와 "똑바로"라는 두 가지 의미를 갖기 때문이다. 이 맥락에서 어떤 의미가 적용되는가? 당신은 알 수 없다. 그리고 마지막 예 4 좌절은 정의에 의해 좌절이다. 45번 고속도로와 딕시 팜 로드(Dixie Farm Road)에 있는 이 광고 문구는 이라크에서의 좌절에도 불구하고 여론을 통합하기 위한 것이다. 이 문구는 어떤 것이 그것이면서 동시에 그것이 아닐 수 없기 때문에 모순이다. 그 견고한 규칙은 좌절이 좌절이면서 좌절이 아닐 수 없다는 식으로 좌절에도 적용된다. 그것은 논리적으로 그리고 물리적으로 불가능하다. 논리적으로 그리고 물리적으로 불가능한 것은 결의가 굳은 미국인들에게도 논리적으로 그리고 물리적으로 불가능하다. 내가 보기에 그 문구가 실제로 의미하는 것이라고 가정되는 것은 미국인으로서의 우리가 좌절에 맞서서 헤쳐 나가기로 굳은 결의를 보이기 때문에 좌절이 오랫동안 또는 상당한 정도로 우리를 좌절시키지는 못하리라는 것이다. 그러나 유감스럽게도 그것은 그 문구가 말하는 것이 아니다. 그리고 그런 의미를 말하는 것이 아니기 때문에 그 문구는 좌절이 지성적으로 그리고 적합하게 다루어지고 해결될 필요가 있는 심각한 문제가 아님을 암시한다. 실재 상황에 관해 생각하도록 장려하는 대신 그 문구는 우리로 하여금 문제를 비이성적으로 잊어버리도록 장려하고 있는데, 그것은 어쨌든 "좌절이 우리에게 좌절이 아니기 때문"이다.

올바른 결론으로 이끌 수 없는 진술은 관련성이 없다.

일반적으로 사태가 분명치 않으면 물어라. 이해가 안 되는 것에 관해 묻는 것을 가지고 쩔쩔매지 말라. 당신이 부적절하게 표현되었다고 의심하는 것에 관해 묻는 것을 가지고 쩔쩔매지 말라. 그른 결론에 이르는 것보다는 소박하거나 어리석은 것처럼 보이는 회의적 태도나 위험을 감수하는 것이 더 낫다.

차이가 없는 구별은 관련성이 없다.

예컨대 "나는 베꼈던 게 아닙니다. 나는 확실히 부정을 저지르지 않았어요. 그저 기억을 되살리기 위해 그녀의 답안지를 살짝 쳐다보았을 뿐입니다."를 생각해보라. 이 논증은 부정행위, 베끼기, 기억을 되살리기 위해 누군가의 답안지를 살짝 쳐다보기를 구별하려 한다. 이 논증은 부정행위 대 베끼기 대 기억 되살리기의 정의에 관한 기본적 혼동에 기초를 두고 있다. 그러한 모든 구별이 제시되고 있지만 그 구별은 차이를 만들지 못한다. 그런 구별이 정말로 차이를 만든다고 말하는 것 역시 그런 차이를 만들어내지 못한다. 부정행위로 잡힌 학생은 차이 없는 구별을 제시함으로써 부정행위에 대한 처벌을 피하려 하고 있다. 차이 없는 구별은 관련성 없이 시선을 딴 데로 돌리려는 논증이다.

닉슨 대통령의 이 진술은 어떤가? "나는 도둑(crook)이 아닙니다!" 그가 도둑이었는지는 그가 했던 일과 도둑이란 낱말의 정의에 달려 있을 것이다. 잠시 그가 도둑이 아니었다고 해보자. 그것은 그가 헌법을 수호하겠다는 그의 대통령직 취임 서약을 위반하지 않았음을 의미하지 않는다. 닉슨은 워터게이트 침입 사건에서 그가 사람들에게 명령했던 일 대 진짜 도둑이 다른 가택 침입에서 하는 일을 구별하고 있는데, 이 구별은 차이가 없는 구별이다. 그 구별이 결론과 관련이 없기 때문에 결론은 뒷받침되지 않는다. 닉슨의 말 속에 함축된 결론은 그가 도둑이 아니므로 도둑처럼 처벌되어서는 안 된다는 것이었다.

또 하나의 예가 있다. "나는 네게 거짓말하지 않았어. 단지 네가 듣고 싶어 하는 것을 말했을 뿐이야." 그는 정말로 거짓말했다. 어쩌면 그는 진술된 이유 때문에 거짓말을 했을 것이다. 그래서 어쨌단 말인가? 그는 거짓말과 이유가 있는 거짓말을 구별하려 하고 있다. 이 경우에 그는 자신이 그녀를 위로하기 위해 거짓말했다고 말한다. 그는 듣고 싶어 하는 것을 제공했기 때문에 그 거짓말이 정당화된다고 그녀가 결론짓기를 원한다. 그렇지만 거짓말과 멋진 이유가 있는 거짓말은 차이가 없다. 그것도 여전히 거짓말이며, 그래서 그 구별은 차이가 없는 구별이다. 일부러 차이가 없는 구별을 이용하는 것은 어떠한 결론과도 관련이 없다.

선결 문제 요구의 오류는 관련성이 없다.

선결 문제 요구의 오류, 순환논증, 동의어반복, **관용적 중복 표현**(pleonasm, '꽤 많이'나 '매우 독특한'처럼 중복 표현), 복합 질문, 유도 질문, 단순한 주장 등은 관련성이 없다. 이런 것들에 대해서는 (어느 정도) 앞에서 이미 다루었다.

그래서 지금쯤은 당신이 "당신은 금고 터는 걸 즐기는가?"라는 질문에 답할 수 있어야 한다. 힌트: 답은 예나 아니오를 포함하지 않는다. 그 질문은 거부되어야 한다. 부정의 답은 당신이 금고를 털지만 즐기지는 않는다는 것을 함의한다. 증인석에서 이와 같은 질문을 받으면 나는 보통 그냥 거기에 앉아서 질문자가 질문을 바꿔서 다시 물을 때까지 그 질문자를 조용히 응시한다.

보증되지 않은 모든 가정은 관련성이 없다.

보증되지 않은 가정에는 연속의 오류와 전통에 호소하는 논증이 포함된다. 어떤 의미에서 그릇된 유비도 새 것이면 언제나 더 좋은 것이라는 새로움의 오류(fallacy of novelty)가 그런 것처럼 보증되지 않은 가정에 기초를 두고 있다. 흑백사고를 다루면서 우리는 잘못된 대안의 오류를 논의하였다. 소망적 사고를 다루면서는 인간 희망의 오용을 논의하였다. 당신이 어떤 것이 옳기를 바란다고 해서 그것이 옳게 되지는 않을 것이다. 역으로 당신이 어떤 것이 옳지 않기를 바란다고 해서 그것이 옳게 되지도 않을 것이다.

보증되지 않은 가정과 밀접하게 연관된 세 가지 오류는 합성의 오류, 분할의 오류, 평균의 오류이다. 부분이 반드시 전체와 똑같은 것은 아니며, 전체가 반드시 그 부분들과 똑같거나 혹은 심지어 비슷한 것도 아니다. 평균은 그저 논의 중인 주제와 관계가 있을 수도 있고 없을 수도 있는 수학적 추상 개념이다.

전체에 대해 옳은 것이 반드시 전체의 부분들에 대해 옳은 것은 아니다.

전체에 대해 옳은 것이 부분에 대해서도 옳다고 가정하는 것은 증거의 편파적 선택에 기초를 둔 보증되지 않은 가정이며, 그래서 다음과 같은 결론과 관련이 있을 것 같지 않다. "메어리는 아주 멋지며 존도 아주 멋지다. 두 사람이 결혼하는 걸 보는 것 또한 멋지지 않을까?" 두 사람이 결혼하게 되는 걸 보는 것은 멋질지 모르지만 결혼 자체는 그리 멋지지 않을 수 있다. **결혼**이라는 전체는 그 결혼을 이루는 부분들의 합 이상이다. 그래서 멋진 두 사람이 결과적으로는 멋진 결혼을 하지 못할 수 있는 것이다. 스포츠 경기에서 우리는 그 원리를 꽤 자주 본다. 그 팀은 최고의 선수들을 소유하고 있다. 그런데도 그 팀은 히트하지 못한다. 반면 최고의 선수들을 지니지 못한 팀이 히트하거나 혹은 더 히트할 수도 있다.

물은 수소 두 부분과 산소 한 부분으로 구성된다. 수소와 산소는 모두 폭발성이 매우 높다. 부분들이 폭발성이 높긴 하지만 물 자체는 폭발성이 전혀 없다. 물은 물이며 그 구성 부분들, 즉 수소와 산소와는 전혀 다른 속성을 갖는다.

이 오류와 밀접하게 관계되어 있는 오류는 **분할의 오류**(fallacy of division)인데, 이 오류는 어떤 전체에 대해 옳은 것이 그 전체의 부분들 각각에 대해서도 옳다고 가정한다. 이것 역시 보증되지 않은 가정이다. 요점을 파악하려면 뒤로 돌아가 물 문제를 생각해보라. 물에 대해 옳은 것이 그 구성 부분들, 즉 수소와 산소에 대해 옳은 것은 아니다.

"브리트니 스피어스(Britney Spears)는 예쁜 얼굴을 가지고 있다. 그러므로 그녀의 코도 예쁨에 틀림없다." 스피어스가 예쁜 얼굴을 가지고 있다는 말은 옳을 수 있지만 그것이 반드시 코나 귀 같은 그녀 얼굴의 개별 부분도 예쁘다는 것을 의미하지는 않는다. 이는 전체의 특성이 반드시 부분들 각각이 공유하는 특성은 아니기 때문에 그렇다.

평균의 오류(fallacy of mean)는 극단보다는 평균이 어쨌든 최상이거나 올바른 것이라는 생각이다. 이 오류는 **온건의 오류**(fallacy of moderation)로도 알려져 있다. 어떤 입장이 평균적 입장이거나 혹은 평균적 입장에 가까운지는 결론과 관련이 없으며 무시되어야 한다. 온건한 견해는 최상의 견해일 수 있으며, 그 점에 관해서는 의문의 여지가 없다. 하지만 그것은 여기서 문제가 되는 논점이 전혀 아니다. 논점은 온건한 견해가 단지 온건하다는 이유로 최상의 견해로 뒷받침되는 것은 아니라는 것이다. 온건한 견해를 정당화하는 것은 다른 증거로부터 나와야 한다. 어떤 논쟁을 해결하기 위해 절충하는 것이 그릇된 것은 아니지만 증거와 상관없이 절충이 최상의 해결책이라고 가정하는 것은 잘못된 일이다.

예를 들어보자. "당신은 그 TV를 2,000달러에 사고 싶어 하는데, 목록에 표시된 가격은 2,800달러니까 차액을 분담해서 2,400달러에 구입하시지요." 그런 절충안이 공정해 보일지는 모르겠으나 최상의 해결책은 아닐 수 있다. 만일 그 TV가 1,900달러의 가치밖에 없다면 그 절충안은 확실히 최상의 해결책이 아니다. 사실상 만일 그 가전제품이 1,900달러의 가치밖에 없다면 제시가격 2,000달러는 오히려 공정하고도 남음이 있다. 판매원을 대할 때는 언제나 판매점이 예상되는 절충 요구를 감안하고 가격을 제시할 수 있으며, 그래서 이른바 절충안이 전혀 절충안이 아니라 판매점에 유리한 안이 될 가능성을 생각하라.

또 다른 예: "둘 더하기 둘은 넷이다."

"아냐, 둘 더하기 둘은 여섯이야."

"너는 틀렸어. 넷이야."

"좋아. 그럼 이렇게 하지. 절충하자. 너는 넷이라고 하고, 나는 여섯이라고 했어. 그러니 다섯으로 조정하자. 됐니?"

둘 더하기 둘은 지금부터 영원히 넷이다. 잊지 말아라. 진리를 그런 식으로 절충하지 말라. 둘 더하기 둘은 넷이라고 말할 자유는 (소설 《1984년》에서) 윈스턴 스미스(Winston Smith)가 일기에서 다음과 같이 썼던 근본적 진리였다. 즉 "자유란 둘 더하기 둘이 넷을 만든다고 말할 자유이다. 그것이 인정되면 그밖에 모든 것이 따라 나온다."[3]

"미국 해안경비대 조석표에 따르면 레드 피시(Red Fish) 모래톱에서 평균저조위(mean lower low water) 수심은 3피트이다. 우리 배가 물에 잠기는 깊이는 29인치이므로 우리는 지금 당장 수심이 최고로 얕은 때라 할지라도 암초에 걸릴 것을 두려워하지 않고 모래톱을 지날 수 있다." 워! **평균저조위**는 바로 그것을 의미한다. 날마다 썰물은 두 차례 있는데, 한 번은 다른 때보다 더 수심이 얕다. 해안경비대는 그런 정보를 파악하고 있다가 19년 이상 행한 측정을 기초로 평균저조위를 계산한다. 그 측정은 평균이기 때문에 평균저조위는 수많은 경우에 진술된 숫자보다 낮아야 한다. 그러므로 현재 조

3) George Orwell, *Nineteen Eighty-Four*(New York: Penguin Putnam, 1950), 69면.

수가 진술된 저조위보다 낮을 수 없다는 가정은 모래톱에 걸려 좌초되는 재앙으로 인도할 수 있는(그리고 종종 그렇게 인도해온) 보증되지 않은 가정일 것이다.

"그 사건에서 주요 증인 두 명에게서 모순되는 증언을 들은 뒤 배심원은 진실이 중간 어디쯤에 있어야 한다고 결론지었다." 이것은 보증되지 않은 가정이다. 진실이 두 증언의 중간 어디쯤에서 발견될 것임을 시사하는 증거는 없다. 그 입장이 단순히 두 증언의 중간에 있다고 해서 그것이 올바르다는 것을 의미하지는 않는다. 한 증인이나 다른 증인 혹은 두 증인 모두 틀리거나 거짓말할 수도 있는 것이다.

평균의 오류와 밀접한 관계가 있는 오류는 통계에 의거한 **보증되지 않은 일반화**이다. 통계 분석은 기껏해야 잡다한 것이 뒤섞여 있는 경험이며, 특수한 것들에 관한 통계로부터 도출된 결론은 틀리는 경우가 종종 있다. "테일러 레이크 빌리지의 배론리지에 있는 가구의 평균 감정가는 300,000달러 이상이다. 그러므로 배론리지에 사는 사람은 누구나 특권을 누리는 부자(fat cat)이다." 통계는 올바르지만 배론리지에 사는 어떤 사람들이 평균 이하의 감정가를 가질 것이기 때문에 결론은 따라 나오지 않는다. 더 나아가 **특권**을 **누리는 부자**라는 용어가 명료하게 정의되어 있지 않으며, 그래서 우리는 그 진술이 의미하는 것을 실제로 알지 못한다.

대표성 없는 추출은 관련 없는 증거를 낳는다.

《리터러리 다이제스트》(*Literary Digest*)는 1936년에 공화당 대통령 후보 알프 랜든(Alf Landon)이 압도적 승리로 민주당에 몸담고 있던 프랭클린 D. 루즈벨트(Franklin D. Roosevelt)를 패배시킬 것이라고 예측했다가 문을 닫았다. 《리터러리 다이제스트》에게는 완전히 당혹스럽게도 압도적 승리는 반대쪽으로 돌아갔다. 일어났던 일은 《리터러리 다이제스트》가 전화 여론조사를 실시했다는 것이었다. 그 조사는 조사자의 80% 이상이 알프에게 투표할 의사가 있음을 보여주었다. 하지만 그 조사는 전화를 소유하고 있지 않은 사람들을 포함시키지 않았다. 전화를 소유하고 있는 부자의 수보다 훨씬 많은 다른 미국인들은 불황으로 몹시 큰 타격을 받고 있었다. 그들은 알프가 아니라 루즈벨트가 선거에서 이기기를 바랐으며, 그에 맞게 투표했다. 통계 추리는 조사자 집단—전화 소유자들—에 대해서만 맞았다. 증거의 편파적 선택, 보증되지 않은 가정, 과도한 일반화, 편향된 표본 등이 어쩌다 다시 훌륭한 잡지에 타격을 가해 터무니없는 결론에 이르도록 만들었는데, 이 결론은 《리터러리 다이제스트》가 결국 도산할 수밖에 없을 정도로 신용에 큰 타격을 입혔다.

이 진술은 어떤가? "흑인보다 유죄 판결을 받는 백인이 더 많다." 이 통계의 의도는 우리로 하여금 흑인이 유죄 판결을 받은 중죄인들의 모집단을 과대하게 대표하는 것이 아니기 때문에 법 앞에 평등한 정의가 있다고 믿도록 만들려는 것이다. 통계는 옳지만 백인이 9 대 1로 흑인 수보다 많다는 단순한 이유 때문에 그런 결론은 따라 나오지 않는다. 백인 유죄 판결이 그 비율로 흑인 유죄 판결보다 많을 경우에만 우리는 사회 정의에 관한 어떤 추리를 끌어낼 수 있을 것이다. 유죄 판결을 받는 흑인이 많은가 백인이 많은가는 어쨌든 논점 외의 일이다. 진짜 문제는 어떤 인종 집단이 대부분의 범죄를 저지르는가 그리고 얼마나 많이 저지르는가 하는 것이다. 유죄 판결은 저질러진 범죄 수를 반영해야지 그밖에 다른 것을 반영해서는 안 된다.

또 다른 통계: "에이즈에 걸린 사람 중에는 미혼 남성보다 기혼 남성이 더 많다."

이 통계가 옳긴 하지만 기혼 남성이 에이즈에 더 위험하다는 암시는 옳지 않다. 사실상 (미국에서) 기혼 남성은 4 대 1의 비율로 미혼 남성의 수를 능가한다. 미혼자 집단에서 HIV 양성 남성의 비율은 기혼자 집단을 큰 차이로 능가한다. 그러므로 비록 미혼 남성보다 기혼 남성이 에이즈에 더 많이 걸린다 할지라도 기혼 남성이 에이즈가 발병하기 쉬운 일반 집단인 것은 아니다. 그 반대가 사실일 수 있기 때문이다. 즉 미혼과 관련된 어떤 요소가 미혼자 집단에서 에이즈 발병률을 증가시킬 수 있기 때문이다.

반대 증거는 관련성이 있을 경우 고려되어야 한다.

통일장 이론은 이용할 수 있는 모든 증거를 고려하도록 요구한다. 증거의 일부만 고려하는 것은 편파적 선택이 될 것이고, 잘못된 결론에 이르게 할 수 있다. 특히 중요한 것은 반대 증거에 대한 고려인데, 이것은 대체로 배심원들이 유죄 판결을 내릴 때마다 안전장치로 작용하는 것이다. 검사가 사건의 전말을 제시한 다음 당신은 피고가 중죄를 범했다고 확신하는데 왜 귀찮게 재판을 하는지 의아해한다. 그러자 피고의 대리인이 자리에서 일어나 상황에 대한 그의 견해를 제시하는데, 이 말을 듣고 당신은 어떻게 생각해야 할지 모른다. 이제 당신은 이 불쌍하고 결백한 얼간이를 가능한 한 빨리 풀어주고 싶어 한다. 나중에 당신은 모든 증거, 즉 선악과 찬반의 모든 증거에 초점을 맞추어 평가하여 합리적 결론에 이르려 한다. 검사의 사건 진술을 고려하지 않고 결론을 내리는 것은 합리적일 수 없을 것이다. 피고의 증거를 고려하지 않고 결론을 내리는 것도 합리적일 수 없을 것이다. 모든 증거를 살피는 것이 증거의 일부분만 고려하는 것보다 실재, 즉 유죄나 무죄의 옳음을 지시할 가능성이 높다.

다음은 《이상한 나라의 앨리스》에서 따온 예이다.

> "네 모자를 벗어라." 왕이 모자장사에게 말했다.
>
> "제 것이 아니옵니다." 모자장사가 말했다.
>
> "훔쳤구나!" 왕이 배심판사를 돌아보면서 외치자 배심판사는 곧바로 그 사실을 기록했다.
>
> "저는 모자를 팔려고 가지고 있습니다." 모자장사가 설명으로 이 말을 추가했다. "제 것은 하나도 없습니다. 저는 모자장사입니다."[4]

만일 모자장사가 추가 증거를 제시하지 않았다면 배심판사는 그를 모자 도둑으로 유죄 선언했을지도 모른다. 사실은 모자장사는 상당한 압박을 받고 있었다.

협박, 위협, 강요는 관련 없는 증거를 산출한다.

> "증거를 대라." 왕이 말했다. "겁내지 마라. 그렇지 않으면 당장 사형에 처하겠다."[5]

---

4) Lewis Carroll, *Alice's Adventures in Wonderland*, illust. John Tenniel and colored by Fritz Kredel(New York: Random House, 1946), 132면. 《앨리스》에 대한 모든 참조는 이 판에서 한 것임.

5) 같은 책, 같은 면.

을러대는 것은 말다툼에서 승리하는 데 도움이 될 수 있을지 모르지만 진리에 이르는 데 도움이 되지는 않는다. 최상의 증거는 압박이나 협박이 없는 상태에서 자유롭게 객관적으로 제시되는 증거이다. 그보다 못한 상태는 어떤 것이든 증거를 오염시키고 우리로 하여금 진리를 멀리하고 오류를 향하게 만든다.

예컨대 "나는 생물학 교과서에 어떤 내용이 들어 있든 신경 쓰지 않는다. 나는 내가 원숭이에서 유래하지 않았음을 안다." 이 사람은 자신의 신념에 반하는 증거를 살피지 않기 때문에 결론이 정당화될 수 없다. 그런 사람과 그 문제를 가지고 더 토론하는 것은 시간 낭비이다.

또 다른 예: "오토바이는 빗길에 불편하며 매우 위험하기까지 하다. 그러니 누구도 오토바이를 타도록 허용해서는 안 된다." 다른 많은 요인은 오토바이 소유의 바람직함과 관계가 있다. 이를테면 오토바이는 값이 싸고, 연료가 덜 소비되며, 자동차보다 기동성이 좋다 등의 요인들 말이다. 그런 요인들을 자세히 살피지 않는 한 오토바이가 바람직하지 않다는 결론은 충분히 뒷받침되지 못할 것이다.

사실에 반하는 진술은 관련성이 없다.

사실에 반하는 모든 진술과 미래 사실에 관한 모든 진술은 관련성이 없다. 예컨대 "러시아를 침략하지만 않았어도 히틀러가 두 개의 전선에서 싸울 필요는 없었을 것이며, 그랬으면 독일이 전쟁에서 승리했을 것이다."를 생각해보라. 히틀러는 러시아를 침략했다. 히틀러는 두 개의 전선에서 싸웠다. 독일은 전쟁에서 패배했다. 그러므로 그 진술은 사실에 반하며, 어떠한 합리적 논증과도 관련성이 없다. 이 주제는 허구적 소설로 알려진 유추적 모형(analogical matrix)에서는 흥미가 있을지 모르겠지만 사실에 반하는 논증은 확인된 증거를 무시하며, 그래서 그릇된 논증임에 틀림없다.

또는 "만일 당시에 TV가 있었다면 1812년 선거에서 드 위트 클린턴(De Witt Clinton)이 제임스 메디슨(James Madison)에게 지지 않았을 것이다."를 생각해보라. 이 진술이 확실하게 말하고 있는 것은 1812년 대통령 선거에서 드 위트 클린턴이 패배하고 제임스 매디슨이 승리했다는 것뿐이다. 1812년에 TV는 존재하지 않았다. 클린턴은 선거에서 패배했다. 이 논증은 그러한 두 가지 역사적 사실을 무시하고 있다. 증거에 반하는 어떠한 논증이라도 관련성이 없다.

또는 "만일 아라파트가 좀더 뛰어난 지도자였고 여론을 그렇게 많이 좇지 않았다면 이스라엘은 지금 당장이라도 평화가 왔을 것이다."를 생각해보라. 지금 이스라엘에는 평화가 없기 때문에 과거 사건들이 그 상황을 변화시켰을지 모른다는 식의 어떠한 사변도 사실적인 현재 상황으로 이끌 수 없을 것이며, 그래서 관련성이 없다.

마찬가지로 미래 사실도 매우 의심스럽다. 미래는 결정되어 있지 않으며, 그래서 일어날 일에 관한 어떠한 주장도 증거가 없으며, 그래서 관련성이 없다.

예컨대 "미국의 번영은 2010년까지 수그러들지 않고 계속될 것이며, 그와 더불어 연방정부의 흑자도 엄청나게 늘어날 것이다. 따라서 세금 감축은 충분히 정당화된다." 미래에 일어날 일에 관한 진술은 미래 증거에 의해 뒷받침될 수 없는데, 그것은 미래가 아직 존재하지 않아서 그런 증거가 아직 존재하지 않기 때문이다. 존재하지 않는 증거에 기초한 논증은 관련성이 없는데, 바로 앞에서 연방정부의 흑자에 관한 저명한 미국 상원의원의 진술만큼이나 관련성이 없다. 그의 진술은 틀린 것으로 증명되었다. 바로 1년 뒤 대부분의 예측을 무너뜨리면서 경제가 폭락했던 것이다. 2002년의 적자폭은 2003년 1월 6일자 《뉴욕 타임즈》 기사에 따르면 2,300억 달러를 초과했다.

미래에 관한 예측은 종종 관련성이 없다.

앞에서 말한 내용이 옳은 한 증권분석가의 작업은—아무리 지성적이고 철저하다 할지라도—대체로 비효과적일 수밖에 없는데, 그것은 본질에 있어서 그가 예측할 수 없는 것을 예측하려 하기 때문이다. 그런 분석가들이 미래를 올바르게 연결시키는 것처럼 보일 때 그 연결은 종종 불규칙적인 변화에서 오는 연결이거나 또는 새뮤얼 존슨(Samuel Johnson) 박사의 유명한 말로 "경험을 누른 희망의 승리"이다. 그러니 조심하라! 오늘날의 분석가들은 미래에 대해 미리 상당한 돈을 지불하는 사람들을 확보할 정도로 미래를 앞당기는 일에 매우 크게 관여해왔다. 따라서 그토록 많은 연구와 관심을 가지고 계획된 일이 실제로 일어나면서도 여전히 아무런 이익도 산출하지 못할 수 있다. 만일 그 이익이 예측하고 기대한 만큼 실현되지 못한다면 투자자는 사실상 일시적으로—어쩌면 심지어 영구적으로—중대한 손해에 직면할 것이다.

적합성(adequacy)에 대한 유 정의: 증거는 결론과 관련이 있어야 할 뿐만 아니라 수, 종류, 비중에 있어서 결론을 뒷받침하기에 충분해야 한다. 그런 기준을 충족시키는 증거는 적합한 증거이다. 충족시키지 못하는 증거는 적합한 증거가 아니다.

분할적 정의: 만일 다음에 있어서 결론을 뒷받침하기에 충분하다면 증거는 적합하다.

1. 양
2. 종류
3. 비중

통일장 이론은 우리가 이용 가능한 증거 가운데 관련 있는 모든 증거를 고려할 것을 요구하고, 적합성에 대해 관련 있는 모든 증거를 검토할 것을 요구한다.

달리 진술하면 관련 있는 증거는 실재에 관한 결론, 즉 진리에 도달하는 데 있어서 필요조건이기는 하지만 충분조건은 아니다. 어떤 사람들은 **필요조건**과 **충분조건**의 구별을 몹시 힘들어한다. 이제 마지막으로 한 번 더 이 구별을 배우기로 하자. 만일 어떤 것이 다른 어떤 것이 일어나게 하는 데 필요하다면 그것은 **필요조건**이다. 만일 어떤 것이 일어나게 하는 데 그밖에 다른 어떤 것도 필요하지 않다면 그 어떤 것은 **충분조건**이기도 하다. 만일 다른 어떤 것이 어떤 것이 일어나게 하는 데 필요하다면 필요조건인 것은 **필요조건**이기는 하지만 **충분조건**은 아니다. 예컨대 내 차 링컨은 운행을 하려면 휘발유가 필요하다. 그래서 휘발유는 내 차가 나를 어딘가로 데려가기 위한 필요조건이다. 그러나 충분조건은 아니다. 또한 링컨은 점화플러그, 오일, 배터리, 제너레이터 그리고 내가 들어본 적도 없는 다른 많은 작동 부분이 필요하다.

"내 차가 왜 멈췄는지 몰라요. 연료가 많은데."라고 말하는 여성을 생각해보라. 그녀는 연료가 차가 작동하기 위한 필요조건이지 충분조건이 아님을 이해하지 못하는 것처럼 보인다. 똑같은 방식으로 내 진공청소기는 작동이 되려면 전기가 필요하다. 그러므로 전기는 진공청소기 작동의 필요조건이다. 하지만 충분조건은 아니다.

또한 진공청소기는 빈 자루, 켜짐으로 전환된 스위치, 전기자 작동 등이 필요하다. 필요충분조건이 만족될 때에만 나는 진공청소기가 제대로 작동하기를 기대할 수 있다.

식물은 자라라면 물이 필요하다. 하지만 식물을 위해 당신이 하는 일이 물을 주는 것뿐이라면 그 식물이 자라는 것을 기대하지 말라. 그냥 식물에 물을 주는 것은 그 식물이 자랄 것을 보증하지 못한다. 다른 많은 것이 필요하다. 식물이 자라는 데 있어서 물은 필요조건이기는 하지만 충분조건은 아니다.

선장 면허를 따기 위해서는 나는 54시간 동안 해양학교에 나가야 하며, 항해술, 선박 제도법, 갑판 제조법과 관계되어 있으면서 4시간 동안 진행되는 네 차례의 실험을 해야 한다. 내가 이 과정을 마쳤다는 사실이 나에게 면허를 얻게 해주지는 않는다. 면허를 따기 위해서는 16시간이 걸리는 해안경비대 필기시험, 신체검사, 매듭짓기 시험, 소변 약물검사 등을 통과해야 한다. 해양학교는 면허를 따는 데 있어서 필요하기는 하지만 충분하지는 않다.

관련 있는 증거는 필요하기는 하지만 충분하지는 않다.

올바른 결론은 관련 있는 증거를 요구한다. 그러므로 관련 있는 증거는 올바른 결론에 도달하기 위한 필요조건이다. 그러나 충분조건은 아니다. 또한 그 증거는 적합해야 한다. 그 증거는 수, 종류, 비중에 있어서 결론을 뒷받침하기에 적합해야 한다.

하지만 적합한 증거란 무엇인가?

좋은 질문이다. 그 질문에 대해 절대적 답은 없는 것처럼 보인다. 무엇이 적합한 증거인가는 그 증거를 고려하는 시간, 장소, 사람에 달려 있다.

법에서는 기소하는 데 명료하고 설득력 있는 증거가 필요하다. 형법에서 배심원은 피고인에 대해 합리적으로 의심할 여지없이 유죄라는 평결을 내려야 한다. 매우 합리적인 법은 언제나 의심의 여지가 있음을 인정한다. 그 점에 관해 의심의 여지는 없다. 그러나 법은 형사 범죄 판결의 표준으로 합리적 의심이라는 기준을 내세운다. 만일 증거가 합리적으로 의심할 여지없이 피고가 유죄임을 보여준다면 배심원은 유죄 판결을 내려야 한다. 만일 증거가 합리적으로 의심할 여지없이 피고가 유죄임을 보여주지 못한다면 배심원은 무죄 판결을 내려야 한다. 사법 제도가 다른 나라, 예컨대 아일랜드에서는 배심원이 피고에 대해 유죄, 결백 혹은 입증되지 않는다는 평결을 내릴 수 있다. 만일 결백하다면 재심의 기회는 없다. 입증되지 않는다면 새로운 증거가 나타날 경우 새로운 공판이 가능하다.

민사 소송에서는 증거의 우세한 비중이 표준인데, 이 말은 보통 51%를 의미한다. 그래서 만일 증거가 원고 측에 51%나 그 이상 무게가 더 실린다면 배심원은 피고가 아니라 원고에 유리한 평결을 내려야 한다.

그렇다면 무언가를 구입하기 위해서 나는 얼마나 많은 관련 있는 증거를 요구하고 어떤 유형의 증거를 요구해야 할까? 그것은 시간, 장소, 사람에 달려 있다.

내 자신의 경우에 최근에 내가 내 배에 부착할 CD 플레이어를 구입했을 때 나는 색깔, 음질, 부분적인 방수 기능, 14달러라는 저렴한 가격을 고려하였다. 구입 결정(내 돈을 쓰자는 결론)은 2분이 채 못 걸렸다. 한편 바닷가 별장을 구입하는 데 300,000달러를 쓰겠다는 결정은 많은 조사, 사고, 분석, 전문가 조언이 요구되었다.

또 다른 예: "잭이 내 손에 키스를 하고는 나를 사랑하며 결혼하기를 원한다고 말했다. 그래서 나는 그와 잤다." 어떤 여자에게는 손에 하는 키스로 충분할 수도 있다. 또 어떤 여자에게는 사랑의 선언과 결혼 약속이 필요할 수도 있다. 또 어떤 여자는 손에 다이아몬드 반지를 끼워주는 걸 좋아할 수도 있다. 또 어떤 여자는 아무것도 필요로 하지 않으면서 어찌 됐건 같이 잘 것이다. 또 어떤 여자는 변호사가 작성하고, 두 사람이 서명하며, 군서기가 공증하고 보관하는 형식적인 혼전 계약서를 필요로 할 수도 있다. 요점은 무엇이 적합한 증거인가 하는 것이 관련된 시간, 장소, 사람들에 달려 있다는 것이다. 증거의 적합성이 가치를 재는 척도이므로 그 다음에 따라 나오는 것은 증거의 적합성을 평가하는 법에 관한 제안들이다. 나는 지침을 제시하겠는데, 이 지침은 융통성 없는 형식적 규칙은 아니다. 그 지침이란 당신이 하는 것은 당신에게 달려 있다는 것이다.

적합한 증거에 대한 분석은 주요 범주 두 개, 즉 인과적 오류와 증거 놓침으로 나누어진다.

과도한 단순화와 선후인과의 오류는 앞 장들에서 다루었다. **필요조건**과 **충분조건**의 혼동은 바로 앞에서 다루었다. 우리가 알아야 할 여러 가지 인과적 오류 중에는 공통 원인의 무시, 원인과 결과의 혼동, 적으면 적을수록 더 좋다는 오류, 많으면 많을수록 더 좋다는 오류, 어디서나 나타나는 도박꾼의 오류 그리고 마지막이지만 중요성이 떨어지는 것은 아닌 심리적 오류 등이 있다.

공통 원인을 무시하는 논증은 부적합하다.

겉보기에 관계가 있는 것처럼 보이는 두 사건이 서로 인과적으로 전혀 관계가 없지만 두 사건의 공통 원인인 세 번째 사건과는 관계가 있을 수 있다. 시간적으로 연결된 두 사건은 그밖에 다른 어떤 것과 관계가 있을 수 있기 때문에 두 사건이 원인과 결과임을 함의하지 않는다. 그것이 바로 우리가 선후인과의 오류에서 배웠던 내용이다. 여기서도 우리는 똑같은 경우를 대하고 있다. 어떤 방식으로 연결된 두 사건은 그밖에 다른 어떤 것과 더 나은 관계를 맺을 수 있기 때문에 두 사건이 반드시 원인과 결과임을 함의하지는 않는다. 번개가 천둥에 선행하는 것처럼 보이기 때문에 많은 관찰자는 번개가 천둥의 원인이라고 믿는 쪽으로 이끌리게 되었다. 하지만 번개와 천둥은 둘 다 대기 내 전기 방전에 의해 야기되는 것으로 밝혀졌다. 비록 빛과 소리가 같은 전기 방전에 의해 동시에 발생했는데도 빛이 소리보다 더 빨리 이동하기 때문에 방전으로부터 나온 빛이 소리보다 더 빨리 우리에게 도달한 것이다.

또 다른 예: "알코올 중독자는 영양 부족이 되기 쉽다. 부실한 음식물 섭취가 알코올 중독의 원인이 되고 있음에 틀림없다." 알코올 중독자는 술 마시는 일로 너무 바쁘기 때문에 부실한 식사를 할 가능성이 많다. 다시 말해서 영양실조와 알코올 중독은 공통 원인—에틸알코올의 중독 효과—과 관계되어 있다.

세 번째 예: "사업 경영자들은 구사하는 어휘가 매우 풍부하다. 그러니 성공적인 사업 경력을 쌓고 싶으면 낱말을 공부해라." 여기서 사업 경영자들은 어휘와 연결되고, 어휘는 사업 성공의 원인으로 주장된다. 하지만 사업 성공과 경영자들이 구사하는 풍부한 어휘는 둘 다 대학 교육, 폭넓은 독서, 높은 지능지수 등을 포함하여 사업 성공과 관계가 있는 다른 많은 공통 요인이 원인일 가능성이 높다. 두 가지 모두 언급되지 않은 제3의 사건 집합과 관계가 있기

때문에 그 증거는 성공과 어휘 사이의 인과적 결론을 뒷받침하기에는 부적합하다. 이것은 낱말 공부가 사업 성공을 가져올 것이라는 예측을 뒷받침하는 데에도 그 증거가 부적합하다는 것을 의미한다.

마지막 예: "나도 당신처럼 번창하기를 바랍니다. 하지만 내 환자들은 당신 환자들이 당신을 좋아하는 만큼 나를 좋아하지 않습니다."

"그냥 환자들의 요구에 응답하세요."

두 사건, 즉 번창과 의사에 대한 환자들의 애정은 두 번째 의사가 자신이 환자들의 요구에 응답한다고 인정하듯이 지배 요인일 가능성이 높은 제3의 요인과 관계가 있다.

원인과 결과를 혼동하는 논증은 결론에 대한 적합한 증거를 제공하지 못한다.

내가 보이스카우트로 여름 캠프를 했을 때 매주 일요일마다 우리는 프라이드 치킨을 즐겼는데, 이 음식은 한 주를 통틀어 유일하게 제공된 괜찮은 음식이었다. 일요일은 방문자의 날이었으며, 우리 부모님은 언제나 그날 캠프에서 우리가 얼마나 잘 먹고 있는가를 보고 감명을 받았다. 우리 부모님이 언제나 우리가 훌륭한 식사를 하는지를 알고 그날 방문했을 뿐이라고 주장하는 것은 원인과 결과의 요점을 놓치는 일이 될 것이며, 사태를 거꾸로 보는 것이다. 캠프는 부모들에게 인상을 주기 위해 방문자의 날에 훌륭한 식사를 제공했던 것이다.

다음은 휴스턴 실업 사무실에서의 장면이다. "이 사람들이 일자리를 가질 수 없는 것은 당연합니다. 그들은 너무 조급합니다!" 원인과 결과를 뒤바꾸면 좀더 그럴듯한 설명이 제공된다. 실업자는 일자리가 없기 때문에 조급한 것이다.

또는 "빌이 그렇게 민감한 이유는 손님들이 요즘 팁을 주지 않기 때문이야."를 생각해보라. 민감한 성격이 팁을 적게 받게 만드는 원인이지 그 역은 아닐 가능성이 높다.

또는 "홈리스(The homeless)는 집이 없기 때문에 홈리스이다."를 생각해보라. 나는 공통 원인을 무시하고 있는 이 동의어반복 진술을 당신이 생각해보도록 넘길 것이다. 힌트: 홈리스는 집이 없기 때문에 홈리스가 아니다. 홈리스는 다른 이유 때문에 홈리스이다. 그 이유가 무엇인가?

적으면 적을수록 그만큼 더 좋다는 오류와 (이와 밀접한 관계가 있는) 많으면 많을수록 그만큼 더 좋다는 오류는 둘 다 부적합하다.

이 오류는 부분적으로 다루긴 했지만 좀더 정교한 설명이 필요하다. 더 적은 것이 반드시 더 좋은 것은 아니다. 스트레스는 나쁘지만 스트레스가 전혀 없는 것 역시 나쁘다. 비타민 B6(피리독신)은 복용량이 많으면 신경에 독이 된다. 그러나 소량의 B6 없이는 신경이 기능을 할 수 없다. 너무 많은 것도 나쁘고 너무 적은 것도 나쁘다. 필요한 것은 많지도 적지도 않은 올바른 양이다. 그러므로 증거 없이 더 적거나 더 많은 것에 대한 추정을 기초로 한 논증은 부적합하다.

예컨대 이 진술을 생각해보라. "지방은 나쁘다. 지방은 심장발작과 뇌졸중을 일으킨다. 그러므로 지방이 전혀 없는 것이 최고로 좋다." 지방 섭취가 없으면 비타민 A, D, K가 흡수될 수 없다. 이 비타민들은 생명체에 필수적이므로 지방 없는 식습관은 심각한 질병을 가져올 것이다.

많으면 많을수록 그만큼 더 좋다는 오류는 **적으면 적을수록 그만큼 더 좋다**는 오류보다 더 자주 범하는 오류이다. 이것은 대체로 많은 경우에 우리가 어떤 것의 양을 증가시킴에 따라 그것의 효과가 증가하기 때문에 그렇다. 그러나 소량의 소금이 멋진 맛을 내지만 스무 숟갈 정도의 소금은 맛을 버릴 수 있음을 염두에 둘 필요가 있다. **더 많은 것이 더 좋은 것**이라는 오류의 많은 사례는 어떤 오류가 논리적 관심사의 몇 가지 영역이 서로 겹치면서 실수, 실책, 오산, 오류 나라의 이중 시민권을 낳는다는 것을 증명하는 과도한 일반화이자 과도한 단순화이다.

약물 효과는 복용량에 따라 증가하지 않는 경우가 종종 있지만 부작용이 증가할 수 있다.

언제나 복용량 증가가 부작용을 증가시키지 않으면서 이익을 증가시킬 것이라는 증거를 요구하라. 콜리스틴은 여러 가지 심각한 신장 감염에 대한 훌륭한 항생물질이다. 그러나 많은 양을 복용하면 콜리스틴은 신장 쇠약을 일으킨다. 올바른 복용량은 실재 원리에 따른다. 잘못된 복용량은 그렇지 않다. 콜리스틴의 과다 섭취는 사망에 이르게 할 것이다.

도박꾼의 오류는 부적합하면서 동시에 관련성이 없다.

도박꾼의 오류는 극히 이례적인 오류인데, 당신이 이 책에서 무언가를 기억한다면 제발 이것을 기억하라. 결함 있는 추론이 매우 일상화되어 있는데, 그것은 내가 저기 바깥에서 도박꾼의 오류의 성행을 동반하는 도박이 성행한다고 믿을 정도이다.

우연한 사건은 나름대로 진행되는 추세가 있기 때문에 미래에 그 사건이 발생할 확률이 크게 변하지는 않는다. 확률이 변한다고 생각하는 사람은 도박꾼의 오류를 범한다. 이 오류는 과거의 어떤 종류의 사건들 때문에 승산이 좋아졌다거나 의미 있게 개선되었다고 잘못 생각하는 도박꾼들을 따라 이름이 붙여졌다. "열 받았으니 잃을 수 없어." "밤새도록 잃었으니 내 운이 바뀔 때가 됐어." 이들은 둘 다 동전 던지기나 주사위놀이나 룰렛 휠 돌리기의 결과와 같은 우연한 사건이 이전에 했던 모든 던지기나 굴리기나 돌리기와 완전히 무관하다는 것을 의식하지 못하고 있다.

"자기야, 한 번 더 하자. 한 줄에 소녀가 셋 나왔으니 다음번에는 소년이 나올 거야." 십중팔구 그렇지 않을 것이다. 사실상 소년이 나올 가망은 소녀가 나올 가망과 거의 똑같다. 즉 둘 중 하나, 다시 말해 50 대 50의 확률이다. 우리는 과거의 우연한 사건들로부터 소년이 나올 확률이 더 많다고 추리할 수 없는데, 이는 그런 주장을 뒷받침하는 증거가 부적합할 뿐만 아니라 아예 그런 증거가 존재하지 않기 때문이다.

예컨대 "나는 5년 동안 매주 텍사스 주 복권을 사왔다. 이제 곧 당첨되어야 한다."를 생각해보라. 함축적 전제는 우연한 사건들에 대한 잘못된 인과적 분석을 나타내며, 결론에 대한 뒷받침 근거가 전혀 없다. 어떤 특정 복권에서 당첨될 가망은 과거의 실망스런 사건들 때문에 나아지는 게 아니다.

또는 이 진술을 생각해보라. "나는 지난 15번의 낚시에서 전갱이를 잡지 못했어. 그러니 오늘은 확실히 전갱이를 잡을 거야." 괜히 마음을 졸이지 말라.

또는 이 진술을 생각해보라. "연속해서 3년 동안 내리 쇠락했고, 1940년대 이래 한 번도 그런 일이 일어나지 않았으니 이제 경기가 곧 호전될 것임에 틀림없어." 나는 그 말을 잠시 경청하고 있었다. 경기가 호전될 것인지, 그리고 언제 호전될 것인지는 이미 경험한 손해 기간의 지속, 다우의 과거 역사가 아니라 정부 정책, 금리, 에너지 비용, 최고 경영자의 심리 상태, 전쟁 등을 포함한 다른 많은 현실적 요소에 달려 있다. 3년 동안의 경기 쇠퇴가 곧 호전되어야만 한다고 결론짓는 것은 사태를 너무 단순하게 보는 것이다. 일본 주식시장에 대해 그런 식으로 생각하는 사람들은 10년 이상 지속된 경기 쇠퇴에 휘말려 들었는데, 이런 상황은 경기 쇠퇴를 일으킨 기본 조건이 교정되지 않았기 때문에 지속될 가능성이 높다.

심리적 오류는 부적합한 정당화이다.

어떤 결론이라도 증거와 이유에 의해 뒷받침되어야 한다. 그 다음에 우리는 우리가 생각하는 것이 그럴듯한 원인임을 거론하여 설명을 계속할 수 있다. 그 설명은 마치 동기 발견이 범죄 이유에 대한 결론을 뒷받침할 수 있는 것처럼 그 결론을 뒷받침할 수 있다. 그러나 설명은 그 자체로서는 행위를 정당화할 수 없다. 어떤 사람이 그의 장모를 싫어한다고 해서 그것이 장모 살해를 정당화하는 것은 아니다. 어떤 행위를 정당화하기 위해서는 우리는 그 행위가 올바르다고 믿는 (도덕적) 근거를 확립해야 한다. 궁극적으로 이 정당화는 도덕 원리에 호소해야 하는데, 이를테면 정당방위가 살인에 대한 그런 식의 정당화가 될 것이다. 따라서 도덕적 정당화는 근본적으로 설명과는 구별되어야 한다. 본래 그 자체로 결론을 정당화하는 설명이란 없다.

예: "이보게 젊은이, 자네는 왜 〔그 여자를 찔러 죽였지?〕" 뉴욕주 퀸스 지방 검사 프랭크 오코너(Frank O'Connor)가 물었다.

"그 여자가 지갑을 놓으려 하지 않았어요."[6]

이 젊은이는 확실히 왜 그 여자를 찔렀는지에 대한 합리적인 설명을 지니고 있다. 그것은 우리가 이해하는 설명이며, 옳다고 믿는 설명이다. 하지만 그것이 살인을 정당화하지는 않는다. 사실상 법은 중대한 범죄를 저지르다가 행해진 살인에 대해 다소 희미한 견해를 가지고 있다. 텍사스 법은 그런 범죄를 사형에 처할 만한 중대 범죄로 간주한다.

심리적 설명은 정당화가 아니다.

어떤 행위에 대한 설명이 어떤 사람으로 하여금 그런 행위를 저지르도록 몰아댄 정신역동성, 심리적 힘, 정서, 습관, 무의식적 충동, 목적, 태도 등을 우리에게 제시할 수 있다는 말은 옳다. 그 다음에 우리를 움찔거리게 만드는 질문은 "그러한 설명이 그 행위를 정당화하는가?" 하는 것이다. 일반적으로 이 질문에 대한 답은 아니오이다. 그저 사태를 설명하는 일은 이해충돌의 폭로가 그 이해충돌을 정당화하지 않는 것과 마찬가지로 그 사태를 정당화하지 않는다. 폭로와 이해충돌은 두 가지의 서로 다른 것이다. 설명과 정당화는 두 가지의 서로 다른 것이다. 두 가지는 결코 서로 만나지 않을 것이다. 어떤 설명이 정당화로 제시되면 우리는 진리로부터 오류 쪽으로 이끌리게 되고, 그래서 심리적 오류를 범한다.

간호사이자 우등생이며 어머니인 안드레아 예이츠(Andrea Yates)는 그녀의 다섯 아이를 욕조에서 익사시켰다. 많은 정신과 의사와

---

6) Robert Mindlin, "Boy Killer's Fate Up to the Jury," *Long Island Press*, June 24, 1958, 1면.

심리학자는 명확한 견해를 취하여 안드레아로 하여금 이 행위를 저지르도록 이끈 복잡한 망상적 믿음을 설명하였다. 그렇지만 중요한 문제는 그녀가 자신이 했던 일을 행한 이유(그녀는 분명히 이유가 있었다—아이들이 미쳤다. 게다가 그들이 거기에 있었다)를 가지고 있었는지가 아니라 그녀의 행위가 도덕적으로 정당화되는지 하는 것이었다. 그 사건은 왜 그녀가 아이들을 죽였는지를 대상으로 한 게 아니라 어떤 시간에 그녀가 했던 일을 알았으며, 그녀가 한 일이 그릇된 일이라고 평결을 내린 배심원단에 초점이 모아졌다. 배심원단은 그녀의 행위가 도덕적으로 정당화되지 않는다고 평결하고, 그녀에게 종신형을 선고했다. 그렇게 할 때 배심원단은 그 범죄에 대한 심리적 설명을 이해했지만 그 심리적 설명이 다섯 아이 살해를 도덕적 근거하에 정당화한다고 생각하지 않았다. 이 결론에 도달하면서 배심원단은 텍사스 법을 따랐는데, 텍사스 법은 그 사람이 자신이 한 일을 알았고 그 행위가 그릇된 행위일 경우에 근거가 훌륭한 심리적 설명을 포함한 설명에도 불구하고 그 행위가 범죄이며, 종신형 정도의 형을 내릴 수 있을 것을 요구한다.

빠뜨린 증거는 부적합하다.

부적합한 증거나 빠뜨린 증거를 기초로 어떤 결론에 도달하는 것은 잘못이며, 우리로 하여금 진리를 멀리하고 오류 쪽으로 향하게 할 것이다. 이와 연관해서 우리는 이미 무지, 사실에 반하는 가정, 집단순응사고와 대중의 지혜의 오류, 편파적 증거 선택, 특별 변론에 의거한 논증을 검토하였다. 그러고도 아직 언급해야 할 다른 몇 가지가 남아 있다. 즉 불충분한 증거, 핵심 증거의 누락, 불가능한 정밀성의 오류, 문맥을 벗어난 증거 등.

불충분한 증거는 부적합하다.

결론을 정당화하기 위해서는 충분한 증거가 있어야 한다. 충분하지 않으면 증거는 부적합하며 결론은 합리적이지 않다.

모든 모순진술은 증거가 0인 결과를 낳으면서 자신을 상쇄시키는데, 증거가 0인 상태는 어떠한 결론도 뒷받침하는 데 불충분하다. 그러므로 모든 모순진술은 결론을 정당화하기에 부적합한 증거를 산출한다.

다음은 냉장고 문에 붙은 메모이다.

> 엄마 싫어.
> 사랑해.
> 지미가

글쎄, 어느 쪽인가? 지미가 어머니를 싫어하는가, 아니면 사랑하는가? 둘 다 인가? 둘 다 아닌가? 우리는 모른다. 증거는 모순적이다. 싫어한다면 왜 지미는 메모를 **사랑해. 지미가**라는 말로 끝냈을까? 사랑한다면 왜 그는 싫어한다고 말했을까? 두 진술은 서로 모순을 일으키며, 그래서 어느 쪽 결론에 대해서도 증거를 제공하지 않는다.

"나는 흑인들이 이웃집으로 이사 오는 걸 신경 쓰지 않아. 다만 그들이 내 구역에 있는 걸 원하지 않을 뿐이야."라고 말하는 사람은 어떤가? 그가 편견을 가지고 있는 것인가 아닌 것인가? 편견을 가지고 있다면 왜 그는 신경 쓰지 않는다고 말한 걸까? 편견을 가지고 있지 않다면 왜 그는 실제로는 신경을 쓴다고 말하는 걸까?

이런 진술들의 그룹은 막 발언된 진술을 부정하는 데서 생긴다.

표준형식으로 표현하면 다음과 같은 형식을 띨 것이다.

S 그리고 S가 아니다

여기서 S는 임의의 진술이고 S가 아니다는 그 진술의 부정이다.

"경험은 사람들이 경험으로부터 정말로 아무것도 배우지 못한다는 것을 가르친다." 조지 버나드 쇼(George Bernard Shaw)가 말했다고 하는 이 인용문은 결국은 모순 함축으로 요약된다. 이유를 알겠는가?

이것을 직접 이해하고 나서 이제 우리는 "저항할 수 없는 힘이 움직일 수 없는 물체와 충돌할 때 어떤 일이 일어나는가?"라는 불후의 질문에 답할 준비가 된 셈이다.

답은 아무 일도 일어나지 않는다는 것이다.

답이 아무 일도 일어나지 않는다는 것인 이유는 저항할 수 없는 힘과 움직일 수 없는 대상이 동시에 같은 장소에 존재할 수 없기 때문이다. 둘은 서로 모순을 일으키기 때문에 존재할 수 없다. 저항할 수 없는 힘은 어떠한 힘에도 저항할 수 있는 물체의 힘과 양립 불가능하다. 이것은 "F가 O를 움직일 수 있으면서 동시에 F가 O를 움직일 수 없는 그러한 힘 F와 물체 O가 있다."는 말과 동등하다.

"나는 히피와 아무런 문제가 없습니다. 그냥 그들의 사는 방식을 찬성하지 않을 뿐이죠."

모순은 아주 극적인 방식으로 증거의 부재를 발견하여 표시해두기가 쉽다. 증거의 부재가 실제로는 부재의 증거가 아닐 수도 있다. 하지만 증거의 부재는 통일장 이론의 증거 요건을 충족시키지 못한다. 증거가 없으면 우리는 그저 모를 뿐이다. 알지 못하면 우리는 진리가 어디 있는지 혹은 무엇이 진리인지에 관한 결론에 도달할 수 없다.

그렇지만 대부분 증거는 부재한 것이 아니다. 대부분 증거는 단지 결론에 도달하는 데 정합성이 없거나 불충분할 뿐이다. 증거가 수, 종류, 비중에 있어서 약하거나 부족하거나 결함이 있을 때 우리는 판단을 유보하고 성급하게 보증되지 않은 결론으로 비약하지 말아야 한다. 급히 판단을 내리려고 덤비는 일, 성급한 결정, 시기상조의 행동은 필요하지 않은 경우가 종종 있으며, 문제가 복잡할 때는 특히 그렇다. 급한 결정은 종종 재앙이라는 결과를 낳는다.

한 사례에 해당하는 N은 종종 일반적 결론에 도달하는 데 부적합한 증거이다.

"이탈리아인 정육점 주인이 내가 산 목살을 가지고 나를 속였어. 집에 와서 보니 내가 지불한 1.0파운드가 아니라 0.8파운드밖에 안 나가잖아. 이탈리아인은 모두 사기꾼이야." 증거(오직 한 사례, 즉 N=1)는 모든 이탈리아인이 사기꾼이라고 결론 내리기에는 너무 적다. 그와 같은 지나치게 일반적인 결론을 정당화하기에는 자료가 전혀 충분치 않은 것이다. 그 증거는 그 이탈리아인 정육점 주인이 속였다는 것이 가장 그럴듯한 설명이기 때문에 관련성이 있다. 그러나 한 사례의 표본으로부터 모든 이탈리아인이 사기꾼이라는 결론은 따라 나오지 않는다. 우리는 그 특정 이탈리아인 정육점 주인이 사기꾼이라는 결론을 내릴 수는 있을 것이다. 그 증거는 그 결론을 강하게 지지하는 것처럼 보인다. 만일 그가 다음번에도 속이려 한다면 그 결론은 훨씬 더 견고하게 확립될 것이 확실하다. 그러나 모든 이탈리아인 정육점 주인이나 정육점 주인 일반을 관련시키기에는 여전히 증거가 충분하지 않을 것이며, 하물며 모든 이탈리아인은 더더욱 말할 것도 없다. 결함은 증거의 불충분성과 관계가 있다. 증거의 양이 정말로 너무 제한적이며, 표본 역시 너무 작아서 모든 이탈리아인에 관한 특수 결론을 이끌어내기에 충분한 증거가 되지 못한다.

또 다른 예: "내 전 처와 나는 사이가 좋은 적이 없었습니다. 사이가 아주 나빴으며, 나는 누구라도 왜 결혼을 하려 하는지 모릅니다." 결혼에 대한 한 번의 경험으로 인해 그는 결혼이 그, 그의 친구들 또는 그밖에 다른 누구에게도 좋은 것이 아니라고 확신하였다. 결혼에 대한 찬반 의견을 완벽하게 평가하려면 한 부부의 경험보다 훨씬 더 많은 증거가 필요하다. 어쩌면 그들의 결혼은 결혼 제도 자체와 관계되는 것 이외의 다른 이유 때문에 암초에 부딪쳤을 수 있다. 어쩌면 그 결혼은 아내 쪽의 흠, 남편 쪽의 흠 혹은 둘 다의 흠 때문에 실패했을 수도 있다. 어쩌면 시어머니가 잘못했을 수도 있다.

대표성이 없는 자료는 편파적으로 선택된 자료이자 불충분한 자료이다.

불충분한 증거와 밀접한 관계가 있는 오류는 대표성이 없거나 편향된 표본에서 발견되는 의견을 좀더 큰 집단에 귀속시키는 오류이다. "최근의 조사는 국민 98%가 총기 사유권을 지지한다는 것을 보여준다."

만일 그 조사가 미국에서 면허가 있는 총기 취급자들을 대상으로 했다면 그런 결과를 보여줄 수도 있을 것이다. 그러나 이 집단의 사람들이 그런 식으로 느낀다고 해서 국민 대부분이 이 의견을 공유하고 있다고 결론짓는 것은 잘못일 것이다. 날마다 나는 내가 매우 의심스럽다는 것을 알고 있는 자료를 알려주는 정당이나 옹호집단이 수집한 의견 자료의 폭격을 받고 있다. 만일 우리가 풋볼에 관한 학내 의견에 관심이 있다면 우리는 그저 학교 대표팀 클럽의 성원만을 조사하지는 않을 것이다. 그렇다고 우리가 그저 비운동선수들만을 조사하지도 않을 것이다.

이 책은 진리 탐구에 관한 책이다. 이 책은 논쟁 승리에 관한 책이 아니다. 진리에 이르기 위해서는 우리는 모든 증거를 고려해야 하며 어떤 증거라도 누락시켜서는 안 된다. 만일 결론의 입증에 결정적으로 중요한 증거나 명확하게 결론의 그름을 증명하는 증거가 고려 대상에서 제외된다면 진리라는 핵에 이르기 위해 문제의 본질에 도달할 수 없다. 고려 대상에서 결정적 증거를 누락시키는 것은 칵테일을 준비하면서 알코올을 빠뜨리는 것과 다르지 않다. 당신은 완전히 요점을 놓치는 것이다.

이런 사람을 생각해보라. "결혼합시다. 우리는 함께 낚시하는 걸 좋아합니다. 우리는 음식과 영화에서 취향이 같고, 나는 당신의 고양이를 사랑합니다." 제시된 이유들이 당신의 누이나 당신의 가장 좋은 친구와 결혼하여 일종의 정신적 연애 관계로 살자는 제안을 뒷받침할 수는 있을 것이다. 하지만 그 이유들은 나머지 인생을 함께 보내는 일을 보증할 정도로 충분한 사랑이 있는지 언급하지 않고 있는데, 이것은 결혼을 생각하는 어떤 사람들에게 상당히 중요한 항목이면서 대부분의 사람에게는 가장 중요한 항목이다.

불가능한 정밀도는 불가능하다.

정밀도를 추정할 때, 근사치 시간이 마치 정확한 것처럼 취급될 때 혹은 우리가 주장된 정도나 정밀도만큼 알려질 수 없거나 얻을 수 없는 자료를 이용할 때 증거는 불충분하며, 그래서 그 논증은 그릇된 논증이다.

예컨대 "인간은 지력의 10%만을 사용한다." 과학적인 것처럼 들리는 이런 진술은 그름에 틀림없는데, 비록 우리 대부분이 보기보다 우리 모두가 꽤 영리하다는 것을 가리키는 것처럼 보이기 때문에 이 진술에 인상을 받는다 할지라도 그렇다. 아무리 인상을 받는다 하더라도 그처럼 막연하게 기술된 가능성에 관한 정보(하여튼 대체 지력이 뭐야?)가 유효하거나 심지어 정확하게 계산될 수 있다는 말은 의심스럽다. 비슷한 주장을 하면서 좀더 합리적인 진술은 "우리들 각자는 우리가 사용하지 않는 약간의 지력이 있다."일 것이다.

"고등학교 때 저지른 한 번의 실수로 그의 전 인생이 망가졌습니다."라고 말하는 사람은 어떤가? 당신은 고등학교 때 단 한 번의 실수를 저지른 사람을 얼마나 많이 아는가? 나는 고등학교 때 많은 실수를 저질렀다. 사실 나는 처음 다닌 고등학교에서 퇴학당했다. 아마 그 사람도 나처럼 그의 인생을 망가지게 만든 실수를 포함하여 많은 실수를 저질렀을 것이다. 그 진술은 화자, 즉 변호사가 배심원의 동정을 사기 위해 그런 방식으로 표현하였다. 뭐라고 해도 그의 고객은 딱 한 번의 실수를 저지르고 인생이 망가졌다는 것이다. 그 말이 공정한가? 당신이라면 그 불행한 상황을 바로잡는 데 도움이 되는 무언가 멋진 일을 하려고 하지 않았을까?

이 말은 어떤가? "이 테이블은 완벽하게 깨끗하지 않아. 다시 청소해." 이 경우에 똑같이 터무니없는 것은 불가능한 표준을 엄격하게 고수한 다음 그 표준을 엄격하게 따르지 않았다고 누군가를 비난하는 것이다. 테이블이 완벽하게 깨끗하지 않다는 말은 아마 옳을 것이다. 그러나 그것은 테이블이 뒤뜰의 야외용 테이블이라면 문맥상 관련이 없을 수 있다. 반면에 수술실 테이블이나 컴퓨터용 마이크로칩을 조립하는 테이블에는 완벽에 가까운 표준이 적용되어야 한다.

또는 이 말은 어떤가? "패튼 장군, 장군의 독일 침공 계획은 완벽하지 않습니다." 그러한 의회의 비판에 대해 패튼은 "오늘의 좋은 계획은 내일의 완벽한 계획보다 낫습니다."라고 응수했다. 그 후 그는 제3군으로 하여금 프랑스를 가로질러 독일을 침공하라는 허가를 받아냈다.

또는 이 말은 어떤가? "당신의 논리학 책은 훌륭하긴 하지만 완벽하진 않습니다. 미안하지만 수정해서 다시 제출하시지요." 편집자의 좀더 건설적인 비판이라면 개선이 필요한 구체적인 영역과 그러한 개선이 어떻게 수행될 수 있는지에 관한 구체적인 예를 가지고 논의가 이루어졌을 것이다.

또는 이것은 어떤가? "지미, 너 또 대수학 시험에서 떨어졌구나."

"누구도 완벽하지 않아요." 지미가 말했다.

맞다. 정말이지 누구도 완벽하지 않다. 그러나 그 말은 논의중인 문제와 관련이 없다. 그 말은 확실히 왜 지미가 대수학 시험에서 떨어졌는지를 설명하는 데 적합한 증거가 아니다.

맥락을 벗어난 증거는 편파적 선택이며 그 정도만큼 부적합하다.

내가 《프론트라인》(*Frontline*)과 인터뷰를 했을 때 나는 유방확대술에 관한 내 연구를 변호하는 상당한 일을 해냈다고 느꼈다. 15년에 걸친 나의 연구는 유방확대술이 아름다운 가슴을 만들어내지는 못한다는 것을 가리켰다. 대신 많은 경우에 유방은 이식 조직의 파괴, 이식에 사용된 실리콘의 국소적 확산, 대부분의 경우에 유방을 둘러싼 두껍고 딱딱한 캡슐의 반흔조직으로 형성된 실리콘에 대한 염증 반응으로 인해 변형되었다.

내 연구와 관련된 프로그램이 방송되었을 때 그 결과에 나보다 더 놀란 사람은 없었다. 필름 클립과 내 진술들에 대한 능숙한 편집과 재배치를 통해 나는 얼간이처럼 보이게 만들어졌던 것이다. 사실상 그 프로그램에 따르면 나는 심지어 내 자신의 연구를 믿는 것도 아니었다. 물론 그것은 옳은 게 아니었다. 나는 내 연구를 내내 믿고 있었고, 너무 많이 믿고 있었다.

예: "패튼 박사님, 국제 성형외과 의사협회 회장이 당신을 쓰레기 과학자라고 불렀습니다. 그 말에 대해 어떻게 응수하시겠습니까?"

"나는 쓰레기 과학자입니다."

그것이 바로 내가 말한 것처럼 보였던 것이다. 하지만 실은 나는 이렇게 말했다. "나는 쓰레기 조각을 연구해왔기 때문에 쓰레기 과학자입니다. 그것이 바로 유방확대술이란 것이고, 유방확대술이었으며, 언제나 유방확대술일 것—고물 덩어리—입니다."

내 말을 맥락에서 벗어나 사용하고 "쓰레기 과학자"라는 칭호에 대해 내가 붙인 말을 제외함으로써 그 프로그램은 시청자로 하여금 내가 끔찍한 고백을 하고 있다고 생각하도록 오도했는데, 사실 나는 그렇게 하지 않았다. 시청자는 내가 스스로를 쓰레기 과학자라고 여긴다고 생각했다. 사람들에게는 그 진술의 나머지 부분을 듣는 것이 허용되지 않았으며, 그렇게 되었으면 내가 말한 것에 대해 전혀 다른 의미를 던졌을 것이다.

맥락을 벗어난 인용은 TV 종사자들이 좋아하는 책략이다. 맥락을 벗어나버리는 TV의 사기에 우롱당하지 말아야 하는데, 이 사기는 흔히 핵심적 내용을 담은 짧은 인터뷰 형태를 띤다. 부디 내 충고를 받아들여라. TV를 전혀 보지 말라. TV는 정신에게는 그저 쓰레기 음식이다.

원칙: 대부분의 TV와 핵심 내용을 담은 것 같은 짧은 인터뷰 내용은 모두 지나치게 단순화해서 편파적으로 선택된 것이다.

이 원칙으로부터 다음 교훈이 따라 나온다.

교훈: 짧은 한마디 인터뷰는 단순화된 논증의 가장 단순한 축소판이므로 그런 인터뷰에 절대로 속아 넘어가거나 믿지 말라.

* * *

이용할 수 있는 모든 증거를 관련성과 적합성에 의거해 평가함으로써 진리를 결정해라. 증거는 결론과 직접적으로 관계가 있어야 하고, 수, 종류, 비중에 있어 결론을 뒷받침하기에 충분해야 한다.

당신이 무언가에 착수하기 전에 그것이 중요한지 확인하라. 먼저 "그래서 어쨌단 말인가?"나 "알게 뭐야?"라고 자문하라. 만일 당신의 답이 당신에게 상관이 없다는 것이고, 그 정보가 당신과 관계가 없거나 당신에게 적용되지 않는 정보라는 것이라면(이런 경우는 TV를 채우는 프로의 90%가 포함될 것이다) 그것을 잊어버려라. 가서 재미있게 놀아라. 만일 그 답이 당신에게 상관이 있다는 것이라면 아래 나오는 일람표를 이용해 그 정보에 대해 연구하라. 증거를 관련성과 적합성에 의거해 시험해라.

복습

1. 다음의 호소들을 포함하여 모든 정서적 호소는 관련성이 없다.

- 동정에 호소
- 힘에 호소
- 위협에 호소
- 특별하거나 개인적인 관심사에 호소
- 뇌물, 강요, 우등생 명단, 불공정한 강압적 활동으로 하는 호소
- 자선, 사랑, 수치, 죄책감을 포함한 강한 감정들에 호소
- 아첨을 목적으로 하거나 아첨을 이용하는 호소

사람을 트집 잡는 논증, 비판에 대해 너도 마찬가지야 식 대꾸 등을 포함하여 모든 중상모략, 빈정거림, 욕지거리, 비행 암시는 정서적으로 편향되어 있고 어떠한 결론의 진리성과도 관계가 있을 수 없기 때문에 관련성이 없다.

2. 다음의 호소들을 포함하여 모든 권위에 호소하는 것 자체는 관련성이 없다.

- 상식에 호소
- 대중의 의견에 호소
- 나이(또는 젊음)를 기초로 한 호소
- 무지에 호소(대중의 의견과 밀접한 관계가 있지만 여전히 그릇된 것

이다.)

- 이유가 아니라 설명이라고 할 수 있는 이유에 호소
- 전통, 문화, 관습, 개인, 집단에 호소—이 호소들 모두 오류에서부터 면제되는 게 아니다.

'전문가'에게 호소하는 것은 관련성이 없는 경우가 빈번하다. 이 전문가에는 교과서 집필자, 선생, 법률가, 정치가, 의사, 스타 영화배우, 저널리스트 그리고 특히 TV 해설자가 포함된다. 그들이 누구인가는 고려 대상이 되지 않는다. 만일 그들의 증거가 결론을 뒷받침하기에 관련성이 있고 적합성이 있다면 그리고 오직 그 경우에만 그 증거는 옳을 경우 고려 대상이 된다.

3. 다음을 포함한 모든 언어적 혼동은 관련성이 없다.

- 모호한 정의
- (구문론적 애매성이나 애매구를 포함한) 애매성
- 방송용 그릇된 정의

4. 다음을 포함한 모든 순환적 논증은 관련성이 없다.

- 동의어반복
- 관용적 중복어법(pleonasm)
- 선결 문제 요구의 오류
- 유도질문
- 의미 없는 말을 반복하는 헛소리(double talk)

이와 밀접한 관계가 있지만 다른 오류는 필요 이상으로 말을 많이 하는 오류(supererogation)인데, 이 오류는 왜 화자가 필요한 것보다 더 많은 증명, 주장, 진술에 힘을 쏟는지 의문을 불러일으키기 쉽다. 이 오류의 또 다른 이름은 "여자가 너무 많은 맹세를 하는 것 같구나."이다.

5. 다음을 포함한 보증되지 않은 가정은 관련성이 없다.

- 증거에 의해 뒷받침되지 않는 주장
- (이른바) 자명한 진리
- (이다-해야 한다 착오—어떤 것이 존재한다는 것이 그것이 계속해서 존재해야 한다는 것을 의미하지 않기 때문에—를 포함한) 연속성 논증
- 참신성의 오류(연속성 논증의 반대지만 여전히 그릇된 논증이다)
- 합성의 오류
- 분할의 오류
- 소망적(또는 **기원적**) 사고의 오류
- 평균의 오류
- 그릇된 유비
- 공통 원인 무시
- 적으면 적을수록 그만큼 더 좋다는 오류
- 많으면 많을수록 그만큼 더 좋다는 오류

6. 다음을 포함하여 진짜 쟁점으로부터 주의를 딴 데로 돌리려는 시도는 관련성이 없다.

- 하나 마나 한 사소한 반론
- 레드 헤링
- 시선을 분산시키는 유머나 조소
- 반대 증거나 반대 논증의 확대, 왜곡, 오진술
- 차이 없는 구별
- 모든 정신을 산란하게 하는 교묘한 속임수, 무의미한 말을 규칙적으로 반복하는 것, 잡담, 재잘댐, 공언(空言)

만일 증거가 관련성 검열을 통과한다면 그 다음에는 적합성이 검토되어야 한다.

7. 다음을 포함하여 인과적 오류는 부적합한 불충분 증거를 산출한다.

- **필요조건**과 **충분조건**의 혼동
- 과도한 단순화
- 선후인과의 오류
- 원인과 결과의 혼동
- 도미노 이론
- 도박꾼의 오류
- 심리적 오류(일어났던 일을 설명하는 것이 그 일을 정당화하는 것은 아님)

8. 다음을 포함하여 증거를 빠뜨리는 일은 결코 적합성이 없다.

- 모순
- (모순어법을 포함한) 부정합성
- 불충분한 증거
- 대표성 없는 증거
- 마치 확실하면서 우연적이지 않은 것처럼 제시되는 미래 사실
- 사실에 반하는 주장
- 불가능한 정밀도
- 특별 변론
- 핵심 증거 누락
- 반대 증거 부정
- 반대 증거 무시
- 맥락을 벗어난 증거 사용

연습문제

다음은 당신에게 일어난 상황이나 진술들과 관련해 당신이 진리치에 도달하기 위해 던질 수 있는 약간의 물음이다.

1. 주제가 무엇인가? 문제점이나 논쟁점이 무엇인가? 주된 결론은 무엇인가? 그 결론이 올바른 것처럼 보이는가? 올바른 것 같지 않다면 그 결론은 무엇이 잘못된 것 같은가?
2. 결론을 뒷받침하는 증거가 무엇인가? 증거가 관련성이 있는가? (만일 증거가 관련성이 없다면 그 결론은 의심스럽다.)
3. 뭔가 부정합성, 모순, 동의어반복이 있는가? 그 정보가 자기

본위적이거나 편향된 원천으로부터 나온 것인가? (만일 그렇다면 그 결론은 의심스럽다.)

4. 만일 증거가 관련성이 있다면 그 증거가 결론을 뒷받침하기에 수, 종류, 비중에 있어서 충분한 증거인가? (충분한 증거가 아니라면 증거는 부적합하며, 결론은 합리적 결론이 아니다.)
5. 용어의 의미나 진술된 것의 일반적 의의와 관련하여 의심스런 요소가 있는가? (결론이 이해될 수 있으려면 먼저 모든 모호성이 명료화되어야 하며, 하물며 결론이 정당화될 수 있으려면 더더욱 말할 것도 없다.)
6. 결론에 불리한 이유는 어떤 것인가? (부정적 이유들은 그르거나 해당 문제와 직접 관련성이 없음이 증명되어야 한다. 그렇지 않으면 그 이유들은 결론에 대한 종합적인 최종 정당화 과정에서 합당한 비중이 부여되어야 한다.)

제10장

앨리스의 논리

이 마지막 고별의 장은 재미있다. 이 장에서 당신은 배운 것을 실습하게 될 것이다. 어떤 것은 새로운 것이고 또 어떤 것은 복습용이라고 할 수 있는 아래 예들은 루이스 캐럴(Lewis Carroll)의 《이상한 나라의 앨리스》(*Alice's Adventures in Wonderland*)에서 따온 것인데, 이제부터는 이 책을 간단히 AAW로 표기하겠다.

루이스 캐럴로 더 잘 알려진 찰스 루트위지 도지슨(Charles Lutwidge Dodgson)은 옥스퍼드 대학의 크라이스트 처치(Christ Church)에서 수학을 가르쳤던 소심하고 내성적인 괴짜 총각이었다. 그는 수학, 논리학, 낱말을 가지고 노는 것, 난센스 짓기 그리고 어린 소녀들을 무척이나 좋아했으며, 그 중에서도 앨리스 리들(Alcie Liddell, 피들fiddle과 운이 맞음)이라는 이름의 소녀와 노는 것을 특히 좋아했는데, 이 소녀는 옥스퍼드 대학 크라이스트 처치 학장 헨리 조지 리들(Henry George Liddell)의 딸이었다.

도지슨의 열정은 어쨌든 두 편의 위대한 영국 문학 걸작, 즉 앨리스 책들에 녹아들었는데, 이 책들은 캐럴의 명성을 옥스퍼드 대학에 있는 캐럴의 동료들 모두의 명성을 합친 것을 능가하게 했던 불멸의 공상소설이다.

만일 앨리스 책들이 어린 소녀들을 재미있게 하는 것 외에 무언가 '목적'이 있었다면 그것은 독자인 당신에게 논리학과 철학의 즐거움을 선사하는 것이며, 캐럴이 《초학자 입문》(*Introduction to Learners*, 1897)에서 말하고 있듯이 "당신의 정신적 기쁨 원료에 매우 큰 물건을 추가할 기회를 제공하는 것"[1)]이다.

캐럴의 특별한 천재성은 그가 자신의 중대한 관심사를 매력적으로 위장하면서 동시에 그 핵심 교훈을 아주 재미있는 성격의 일로 만들어버리는 능력에 있다. 앨리스의 경우에서 우리는 매우 진기하고 복잡한 종류의 난센스를 다루고 있는 셈인데, 이 난센스는 언어의 사용과 남용의 가능성을 탐사하고 있는 것이면서 실은 명료한 사고의 규칙, 비형식 논리학과 형식논리학, 기호논리학, 인간 본성에 대한 심오한 지식에 기초를 둔 것이다. 사실 캐럴의 통찰과 농담 대부분은 논리 규칙의 전도나 왜곡 또는 언어의 애매성에 대한 실증이다. 이성이 여기서는 상상을 위해 사용되고 있지만 그 역은 아니다.

그래 정말이지 참 별난 등장인물들이 등장한다. 그 등장인물들은 어떤 존재들인가? 나는 앨리스가 만난 등장인물들이 진짜 앨리스가 잘 알고 있었던 옥스퍼드 대학의 명사들이라고 생각하고 싶다. 그들은 확실히 소크라테스의 논리학에 매우 정통해 있고, 두말 못하도록 재치 있는 답변을 하며, 우리를 당황하게 만들면서 전혀 의식하지 못하는 기발한 행동을 하는 명사들로 생각된다.

---

1) Lewis Carroll, Symbolic Logic, in *Mathematical Recreations of Lewis Carroll*(New York: Dover, 1958), XV면.

캐럴이 철학을 조명해주기 위해 제시한 풍부한 자료는 거의 끝이 없다. 내가 그 자료를 읽으면 읽을수록 그리고 그것에 대해 생각을 하면 할수록 그만큼 나는 더 많은 것을 발견한다. 사실상 나는 AAW가 실제로는 거의 믿을 수 없는 해석을 산출할 정도로 깊이가 있는 동화라는 결론에 도달했다.

나는 당신에게 그 책을 모두 읽기를 권하고 싶다. 맑은 정신으로 한가할 때 그 책을 읽고, 술 먹고 한가할 때 그 책을 읽어라. 그래서 당신의 뇌 좌반구와 우반구 모두 충분히 재미에 참가할 수 있도록 하라. 그러면서 내가 다음에 나오는 예들에서 포착하려고 하는 것처럼 루이스 캐럴의 풍부한 기지와 지혜를 약간이라도 포착하려고 해보라.

> 앨리스는 아무 할 일도 없이 시냇가 둑에서 언니와 함께 앉아 있는 것이 지루해지기 시작했다. 언니가 읽고 있는 책을 한두 번 슬쩍 넘겨다보았지만 그 책에는 그림도 대화도 없었다. "그림도 대화도 없는 책의 용도가 대체 무엇일까?" 하고 앨리스는 생각했다.[2]

앨리스는 충분히 이해되지 않는 세계 속에서 길 잃은 미아이다. 그녀의 상황은 우리(어른과 아이)가 다소간에 일상생활에서 경험하는 것을 소우주를 통해 반영한다. 그것이 바로 캐럴의 주요 요점 중 하나임은 말할 것도 없다. 하지만 이 요점은 제쳐두고 앨리스의 사고를 살펴보기로 하자.

---

2) Lewis Carroll, *Alice's Adventures in Wonderland*, illust. John Tenniel and colored by Fritz Kredel(New York: Random House, 1946), 3면. 《앨리스》에 대한 모든 참고는 이 판에서 한 것이다.

논쟁점을 가정하면서 증명이 요구되는 어떤 것이 옳다는 것을 당연시하면 우리는 선결 문제 요구의 오류를 범하는 것이다. 앨리스는 그림 없는 책이 나쁘다고 가정한다. 그래서 앨리스는 선결 문제 요구의 오류를 범한다. (그처럼 옳다고 가정하는 경우를 포함하여) 증거에 의해 뒷받침되지 않은 가정은 관련성이 없다. 그러므로 그런 가정에 기초한 결론은 그를 가능성이 많다.

그녀의 가정에서 앨리스는 자기가 그림 없는 책을 좋아하지 않기 때문에 다른 사람도 그런 책을 좋아하지 않을 것이라는 것을 당연시하기 때문에 과도하게 일반화하고 있다. 자아중심적 세계관은 누구나 알다시피 그림책에 대한 어린 소녀의 견해에 제한되지 않는다.

앨리스의 일반화된 진술이 그르다는 것을 증명하기 위해서는 우리는 하나의 예외, 즉 대화도 그림도 없지만 여전히 유용한 책 한 권만 발견하면 된다. 대화나 그림이 없는 책은 사실상 무수히 있으므로 그런 책 중 적어도 한 권이 누군가에게 유용하지 않을 가능성은 거의 없어 보인다.

책을 판단하는 데 이용될 수 있는 많은 기준 가운데 두 가지 기준을 선정함으로써 앨리스는 증거를 편파적으로 선택하고(게다가 사소한 증거를 선택하고), 쉽게 무너뜨릴 수 있는 허수아비를 꾸며 내며, 자료에 의해 정당화되지 않는 결론에 도달한다. 하지만 그녀는 그 책을 읽어보지 않았다. 그래서 그녀는 그 책의 유용성이나 무용성에 관해 지적인 판단을 내릴 수 있는 입장에 있지 않다.

더 나아가 앨리스는 사실적 증거, 즉 언니가 그 책에 흥미가 있다는 사실적 증거를 간과하고 있다. 사실상 언니는 그 책을 읽는 데 깊이 몰두하고 있다. 그러므로 그 책은 이미 어떤 사람—언니—에게 어느 정도 유용성이 있다. 그래서 앨리스는 실제로 그 증거를 그 자리에서 부정하고 있는 셈이다. 유효한 어떤 관련 증거를 부정하거나 무시하는 것은 사고상의 오류이며, 올바른 추론의 원리를 거스르는 것이다.

앨리스는 순진하면서도 극히 단순화된 존재이다. 책은 복잡한 물건인 경우가 종종 있다. 작가들은 영혼의 고뇌 속에서 혼돈, 즉 복잡하게 얽히고설키고 지적이고 흥미로우며 경우에 따라 아름다운 어떤 것으로부터 그들의 책이 올바른 모습을 갖추도록 하기 위해 길고도 힘든 작업을 한다. 책에 대한 비평가도 창작 작업에서 발휘되는 것만큼이나 책을 평가할 때 똑같이 합당한 근면성을 발휘해야 한다. 복잡한 분석이 없이는 책의 유용성에 관해 합리적인 결론에 도달할 수 없다.

가엾어라 앨리스! 그녀는 약한 의미의 사고를 사용하고 있다. 그녀는 유용한 책을 구성하는 것에 관한 그녀의 편향된 의견을 포함하여 모든 증거, 주장, 믿음을 평가하기 위해 강한 의미의 사고를 사용했어야 한다.

어떤 의미에서 그녀의 결론에는 언어적 혼동도 있는데, 이는 그녀가 **용도**(use)라는 낱말을 특이하게 사용하고 있기 때문이다. 모호한 정의는 논리적 결론을 배제한다. 유용한 책이란 말로 그녀가 의미하는 것을 알기 전까지는 우리는 그녀의 정의를 짐작만 할 수 있을 뿐이다. 나는 **용도**라는 말로 그녀가 '쳐다보고 읽는 것이 재미있고 쉬움'을 의미한다는 느낌이 든다. 나 자신을 포함하여 다른 사람들은 그런 책이 별로 쓸모가 없는 책이라고 생각할 수도 있다. 여하튼 결론이 이해될 수 있으려면 모든 모호성이 명료화되어야 하는데, 하물며 그 결론이 정당화될 수 있으려면 더더욱 말할 것도 없다.

모든 순환 논증이 관련성이 없다는 사실도 기억하라. 앨리스의 추론은 표준형식으로 제시하면 순환 논증인 것처럼 보인다.

1. 그림 없는 어떠한 책도 유용하지 않다.
2. 언니의 책은 그림이 없다.
3. 그러므로 언니의 책은 유용하지 않다.

이 논증이 형식적으로 타당하긴 하지만 그 결론은 전제가 그르기 때문에 그르다.

우리가 결론을 승인하기 위해서는 대전제(전제 1)가 증명될 필요가 있다. 사실상 전제 1은 그르다. 그림이나 대화가 없지만 유용한 책이 있기 때문이다. 전제 2는 우리가 확실하게 아는 것은 아니라도 아마 옳을 것이다. 앨리스도 확실히 아는 것은 아니다. 그녀는 언니 책을 처음부터 끝까지 살펴본 것이 아니었다. 그녀는 '한두 번' 그 책을 '슬쩍 넘겨다보았을' 뿐이었다. 만일 그 책이 보통의 평범한 영어책이라면 앨리스는 아마 200면 중에서 불과 4면만 보았을지도 모른다. 그러므로 그녀는 200면 중에서 불과 4면, 즉 그 책의 실제 면수 중 2%만을 표본으로 뽑았으며, 그 면들 중 한 면이나 그 이상 면들에서 대화나 그림이 있을 가능성이 있다고 보는 것이 합리적이다. 따라서 전제 2조차도 그를 수 있다. 우리는 어떤 쪽이든 전혀 충분한 증거를 가지고 있지 않은 것이다.

전제 2가 옳은지는 전제 1이 그르기 때문에 거의 문제가 되지 않는다. 그른 전제에 기초한 결론은 어떤 것이든 건전하지 않은 결론, 즉 정당화되지 않는 것임에 틀림없으며, 그저 순전히 그른 것에 불과한 경우가 종종 있다.

위험 경보!

앨리스는 지루해하고 있다. 지루해하기 때문에 그녀의 지루함은 그녀의 판단을 방해하고 그녀의 관찰에 영향을 미칠 가능성이 많다. 그러한 분위기는 아마 언니의 책에 대한 앨리스의 판단을 한쪽으로 기울게 할 것이다. 실제로 앨리스는 "(날이 몹시 더웠기 때문에 졸려서 머리가 멍했으므로 할 수 있는 한) … . 귀찮지만 일어나서 데이지 꽃이라도 꺾어 화환을 만들어볼까 하고 곰곰이 생각할 정도로…."[3] 너무 지루했다.

앨리스가 대화도 그림도 없는 책은 좋아하지 않는다고 말했다면 아무런 논증도 제시되지 않았을 것이라는 사실을 이해하라. 그랬으면 우리는 액면 그대로 그녀의 선호를 받아들여야 했을 것이다. 그러나 그녀가 자신의 의견에 대해 이유를 제시하면 그 이유는 조사와 논박의 대상이 되는데, 이는 그녀의 의견이 양, 종류, 비중에 있어서 적합하고 관련 있는 증거에 의해 뒷받침되지 않기 때문이다.

> "이거 원." 앨리스는 속으로 생각했다. "이렇게 오래 떨어져 보고 나면 앞으로 아래층으로 굴러 떨어지는 것쯤은 아무것도 아닐 거야. 집에서는 사람들이 모두 나를 얼마나 용감하다고 생각할까! 그래, 우리집 지붕 위로 떨어진다 해도 이 일은 아무에게도 말하지 않는 게 좋겠어!"[4]

허허! 만일 그녀가 그녀의 집 지붕 위로 떨어진다면 목이 부러질 가능성—혹은 더 나쁘게 사망할 가능성—이 높고, 그래서 그녀의

3) 같은 책, 같은 면.

4) 같은 책, 5면.

떨어짐이나 혹은 그 문제에 관한 한 다른 어떤 것에 대해 아무것도 말할 수 없을 것이기 때문에 그렇게 될 가능성이 매우 높다. 여기서 그릇된 유비는 한 번의 떨어짐이 (지금까지) 그녀를 다치게 하지 않았던 것 같기 때문에 그 다음의 모든 떨어짐, 이를테면 심지어 아래층으로 떨어지거나 집의 지붕 위로 떨어지는 것 역시 그녀를 다치게 하지 않을 것이라는 가정이다. 모든 연속성 논증은 관련 있는 적합한 증거에 의해 뒷받침되지 않는 한 비합리적이다.

게다가 앨리스는 초점을 벗어나 있다. 착륙할 때 다칠지 안 다칠지의 논점에 집중하는 대신에 그녀는 앞으로 일어날 수 있는 비슷한 떨어짐 뒤에 그녀가 다른 사람에게 무엇을 말할 것인지에 관해 관심을 기울인다. 그리고 그녀는 그녀의 떨어짐에 관해 별말을 안 했을 때 다른 사람들이 그녀를 어떻게 생각할지에 관심을 보인다. "집에서 사람들이 나를 얼마나 용감하다고 생각할까." 앨리스가 떨어짐에 관해 말하는 것이나 다른 사람들이 그것에 관해 말하는 것은 떨어짐 일반이나 특수한 이 떨어짐의 주된 문제와 특별한 관련이 없는데, 그 논점이란 부딪치는 순간 얼마나 많은 타격을 입을 것인가 하는 것이다.

유머 또는 타조처럼 실제 상황을 무시하는 방법으로 시선을 딴 데로 돌리려는 시도는 진리를 멀리하고 실재에 대한 그릇된 관념으로 이끌기 때문에 관련성이 없다. 여기서 앨리스는 그녀의 계속적 떨어짐에 관한 실제 관심사로부터 초점을 멀리하고 있는데, 그 초점이란 "내가 다칠까?" 이어야 한다.

정말이지 앨리스는 자유 낙하 상태에 있다. 그녀는 땅에 부딪쳤을 때의 결과를 걱정했어야 한다. 그녀는 미래의 떨어짐이 이번의 떨어짐과 같은 것이라고 할 경우 얼마나 멋질 것인지를 생각하고 있으면 안 된다. 미래는 아직 결정되지 않았기 때문에 앨리스도 그 밖에 다른 누구도 정확하게 미래를 예측할 권리가 없다. 따라서 앨리스는 미래의 사실에 대해 오류를 범하고 있는 것이다. 그 미래는 실존하지 않는다. 그러므로 앨리스가 결론을 내리면서 기초를 둔 미래는 실존하지 않는다. 실존하지 않는 증거에 기초를 둔 결론은 부적합하게 뒷받침되며, 종종 단순한 공상인 경우도 있으며, 종종 그르다.

어쨌든 그녀가 이번 떨어짐 후에 괜찮다고 했다고 해서 다음번에 떨어질 때도 괜찮을 것이라고 생각하는 것은 연속성의 오류이다. 이 경우는 이번 떨어짐이 아직 안전하게 완료된 것이 아니기 때문에 특별한 오류이다.

각각의 떨어짐은 독립적 사건이다. 일어나는 일은 다음번 떨어짐의 세부 요인에 달려 있을 것이다. 사실상 앨리스는 안전하게 착륙하리라는 결론을 아무런 증거에도 기초를 두고 있지 않다. 보통 그렇게 떨어지는 것의 결과는 비참한 것으로 예상되게 마련이다. 앨리스는 언제나 그녀의 결론을 합리적으로 예상되는 것에 기초를 두어야 한다. 그것이 바로 때로 남몰래 판을 뒤집는 습관이라고 할 수 있는 비합리적이고 예기치 않고 예측할 수 없는 것에 대한 최상의 보호책이다. 합리적으로 예상되는 것에 기초를 둔 결론은 미래의 해로운 사건에 대비하고, 그런 사건이 나타날 가능성이 높은 것처럼 보일 때 곤경을 피하는 유일한 방법이다.

이전의 경험을 무시하고 반대증거를 부정하는 일은 보통 아동 도서의 공상 세계에서—앨리스는 아주 안전하게 착륙하고 계속해서 흰 토끼(White Rabbit)를 쫓는다(2장에서)를 제외하면 재앙이라는 결과로 귀착된다.

> 곧 그녀의 눈이 탁자 아래 놓여 있는 작은 유리 상자를 발견했다. 그녀는 상자를 열고 그 속에서 작은 케이크를 발견했는데, 케이크에는 "**나를 먹어주세요**."라는 말이 건포도로 예쁘게 장식되어 있었다. "옳지, 저걸 먹어야지." 앨리스가 말했다. "저걸 먹고 내가 더 커지면 열쇠에 손이 닿을 것이고, 더 작아지면 문 밑으로 기어 나갈 수 있을 거야."[5)]

이것 아니면 저것 식 사고, 흑과 백 식의 평가, 그릇되게 제한된 대안은 다양한 다른 가능성을 배제하기 때문에 효과가 없다. 여기에서 앨리스는 케이크를 먹는 일이 그녀를 더 크게 만들지도 더 줄어들게 만들지도 않을 실제적 가능성을 생각하지 못했다. 그녀는 케이크를 먹는 일이 가져올 가장 합리적으로 기대되는 결과를 생각해내지 못했는데, 그것은 현재 신체 크기의 순간적 변화나 극적인 변화가 없다는 것이며, 언제나 그런 변화가 없었다는 것이었다.

> 그녀는 조금 먹어본 다음 어느 쪽으로 크는지 느끼기 위해 손을 머리 위에 올려놓고 조마조마해서 중얼거렸다. "어느 쪽이야? 어느 쪽이야?" 그리고 그녀는 같은 크기로 남아 있다는 것을 발견하고는 무척 놀랐다.[6)]

확실히 이것이 우리가 케이크를 먹을 때 일반적으로 일어나는 일이다.

앨리스는 AAW에서 그녀의 크기가 바뀐 열두 가지 경우 중 하나를 막 끝냈다. 이 첫 번째 변형은 그녀가 병의 표시 **나를 마셔주세요**

---

5) 같은 책, 12면.

6) 같은 책, 같은 면.

를 따른 후에 일어났다. 그러나 앨리스는 병 속 내용물을 마신 것이 그녀를 작게 만들었으므로 케이크를 먹는 것은 어느 쪽이든 그녀의 크기를 변화시킬 것이라는 잘못된 생각을 했다. 그녀의 결론은 부적합한 증거, 즉 N=1인 경우에 기초를 두고 있는데, 이는 단 한 가지 사례의 부적합한 표본으로 이루어진 증거이다. 그런 증거로는 어린 소녀 누구나 알고 있는 경험적 증거, 즉 우리의 크기는 케이크를 먹는다고 해서 곧바로 변하는 것이 아니라는 증거를 되받아치는데 충분하다고 하기가 거의 어렵다. 시간이 지나면서 케이크를 너무 많이 먹으면 당신은 살이 찌겠지만 신장이 반드시 줄어들거나 늘어나거나 하지는 않을 것이다.

앨리스의 사고는 또한 그릇된 유비이다. **나를 마셔주세요**를 따른 후에 그녀의 크기가 변했다고 해서 그것이 **나를 먹어주세요**도 똑같은 결과를 가져올 것이라고 생각할 이유가 있다는 것을 의미하지는 않기 때문이다. 마시는 것과 먹는 것은 어떤 점에서는 비슷하지만 또 어떤 점에서는 다르다. 마시는 것과 먹는 것은 입을 통해 물질을 신체 속에 집어넣는 것 등의 같은 속성을 공유하지만 두 가지가 같은 속성을 공유한다는 사실이 다른 속성들 또한 공유한다는 것을 의미하지는 않는다.

만일 X가 a와 b를 가지고 있고, Y가 a와 b를 가지고 있다고 해도 X가 c를 가질 경우 Y도 c를 가진다는 결론은 따라 나오지 않는다. **나를 마셔주세요**와 **나를 먹어주세요**가 신체 크기의 변형 문제와 관련 있는 속성을 공유하는지 아닌지는 **나를 마셔주세요**에 대한 한 번의 시험보다는 더 많은 증거에 의해 증명되어야 할 것이다.

선후인과 추론은 이 에피소드가 증명할 수 있는 것처럼 종종 결함이 있다. 앨리스는 **나를 마셔주세요**를 따른 후에 그녀의 크기가 변했다는 것을 알지만 **나를 마셔주세요**가 실제로 원인 요인인지는 모른다. 인과적 연관을 입증하기 위해서는 다른 자료의 부담이 요구될 수도 있는 것이다. 단순히 한 사건이 다른 사건 뒤에 일어난다는 사실은 반드시 두 번째 사건이 첫 번째 사건에 의해 야기되었다거나 혹은 그 사건들이 어떤 인과적 방식으로 연관되어 있음을 의미하지 않는다. 물론 우리는 나중에 **나를 마셔주세요** 및 앨리스가 겪은 다른 11개의 변형과 더불어 일어난 이상한 사건들에 대해 좀더 이성적인 설명을 할 수 있다는 것을 알게 된다. 즉 앨리스는 꿈꾸고 있는 것이다.

> 그녀가 이런 말을 했을 때였다. 그만 그녀의 발이 미끄러졌고, 다음 순간 '풍덩!' 하고 빠졌다. 짠물이 턱까지 차올랐다. 처음에 앨리스는 바다에 빠졌다고 생각했다. "그런 경우에는 기차를 타고 돌아가면 돼."라고 앨리스는 중얼거렸다.[7]

앨리스에게는 유감이지만 그녀의 사고는 생략되어 있다. 즉 그녀는 일련의 말과 추론을 생략하고 있다. 그녀는 바다에 빠지지 않았기 때문에 기차로 집에 돌아갈 수 없다. 그녀는 브라이턴(Brighton)에 있지 않다. 철도가 없는 것이다.

첫 번째로 떠오른 생각이나 첫 번째 인상은 추론이 아니라 정서에 기초하고 있는 한 오류인 경우가 종종 있다. 그 오류는 종종 첫 번째 생각으로부터 따라 나오는 것처럼 보이는 일련의 다른 생각과 결합하면 복잡해진다. 앨리스의 추론은 생략적이지만 본문에 나오

---

7) 같은 책, 19면.

는 단계를 밟아 차근차근 더듬어보면 다음과 같이 묘사할 수 있을 것이다. "내가 빠진 물은 짜다. 그러므로 나는 바다에 빠졌다. 바다에 빠졌으므로 나는 해수욕장 근처에 있음에 틀림없다. 해수욕장에는 언제나 철도가 있다. 그러므로 근처에 철도가 있음에 틀림없다. 지난번 나는 브라이턴에 있었는데, 기차로 집으로 왔다. 그러므로 이번에도 나는 같은 방식으로 기차로 집에 돌아갈 수 있을 것이다."

이와 같은 도미노 이론 추론은 각 단계마다 개별적으로 정당화가 필요하며, 연관된 단계 사슬에서 각 사슬의 고리마다 개별적으로 정당화가 필요하다. 그렇지 않으면 비합리적 결론이 나올 것이다. 정말이지 앨리스는 살면서 한 번 바다에 빠졌는데, 영국의 해안가 어디를 가든 많은 이동 탈의차(bathing machines), 나무 삽으로 판 모래 속에 묻힌 아이들, 죽 늘어선 숙박업소 그리고 그것들 뒤에 있는 기차역을 발견한다는 일반적 결론에 이르렀다. 그래서 아무리 빈약하다 하더라도 집으로 가야겠다는 그녀의 정서적 필요를 만족시키는 사고에는 약간의 증거가 있는 셈이다.

그렇지만 앨리스는 이내 자신의 제한된 해안가 경험에 의거해 그녀의 상상력이 지나치게 일반화하고 있다는 사실을 알게 되었다. 그녀는 바다에 빠지지 않았다. 대신 그녀는 짠 눈물로 이루어진 웅덩이에 빠져 있었는데, 이 웅덩이는 그녀가 270cm나 커졌을 때 울어서 생긴 것이었다. 앨리스는 자신이 흘린 눈물 속에 빠져 있었던 것이다.

> 실로 앨리스는 진홍잉꼬와 긴 논쟁을 벌였다. 진홍잉꼬는 결국 골이 나서 "난 너보다 나이가 많아. 그러니까 너보다 많이 알 수밖에 없어."라고만 말할 뿐이었다. 그러자 이번에는 앨리스가 그 진홍잉꼬가 몇 살인지

> 알기 전에는 이 말을 받아들일 수 없다고 했다. 하지만 진홍잉꼬가 단호하게 자신의 나이를 밝히기를 거부했으므로 더 이상 할 말이 없었다.[8)]

진홍잉꼬(호주산 앵무새 유형)가 앨리스보다 나이가 많은지는 나이가 어떤 사람의 논증을 올바르거나 올바르지 않은 논증으로 만들지 않기 때문에 논쟁과 관련이 없다. 나이든 사람도 옳거나 그를 수 있다. 그러므로 나이는 진리성과 무관하다. 분명히 진홍잉꼬는 권위에 호소하려 하고 있는데(권위에 호소하는 논증), 이 경우는 추정컨대 나이든 자의 권위이다. 모든 권위에 대한 호소는 증거와 관계가 없기 때문에 관련성이 없다. 고려되어야 할 것은 관련성, 충분성, 증거의 양, 종류, 비중이지 증거를 제시하는 사람의 나이가 아니다.

앨리스는 요점을 빠뜨렸다. 그녀는 진홍잉꼬의 나이에 달려 있는 진홍잉꼬의 논증에 대해 평가하고 싶어 했다. 앨리스의 진술은 진홍잉꼬가 나이가 많을 경우 더 잘 알 것이라는 진홍잉꼬의 뒷받침되지 않고 보증되지 않는 가정을 그녀가 무비판적으로 승인했음을 보여준다. 앨리스는 증명이 없이는 뒷받침되지 않는 진술을 결코 승인하지 말았어야 한다.

진홍잉꼬가 나이를 말해서 논쟁에서 이길 수 있었다는 점도 주목하라. 진홍잉꼬가 그렇게 하지 않았다는 사실은 그가 앨리스보다 나이가 많은 게 아니라 더 적을 것을 두려워했음을 시사한다. 그밖에 달리 어떻게 진홍잉꼬가 골이 나서 나이 말하는 것을 거부한 일을 설명할 수 있겠는가?

---

8) 같은 책, 25면.

진홍잉꼬의 나이가 아직 앨리스에게 알려지지 않은 한에서 그렇다. 만일 진홍잉꼬가 앨리스의 꿈에서 언니 로리나(Lorina)의 표상이라면 그 말이 사실일 것이다. 사실 이 장면에서 오리(Duck)는 레버런드 로빈슨 덕워스(Reverend Robinson Duckworth)를 나타내고, 도도는 도지슨 자신이 되는 경우를 만들어볼 수 있는데, 도지슨은 종종 자신의 이름을 '도-도-도지슨'(Do-Do-Dodgson)이라 불렀다. 그런 이유로 옥스퍼드 대중은 도지슨을 날개를 잃은 새 이름을 따라 '도도'(the Dodo)라 불렀다. 그러한 분석은 환원적 제거를 통해 앨리스의 여동생 에디스(Edith)를 새끼독수리(Eaglet)로 만들 것이다. 만일 이 말이 옳다면 우리는 새끼독수리가 파티에서 다른 사람들이 이해하지 못하는 거창한 말을 사용한다고 왜 불평하는지에 대해 의아해할 필요가 없다!

또한 진홍잉꼬의 진술은 정말이지 시선을 딴 데로 돌리려는 것임을 주목할 필요가 있는데, 이는 우리가 결코 그의 진술이 무엇에 관해 논쟁하고 있는 것인지 알지 못하기 때문이다. 그래서 우리는 아무것도 판단할 수 없다. 언니들은 그런 식이라고 나는 알고 있다. 그리고 그것은 실제로 그리 예민하지 않은 캐럴의 논점일 수 있다. 실제에 있어서는 캐럴은 앨리스의 언니에 반대하면서 앨리스의 편을 드는데, 이는 실제 앨리스로부터 어떤 영향이나 애정을 얻을 가능성이 높은 입장이다. 이 방책은 환심을 사게 될 터인데, 왜냐하면 대부분의 사람은 내 적의 적이 (뒷받침 증거 없이) 친구라고 믿기 때문이다.

또한 캐럴은 아이에 대한 빅토리아 시대의 태도와 어른이 아이를 지적으로 보호하고 다루는 방식을 잔인하게 패러디하고 있을 수 있다. 진홍잉꼬는 문제에 대해 적절한 토론으로 매듭짓기를 거부하거나 아이에게 사물의 이치를 알려주기를 거부하는 일종의 학자연하는 사람이다. 그런 종류의 학자연하는 사람은 우리가 그가 말하는 것을 단지 그가 그렇게 말한다는 이유로 의문 없이 액면 그대로 받아들여야 한다고 우긴다. 그는 최고의 것을 안다고 주장하지만 그 주장을 뒷받침하는 증거를 전혀 제시하지 않는다. 그렇게 함으로써 그처럼 학자연하는 사람은 획일적이고 고정적이고 이기적이며 엄격한 표준을 보여주는데, 이 표준은 아이들에게는 해가 되면서 이런 유형의 학자연하는 사람의 특색을 이룬다.

> "에헴!" 쥐가 무게를 잡으며 말했다. "모두 준비됐나? 내가 아는 중에 가장 건조한 이야기를 하겠다. 제발 모두 조용히 해라! '정복자 윌리엄은 그의 대의명분을 로마 교황이 찬성하자 곧 영국인들의 항복을 받았다. 영국인들은 지도자를 원했으며 그 당시에는 왕권 찬탈과 정복당하는 것에 아주 익숙해져 있었다.'"[9)]

노르망디 정복사에서 나온 이 인용구는 앨리스를 건조시켜 줄 것 같지 않은데, 앨리스는 눈물 속에 빠졌기 때문에 여전히 젖어 있었다. 물론 **건조한**(dry)이라는 낱말의 두 가지 의미로부터 혼동(그리고 재미)이 생긴다. 노르망디 침공의 따분하고 지루하고 건조한 역사는 **건조한**이란 낱말의 다른 의미—습기가 없는—와 관계가 없다.

시대는 변하지 않았다. 심지어 오늘날도 문제에 대한 많은 터무니없는 해결책이 "무게를 잡으며" 우리에게 제안된다. 그리고 그처럼 무게를 잡는 분위기 속에서 쥐는 계속해서 다음과 같이 말한다.

---

9) 같은 책, 26면.

"에드윈과 모오카, 두 사람은 머시아와 노섬브리아의 백작들로 그를 지지한다고 선포했다. 그리고 심지어 캔터베리의 애국자인 대주교 스타이갠드조차도 그것이 현명한 처사임을 발견했다."

"뭘 발견해?" 오리가 말했다.

"**그것**을 발견했지." 쥐가 다소 언짢게 대답했다. "물론 '그것'이 무슨 뜻인지는 알지?"

"'그것'이 뭘 의미하는지는 아주 잘 알죠. 내가 무언가를 발견할 땐." 오리가 말했다. "그것은 대체로 개구리이거나 벌레지요. 문제는 그 대주교가 무엇을 발견했느냐 하는 거 아닌가요?"

쥐는 이 질문에 주의를 기울이지 않고 서둘러 계속했다. …

"아직도 젖은 그대로야." 앨리스가 침울한 목소리로 말했다. "그것은 조금도 말리는 것 같지 않아."[10]

앨리스가 잘 말했다. 그녀는 건조한 이야기가 젖은 옷에 아무런 효과도 없음을 증명한다. 앨리스는 자신의 경험을 진지하게 받아들일 완전한 권리가 있는데, 어떤 사람들은 이 권리를 의무라고 말할 것이다. 결과에 대한 관심을 표명함으로써 그녀는 자신을 찰스 퍼스(Charles Peirce), 윌리엄 제임스(William James), 벤저민 프랭클린(Benjamin Franklin), 랠프 왈도 에머슨(Ralph Waldo Emerson)의 진영, 즉 미국 최초의 자생철학—실용주의—의 창시자들 진영에 위치시킨다. 그들은 실재를 고려해야 한다고 생각했다.

앨리스는 우리에게 말보다 실재를 더 고려해야 하며, 실재가 결론에 지배적 영향력을 행사하도록 해야 한다는 것을 알려준다. 그

10) 같은 책, 26~27면.

녀는 마르지 않았다. 쥐의 건조한 이야기는 그녀를 말리지 못했던 것이다.

덧붙이자면 영어에서는 **그것**(it) 이외에도 많은 낱말이 맥락에 따라 언급 대상이 달라질 정도로 혼란스런 경우가 많다. 예컨대 "The passengers took the boat upriver."에서처럼 *take*를 생각해보라. 일상적 의미에서는 승객들은 선장에게 여행 요금을 치른다. 하지만 또 다른 의미에서는 선장이 해적질을 하기 위해 승객들을 추적할지도 모른다. 이 문장은 또다시 애매구의 예이다.

캐럴은 나중에 낱말의 이중적 의미를 매우 중시하는데, 거기에서는 *knot*와 *not*가 혼동되고, (스케치하는 경우의) *draw*와 (우물에서 물을 퍼 올리는 경우의) *draw*, (머리를 잘라내는 경우의) *axes*와 (지구와 다른 행성들이 그것을 중심으로 하여 돌고 있는) *axis*가 뒤섞여 있으며, 홍학과 겨자는 둘 다 "무는"(bite) 것이며(이때 문다는 것이 각각 전혀 다른 것이라 할지라도), (1인칭 소유대명사로서의) "mine"과 (광물을 채굴하는 장소로서의) "mine" 등이 논의된다. 《거울나라의 앨리스》(*Through the Looking Glass*)에서 개구리는 문이 무언가를 묻지 않은 한 누군가가 그것(문)에 답할 것이라는 이유를 이해하지 못한다. 꽤 멍청하군! 맞는가? 그러나 그 동화는 꽤 재미있으며, 어린 소녀들의 여가를 위해서는 특히 그렇다. 그리고 그 동화는 언어로 인해 인간 사고에 부과될 수 있는 한계에 대한 훌륭한 (캐럴 식) 삽화들로 이루어져 있다.

하지만 진짜 요점이 무엇인가? 논리에 있어서 캐럴의 요점은 무엇인가?

그의 요점은 조금이라도 사리에 맞는 담화에서는 몇 번씩 나타나는 낱말들이 내내 같은 의미를 보유해야 한다는 것이다. 그런 낱말은 체셔 고양이처럼 계속해서 변신할 수 없다. 그렇지 않을 경우 혼란이 일어난다.

논증은 분명히 그 논증이 나타나는 각각의 경우에 그 논증 속에서 사용되는 낱말이 같은 종류의 대상이나 관념을 나타내도록 같은 이름과 같은 언급 틀을 가지면서 고정된 의미를 보유할 경우에만 적절하고 설득력이 있을 것이다. 주어진 맥락에서 어떤 용어가 본질적으로 같은 방식으로 사용되어야 한다는 요건은 **동일률**(principle of identity)로 표현된다. 어떤 낱말의 정체성이 바뀌게 되면 앨리스 책들이 아주 잘 예증하는 것처럼 혼란이 일어난다.

이중 의미와 불명료한 언급 대상의 문제는 아보트와 코스텔로(Abott and Costello)의 희극에서 이용되는데, 이 희극에서 두 사람은 상대방이 그 자리에 없다는 것을 증명하는 사람이 샌드위치를 먹기로 한다. 아보트는 코스텔로가 뉴욕 시 스튜디오에 없다는 것을 다음과 같이 "증명한다."

> 아보트: 너는 샌프란시스코에 없어. 그렇지?
>
> 코스텔로: 그래, 나는 샌프란시스코에 없어.
>
> 아보트: 너는 시카고에도 없어. 그렇지?
>
> 코스텔로: 맞아, 나는 시카고에 없어.
>
> 아보트: 자, 네가 샌프란시스코에도 없고 시카고에도 없으면 어딘가 다른 곳에 있는 거지, 그렇지?
>
> 코스텔로: 맞아! 나는 어딘가 다른 곳에 있어.
>
> 아보트: 거봐. 내가 뭐랬어![11]

---

11) 이것이 내 기억으로 그 희극의 내용인데, 나는 기억력이 꽤 좋은 사람이다.

무엇이 혼동되어 있는가? 혼동은 **어딘가 다른 곳**이라는 표현의 동일성을 상실하면서 맥락을 바꾼 것인데, 이 표현은 공허한 방식이나 맥락 없이는 절대 사용되지 않는다. 이 표현은 언제나 어떤 언급 틀 내에서 표현된다. 어딘가 다른 곳에 있을 수 있는 사람은 아무도 없는데, 그런 장소가 없기 때문이다. **어딘가 다른 곳**은 '여기'가 구체적으로 혹은 암암리에 한정될 경우에 여기가 아님을 의미하거나 혹은 명시적으로 언급된 장소 이외의 다른 어떤 장소를 의미한다. 아보트는 두 번째 의미를 사용하면서 샌프란시스코와 시카고를 언급했다. 코스텔로는 샌프란시스코나 시카고 이외의 다른 어떤 곳에 있다. 그 말이 옳다. 하지만 그 다음에 아보트는 첫 번째 의미를 이용하여 이 맥락에서 **어딘가 다른 곳**이라는 구절의 정체성을 바꾸어 버린다.

분명히 코스텔로의 시인은 코스텔로가 뉴욕 시에 없다는 것을 결코 함의하지 않는데, 이는 그가 어쩌다 그 자리에 있었기 때문이다. 코스텔로의 시인은 그저 그가 샌프란시스코나 시카고에 있지 않음을 인정했음을 의미할 뿐이다.

> "아냐. 난 뱀이 아냐. 내가 말했잖아!" 앨리스가 말했다. "난—, 난—"[12)]

앨리스가 주저하는 이유 중 일부는 무언가를 증명한다는 것이 무척 어려우며, 부정하는 진술을 증명하는 것은 훨씬 더 어려움을 갑작스럽게 깨달았다는 것이었다. 예컨대 도대체 당신이 공산주의자가 아니라는 것을 증명할 수 있는 무슨 방법이 있는가? 누군가가

---

12) 같은 책, 59면.

당신의 카드를 찾아냄으로써 당신이 공산주의자라는 것을 증명할 수는 있을 것이다. 하지만 당신이 공산주의자가 아니라는 것을 증명할 수는 없는데, 이는 증거의 부재가 공산주의 아님의 증거가 아니기 때문이다. 같은 방식으로 당신은 당신이 아동 포르노 작가가 아님을 증명할 수 없다. 그러나 누군가가 당신의 컴퓨터에 들어 있는 자료를 뒤져서 당신이 아동 포르노 작가임을 증명할 수는 있을 터인데, 물론 누군가가 그런 자료를 당신의 컴퓨터에 집어넣었다고 하지 않는다면 말이다. 이것이 바로 이라크가 대량 살상 무기를 가지고 있지 않음을 증명하는 일이 그렇게 어려운 이유이다. 어쩌면 이것은 법률에서 유죄가 입증될 때까지 당신이 무고하다고 추정하는 이유이기도 할 것이다. 합리적으로 의심할 여지없이 유죄임을 증명하는 것은 기소자가 할 일이다. 이라크가 그런 무기를 가졌음을 증명하는 것은 미국이 할 일이다. 자신들이 그런 무기를 가지지 않았음을 증명하는 것은 이라크가 할 일이 아닌 것이다.

따라서 자신이 뱀이 아님을 증명하는 일이 어렵다는 것을 깨닫고 나서 앨리스는 자신이 어떤 사람인가에 대한 긍정적 주장에 의지하여 사태를 해결하려 한다. 앨리스는 어린 소녀가 뱀이 되는 것이 기록된 사례가 전혀 없기 때문에 자신이 어린 소녀라면 뱀일 수 없다는 데 대한 충분한 증명이 될 것이라는 희망에서 그렇게 한다.

그러나 좀더 큰 의미에서 앨리스는 “도대체 내가 누구지?”라고 자문하는데, 왜냐하면 그녀는 어쨌든 꿈꾸는 사람이며, 이것이 그녀의 꿈이기 때문이다. 아아, 그 물음은 중대한 난문제인데, 철학적 난문제 중 아주 중요한 한 문제—개인의 동일성 문제—이다. 비둘기는 계속해서 그 물음을 이용한다.

"그래! 그럼 넌 뭐지?" 비둘기가 말했다. "네가 뭔가를 꾸며 대려는 것을 다 알고 있어!"

"난—난 그냥 어린 소녀야." 오늘 하루만도 여러 번 자신이 변했다는 것을 기억하고는 앨리스는 약간 자신 없게 말했다.

"정말 그럴듯한 이야기군!" 비둘기가 아주 강한 경멸조로 말했다. "나는 지금까지 살아오면서 어린 소녀를 많이 봤지만 그런 목을 가진 애는 한 번도 못 봤어! 맞아, 맞아. 너는 뱀이야! 부인해봤자 소용없어. 그 다음에는 새알은 맛본 적도 없다고 하려고 그러겠구나!"

"난 새알을 맛본 적이 있어, 확실히." 앨리스가 말했다. 앨리스는 매우 진실한 아이였기 때문이었다. "하지만 어린 소녀들도 네가 알다시피 뱀이 새알을 먹는 것만큼 자주 새알을 먹어."[13)]

비둘기의 사고는 빈약하다. 분명히 어린 소녀도 짧은 목뿐만 아니라 긴 목을 가질 수 있다. 그래서 목 크기는 어쨌든 전혀 소녀의 기준이 아니다. 목 크기는 그 문제와 관련성이 없는 것이다. 그러므로 비둘기가 목 길이 때문에 앨리스를 어린 소녀가 아니라고 결론짓는 것은 잘못이다.

앨리스가 뱀이라는 결론에 도달한 비둘기의 삼단논증을 검토해 보자. 형식적으로 표현하면 그 삼단논증은 다음과 같다.

1. 뱀은 새알을 먹는다.
2. 앨리스는 새알을 먹는다.
3. 그러므로 앨리스는 뱀이다.

---

13) 같은 책, 60면.

삼단논증에서는 '전제'라는 두 개의 주장과 그 전제들로부터 도출되는 한 개의 결론이 있음을 기억하라. 삼단논증에서 결론의 술어는 대명사(major term)를 포함하고, 결론의 주어는 소명사(minor term)를 가지고 있다. 따라서 **뱀이다**는 대명사이며, **앨리스**는 소명사이다. 대전제는 대명사가 들어 있는 전제이고, 소전제는 소명사가 들어 있는 전제이다. 따라서 **뱀은 새알을 먹는다**는 대전제이고, **앨리스는 새알을 먹는다**는 소전제이다. 대전제와 소전제 모두에 나타나는 명사는 매개명사(middle term)이다. 여기서 매개명사는 **새알을 먹는다**이다.

좋다. 이제 전제들의 진리성과 결론의 진리성을 형식적인 방식으로, 그리고 비형식적인 방식으로 검토해보자. 대전제가 옳은가? 뱀이 새알을 먹는가?

답: 그렇다.

소전제는 어떤가? 옳은가? 앨리스가 새알을 먹는가?

답: 그렇다. 십중팔구는.

앨리스는 새알을 맛본 적이 있음을 인정했다. 새알을 먹지 않고도 맛은 볼 수 있는 반면에 앨리스가 새알을 먹어보지 않고 새알을 맛본다는 것은 있을 성싶지 않다. 여기서 앨리스는 이 새알을 먹는 문제에 예민한 것 같은 비둘기를 누그러뜨리기 위해 절박한 상황에서 약간의 감언이설로 허세를 부리며 얼버무릴 수도 있을 것이다.

그러나 만일 대전제와 소전제가 옳다면 우리가 알다시피 왜 결론이 그른가? 앨리스는 뱀이 아니다. 그녀는 어린 소녀이다.

답: 형식논리학에서 이 삼단논증은 부당한데, 그것은 매개명사가 한번 주연되는 것이 아니기 때문이다. 즉 새알을 먹는 것은 모든 뱀이 행하는 것이지만 다른 동물들도 행할 수 있는 것이다. 그러므로

앨리스가 새알을 먹는다는 사실은 그녀가 뱀이 아닐 가능성을 배제하지 않는다. 대전제는 **뱀은 새알을 먹는다**고 말한다. 대전제는 새알을 먹는 모든 동물이 뱀이라고 말하지 않는다. 앨리스가 비둘기를 반박하면서 한 다음 말은 아주 올바르다. "하지만 어린 소녀들도 네가 알다시피 뱀이 새알을 먹는 것만큼 자주 새알을 먹어." 그 반박은 그 논증을 멈추게 하는 것이었음에 틀림없다. 패배를 인정하는 대신에 비둘기는 대답한다. "난 안 믿어. … 하지만 어린 소녀들이 정말 그렇다면 그들도 일종의 뱀이야. 내가 할 말은 이것뿐이야."[14]

이것은 결론이 정당화되려면 대전제가 바뀌지 않을 수 없다는 비둘기의 고백이다. 만일 새알을 먹는 누군가가 뱀이라면 앨리스도 뱀이다. 그러나 대전제를 바꾸게 되면 그 대전제 자체가 그르게 된다. 그 이유는 다음과 같다. 비둘기의 새 진술은 이와 같을 것이다.

1. 새알을 먹는 것은 무엇이든 뱀이다.
2. 앨리스는 새알을 먹는다.
3. 그러므로 앨리스는 뱀이다.

앞에서의 부주연된 매개명사 문제는 교정되었다. 이제 매개명사는 주연되며, 새알을 먹는 모든 집합을 망라한다. 매개명사를 다시 주연되도록 함으로써 비둘기는 부주연된 매개명사 문제를 교정하였다. 그러나 그는 이제 대전제를 옳지 않은 진술이 되도록 바꾸었다. 사실상 그는 대전제를 그릇된 방송용 정의가 되도록 바꾸었다. "새알을 먹는 것은 무엇이든 뱀이다."는 옳지 않다. 이 진술은 일반

14) 같은 책, 같은 면.

진술이므로 하나의 예외를 찾으면 옳지 않다는 것을 증명할 수 있다. 예외는 무수히 많으므로 그 전제는 분명히 그르다. 그러므로 비둘기의 결론은 그른데, 그른 전제에 기초한 결론은 어떤 것이든 그르기 때문이다.

그러므로 비둘기는 여전히 틀렸다. 진리가 다시 한 번 승리하였다. 즉 앨리스는 뱀이 아니다. 순전히 올바른 사고의 힘만으로 우리는 앨리스가 뱀이 아님을 증명하였다. 더 나아가 우리는 앨리스가 어린 소녀임을 안다. 일찍이 어떤 어린 소녀도 뱀이 된 적은 없었다. 그것이 사실이다. 그러므로 비둘기는 틀렸다. 그는 사실에 반하는 주장을 하고 있는데, 이런 경우는 언제나 우리를 진리와 비교하여 나쁜 위치에 처하게 만든다.

그런데 당신은 왜 비둘기가 그토록 뱀 문제에 매달리는지 짐작할 수 있는가? 빈약한 사고의 핵심에는 두려움과 공포가 깊숙이 도사리고 있는 경우가 종종 있는데, 비둘기의 경우가 전형적 예이다. 의심할 여지없이 과거의 언젠가 비둘기는 뱀이 먹어치운 새알을 낳았었을 것이다. 비둘기들(또는 사람들)이 비이성적인 것에 집착할 때마다 멀리 내다보는 능력과 달리 그들의 심장부에서 역으로 작동하는 심층 저변의 심리적 기반, 즉 진리를 멀리하고 오류를 향하도록 하는 심리적 기반이 있는지 의심하라.

> 바로 이때 집의 문이 열리더니 커다란 접시가 곧장 하인의 머리를 향해 날아왔다. 접시는 아슬아슬하게 그의 코를 스쳐 지나서 뒤에 있는 나무에 부딪쳐 산산조각이 났다.
>
> "어쩌면 모레까지도." 하인은 아무 일도 없었다는 듯이 같은 어조로 계속 말했다.

"어떻게 하면 안으로 들어가지?" 앨리스는 다시 한 번 더 큰 소리로 물었다.

"너 정말 들어갈 거니?" 하인이 말했다. "그게 우선 중요한 문제라니까."[15)]

그것이 우선 중요한 문제였다. 의심할 여지없이 앨리스만 그런 식의 얘기를 듣는 것을 싫어했다. 앨리스의 질문은 그녀가 안에 들어갈 것임을 가정했다. 앨리스는 선결 문제 요구의 오류를 범하고 있었으며, 하인은 그 점에 대해 앨리스의 주의를 환기시켰던 것이다.

"이건 정말 지긋지긋해." 앨리스는 혼자 중얼거렸다. "여기 동물들이 말하는 방식이란. … 사람을 미쳐버리게 하고도 남을 거야!"[16)]

우리도 네 고통을 느낀단다, 앨리스. 하지만 저런! 직장에서 논리학 가르치는 것을 주된 사명으로 삼는 옥스퍼드의 선생이 쓴 책에 등장하는 인물들로부터 기대하는 게 대체 뭐니!

"내가 여기에서부터 어디로 가야 할지 좀 말해주지 않을래?"

"그건 전적으로 네가 어디로 가길 바라는지에 달려 있지." 고양이가 말했다.

"어디든지 별로 상관하지 않아—." 앨리스가 말했다.

---

15) 같은 책, 64면.

16) 같은 책, 같은 면.

"그럼 네가 어디로 가도 상관없지." 고양이가 말했다.

"—내가 **어딘가**로 가기만 한다면." 앨리스가 설명으로 덧붙였다.

"아, 너는 확실히 그렇게 할 수 있을 거야," 고양이가 말했다. "충분히 걷다 보면."[17)]

체셔 고양이의 이처럼 매우 논리적인 소견은 앨리스 책들에서 인용되는 대부분 구절 속에 널리 퍼져 있다. 여기서의 깊은 의미는 과학과 윤리의 관계에 대한 내용을 포함하고 있다. 고양이의 대답은 과학과 윤리의 영원한 틈, 바로 그것을 표현한다. 과학은 어디로 가야할지 알려주지 않지만 다른 것(사회적 · 정치적 · 환경적 · 윤리적 · 미적인 것 등)을 근거로 하여 이 결정이 이루어진 후에는 과학은 거기에 도달하는 최상의 방식을 알려준다.

체셔 고양이의 말에 대한 반향은 잭 케루악(Jack Kerouac)의 소설 《노상》(*On the Road*)에서 들린다.

"우리는 가야만 해. 거기 도달할 때까지 결코 멈추지 않을 거야."

"이봐, 어디로 가는데?"

"나도 모르지만 하여튼 가야 해."[18)]

탈무드의 한 구절도 이와 비슷하다. "만일 네가 어디로 가는지 모른다면 아무 길이라도 너를 거기로 데려다 줄 것이다."

체셔 고양이가 이 한 예에서 두드러지게 논리적이었다고 해서 그

---

17) 같은 책, 71~72면.

18) Martin Gardner, ed. *The Annotated Alice*(New York: Norton, 1990), 65면에서 인용.

것이 다음에도 그가 논리적일 것임을 의미하지는 않는다.

> "**저**쪽에는. … " 고양이가 오른발을 돌려 흔들면서 말했다. "모자 장사가 살고 있지. 그리고 **저**쪽에는 3월 토끼가 살고 있어. 가고 싶은 대로 가보렴. 둘 다 미치광이지만."[19)]

(오보는 흔히 있는 일인데, 지방에 사는 사람들이 낯선 사람에게 방향을 제시할 때 특히 그렇다. 3월 토끼는 왼쪽에 살고 모자장사는 오른쪽에 살고 있다. 하지만 그들 모두 다과회에 참석하고 있기 때문에 그들의 집을 각각 방문할 수 없다. 고양이의 신체언어는 오른발을 '돌려' 흔드는 것이 지시 행위가 하는 방식으로 명확한 방향을 가리키는 것이 아니기 때문에 애매하다. 그러나 고양이의 말과 행위는 AAW의 이 부분의 주제와 모순되는 것은 아닌데, 이 주제는 진행 방향에 대한 무관심이다.)

> "하지만 난 미치광이들이 있는 곳엔 가고 싶지 않아." 앨리스가 말했다.
> "어쩔 수 없을걸." 고양이가 말했다. "여기서는 우리 모두가 미치광이니까 말이야. 나도 미치광이, 너도 미치광이야."
> "내가 미치광이라는 걸 어떻게 알아?" 앨리스가 말했다.[20)]

훌륭한걸! 앨리스는 증거를 요구하고 있다. 그녀는 "여기서는 우리들 모두 미치광이니까 말이야."라는 체셔 고양이의 일반진술이 그름을 증명하기 위해 그녀에게 필요한 것이 하나의 반대사례뿐이

---

19) Carroll, *Alice's Adventures in Wonderland*, 72~73면.
20) 같은 책, 73면.

라는 것을 알고 있다. 만일 앨리스가 자신이 미치지 않았다는 것을 보여줄 수 있다면—또는 더 나은 것으로 고양이가 그녀가 미쳤다는 것을 증명할 수 없다면—, 고양이의 진술은 그름이 증명될 것이다. 우리가 앞에서 다루었던 것을 복습하면서 영리한 체셔 고양이가 앨리스의 도전을 어떻게 다루는지 보라.

> "미치광이임에 틀림없어." 고양이가 말했다. "그렇지 않았으면 여기 오지 않았을 테니까."[21]

어떤 의미에서 이 말은 앞에서 논의했던 것처럼 순환 추론의 훌륭한 예이다. 이 말은 동의어반복이다. 그러나 좀더 큰 의미에서 고양이는 그와 앨리스가 꿈을 꾸고 있다고 한다면 그가 무얼 말하고 있는지 안다.

정신의학자들은 꿈에서의 사고 유형(일차적 과정의 사고)이 정신병자의 사고와 동일한 것이 아니라면 그에 가깝다고 말한다. 1856년 2월 9일자 루이스 캐럴의 일기도 같은 질문을 제기한다. "우리가 꿈꾸고 있을 때, 그리고 종종 공교롭게도 사실에 대해 희미한 의식을 가지면서 깨어나려고 할 때 우리는 깨어나 있는 삶에서 미친 것처럼 말하고 행동하지 않는가? 그러면 때로 미침을 깨어 있는 삶과 잠자는 삶을 구별하지 못함으로 정의해도 되지 않을까? 우리는 종종 비현실성에 대한 최소한의 의심도 없이 꿈을 꾼다."[22]

소크라테스 역시 플라톤의 대화편 《테아이테투스》(*Theaetetus*)에

---

21) 같은 책, 같은 면.

22) Lewis Carroll, *The Diaries of Lewis Carroll*, ed. Roger and Lancelyn Green(London: Cassell, 1953), 42면.

서 같은 문제를 다룬다.

테아이테투스: 제가 미친 사람이나 꿈꾸는 사람들이 상상할 때 그들이 진실로 생각한다고 주장하는 일을 떠맡을 수 없다는 건 확실합니다. 그들 중 어떤 사람들은 자신들이 신이라고 상상하고, 또 어떤 사람들은 자신들이 날 수 있는데, 잠을 자면서 날고 있다고 상상합니다.

소크라테스: 이런 현상들, 그 중에서도 특히 꿈꾸는 것과 깨어 있는 것에 관해 제기될 수 있는 또 다른 문제를 아는가?

테아이테투스: 무슨 문제 말씀입니까?

현대 정신의학은 꿈에서의 일차적인 과정의 사고가 정상적이라고 말할 것이다. 그러나 깨어 있으면서 실재하는 것과 실재하지 않는 것을 구별하지 못하는 것은 정신병의 자아 분열적 징후의 특징이다. 그러한 요인은 일단 제쳐두고, 체셔 고양이의 논리를 살펴보자.

주장 항목: 여기 있는 우리는 모두 미쳤다. (뒷받침되지 않은 주장)

주장 항목: 나는 미쳤다. 너도 미쳤다. (첫 번째 주장 항목과 모순되지 않는 뒷받침되지 않은 주장이다. 하지만 그것 외에 이 나중의 주장들은 실제로는 첫 번째 주장 항목으로부터 곧바로 따라 나오는 특수 주장들이다. 만일 여기 있는 우리(즉 첫 번째 주장 항목이 포괄하는 범주에 포함된 사람들)가 모두 미쳤다면 여기 있는 두 사람 또한 미쳤다. 어떤 점에서 주장 항목 1과 주장 항목 2의 상호 관계는 특수 주장들의 통상적 관계를 명

확히 드러낸다. 특수 주장은 더 큰 범주의 주장에 함축되어 있으며, 그 주장으로부터 곧바로 따라 나온다. 따라서 만일 모든 S가 P라면 약간의 S는 P이어야 하고, 많은 S도 P이어야 하며, 소수의 S도 P이어야 하며, 내가 해변에서 세수하는 것을 본 이 특수한 S도 P이어야 한다. …)

주장 항목: 네가 여기 있으니까 너도 미쳤음에 틀림없다. (뒷받침되지 않은 결론)

> "그리고 제발 그렇게 갑자기 나타났다가 갑자기 사라지지 않았으면 좋겠어. 어지럽잖아!"[23]

앨리스는 고양이의 순환 추론에 대해 잘 대답할 시간을 벌기 위해 사람을 트집 잡는 논증에 호소한다. 그녀의 진술은 고양이의 행동에 대한 공격이지 논의중인 쟁점과 아무 관계가 없는데, 그 쟁점이란 그들이 모두 미쳤는지 아닌지 하는 것이었다. 우리 자신의 것이든 앨리스의 것이든 시선을 딴 데로 돌리려는 논증은 관련성이 없다.

> "좋아." 고양이가 말했다. 이번에는 아주 천천히 사라졌다. 꼬리 끝부터 사라지기 시작해서 빙그레 웃는 입이 마지막에 남았는데, 그 웃음은 다른 부분이 다 사라진 후에도 얼마간 그대로 있었다.[24]

---

23) Carroll, *Alice's Adventures in Wonderland*, 74~75면.
24) 같은 책, 같은 면.

고양이가 앨리스의 요구 중 어떤 부분을 공정하지 않게 선택하여 그 부분을 지나치게 강조하고 중시한다는 점을 주목하라. 그가 천천히 변하는 것은 앨리스가 실제로 원했던 것이 아니다. 앨리스는 그가 변하는 것을 그만두고 변치 않는 모습으로 남아 있기를 원했다. 그러나 물론 그녀는 자신이 원하는 것을 정확하게 진술하지 않음으로써 스스로 체셔 고양이의 해석의 길을 열어놓았다. 보통은 정확히 당신이 원하는 것을 말하고, 정확히 당신이 말하는 것을 의미하는 것이 좋다. 보통은 당신이 말하고 싶지 않은 것을 말하지 말고, 당신이 의미하지 않는 것을 말하지 않는 것이 좋다.

> "아, 전에는 웃지 않는 고양이를 자주 봤는데." 앨리스는 생각했다. "하지만 고양이 없이 웃는 입만 보이다니! 내 생전에 저렇게 이상한 것은 처음 봐!"[25)]

이 말은 어떤 진술이 옳을 경우 그 진술의 환위진술(원래 진술에서 주어와 술어를 바꾸어 만들어진 진술)이 반드시 옳은 것은 아님을 보여준다. 이와 똑같은 주장이 다과회 동안에 계속해서 만들어지는데, 거기서 "내가 말하는 것을 의미한다."는 "내가 의미하는 것을 말한다."와 같지 않고, "나는 내가 먹는 것을 본다."는 "나는 내가 보는 것을 먹는다."와 같지 않으며, "나는 내가 얻은 것을 좋아한다."는 "나는 내가 좋아하는 것을 얻는다."와 같지 않다.

> 겨울잠쥐(Dormouse)가 거들었는데, 꼭 자면서 말하는 것처럼 보였다.

---

25) 같은 책, 75면.

"넌 '나는 잘 때 숨을 쉰다.'와 '나는 숨 쉴 때 잠을 잔다.'가 같은 뜻이라고 하겠구나!"

"너한테는 같은 뜻이야." 모자장사가 말했다. 여기서 대화가 잠시 끊겼다.[26]

때로 이 예는 곧바로 캐럴의 교훈집에서 "모든 사과는 붉다. 하지만 붉은 것은 무엇이든 사과라는 결론이 따라 나오지는 않는다."라는 형태로 나타난다. 이처럼 환위진술과 원래 진술이 동등하지 않음을 강조하는 것은 중요하며, 삼단논증 및 다음과 같은 형식의 조건진술과 관계가 있다.

만일 A라면 (그렇다면) B.

"만일"(if) 진술은 **전건**이라 하고, "그렇다면" 진술은 **후건**이라 한다. 좀더 형식적인 논리학에서는 이 삼단논증은 다음과 같은 형식으로 표현될 것이다.

만일 A라면 B.

A.

그러므로 B.

실제적 형태로는 만일-그렇다면 진술은 이와 같은 모양으로 나타날 것이다.

---

26) 같은 책, 78면.

만일 네가 청산가리를 복용한다면 너는 죽는다.
너는 청산가리를 복용한다.
너는 죽는다.

논리학자로서 캐럴은 환위진술이 필연적으로 옳지 않다는 것을 이해하는 것이 얼마나 중요한지를 알았다. 그것이 바로 그 점을 증명하기 위해 그가 그토록 많은 예를 제시한 이유이다. 사실 이런 생각을 경시하다 보면 흔히 범하는 어떤 사고상의 오류에 빠지게 된다. 예컨대

만일 네가 청산가리를 복용한다면 너는 죽는다.
너는 청산가리를 복용하지 않는다.
그러므로 너는 죽지 않는다.

또는

만일 A라면 B.
A가 아니다.
그러므로 B가 아니다.

여기서 혼동은 청산가리가 그 자체로 죽음의 충분원인이라는 것이다. 청산가리는 산소에 들어 있는 전자의 운반을 방해하고 물질대사를 정지하게 만들 정도로 아주 효과적으로 시토크롬 호흡쇄(chtochrome respiratory chain)를 방해한다. 그러나 그것은 청산가리를 복용하지 않는다고 해서 네가 영원히 살 것임을 의미하지 않는

다. 청산가리 외에도 죽음의 원인은 많이 있다. 청산가리는 죽음을 일으키는 커다란 부류의 독물 중 하나일 뿐이며, 죽음을 야기하는 커다란 부류의 독물들은 죽음을 일으킬 수 있는 훨씬 더 큰 것들 집합(파이를 너무 많이 먹기, 증기 롤러에 치이기, 등심살로 목이 막히기, 암, 뇌졸중, 마치아파바-비그나미 병(Marchifava-Bignami disease), 심장마비 등)의 부분이다. 청산가리를 복용하지 않는 것이 사실상 그러한 대가를 치르지 못하도록 다른 원인들 중 하나를 막지는 못할 것이다. 형식논리학에서 이 오류를 **전건부정의 오류**라고 한다.

이와 유사하게 결함 있는 추론에서 발생하는 또 다른 문제가 있다.

만일 네가 청산가리를 복용한다면 너는 죽는다.
너는 죽는다.
그러므로 너는 청산가리를 복용했다.

또는 만일 A라면 B.
B.
그러므로 A.

후건긍정(이 오류의 이름)은 죽음에 다른 원인들이 있기 때문에 네가 청산가리를 복용했다는 사실을 자동적으로 함의하지는 않는다. 필요충분조건에 의거해서 보면 여기서의 오류는 전건부정의 오류와 똑같다. 왜냐하면 이 오류는 충분조건이 필요조건이라고 가정하는 오류이기 때문이다. 청산가리는 죽음의 충분조건이지 필요조건은 아닌 것이다.

고양이 예로 되돌아가보자. 모든 고양이는 몸이 분리된다. 그러나 체셔 고양이는 대부분의 고양이보다 더 잘 분리된다. 그는 아마도 이상적인 지성적 분리의 매우 직접적 상징일 것이다. 그는 그 자신을 둘러싼 환경으로부터 그 자신을 빼낼 수 있기 때문에 사라질 수 있다. 그는 머리만 나타날 수도 있는데, 이는 그가 거의 육체가 없는 지성이기 때문이다. 그는 웃는 입모양만 나타날 수도 있는데, 이는 그가 그 자리에 (전혀) 나타나지 않으면서도 (심란한) 분위기를 강요할 수도 있기 때문이다.

《사이언티픽 아메리칸》(*Scientific American*)의 전 편집장 마틴 가드너(Martin Gardner)에 따르면 "고양이 없는 입"은 아마도 순수수학에서는 나쁜 기술이 아닐 것이다. 비록 수학의 정리가 종종 외부 세계의 구조에 유용하게 적용될 수 있다 할지라도 그 정리 자체는 "인간의 열정으로부터 멀리 떨어진" 다른 세계에 속하는 가정에 기초하여 세워진 추상물이기 때문이다. 한때 버트런드 러셀(Bertrand Russell)은 그것을 "인정 많은 자연의 사실들… 즉 질서 있는 우주로부터 멀리 떨어진" 세계라고 표현하였는데, 이 세계에서는 "순수 사고가 그 자연스런 고향에 거주할 수 있으며, 거기서 좀더 고상한 충동을 가진 우리는 적어도 실제 세계의 황량한 유배 생활로부터 탈출할 수 있다."

가드너의 생각은 아마도 인기를 노린 엉터리 수작일 것이다. 그러나 나는 그의 생각이 귀여운 특징이 있음을 인정할 것이다. 체셔 고양이 관념의 기원은 특히 카추코 카사이(Katsuko Kasai)에 의해 지겹도록 논의되었다. 내가 가장 좋아하는 기원은 한때 체셔의 치즈가 웃는 고양이 모양으로 만들어져 팔렸다는 카사이의 흥미 있는 추측이다. 사람들은 고양이의 꼬리에 있는 치즈를 베어내는 일로 시작해서 접시 위에서 웃는 머리에 바르는 것으로 끝내려 했을 것이다.

또 다른 차원에서 보면 아마도 내 생각이 좀더 기본적일 것이다. 즉 캐럴은 아마도 집합 사이의 주요 관계에 대한 논리적 토론에서 고양이의 용도에 대해 잘 알고 있었을 것이다. 생물의 세계를 고양이와 비고양이로 나눌 때 논리학자들은

$x \in$ 고양이

라는 정의 형식을 사용하였는데, 이 형식은 고양이 집합을 정의한다. 이것은 다시 비고양이 집합을 결정하는 것으로 보였는데, 이 비고양이 집합은 아마 "x는 비고양이과이다."로 시작되었을 것이다. 만일 이 말이 비고양이 집합으로 사용된다면 그리고 비고양이들이 ~C라면 "고양이들"은 C이다. 이 개념을 이용하여 고양이가 논리적으로 미소 없이 존재할 수 있는지, 그리고 그 역도 마찬가지인지 알아보기 위해 진리치표를 작성해보기로 하자.

C = 고양이라 하자.

S = 웃음(S를 웃음의 일종인 미소로 생각하라. S는 G보다는 C와 덜 닮아 보이며, 그래서 S가 G보다 웃음을 나타내는 기호로 더 효과가 있을 것이다.)

&는 둘 다 모두라는 의미의 연언을 나타내는 논리적 연결사이다.

∨는 이것 아니면 저것 또는 둘 다라는 의미의 선언을 나타내는 논리적 연결사이다.

그러므로 ~C는 고양이 아님을 의미한다. ~S는 웃음 없음을 의미한다. (C & S)는 웃는 고양이를 의미한다. (C & ~S)는 웃음 없는 고양이를 의미한다. (~C & S)는 고양이 없는 웃음을 의미한다. 그리고 (~C & ~S)는 고양이 없음과 웃음 없음을 의미한다. 따라서 이러한 단순진술과 복합진술의 진리치표는 다음과 같다.

	C	S	~C	~S	(C & S)	(C & ~S)	(~C & S)	(~C & ~S)
경우 1	T	T	F	F	T	F	F	F
경우 2	T	F	F	T	F	T	F	F
경우 3	F	T	T	F	F	F	T	F
경우 4	F	F	T	T	F	F	F	T

이 진리치표는 단순명사 C와 S를 포함하는 진술들의 가능한 모든 조합을 제시한다. 네 가지 경우만이 가능하다. 네 경우는 각각 조건들 (1) 웃는 고양이, (2) 웃음 없는 고양이, (3) 고양이는 없지만 웃음 있음, (4) 고양이가 없고 웃음도 없음에 대응한다. 3열은 고양이 없음 열이고, 그 진리치는 1열의 반대이다. 4열은 웃음 없음 열이고, 웃음 있음 열인 2열의 반대이다. 복합진술의 진리치는 곧바로 따라 나온다. 예컨대 (C & S)는 경우 1에서 옳은데, 이는 경우 1에서만 C와 S가 옳기 때문이다. 경우 2, 3, 4에서는 C가 그르거나 S가 그르며 또는 둘 다 그르다. 만일 C 또는 S가 그르다면 연언 (C & S) 또한 그른 것이어야 한다.

그래서 어쨌단 말인가?

참고 유유히 기다려라. 정말이지 나는 어떤 점을 염두에 두고 있는데, 이제 그것은 〔(~C & S) & (C & ~S)〕와 〔(~C & S) ∨ (C & ~S)〕와 같은 좀더 복잡한 진술들에 대한 분석으로 나타날 것이다.

	(~C & S)	(C & ~S)	〔(~C & S) & (C & ~S)〕	〔(~C & S) ∨ (C & ~S)〕
경우 1	F	F	F	F
경우 2	F	T	F	T
경우 3	T	F	F	T
경우 4	F	F	F	T

이렇게 해서 우리는 당신이 웃음 없는 고양이 **그리고** 웃는 고양이 없음을 가질 수 없다는 것을 증명하는데, 이는 그 연언의 모든 경우가 그르기 때문이다. 그런 진술은 모순진술이다. 그러나 마지막 열은 우리가 고양이 없는 웃음 **또는** 웃음 없는 고양이를 가질 수 있음을 증명한다. 그런 주장을 반영하는 복합진술 〔(~C & S) ∨ (C & ~S)〕는 경우 2와 경우 3에서 옳다. 어떤 경우에 옳고 또 어떤 경우에는 그르게 되는 상황은 그 진술이 옳게 되는 환경에 따라 달라지며, 그래서 마지막 열이 가리키는 것처럼 논리적으로 가능하다.

같은 진리치표를 가지고 같은 방식으로 나는 당신에게 웃음 없는 고양이나 웃는 고양이가 그저 고양이이며, 고양이 없는 웃음이나 고양이 있는 웃음이 그저 웃음임을 증명할 수 있다. 아마 캐럴도 (그저 웃음에 대한) 이 표들을 작성했을 것이며, 그것이 바로 매우 논리적인 앨리스가 고양이 없는 웃음을 결코 본 적이 없다고 (사실에 반하게) 주장함에도 불구하고 그녀가 〔(~C & S) ∨ (C & ~S)〕의 진리치를 언급한 이유이다.

이 대목에서 캐럴이 주장하고자 하는 요점은 (내가 믿기에) 허구로 알려진 유추적 모형(alalogical matrix)에서 웃음이 고양이 없이도 존재할 수 있으며, 논리학으로 알려진 유추적 모형에서 또한 똑같은 웃음이 고양이 없이도 존재할 수 있음을 증명하는 것이다. 만일 비고양이 집합이 단지 고양이가 아니면서 존재하는 모든 것들의 집합으로 정의된다면 자연 속에서도 그러한 것이 가능하다. 적어도 나는 그것이 옳다고 생각한다. 누가 알겠는가? 나는 나의 아내 에셀이 매우 귀여운 고양이 웃음을 지니고 있다는 것을 아는데, 그녀는 자기 마음에 들 때 그런 웃음을 짓는다. 그 경우에 E!(S & ~C)는 이 특수한 경우의 웃음이 인간에게 붙어 있는 것이지 고양이에게 붙어 있는 것이 아니므로 정당화될 수도 있을 것이다.

수학에서는 $\sqrt{-1}$이 존재하지만 자연에서는 이 수가 존재할 수 없다.

고양이 없는 웃음과 실재 없는 수학. 이것은 차이를 가진 구별이며, 이 구별의 차이에 대해 우리가 시력을 잃어서는 안 된다. 수학과 실재 세계는 서로 별개의 것이다. 두 가지, 즉 두 개의 커다란 영역은 이따금씩만 만난다. 다른 때에는 두 가지는 서로 멀리 떨어질 것이다. 수학적 증명은 그 증명이 언제나 의존하는 가정들이 실재 세계와 얼마나 밀접하게 관계되어 있느냐에 따라 실재 세계를 기술할 수도 있고 기술하지 않을 수도 있다.

수학은 만학의 여왕일 수 있지만 수학사는 그 여왕이 실재와 모순을 일으켜왔기 때문에 (의심하여 망설이는 경우가 좀처럼 드물다 할지라도) 종종 오류를 범하고 있음을 증명한다. 수학사는 한때 완벽하다고 생각되었다가 나중에 결함이 있음이 발견된 이성적 '증명들'의 무덤이다.

교훈: 가정된 수학적 증명에 지나친 비중이나 너무 많은 주의를 기울이지 말라. 수학적 증명은 그 증명의 기초가 되는 가정들만큼만 좋을 뿐이며, 실재나 진리를 반영하지 않을 수 있다.

예: AT&T 과학자 존 카슨(John Carson)의 수학적 분석이 FM 라디오가 가능하지 않다는 데 대한 결정적 증명으로 인용되었을 때 전문가 공동체는 바로 그런 종류의 오류를 범했는데, 이 오류는 유감스럽게도 지금도 계속해서 사람들이 매우 흔히 범하고 있다. 누군가가 어떤 가정에 기초를 둔 진술을 증명한다. 다른 사람들은 그 가정을 잊어버리고 결론만을 기억한다. 그 다음에 사람들은 그러한 결론을 모든 경우에 적용하기 쉬운데, 심지어는 원래 가정을 만족시키지 못하는 경우에까지 적용하기 쉽다. 이것이 바로 FM과 관련하여 일어났던 일이며, 이 일은 FM에 대한 나쁜 편견이나 동등한 것이었다.

빛나는 수평적 사고의 순간에 불가능한 것에 대한 수학적 증명을 언제나 의심스럽게 생각했던 콜롬비아 대학 교수 에드윈 암스트롱(Edwin Armstrong)은 그러한 지혜에 도전하기로 결심하고, 그가 FM 신호에 대한 넓은 주파수대 빈도를 사용할 경우 어떤 일이 일어날지를 계산하는 일에 착수했다. 그들이 말하듯이 남는 것은 역사이다. 암스트롱은 당시 이용할 수 있었던 어떠한 AM 장치보다도 훨씬 더 좋은 FM 수신기와 송신기를 만들었다. 그런 일을 하면서 암스트롱은 FM 라디오가 성공할 것이라고 확신했다. 일시적으로 속도가 더딜 수 있다고 생각했던 유일한 것은 그의 말로 "인간에 의해 매우 빈번하게 작동되는 무형의 힘들인데, 이 힘들의 출처는 기득권, 습관, 그른 수학적 증명들, 관습, 입법 조치"[27)]였다.

"포도주 좀 마셔봐." 3월 토끼가 권하는 목소리로 말했다.

앨리스는 식탁을 죽 둘러봤지만 차 이외에는 아무것도 없었다.

〔다시 한 번 잘 봐, 앨리스. 식탁 위에는 우유 주전자가 있다. 우리는 나중에 다과회에서 3월 토끼가 그 우유를 엎기 때문에 이것을 안다. 주의 깊게 관찰하지 않는 것은 올바르지 못한 결론에 도달하게 만드는 원인이다. 빤한 것을 보지 못하는 것은 흔히 있는 일이다. 우리의 실패 대부분은 당시의 탐색 절차를 지배하는 정신 상태로부터 비롯된다. 이 경우에 앨리스는 포도주를 찾고 있지 우유를 찾고 있지 않다. 그래서 그녀는 포도주를 보지 못하지만 우유도 보지 못하고 빠뜨린다. 7세 반 나이의 어린 소녀에게는 우유가 좀더 적당한 음료였을 것이다. 그러나 아마도 앨리스는 포도주에 더 흥미가 있었던 모양이다.〕

"포도주는 안 보이는데." 앨리스가 말했다.

"그래 없어." 3월 토끼가 말했다.

"그럼 그렇게 권하는 건 예의 바른 일이 아니야." 앨리스가 화가 나서 말했다.

"초대도 안 받았으면서 여기 와서 앉는 것도 그리 예의 바른 일은 아냐." 3월 토끼가 말했다.[28]

사실상 3월 토끼는 앨리스가 자신을 (즉 예의 바르지 못하다고) 비판하는 것과 똑같은 잘못을 저지르고 있으며, 그녀의 논증이 좋은 논증이 못된다고 말하고 있다. 그래서 앨리스를 이런 식으로 반격함으로써 3월 토끼는 자신의 예의바르지 못한 행동을 설명할 책임

---

27) 원래 이야기는 *Columbia College Today*에서 따왔다.

28) Carroll, *Alice's Adventures in Wonderland*, 77면.

을 피한다. 이것은 관련성 기준의 위반이다. 다른 어떤 사람이 미심쩍은 행동을 하고 있다는 사실은 그러한 행동이 승인할 만한 가치가 있는지와 관련성이 없다. "네가 설교하는 것을 실천하라."는 좋은 충고지만 논리적 논증은 아니다. 그른 주장 두 개가 그런 말을 하는 사람의 주장을 올바르게 만들지는 않는다. 당신 입장이 지닌 결점은 상대방의 오류나 결점을 지적한다고 해서 옹호될 수 있는 것이 아니다. '너도 마찬가지야'(tu quoque)는 오류이다.

너도 마찬가지야 사고는 흔히 있는 일이면서 비판자의 정합성 없는 행동에 대한 매우 강력한 심리적 반응인데, 우리들 대부분은 어린 시절부터 이를 죽 경험해왔다. 우리는 종종 어떤 사정 때문에 비판에 응답할 의무가 없다고 느낀다. 그러한 생각은 정서적으로 매우 설득력이 있기 때문에 그 잘못된 성격에 대해 예리하게 주의를 환기시키기 전까지는 보통 충분히 인지되지 못한다. 그리고 그렇게 주의를 환기시키는 일은 물론 친애하는 독자 여러분의 몫이다.

> "차 좀 더 마셔." 3월 토끼가 앨리스에게 매우 진지하게 말했다.
>
> "난 아직 조금도 안 마셨어." 앨리스는 기분이 상한 투로 대답했다. "그러니까 더 마실 수는 없어."
>
> "**덜** 마실 수는 없단 말이겠지." 모자장사가 말했다. "아무것도 안 마신 상태에서 **더** 마신다는 건 아주 쉬운 일이야."[29]

맞다. 그리고 무로 알려진 공집합 경우(원소가 없는 집합)에 대한 훌륭한 설명이다. 아무것도 마시지 않는 것보다 덜 마시기란 어렵

---

29) 같은 책, 84면.

지만 당신이 물질적 대상들로 이루어진 실재 세계에서 할 수 있는 최저가 아무것도 마시지 않는 것이기 때문에 아무것도 마시지 않는 것보다 더 많이 마신다는 것은 쉬운 일인 것이다. 무에 관해 우리와 루이스 캐럴은 나중에 더(덜이 아니게) 이야기할 것이다.

> "넌 물이 있는 우물에서 물을 길어 올릴(draw) 수 있잖아." 모자장사가 말했다. "그러니까 당밀 우물에서 당밀을 길어 올릴 수 있는 거지—바보야, 안 그래?"
> "하지만 그것들은 우물 **안에**(in the well) 있잖아." 앨리스는 그의 말 뒷부분엔 신경 쓰지 않으면서 겨울잠쥐에게 말했다.
> "물론 그렇지." 겨울잠쥐가 말했다. "잘 들어갔지(well in)."
> 이 대답은 불쌍한 앨리스를 아주 혼란스럽게 해서 얼마 동안은 겨울잠쥐가 그냥 얘기하도록 두었다.
> "그들은 그림 그리기(to draw)를 배우고 있었어." 겨울잠쥐는 하품을 하고 눈을 비비면서 말을 했다. 졸렸기 때문이다. "그리고 전부 다 그렸어— M으로 시작하는 것은 전부—"
> "왜 M으로 시작하지?" 앨리스가 말했다.
> "안 될 건 또 뭐야?" 3월 토끼가 말했다.[30)]

이 인용문은 *in the well*(우물 안에)과 *well in*(잘 들어갔지), 그리고 *drawing pictures*(그림 그리기)와 *drawing treacle*(당밀 길어 올리기) 간의 의미의 혼동을 다루었다. 앨리스의 질문에 답한 것이 3월 토끼가 아니라 겨울잠쥐임을 주목하라. 그는 이름이 M으로 시작하고 이

30) 같은 책, 85~86면.

야기의 부분이 되고 싶어 하기 때문에 개인적으로 그 문제에 대해 기득권을 가지고 있다. 그는 19세기 영국의 에드워드 시대 대부분의 부유한 특권층 사람들이 초상화가 존 싱어 사전트(John Singer Sargent)가 그리는 자기들의 초상화를 갖고 싶어 했던 것과 똑같은 이유에서 자신이 그려지기를 원했다. 그 귀족들은 (익살스럽게 그려지기를 의도하면서) 잘 그려진 자신의 모습을 볼 기득권을 가지고 있었던 것이다.

(변호할 필요가 있는) 기득권을 가진 대부분의 사람과 마찬가지로 3월 토끼의 변호는 관련성이 없다. 이 경우에 그의 변호는 이유가 없는 무관한 호소이다. ("안 될 건 또 뭐야?"라는 3월 토끼의 말처럼) 어떤 진술을 정당화하기 위한 이유를 알지 못하거나 그런 이유를 갖지 못한다는 사실은 그 진술을 뒷받침하는 이유가 아니다. 없는 증거, 무지 그 자체 또는 이유 없음은 어쨌든 절대로 아무것도 정당화하지 못한다.

〔《거울나라의 앨리스》(*Through the Looking Glass*)에서 험프티 덤프티(Humpty Dumpty)에 의해 유명해진〕 비생일(unbirthdays)에 관한 말: 모순 개념은 첫날부터 철학자들의 주의를 끌어왔다. **비생일**은 생일(birthday)에 대한 캐럴 식 논리적 확장 표현이다. 만일 생일이 존재한다면 생일의 부정은 **생일 아님**(not-birthday)일 것이다. 당신이 태어난 날이 당신의 생일이다. 당신이 태어나지 않은 날은 모두 당신의 비생일이다. 이 맥락에서 **비**(un)는 단지 부정을 가리키는 또 하나의 방식일 뿐이다. 예 또는 아니오. 옳다 또는 그르다. 0 또는 1. + 또는 -. 계속하다 또는 계속하지 않다. not, and, or. NOT, AND, OR. 그녀는 나를 사랑한다, 그녀는 나를 사랑하지 않는다. 비생일은 생일의 부정이나 부인이다. 그것은 '생일 아님'을 말하는

또 하나의 방식이다. 그 개념은 하나 마나 할 정도로 빤한 것이지만 그 결과들은 빤하지 않으며 서구 문명이 탐구해온 논리적 확실성 문제 대부분의 근저에 기초로 자리 잡고 있다. 당신은 1년에 한 번 생일을 맞으며, 다른 모든 날은 비생일이다. 이것은 B와 B 아님으로 표현될 수 있다. 또는 우리는 논리학자들이 하는 것처럼 부정 기호 틸더 ~를 두 번째 B 앞에 써서 그 진술을 간단하게 표현할 수 있다. 그렇게 해서 ~B는 비생일을 나타낸다.

이제 어떤 진술이 옳으면 그 부정은 그르고, 어떤 진술이 그르면 그 부정은 옳다는 것이 분명하다. 약식 기호를 이용하여 우리는 이 정보를 진리치표로 다음과 같이 기호화할 수 있다.

B	~B
T	F
F	T

진리치표는 생일일 때 그날이 비생일이 아니고, 그 역도 마찬가지임을 말해주는데, 이는 모자장사가 우리에게 말한 것과 같은 것이지만 단지 기호 형태로 표현했을 뿐이다. 이와 같은 진리치표는 전산화된 정보 처리의 발전에 많은 영향을 미쳤으며, 대부분의 컴퓨터 논리의 기초를 이루고 있다. 오늘이 당신의 비생일일 개연성은 364/365이며, 오늘이 당신의 생일일 개연성은 1/365이다. 그러므로 ~B 대 B의 개연성은 364 대 1이다. 진리치표를 통해서 보면 B에 대한 어떠한 진술이라도 그 부정 ~B와 정합하지 않는다는 것이 분명히 드러난다. 다시 말해서 B와 ~B는 상호 배척적이다. 만일 B라면 그날은 당신의 ~B일 수 없고, 만일 ~B라면 그날은 당신

의 B일 수 없다. 모자장사는 이것을 무척 말을 많이 해서 설명한다. 그러나 그는 앨리스에게 그저 등식, 즉 개연성(B 또는 ~B)=1이고, 그래서 개연성(1 - ~B)=B를 제시할 수 있었다.

그런데 모자장사는 전적으로 합리적이지만은 않다. 그는 생일보다 비생일이 훨씬 더 많기 때문에 생일을 축하하는 것보다는 비생일을 축하하는 것이 훨씬 더 좋다고 생각한다. 이 추론은 축하를 바람직한 일이라고 가정한다. 그의 관점이나 아이들의 관점에서 볼 때는 그럴지 모르겠다. 하지만 다른 사람들, 특히 어른들에게는 이 말이 옳지 않을 수 있다. 모자장사의 추론은 효율성을 무시하는데, 이 효율성은 어떠한 가치판단에라도 포함되어야 한다. 두 살짜리 아이를 가진 엄마는 누구라도 특히 단 한 번의 생일잔치라도 경험했다고 할 경우에 그러한 어떤 생일잔치들이 어른들에게 아무 재미도 없음을 안다. 실제로 내가 참석했던 두 살짜리 아이의 어떤 잔치들은 순전히 고문이었다.

경고! 우리는 이제 하트 여왕에게 넘겨지는데, 이 인물은 아마도 통제 불능의 격정을 가진 권력자—히틀러나 스탈린 유형의 맹목적이고 목적 없는 난폭자—의 화신을 나타낼 것이다. 목을 베라는 그녀의 끊임없는 명령은 그러한 아동용 동화가 모든 폭력으로부터 자유로워야 한다고 느끼는 아동용 도서에 대한 현대 비평가들에게는 충격이다. 내가 아는 한에 있어서 아이들이 그러한 장면에 어떻게 반응하고, 도대체 그들의 영혼에 어떤 해를 끼치는지에 대한 경험적 연구는 없었다. 그렇지만 증거의 부재는 부재의 증거가 아니다. 그래서 그 문제는 미결 문제로 남아 있어야 한다.

정상적인 아이라면 그런 동화가 굉장히 재미있고 전혀 피해를 끼치지 않는다는 것을 발견할 것이라고 나는 짐작한다. 그렇지만 정말이지 나는 이런 작품이 어른에게는 완전히 적절한 것만은 아니라고 느낀다. 특히 그런 작품이 정신분석을 경험하고 있는 성인들 사이에 무차별적으로 유통되는 것을 허용해서는 안 된다. 여기 제시된 왕권에 대한 묘사는 무능한 지도자의 터무니없는 허세를 떠받치는 데 필요한 엄청난 양의 위엄, 전횡, 특권의 과시를 포함하는데, 이런 것은 현대에도 공명하는 짝이 있는 어떤 것으로 우리가 '우두머리 찬가'(Hail to the Chief)를 들을 때나 영국 왕실의 간계에 관한 기사를 읽을 때 생각하지 않을 수 없는 것이다.

하트 여왕 그리고 그 뒤를 따르는 하트의 잭의 재판이 어른들에게 그렇게 무서운 것일 수 있는 이유는 대부분의 어른들이 자신들이 불가해한 사형 판결을 받고 법석 떠는 현대 세계 속에서 살고 있음을 깨닫는다는 것이다. 그들이 성 당국자들이 자신들이 무엇을 하기를 원하는지 알아내려고 할 때 그들은 아무런 합리적 답변도 듣지 못한 채 젠체하는 이 관료로부터 다른 관료에게로 옮겨진다.

프란츠 카프카(Franz Kafka)의 《성》(*The Castle*, 나는 이 책이 AAW에 의해 영감을 받았다고 믿는다)은 계층화되고 조직화되고 통제되며 완전하게 관료화된 사회를 나타내는데, 이 사회에서 개인은 숫자에 불과하며, 특수하고 독특한 개인의 존엄성, 고결성, 자유 그리고 그와 같은 모든 외양을 상실했다. 그래, 카프카가 옳다. 하지만 종종 우리는 카프카를 그런 사람으로 알아보지 못하는데, 이는 카프카적 경험을 하면 우리는 발로 차고 물어뜯고 싸우고 살아남으려 하면서 많은 것을 행하지만 정작 카프카를 읽지는 않기 때문이다.

그 모든 것의 공포에 더해지는 것은 전횡을 일삼는 살벌한 하트 여왕이 쓸모없는 지독히 멍청한 사람이라는 준비된 인식이다. 그런데도 그녀는 권력을 가지고 있다. 그녀 말이 무의미하다는 점이 요점이다. 그녀의 횡설수설은 감추어진 메시지를 파악하는 우리들에게 틀림없는 의미를 전달한다. 그러나 때로 나는 난센스 속에는 난센스만이 있다는 것을 인정한다. 그리고 때로 그 난센스는 그저 혼자 잘난 체하는 자들에 대한 조롱에 불과하다. 어쩌면 어른들은 여기에서 저변에 깔려 있는 즐거운 확신으로 위안을 삼아야 할 텐데, 그 확신이란 우리를 통제하기 위해 밤낮으로 무제한 노력하는 자들(지도자들)이 앨리스에 따를 때 결국은 카드 장에 불과하다는 것이다.

둘 이상의 비평가가 카프카의 다른 책《재판》(*The Trial*)과 하트의 책의 재판 그리고 카프카의《성》과 캐럴의《거울나라의 앨리스》에서의 체스게임의 유사성에 대해 언급했는데, 이 게임에서 살아 있는 말들은 게임의 방법에 대해 무지하면서 자신이 자기 의지대로 움직이는지, 아니면 보이지 않는 손에 의해 움직이는 보이지 않는 끈에 의해 지배되는지를 알 수 없다. 권력의 괴물 같은 무분별성에 대한 이러한 시각은 모질면서 사람을 불안하게 만드는 것일 수 있는데, 역사를 아는 사람들에게는 특히 그렇다.

> 여왕은 화가 나서 얼굴이 붉게 변했다. 그리고 야수처럼 앨리스를 잠시 동안 노려보더니 소리를 지르기 시작했다. "저 애의 목을 잘라라!"[31]

실제 쟁점으로부터 시선을 딴 데로 돌리려는 모든 시도는 관련성이 없다. 모든 폭력과 폭력에 대한 모든 위협은 관련성이 없다. 목

---

31) 같은 책, 93면.

을 자르는 것은 논리적 논증의 대체물이 아니다. 공무상의 폭력과 탄압이 개인 차원의 사적인 폭력보다 훨씬 더 위험하고 통제하기가 어려울 수 있다. 따라서 너무 많은 정부 권력의 커다란 위험을 막기 위해 좀더 중요한 억제 조치가 요구된다. 그것이 바로 우리가 헌법을 지니는 이유이다. 그것이 바로 그 헌법이 정확히 준수되어야 하는 이유이다. 조지 워싱턴은 "끊임없는 경계야말로 자유의 대가이다."라고 말했다. 끊임없는 경계는 아마도 우리가 소중히 여기는 다른 모든 것의 대가이기도 할 것이다.

> "그래 맞아." 공작부인이 말했다. "홍학하고 겨자는 둘 다 물지. 그리고 그것의 교훈은—같은 종류의 깃털을 가진 새는 함께 모인다는 거야(유유상종이라는 거야)."[32]

물다(bite)에 대한 혼동 그리고 겨자와 홍학이 둘 다 물기 때문에 홍학이 새라면 겨자도 새이어야 하고, 그래서 겨자가 홍학과 함께 무리를 지어야 한다고 결론짓는 오류에 기초하고 있는 불합리한 추론임을 주목하라.

> "하지만 겨자는 새가 아니에요." 앨리스가 말했다.
> 〔영리한 앨리스! 그녀는 사실을 진술함으로써 그릇된 유비를 무너뜨렸다.〕
> "맞아, 보통은 그렇지." 공작부인이 말했는데, 그녀는 앨리스가 말한 것은 모조리 동의할 준비가 되어 있는 것처럼 보였다.[33]

---

32) 같은 책, 106면.

아이고, 저런 공작부인 좀 봐! 그녀는 뭔가 다른 등장인물이다. 공작부인은 그 책의 가장 인상적인 인물 중 하나인데, 우리가 당시의 표준적 작품이 무엇이었는지를 되돌아보면 특히 그렇다. 활동 중인 그녀를 보면 우리는 무척 많은 에피소드를 통해 예증되는 교훈주의에 대해 그녀가 강하게 반발하고 있다는 사실에 이르게 된다. 아이들이 암기하고 암송하도록 길러져야 한다는 교훈적 시구에 대한 캐럴의 패러디들은 근엄함에 대한 조롱이며, 어린이에게 근엄함을 강요하는 관습에 대한 비판이다.

크로케 경기에서 공작부인의 좌우명은 "모든 것에는 교훈이 있단다. 네가 찾아낼 수만 있다면 말이야."이다. 이 진술은 물론 선결 문제 요구의 오류를 범하고 있으며, 전 포괄적인 과도한 일반진술이며, 증거에 의해 뒷받침될 필요가 있는 주장이다. 그 진술로부터 공작부인은 모든 것에 대한 격언과 속담을 적용하면서 점점 더 터무니없고 무의미한 소리를 지껄이게 된다. 앨리스는 이를 재빨리 이해하고 그에 따라 반응한다. 그리고 그것의 교훈은 "어른들이란—어휴! 일관성도 없고 공정하지도 않아."라는 것이다.

일상 언어가 대체로 임의적이고 설명할 수 없는 것이라는 말은 옳지만 공작부인의 당혹스런 언어 사용은 마구 으스대면서 짐짓 친절한 체하는 어른의 태도에 대한 하나의 중요한 실례이다. 이것은 어른의 권위에 대한 거부와 어린이의 권리에 대한 옹호인데, 심지어 자기주장, 명료한 가르침, 논리적 사고를 할 수 있는 권리에 대한 옹호이며, 나는 이것이 앨리스 책들의 저변에 도사리고 있는 하나의 메시지라고 믿는다.

---

33) 같은 책, 같은 면.

공작부인은 계속한다. "여기 근처에 커다란 겨자 광산(mine)이 있어. 그리고 그 교훈은—'내 것(mine)이 많아질수록 네 것은 줄어든다는 것이야.'"[34]

*mine*이란 낱말의 맥락 변경은 물론이고 또다시 불합리한 추론을 하고 있다. 그러나 이 맥락에서 *mine*이란 낱말의 의미 변화에도 불구하고, 공작부인은 여기서 제로섬 게임을 묘사하고 있는데, 제로섬 게임에서는 승자에게 돌아가는 몫이 패자의 손실액과 정확히 같다—"내 것이 많아질수록 네 것은 줄어든다."

포커는 여러 사람이 벌이는 제로섬 게임인데, 이는 딴 돈 총액이 잃은 돈 총액과 같기 때문이다. 체스와 체커 게임의 결과에 거는 것 역시 제로섬이다. 어떤 형태의 유통업 역시 마찬가지다.

이와 달리 마이너스섬 게임(negative-sum game)은 경마에서 승자에게 수수료 등을 제하고 배당금을 분배하는 경우처럼 딴 돈 총액이 건 돈보다 적은 게임이다. 판 돈 총액은 주에서 총액의 15%를 제하고 경마장에서 5%를 제하기 때문에 배당된 총액보다 20%가 더 많다.

주식과 채권은 플러스섬 게임(positive-sum game)일 수 있는데, 이는 채권의 경우에 출자금에 이자가 붙고 주식의 경우에 배당 이익이 붙기 때문이다. 그러나 주식과 채권은 중개 수수료와 매매 수수료, 시장 조작, 시장의 시점 선택, 협잡에 의한 주식회사들로부터의 자금 회수 때문에 대부분 마이너스섬 게임이다.

사형 집행인의 논증은 잘라낼 몸이 없다면 머리를 자를 수 없다는 것이

34) 같은 책, 같은 면.

> 었다. 그리고 자신이 전에는 그런 짓을 해본 적이 없고, 그 일생에 시작 해보기도 원치 않는다는 것이었다.[35)]

사실 문제: 이미 떨어져 나갔다면 머리를 자를 수 없다. 사형 집행인의 논증은 실재에 기초하고 있고, 이해가 되며, 타당하고 건전하다. 왜 그는 거기서 멈추지 않았을까? 왜 그는 이기고 있는 동안에 그냥 멈추지 않았을까?

논박 불가능한 지점에서 머무는 대신 사형 집행인은 (의무를 초과하면서) 관련성 없는 연속 논증을 계속해서 펼쳤다. 즉 일을 그런 식으로 해본 적이 없기 때문에 우리는 지금 일을 그런 식으로 하려고 시작해서도 안 된다는 논증을 계속해서 펼쳤다.

신중함은 정말이지 가벼운 일시적 원인들 때문에 해야 할 일을 바꿔서는 안 된다고 명하겠지만 경험은 사실에 의해 변화가 요구될 경우 해야 할 일을 바꿔야 한다고 명한다. 그렇지 않으면 아무것도 변하지 않을 것이고 진보는 멈추게 될 것이다.

> "그래, 우리는 바다 속에 있는 학교에 다녔어. 너는 믿지 않을지도 모르지만—"
>
> "절대 안 믿는다고 말한 적 없어!"(I never said I didn't!) 앨리스가 말을 가로막았다.
>
> "그렇게 말했어." 가짜 거북이 말했다.[36)]

---

35) 같은 책, 101면.
36) 같은 책, 112면.

가짜 거북은 앨리스가 방금 "나는 안 믿어."(I didn't.)라고 말했다고 앨리스에게 말하고 있다. ~한 적이 없다(never)는 ~한 적이 없다(never)를 의미하는데, 앨리스는 방금 "나는 안 믿어."(I didn't.)라고 말했다. 그러므로 자신이 분명히 방금 말한 것을 말한 적이 없다는 그녀의 진술은 틀렸음에 틀림없다. 그것이 바로 가짜 거북이 그녀를 나무라는 이유이다.

이와 같은 언어적 함정은 캐럴에게 있어 시선을 딴 데로 돌리는 중요한 장치이다. 그 다음의 앨리스 책에서 험프티 덤프티는 앨리스가 말하지 않았던 어떤 것을 언급함으로써 앨리스를 비슷한 언어적 함정에 빠뜨린다. 가짜 거북은 계속한다.

> "우리는 최고의 교육을 받았지. 사실 우리는 매일 학교에 갔어—"
>
> "나도 정규 주간학교에 다녔어." 앨리스가 말했다. "그러니 그런 걸 자랑할 필요는 없어."
>
> 〔또 다른 혼동: 매일 학교에 가는 일과 정규 주간학교를 다니는 일이 앨리스는 같은 일이라고 가정하지만 사실은 두 가지 별개의 일이다.〕
>
> "과외 과목도 있었어?" 가짜 거북이 조금 걱정스럽게 물었다.
>
> "그래." 앨리스가 말했다. "프랑스어하고 음악도 배웠어."
>
> "그리고 세탁도?" 가짜 거북이 말했다.
>
> "물론 그건 아냐!" 앨리스가 기분이 상해서 말했다.
>
> "아하! 그럼 네가 다닌 학교는 아주 좋은 학교는 아니었구나." 가짜 거북이 아주 안심했다는 듯이 말했다. "자, **우리 학교**에서는 수업료 고지서 맨 끝에 '프랑스어, 음악 **그리고 세탁**—별도'가 있었어."[37]

---

37) 같은 책, 113면.

맥락을 이탈한 인용은 불공정하고 오도적이다. 이런 인용은 관념이나 증거를 편파적으로 선택하고, 잘못된 결론에 이르게 하는 경우가 많다. '프랑스어, 음악 그리고 세탁—별도'라는 표현은 숙식을 제공하는 학교의 고지서에 나타나는 경우가 흔했다. 물론 그 표현은 학교에 의해 우리가 프랑스어, 음악 그리고 세탁에 대한 별도의 부담이 있음을 의미했다. 그 표현은 세탁이 교과 과정에 포함되어 있다는 것을 의미하지 않았다.

텍사스에 있는 우리집 근처에 병원을 운영하고 있는 한 의사가 있는데, 그의 병원 간판은 '신경과, 통증, 두통 관리 센터'라고 씌어져 있다. 통증과 두통은 관리할 필요가 있을지 모르겠으나 우리는 그 훌륭한 의사가 신경과까지 관리할 참이었다는 점에 대해서는 의심을 하지 않을 수 없다.

가짜 거북(Mock Turtle)이란 이름 역시 그 비슷하다—즉 혼동이다. 여기서 (올바르지 못한) 추론은 만일 가짜 거북 수프(즉 거북 수프와 같은 냄새와 맛이 나지만 거북이 아닌 것의 성분으로 만들어진 수프)가 있다면 가짜 거북 같은 동물이 있어야 한다는 것이다. 거북 수프가 있다면 거북이 있어야 하는 것과 마찬가지로 가짜 거북 수프가 있다면 가짜 거북이 있어야 한다는 것이다.

비록 거북 수프와 가짜 거북 수프가 어떤 속성을 공유한다 할지라도, 즉 둘 다 그릇에 들어 있는 것을 마시는 따뜻한 유동체라 할지라도 두 가지 모두가 등딱지와 복갑으로 불리는 보호 껍질을 가진 2억 년 된 파충류 종으로부터 파생된 것은 아니라는 점에서 다르기 때문에 이 유비는 그릇된 유비이다. 사실 가짜 거북 수프는 송아지 고기로 만들어졌다. AAW의 삽화는 원래 테니엘(Tenniel)이 그린 가짜 거북 그림을 보여주는데, 이 그림은 빅토리아 시대의 가짜 거북 수프에 들어맞는 실제 성분을 반영하여 송아지의 머리와 발굽을 가지고 있다.

좀더 심층적 차원에서 보면 우리는 여기서 인간 사고에 있어서 **추상개념 구체화**(reification, 또는 추상개념 실체화)라고 하는 근본적 결함 혹은 추상개념을 움직일 수 없는 견고한 믿음으로 전환시키려는 성향을 다루고 있다. 우리가 어떤 것을 명명할 수 있다거나 어떤 것에 대해 이름을 갖고 있다고 해서 그 사물이 실제로 존재한다는 것을 의미하지는 않는다. 그 사물은 존재할 수도 있고 존재하지 않을 수도 있다. 그것은 단지 상상의 세계 속에서만 존재하고 실제 세계에서는 존재하지 않을 수 있다. 어떤 사람들은 구약의 신 야훼가 유태인을 이집트로부터 탈출시키기 위한 준비에 도움이 되는 사회 정치적 사상이었는데, 그 뒤 이 사상이 구체화된 은유가 되었다고 생각한다.

가짜 거북과 진짜 거북—어른들 세상에서 아이들은 종종 그러한 혼동을 보인다. 몇 년 동안 우리는 "앨리그라, 너는 유일한 사람이 아냐!"라고 말함으로써 우리 딸을 교육시켰다. 결국에는 딸은 유일한 사람이 누구이며, 어떻게 하면 자기가 유일한 사람이 될 수 있는지 알고 싶어 했다.

내가 국립보건원(National Institutes of Health)에서 일할 때 내 상사는 킹 엥겔(King Engel)이었다. 그래서 집에서 저녁 식사를 할 때면 언제나 "킹(King)이 내가 이것을 해야 한다고 말했다."와 "킹(King)이 내가 저것을 해야 한다고 말했다."는 식의 말이 나오곤 했다. 킹은 나에게 야간 근무를 부과했다 등. 어느 날 밤 아들 크레이그가 갑자기 큰 소리로 물었다. "아빠, 크면 나도 킹(king, 왕)을 위해 일해야 하나요?"

가짜 거북 이야기에서 다른 혼동들은 그저 순전히 말장난이다.

"음, 신비(Mystery) 과목이 있었어." 가짜 거북은 자신의 지느러미 앞발을 꼽지락거리며 과목을 세는 시늉을 하면서 대답했다—"해양지리(Seaography)와 함께 고대와 현대의 신비 그리고 느리게 말하기(Drawling)를 배웠어… 느리게 말하기, 몸 늘리기(Stretching), 몸 둘둘 말고 기절하기(Fainting in Coils)를 가르쳤어."[38)]

물론 신비(Mystery)=역사(History)의 말장난이고, 해양지리(Seaography)=지리(Geography)의 말장난이며, 느리게 말하기(Drawling), 몸 늘리기(Stretching), 몸 둘둘 말고 기절하기(Fainting in Coils)=그리기(Drawing), 스케치(Sketching), 유화(Painting in Oils)의 말장난이다.

> "그 선생은 웃기와 슬퍼하기를 가르쳤다고 하던데."[39)]

라틴 시대에 많은 웃음이 있었는지는 의심스럽지만 슬픔은 그 수업시간에 가르쳤던 그리스 시대에 대해서는 꽤 실재적인 것처럼 들린다.

> 배심원 열두 명은 모두 아주 바쁘게 석판에 뭔가를 쓰고 있었다. "뭘 쓰고 있는 걸까?" 앨리스가 그리폰에게 속삭였다. "재판이 시작될 때까지는 적을 게 없을 텐데 말이야."
>
> "자기들 이름을 쓰고 있는 거야." 그리폰이 낮은 목소리로 대답했다. "재

38) 같은 책, 114면.
39) 같은 책, 같은 면.

> 판이 끝나기 전에 이름을 잊어버릴까 봐."
>
> "바보 같은 것들!" 앨리스가 성난 목소리로 크게 외쳤다. … 바로 어깨 너머로 내려다본 것처럼 앨리스는 모든 배심원이 각자의 석판에다가 "바보 같은 것들!"이라고 적고 있음을 알 수가 있었다. 심지어 한 배심원은 "바보"를 어떻게 쓰는지 몰라서 옆자리의 배심원에게 물어야 했다는 것도 알 수 있었다.[40]

여기서 캐럴은 "바보 같은 것들을 쓰기"라는 구절의 이중 의미를 가지고 장난하고 있다. 당신은 **바보 같은 것들**이라는 낱말을 쓸 수도 있고 바보 같은 것들을 쓸 수도 있는데, 여기 나오는 배심원들의 경우처럼 그 두 가지를 동시에 다할 수도 있다. 이 대목은 캐럴이 배심원 제도에 대해 어떤 종류의 비평을 하고 있는 것처럼 보인다. 그 진짜 의미가 나에게는 떠오르지 않는다. 뭔가 짚이는 게 있는가?

> "문장관(Herald), 고소장을 읽어라!"
>
> "하트 여왕이 하루 종일 파이를 구웠다.
> 어느 여름날에.
> 하트 잭이 그 파이를 훔쳐서
> 멀리 도망쳐버렸다!"
>
> "평결을 내리시오." 왕이 배심원들에게 말했다.[41]

---

40) 같은 책, 같은 면.
41) 같은 책, 129~131면.

잠깐! 아니, 아직은 평결을 내릴 때가 아니다. 그것은 올바르지 않다. 왕은 순서를 어기고 있다. 먼저 재판이 진행되고, 그 다음에 평결이 나오는 법이다. 대체 왕은 어떤 종류의 재판을 진행하고 있는가?

적법한 법정에서는 피고인이 재판을 받을 권리가 있다. 기소만으로는 유죄가 입증되지 않는다. 배심원단은 진실, 즉 온전한 진실에 이르기 위해, 그리고 오로지 진실에 이르기 위해 증거를 평가해야 한다. 하트 왕은 쟁점에 대해 토론하거나 자료를 평가하거나 (그리고 이것이 더 나쁜 것인데) 사람들에게 자문을 구할 필요 없이 자신이 답을 안다고 느끼는 지도자들의 성급한 충동적 측면을 보여준다. 나중에 왕은 실성한 모자장사를 심문하면서 다시 조급증을 보여준다. "증언하라… 겁내지 마라. 그렇지 않으면 당장 처형하겠다."[42]

앞에서 논의했던 것처럼 강요나 고문 상태에서 제시한 증거는 전혀 증거가 아니다. 《비정상적인 대중의 미망과 군중의 광기》(*Extraordinary Popular Delusions and the Madness of Crowds*)라는 책을 쓴 법학박사 찰스 맥케이(Charles Mackay)에 따르면 여자 수천 명이 마녀임을 자백하고 심한 문초를 받다가 화형에 처해졌다. 그들은 자신들이 이리저리 날아다닐 수 있고, 악마와 성교를 했으며, 검은 고양이나 다른 익숙한 동물로 변할 수 있다고 자백했는데, 이 모든 자백은 고문자가 원했던 것이라고 그들은 말했다. 이제 우리는 그런 모든 일이 불가능하다는 것을 안다. 어떤 여자들이 아무리 다재다능하다 해도 그들 중 누구도 검은 고양이로 변할 수는 없는 것이다.

---

42) 같은 책, 132면.

아서 쾨슬러(Arthur Koestler)의 《한낮의 암흑》(*Darkness at Noon*)은 러시아의 스탈린 시대에 이 문제가 완전히 무구한 공산당원들로부터 어떻게 유죄 자백을 이끌어내도록 했는지에 대해 논의한다. 윌리엄 L. 샤이러(William L. Shirer)의 《제3 제국의 흥망》(*The Rise and Fall of the Third Reich*)은 독일의 나치 시대에서 같은 주제를 자세히 다루고 있고, (조지 오웰이 쓴) 소설 《1984년》은 무언가에 관한 누군가의 자백을 끌어냄으로써 훨씬 더 뒤틀린 전체주의 사회의 모습을 그리고 있는데, 이 사회가 그렇게 하는 데에는 종종 권력과 통제 수단을 휘두르거나 혹은 권력과 통제 수단을 유지하기 위한 경우 또는 둘 다인 경우를 제외하고는 진짜 이유가 없다.

> "저는 보잘것없는 사람입니다." 모자장사는 계속해서 말했다. "그리고 그때 이후로 거의 모든 것이 반짝거렸습니다—라고 3월 토끼가 말했습니다—"
> "나는 아무 말도 안 했어!" 3월 토끼가 황급히 말을 잘랐다.
> "네가 했잖아!" 모자장사가 말했다.
> "저는 부인합니다!" 3월 토끼가 말했다.
> "그가 부인하니." 왕이 말했다. "그 부분을 빼라."[43]

모자장사가 보잘것없는 사람인지는 그가 제시하고 있는 증거와 관련성이 없다. 동정에 대한 호소는 정서적으로 편향되어 있으며 관련성이 없다. 모든 정서적 호소는 비합리적이다.

그리고 "그리고 그때 이후로 거의 모든 것이 반짝거렸습니다."가

---

43) 같은 책, 133~134면.

도대체 어떤 것과 무슨 관계가 있으며, 하물며 이 재판과 무슨 관계가 있는가? 모자장사는 혼란에 빠져 있으며, 겁을 먹은 나머지 헛소리를 말하고 있다.

3월 토끼가 그가 부인하고 있는 것이 무엇인지 우리가 절대 알게 되지 못할 정도로 부인하는 일에 아주 열심임을 주목하라. 그렇지만 왕은 신경 쓰지 않고, 배심원단에게 "그 부분을 빼라."고 말하는데, 이 일은 배심원단이 "그 부분"이 무엇인지 모르기 때문에 중요한 임무이다.

모든 증거에 대한 존중은 법률 재판의 초석임에 틀림없다. 여기서는 그러한 존중을 별로 볼 수 없다. 왕은 자신이 특별하며, 어쨌든 법규가 자신에게 적용되지 않거나 또는 자신이 특별 목적을 위해 법규를 임시로 만들 수 있다고 믿는다. 그가 틀렸음은 분명하다.

반대 증거를 부인하고 어떤 증거를 무시하는 일은 부적합한 평가를 내리게 만들며, 진리를 멀리하고 오류를 향하게 만든다. 증거를 생략하는 것은 절대 적합한 일이 아니다. 판관이자 지도자로서 하트 왕은 우리의 많은 정부 관료처럼 분명히 부적합한 실패자이다.

> 이때 기니피그 한 마리가 박수를 쳤다가 즉시 법정 경비들에게 제지를 받았다. 그들은 주둥이를 끈으로 묶는 커다란 자루를 갖고 있었다. 그들은 기니피그를 그 자루 속에 거꾸로 집어넣은 다음 그 위에 앉았다.[44]

그들이 법정에서 역시 규정을 어긴 다른 동물들이 아니라 왜 기니피그를 골랐는지는 분명하지 않다. 이것은 임의적 권력 행사의

44) 같은 책, 135면.

또 하나의 예이거나 또는 기니피그에 대한 편견의 표명일 수 있다. 또는 둘 다 이거나 둘 다 아닐 수도 있다. 누가 알겠는가?

앨리스는 그 문제에 대해 생각을 했지만 특별히 동정적이거나 인정을 베풀지는 않았다. "저런 걸 보다니 잘됐지 뭐야. 신문에서 '재판이 끝난 후, …'라는 기사를 읽은 적은 종종 있었지만."[45]

증거 발표를 금하고 기록 서류를 봉하는 것은 재판이 끝난 후 통상 있는 일인데, 특히 민사소송에서 그렇다. 그러나 아마도 앨리스가 언급하고 있는 것은 "법정은 소장을 파기했다."처럼 무효화하거나 파기했다는 의미의 **파기하다**(quash)일 것이다. 가정컨대 숙련된 어떤 변호인들은 파기했다 대신 진압했다(squashed)고 말할 것으로 생각되는데, 나는 그것이 기니피그에게 일어난 일의 발단이라고 생각한다.

> "파이는 무엇으로 만드느냐?"
>
> "후추입니다, 주로." 요리사가 말했다.
>
> "당밀이야." 요리사 뒤에서 누군가 졸린 목소리로 말했다.
>
> "겨울잠쥐를 체포해!" 여왕이 날카롭게 소리쳤다. "그 겨울잠쥐의 목을 베어라!"[46]

반대 증거를 무시하고 부인하고 억누르는 것은 그를 가능성이 많은 편향된 평가에 이르게 만든다. 여기서 요리사는 거짓 증언을 하고 있다. 겨울잠쥐는 법정에 그에 대한 반대 증거를 말하고 있다.

---

45) 같은 책, 같은 면.

46) 같은 책, 137면.

그러나 처벌을 받는 것은 요리사가 아니라 겨울잠쥐이다. "권력은 타락하며, 절대 권력은 절대적으로 타락한다."고 액튼 경(Lord Acton)은 말했다. 권력을 가진 자들은 틀릴 수 있다. 왕들은 폭군일 수 있다. 여왕들도 마찬가지다.

> 바로 이때 공책에 가끔씩 무언가를 바쁘게 적고 있던 왕이 소리쳤다. "조용하라!" 그리고 공책을 펼쳐 읽었다. "법 제42조. 키가 1,600m 이상 되는 자는 법정을 떠난다."
>
> 모두 앨리스를 쳐다보았다.
>
> "난 그렇게 크지 않아요." 앨리스가 말했다.
>
> "그렇지 않아." 왕이 말했다.[47)]

여기서 우리는 사실에 관한 논쟁을 보고 있다. 앨리스의 키가 1,600m만큼 큰가, 그렇지 않은가? 이 문제는 객관적 측정에 의해 쉽게 해결되는 문제일 것이다. "측량으로부터 우리의 힘이 시작되었다. 엄격한 이집트인들이 생각해낸 형상들, 더욱 유순한 피디아스가 만들어낸 형상들"이라고 아일랜드 시인 윌리엄 버틀러 예이츠(William Butler Yeats)는 그의 《마지막 시》(*Last Poems*)에서 썼다. 예이츠가 맞았다. 즉 측량으로부터 우리의 힘이 시작되었다. 수는 멋진 것이다. 나도 역시 수를 좋아한다. 수는 (올바르다면) 종종 진리에 이르게 한다. 1994년 노벨 경제학상을 수상한 존 내쉬(John Nash)는 "나는 언제나 수에 대해 믿었다."라고 말했다.[48)]

---

47) 같은 책, 141면.

48) 영화 〈뷰티풀 마인드〉(*A Beautiful Mind*)로부터.

왕 대 앨리스의 경우에 여기서 어떤 수치를 구하는 게 어떨까? 앨리스의 키를 증명하기 위해서는 그녀를 측정해 그 결과를 어떤 수치와 크기 단위로 보고하기만 하면 된다. 이 경우에 크기 단위는 아마도 cm일 것이며, 수치는 아마도 120일 것이다. 그 키(120cm)는 1,600m보다는 상당히 작으며, 왕이 틀렸음을 증명한다.

직접 측정은 일종의 검증이다. 검증은 멋지다. 검증은 실재에 대해 진술된 견해를 입증하거나 부정하기 위한 절차이기 때문에 진리에 이르게 한다. 검증은 그 자체로 과학적 탐구의 핵심에 있으며, 실험의 이유이기도 하다. 이라크와 미국 사이의 논쟁 핵심에도 검증이 있었다. 이라크는 대량 살상용 핵무기나 생물학적 무기가 없다고 말했다. 그러나 이라크는 그 주장을 입증할 검사에 충분히 응하지 않았다. 충분히 응하지 않다 보니 미국은 이라크가 뭔가를 감추고 있다고 생각하게 되었고, 이는 전쟁을 초래했던 것이다.

만일 하트 왕이 앨리스의 키를 측정하는 것을 허용했다면 그는 거짓말쟁이임이 증명되었을 것이다. 실재 상황을 확실히 알 수 있는 측정이 없이는 우리는 개연성에 의존할 수밖에 없다. 아마 하트 왕이 틀렸을 개연성이 높을 것이다. 키가 1,600m 되는 사람의 이야기는 들어본 적이 없으니 말이다. 왕은 그 점을 알고 있다. 앨리스도 마찬가지다. 하지만 사실을 공식적으로 인정하는 것은 별개의 문제이다. 여러 해 동안 여성 참정권론자들은 미국의 독립선언문이 여성이 투표할 권리를 가져야 한다는 것을 가리키고 있으며, 그렇지 않을 경우 여성들에게는 대표성 없이 세금이 부과되는 것이라고 주장했다. 독립선언문은 정부의 권력이 피치자의 동의로부터 나오는 것임을 분명하게 진술하고 있다고 여성 참정권론자들은 주장했다. 여성은 정부 안에서 목소리를 내지 않고 통치를 받으므로 정부는 그 자신이 인정하는 바에 의해 틀렸음이 증명되었다. 그처럼 단순한 사실이 미국 헌법 수정 제19조에 의해 인정되기까지는 많은 시간이 걸렸고, 길고 긴 많은 싸움이 있었으며, 많은 여성이 빈번하게 투옥되는 사태 등이 있었다.

사실, 즉 앨리스 키 문제에 대한 이 잘못된 진술은 물론 왕 자신에 의해 야기되었다. 왕은 방금 법 제42조를 썼으며, 그로 인해 그 자신이 거짓말쟁이임이 탄로 날 정도로 지나쳐버렸다. 무의식적 정신이 은밀히 작동하면서 그는 비이성적인 원인이 빤히 드러나게 될 정도로 몹시 불합리한 법을 제정했다.

> "거의 3,200m는 되어 보이는걸." 여왕이 거들었다.[49]

빤한 것을 부정하는 것, 즉 담을 쌓아놓고 완고하게 거부하는 것은 워터게이트 사건에서 볼 수 있는 것처럼 곧 진실이 드러날 것이기 때문에 아무런 효과가 없다. 만일 어떤 사람의 키가 1,600m라는 것이 터무니없다면 어떤 사람의 키가 3,200m라는 것은 두 배로 터무니없다. 여왕은 틀렸으며, 두 배로 틀렸다. 그녀는 빤히 틀린 어떤 사람을 지지한다는 점에서 틀렸으며, 논의중인 사실에 관해서도 틀렸다.

> "어쨌든 난 나가지 않을 거예요. 게다가 그것은 정식 법률도 아니에요. 방금 만들었잖아요."[50]

---

49) Carroll, *Alice's Adventures in Wonderland*, 141면.
50) 같은 책, 같은 면.

잘했어, 앨리스!

이런저런 방식으로 앨리스가 그녀의 모험을 통해 '개선되는' 것이 가능할까? 하트 여왕, 체셔 고양이, 모자장사 그리고 나머지 등장인물들이 그녀의 본 모습을 되찾도록 하는 데 도움을 주는 일이 가능할까? 그녀는 도덕적이고 정직하며, 이 점에서 정의로운 것처럼 보인다—특히 부도덕하고 부정직하며 부정한 것처럼 보이는 그녀 주변에 있는 사람들과 대비해서.

앨리스는 도덕적이고 정직하며 정의로워졌을 뿐만 아니라 특권, 기존 제도, 편한 습관에 대해 지독히 논리적이고, 전복적이고 혁명적이며, 파괴적이고 끔찍하며, 무자비해졌다. 그녀는 이제 많은 경험 속에서 나오는 나이든 사람들의 지혜를 개의치 않으면서 권위에 대해 대수롭지 않게 생각한다. 그녀는 두려워하지 않고 왕에 반하는 행동을 하고 있다!

그녀는 지옥 구덩이를 들여다보고 있으면서도 두려워하지 않는다. 그녀는 자신이 알 수 없는 권력과 통제의 상징에 둘러싸여 있는 아이, 어린 소녀, 연약한 점에 불과함을 안다. 그런데도 그녀는 마치 자신이 우주의 주인인 것처럼 흔들리지 않은 채로, 그리고 마치 자신이 고전 논리학의 부동의 대상인 것처럼 부동의 자세로 당당하게 처신한다.

두 살 된 내 손녀 캘리(Callie)도 종종 똑같은 방식으로 행동한다. "(할아버지가 말하는 것에 신경 쓰지 않아.) 달이 우리를 따라오고 있어." "(할아버지가 말하는 것에 신경 쓰지 않아.) 그것은 안개처럼 보이는데 안개야." "졸지 마! 수영장에서 나가고 싶지 않아. 더 놀고 싶어." "그만 놀라고 해서 엄마 아빠한테 화났어." 잘했어 캘리. 그리고 잘했어 앨리스. 캘리와 앨리스는 개인으로서 생각하고 있으며,

생각을 잘하고 있다.

비록 앨리스(그리고 캘리)에 관해 옳은 그밖에 것들에도 불구하고 다양한 내적 증거들 때문에 나는 여전히 '과거'가 있는—장난기가 있는, 즉 캘리가 때로 장난기가 있는 것과 마찬가지로 장난기가 있는—앨리스에 대해 미심쩍게 생각한다. 우리 모두와 마찬가지로 앨리스와 캘리의 경우에 개선의 여지는 있다. 나중에 우리는《거울나라의 앨리스》책에서 앨리스가 개선되며, 심지어는 일종의 (원시적인) 사회적 양심을 개발했다는 것을 보게 된다.

> "해마가 제일 낫네." 앨리스가 말했다. "가엾은 굴들에게 **조금은** 미안하게 생각했으니까."
>
> "하지만 해마가 목수보다 더 많이 먹었잖아." 트위들디가 말했다.[51]

와! 그 대답은 일찍이 이루어졌던 어떤 것보다도 감상주의에 대한 통쾌한 고발이었다.

> "이건 이 책에서 가장 오래된 법규야." 왕이 말했다.
>
> "그렇다면 그게 제1조이어야 하잖아요." 앨리스가 말했다.
>
> 왕은 얼굴이 창백해졌다.[52]

당연히 그는 창백해져야 한다. 앨리스는 왕이 거짓말을 하고 있음을 포착했다. 그리고 그것의 교훈은 권력을 가진 자들은 자신과

51) Gardner, *Annotated Alce*, 187~188면에서.

52) Carroll, *Alice's Adventures in Wonderland*, 141면.

동료를 편들기 위해 법을 만든다는 것이다. 서구 세계 문학에서 법 제42조는 자의적인 법과 규정의 상징이 되었다. 일종의 뼈 있는 농담으로 더글러스 애덤스(Douglas Adams)는 제42조를 우주의 비밀이라고 생각했다. 당신이 42조를 이해하면 인생을 이해하는 셈이다.

비록 자의적 행동이 꽤 흔히 있는 일이라 할지라도 그런 행동은 일반적 복지 증진에 기초를 두고 있지 않기 때문에 합리적이지도 않고 올바르지도 않다. 현재의 많은 지도자들처럼 이 불쌍한 친구 하트 왕은 그의 능력의 범위를 넘어섰다. 우리의 과거 몇몇 대통령(클린턴과 닉슨)처럼 왕은 대중에게 거짓말하고, 그래서 체면을 잃었다.

그 다음에 우리는 잭에게 불리하게 적힌 증거를 놓고 논의하는 장면을 만난다. 오류가 나타날 때 왕의 사고에 어떤 오류가 있었는지 확인해보라.

> "뭐라고 써 있느냐?" 여왕이 물었다.
> "아직 열어보지 않았습니다만 죄인이 쓴 편지처럼 보입니다—누군가에게." 흰 토끼가 말했다.
> "틀림없이 그렇겠지. 알다시피 아무에게도 쓰지 않았다면 그것이야말로 이상한 일 아니냐."[53)]

이것은 다시 공집합(원소가 없는 집합) 문제이다. 중세 시대부터 현재에 이르기까지 철학자들은 nobody, nowhere, nothing 등의

---

53) 같은 책, 같은 면.

실존과 비실존을 놓고 논쟁을 벌여왔다. nothing(무)이 실존하는가 아니면 그냥 무인가? 공집합을 마치 실존하는 사물인 것처럼 다루는 것이야말로 캐럴적인 논리적 난센스의 풍부한 원천이다. 우리는 3월 토끼가 실존하지 않는 포도주를 제시했던 것을 보았다. 하트 왕은 아무에게도 편지를 쓰지 않는다는 것이 이상한 일이라고 생각한다. 앨리스는 촛불이 꺼질 때 그 촛불이 어디로 가는지 알고 싶어 한다. 그리폰은 앨리스에게 "그들은 결코 '아무도 안'(nobody) 처형했어."라고 말한다. 그리고 우리는 이어서 처형되지 않은 아무도 안(Nobody)이 길을 따라 걸어오고 있는 상황에 마주친다 등등.

nothing(무)과 관련해 야기되는 혼동은 문학에서 명예로운 긴 역사를 가지고 있다. 오디세우스가 외눈의 거인 폴리페무스(Polyphemus)에게 자신의 이름이 노맨(Noman)이라고 말하여 속였던 경우를 떠올려보라. 폴리페무스가 "노맨이 나를 죽이려 해!"(Noman is killing me!)라고 외쳤을 때 아무도 이 말을 누군가가 그를 실제로 공격하고 있다는 뜻으로 받아들이지 않았던 것이다.

그렇다면 공집합 문제에 대한 루이스 캐럴의 입장은 무엇인가? 캐럴은 유명론자(nominalist)이다. 유명론자는 어떤 용어들이 단순한 사고의 필요성이나 언어의 편의성 때문에 존재하는 것이라고 생각한다. 유명론자는 그런 용어들이 바깥에 진짜로 실존하는 것이 아니라고 생각한다. 이름이 있다. 맞다. 하지만 좀더 중요한 것으로 사물 자체가 있다. 때로 이름은 그냥 공란을 채우기 위해, 실재하는 것의 부재를 가리키기 위해, 그리고 그 부재를 지시하기 위해 있는 것이다. 의미론의 가장 초보적 원리는 표시 자체에 관한 일치가 아니라 표시의 사용에 관한 일치로 인해 우리가 의사를 소통할 수 있다는 것이다. 따라서 *nobody*는 이름만 실존한다. 그 이름이 가리키는 사물 자체는 어떤 사람도 아니며 실재적이지도 않다. *nobody*는 그에 대응하는 일반적 실재성을 갖는다. *nobody*는 단지 아무도 없음을 나타내는 방식, 즉 손쉬운 방식에 불과하다. *nobody*는 그저 논의중인 사람이 실재하지 않음을 말하는 약식 표현에 불과하다. (그 아래 진술들에서) 흰 왕은 자신은 볼 수 없지만 앨리스는 본다고 생각하는 *Nobody*와 자신에게는 역시 보이지 않는 진짜 사람을 대비시킬 때 *nobody*의 비실존성을 인정한다.

마찬가지로 *nothing*은 아무것도 의미하지 않으며, *nowhere*는 아무 데도 의미하지 않는다. 그러므로 *nothing*은 실존성을 갖지 않는다. *nothing*은 단지 비실존을 지적할 뿐이다. *nowhere*는 임의의 장소에 실존성이 없음 혹은 실존하는 장소가 없음을 지적한다. 이 개념을 이해하고 나면 흰 왕의 혼동을 막을 수 있었을 터인데, 그의 혼동은 어떤 것으로 불리는 것과 어떤 것을 혼동해서 야기된 것이다.

> "길에는 아무도 안 보이는걸요."(I see nobody on the road.) 앨리스가 말했다.
> "나도 그런 눈이 있으면 좋으련만." 왕이 불만스러운 목소리로 말했다. "그럼 아무도 안(Nobody)을 볼 수 있을 텐데 말이야. 게다가 그렇게 먼 거리에서! 어유, 나라면 이런 빛에서는 진짜 사람들 밖에 볼 수가 없거든."[54]

Nobody라는 추상개념에 대한 구체화가 왕이 그를 언급할 때 사

54) Gardner, *Annotated Alice*, 222~223면.

용하는 대문자 N에 의해 확인된다는 점을 주목하라. 앨리스가 그것에 대해 언급할 때는 *nobody*가 소문자 *n*으로 시작되는 nobody이다. 나중에(아니면 거울나라에서는 시간이 거꾸로 가니까 그 전인가?) 왕은 심부름꾼에게 다음과 같이 묻는다.

> "혹시 길에서 만난 사람이 있느냐?"
> "아무도 안 만났습니다."(Nobody) 심부름꾼이 말했다.[55)]

(여기서 우리는 심부름꾼이 *nobody*라는 추상개념을 구체화하고 있는지 아닌지 모른다. 대문자 N은 문장이 처음에 대문자로 시작되기 때문에 그 자리에 있는 것일 수 있기 때문이다.)

> "바로 그거야." 왕이 말했다. "이 아가씨도 그를 봤다는군. 그렇다면 아무도 안은 너보다 더 느리게 걷는 게지."(So of course Nobody walks slower than you.)
> "저는 최선을 다했습니다." 심부름꾼이 시무룩한 목소리로 말했다. "저는 아무도 저보다 더 빨리 걷지는 못할 거라고 확신합니다!"(I'm sure nobody walks much faster than I do!)
> "그럴 테지." 왕이 말했다. "그렇지 않으면 여기에 그가 먼저 도착했을 테니까."[56)]

명백히 모순임을 주목하라. nobody가 심부름꾼보다 더 느리면서

55) 같은 책, 225면.
56) 같은 책, 같은 면.

동시에 더 빠르게 걸을 수 있을까? 또한 맥락의 변화를 주목하라. 왕은 Nobody에 관해 그가 마치 실재하는 사람인 것처럼 말하고 있고, 심부름꾼은 nobody에 관해 그가 실재하는 사람의 부재를 뜻하는 것처럼 말하고 있다. 따라서 이 인용문에는 혼동과 장난이 들어 있다. 이러한 난점은 부분적으로 아이들을 즐겁게 해주기 위해 루이스 캐럴이 좋아하는 한 장치에서 비롯되는데, 그 장치란 언어의 약점과 난점을 가지고 하는 말장난 및 그 폭로이다.

그런데 누구도 존경스러운 이 책의 저자가 공집합 개념을 훼손하고 있다고 결론지어서는 안 된다. 그와는 정반대이다. 나는 내가 nobody(보잘것없는 사람)임을 알기 때문에 nobody에 대해 과도하게 존중하고 있다.

그리고 nothing(무 혹은 영) 개념은 적용 실례가 있다. 0으로 기호화된 힌두교도의 nothing 발견으로 인해 어떤 초등학교 아이라도 우리의 고대 그리스와 로마 조상들이 주판으로만 할 수 있었던 계산을 할 수 있게 되었던 것이다.

공집합(영집합) 0은 하나 집합(1)에 대한 모든 정의 형식을 부정함으로써 정의된다. 그래서 전체집합과 공집합은 서로 여집합(complements)이라는 결론이 따라 나온다. '모든 것'(everything)에 속하지 않는 모든 원소는 '공'(nothing)이다. 어떤 것도 네모난 원, 비종교적 교회, 결혼한 총각, 그리고 실존하지 않는 그밖의 모든 것은 물론이고 AAW의 흥미로운 모든 등장인물을 포함하는 것은 없다.

"겉봉에 누구를 썼습니까〔누구에게 보낸 겁니까〕?" 배심원 한 명이 말했다.

"아무도요." 흰 토끼가 말했다. "사실 **겉봉**에 아무것도 적혀 있지 않습니다." 그렇게 말하면서 토끼는 종이를 펴보고 덧붙였다. "이건 어쨌든 편지가 아닌데요. 시로군요."

"죄인의 필체인가요?" 다른 배심원이 물었다.[57)]

배심원 두 명이 어떤 진짜 증거를 얻으려 결심했음을 주목하라. 그들은 그 편지가 누구에게 보내는 것인지 알고 싶어 하고, 잭이 그 편지를 썼는지 알고 싶어 한다. 둘 다 그 편지에 붙어 있음에 틀림없는 중요성이나 비중과 관련하여 중요한 관계가 있는지도 모른다. 결국 그 편지는 편지가 아니라 시임이 드러났는데, 시는 뒤틀린 분석을 통해서만 파이를 훔친 일과 관계될 수 있는 것이며, 하물며 죄인 하트의 잭과 관계되기는 더더욱 힘들 것이다.

"아니요. 아닙니다." 흰 토끼가 말했다. "그러니 정말 이상한 일이지요."

(배심원들은 모두 어리둥절한 표정이었다.)

"누군가 다른 사람의 필체를 흉내 냈겠지." 왕이 말했다.(배심원들이 표정이 다시 환해졌다.)[58)]

여기서 왕은 증거가 없는 사실을 가정한다. 잭이 다른 사람의 필체를 날조했는지는 관련성 있는 적합한 증거에 의해 입증되어야 한다. 지금까지는 그 주장이 입증되지 않았음이 확실하다. 그 주장은 단지 주장, 왕의 주장일 뿐이며, 증명된 거짓말쟁이의 주장일 뿐이

---

57) Carroll, *Alice's Adventures in Wonderland*, 142면.

58) 같은 책, 같은 면.

다. 매우 흔하게 범하는 다른 잘못은 보증되지 않는 결론을 주장하기 위해 왕이 너무 서두른다는 것이다. 일을 빨리 결정하고 싶은 욕구는 복잡한 상황에 대한 자세하고도 충분한 평가와 양립 불가능하다. 우리는 2000년 미국 대통령 선거에서 똑같은 종류의 성급한 판단을 보았다. 사람들은 나라가 위기에 처해 있거나 혹은 어떤 종류의 불필요한 고생을 겪고 있다고 주장했는데, 이는 선거 결과가 애매했기 때문이었다. 진정한 선거 결과를 결정하는 데 있어서는 합당한 부지런함과 합당한 과정이 속도보다 중요한 법이다.

> "폐하, 제발." 잭이 말했다. "저는 그 편지를 쓰지 않았습니다. 그리고 제가 썼다는 증거도 없습니다. 끝에 서명이 없으니까요."[59]

허허! 그것 참 재미있다. 이 대목은 여우 르나르(Reynard the fox)에 관한 동화를 생각나게 한다. 닭을 도둑맞았다고 공표했을 때 르나르는 소리쳤다. "나를 쳐다보지 마. 나는 닭을 먹지 않았단 말이야!"

누가 르나르가 먹었다고 했는가? 왜 그는 자신을 변호하는가? 그리고 그가 정말로 닭을 먹지 않았다면 그는 어떻게 닭을 도둑맞았다는 것을 아는가? 공표된 것은 닭을 도둑맞았다는 것뿐이었는데 말이다.

잭이 그 메모를 쓰지 않았다면 그는 어떻게 서명이 없다는 것을 아는가? 게다가 서명의 부재는 문제 밖의 일이다. 서명의 부재는 확실히 잭이 편지를 쓰지 않았다는 것을 증명하지 못한다. 그리고

---

59) 같은 책, 같은 면.

그것은 그가 편지를 썼다는 것도 증명하지 못한다. 잭의 말은 수세적인 것처럼 들린다. 그는 그 시에 서명이 없다는 것을 어떻게 알았는지 설명해야 했을 것이다. 만일 그의 설명이 관련성과 적합성이 있는 게 아니라면 배심원들이 잭이 그 시를 썼다고 가정하는 것이 올바를 것이다.

> "네가 서명을 하지 않았다면." 왕이 말했다. "상황이 더 나빠질 뿐이다. 너는 뭔가 장난을 친 게 틀림없다. 그렇지 않았다면 정직한 사람이 으레 그렇듯이 네가 서명을 했을 것 아니냐."
>
> 이 말에 모두들 손뼉을 쳤다. 왕이 오늘 처음으로 똑똑한 소리를 했던 것이다.[60]

여기서 왕의 논증은 합리적이긴 하지만 요점을 벗어났다. 문제는 잭이 그 시를 썼는지 여부이다. 그리고 설령 잭이 그 시를 썼다 해도 그래서 어쨌단 말인가? 그 사실이 어떻게 진행중인 사건과 관계가 되는가? 왕은 그 시에 서명이 없다는 것을 어떻게 알았는지 잭에게 물어보는 편이 훨씬 나았을 것이다. 대신 왕은 필자 불명의 노트에 관한 막연한 심의를 시작하는데, 이 필자 불명의 노트는 일반적으로 장난을 의미하며, 필자의 성격을 나쁘게 보이게 만든다. 이 필자 불명의 노트가 장난을 의미하는지, 그리고 필자의 성격을 나쁘게 보이게 만드는지는 노트 자체의 특수한 내용들을 평가하여 결정해야 한다. 나의 분석은 10장의 바닷가재 카드릴, 《거울나라의 앨리스》의 "종잡을 수 없는 소리"는 물론이고 "반짝반짝 작은 박쥐!/

---

60) 같은 책, 같은 면.

네가 누구인지 난 몹시 궁금해"에 대한 모자장사의 해석처럼 이 노트의 시가 영락없이 순전한 난센스—여기서 우리 마음대로 바꾼다면 영락없이 순전한 말장난—라는 것이다.

> "저 자의 유죄가 입증되었다." 여왕이 말했다. "그러니 저자의 목을—"
>
> "입증된 게 아무것도 없어요." 앨리스가 말했다. "아유, 당신은 편지에 뭐라고 써 있는지 알아보려고도 하지 않는군요!"
>
> … "안 돼, 안 돼! 먼저 선고를 내리고—평결은 나중에 해라." 여왕이 말했다.[61)]

여왕의 마지막 진술은 《이상한 나라의 앨리스》의 이 마지막 장의 주요 문제를 축약한 것이다. 내가 보기에 그 문제란 명료한 사고에 관한 내 책을 읽지 않고 자신들의 권력과 지위에 사로잡힌 왕과 여왕 두 사람이 관련성과 적합성을 가지고 증거를 평가하는 법을 모른다는 것이다. 그 결과 그들은 파이를 훔친 죄와 관계가 있는 증거를 전혀 제시하지 못했다. 설령 제시했다 해도 잭에게 유죄 판결을 내리기에는 부적합한 증거였을 것이다. 어떤 증거도 잭을 직접적인 어떤 방식으로 범죄와 연관시키지 못한다. 일곱 살 반의 어린 소녀에 불과한 앨리스조차도 그것을 알고 있는데 말이다.

내가 올바르다고 믿고 있는 또 다른 견해는 일곱 살 반 나이의 시기는 앨리스 같은 어린 소녀가 이제 어른 세계의 조직, 사고, 관습, 윤리, 절차에 대해 의문을 품기 시작할 시기라는 것이다. 각 세대는 그런 의문을 품는다. 각 세대는 그런 의문을 품지 않을 수 없는데,

---

61) 같은 책, 143면. 146면.

이는 각 세대마다 스스로 자구책을 강구해야 하기 때문이다.

앨리스는 성장하고 있으며, 성숙해가는 인간으로서 그녀는 앞으로의 우리 인류의 진보에 반드시 필요한 사고 집합, 즉 비판적 탐구를 떠맡기 시작하고 있다. 앨리스는 순진무구에서 경험에 이르는, 의식하지 않은 상태의 수용에서 의식적 의문에 이르는, 그녀의 영웅 여행의 끝에 도달하였다. 왕과 여왕을 나무라면서 앨리스는 어린이 판관이 된다. 그리고 판관으로서 그녀는 이제 맹렬한 독자적 사고를 통해 그들을 모두 무의미한 카드 패에 지나지 않는 것으로 결말짓는다. 앨리스—어린이 여장부—는 원시적이고 험악한 상황에 전혀 굴하지 않고 자신의(그리고 하트의 잭의) 생존 권리 그리고 미친 법령에 항거하는 모든 사람에게 사형을 선고하는("그녀의 목을 잘라라") 사회질서에 적극적으로 반항할 권리의 합당함을 역설하였다. 앨리스는 성인의 어리석음이 위압적이라고 결론짓는다. 그 성인문화는 단지 웃기는 호언장담에 지나지 않으며, 그녀 말을 직접적으로 인용한다면 "부질없는 소리와 난센스"에 불과하다.

이것은 카프카의 《성》에서 제기된 것과 똑같은 문제를 제기한다. 왜 우리 어른들은 그토록 확신하면서 그러한 쓸데없는 규칙들을 승인하는가? 왜 우리는 그처럼 묵인하면서 엉터리 같은 정부와 정치인들을 따르는가? 왜 우리는 우리 시대의 법 제42조에 순종하는가?

그러나 앨리스의 분노에 불이 붙은 것은 왕이 그녀를 법정(즉 어른 사회)에서 쫓아내려고 했기 때문이었음을 주목하라. 아이들은 그런 것을 좋아하지 않으며, 그런 것이 일찍 잠자리에 들라거나 가족의 비밀에 관여하지 말라는 것을 의미할 때 특히 그렇다. 아이들에게는 선을 긋는 지점이 있다. 그리고 아이들은 그에 따라 반응하는

데, 종종 앨리스의 경우처럼 울화가 치민다.

그러나 좀더 고차적 차원에서 앨리스가 만났던 생물들, 꿈 전체는 앨리스의 것임을 잊지 말도록 하자. 그런 것들은 그녀의 심리 상태를 반영하는데, 왜냐하면 꿈꾸고 있는 사람이 바로 그녀이기 때문이다. 그런 것들은 앨리스의 개성이 변형된 형태로 나타난 것이지만 어린 소녀인 그녀에게 그녀의 선생, 가족, 애완동물이 나타나는 모습대로 그런 것들의 말과 태도를 반영한다. 진실에 가까이 가려면 학문적 훈련, 특히 논리학과 수학의 가르침에 대한 아이의 정신 반응을 충분히 이해해야 하는데, 이 경우에 그 일은 종종 너무 힘들고, 책들도—당신이 손에 가지고 있는 이 책과는 달리—이해하기가 너무 어렵다.

그런 맥락에서 앨리스의 반응은 올바른 것처럼 보이는데, 이는 캐럴이 그의 말장난을 교실의 희극과 비극에 의존하고 있어서 그녀의 반응이 실재에 기초를 두고 있기 때문이다. 모든 훌륭한 작가와 마찬가지로 루이스 캐럴은 자신이 알던 것을 썼다. 모든 훌륭한 선생과 마찬가지로 그는 자신의 학생들을 잘 알고 사랑했던 것이다.

작별인사

비록 루이스 캐럴이 〔그림 형제(Brothers Grimm)나 한스 크리스티안 안데르센(Hans Christian Andersen)의〕 동화들과 달리 자신의 이야기에 교훈이 없음을 잽싸게 지적하긴 했지만 나는 그가《이상한 나라의 앨리스》책의 결말 부분인 재판 끝부분에서 총체적인 아수라장을 보여주었을 때 그런 쪽을 넌지시 암시했을지 모른다고 생각한다.

그러한 혼란의 아수라장이야말로 사고가 정지하고 감정이 사납게 무제한으로 맹위를 떨칠 때 우리가 기대할 수 있는 결과이다. 그처럼 무차별적 폭력이 횡행하고 무질서가 판치는 상태는 캐럴이 아주 끔찍이 아꼈던 것—명료한 이성적 사고와 올바른 행동—과는 정반대되는 것이다. 만일 교훈이 있다면 그의 교훈은 나쁜 사고가 혼돈이라는 결과를 낳는다는 것일지 모르겠다. 하지만 그것이 실제로 그가 말하고자 하는 교훈이었는지가 특별히 중요한 것은 아니다.

중요한 것 그리고 정말로 고려해야 하는 것은 그 말이 진리라는 것이다.

용어해설

애매문(amphiboly): 두 가지 의미로 해석되는 문장. 특히 잘못된 문법 구조 때문에 두 가지 의미로 해석되는 문장. 예) "Wanted: High school student for baking." 이 문장은 "모집: 제빵 일을 할 고등학생"과 "모집: 제빵 과정 고등학생"으로 해석이 가능하다. 또는 "We dispense with accuracy." 이 문장은 "우리는 정확하게 조제합니다."와 "우리는 정확성을 기할 필요가 없습니다."로 해석이 가능하다. (생각을 명료하게 표현하지 못하는 약사를 신뢰하지 말라.) 또는 "만일 크리서스가 출정한다면 그는 대 제국을 멸망시킬 것이다."라는 델포이 신탁의 충고는 어떤가. 크리서스가 페르시아의 키루스를 공격했는데, 키루스는 결국 크리서스의 제국 리디아를 멸망시켰다.

논거, 논증(argument): 원래 의미는 '증명' 혹은 '증거'를 의미함. 지금은 어떤 것을 찬성하거나 반대하기 위해 제시되는 이유나 이유들을 의미하는 경우가 종종 있음. 이 책에서 argument는 전통적 의미로 사용됨. 그렇지만 이 용어가 논리학에서 사용될 때는 아마 **논증**(demonstration)이란 용어가 더 나을 듯.

논증(argumentum): 증명, 논증, 주어, 내용, 또는 증명과 관계된 문제를 뜻하는 라틴어.

힘에 호소하는 논증(argumentum ad baculum): 힘에 호소—논쟁이 싸움으로 변질되는 중대한 오류. 힘이 곧 정의라는 격언에도 불구하고 힘이 올바르게 만들지는 않는다. 누군가가 어떤 사람을 힘으로 굴복시켰다고 해서 그것이 곧 승자가 올바르거나 그릇되다는 것, 고상하거나 비천하다는 것, 신이 뒤를 받쳐주거나 악마가 받쳐준다는 것 등을 의미하지는 않는다. 그것은 단지 그가 싸움에서 이겼다는 것을 의미할 뿐이다. 힘에 호소하는 것은 이성적 논증이 아니다. 그와는 정반대이다.

사람을 공격하는 논증, 인신 공격의 오류(argumentum ad hominem): 논증이 아닌 사람을 공격하는 오류.

무지에 호소하는 논증(argumentum ad ignorantiam): 어떤 것이 그르다는 것이 증명되지 않았기 때문에 옳음에 틀림없다고 주장함으로써 무지에 호소하는 오류 논증.

대중에 호소하는 논증(argumentum ad populum): 애국심, 충성심, 전통, 관습 등의 대중의 감정에 호소하여 설득을 시도하는 오류. 대중에 호소하는 논증은 집단이 어떤 것을 생각하는지 아닌지가 그 어떤 것이 올바른 이유가 아니기 때문에 시선을 딴 데로 돌리는 논증이다. 집단은 올바를 수도 있고 그릇될 수도 있으며, 이것은 합의에 의해서가 아니라 증거에 의해서 결정되어야 한다. 대부분의 경우에 대중에 호소하는 논증은 거론된 집단의 견해를 과학적으로 결정되는 형태로 반영하지도 않는다. 대신 그 논증은 화자의 견해를 반영할 가능성이 높다.

권위에 호소하는 논증(argumentum ad verecundiam): '존경에 기초한 증명'을 뜻하는 라틴어. 이 논증은 화자의 말을 믿어야 하는 이유로 권위를 제시하는 논증이다. 대부분의 경우에 존경은 그 권위에 대한 것이다. 권위에 호소하는 논증은 권위에 대한 존경(verecundiam)을 기초로 한 증명(argumentum)에 (비이성적으로) 기초를 두고 있다. 권위에 기초한 논증은 어떤 권위가 올바를 수 있는 특별한 이유가 없기 때문에 합리적 논증이 아니다. 사실상 권위에 호소하는 논증은 명백한 사실로부터 주의를 돌려 잠재적 오류 쪽으로 향하게 만드는, 시선을 딴 데로 돌리는 기법인 경우가 종종 있다.

이동 탈의차(bathing machine): 이동 탈의차는 작은 탈의실을 갖춘 마차이다. 말들이 입욕자가 바라는 깊이까지 바다 속으로 마차를 끌고 들어가며, 그 다음에 바다에 닿은 문을 통해 얌전히 입욕자가 나타난다. 이동 탈의차의 뒤로는 커다란 우산이 대중의 시선으로부터 입욕자를 가려준다.

선결 문제 요구의 오류(begging the question): 명료한 사고와 비형식 논리학에서의 오류로 증명을 필요로 하는 어떤 것을 옳다고 단언하는 오류.

기상, 奇想(conceit): 상식적으로 결부시킬 수 없는 것들을 부자연스럽게 임의로 결부시키는 기발하고 재치 있는 비유로 종종 수사법에서 인상적인 은유로 사용됨. 기상은 실패로 돌아가는 그릇된 유비이다.

모순진술, 모순(contradiction): 가능한 모든 상황에서 그른 진술. 철학자들은 이것을 모순진술은 필연적으로 그르다는 말로 표현하기를 좋아한다. 만일 문장 S가 진리치표의 모든 열에 F(그름)라는 진리치만 할당된다면 그리고 오직 그 경우에만 S는 논리적으로 그르며, 그래서 모순진술이 된다. 모순되는 두 진술은 동시에 옳을 수 없다. 예컨대

비가 온다.
비가 오지 않는다.

1과 2는 서로 모순관계이다. 이것을 **반대관계**와 비교해보라.

반대관계, 반대(contraries): 논리학에서 두 진술 중에서 오직 한 진술만 옳을 수 있을 뿐 두 진술이 둘 다 그를 수 있도록 관계되어 있는 상황. 예컨대

현재 프랑스 왕은 대머리다.
현재 프랑스 왕은 대머리가 아니다.

만일 현재 프랑스 왕이 있다면 두 진술 1과 2는 동시에 둘 다 옳을 수는 없다. 하지만 현재 프랑스 왕이 없으므로 두 진술 모두 그르며, 그래서 1과 2는 모순관계가 아니라 반대관계이다.

연역(deduction): 증거에 의해 뒷받침되는 결론에 이르기 위해 일반진술로부터 특수진술을 이끌어내는 과정.

주연(distributed): 만일 어떤 용어가 그것이 명명하는 전체집합을 (주어나 술어로서) 언급한다면 그리고 오직 그 경우에만 그 용어는 주연된다.

오류(fallacy): 그르거나 틀린 생각이나 의견, 잘못된 추론 또는 결함 있는 논증. 특히 건전한 것처럼 보이지만 건전하지 않은 논증을 일컬음.

반증하다(falsify): 그르다는 것을 증명하다.

일반화하다(generalize): 알려진 모든 경우에 옳음이 발견된 것이 아직 관찰되지 않은 경우들까지 포함한 모든 경우에 대해서도 옳다고 추리하다. 대부분의 과학적 추론에서 과학자는 특수한 것으로부터 일반적인 것으로 '신앙의 도약'(leap of faith)을 한다. 이 과정은 잠정적 성격을 갖는 과학적 가설의 기초이다. 그렇지만 모든 일반화가 논박 가능한 것은 아니며, 그 일반화가 알려진 모든 경우와 가능한 모든 관찰을 포함할 때는 특히 그렇다. 예컨대 내 직계 가족의 모든 사람이 의사라고 말할 때 나는 일반화를 하고 있다. 아내, 아들, 딸 그리고 내가 의사이므로, 그리고 내 직계 가족에 다른 사람은 없으므로 나의 주장은 가능한 모든 경우에 대해 옳으며 논박될 수 없다. 따라서 옳은 특수진술에 관한 일반진술은 옳을 수 있고, 종종 절대적으로 옳으며, 절대적으로 옳은 것으로 옹호되어야 한다.

논리학, 논리(logic): 논증의 전제와 결론의 증거적 연결 관계의 힘을 연구하는 학문 분야. 이 책에서 논리(logic)는 때로 올바르고 합리적인 사고 기술이라는 의미로 느슨하게 사용되기도 한다. 어느 쪽 정의든 증거가 진리에 이르는 징표로 정의되면 논리는 일종의 증거 자체가 된다. 그렇지만 현대의 학문으로서의 논리학 분야에서는 논리와 진리는 근본적 수준에서 분리된다. 이 학문적 견해에 따르면 논리는 전제가 옳다고 할 경우에 우리가 어떤 논증의 결론의 진리성에 대해 가질 수 있는 합리적 확신의 정도를 말해준다. 논리는 어떤 전제가 옳은지 혹은 전제들이 옳은지를 말해줄 수 없다. 그렇기 때문에 논리학은 진리가 어떻게 하면 추리 연결을 통해 가장 잘 보존될 수 있는지를 알려주지만 처음에 무엇이 옳은지를 결정하는 법을 알려주지 않음으로써 진리 보존성에 대한 이론이 된다. 이런 점으로부터 따라 나오는 한 가지 귀결은 논증에 대해 충분히 평가하려면 논리적 분석과 사실적 분석이 둘 다 필요하다는 것이다. 타당성 관념은 사실적 학문들의 논리 의존성이 그 학문들의 결점이 아닌 것처럼 논리학의 결점이 아니다. 학문 분과로 배치했을 때의 이 점으로 인해 논리학은 논증에 대한 이성적 평가에 독특한 기여를 할 수 있다. 학문적 견해에 따르면 논리학이 진리 보존 임무를 수행해야 한다는 점은 명료하게 정의되어야 하고, 진리 결정 임무와 구별되어야 한다. 그러므로 학문으로서의 논리학을 하는 논리학자는 논증이 옳을(또는 그를) 수 없다고 믿기 때문에 논증을 옳다고 부르지 않을 것이다. 이 견해에 따르면 논증은 타당하거나 부당할 뿐이고, 건전하거나 불건전할 뿐이다.

논리적 연역(logical deduction): (논리적 귀납에 반대되는 것으로) 일반적인 것으로부터 구체적인 개별 사례나 특수 사실에 이르는 추론 혹은 전제들로부터 논리적으로 합리적인 결론에 이르는 추론. 다음 암기법을 이용해 이 논리적 연역을 기억해라. *de*는 'from'(~로부터)을 뜻하는 라틴어이고, *duc*는 'leads'(이르다)라는 의미의 라틴어 어근이다. 그러므로 연역은 일반적인 것으로부터 구체적이고 특수한 것에 이르게 하는 것이다.

논리적 귀납(logical induction): (논리적 연역에 반대되는 것으로) 개별 사례나 특수 사실로부터 일반적 결론에 이르는 추론. 다음 암기법을 이용해 이 논리적 귀납을 기억해라. *in*은 'into'(~으로)를 뜻하는 라틴어이고, *duc*는 'leads'(이르다)라는 의미의 라틴어 어근이다. 그러므로 특수한 것에서부터 일반적인 것으로 이끌어가는 것이 귀납이다.

대전제(major premise): 삼단논증에서 결론의 술어가 되는 대명사를 포함하는 전제.

매개명사(middle term): 삼단논증에서 두 전제에 모두 나타나는 명사.

소전제(minor premise): 삼단논증에서 결론의 주어가 되는 소명사를 포함하는 전제.

비방(obloquy): 어떤 사람이나 사물에 대한 언어적 악용. 특히 이런 악용이 광범위하거나 일반적으로 저질러질 때는 검열관처럼 흠잡기 좋아하는 욕설이 된다.

기원법(optative): 욕구나 바람을 표현하는 그리스 문법 형식. 따라서 소망적 사고이다.

췌언법(pleonasm): 어떤 관념의 표현에 필요한 것을 넘어선 불필요한 낱말 사용. 예) '충분히 많은' '매우 독특한.' 만일 어떤 것이 독특하다면 그것은 정의에 의해 한 종류의 것이며, 그 독특성을 강조하기 위해 '매우'란 낱말을 사용할 필요가 없다.

실증주의(positivism): 지식의 기초를 오로지 감각경험의 자료에만 두려고 하는 철학 체계. 오귀스트 콩트(1798~1857)에 의해 시작되었는데, 이때 실증주의는 지식의 기초를 관찰 가능한 과학적 사실과 그 사실들간의 관계에 두었다. 실증주의 철학은 궁극적 기원에 관한 사변이나 탐구를 엄하게 거부한다. 콩트는 그의 '3단계 법칙'—이론적 단계, 형이상학적 단계, 실증적 단계—으로 유명하다. 1단계에서 인간은 과정을 초자연적 힘의 작동으로 보았다. 2단계에서 인간은 과정을 추상 관념에 의거해 설명했다. 마지막 단계에서 인간은 자료(관찰된 사실들)를 축적하고, 그 자료들 사이의 관계를 결정했다. 콩트는 천문학, 물리학, 화학, 생물학이 이미 이 세 단계를 거쳐 진화했다고 믿었다.

전제(premise): 논증에서 논거를 제시하는 기초로 기능하는 이전 진술 혹은 삼단논증에서 결론을 끌어낼 수 있게 만드는 두 명제 중 어떤 것. 다음 암기법을 이용해 이 전제를 기억해라. 전제는 라틴어 *praemittere*에서 유래한다(*prae*=before, *mittere*=send, *praemittere*=to send before). 논증이 표준형식으로 제시되면 전제는 언제나 결론 앞에 보내진다(나온다). 삼단논증에서 대전제는 결론의 술어를 포함하고, 소전제는 결론의 주어를 포함한다.

장애, 문제, 함정(rub): "There's the rub."(그것이 문제다.)는 "there's the catch."(그것이 함정이다.)를 의미하기도 하고 "there's the essence."(그것이 본질이다.)를 의미하기도 하는데, 두 가지 의미는 가까울 수는 있지만 동일한 것은 아니다. 셰익스피어는 두 가지 의미를 모두 암시하지만 관객에게 익숙한 구체적인 그림을 그린다. 'Rub'는 볼게임(game of bowls)에서 공을 그 올바른 진로로부터 딴 데로 벗어나게 하는 장애물에 대해 운동선수가 붙인 이름이다. 셰익스피어는 스포츠를 좋아했다. 그는 레인이 아닌 잔디 위에서 경기를 했는데, 잔디는 장애물이 흔했다.

연쇄논법(sorites): '쌓아올린 것'을 의미하는 그리스어 *soros*에서 유래. 논리학에서 결론이 따라 나오는 일련의 전제들을 의미하는데, 이 전제들은 첫 번째 전제의 술어가 다음 전제의 주어가 되는 식으로 배치되어 있고, 결론에서는 삼단논증 계열에서 첫 번째 전제의 주어와 마지막 전제의 술어를 결합시키도록 배치되어 있다.

건전한 논증, 정당화된 논증(sound argument): 논증이 타당하고 전제들이 모두 옳을 때 그 논증은 건전하다. 논증은 타당하지만 적어도 한 전제라도 그르면 그 논증은 건전하지 않다. 이상적인 논증은 건전한 논증인데, 그것은 건전한 논증이 실재에 상응하는 결론을 가질 가능성이 가장 높기 때문이다.

특별 변론(special pleading): 어떤 논증을 우리의 선입견을 뒷받침하면 이용하고, 다른 맥락에서 뒷받침하지 못하면 그 논증을 거부하는 것.

진술(statement): 명확한 주장을 하고 있는 문장. 예컨대 "소크라테스는 대머리다."는 소크라테스가 실존하는데, 그가 대머리라고 주장한다. "소크라테스는 대머리이고, 소크라테스는 현명하다."는 진술은 (존재 주장을 제쳐놓는다면) 대머리와 현명함을 둘 다 포함하는 하나의 주장을 하고 있다.

부속(subaltern): 어떤 점에서, 보통은 지위, 양 혹은 둘 다에 있어서 아래 위치에 있거나 열등한 어떤 것. 정언진술 "약간의 S는 P이다."는 그 진리성이 보편긍정진술 "모든 S는 P이다."로부터 직접적으로 따라 나오는 부속 특수진술인데, 이때 "약간의 S는 P이다."는 적용 범위가 좁기 때문에 그보다 보편적인 주장의 아래 위치에 있다.

의무 초과(supererogation): 요구되거나 기대되는 것 이상의 일을 하는 것.

삼단논증(syllogism): 두 진술이나 전제(보통 일반진술)가 제시되고, 그로부터 결론이 도출되는 논증이나 추론 형태. 고전논리학은 세 유형의 삼단논증—정언삼단논증, 조건삼단논증, 선언삼단논증—을 다룬다.

동의어반복, 항진진술(tautology): 보통 같은 것을 두 번 반복해서 만들어지는 순환 논증. 순환 논증은 4장에서 논의한 바 있는 해안경비대 충돌 규정에서처럼 길게 전개되면 좀더 그럴듯한(또는 좀더 그럴듯해 보이는) 논증이 되면서 알아채기가 쉽지 않다. 항상 옳은 진술은 전혀 새로운 것을 말하지 않는데, 이런 진술 또한 tautology(항진진술)라 한다. 만일 문장 S가 진리치표의 모든 열에서 진리치 T가 할당된다면, 그리고 오직 그 경우에만 S는 논리적으로 옳으며, 그래서 항진진술이 된다.

진리, 진실(truth): (존재하지 않는 것에 반대되는 것으로) 존재하는 것.

너도 마찬가지야(tu quoque): "너도 마찬가지야."를 의미하는 라틴어. 이 오류는 비판자나 다른 사람의 사고나 행동을 비슷한 방식으로 비난함으로써 우리의 논증이나 행동에 대한 비판을 거부하는 오류이다.

불건전한 논증(unsound argument): 논증이 타당하지만 전제들 중 적어도 하나 이상이 그르면 그 논증은 불건전한 논증이다.

타당한 논증(valid argument): 논리학의 규칙을 위반하지 않는—즉 부당하지 않은—모든 논증. '타당하다'는 말은 다음과 같은 몇몇 구어체 사용과는 달리 학문으로서의 논리학에서 매우 특수한 전문적 의미로 사용된다는 사실을 주목하는 것이 중요하다. "너는 타당한 주장을 했다." 이 경우 "타당하다"는 "옳다"나 "적어도 고려할 가치가 있다"를 의미한다. "그녀의 논증은 타당하지 않다."에서 "타당하다"는 "강력하다"를 의미한다. "이 쿠폰은 더 이상 타당하지 않다."에서 "타당하다"는 "소용이 있는, 적용할 수 있는, 제대로 기능하고 있는"을 의미한다. 구어 사용과 대비해서 전문적 사용에서는 타당성이 논증의 속성, 즉 상호 관계된 명제 집합의 속성이다. 타당성은 어떤 명제가 됐건 명제 자체의 속성은 아니다. 따라서 주장, 전제, 결론이 전문적 의미에서 타당하다고 말하는 것은 무의미할 것이다. 전제, 주장, 진술, 결론은 옳거나 그를 수 있지만 타당할 수는 없는데, 그것은 그것들 사이의 상호 관계만이 타당할 수 있기 때문이다. 논리학자들은 그러한 상호 관계가 부당하지 않다면 타당하다고 생각한다. 상호 관계를 지키는 일은 과학의 진리-발견 임무와 대비되는 것으로서 논리학의 진리-보존 임무의 일부이다.

검증하다(verify): 옳다는 것을 증명하다.

권위에 호소(verecundiam): '겸손', '사양', '수줍어함'을 의미하는 라틴어 *verecundia*에서 유래. 소유격과 함께 이 말은 '~에 대한 존경'이나 '~에 대한 망설임'을 의미한다.

정선한 참고문헌

이 해설 달린 문헌 목록은 저자가 일반 독자에게 추천하는 책만을 포함시켰다. 저자가 좀더 심층적으로 재검토한 내용은 Amazon.com에서 찾아볼 수 있을 것이다.

명료한 사고

Browne, M. Neil, and Stuart Keeley. *Asking the Right Questions*. Upper Saddle River, NJ: Prentice-Hall, 2001. 이 명료한 사고 안내서는 결정적으로 중요한 질문을 어떻게 제기하고 언제 제기해야 하는지에 대한 중요한 기술을 가르치기 위해 풍부한 예와 비교문화적 접근법을 이용하고 있다. 증거에 기초한 의사 결정에 초점을 둔 것은 곧바로 실재 원리와 조화를 이룬다.

Cannavo, Salvator. *Think to Win*. Amherst, NY: Prometheus Books, 1998. 좀더 작은 의미에서 추론은 우리의 논증을 격려하고 믿음을 뒷받침하기 위해 사용하는 것이다. 좀더 큰 의미에서 추론은 진리를 발견하기 위해 사용하는 것이다. 비록 이 책의 제목이 작은 의미의 논증과 관계가 있음을 암시하긴 하지만 이 책의 실제 임무는 사람들로 하여금 생각을 더 잘하도록 돕는 것이다. 그래서 이 책은 좀더 큰 의미의 논리학 책이다.

Capaldi, Nicholas, *The Art of Deception*, NY: Prometheus Books, 1987. 이 저작은 균형이 맞지 않고 초점이 없으며, 명백히 제목을 잘못 붙였다. 논리학 배경 지식이 없었다면 나는 저자의 요점 약간을 놓쳤을 것이며, 아마 다른 사람들도 곧바로 혼란에 빠졌으리라고 생각한다. 우리는 실은 명료한 사고와 논리에 관한 책인데도 사기술 책이라고 믿도록 사람들을 속이는 이 사기술 책에 대해 의아하게 생각하지 않을 수 없다.

Crusius, Timothy, and Carolyn E. Channell. *The Aims of Argument*. Mountain View, CA: Mayfield, 2000. 이 주제에 대한 교재들은 대부분 너무 형식주의적이고 규정적이다. 하지만 이 간결하면서도 효과적인 수사학서는 사람들로 하여금 자신들의

논증을 짜고 전달하는 일을 돕기 위한 것이다. 특히 중요한 것은 그림에 대한 분석과 시각적 논증에 대한 해체이다.

Damer, T. Edward. *Attacking Faulty Reasoning*. Belmont, CA: Wadsworth/Thomson Learning, 2001. 이 주제에 관한 최상의 책 중 하나. 명료한 사고의 일반원리에 따라 60개 이상의 오류가 공략된다. 특히 흥미로운 것은 연습문제의 답에 대한 검토이다.

Flew, Anthony. *How to Think Straight*. Amherst, NY: Prometheus Books, 1998. 이 분야의 전문가가 쓴 비판적 사고의 훌륭한 입문서.

Russo, J. Edward, and Paul J. H. Schoemaker. *Decision Traps*. New York: Doubleday, 1989. 가벼운 마음으로 읽을 수 있는 책. 좀 간단하고 지나치게 단순화했지만 명료한 사고를 실제적 문제와 사업 결정에 직접적으로 적용하는 데 흥미가 있는 사람들이 찾을 만한 책.

Skyrms, Brian. *Choice and Chance: An Introduction to Inductive Logic*. Belmont, CA: Wadsworth/Thomson Learning, 2000. 이 책은 귀납, 그리고 정도가 덜하긴 하지만 연역 둘 다에 대한 훌륭한 논리학 입문서이다. 아마 개인 학습의 보조 도구로서보다는 교과서로 더 소용이 있겠지만 적절한 조건이 갖추어진 상태에서 적절한 독자가 읽는다면 두 가지 모두에 소용이 있을 것이다. 진리치표(1장)와 확률 계산 규칙(6장)을 설명할 때 내가 최고로 좋아하는 책이다. 특히 흥미로운 것은 연습문제에 나오는 실제적 적용 사례들인데, 특히 카드, 주사위노름, 경마 등의 사례들이다.

St. Aubyn, Giles. *The Art of Argument*. New York: Emerson Books, 1962. 이 책은 소책자지만 대단히 효과적인 책이다! 특히 흥미로운 것은 부록의 '좋았던 옛날'(Good Old Days)인데, 정치적 연설이 어떻게 해서 사고상의 오류를 범하게 되는지 보여준다.

집단순응사고

Janis, Irving L. *Groupthink*, 2nd ed. Boston: Houghton Mifflin, 1982. 이 사회심리학 고전은 집단 속에서 사람들이 같은 문제에 대해 개인으로 생각할 때보다 잘못 생각하는 방식으로 달리(그리고 암암리에) 생각할 수 있다는 생각에 기초를 두고 있다. 이 책에 나오는 증거 대부분은 사고 일반과 달리 집단의 사고가 관련성이나 적합성과 관련하여 모든 유효 증거를 평가하지 못할 때 실패로 돌아간다는 생각을 뒷받침한다.

Lewis, James R. *Doomsday Prophecies*. Amherst, NY: Prometheus Books, 2000. Happy Hookers for Jesus(예수를 위한 해피 후커), Heaven's Gate(천국의 문), AUM Shinrikyo(옴 진리교), Millerites(밀러 추종자들, 강림주의자들)를 포함하여 대부분의 사악한 심판일 숭배자 무리 약간에 대해 제정신을 가진 바깥의 사람이 쓴 놀라운 자료 문서.

나약하지 않은 사람을 위한 논리와 이성 책들

Aristotle. *Nicomachean Ethics*. Harmondsworth, UK: Penguin Classics, 1976. 이 소책자는 특히 서양에서 도덕철학에 엄청난 영향을 미쳤다. 아리스토텔레스가 윤리학을 이론 학문이 아니라 실용 학문으로 간주했다는 것을 알면 놀랄 것이다.

Langer, Susanne K. *An Introduction to Symbolic Logic*. New York: Houghton Mifflin, 1937. 기호논리학은 분석적 사고와 구성적 사고 모두에 있어서 정확한 사고의 도구이다. 그 임무는 과학적 방법을 인준하는 것뿐만 아니라 인간 정신을 괴롭히는 의미론적 혼동들을 명료화하는 것이기도 하다. 이 책은 아마 기호논리학에 관해 쓴 책 가운데 가장 명료한 책일 것이며, 이해하는 데 특별한 지식이 필요 없다. 《수학원리》(*Principia Mathematica*)를 곧바로 공격하기 전에 먼저 그 책의 가정들에 관한 장을 읽어보라.

Smullyan, Raymond M. *First-Order Logic*. New York: Dover, 1995. 이 저작은 그 자체로 완성된 책이며, 양화이론과 분석적 방법에 대한 입문서로 소용이 있다. 진리나무에 관한 자료들은 어렵지만 그림 방법을 이해하는 데 반드시 필요하다.

Thomas Aquinas, Saint. *On Laws, Morality, and Politics*, edited by William P. Baumgarth and Richard J. Reagan, SJ. 2nd ed. Indianapolis: Hackett, 2002. 세 권으로 이루어진 이 대저는 당연히 수학의 토대에 관해 씌어진 책 가운데 가장 유명한 책이다. 이 책은 수학이 논리학에서 전개된 것임을 증명하기 위해 소수 몇 개의 논리적 전제와 원초관념들로부터 모든 근본적 명제를 연역하려 한다.

탐구 정신이 있는 사람들이 살필 가치가 있는 책

Crews, Frederick. *Postmodern Pooh*. New York: North Point Press, 2001. 문화이론 사상들의 불합리성과 그 이론들이 미친 타격을 이해하고자 하는 사람이라면 누구나 읽어야 할 책. 논리는 눈이 부실 정도로 훌륭하며 재미도 있다.

Howard, Philip K. *The Death of Common Sense*. New York: Random House, 1994. 법과 그 적용들은 얼마나 자주 재난과 비이성적 행동을 초래하는가. 정부가 종종 우리에게 봉사하기 위해 존재하는 기구가 아니라 외계의 어떤 힘처럼 행동하며, 실재에 대한 이해를 반영하는 방식으로 현실 문제를 다루는 일이 없다는 것을 많은 예를 통해 증명한다.

Kelly, Fred C. *Why You Win or Lose: The Psychology of Speculation*. 1930. Reprint, Wells, VT: Fraser, 1962. 177면의 간결한 주식시장 투기의 논리와 심리에 대한 책. 허영심, 욕심, 소망적 사고, 현실 무시, 믿으려는 의지가 당신이 돈을 잃게 되는 주요 이유이다.

Mackay, Charles. *Extraordinary Popular Delusions and the Madness of Crowds*. Amherst, NY: Prometheus Books 2001. 대중은 반복해서 속는데, 이 책은 대중이 어떻게 그리고 왜 속는지 설명한다. 1929년 10월에 다우 지수가 왜 381포인트에서 41포인트로 떨어졌는지 알고 싶은가? 튤립 열병(tulip mania)과 남해포말사건(South Sea Bubble)에서 무슨 일이 일어났는지 알고 싶은가? 인간성은 결코 변하지 않는다. 이 책은 세세한 내용을 제시한다. 그 내용들을 읽고 슬퍼하라.

Paulos, John Allen. Inumeracy: *Mathematical Illiteracy and its Consequences*. New York: Vintage, 1990. 이 재미있는 책은 우리가 수나 확률을 합리적으로 다룰 능력이 없기 때문에 정부 정책이 잘못 알려지고, 개인적 결정을 내릴 때 혼란에 빠지며, 점차 온갖 종류의 사이비 과학에 빠지기 쉽다고 논한다. 수에 약하다는 특징은 수학적 문맹이라고 할 수 있는데, 우리의 기술 사회를 황폐화시키는 질병이기도 하다.

Quinn, Daniel, and Tom Whalen. A *Newcomer's Guide to the Afterlife*. New York: Bantam Books, 1997. 이 흥미로운 책은 내세의 종교적 논리를 검토하고 있는 책인데, 대부분 반박하고 있는 책이다. 이 책은 사후의 삶이라는 전통적 개념에 대해 꽤 흐릿한 견해를 남기면서 영생이 함의하는 많은 것들을 뒤틀린 위트와 지성적 사고를 통해 다루고 있다.

Salk, Jonas. *Anatomy of Reality*. New York: Columbia University Press, 1983. 이 책은

우리 시대의 심오한 철학적 · 과학적 문제들을 살피는 컨버전스 총서(Convergence series)의 일부이다. 솔크는 자연이 작동하는 방식에 대해 일반적 관념을 제시했는데, 그가 올바른 것처럼 보인다.

Santoro, Victor. *The Rip-Off Book*. Port Townsend, WA: Loompanic Unlimited, 1984. 이 책은 사기의 기본 원리를 개관하고, 사기 도사들이 대중을 어떻게 등쳐먹는지에 대해 훌륭한 그림을 제시한다. 모든 고등학교 경제 과목을 수강하면서 필수적으로 읽어야 할 책이다.

Schiffman, Nathaniel. *Abracadabra!* Amherst, NY: Prometheus Books, 1997. 공간과 시간상으로 방향을 잘못 가르쳐줄 때 인간 정신이 어떻게 해서 그렇게 쉽게 속을 수 있는지를 훌륭하게 알려주는 책.

Schulte, Fred. *Fleeced!* Amherst, NY: Prometheus Books, 1995. 이 책은 텔레마케팅 사기와 그런 사기를 피하는 법에 대해 훌륭한 설명을 제시한다. 이 책이 좀더 많은 독자를 갖지 못했다는 것은 안타까운 일이다. 오늘날의 대 사기들 약간을 막을 수 있었는지도 모르는데 말이다.

Sommerville, C. John. *How the News Makes Us Dumb*. Downers Grove, IL: Inter-Varsity Press, 1999. 이른바 뉴스의 매일 흐름 속에서 모순을 보여줌으로써 해당 주제를 검토하고 자신의 주장에 대한 증명을 멋지게 제시하고 있는 책.

루이스 캐럴과 앨리스 책들

Carroll, Lewis. *The Annotated Alice: The Definitive Edition*. Introduction and notes by John Tenniel. Edited by Martin Gardner. New York: Norton, 2000. 《앨리스》는 다른 세기에 살았던 영국 독자를 위해 씌어졌다. 그 책의 충만한 기지와 지혜를 충분히 포착하기 위해서는 원문의 부분이 아닌 많은 것을 알아야 한다. 아래 언급되는 Stephanie Lovett Stoffel가 쓴, 앨리스와 그녀의 창작자의 삶과 시대에 관해 읽은 후에 이 책을 읽어라.

_________. *The Hunting of the Snark*. 1876. Reprinted, London: Chatto and Windus, 1969. "The bowspirit got mixed with the rudder sometimes." 진짜 캐럴적 난센스를 읽고 싶은가? 그러면 이 책을 읽어라.

_________. *The Political Pamphlets and Letters of Charles Lutwidge Dodgson and Related Pieces*. New York: Lewis Carroll Society of North America, 2001. 이 자료

는 찰스 러트위지 도지슨(루이스 캐럴)의 정치 팸플릿과 편지들인데, Francine F. Abeles가 모아서 펴냈다. 우리는 캐럴의 편지와 팸플릿들에서도 그의 창조적 정신이 작동하고 있는 것을 본다. 특히 흥미로운 것은 경마에서 승산 있는 쪽에 거는 방법에 대해 논의하는 내용과, 좀더 지성적인 투표와 선거 제도에 대해 청원하고 있는 내용이다.

________. *Symbolic Logic and the Game of Logic*. Mineola, NY: Dover, 1958. 한 권으로 만들어진 두 책으로 두 책 모두 각 주제들에 대해 훌륭하게 다루고 있다. 시각적 방법과 범주론에 대한 그의 깊은 지식을 이용하여 삼단논증에 대해 해답을 제시하고 있는 부분은 아주 잘 알려질 만한 가치가 있다. 캐럴의 기호논리학은 논리학을 명제와 결론에 대한 독특한 도법으로 표현하는 방법을 사용한다.

Fisher, John. *The Magic of Lewis Carroll*. London: Nelson, 1973. 앨리스 책들에 나오는 장면들 배후에는 많은 논리와 수학 게임들이 숨어 있다. 이 게임들 약간이 멋진 삽화의 모습으로 여기에 나온다.

Rackin, Donald. *Alice's Adventures in Wonderland and Through the Looking Glass: Nonsense, Sense, and Meaning*. New York: Twayne, 1991. 논의하고 있는 내용도 약간은 그 자체로 난센스지만 우리가 얼마나 깊이 휩쓸릴 수 있는지를 보여주는 흥미로운 실증서이다.

Stoffel, Stephanie Lovett. *Lewis Carroll in Wonderland: The Life and Times of Alice and Her Creator*. New York: H. N. Abrams, 1997. 캐럴과 그 친구들에 대해 멋진 삽화를 곁들여 작성한 소 안내서로 북미 루이스 캐럴협회(Lewis Carroll Society of North America)에서 일하는 학자와 수집가가 만들었다. 새의 눈처럼 앞에서 개관하는 캐럴의 견해를 알고 싶다면 이 책자에서 시작해라.

찾아보기

| ㄹ |

| ㅂ |

| ㅇ |

| ㅈ |

| ㅌ |

| ㅍ |

확실성 탐구 331

환원적 제거 492

| 기타 |